石油教材出版基金资助项目

石油高等院校特色规划教材

油藏描述技术与方法

邵先杰　霍春亮　许　浩　等编著

石油工业出版社

内 容 提 要

本书系统介绍了油藏描述的任务、研究内容、研究技术以及相关方法。全书共分十章，内容包括层序地层学和油田地层单元划分、油层细分对比、沉积体系与沉积微相研究、储层微观孔隙和孔隙结构研究、储层的裂缝表征、储层非均质性研究、储层构型研究、随机地质建模、剩余油研究。为了提高油藏描述的效率和精度，还介绍了相关的油藏描述软件系统，具有较强的实用性。

本书是高等院校石油工程、非常规油气和资源勘查工程等专业的研究生教材，也可供相关专业师生、从事油气田地质研究和开发的工程技术人员参考。

图书在版编目（CIP）数据

油藏描述技术与方法/邵先杰等编著 .—北京：石油工业出版社，2023.12

石油高等院校特色规划教材

ISBN 978-7-5183-6295-0

Ⅰ.①油… Ⅱ.①邵… Ⅲ.①油藏–高等学校–教材 Ⅳ.①P618.13

中国国家版本馆 CIP 数据核字（2023）第 170296 号

出版发行：石油工业出版社
　　　　　（北京市朝阳区安华里二区1号楼　100011）
　　　　　网　　址：www.petropub.com
　　　　　编辑部：（010）64251362
　　　　　图书营销中心：（010）64523633
经　　销：全国新华书店
排　　版：三河市聚拓图文制作有限公司
印　　刷：北京中石油彩色印刷有限责任公司

2023年12月第1版　　2023年12月第1次印刷
787毫米×1092毫米　开本：1/16　印张：22
字数：560千字

定价：58.00元
（如发现印装质量问题，我社图书营销中心负责调换）
版权所有，翻印必究

《油藏描述技术与方法》
编写人员名单

邵先杰　燕山大学
许　浩　中国地质大学（北京）
霍春亮　中海石油（中国）有限公司天津分公司
乔雨朋　辽宁石油化工大学
刘书燕　河北柳江盆地地质遗迹国家级自然保护区管理中心
董常青　河北柳江盆地地质遗迹国家级自然保护区管理中心
宋德邻　河北柳江盆地地质遗迹国家级自然保护区管理中心
褚庆忠　燕山大学
马平华　燕山大学
郑黎明　燕山大学

前 言

油藏描述贯穿于油气田勘探开发的全过程，其目的是为油气田开发提供全面、准确的油藏地质参数、图件以及可靠的三维地质模型，最大限度地降低油气田开发成本和风险，尽可能地提高油气采收率和开发效益。

油藏描述的整个过程蕴含着丰富的辩证思维，正如习近平同志所讲："更加自觉地坚持和运用辩证唯物主义世界观和方法论，更好在实际工作中把握现象和本质、形式和内容、原因和结果、偶然和必然、可能和现实、内因和外因、共性和个性的关系，增强辩证思维、战略思维能力，把各项工作做得更好[1]"。油藏描述需要将地震、测井、地层测试、试油、开发动态等资料与地质资料结合，依据地质理论，采用辩证的思维方式进行全面系统的分析、归纳、演绎和总结，得出科学的、接近地质实际的结果，最后发挥信息技术的优势，完成精确的地质模型。可惜的是，目前的很多研究工作都相互割裂，只是资料的简单堆砌，将地震的构造解释结果、测井的分层解释结果导入到建模软件，加上有限的地质认识结果，利用软件的智能化就得到了地质模型，其结果往往是构造趋势不协调，断层组合无规律，空间上油水倒挂，井组间油层呈现螺旋状交叉，沉积相不符合相序规律。对这样的研究方式，很多人还认为这是"尊重原始资料""尊重事实"。实际上，这是不符合油藏描述的科学流程和规律的，没有达到油藏描述的目的。

人们常拿"盲人摸象"的寓言故事来嘲讽那些观察事物片面，只见局部不见整体的人。实际上我们从事的油藏描述工作何尝不是"盲人摸象"？在嘲笑这些盲人时，不知道自身都深入思考过没有？每一个盲人只是摸到了大象的局部，他们都分别真实地描述了自己感受到的大象特征，这是很客观的。如果盲人描述出很完整的大象的样子，我相信很多人会认为他在"胡说八道"，如果真是这样，那他就是在胡说八道，因为他并没有摸到大象的全部。但是如果有一个"智慧"的盲人利用所有盲人的描述结果，通过有机的组合和科学地分析，勾勒出大象完整的模样，这是符合科学思维和科学判断的，这个"智慧"者就应该是我们的地质工程师。这些资料中，岩心直观、可靠，但数量有限；三维地震空间连续，但干扰因素多，分辨率低；测井纵向连续且分辨率高，但井间追踪存在多解性；地层测试和试油可以准确验证储层中流体的性质和储层物性，但往往是孤立的单井点、单层资料；开发动态资料可以分析油井的产能、井间的连通情况，但展示出来的都是现象和结果。地质工程师需要充分收集其他方面的资料，与地质资料有机结合，利用地质理论开展全面分析和科学研究，形成完善的、系统的、科学的结论。

油藏描述技术经历了早期有限地质资料的大尺度定性描述阶段，现已发展到集地质、地球物理、油藏工程和信息技术为一体的精细化数字油藏描述阶段。按照油藏描述发展走过的历程，大致可划分为四个阶段：初期定性油藏描述阶段、半定量化油藏描述阶段、定量化油藏描述阶段、智能化精细油藏描述阶段。

伴随着地质理论的发展、测试技术的不断进步以及信息技术的日益智能化和完善，油藏描述已经将传统地质理论与高分辨层序地层学、多信息的测井技术、高分辨三维地震技术及反演技术、随机地质建模技术结合，基本实现了油藏数字化。采用人工智能的方式对油井进行解释、对比，对油藏进行智能化拟合，最小单位描述到了流动单元，地质模型可以体现出储层的构型特征。依据精细地质模型提高了大斜度定向井和超长水平井的中靶率和复杂油藏钻井的成功率，提高了开发动态预测的准确率。

随着我国陆上油田开发程度的加深，大部分油田进入特高含水阶段，为满足油田挖潜和提高采收率的需求，需要地质理论与油藏工程、地球物理、矿场测试和矿场开发动态紧密结合，利用信息技术建立小尺度精细地质模型和剩余油分布模型。随着非常规油气开发技术的突破，对油藏描述技术也提出了新的要求，这类油藏用常规的实验、测试方法无法得到有效的储层参数，需要借助新的技术和方法，因此，就需要构建新的研究方法，建立新的标准和指标体系。海上油田随着向更深海域、更加复杂油田的开发，资料录取难度越来越大，开发成本越来越高，这就要求油藏描述提高预测能力，能够提供更加准确的地质参数和地质模型，降低失误率。

本书由燕山大学、中国地质大学（北京）、中海石油（中国）有限公司天津分公司、辽宁石油化工大学、河北柳江盆地地质遗迹国家级自然保护区管理中心的教师和专家共同编写。全书共十章，其中前言、第一章、第二章由邵先杰编写；第三章由邵先杰、褚庆忠、马平华编写；第四章由许浩、邵先杰编写；第五章、第六章由邵先杰编写；第七章由乔雨朋、邵先杰编写；第八章由霍春亮编写；第九章由邵先杰、郑黎明编写；第十章由邵先杰编写。恒泰艾普集团股份有限公司的石磊参与了第八章的修改；刘书燕、董常青和宋德邻参与了柳江盆地野外露头的考察和资料的收集工作；燕山大学硕士研究生张振、刘益林、张宝聪、郑朋会、方玉玉、犹遵艳、闫懿、李明峰、李锋、刘泽恒、韩森伟、张宏远、高文龙、林景煜、王茜茜、Hamza Issa Mahamadou Kabirou、Oyaka Dickens、马胜利、张金、崔天琪、李思琪、胡紫微等参与了野外考察、测量、取样和记录等工作；中国地质大学（北京）博士研究生武衡、刘丁参与了部分图件的绘制工作。

本书是作者在长期的教学和科研实践基础上，汲取了近年来国内外油藏描述的新理论、新技术和新方法，针对我国陆相盆地的特点而完成的。书中大部分实例是与国内相关油田合作的科研成果，得到了有关油田的领导和科研人员的大力支持和帮助。本书从编写到出版得到了燕山大学、中国地质大学（北京）、河北柳江盆地地质遗迹国家级自然保护区管理中心的支持和资助，在此表示衷心感谢。

由于水平所限，一些新认识和新方法可能还不完善，甚至会存在一些错误，敬请读者不吝批评指正。

邵先杰

2023 年 8 月

目录

第一章 层序地层与油田地层单元划分·· 1
第一节 时间地层单位与岩性地层单位·· 1
第二节 层序地层学概述··· 2
第三节 油田层组划分·· 10

第二章 油层细分对比··· 13
第一节 油层细分对比的意义··· 13
第二节 地层对比方法·· 14
第三节 智能化地层对比技术与方法·· 23

第三章 沉积环境与沉积体系研究··· 29
第一节 沉积相的研究思路与方法·· 29
第二节 不同水动力环境下碎屑物的搬运与沉积··· 31
第三节 沉积环境标志·· 37
第四节 冲积扇沉积体系·· 62
第五节 河流沉积体系·· 68
第六节 三角洲沉积体系·· 88
第七节 陆源碎屑滨海沉积环境··· 105
第八节 碳酸盐岩及沉积环境··· 117
第九节 浊积岩及沉积特征··· 137

第四章 储层微观孔隙和孔隙结构研究··· 162
第一节 岩石薄片法研究微观孔隙及喉道·· 162
第二节 压汞法··· 166
第三节 气体吸附法·· 173
第四节 核磁共振法·· 177
第五节 扫描电镜法·· 179
第六节 X射线计算机断层扫描法·· 180

第五章 储层的裂缝表征 ································ 181
第一节 裂缝分类 ································ 181
第二节 裂缝成因 ································ 183
第三节 裂缝的研究实例 ································ 187

第六章 储层非均质性研究 ································ 203
第一节 储层非均质性的层次划分 ································ 203
第二节 储层非均质性的表征参数 ································ 204
第三节 储层宏观非均质性 ································ 209
第四节 储层微观非均质性 ································ 216

第七章 储层构型研究 ································ 220
第一节 储层构型层次划分 ································ 220
第二节 河流相储层构型界面识别与特征 ································ 223
第三节 曲流河构型表征实例 ································ 226

第八章 随机地质建模 ································ 235
第一节 随机地质建模原理与方法 ································ 235
第二节 随机地质建模基础数据库 ································ 241
第三节 构造建模 ································ 244
第四节 属性建模 ································ 254
第五节 模型粗化 ································ 263

第九章 剩余油研究 ································ 269
第一节 剩余油形成机理 ································ 269
第二节 剩余油研究方法 ································ 279
第三节 剩余油分布模式 ································ 291
第四节 注蒸汽热采油田剩余油研究实例 ································ 293

第十章 油藏描述软件介绍 ································ 304
第一节 操作界面 ································ 304
第二节 功能介绍 ································ 310

参考文献 ································ 328

附录 地质常用图例 ································ 340

第一章 层序地层与油田地层单元划分

第一节 时间地层单位与岩性地层单位

时间地层单位是依据地层古生物的演化特征和同位素年龄，依据形成的时间顺序划分出来的地层单位。岩性地层单位是根据地层的岩性、旋回性和接触关系等特征划分出来的地层单位。区域上的地层单位一般都是时间地层单位，比如界、系、统、阶、组、段往往是根据区域上的古生物演化特征确定下来的时间地层单位，在大的区域内是统一的（至少在盆地内是统一的）、可以对比的。油组、砂层组、小层和单层多属于岩性地层单位，一般是根据岩性、岩性组合、旋回性等划分出来的，可在油田内部对比使用，跨油田对比往往比较困难。

在地层对比过程中，"等时地层对比"和"穿时地层对比"地层对比一直是被讨论的话题。通常情况下，区域上的时间地层单位对比属于等时地层对比，油组一级的对比在一定范围内也应该属于等时地层对比，因为油组的顶底界限一般是不整合面，或者是洪泛面，虽然其划分是根据旋回性划分出来的，但对比基本上是属于等时地层对比。

小层和单层的对比常常是穿时的。利用岩性进行的地层对比常常是穿时的，但穿时地层对比并不是没有意义，因为在某些沉积体系中，虽然砂岩在横向上不是同时沉积的，但它们是连通的，或者是半连通的，是同一个油气聚集单元，开发时注采井间是连通的，这时候的岩性对比显得比等时地层对比更有实际意义。穿时地层对比主要发生在三角洲、滨浅湖、滨浅海和曲流河等沉积体系的砂体中。在这些沉积环境中，沉积物不仅垂向堆积，横向上也在连续"生长"。比如在湖退背景下形成的三角洲沉积体系中，随着沉积基准面的下降，三角洲向前推进，砂岩不断向湖方向"生长"，并且是连续的（图1-1-1），就是说不同时期的三角洲前缘砂体横向上是连通的。

曲流河沉积过程中最主要的现象就是侧向迁移，在侧向迁移过程中，点沙坝不断侧积（图1-1-2），平面上面积不断扩大，单个点沙坝的面积甚至可以超过$10km^2$，往往能形成规模比较大的油田。虽然砂体等时面上常常分布有细碎屑的侧积泥岩夹层，但砂体的下部是连通的，横向多呈"半连通"状态。

在地层对比过程中，一般情况下，界、系、统、组、段是等时地层对比；油组在油田内

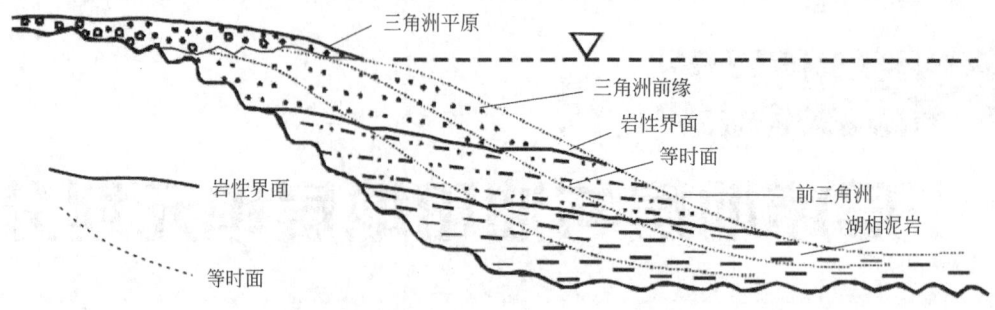

图 1-1-1　三角洲前缘亚相中时间地层单元与岩性地层单元之间的关系

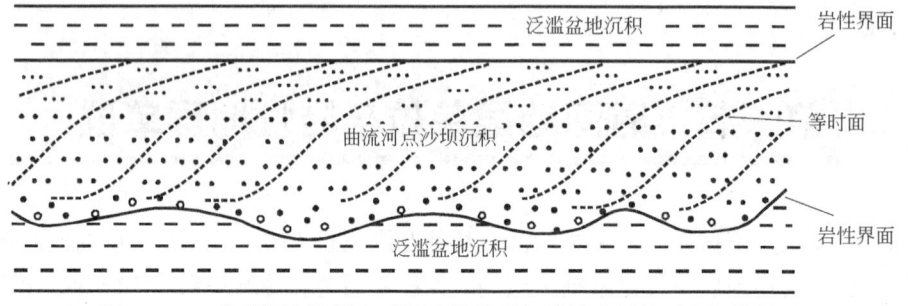

图 1-1-2　曲流河点沙坝中时间地层单元与岩性地层单元之间的关系

部对比是等时的，跨油田对比就不一定是等时的；油田内部的小层和单层对比更强调的是砂体的连通性对比，不会过分追求地层对比的等时性，因此可能存在穿时现象，但有些类型的砂体采取岩性对比更有利于生产，比如三角洲前缘、滨浅湖、滨浅海等类型的砂体。

第二节　层序地层学概述

　　层序的基本概念在 18 世纪晚期即已提出，认为层序是顶、底界为不整合的地层单位[2]。层序地层学是研究由不整合面或与其对应的整合面所限定的一套相对整一的、成因上具有成生联系的等时地层单元[3]。Emery（1996）认为层序地层学是地层学中研究沉积盆地充填，形成以不整合或相对应的整合为界的成因单元的分支学科。层序地层学提供了一种精确的地质时代对比、古地理再造和在钻井前预测储集体、生油岩和盖层的有效方法[4,5]。总之，层序地层学是研究旋回性最有效的手段。层序构造运动、全球绝对海平面的变化和沉积物供应速率变化综合作用在地层中并留下的记录，也可称作地层信号[6]。由于构造运动和海平面升降存在周期性和规模大小的变化，因此层序具有分级性[7]。

一、层序

　　层序是以不整合面或与不整合面相对应的整合面作为边界，在成因上有联系的、相对整合的、连续的地层序列[6]。
　　层序是一个具有年代意义的地层单位，但层序本身不包括规模甚至时间的含义，然而层序内所有岩层都是沉积在以层序边界所限定的地质时间间隔内[8]。层序界面的形成不是绝对等时的，但其总的形成时间也不过数千年至一万年，这在地质时标上是相当短暂的，因此在进行沉积相解释、对比和编制岩相古地理图时，可以将其视为等时面[9]。

在地层记录中，可识别出两种类型的层序，即Ⅰ型层序和Ⅱ型层序[10]。

Ⅰ型层序的底界面是以Ⅰ型层序边界为底界面，顶界面以Ⅰ型层序边界或Ⅱ型层序边界为顶界面。

Ⅰ型层序边界是一个区域性的不整合面（图 1-2-1）。由于全球海平面下降速率超过滨线坡折带处沉降的速率，因而产生海平面的相对下降，陆架暴露并遭受长期地表风化，以陆棚广泛暴露和发育与河流回春作用相关的同期地表下切作用为标志。与之相关联的特征为向盆地方向的相位移、退覆以及削截现象[9]。

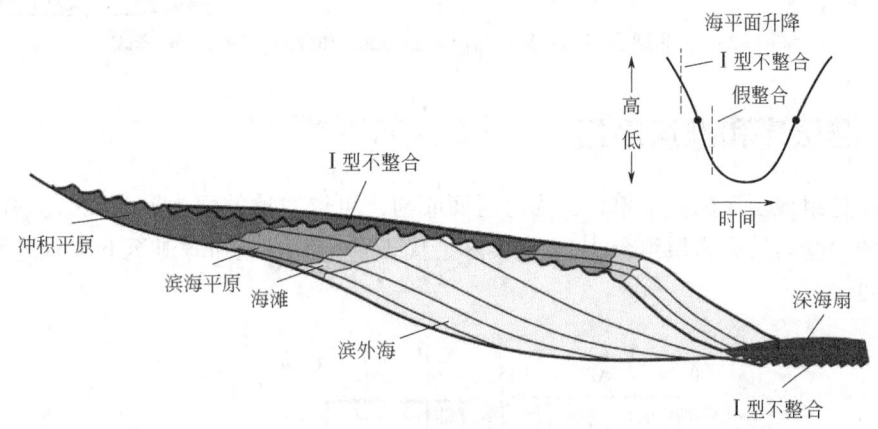

图 1-2-1　Ⅰ型层序示意图（据 Posamentier 和 Vail，1988，有修改）

Ⅰ型层序边界的识别标志：（1）大范围的暴露标志，包括陆地植物化石，陆相堆积物等；（2）古风化壳广泛分布，有残积的红层，风化残积型铁矿、铝土矿等；（3）存在下切河谷，河流回春形成的下切谷普遍分布；（4）具底砾岩（典型的标志），不整合面上常大面积分布粗碎屑堆积；（5）地层不整合特征明显，为角度不整合或平行不整合；（6）界面上下微量元素存在差别，界面以下为海相微量元素组合，界面以上为陆相微量元素组合；（7）测井曲线平均基线的突变，由于不整合上下地层成因和成岩序列的不同，在测井曲线上存在突变现象，特别是声波时差测井曲线在不整合面之上会出现明显增大的突变；（8）地震剖面响应明显，地震剖面上显示为削截、退覆、下切谷充填。

Ⅱ型层序的底界面是以Ⅱ型层序边界为底界面，顶界面以Ⅰ型层序边界或Ⅱ型层序边界为顶界面。

Ⅱ型不整合界面的形成是由于全球海平面下降速率小于沉积滨线坡折带处盆地沉降速率[10]，因此，在这个位置上没有发生明显的海平面的相对下降，缺乏陆棚的广泛暴露和界面上的沉积相缺失为特征（图 1-2-2）。与Ⅰ型层序边界相比，无河流回春和向盆地方向的相位移；盆地边缘的局部为不整合，滨线坡折带以下基本上是整合。

Ⅰ型层序是普遍性的，具有全球的一致性。Ⅱ型层序只存在局部地区，是因局部地区的构造运动抵消了全球海平面升降的影响而形成的。

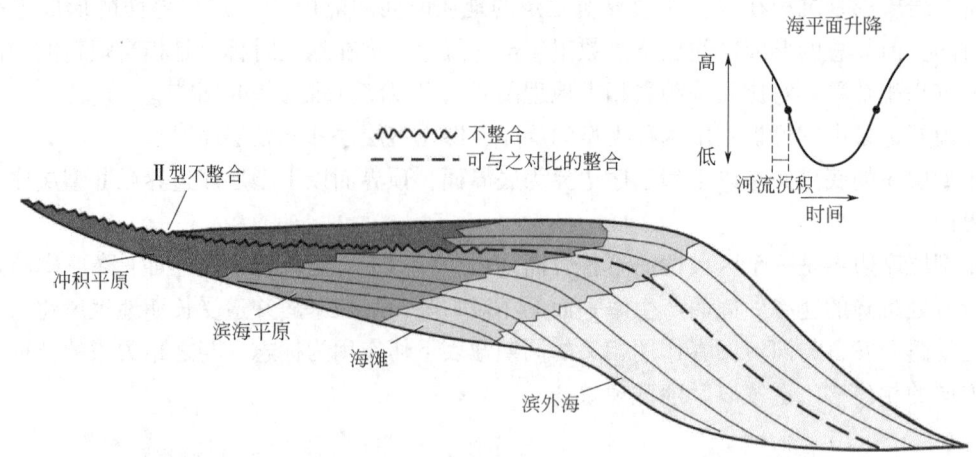

图 1-2-2　Ⅱ型层序示意图（据 Posamentier 和 Vail，1988，有修改）

二、准层序和准层序组

准层序是组成层序的基本单元，为海泛面或与之可以对比的面为界的成因上有联系的、相对整一的一套岩层或岩层组合[11]。它实际上代表了一次海进和海退至下次海进开始的旋回（图 1-2-3）。

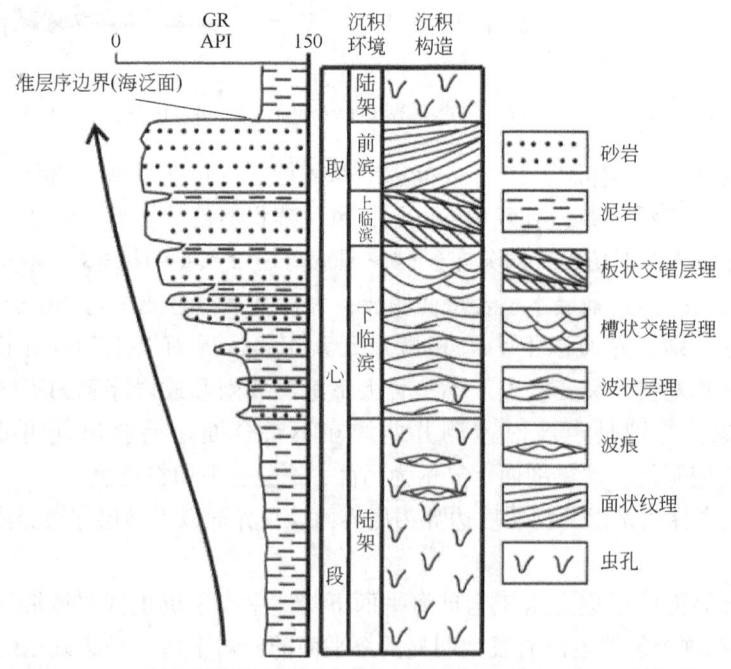

图 1-2-3　准层序划分示意图（据 Van Wagoner 等，1988，有修改）

按层序地层学观点，准层序发育初期可容纳空间突然增大，其特点为：（1）界面上下岩性陡然变化，界面以下为相对浅水沉积，粒度粗，界面以上为相对深水沉积，粒度细；（2）界面上下地层序列是各自有成因联系的沉积相组合；（3）界面分布相对广泛，可以作为等时面进行时间地层对比[12]。

准层序组是以较大规模洪泛面及其对应面为界的，成因上有联系的准层序所构成的一组特定叠置模式[12]（图1-2-4）。从定义上看，准层序组的界面对应的是更大级别的洪泛面，其规模大于准层序的洪泛面。不同的准层序组间一般存在沉积体系的改变。

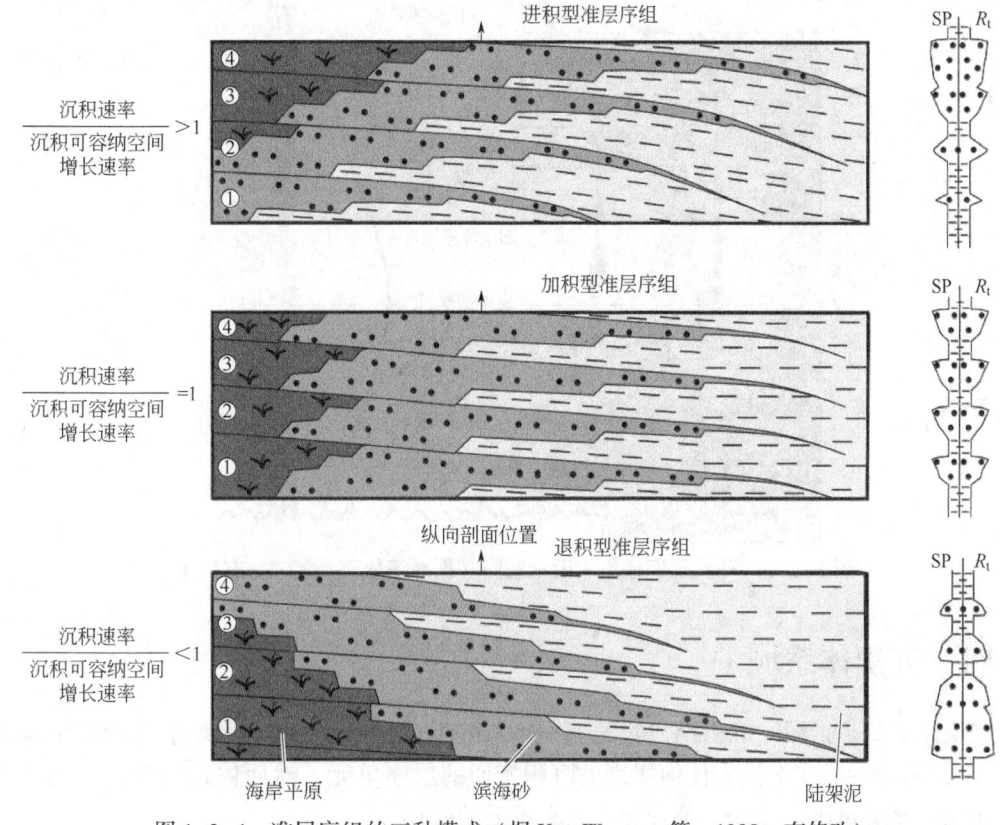

图1-2-4　准层序组的三种模式（据Van Wagoner等，1988，有修改）
①—准层序1；②—准层序2；③—准层序3；④—准层序4

根据沉积基准面和沉积可容纳空间的变化，准层序组内的层序叠置方式可划分为进积型、加积型和退积型三种模式。进积型准层序组是由两个或多个准层序叠置而成的向上变粗的序列，向盆地方向相位移，水体总体变浅，这是沉积可容纳空间的增长速率小于沉积速率导致的结果。加积型准层序组是由两个或多个准层序叠置而成，向上的粒度、砂层厚度等都无明显变化的序列，总体上水深无大的变化，横向上无明显的相位移，这是沉积可容纳空间的增长速率与沉积速率同步的结果。退积型准层序组一般为由两个或多个准层序叠置而成的向上变细的序列，向陆方向相位移，水体总体变深，这是由于沉积可容纳空间的增长速率大于沉积速率导致的结果。

三、湖盆层序地层划分

湖盆地层层序同海相地层的层序相比规模小、持续时间短、纵向变化频繁。对于湖盆来讲，由于其沉积演化受控因素太多，区域上的构造运动、局部的构造活动、火山活动、气候的变化等因素都会影响到湖盆演化与发展，甚至周边的一次地震活动就可以使湖盆消失，因此很难用海相地层的层序套用湖盆，一个湖盆从产生到消亡的一个演化周期甚至都不能与海相的一个旋回相提并论[13]。但是"麻雀虽小五脏俱全",湖盆虽然规模小,持续时间短,但在其演化的周期内,旋回性和沉积体系域是完整的,界面也是清晰的,也可以按照层序地层学的原理和方法划分湖盆的层序、体系域、准层序组和准层序(图1-2-5)。

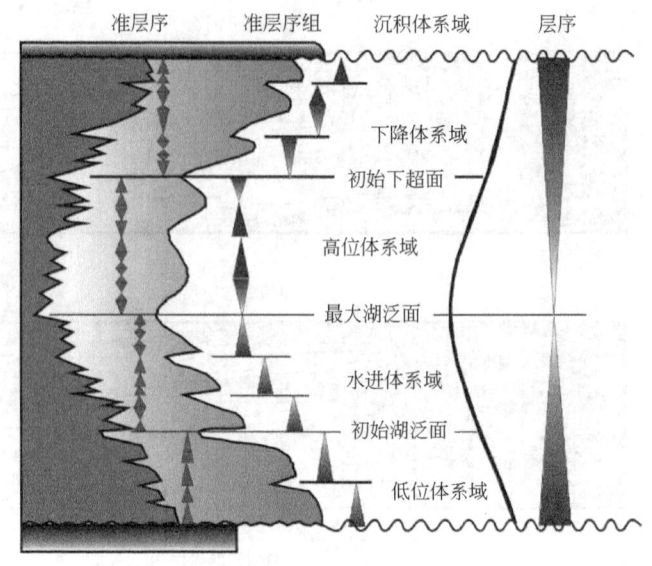

图 1-2-5　湖盆层序地层成因示意图(据林畅松等,2002,有修改)

四、沉积体系域

沉积体系域是指同一沉积期发育的沉积体系的组合,Vail 等将体系域引入到层序地层格架中[14],但体系域并不代表任何级别的沉积旋回的层序单元,然而体系域在分析纵向沉积体系演化、地层对比以及油气藏聚集方面有重要的作用。

在基准面旋回中,可容纳空间大小随地理位置而变化,由此堆积在可比较的沉积环境中的沉积物发生体积分配。当沉积基准面上升时,扩大了可容纳空间的范围,增加了盆地边缘方向沉积物的存储能力。在同一沉积体系内,堆积在盆地边缘相域内的沉积物体积增加,必然减少了向下坡方向搬运的沉积物体积,随着沉积基准面的不断上升,导致沉积物向盆地中心呈现退积的堆积样式。沉积基准面下降时,盆地边缘相域的可容纳空间比该旋回基准面上升时的可容纳空间减少,被搬运到盆地中心去的沉积物体积增加。随着沉积基准面的不断下降,沉积物不断向盆地中心进积,呈现进积的堆积样式。当沉积基准面相对稳定时,可容纳空间也保持相对稳定,沉积物不断垂向加积而呈现加积的堆积样式。在一个完整的基准面旋回中,受其控制的地层沉积单元的叠加样式表现出明显的四分性,即一套退积、一套进积和两套加积。由此得出的结论,一套完整的层序也应具四分性。对于湖盆层序而言可以划分出低位体系域、水进体系域、高位体系域和下降体系域4个体系域(图1-2-6)。目前国内学者普遍认为,湖盆沉积地层中"四分法"比较有利于油气成藏体系分析和开发层系的划分。因为在国内的断陷湖盆中容易形成巨厚层高位体系域的暗色泥质烃源岩,湖盆衰退期常常在高位体系域之上形成厚度和面积都比较大的进积型粗碎屑沉积,后期风化剥蚀形成的不整合面又会成为区域上的盖层,是十分有利的储层,因此,把下降体系域单独划分出来对于找油和油田开发具有实际应用价值[13]。

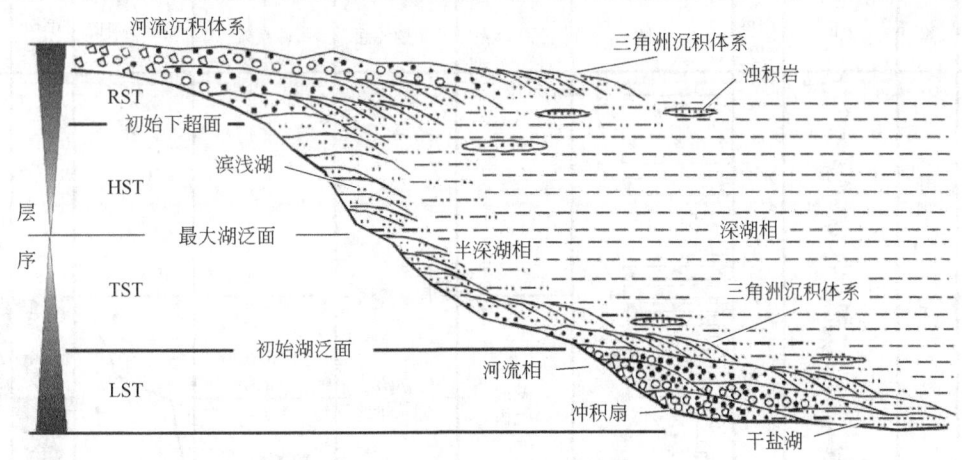

图 1-2-6　湖盆层序地层演化模式

但是实际上，并不是所有盆地层序的四分性都很明显。盆地萎缩期的速度往往比较快，下降体系域的厚度一般较薄，下降体系域形成之后，接着就受到剥蚀，残留下来的下降体系域厚度有时较薄，甚至会全部被剥蚀掉。

1. 低位体系域

低位体系域（LST）以层序底界面为界，初始洪泛面为顶界。低位体系域发育于盆地形成的早期，水体浅，可容纳空间小。主要沉积相类型有冲积扇、斜坡扇、低水位楔状体和深切谷充填沉积。沉积物以粗碎屑为主，岩性主要为砾岩和含砾砂岩。砂砾岩体多呈厚层状，由加积准层序组构成。测井曲线多呈箱形、箱钟形，中等幅度，低频率（图 1-2-7）。沉积构造多发育快速堆积的块状构造、平行层理，底部常见冲刷充填构造。图 1-2-7 的实例所处地区母岩为沉积岩，所以岩性均比较细，但低位体系域的岩性也是沉积序列中最粗的。地震相多为中等强度振幅、低频、不连续的反射特征（图 1-2-8），外部几何特征上多呈楔状、丘状、箕状。

2. 水进体系域

水进体系域（TST）以初始洪泛面为底界，最大洪泛面为顶界。沉积基准面稳定上升，沉积速率小于沉降速率，可容纳空间持续增大，盆地积水面积不断扩大。沉积物以砂、泥互层为主，由退积型准层序组构成，砂岩层的数量向上逐渐减少，厚度逐渐减薄，粒度逐渐变细。测井曲线特征主要以钟形、漏斗形和指形为主，高幅、中频，总体上构成了一个向上变细的正旋回（图 1-2-7）。地震相呈强振幅、中高频、较连续的反射特征，内部呈亚平行反射、前积反射等结构，外部几何特征呈席状、似席状，盆地边部为上超地震反射（图 1-2-8）。

3. 高位体系域

高位体系域（HST）以最大洪泛面为底界，初始下超面为顶界。沉积基准面大致稳定，沉积速率大致等于沉降速率，可容纳空间处于稳定状态，盆地积水面积不再继续扩大。岩性以暗色水平层理泥岩、块状泥岩和油页岩为主，局部可能夹深水浊积岩。测井曲线低幅度，呈平直段，由加积准层序组构成（图 1-2-7）。地震相以强振幅、高频、连续平行反射为主要特征（图 1-2-8）。高位体系域是主要的生油岩和盖层。

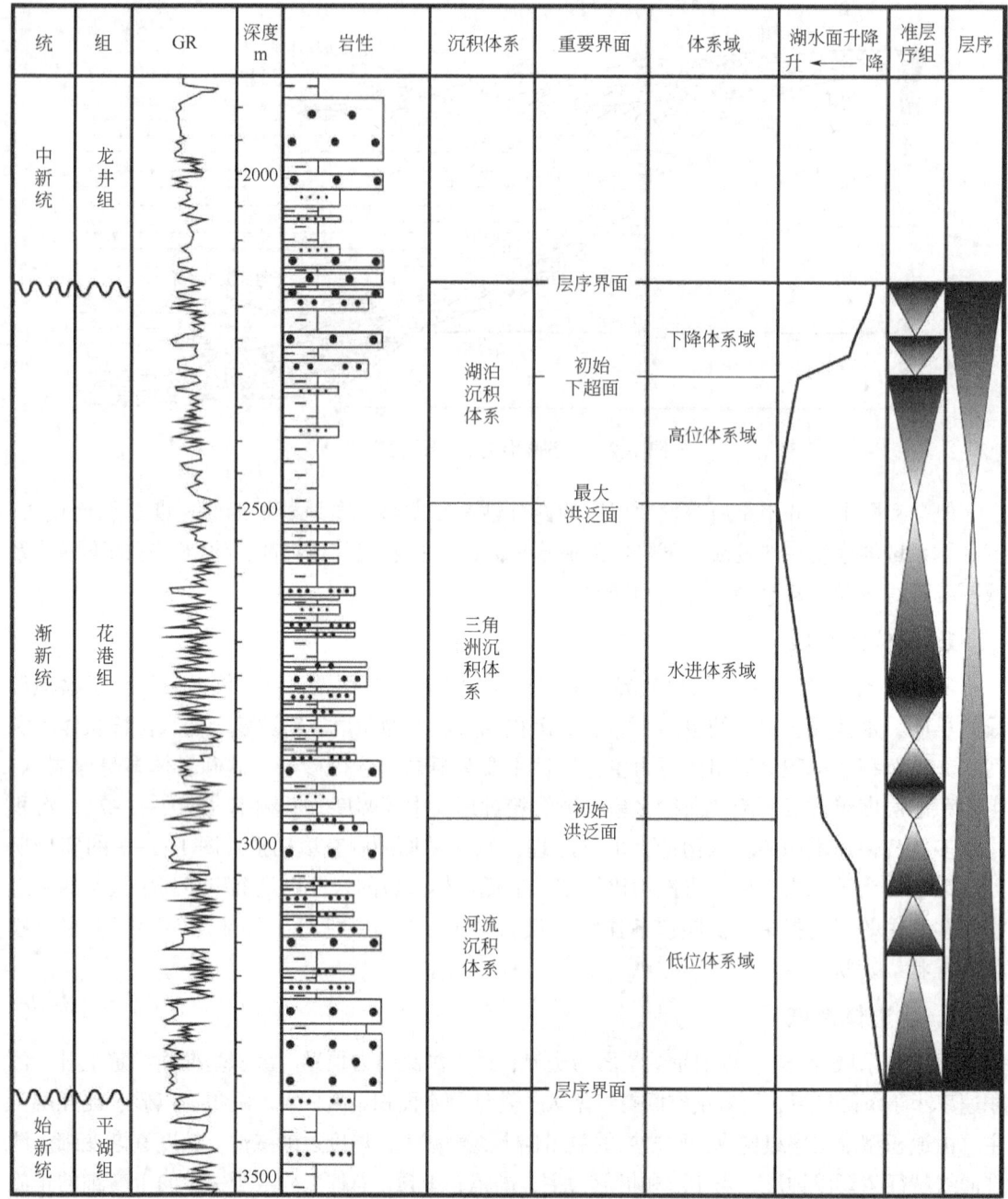

图 1-2-7 某盆地的层序地层划分

4. 下降体系域

下降体系域（RST）以初始下超面为底界，以层序顶面为顶界。沉积基准面逐渐下降，可容纳空间变小，沉积速率远大于沉降速率，盆地积水面积不断缩小。沉积物以砂岩逐渐过渡到砾岩，由进积型准层序组构成，砂岩层数及厚度向上增多、增厚，向上粒度逐渐变粗，总体上构成一个反旋回。测井曲线特征主要以钟形、漏斗形为主（图 1-2-7）。地震相多为较强振幅、中低频、较连续的反射特征（图 1-2-8），外部几何特征上多呈楔状、帚状。下降体系域往往持续时间短，演化速度快，总厚度较薄。

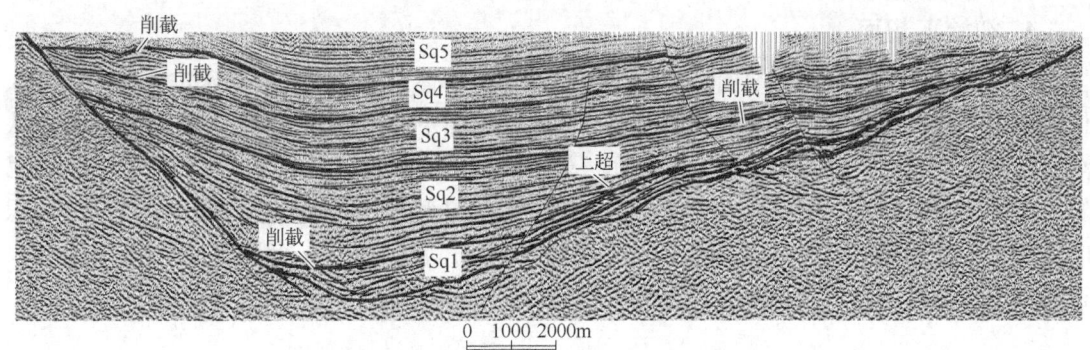

图 1-2-8　某盆地层序地层在地震剖面上的响应特征

五、层序地层学中的重要界面

1. 层序界面

层序界面是不整合面，可能是角度不整合，也可能是平行不整合。一般情况下，界面上下岩石的颜色、粒度等差别很大。通过岩心观察，界面之上多分布底砾岩，以厚层块状砾岩、含砾砂岩为主，呈冲刷接触关系，界面上常常会分布有厚度或大或小的风化残积层。在测井曲线上，界面上下呈突变接触关系（图1-2-7），界面上多为厚层箱状测井相，界面下的测井曲线类型变化大。在地震剖面上，由于不整合面凹凸不平，在界面上会出现一些弯曲的反射波和绕射波，角度不整合的界面上普遍表现为削截现象，界面以上多为低频、弱振幅、不连续的反射；界面以下多为强振幅、中低频、较连续反射（图1-2-8）。

2. 初始洪泛面

初始洪泛面为低位体系域与水进体系域间的界面。由于水进的过程通常是渐变的，准确确定出初始洪泛面是比较困难的，另外，处于盆地不同位置的井受水进影响的时间不同，受影响的程度也不同，利用测井资料识别初始洪泛面就存在多解性。虽然水进过程是渐变的，但是可以从渐变的过程中找出水面上升过程中跨越幅度最大的点作为初始洪泛面。岩心观察方面，在界面上，岩性由砾岩过渡为砂岩，沉积物的颜色由紫红色、黄色逐渐过渡为灰色、灰绿色。测井响应表现为由加积向退积的转折处，测井曲线形态由厚层箱形向钟形的变化（图1-2-7）。在地震剖面上，由弱振幅、低频、不连续的反射，向强振幅、中低频、较连续反射转换的界面处（图1-2-8）。

3. 最大洪泛面

最大洪泛面又叫最大水进面，对应沉积基准面上升幅度达到最大，可容纳空间达到极大值。对于湖盆来讲，此时湖盆边部上超最远，湖水面积最大，湖相沉积的面积最大。沉积岩层主要为暗色泥岩，多发育水平纹理，有机质含量高，微体古生物丰富[15]。在地震剖面上，同相轴为中强振幅、高频、连续的反射特征，呈大面积的席状平行反射结构（图1-2-8）。在测井曲线上，自然伽马为高值，自然电位和电阻率为低值，并都呈比较厚的平直段，相对光滑。由于最大湖泛面时期沉积的深湖相泥岩有机质含量高，对铀的吸附和富集有重要的作用[16]，放射性强度往往偏高，因此在自然伽马曲线上该处一般是最大值段（图1-2-7）。准层序组在该处由退积式转换为加积式。

4. 初始下超面

初始下超面又叫首次下超面，为高位体系域与下降体系域的界面。同水进一样，由高水位转变为水退的过程通常是也渐变的，准确确定出初始下超面同样也是比较困难的。可以从渐变的过程中找出突变点作为初始下超面。岩心观察，在界面处，由下往上，岩性常常由泥岩、粉砂岩突然转变为中粗粒砂岩，砂岩的厚度也明显变厚。测井响应表现为由加积向进积的转换，砂泥比突然增大，曲线形态由平直型或低幅齿形向钟形、箱形转换（图 1-2-7）。在地震剖面上将下超现象最明显处作为初始下超面（图 1-2-8）。

第三节　油田层组划分

我国油田地层单位一般是从大到小划分为：界、系、统、组、段、油组、小层、单层。有些油田在油组与小层之间还增加了一个砂层组级别的单元。

界、系、统是时间地层单位，是按照微体古生物或者同位素年龄确定的地层单位，一般可以进行区域地层对比。组、段、油组是根据沉积体系以及岩性组合划分的岩性地层单位，一般在盆地内部是可以统一对比的。小层和单层是依据沉积微相、油砂体、隔层、夹层的平面稳定程度划分出的岩性地层单位，小层在一个油田内一般是可以追踪对比的，单层在一个开发单元内是可以对比的。

一、划分层组的依据

层组划分的主要依据是地层层序和旋回性，沉积旋回是地层剖面上若干相似的岩性在垂向上有规律的重复出现的现象。这种现象主要表现在岩石的颜色、岩性、结构、沉积构造等方面，最明显的表现是在岩石粒度上的韵律性变化。形成韵律的原因主要是沉积基准面的规律性变化，当沉积基准面稳定下降时，在剖面上形成自下而上由细到粗的粒序变化，称为反旋回；沉积基准面上升，在剖面上形成自下而上由粗到细的粒序变化，称为正旋回。由于沉积基准面随机性的波动，使得剖面上的粒序特征不断改变，往往会形成正、反旋回交替出现的现象。

层组划分应考虑以下因素：
（1）油气层的沉积环境、分布状况、岩石性质及储层特性等特征；
（2）油气层之间的隔层厚度、分布范围、岩性特征、分隔条件等；
（3）油气层内流体性质及压力系统；
（4）开发工艺和技术。

二、组的划分

根据国内大部分油田的资料分析，组一般对应的是一级层序单元，顶底面均是不整合面，或者是与不整合面对应的界面。在组内是连续沉积地层，一般不应该再有沉积间断。比如渤海湾盆地新近系馆陶组和明化镇组，馆陶组与下伏的古近系东营组为区域性不整合接触，明化镇组与馆陶组之间为假整合接触，明化镇组与上覆第四系平原组为区域性不整合[17]。再如某盆地古近系花港组顶底界均为不整合面，构成了一个完整的层序（图1-2-7），四个体系域发育完整。

以苏北盆地金湖凹陷为例，从白垩纪盆地开始形成到新近纪末盆地消亡[18]，经历了3个发育阶段（图1-3-1），包括形成期、拉张断陷期与坳陷期。

（1）形成期：在白垩纪早期，由于太平洋板块向北俯冲，引起了大陆地壳北西—南东方向松弛，地壳形成了一种拉张应力环境，郯庐断裂由左旋扭动转变成了右旋扭动，导致下扬子区应力场由之前的挤压转变为拉张—走滑，从而形成了苏北盆地的沉降，在该区域称作仪征运动。这一时期自下而上发育了浦口组（K_2p）、赤山组（K_2c）（图1-3-1），沉积了一套含膏盐的红色地层建造和沙漠沉积，之后抬升，部分地层遭到了剥蚀。

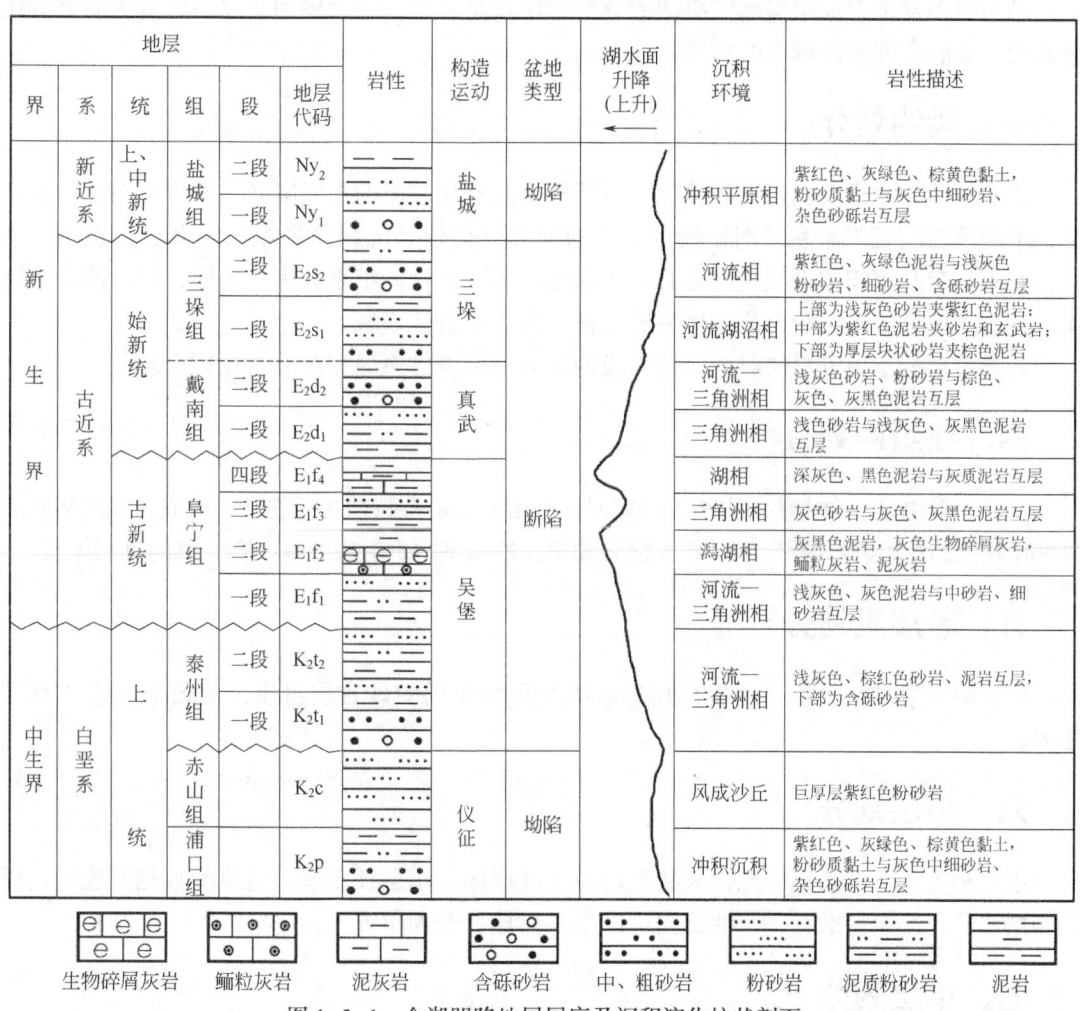

图1-3-1 金湖凹陷地层层序及沉积演化柱状剖面

（2）拉张断陷期：晚白垩世—古近纪的吴堡运动使杨村断裂活动加剧，盆地拉张断陷，快速下沉。这一时期自下而上发育的地层为上白垩统泰州组（K_2t）、古新统阜宁组（E_1f）、始新统戴南组（E_2d）、始新统三垛组（E_2s）（图1-3-1）。这一时期，经历了真武运动和三垛运动，经历了多次沉积基准面的升降旋回，形成了多旋回的河流—三角洲—湖泊沉积体系，发生间歇性的湖侵。内部存在两个角度不整合和一个平行不整合界面。

（3）坳陷期：古近纪末期的三垛运动后，盆地抬升，并受到了剥蚀，之后的盐城运动，使盆地进入坳陷期，这一时期沉积的盐城组（Ny）发育了一套河流—冲积平原相。

金湖凹陷地层单元中组的划分基本上是以不整合面为界限（图1-3-1），从新生代到中生代，划分为7个组：盐城组、三垛组、戴南组、阜宁组、泰州组、赤山组、浦口组[19]。赤山组与浦口组之间是否存在沉积间断，需要进一步研究。

由于在盆地研究初期可能受资料的限制，在某些盆地中，组的内部可能存在沉积间断，比如胜利油田的沙河街组内部沙一段与沙二段之间可能呈不整合接触[17]。有些盆地也可能把一个完整的层序划分成了几个组，比如泌阳凹陷的古近系实际上是一个完整的层序，但自下而上划分成了大仓房—玉皇顶组、核桃园组、廖庄组。

国内很多盆地中地层单元中组的划分与层序完全一致，毫无疑问，以不整合为界划分组是比较合理的，便于区域上的对比。

三、段的划分

段的划分要考虑沉积环境的演化，不同段之间有比较厚的泥岩隔开，并有可对比的标准层，不同段之间沉积体系差别比较大。段的划分更接近于沉积体系域，但由于认识上的不同，并不一定与沉积体系域完全吻合。比如泌阳凹陷核桃园组划分为三个段，核一段为下降体系域的一部分，核二段为高位体系域，核三段为水进体系域。

通过大部分油田资料的对比，认为段的划分与沉积体系域相对应是比较合理的。

四、油组的划分

油组一般也是一个完整的次级沉积旋回，是由若干油层特性相近的砂岩组成，顶底界均有厚度比较大的泥岩隔层隔开[20]。在大部分油田，油组基本上对应的是一套完整的沉积体系。

五、砂层组划分

砂层组一般是由一组岩性特征相近、沉积环境相同的砂岩层组成，大致上对应于准层序组。

六、小层划分

小层相当于一个微相单元，大致上对应于准层序。小层顶底有一定厚度且相对稳定的泥岩隔层隔开。小层一般在一个油田内可以追踪对比，全油田统一。

七、单层划分

单层是单个韵律层，单层之间有比较稳定的夹层隔开。一般情况下，含油区域内80%以上的井可以细分的，就应该细分出单层，目的是为细分开发提供依据。不追求全油田统一，一般保证一个区块内或一个开发单元内统一。

第二章 油层细分对比

第一节 油层细分对比的意义

油层细分对比是油藏描述和油田开发工作中最基础也是最重要的工作,是油田开发工作的起点,如果细分对比工作基础不牢靠,或者有错误,会造成后续研究工作非常被动,严重影响油田开发。我国油田开发地质工作者针对陆相储层横向变化大、非均质性严重的特点,开展了油组、小层、单层等不同尺度的储层细分对比,形成了一些比较成熟的方法[20]。各个油田总结的方法有效地指导了我国不同类型沉积体系、高度复杂和高度非均质油藏的开发,为我国油田开发长期稳产高产奠定了基础。

油层细分对比是利用岩心、测井等资料,通过研究储层岩性、物性、岩电关系,在区域地层对比已确定的含油层系内进行油层的细分和对比,目的是落实构造和油砂体分布,确定油气水分布和油水关系,计算地质储量,合理划分开发层系、部署井网、优化注采关系以及为油田开发过程中的动态分析提供可靠的地质基础资料。开发后期更要能够真实、客观反映油井间单砂体的连通关系,为注采关系的调整、调剖、堵窜、剩余油的挖潜提供依据。

严格地讲,油层细分对比是地层划分与对比的一部分。因为在沉积盆地内部,勘探阶段确定含油层系后,已经详细划分出了地层的界、系、统、组、段和油组。油田开发工作者的首要任务就是搞清楚各含油单元的分布情况、连通状况,为编制开发方案提供依据,因此,油田进入开发阶段之前,油层细分对比就成为油田地质工作者最基本的基础工作。开发阶段的油层细分对比有两个特点:一是细,剖面上要求至少划分并对比到单层,后期甚至要划分对比到构型单元、流动单元;二是注重连通性,确定单层在平面和剖面的连通情况以及隔层和夹层的分布情况,这些都是油层细分对比研究的重点。

我国陆相含油气盆地地层对比过程中的困难主要表现在以下几个方面:

(1)中国东部的湖相盆地大多受剧烈活动的断裂控制,沉积地层厚度大,断层发育,成藏期油气运移距离远,聚集到不同地层单元的圈闭中。表现出来的特点是含油井段长、层数多、油层厚度薄、含油面积小、非均质性严重。细分对比工作量大、难度大。

(2)湖盆具有多物源、近物源和地层复杂的特点。无论是区域上的构造活动还是气候变化都会引起沉积基准面的变化,甚至局部的构造活动都能引起沉积环境的改变,因此砂体在纵向和横向上变化大，经常出现尖灭、合并、叠置现象，小层细分比较困难。

（3）在陆相地层中常常缺少大面积分布的等时面，给砂体的对比、平面追踪带来了很大困难。特别是河流沉积体系，由于河流频繁地改道、横向摆动，纵向上多期河道叠置、成群出现，砂体在空间上呈错列状。每一期砂体的岩性、韵律和测井曲线特征基本相似，很容易将不同期次的河道连在一起。

（4）油田断层发育，构造破碎，常常出现断失现象，并且在断层附近由于应力的作用，局部的地层厚度和孔隙结构都会发生变化，导致测井曲线的幅度和形态变化较大，给地层对比带来了很大的困难。

（5）我国的油田开发持续时间长、经历的阶段多，不同时期采用的测井系列和测井标准不同，测井曲线变化大，对比难度大。

第二节 地层对比方法

地层对比有多种方法，每种方法有其优缺点，要完成一个地区的地层对比，往往要采用多种方法，相互弥补不足。概括起来可以归纳为九种方法。

一、由大到小分级控制对比

地层对比的基本方法是"由大到小，分级控制，逐井逐层追踪对比"。依据层序地层学原理，在确定出层序的界面、初始洪泛面、最大洪泛面、初始下超面的基础上，划分出层序、沉积体系域、准层序组、准层序，首先完成层序的对比，再依次完成沉积体系域、准层序组、准层序的对比。完成宏观上的对比之后，再进一步细分对比。

图 2-2-1 所示为某盆地砂层组对比剖面，首先确定出每口井中层序的界面、最大洪泛面、初始洪泛面和初始下超面，并对比连线，完成层序、沉积体系域和准层序组的对比。

二、分析纵向地层变化规律和特点，把握对比的全局

中国的含油气盆地一般都经历了多次的沉降、抬升、剥蚀、再沉降的循环。不同时期，盆地的沉积体系不同，成岩序列不同，导致不同阶段的地层岩性、物性存在很大差别，反映到测井曲线上就存在明显的差别。在地层对比时要放眼全局，找出规律和特点，就可以抓住地层对比这个纲，做到纲举目张。

比如某盆地，新近系上新统的声波时差横向跳跃幅度很大，自然伽马曲线的值普遍低，中新统的声波时差横向跳跃幅度收窄，自然伽马曲线的值普遍高（图2-2-2）。这是两方面的因素形成的，一是上部地层成岩程度低，不同岩性之间颗粒压实程度差别大，导致声波时差差异大。下部地层成岩程度高，各岩性中颗粒间压实度大，降低了泥岩和砂岩之间的声波时差的差值。第二，下部地层沉积时盆地周边的环境与上部地层沉积时的环境不同，早期可能火山活动频繁，地层中放射性元素含量高，整体上自然伽马值高，并且存在多个异常高值段。只要把握住这一特点，就很容易找到K5界面，即上新统和下新统的分界线，避免窜层。

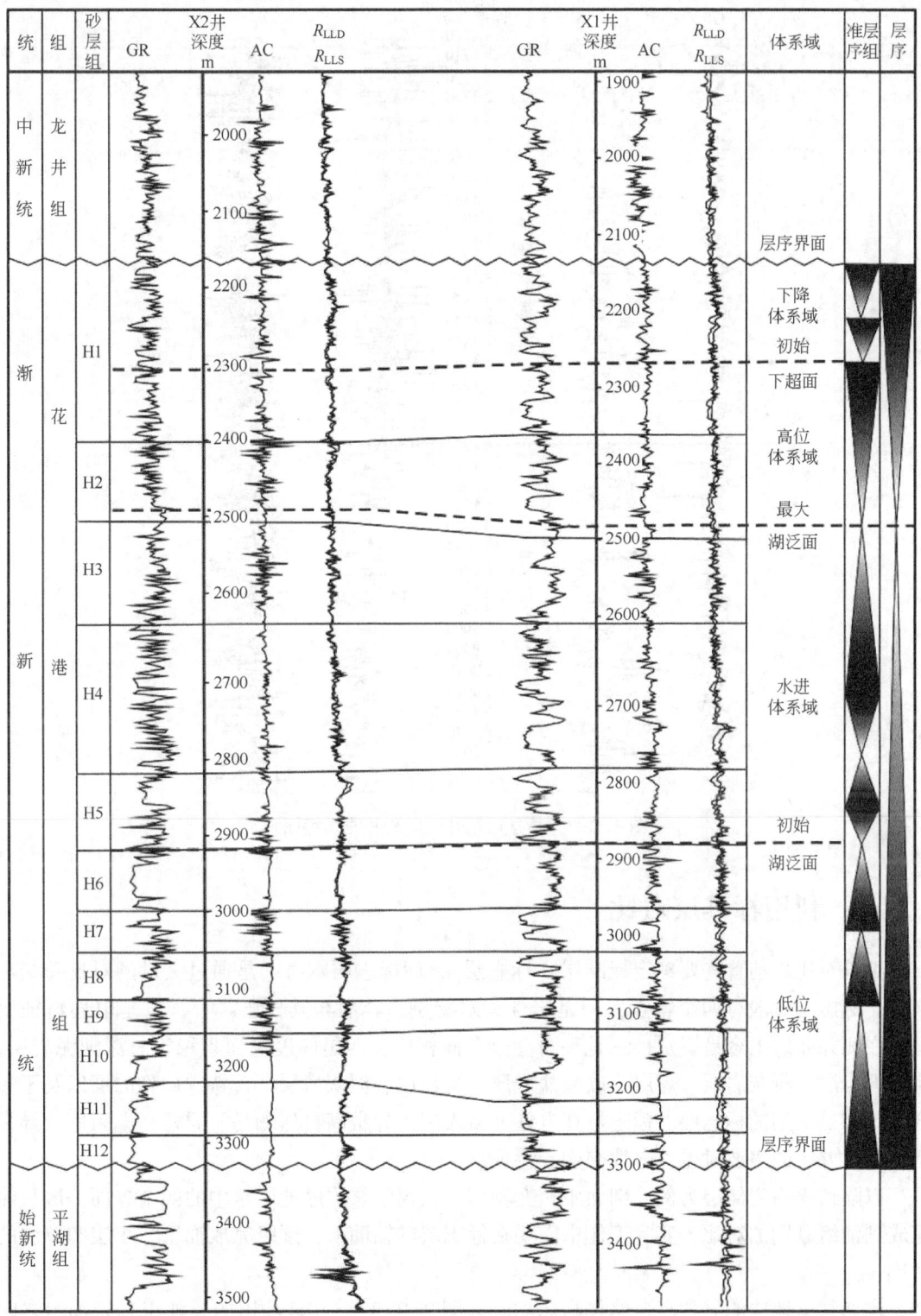

图 2-2-1 分级控制地层对比方法示意图

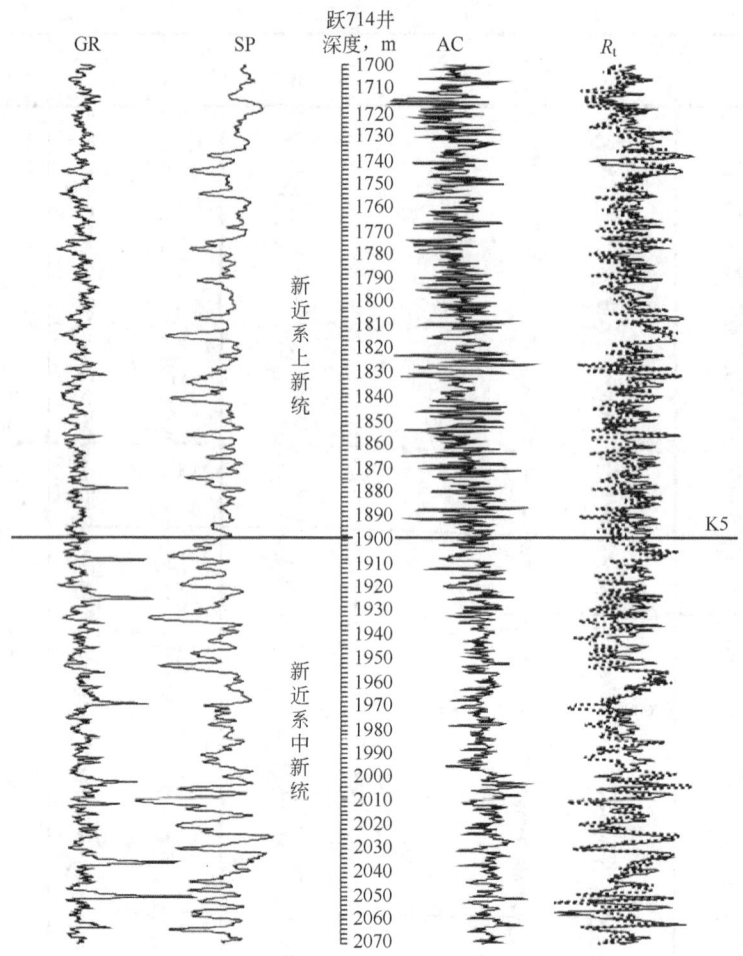

图 2-2-2 某盆地单井纵向测井曲线特征

三、利用标准层对比

细分对比之前首先要确定标准层（标志层），而标志层本身又是通过大量的对比总结出来的。标志层一般有四个特点，一是岩性相对特别，容易与其他层区分；二是电性特征明显，在测井曲线上容易识别；三是平面上分布面积广；四是厚度薄而且稳定。深湖泥岩层、海相泥岩层、凝灰岩层、煤层、碳酸盐岩层、膏盐层、泥灰岩层、含特殊矿物的层以及不整合面等都是常用的标志层。标志层在电性上多表现为异常高自然伽马、异常高电阻率、异常低声波时差、高声波时差、电性突变等特征。

以陆相碎屑岩储层为例，剖面中相变剧烈，仅仅依靠层序地层学中的四个界面一般只能完成到油组级别的对比，实际工作中需要在标志层的辅助下，逐级完成油组、小层和单层的对比。

比如某盆地中的异常高自然伽马标志层（图 2-2-3）。在该油田的Ⅶ油组和Ⅷ油组之间存在一组异常高自然伽马段，平均比其他泥岩层段的自然伽马值高一倍以上，十分明显，并且是由两个纵向上相隔 5m 左右的异常高自然伽马段组合，习惯将该标志层称为 K_2 标志层。

只要找到了该标志层，就可准确地确定出Ⅶ油组和Ⅷ油组的界限。该标志层沉积时期盆地周边地区可能有火山活动，并且在间隔不太长的时间内出现了两次，在湖盆中漂浮了大面积的火山灰并沉积下来而成。该标志层分布面积广，由于火山灰中含有较高的放射性元素，造成自然伽马曲线呈现异常高的特征，因此可以作为盆地内区域标志层进行对比。

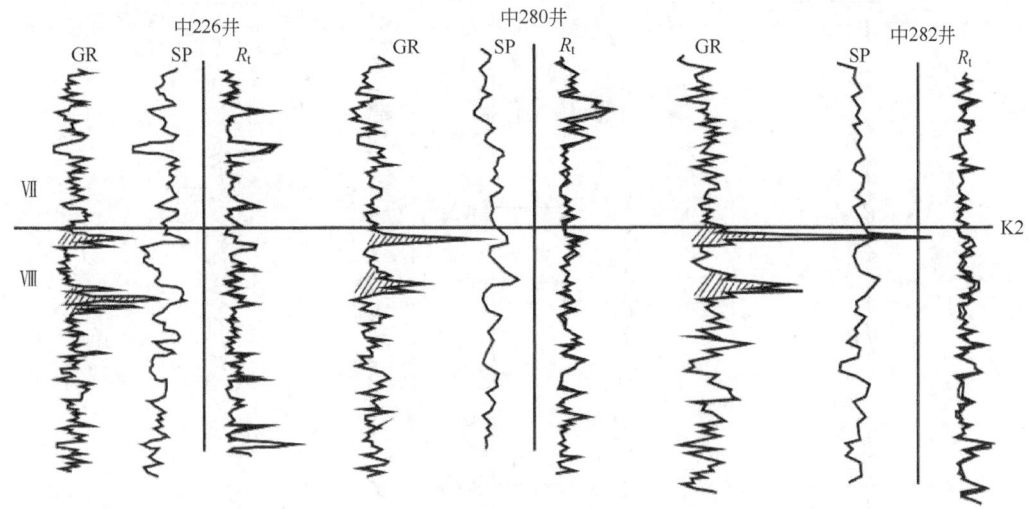

图 2-2-3　某油田异常高自然伽马标志层

再如某盆地的不整合突变接触标志层（图 2-2-4）。标志层为一不整合面，不整合面以上为一套厚层箱形砂体，厚度一般大于100m，大面积分布，不整合面以下存在一层厚度2～50m 的残积层，上下突变接触，特征明显，可以作为标志对比。找到了该标志层，就可以确定出花港组和平湖组的界限。

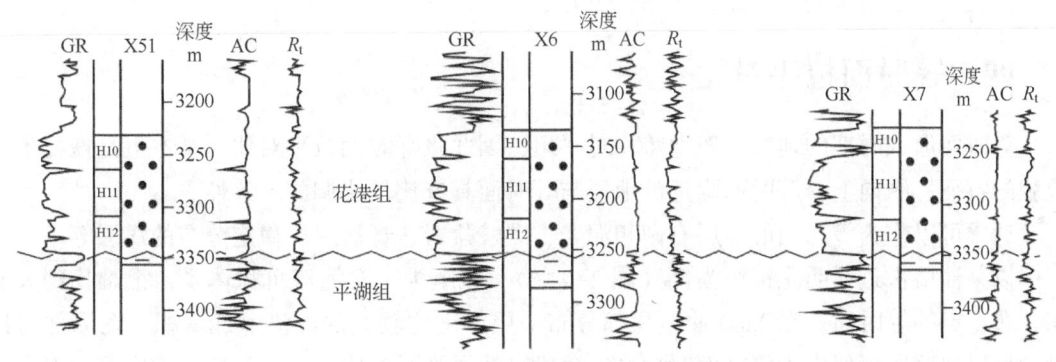

图 2-2-4　某盆地不整合面突变接触标志层

再如某盆地中的"声波时差异常高值标志层"（图 2-2-5）。该标志层为青山口组底部与泉四段的不整合接触界面，厚度 4m 左右。声波时差表现为异常高值，最高可达493.336μs/m，在全井段最高，一般比相邻的其他泥岩段高 1.3 倍以上。电阻率也表现为异常低值，比其他泥岩段值低 30% 左右。分析出现这种现象的主要原因是该段很可能是古风化壳，岩性疏松，造成声波时差值异常低；风化后的地层中矿物成分复杂，可能存在一些风化残积的金属矿物，导电性比较强，所以电阻率值也很低。对比时只要在声波时差和电阻率曲线的左侧分别画两条辅助的竖线，找到声波时差的最大值和电阻率最小值的深度点，就找到了 K_2q^5 和 K_2q^4 的界限，就可以把 K_2q^5 和 K_2q^4 确定下来，在此基础上再进行细分对比。

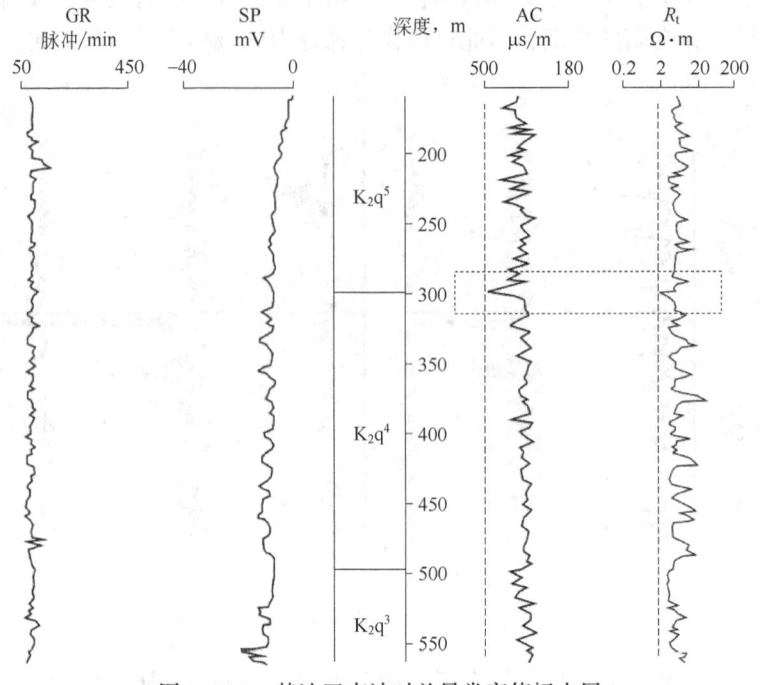

图 2-2-5　某油田声波时差异常高值标志层

在陆相沉积体系中，区域上的标志往往不发育，如果油田面积大，存在多物源，纵向含油井段长，追踪对比困难时，经常是在确定出区域标志层的基础上，再补充一些局部标志层，两类标志层结合起来对比，效果会更好。

四、等时面拉平对比

等时面形成时期的地貌一般地势相对平坦，因此将等时面拉平对比，基本上是恢复了古地貌的特征。纵向上，等时面附近的地层与等时面具有比较协调的一致性。

通常可以作为等时面的地层有湖相泥岩、碳酸盐岩、膏盐层、稳定分布的煤层等。

以某油田古近系明化镇组为例（图 2-2-6），该组为一套河流沉积体系，很难找到大面积分布稳定的等时面。在 Nm0 油组顶部分布一层厚度比较大的泛滥盆地沉积，在局部对比时，可以把该层近似作为等时面对比，以该段自然伽马明显比较高的位置作为准等时面，拉平对比，按照同期的河道顶面大致水平的原则，依次圈定出不同期次的河道。

五、河道砂体顶部拉平对比

河道内全层序的沉积厚度反映古河流的满岸深度，其顶界反映满岸时的泛溢面，同一期河流内的河道充填，其顶面应是等时面，而等时面应与其相邻的标准层大体平行[20]。也就是说，同一河道沉积，其顶面距标准层一般有大致相等的高程。因此，在河流沉积体系对比时，可以将规模较大的河道顶面作为辅助等时面，采用等高程对比的方法，这是对比河道砂

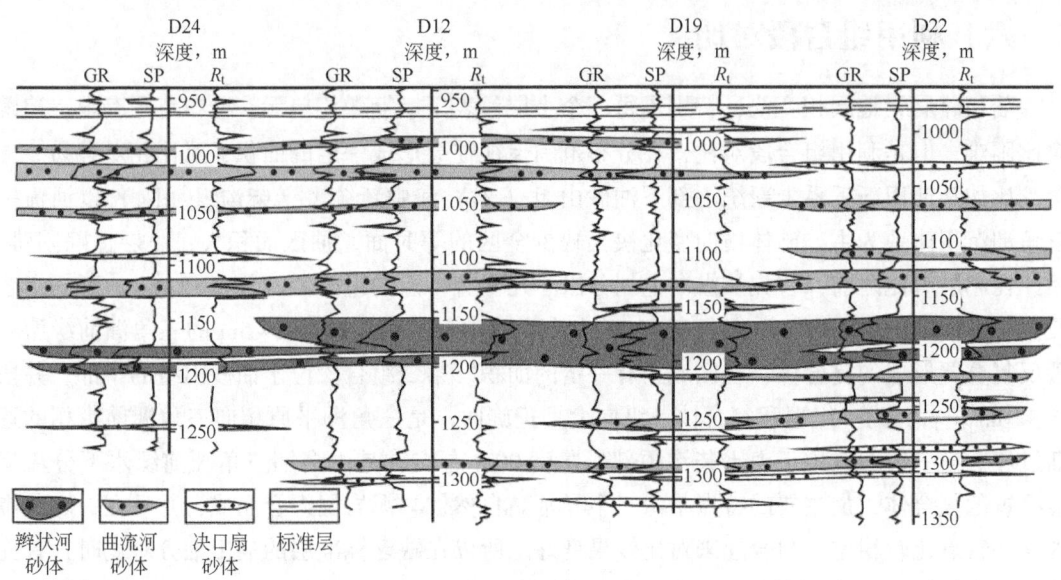

图 2-2-6 某油田地层对比剖面示意图

体比较有效的方法。

图 2-2-7 所示为某油田河流体系对比剖面，目的油组是一套河流沉积体系，有多个物源，期次多，累积厚度大，要想在井间识别出不同期次的河流单元并判断其连通情况十分困难。当将晚期、河道规模比较大的几期河道顶面拉平，看成等时面，下面不同期次河道的关系变得比较清楚，对比的问题迎刃而解。

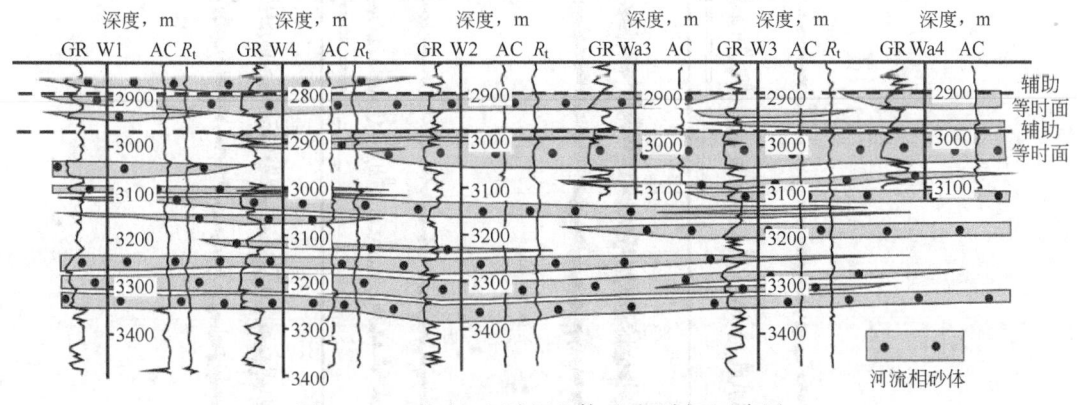

图 2-2-7 某油田河流沉积体系对比剖面示意图

不同类型的河道砂体，在细分时的方式、方法是不同的。曲流河砂体沉积的主体部位是点沙坝，剖面上往往呈一端厚一端薄的透镜状。纵向上虽然有多期叠置，但各期河道间往往有一定厚度的泛滥盆地泥岩分隔，一期完整的河道砂体内部一般没有冲刷界面，多呈完整的正旋回，测井曲线呈钟形，砂体在横向上没有分叉现象，比较单一。辫状河砂体纵向上测井曲线呈箱形、箱钟形，一般呈多期冲刷叠置关系，内部存在多期冲刷界面，在横向上经常存在分叉、合并现象，但是每一期河道的顶面都应是等时面。

六、利用组合段对比

陆相碎屑岩地层相变快,特别是每一个小层代表了一期微相单元,分布范围有限,追踪对比困难,但是利用组合段对比,在分布范围上往往会形成一定的面积,对比相对容易。

比如某油田新近系上新统下部下油砂山组（N_2^1）和中新统上干柴沟组（N_1）以河流—三角洲沉积体系为主,砂体横向变化快,缺少全区的等时面,油区面积大,小层追踪困难,因此在小层对比之前,首先从纵向上划分出了几个有特点的组合段（图2-2-8）。第一组合段位于下油砂山组上部,井段长度130m左右,是由一组单层厚度2~5m的三角洲前缘席状砂反复叠置形成的复合体,在区域上有一定的面积。第二组合段位于油砂山组的中部,井段长110m左右,为一组退积复合体,纵向上呈正旋回,是三角洲平原相向三角洲前缘相的逐渐过渡。第三组合段位于上干柴沟顶部,厚度90m左右,是由多期三角洲前缘水下分流河道叠置的复合体,最主要的特点是由三个异常高自然伽马泥岩层组合而成,并且在一定范围内这一特点比较稳定,组合起来对比效果良好。所以在缺乏标准层的油田细分对比时,首先是确定出特征明显的组合段,在完成组合段的对比基础上,再进行细分对比,这样就可以避免窜层。

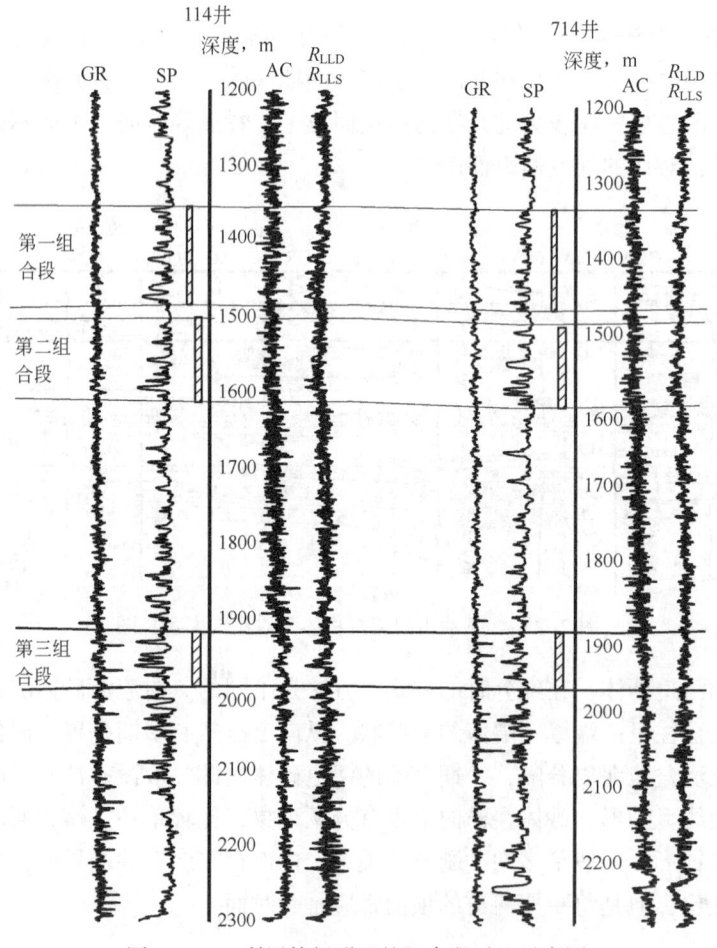

图2-2-8 利用特征明显的组合段对比示意图

七、依据相变规律从成因上进行细分和对比

在陆相地层中，由于构造和气候的变化很容易引起沉积环境的更替，经常出现一种微相的砂体直接叠置在另一种微相沉积的砂体之上。在细分对比时，要充分考虑背景和沉积相的研究结果，从成因上进行细分，不同沉积微相砂体和不同期次沉积的砂体一般要分开。特别是河道砂体常常会出现冲刷叠置、分叉、尖灭现象，如果细分对比出现偏差，影响注水效果，影响开发后期剩余油的挖潜。

图 2-2-9 所示为某油田三角洲前缘砂体的对比结果，河口沙坝与两期水下分支流河道叠置，应该细分为 3 个单层。根据测试结果，B2-6-501 井下部水下分支流河道的横向上宽度比较窄，与 B2-6-506 井不连通，笼统注水开发后期，上部河口沙坝砂体吸水能力低于下部的水下分支流河道，往往是剩余油富集的层段，规模小的水下分支流河道注采对应程度低，剩余油富集；水下分支流河道的边部常常成为"死角"，剩余油富集。因此像这类地层应该细分，细分后有利于注采关系调整。

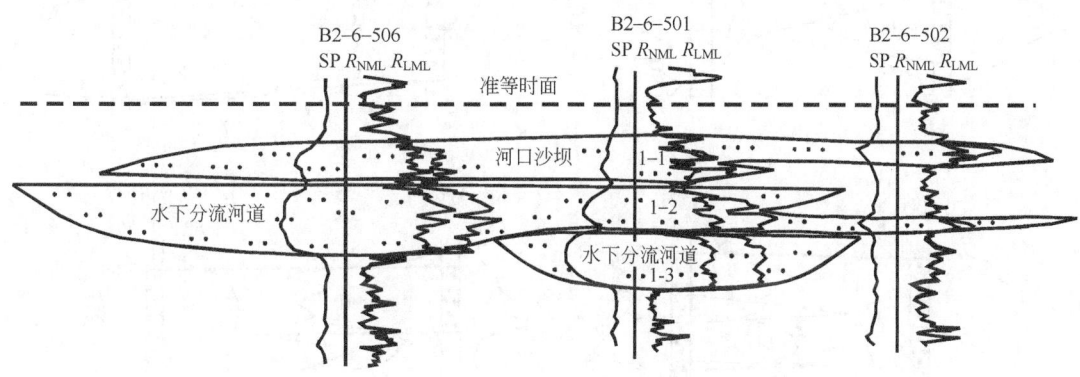

图 2-2-9　成因地层对比方法示意图

依据相变规律进行砂体横向对比时，有 6 种基本的对比连线模式（图 2-2-10）：

(1) 层状稳定型：相邻井间砂层较稳定，厚度相似，电性特点接近，以对应的顶底界相连，见图 2-2-10(a)。该形式较普遍，是物源供给和水动力条件稳定的反映，水下沉积的滨浅湖滩砂、滩坝、三角洲前缘席状砂等多属于该类。

(2) 分叉型：单砂层顶、底分别与邻井砂层的上分层顶及下分层底相连，砂层内部侧向分叉，由泥岩隔开，见图 2-2-10(b)。说明水动力条件有所变化，是分流河道在区域上由于水位不稳定或水道侧向迁移造成的砂体变化。

(3) 尖灭型：相邻井间砂层变薄尖灭，相变为泥岩，以尖灭形式连线，见图 2-2-10(c)。是河道边缘沉积与分流间泥岩的过渡接触，或者是前缘席状砂与前三角洲泥岩的过渡接触，很多微相砂体的边部都表现为这样的特征。

(4) 厚层叠置型：由于对下伏沉积的冲刷作用，上、下单砂层叠置，且侧向上叠置状态稳定。在后期河道的冲刷作用下，前一时间单元顶部受到冲刷，随后沉积新的砂体，形成了多期砂体叠加，见图 2-2-10(d)。

(5) 叠置分叉型：上下叠置的单砂层，在侧向上分叉，根据测井曲线的变化，劈分叠置砂体并分层连线。水动力条件的变化造成叠置的河道砂体在部分地区被泥岩重新分隔，见

图 2-2-10(e)。

(6) 叠置尖灭型：上下叠置的砂体，在侧向上某个砂层发生尖灭，据测井曲线的变化，劈分叠置砂体，分层尖灭式连线。如三角洲平原分流河道砂体，不同的物源供给及水动力条件造成不同期发育的分流河道延伸范围不同，晚期的砂体只是在局部与早期的砂体接触，见图 2-2-10(f)。

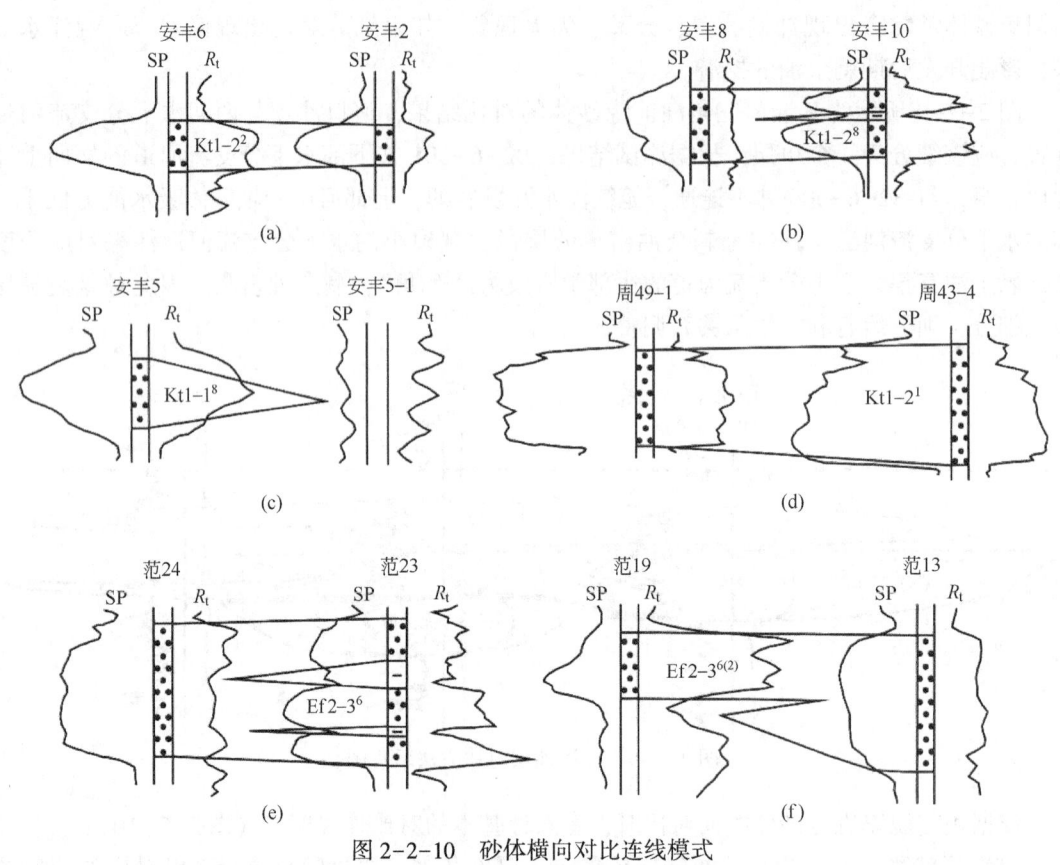

图 2-2-10 砂体横向对比连线模式

八、标定后的地震反射与测井组合进行对比

测井资料纵向分辨率高，但井间追踪存在多解性；三维地震资料空间连续，但分辨率低。二者结合可以互相弥补不足。河流沉积体系中，受河道宽度以及河道迁移的影响，砂体横向变化比较大，不同期次的河道砂体在空间上多呈错列关系，仅仅依靠测井资料很难准确追踪定位河道砂体的空间配置关系。充分利用三维地震资料，采用基于模型的波阻抗反演技术，将地震与测井有机结合起来，突破传统意义上的地震分辨率的限制，能极大地提高地震的分辨率。通过时深转换，将经过反演处理的波阻抗时间剖面转换为深度剖面，用测井曲线标定地层层位。二者的结合，充分发挥了测井纵向分辨率高、地震空间连续的优势，完善了井间地层对比，并最终落实到每个单砂体单元。在经过精细对比的波阻抗深度剖面上，根据每一单元内反映岩性特征的波阻抗的变化，并利用测井资料的匹配和控制，可以准确追踪井间不同时间单元砂体的变化（图 2-2-11）。

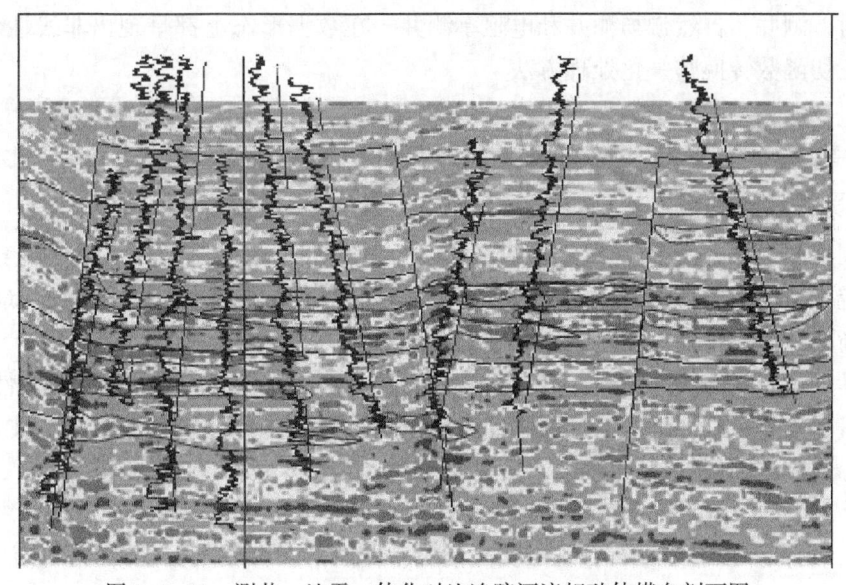

图 2-2-11　测井、地震一体化对比追踪河流相砂体横向剖面图

九、在对比手段上建立标准剖面，逐井追踪对比

通过区域地质资料和层序地层学的研究，选择没有断层、地层层位全、有代表性的单井建立标准细分层剖面。然后以标准井为中心，逐井扩展对比，并保证平面闭合。首先保证"十字"剖面上的井闭合，如果不闭合，应查找原因。如果是单井分层错误，调整单井；如果是细分层不合理，及时调整全区分层，使其更加合理。非剖面线上的井与周围相邻剖面线上的井对比，使全区单井小层闭合。在细分对比时，要用最新的研究结果及时纠正不合理的分层。

第三节　智能化地层对比技术与方法

随着信息化技术的发展，很多专家都在探索油藏描述的信息化方法，但由于地层对比的复杂性、多变性和随机性，一直没有形成完善的信息化对比方法。笔者探讨了智能化加人工交互的地层对比的方法，认为在思路和技术上都是可行的，下面详细介绍一下该方法的技术思路。

一、测井曲线反演处理

1. 测井曲线标准化处理

由于不同井测井时间不同、仪器型号不同，测井曲线的刻度各不相同，存在系统误差。因此，在采用多种曲线进行自动分层和对比时，有必要将测井曲线分别归一化到 [0, 1] 范围内，以消除刻度的影响[21]。当待归一的数据在数据形态上呈现非线性对数特征时，利用反余切函数实现归一化能得到较好的效果；当待归一的数据在数据形态上呈现线性特征时，利用线性函数实现归一化才能得到较好的效果。由于本对比方法所选取的是自然电位测井、声波时差测井、自然伽马测井和电阻率测井，在数据形态上都呈现出非线性对数特征，故采用反正切函数转换归一化处理方法：

$$x' = \arctan x \tag{2-3-1}$$

式中，x 为某条测井曲线上某深度对应的测井值；x' 为该曲线在该深度上的归一化值。

2. 降噪、反演处理

由于围岩的影响，使得测井数据出现很大的"噪声"，也就是说，每一个深度点的数据叠加了一定半径范围内其他介质的参数，所以得到的测井曲线是连续、光滑的，地层的分层界限不清晰，计算机自动对比时，很难准确识别地层的界面。

随着计算机技术的快速发展，许多学者针对准确、快速、自动地层分层及岩性识别进行了研究。目前主要有几种基于信息技术的自动分层方法：方差分析法、极值小波分层方法、零通小波分层方法和沃尔什（Walsh）函数滤波方法。

沃尔什函数滤波方法降噪效果好、算法简便，测井曲线处理后转变成方波，纵向分辨率提高[22,23]，岩性界限清晰，符合地层实际情况，所以本次介绍的分层处理采用沃尔什函数滤波方法。

沃尔什函数记做 $Wal(k,t)$，k 表示列率，t 为时间变量，则沃尔什函数定义为[24]：

$$Wal(k,t) = \prod_{r=0}^{m-1} \text{sgn}[\cos(k_r \cdot 2^r \pi t)] \tag{2-3-2}$$

$$k = \sum_{r=0}^{m-1} k_r 2^r \tag{2-3-3}$$

式中，k_r 为 0 或者 1；m 为 k 的二进制表示中的位数[25]，且 $0 \leq t < 1$。

列率被定义为某种函数在单位区间上函数值为零的过零点数的一半，缩写为 ZPS，函数系中高列率函数可由低列率函数产生。

图 2-3-1 和图 2-3-2 为某井先标准化测井数据分别选截止列率 ZPS=34、ZPS=17 时，进行 Walsh 滤波后的效果。

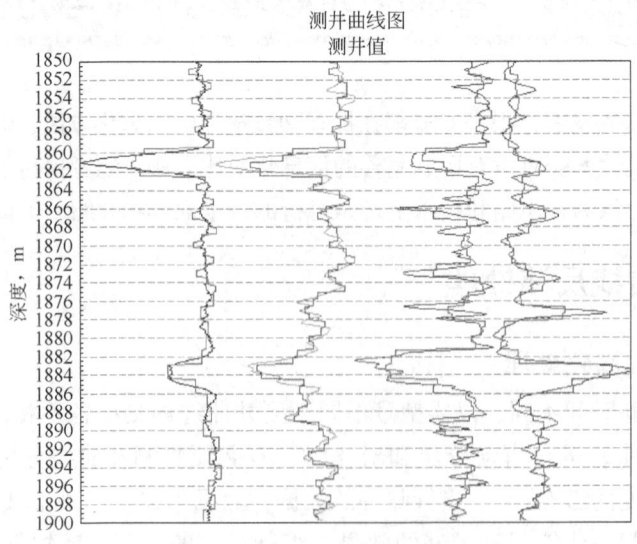

图 2-3-1　ZPS=34 滤波效果

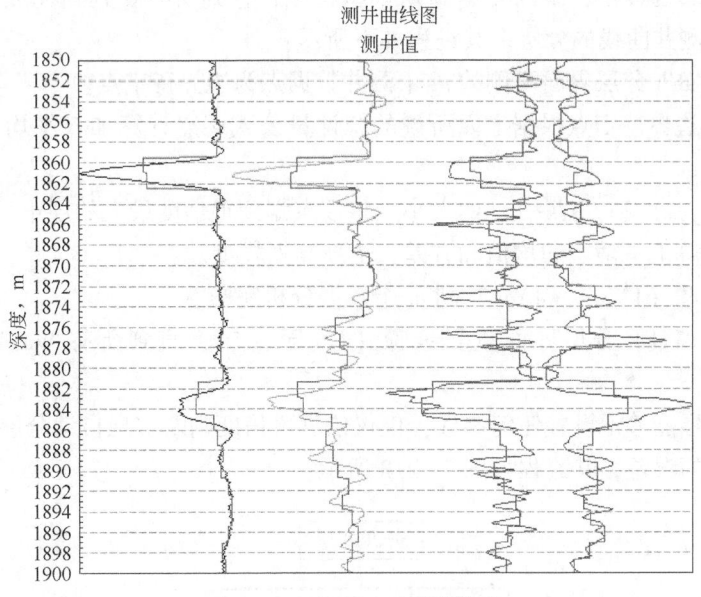

图 2-3-2　ZPS=17 滤波效果

从处理结果可以看出，截止列率越大，滤波就越精细，但程序计算量也越大。这里做出一个定义：将这些经过沃尔什函数滤波得到的一段不变的区域称为窗口。也就是说截止列率 ZPS 越大，窗口就越精细。如果窗口过于精细，岩性的细微特征甚至一些噪声也显现出来，影响分层精度，因此沃尔什函数滤波处理时，应针对地区特点，选择合适的截止列率，根据对国内陆相地层的实验结果，截止列率 ZPS 取 30~40 之间比较合适。

经过沃尔什函数滤波处理后，测井曲线由光滑过渡型转化为方波型，当截止率取值合适的时候，方波的形态与测井曲线的形态特征是一致的，不同岩性之间的界限更加清晰，更适合计算机自动分层处理。

二、小层自动细分以及特征属性参数提取

1. 小层自动细分

利用高斯模型进行测井曲线分层，其思想是对于每个测井曲线，同一层内岩石具有相对的一致性，各个地层内部同种测井值之间的差异较小，而不同地层之间同种测井值的差异较大，根据高斯函数定义可以认为各个地层内测井数据满足高斯概率分布，而用于分层的目的井段可视为由若干个高斯分布模型构成[26]。

在分层过程中，取统计量：

$$f(j,k) = 1 - \frac{1}{n}\sum_{i=1}^{n} \frac{|x_{ij} - \mu_{ik}|}{\sigma_{ik}} \qquad (2-3-4)$$

式中，$f(j,k)$ 为各条测井曲线上第 j 点属于第 k 层的加权平均置信度；n 为测井曲线数目；x_{ij} 为第 i 条测井曲线第 j 点的属性值；μ_{ik} 为第 i 条测井曲线第 k 层的均值；σ_{ik} 为第 i 条测井曲线第 k 层的方差。

对测井曲线上的每一点，求取它相对相邻层统计量的大小，判断该点所属的地层，在划

分曲线上每一点的过程中,不断更新高斯模型参数,直到所有点判断完成,通过不断地迭代,可以实现对测井曲线的分层。其过程如下所示:

(1) 选定 Walsh 分层界面两侧的 m 个测井数据点为边界待定点。

(2) 对每个边界待定点根据上面所说的统计量公式逐点计算加权平均置信度值 $f(j,k)$ 和 $f(j,k+1)$。

(3) 比较 $f(j,k)$ 和 $f(j,k+1)$ 的大小,将该点划到置信度最大的层中。

(4) 重新计算上下两层的均值和方差,更新高斯模型。

(5) 重复步骤(1)至(4),直到 m 个数据分析完毕。

(6) 对每个 Walsh 分层界面重复步骤(1)至(5),直到所有 Walsh 分层界面判断完成。

高斯模型分层能够不设置任何参数,仅仅依靠可信度判断实现自动分层,从一定程度上避免了人为产生的误差,其流程如图 2-3-3 所示。

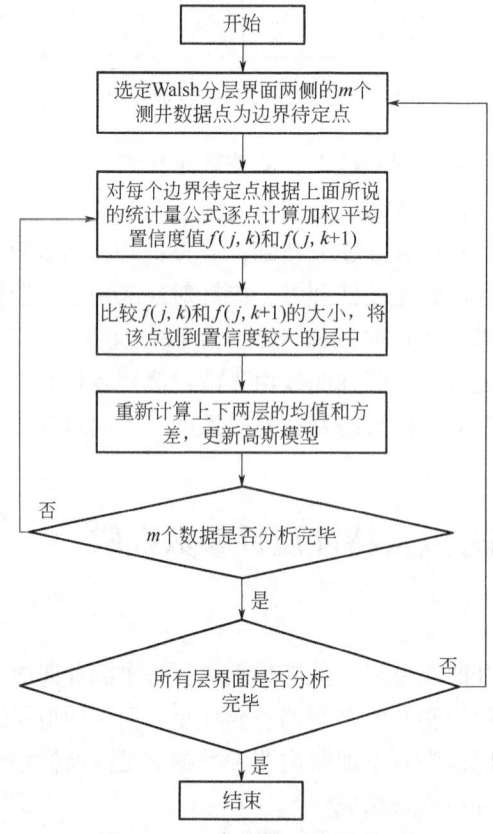

图 2-3-3 高斯模型分层流程

2. 小层特征属性参数提取

一般情况下,相邻井之间同一小层无论在厚度、韵律、测井属性等特征上具有相似性或一致性,这也是地层对比的依据。因此,细分层完成之后,准确提取每一个小层的属性特征是保证对比准确性的重要环节。

通常情况下,属性特征值越多,约束条件越多,对比的准确性越高,但工作量和计算量也越大。另外，不同时期的井，测井曲线的条数也不完全相同，如果参数设定过多，各井之间会出现参数的数量不统一的情况，影响对比效果。因此，小层特征属性参数确定为厚度、测井曲线形态特征值。

厚度参数在分层后就可以直接求出。不同曲线的测井值大小可以取小层段内的平均值。

测井曲线形态特征值按照韵律性可以划分为 6 种类型（表 2-3-1）：箱形、钟形、漏斗形、指形、锯齿形、平直形。韵律的判断依据为自然伽马曲线，因为自然伽马曲线与岩性的关联度最高，不受流体性质影响。

为了识别出 6 种类型的韵律，构造出 5 个特征向量：中位数、算数平均数、相对重心、相对锯齿数、方差变差（表 2-3-1）。

表 2-3-1　测井曲线韵律类型及特征向量表

曲线形状	中位数	算数平均数	相对重心	相对锯齿数	方差变差
箱形	小	小	中间	少	小
钟形	偏小	偏小	下	较少	大
漏斗形	中等	中等	上	较少	大
指形	中等	中等	中间	少	较小
锯齿形	大	大	中间	多	大
平直形	大	大	中间	少	小

（1）中位数（EM）：中位数的定义是将一个小层内的 N 个自然伽马数据按照大小进行排序，选择中间的自然伽马数值。这个指标反映曲线中间位置的数据大小，EM 值越大，表明该小层的泥质含量越高。

（2）算术平均数（AV）：算术平均值反映了曲线数据的平均值。算术平均值能够反映出小层的平均泥质含量，AV 值越大，就表明该小层的泥质含量越高。

（3）相对重心（RM）：测井曲线的形态不同会使得其重心的位置有所不同，箱形曲线、锯齿形曲线和平直形曲线的重心基本位于曲线的中间位置；而漏斗形曲线的重心则偏上，钟形曲线的重心偏下。在实际处理中，参与对比的小层厚度不同，也就使得重心的判断失去了意义，因此，选择相对重心实现对曲线形态的判断：

$$RM = \frac{\frac{1}{N}\sum_{i=1}^{N}(y_i, x_i)}{\sum_{i=1}^{N} y_i \times x_i} \tag{2-3-5}$$

式中，x_i 为测井值；y_i 为深度值。

（4）相对锯齿数（RC）：相对锯齿数的计算原理是，首先将相邻的测井数据做差，即 $X_2-X_1, X_3-X_2, \cdots, X_N-X_{N-1}$，将这些数据记录下来，对比相邻数据之间的符号，若相反，则认为出现一个锯齿，重复判断直到所有数据判断完成，将锯齿个数记为 L。为了消除小层内数据总数不同造成的影响，处理为相对锯齿数（RC）[式(2-3-6)]，RC 越大，曲线锯齿化就越严重。

$$RC = \frac{L}{N-1} \tag{2-3-6}$$

式中，L 为锯齿个数；N 为小层内测井数据总数。

（5）方差变差（SG）：即方差与变差的几何平均数。方差变差能够直观地展示整体数据波动性的大小。它可以综合地反映曲线整体波动的大小、锯齿的大小和多少，因此可以识别曲线形态。

三、概率神经网络对比

1. 概率神经网络的基本原理

概率神经网络（probabilistic neural network，PNN）是由径向基神经元和竞争神经元共同组建的一个优秀的分类器，能够通过竞争得到最优的分类结果[27]。

在概率神经网络结构中，首先在径向基神经元过程计算输入向量，输出该样本与各标准样本之间的相似程度[27]。通过第二层的竞争传递函数对相似程度进行选择并判断，概率值最大的一类为1，其他类别为0。

2. 邻井间找层与连线

首先给定总层数 n。输入标准层的层号 i 以及各测井参数作为输入向量输出径向基神经元过程的计算结果（为一个 n 维向量，表示该输入信号与 n 个层的相似程度）。导师信号（也就是目的信号、想要得到的信号）参考输入标准层的层号按以下规则进行分配：（1）设定一个优势倍数 $m(m>1)$；（2）正确层号的输出分量是错误层号输出分量的 m 倍，总概率为1，也就是说，导师信号的 i 维分量为 $m/(m+n-1)$，其他维分量为 $1/(m+n-1)$。基于LMS算法，根据导师信号对概率神经网络训练，直到参数稳定。

训练结束后，输入未知井测井曲线各小层数据（假设有 k 层）并输出概率矩阵（为 k 行 n 列矩阵），传递给竞争神经元。竞争神经元的行为过程是：在矩阵中选择不在同一行同一列的元素的概率总和最大的数据组合，并保证选择的数据中任意两个数据在矩阵中的位置关系均为左上和右下。设定阈值，选择概率中大于该阈值的值所在的行（未知层）与列（标准层）为同一层位，并输出结果。将对应井的对应层位连线，输出图形。

第三章

沉积环境与沉积体系研究

沉积环境是指沉积岩沉积形成过程中所处的自然环境，包括自然地理环境、气候条件、沉积介质的物理状况与化学性质等。

沉积体系是指某一沉积环境下具有成因联系的三度空间上的岩相组合体。沉积体系与沉积环境关系密切，沉积体系受控于沉积环境，在某一特定的沉积环境下就只能形成与之对应的沉积体系。

某些矿产资源是在特定环境下形成后赋存于相应的沉积体系中，因此研究沉积环境和沉积体系不仅具有重要的地质意义，而且也是油气和其他相关矿产资源勘探开发过程中最为重要的基本研究工作。

沉积环境的恢复和沉积体系的确定，需要依据地质历史时期保留下来的岩石的所有特征来研究实现，这一过程称作沉积相研究。沉积相是指沉积体的特征和形成沉积体环境的总和。沉积相的研究实际上是依据古环境保留下来的结果和痕迹，通过论证，反推形成时的条件，因此需要大量的证据，证据越多，越有利于分析和恢复古环境，准确划定沉积体系类型。

第一节 沉积相的研究思路与方法

沉积相的研究是一个循序渐进、层层解剖的过程。正确的研究方法和思路可以少走弯路、事半功倍，对结果的认识会更接近实际情况。

在长期的科研生产实践过程中，总结了一套沉积相的研究思路（图3-1-1）。

一、查明沉积背景

在某一地区之所以会形成有别于其他地区的沉积相类型，这是由当时的沉积背景和环境造就的结果（图3-1-2）。一般情况下，在某一特殊的背景下，只能形成某种特殊沉积体系，不会有其他。特别是当资料比较少的情况下，掌握背景资料对沉积体系的分析判断具有极其重要的作用。

二、深入研究沉积环境标志

沉积环境标志是沉积物形成时保留下来的具有成因意义的一些特征以及在地球物理测井

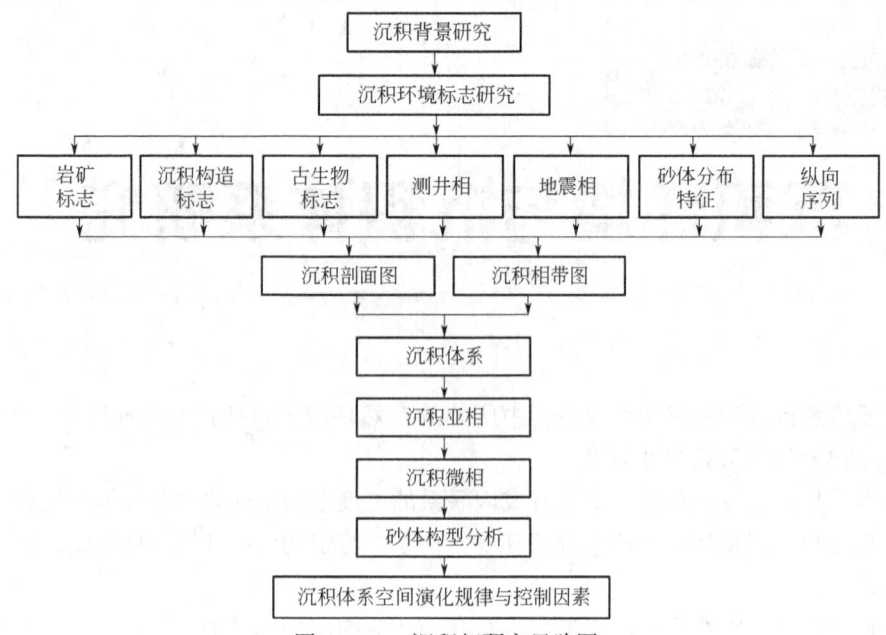

图 3-1-1 沉积相研究思路图

和地震上的响应特征，包括岩矿、沉积构造、古生物、测井相、地震相、砂体分布特征、纵向序列特征等。不同的沉积环境形成的沉积体可能在某一特征上相似，但不会在全部特征上相同，因此尽可能多地收集、分析沉积环境标志，从多角度判断、分析沉积环境。

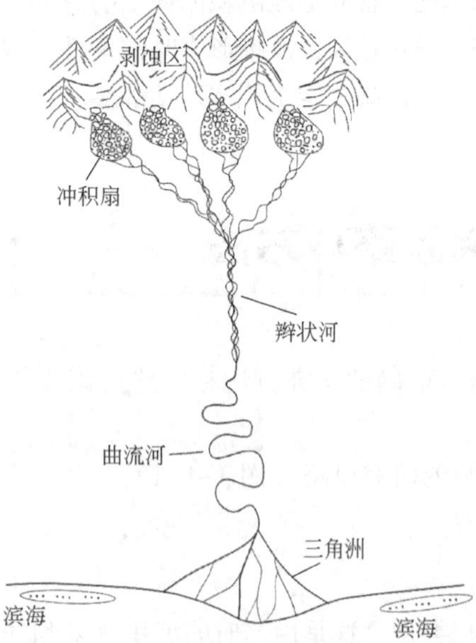

三、大量编制图件以恢复古环境

应编制图件包括粒度分析图、四性关系图、砂体等厚图、其他的等值线图、沉积剖面图、沉积相带图等。这些图件可以直观地展示相在空间上的分布规律，协调各相之间的关系，避免矛盾现象的出现。

图 3-1-2 沉积体系与背景关系示意图

四、通过综合分析细分沉积相

综合沉积地质背景、沉积环境标志和各种图件的分析结果，由大到小，逐级研究。依据相序规律，首先确定沉积体系，然后确定沉积相、亚相、微相。

五、解剖砂体分布特征和内部构型

岩心资料、测井资料、地震资料三者有机结合细分砂体的沉积单元。岩心具有直观性和可靠性，测井资料纵向分辨率高、连续性好，地震资料横向连续性好，具有空间上的整体性，将三者结合，可以精细解剖砂体在空间上的分布特征和内部构型。

六、分析沉积体系空间演化规律及控制因素

沉积体系空间演化规律的分析可以指明各相之间的联系，有助于认识生储盖条件与关系，为砂体预测、有利储层预测和钻井部署提供依据。通过控制因素的研究，明确各级沉积单元形成的条件和影响因素，建立沉积模式，为同类型沉积体的研究提供丰富的地质知识库。

第二节 不同水动力环境下碎屑物的搬运与沉积

一、沉积物的搬运方式

水流在运动过程中携带大量泥沙，将基底的砾、沙、泥运载到前方的运动叫搬运作用。水流在基底床面上推着颗粒呈滚动或滑动形式迁移，称为滚动和滑动状态搬运；在水体下部，水流冲击床面，激起颗粒跳跃起来，呈跳跃状迁移，称为跳跃状态搬运；在水动力作用下，细小颗粒呈悬浮状随水体迁移，称为悬浮状态搬运。母岩经过物理风化、化学风化和生物风化作用后，其分解产物以胶体溶液或者真溶液方式搬运，称为溶解状态搬运，又叫化学搬运作用。砾、沙、泥与水混合呈黏稠状的高密度、高黏度的流体，借助斜坡背景，在重力作用下，呈蠕动状向地势低的地方迁移，称为蠕动状搬运，即重力流。

通常情况下，流速越大，涡动作用越强，水流携带的碎屑物越多。很明显，在水流搬运过程中，各种粒径的碎屑物会随水动力降低而逐步沉积，因此水流在机械搬运时具有良好的分选效果。悬浮碎屑和跳跃碎屑交换频繁，泥沙颗粒某一时刻呈悬浮状态移动，另一时刻则可能呈跳跃状态移动。随着水流状态和能量的变化，某些搬运形式会频繁转化。

1. 滚动和滑动状态搬运

在基底床面上，当碎屑颗粒达到启动临界值后，就会发生滚动或滑动。滚动搬运十分复杂，它不仅与水流能量有关，而且也受坡降、颗粒的形状等因素影响。滚圆的颗粒启动时的水流能量的临界值低，棱角状、饼状的颗粒启动需要的水流能量的临界值就高，床面的粗糙度也影响颗粒滚动的启动能量大小。

滚动搬运颗粒的长轴方向一般垂直于水流方向，扁平面向上游倾斜，呈叠瓦状排列，这也符合能量最小原理，因此通过砾石的排列方式可以判断古水流的方向。滚动和滑动状态搬运的碎屑物常常与滞留的碎屑物混杂在一起，分选极差。

2. 跳跃状态搬运

跳跃状态搬运是指颗粒随着水流呈跳跃状向前迁移。促使颗粒跳跃搬运的条件是：一是颗粒的启动力略大于临界值；二是水流能量不稳定，忽大忽小（能量大时启动颗粒跳跃起来，能量小时颗粒降落到床面上）。

跳跃搬运的水流能量一般限定在一个较窄的范围内，碎屑物通常分选较好。

3. 悬浮状态搬运

通常细小颗粒在水体中呈悬浮状态被搬运，水流作用下悬浮物的轨迹极不规律，但其沿水流方向上的迁移速率近似等于水流流速。悬浮状态的最大颗粒的直径取决于水体流动的能量和紊动能。

4. 溶解状态搬运

风化物中有些元素以离子形式溶于水，呈溶解状态随水流迁移[28]，比如Ca、Mg、Na等元素形成的盐，常常以真溶液形式被携带。有些元素难以溶于水，以胶体状态随水流迁移，比如Al、Fe、Mn、Si等氧化物难以溶解在水中，常常会以胶体溶液形式被携带[29]。

1）真溶液搬运

母岩风化后，剥蚀的产物中很多元素以离子形式溶于水，随着雨水被一起带走，比如Cl、S、Ca、Na和Mg等以离子的形式溶于水，即以真溶液的形式携带。因此，可溶物质在水中的搬运和沉淀受其溶解度大小所决定。可溶物质在水介质中的迁移或沉淀也与酸碱度（pH值）、氧化—还原电位（Eh值）、温度、压力和CO_2含量等因素有关。

2）胶体溶液搬运

低溶解度的金属氧化物、氢氧化物及硫化物等，往往以胶体溶液形式携带迁移。胶体溶液具有悬浮液与真溶液间的特性，一般显微镜无法鉴别。胶体质点小、质量小且有布朗运动，故重力作用不发挥作用，使得胶体能搬运较远的距离。胶体质点往往带有电荷。胶体带有同样标志的电荷后，由于排斥力的作用，避免了胶粒团聚成大粒，利于搬运。水体中的有机质有护胶作用，能使胶体稳定地处于搬运状态。胶体入海或入湖后，因化学条件的改变而终止搬运过程，胶体发生凝聚沉积。

5. 蠕动状搬运

坡降比较大的地区，在洪水、风暴的作用下常形成重力流。砾、沙、泥与水混合呈黏稠状的高密度、高黏度的流体，在重力作用下迁移，巨大的岩块和砾石可在小颗粒和泥沙的支撑下迁移，因此该搬运形式堆积的碎屑物中常常"漂浮"有个体巨大的岩块和砾石。碎屑物迁移的距离受地势影响大，若坡度小、碎屑颗粒细，搬运距离短；若坡度大、碎屑颗粒大，搬运距离就远。

二、水体中碎屑颗粒启动机理分析

当水流条件弱时，基底的泥沙处于相对静止状态，随水流强度增大，泥沙会出现一个从静止状态到运动状态的突变过程，这个过程被称为泥沙启动，而泥沙启动所对应的临界水流条件被称为泥沙启动条件。因水流的脉动性、泥沙颗粒不匀称性和泥沙在床面上排列的无规则性等原因，泥沙启动条件存在着很多的随机性和复杂性。

通过泥沙颗粒在水体中所受的力学分析，可以粗略地评估不同流速条件下水流能够搬运的颗粒大小和搬运方式。

在水流作用下，基底床面的泥沙颗粒主要受到拖曳力F_D、上举力F_L和水下重力G的作用，其表达式分别为[28]：

$$F_D = \frac{C_D \rho}{2} \frac{1}{4} \pi D^2 u^2 \qquad (3-2-1)$$

$$F_L = \frac{C_L \rho}{2} \frac{1}{4} \pi D^2 u^2 \qquad (3-2-2)$$

$$G = (\rho_s - \rho) g \frac{1}{6} \pi D^3 \qquad (3-2-3)$$

式中，C_D 为水流拖曳力系数；C_L 为水流上举力系数；u 为水流瞬时作用流速，m/s；g 为重力加速度，m/s^2，取值 9.81m/s^2；ρ_s 为泥沙的密度，kg/m^3，取值 2650kg/m^3；ρ 为水的密度，kg/m^3，取值 1000kg/m^3；D 为泥沙颗粒直径，m。

由于碎屑颗粒在床面上的堆积方式存在各种各样的形式，假设颗粒 1 由颗粒 2 和颗粒 3 支撑（图 3-2-1），颗粒 1 要滚动迁移就需要围绕支点 A 翻转，假设拖曳力 F_D、上举力 F_L 及水下重力 G 均作用在颗粒的中心点，依此可以建立起颗粒 1 滚动的临界方程：

$$F_D R \cos\beta + F_L R \sin\beta = G R \sin\beta \qquad (3-2-4)$$

式中，R 为碎屑颗粒 1 的半径，m；β 为碎屑颗粒 1 中心点和支点连线与垂线的夹角，(°)。

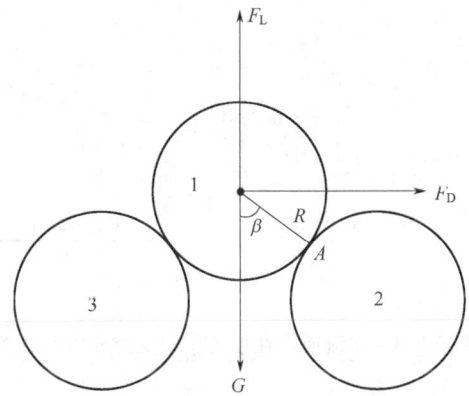

图 3-2-1 床面表层碎屑颗粒受力分析示意图

通过上述分析可知：
（1）碎屑颗粒 1 要滚动搬运，临界条件是 $F_D R \cos\beta + F_L R \sin\beta = G R \sin\beta$。
（2）碎屑颗粒 1 要跳跃搬运，临界条件是 $F_L = G$。
（3）碎屑颗粒 1 要悬浮搬运，需满足条件 $F_L > G$。

三、各种流态下碎屑物的搬运和沉积方式

根据水流的状态可以将其划分为波动前行流、垂向涡动流、侧向涡动流、往返波动流、冲流与回流、静水等形式。不同的水流状态，对基底床面的冲刷和碎屑物的搬运、沉积方式不同。

1. 波动前行流

波动前行流的水流为单向流，呈波浪状向前流动，动力是重力势能和惯性，这类流态一般发生在河道水流中。水流在流动过程中受到高低起伏的河床面摩擦阻力以及流量的不稳定

等因素影响，导致水流呈波浪状向前流动。底部水体阻力大，上部水体阻力小，上部的流速大于下部；波的前半部分流速大于后半部分流速；波谷是一个波动周期内受力的起点，波峰是垂向流速降低到 0 的极限点（图 3-2-2）。

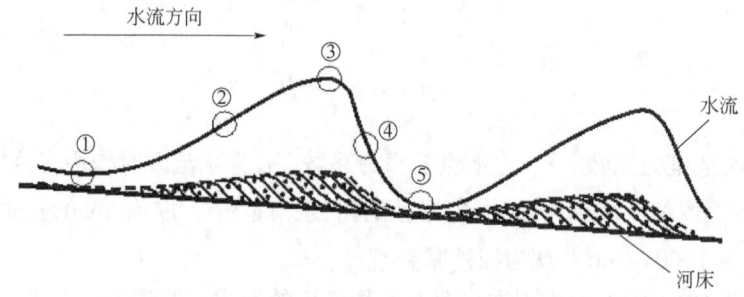

图 3-2-2 波动前行流流动状态示意图

（1）在位置①时，水流质点撞击到河床，惯性全部转换为反作用力 F_2，转换为向前的动力（图 3-2-3）；黏滞力 F_1 始终与水流运动方向相反，是阻力；重力 G 与流动方向呈钝角，为阻力。

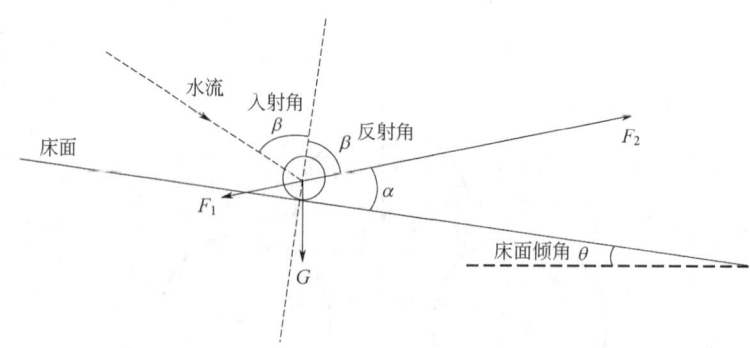

图 3-2-3 水流质点在位置①的受力分析示意图

水流质点撞击到河床形成的反作用力、水流质点的重力和黏滞力分别为：

$$F_2 = -ma \tag{3-2-5}$$

$$G = mg \tag{3-2-6}$$

$$F_1 = \mu A \frac{\mathrm{d}v}{\mathrm{d}l} \tag{3-2-7}$$

水流质点沿运动方向的总动力 F 可用下式表示：

$$F = F_2 - F_1 - G\cos(\beta+\theta) = -ma - \mu A \frac{\mathrm{d}v}{\mathrm{d}l} - mg\cos(\beta+\theta) \tag{3-2-8}$$

式中，F_1 为水流质点的黏滞力，N；μ 为水的动力黏度，Pa·s；A 为水流质点与流体的接触面积，m²；$\frac{\mathrm{d}v}{\mathrm{d}l}$ 为单位长度水流质点的速度变化率，1/s；F_2 为水流质点撞击基底床面的反作用力，N；m 为水流质点的质量，g；a 为水流质点的撞击基底床面后减速为 0 的瞬间加速度，m/s²；G 为重力，N；g 为重力加速度，m/s²。

由上述分析可知，位置①是这一波段的起点，给水流质点以初速度，流速越高，惯性越强,对床面的撞击力 F_2 就越大,冲刷能力就越强,携带碎屑物的能力就越强。

(2) 在位置②时,水流受到惯性的作用向前推进,阻力为黏滞力和重力 (图3-2-2)。水流质点沿运动方向的总动力 F 可用下式表示:

$$F = -F_1 - G\cos(\beta+\theta) = -\mu A \frac{\mathrm{d}v}{\mathrm{d}l} - mg\cos(\beta+\theta) \tag{3-2-9}$$

(3) 在位置③时,由于受到重力、黏滞力的作用,水流质点向上的运动速度降低到0,受惯性作用,水平方向保持一定的速度。水流质点越过位置③后重力转化为了动力。

(4) 在位置④时,黏滞力为阻力,重力为动力。由于受到重力作用,水流质点加速。

(5) 在位置⑤时,水流的重力势能完全转化为动能,接触到床面之前的瞬时流速上升到最大,并冲击床面。

这种水流形式从位置①时到位置③是向上的冲流,将碎屑物从波谷冲刷到波峰,随着速度的降低,把碎屑物卸载到波峰处。从位置③到位置⑤是在重力作用下的泄流过程,速度逐步增大,将波峰处堆积的碎屑物携带到背水坡沉积。然后再冲击下一个波谷的碎屑物,形成下一个波峰波谷的循环。这样的流态造就了板状交错层理。

2. 垂向涡动流

垂向涡动流的水流前行过程中呈现垂向涡动翻转的流动状态,依靠惯性和重力提供动力,这类流态一般发生于洪水期的河流中,河床坡降大,流量大,流速快。水流在流动过程中受到重力和惯性作用以及不规则的河床摩擦力的共同影响形成涡动流,蕴含的能量较大 (图3-2-4)。

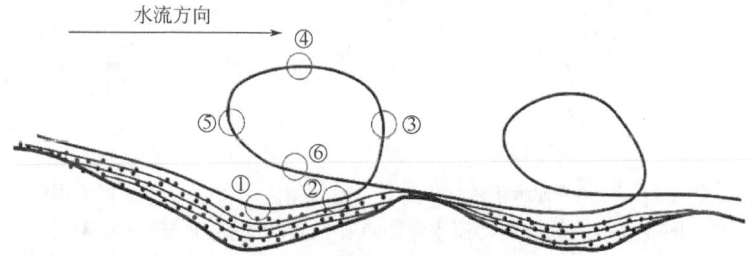

图 3-2-4 垂向涡动流流动状态示意图

在位置②时,河床面高低起伏,水流撞击凹槽后,受到了凹槽壁向后方向的反作用力 (图3-2-5),水流携带着碎屑物向后翻转,在重力和黏滞力的作用下,不断减速,到达顶点 (位置④) 后,垂向上向上的升速度降低为0,碎屑物开始卸载。水流质点在惯性作用下,继续向后方移动,并在重力作用下向下运动,落入后面的水面中,一起向前流动,进入下一个涡动流。周期性地反复,就形成河床上不断地冲刷与沉积,形成了槽状交错层理。

3. 侧向涡动流

在曲流河中,上游的来水冲击弯曲的河岸,形成侧向的反作用力,迫使水流形成侧向涡动

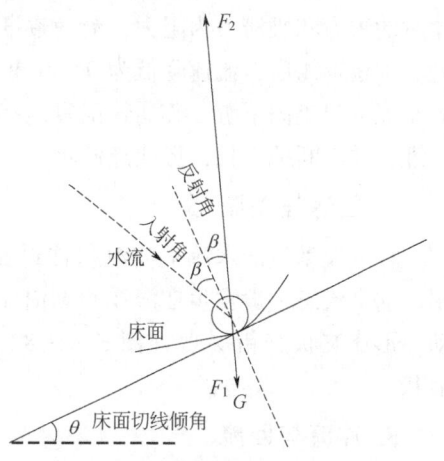

图 3-2-5 垂向涡动流水流质点在位置②的受力分析示意图

流（图3-2-6）。

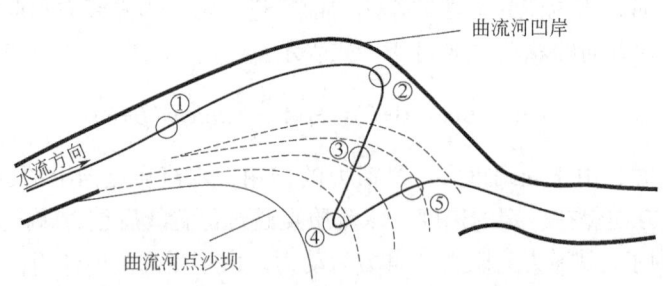

图3-2-6 侧向涡动流流动状态示意图

水流到位置②时，水流在重力和惯性作用下撞击弯曲的河岸（图3-2-7），此时主要受到河岸的反作用力、重力、黏滞力这三个力的作用。水流质点沿运动方向的总动力 F 可用下式表示：

$$F = F_2 - F_1 - G\cos(90°-\theta) = -ma - \mu A \frac{\mathrm{d}v}{\mathrm{d}l} - mg\cos(90°-\theta) \tag{3-2-10}$$

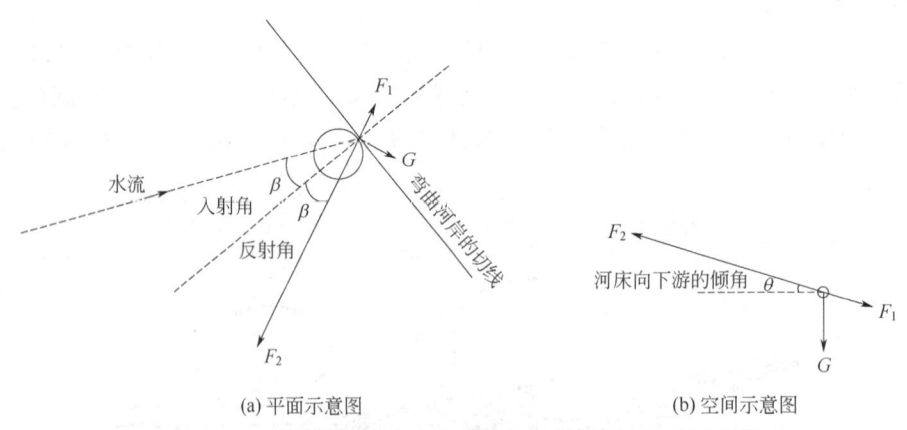

(a) 平面示意图　　　(b) 空间示意图

图3-2-7 侧向涡动流水流质点在位置②的受力分析示意图

离开位置②，在惯性作用下水流沿凸岸点沙坝的斜坡向上冲流，并携带大量的碎屑物，此时的重力和黏滞力为阻力，流速逐渐降低，碎屑物按照颗粒大小依次卸载在点沙坝的斜面上。到位置④后，流速降低为0，在重力作用下，向低处的河道回流，过了位置⑤后随河道的水流一起流向下游。碎屑物反复地在点沙坝的斜面上叠加，就在河道的凸岸形成侧积交错层理，并不断地生长，形成点沙坝。

4. 往返波动流

往返波动流的水流呈波浪状往返流动，水流主要受潮汐能、风能、重力和黏滞力的作用。这类流态一般发生在海洋和湖泊环境。滨海海底或湖底在波浪的作用下，碎屑物往返运动，形成波状交错层理（图3-2-8）。纹层经常有两组，倾向相反，纹层组的界面呈波浪状。

5. 冲流与回流

冲流与回流是指水流冲上坡面后又再次沿坡面返回的双向流动状态。这类流态一般

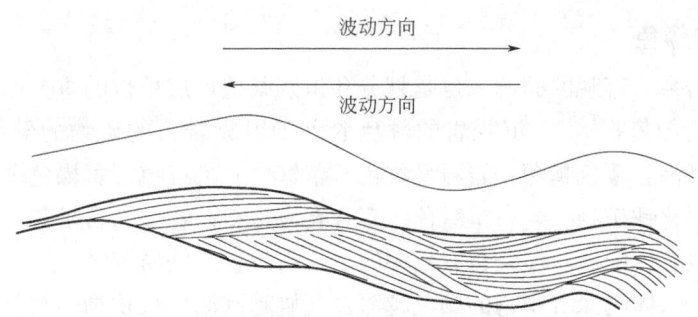

图 3-2-8　往返波动流流动状态及沉积示意图

发生于滨海的前滨环境，海浪向前翻滚，在惯性的作用下冲向滨岸的坡面，在坡面上上冲时主要受重力和黏滞力的影响，流速逐渐降低，直至为 0，随后水流在重力的作用下返回（图 3-2-9）。

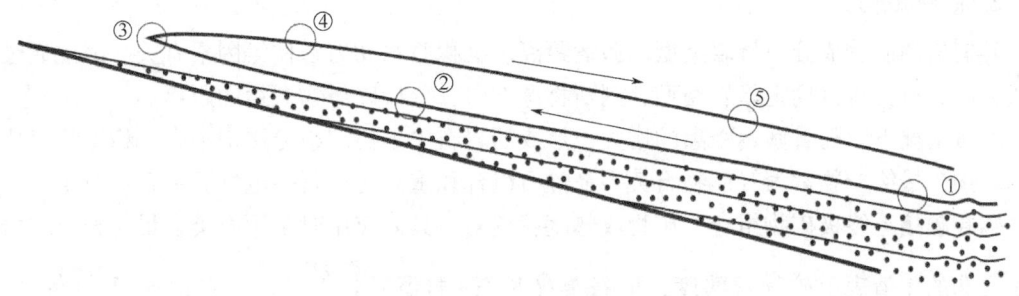

图 3-2-9　冲流与回流流动状态示意图

海浪从临滨到前滨由碎浪转变为冲浪，水流质点在位置①时，坡面倾角突然增大，在惯性作用下上冲，此时的水流能量大，携带大量碎屑物，当到达位置③时，流速突然降低为 0，将全部碎屑颗粒卸载，有大量的砾、生物碎屑。之后在重力作用下回流，大颗粒被留下，细小的碎屑颗粒顺斜坡被携带到前滨底部的平坦处。经过长时间的反复交替，就在高潮线附件形成以砾、生物碎屑为主的沙脊垄，在斜坡上形成冲洗交错层理。

6. 静水

水流为相对静止状态，动力环境稳定，基本没有动力提供。这类流态一般存在于深湖、半深海的沉积环境中。水面上有波浪，在一定深度的水体中基本处于相对静止状态，能量很小，沉积作用一般是悬浮沉积，为水平层理。

第三节　沉积环境标志

一、岩矿标志

岩矿标志包括沉积物的颜色、矿物成分、碎屑岩的结构等，这些特征反映了当时的气候、环境、水动力条件、母岩类型、搬运距离等。

1. 沉积物的颜色

颜色是沉积岩最为直观的标志，也是划分和识别某些地层单位的重要标志，有时也可以作为地层成因分析的依据[30]。沉积岩的颜色取决于组成岩石的矿物的颜色和胶结物的颜色。有机质含量越高，颜色越深；岩石呈红色、紫红色、褐红色、黄褐色多是因沉积物中含有比较多的含水氧化铁矿物；岩石呈绿色，多含有海绿石矿物；岩石呈灰白色，多为比较纯净的石英砂岩。浅红色的砂岩多是含有较多的正长石矿物或铁质胶结。

通常情况下，水体越深沉积物的颜色越深；气候越潮湿，沉积物的颜色越深。干燥气候条件下，沉积物的颜色多呈黄色、棕色、紫红色等。

半深海、深湖泥岩多呈暗色、深灰色；干盐湖的沉积物多呈黄色、棕色。干旱气候条件下的泛滥盆地沉积泥岩多呈黄色、紫红色；温暖潮湿气候条件下的泛滥盆地沉积泥岩多呈灰色、深灰色。

2. 矿物成分

碎屑岩的矿物成分与母岩类型、搬运距离、沉积时水动力条件等因素有关，因此通过矿物成分的分析，可以确定母岩类型，判断物源方向，分析碎屑物搬运的距离。

通常情况下，随着搬运距离的增大，形成的岩石中不稳定组分逐渐消失，稳定组分比例逐渐增加，最终产物常为轻矿物石英—高岭石组合和重矿物锆石—电气石—金红石组合。碎屑岩颗粒越接近终极矿物组合，矿物成熟度就越高。具体应用时常用石英含量与长石和岩屑含量之和的比值表示矿物常熟度，即石英/（长石+岩屑）$\left(\dfrac{Q}{F+R}\right)$。一般情况下，$\dfrac{Q}{F+R} \geq 10$ 时，矿物成熟度极高；$10 > \dfrac{Q}{F+R} \geq 5$ 时，矿物成熟高；$5 > \dfrac{Q}{F+R} \geq 3$ 时，矿物成熟度较高；$3 > \dfrac{Q}{F+R} \geq 1$ 时，矿物成熟度中等；$\dfrac{Q}{F+R} < 1$ 时，矿物成熟度低。

岩石中的自生矿物具有重要的指相意义，可以利用自生矿物分析当时所处的沉积环境，比如海绿石、燧石等。

海绿石晶体呈细小圆粒状，常呈浸染状分布于海相砂岩、泥质碳酸盐岩中。暗绿色、黄绿色，硬度2.0~3.0，相对密度2.2~2.8。海绿石属自生指相矿物，一般只生成于浅海和滨海环境[31]。根据现代海洋研究资料[32]，海绿石主要形成于亚热带、热带滨浅海环境中，海水的温度一般大于15℃。

岩石中某些特殊岩矿含量的变化也可以反映某一时期水体周边环境的演化，比如某油田，依据地层中凝灰岩含量的变化（图3-3-1），可以判断当时盆地周边火山活动的时间和期次。从图中明显可以看出凝灰岩有4个峰值，峰值含量一般大于40%，是其他时间的2倍左右，由此可以判断该段地层沉积时期，周边曾经发生过4期比较大的火山活动。

3. 碎屑岩的结构

碎屑岩的结构特征主要包括颗粒的大小、磨圆度、分选性等。碎屑岩的结构是水流搬运距离、水动力等因素综合作用后的结果，是判断沉积环境的重要标志。

（1）粒度：碎屑岩按照粒级大小划分为砾（粒径大于2.0mm）、粗砂（粒径0.5~2.0mm）、

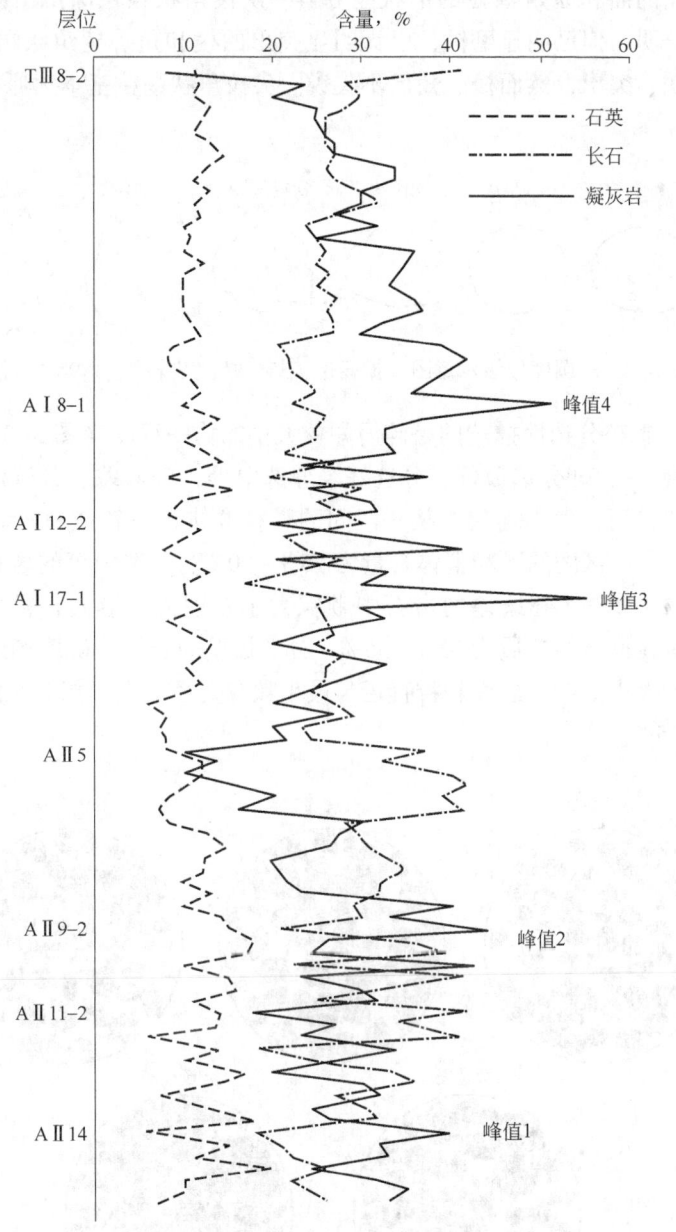

图 3-3-1 某油田纵向不同层位矿物含量

中砂（粒径 0.25~0.5mm）、细砂（粒径 0.05~0.25mm）、粉砂（粒径 0.005~0.05mm）、泥（粒径小于 0.005mm）。

（2）磨圆度：碎屑颗粒的磨圆度反映了搬运距离和水动力条件，一般情况下，搬运距离越远，磨圆度越高；同时，也与水动力有关，水动力越强，磨圆度越高，比如长期处于波浪波选的滨海沙滩，颗粒磨圆度就高。磨圆度通常可以通过肉眼观察鉴定划分为六个级别（图 3-3-2），即滚圆状、圆状、次圆状、次棱角状、棱角状、尖棱角状。滚圆状颗粒基本呈球状或椭球状，整个表面是光滑的，没有明显平面和棱。圆状颗粒的轮廓已磨圆，棱已变成为宽缓、圆滑的曲线，但仍保留有原始的面和轮廓。次圆状颗粒已磨蚀，棱、角已减少，并呈钝圆状,原始的面和原始颗粒的形状能分辨。次棱角状颗粒保留了原始颗粒的形态特征,棱、角、面分明,但已明显磨蚀,已无明显突出的棱和角。棱角状颗粒有一定的磨蚀,但棱、角、面分明、突出,然而棱、角已不尖锐。尖棱角状颗粒基本为原始状态,棱、角仍尖锐[33]。

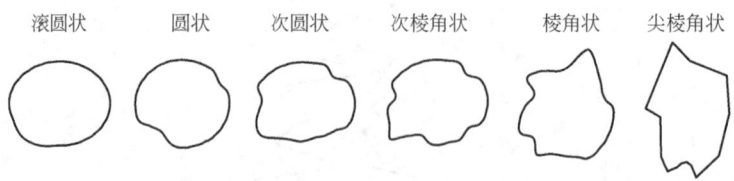

图 3-3-2 磨圆度分级示意图(据杨伦,刘少峰,王家生,1998,有修改)

(3)分选性:颗粒分选性描述的是碎屑颗粒大小的均一程度(图 3-3-3),肉眼观察可以划分出五个级别[33],即分选极好、分选好、分选中等、分选差、分选极差。分选极好的岩石一般磨圆度比较高,大小均匀,某一区间的颗粒群体含量超过 90%。分选好的岩石颗粒大小比较均匀,某一区间的颗粒群体含量为 75%~90%。分选中等的岩石中某一区间的颗粒群体含量为 55%~75%。分选差的岩石中颗粒大小差别大,最大直径与最小直径可达 3 倍,某一区间的颗粒群体的含量为 35%~55%。分选极差的岩石一般磨圆度比较低,多呈棱角状、次棱角状,大小混杂,最大颗粒直径与最小颗粒直径最大可相差 5 倍以上,主要颗粒群体的含量小于 35%。

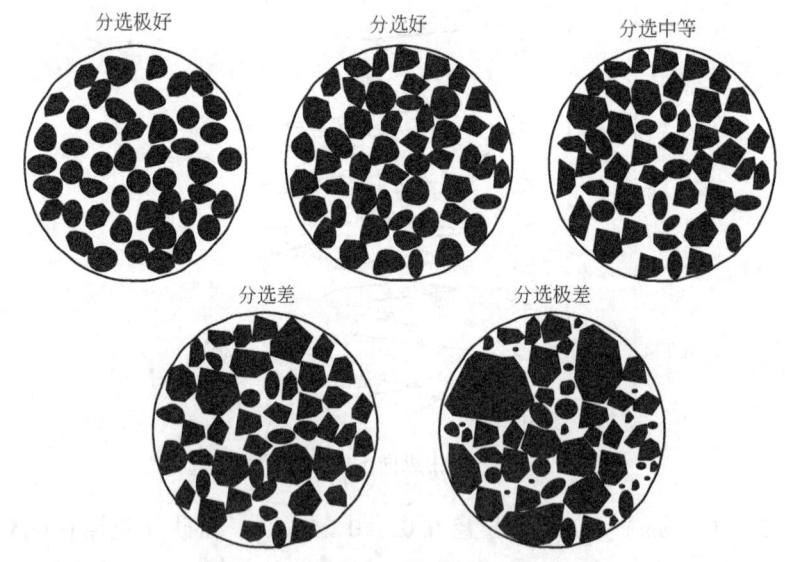

图 3-3-3 视域内颗粒分选视觉比较图

二、沉积构造

沉积构造是沉积岩形成过程中因气候、地势地貌、介质性质、水动力、搬运和沉积方式等因素不同,造成沉积物的颜色、粒度有规律地堆积,从而形成特有的岩石宏观特征。沉积构造类型很多,其特征及其组合是判断沉积环境的重要标志[34]。

(1) 槽状交错层理：纹层呈下凹的弧形，并多个叠置，纹层组的界面为槽形微冲刷面，不同纹层组间错列叠置，见图3-3-4(a)。垂直水流方向上，纹层为一系列大致平行底面的槽状弯曲的曲面；顺水流方向上，同一纹层组内的纹层呈宽缓的弧形，倾向一致。纹层组内一般是下部粒度粗，上部粒度变细。一般情况下，槽状交错纹层厚度越大，规模越大，水流能量越强。槽状交错层理代表了一种强水流能量环境，常形成于河流的洪水期，见于河流相的下部，在滨海环境也常见。

(2) 楔状交错层理：纹层的倾向变化大，纹层组的界面也大致上呈平面，但不同纹层组间的界面常相交呈楔状，见图3-3-4(b)。它代表了强水流能量，并且水流不平稳，方向不稳定。该沉积构造在滨海砂体中常见。

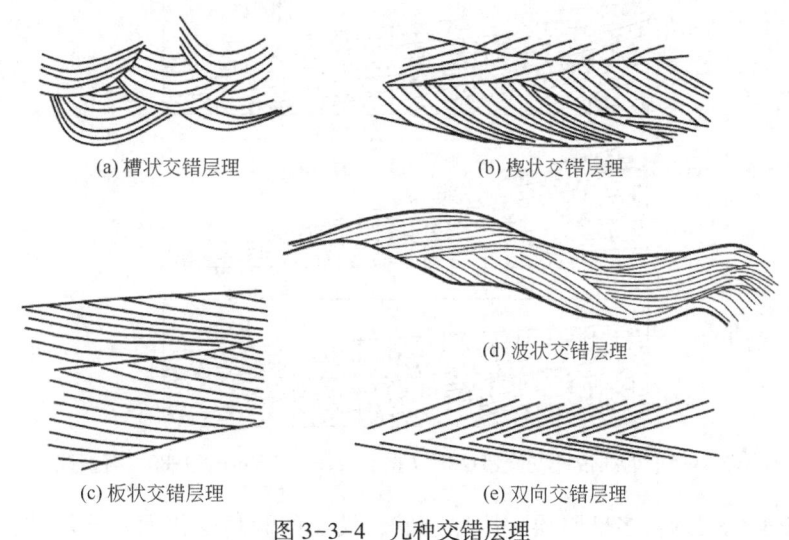

(a) 槽状交错层理
(b) 楔状交错层理
(c) 板状交错层理
(d) 波状交错层理
(e) 双向交错层理

图3-3-4 几种交错层理

(3) 板状交错层理：同一纹层组内的纹层大致平行，向下略呈收敛状，倾向相同，纹层与纹层组界面斜交，纹层组的界面平直，并且不同纹层组的界面大致平行，见图3-3-4(c)。纹层的倾向代表了当时的水流方向，一般情况下，纹层倾角越陡，说明当时的地势坡降越大，水流能量越强。在一个纹层组内，下部粒度稍粗，向上粒度略变细。在垂直水流方向上，纹层大致水平；顺水流方向上，纹层向同一方向倾斜，大致平行。板状交错层理代表了单向较强水流能量，一般形成于河流洪水消退后的平稳期，常见于河流相的中部。

(4) 波状交错层理：纹层组的界面呈波状起伏，纹层呈双向倾斜，见图3-3-4(d)，有时显得比较杂乱。代表了能量比较强的波浪环境，常见于滨海、滨湖砂岩中。

(5) 双向交错层理：又常称羽状交错层理、青鱼刺交错层理。上下两个相邻的纹层组中的纹层倾向相反，见图3-3-4(e)，状似羽毛。主要形成于潮汐水道中，是涨潮和退潮的结果，是潮汐水道的重要标志。

(6) 冲洗交错层理：在滨海的前滨地带，海滩有一定的坡度，并向海倾斜，波浪在这里已经变成冲流，水流在极浅的岸线变成面状水流在斜坡上往返冲洗，冲流速度大于回流速度，每次的向岸冲流都会携带大量的碎屑物，部分沉积到斜坡上，大部分卸载到高潮线附近，大颗粒被留下，细小的颗粒被回流带到斜坡上沉积下来，每一周期的冲洗都会形成一层薄薄的砂层，加积在向海倾斜的前滨带上层层叠加，从而形成了具有前滨带特有的低角度冲洗交错层理，见图 3-3-5。由于受海平面升降和海滩陡缓变化的影响，冲洗交错层理有多种组合形式[35]。图 3-3-5 中，A 型是早期的海滩缓，后期突然变陡而成；B 型是早期的海滩陡，后期突然变缓而成；C 型是海滩逐渐变陡的过程中形成的；D 型是海滩逐渐变缓过程中形成的。

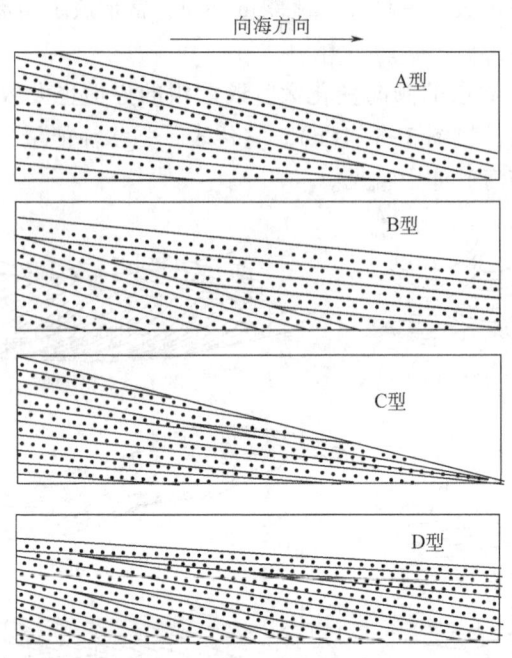

图 3-3-5　前滨带冲洗交错层理（据 Reineck 和 Singh，1980，有修改）

（7）风成交错层理：多呈厚层、巨厚层状，纹层的倾角变化大且比较陡，纹层组的厚度变化也比较大，这主要与风速和沙丘的高度有关，纹层组厚度越大，纹层的倾角就越大，沙丘的规模就越大。纹层组的界面较平直，但纹层组之间的界面一般不平行（图 3-3-6）。

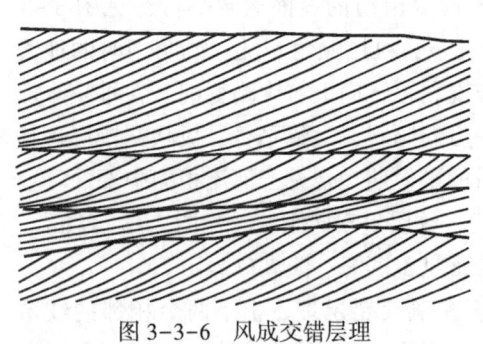

图 3-3-6　风成交错层理

（8）侧积交错层理：曲流河点沙坝内部特有的沉积构造，纹层由坝顶方向向河道方向倾斜，倾角一般较缓，纹层间不平行，有交叉、错列，纹层组的界面也呈倾斜状，比纹层的倾角更小，纹层组从点沙坝的底到坝顶呈逐渐收敛状（图 3-3-7）。该沉积构造是曲流河中水流冲击凹岸形成侧向的涡流，将碎屑物携带到凸岸堆积而成，受水流流量和能量的影响，每次携带的碎屑物数量和冲上点沙坝的高度不同，就造成侧积交错纹层不一定平行，甚至有交叉。纹层组是由不同洪水阶段导致的结果，一个纹层组基本可以代表一期大的洪水涨落。

（9）波纹爬升纹理：一般分布在细砂岩、粉砂岩和泥质粉砂岩中。由于波痕迁移过程中，同时向上生长所形成的一系列相互叠覆的波痕纹理（图 3-3-8）。一般形成于水体比较浅、能量比较弱的波动水流环境中，碎屑物供应比较充分，并且大部分以跳跃搬运为主。波纹爬升纹理大多不规则，类型比较多。在滨湖、滨海、废弃河道中常见。

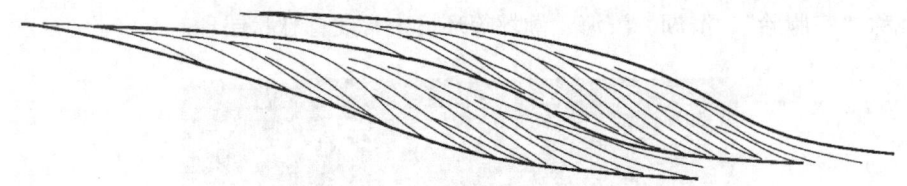

图 3-3-7　侧积交错层理示意图

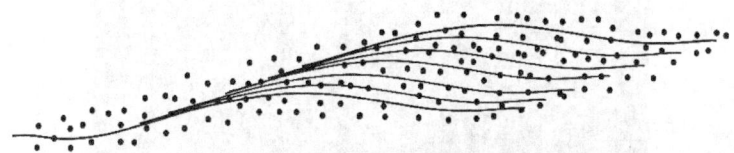

图 3-3-8　波纹爬升层理示意图

（10）前积层理：纹层呈向下弯曲的弧形，顶部平缓，下部较陡（图 3-3-9）。它是三角洲河口沙坝特有的沉积构造。在斜坡背景下，水下分流河道遇到海水的顶托作用，流速急剧降低，将携带的碎屑物卸载到分流河道前端的斜坡部位，随着三角洲的向前推进，层层叠置，就形成了河口沙坝特有的前积层理。

（11）递变层理：又叫粒序层理，是以粒度有规律的递变为特征的一种层理类型，除了有粒度递变规律外，没有其他内部纹理层[36]。根据递变特征可划分为正递变和反递变两种类型。正递变层理的粒度自下往上是逐渐降低的，这一层理代表了水流能量逐渐减弱的过程，主要发育在河道砂体上部，决口扇砂体中也常见该层理类型。反递变层理的粒度自

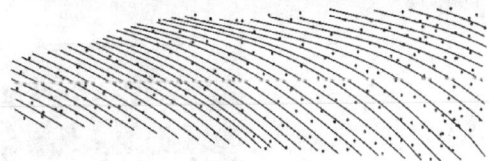

图 3-3-9　前积层理

下往上是逐渐增大的，这一层理代表了水流能量逐渐增强的过程，三角洲前缘河口沙坝砂体中常见到。

（12）波状层理：通过沉积物的颜色、粒度变化，显示出波状的纹理［图 3-3-10(a)］。是相对稳定的波浪环境下形成的产物。规模小时常常被称为波纹层理，规模大时被称为波状层理。多发育在滨湖、滨海、三角洲前缘和前三角洲沉积物中。

（13）透镜状层理：砂呈透镜状夹在泥岩中间，砂质透镜体可以是各种形状，有双凸状、扁平状、碟状、不规则状等［图 3-3-10(b)］。厚度变化也很大，厚的可以达到十多厘米，薄的只有几毫米。透镜状层理多与波浪的作用有关，在波浪环境下，当泥质供应充分，砂质供应量不足时，往往在波谷中堆积砂，形成透镜状层理。浅海、浅湖、潮坪和泛滥盆地等沉积环境中常见透镜状层理。

（14）脉状层理：薄层、不连续的泥质条带夹在砂体中［图 3-3-10(c)］。脉状层理也与波浪的作用有关，在波浪环境下，当砂质供应充分，泥质供应量不足时，在波浪的间歇平静期泥质沉积在砂体中间，形成脉状层理。波状层理、透镜状层理和脉状层理常常相伴生，

有些人戏称"三胞胎"。滨湖、滨海、潮坪等环境中常发育脉状层理。

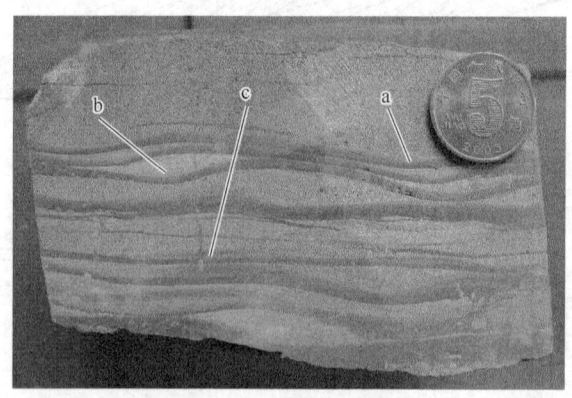

图 3-3-10　波状层理（a）、透镜状层理（b）、脉状层理（c）

（15）波痕构造：是波浪运动作用于未固结的非黏结性沉积物表面的产物[36]。波痕构造的大小差别很大，规模越大，说明当时的波浪能量越强；规模越小，则当时的波浪能量越弱。多形成于滨浅海、滨浅湖、牛轭湖、泛滥盆地等环境中。

（16）块状构造：在砾岩等粗碎屑沉积物中，宏观上不显示任何层理，碎屑物杂乱堆积，分选极差（图 3-3-11），颗粒大小没有明显的分异性。它代表了一种强水流能量，快速堆积的沉积环境，比如大型河道底部常见块状砾岩层，在泥石流堆积物中也常见块状构造。

（17）均匀层理：在细碎屑沉积物中，比如泥岩、泥灰岩、石灰岩、泥质粉砂岩等沉积岩中，内部不显示任何层理，岩性均匀（图 3-3-11）。它代表了碎屑物供应比较充分的静水环境。

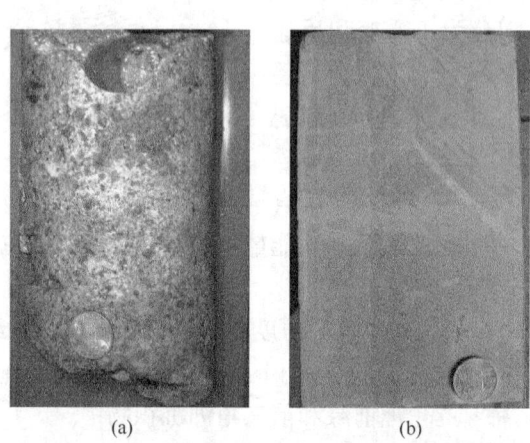

图 3-3-11　砾岩中的块状构造（a）、粉砂岩中的均匀层理（b）

（18）平行层理：多发育在含砾砂岩、砾岩等粗碎屑堆积物中，是高流态下形成的产物。纹理是通过碎屑物的颜色、岩性变化显示出来的，纹理厚度比较大，纹理相互平行，呈水平状。常见于浊积岩和泥石流中。

（19）水平层理：纹理呈水平状，纹理平直，纹理细小，主要发育在泥岩、粉砂质泥岩、粉砂岩等细碎屑沉积物中。它代表了一种静水环境，半深湖、深湖、浅海、半深海等环境中常形成水平层理。

(20) 冲刷构造：下伏岩层的顶面受到水流的侵蚀，凸凹不平，然后被上覆的粗碎屑沉积物覆盖。冲刷构造主要发育在岩性由细向粗的突变面上，说明沉积环境的突变、水流能量的突然增大。常见于河道底部、潮汐水道底部等砂体中。

(21) 滑塌构造：沉积物已经堆积形成，但尚未固结，当斜坡的坡度比较大时，沉积物不稳定，在重力作用下发生垮塌，顺斜坡滑动，造成砂泥混杂裹卷在一起（图3-3-12）。滑塌构造主要发育在三角洲前缘部位，在浊积岩中也常见。该沉积构造不属于沉积物沉积时形成的层理类型，是沉积物堆积后再次地质作用形成的，因此称作准同生构造。

(22) 负载构造：多形成在下部为泥岩、上部为砂岩的接触面上。下部尚未固结的泥岩，难以承载上部厚度比较大的粗碎屑沉积物的重量，由于不均衡地挤压，导致下部饱含水而且松软的泥岩呈不规则的瘤状、丘状穿插到上部岩层中。有些似火焰状，所以又被称为火焰状构造（图3-3-12）。多发育在三角洲前缘部位，属准同生构造。

(23) 枕状构造：与负载构造的成因相同，只是下部的泥岩厚度大，上部砂岩的厚度相对薄，砂岩不均衡地下沉、撕裂，呈球状、枕状、不规则状陷落在下部的泥岩中（图3-3-12）。常见于三角洲前缘部位，属准同生构造。

(24) 包卷层理：常见于细砂岩和粉砂岩中[34]，未固结的砂岩在水流或重力作用下，发生蠕动、变形，包裹在一起（图3-3-12）。在浊积岩和三角洲前缘砂体中常见，属准同生构造。

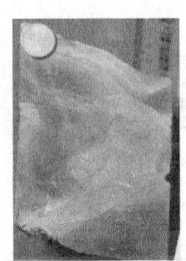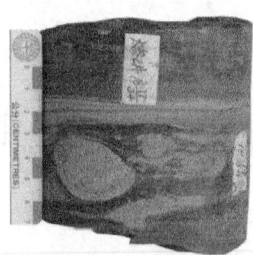

图3-3-12　滑塌构造、负载构造、枕状构造、包卷层理（左→右）

(25) 泥裂构造（干裂构造）：由于泛滥盆地、湖泊、潟湖、潮间带等沉积环境，受到干旱气候的影响或其他原因，造成水位下降，沉积物暴露，在阳光照射下，失水、收缩，形成网格状的龟裂纹，然后再被后期的沉积物充填。由于沉积物的岩性和颜色不同，剖面上清晰可见上宽下窄呈楔状的岩性充填现象。它是沉积物暴露的重要标志。

(26) 雹痕、雨痕：冰雹和雨滴落在尚未固结的沉积物表面留下的小撞击坑[34]。主要见于滨湖、泛滥盆地、潮坪、潟湖等环境中。

沉积构造是沉积物堆积时水流能量分异的结果，不同的沉积构造反映了当时不同的水动力条件，可以将上述主要沉积构造划分为强水动力环境、中等水动力环境和低水动力环境（表3-3-1）。

表3-3-1　不同沉积构造所处的水动力环境

水动力环境	强水动力环境	中等水动力环境	低水动力环境
沉积构造	冲刷构造、砾岩中的块状构造、槽状交错层理、楔状交错层理、波状交错层理、板状交错层理、双向交错层理、冲洗交错层理、平行层理	递变层理、波纹层理、透镜状层理、脉状层理、波纹爬升层理	水平层理、均匀层理

三、古生物标志

每种生物都具有自己适应的生活环境，不同环境有不同的生物群落，根据古生物特征和生物组合可以恢复古环境，特别是在判断水体的盐度方面具有重要的作用。

正常海水生物组合，包括钙质红藻和绿藻、放射虫、硅质鞭毛藻、颗石藻、钙质有孔虫、钙质和硅质海绵、珊瑚、苔藓虫、腕足动物、棘皮动物、头足类等[34]。

淡水生物组合，包括轮藻、介形虫、硅藻、蓝绿藻、普通海绵、瓣鳃类等[34]。

半咸水生物组合，包括瓣鳃类、腹足类、介形虫、鳃足亚纲、软甲亚纲、胶结壳有孔虫、硅藻、蓝绿藻、蠕虫管等[34]。

超咸水生物组合，一般只有鳃足亚纲的无甲目、蓝绿藻等比较少的生物[34]。

四、生物遗迹标志

生物遗迹化石是生物生命活动周期内因居住、觅食、运动等功能行为在沉积岩表面或内部留下的具有一定形态特征的痕迹[34]。因为不同的物种有不同生活空间和环境，包括水深、盐度、温度、气候等，因此，它们可以作为判断沉积环境的一个重要标志（图3-3-13）。常见的遗迹化石有生物潜穴、爬行迹、停歇迹、足迹、排泄物以及植物根痕等。

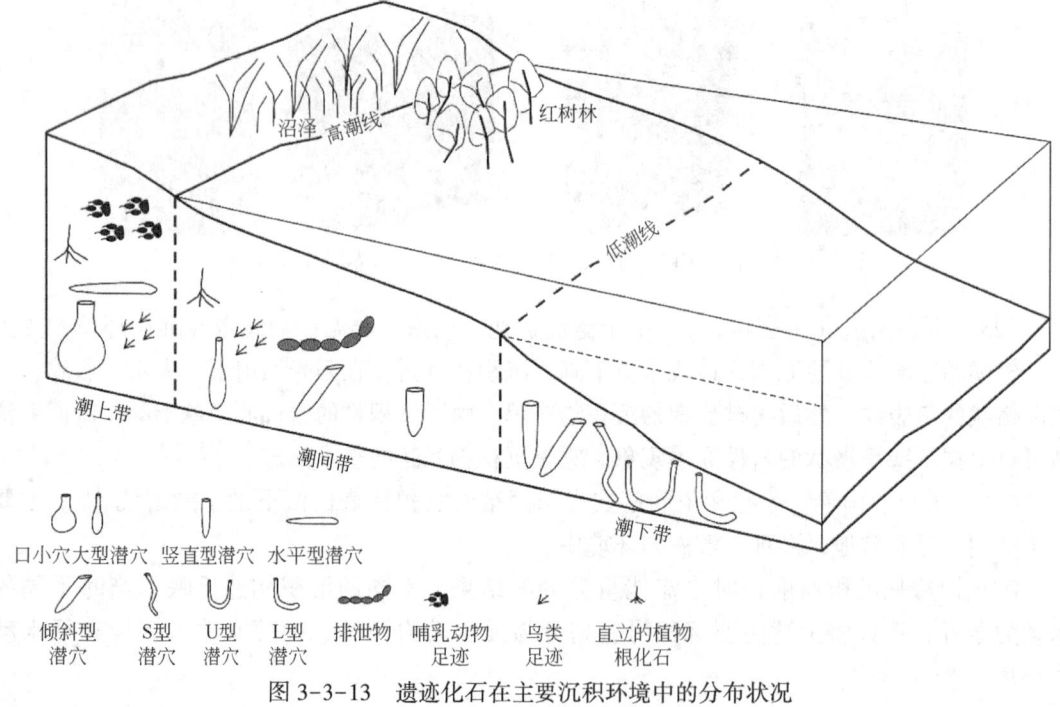

图 3-3-13　遗迹化石在主要沉积环境中的分布状况

1. 生物潜穴

生物潜穴指动物在尚未固结、半固结的沉积物内部因居住、觅食、躲避天敌而钻的孔穴，也常常被称为虫孔。生物潜穴大小不一，形态各异，按照孔径大小可划分为大型（直径大于10mm)、中型（直径2~10mm）、小型（直径小于2mm）。按照潜穴深度可划分为浅潜穴（深度小于5cm）、中深潜穴（深度5~15cm）、深潜穴（深度大于15cm）。按照潜穴的产状可将其划分为竖直穴、水平穴、倾斜穴、S型穴、U型穴、L型穴等。按照潜穴的内壁光滑程度可划分为粗糙型、修饰型。按照潜穴的功能可划分为长期居住型、觅食型和临时躲避天敌型。

在陆地环境中，生物潜穴主要发育在河漫滩、泛滥盆地、沼泽和滨浅湖环境中。陆地环境的潜穴多以大、中型深潜穴为主，口小穴大为特征，有些为多分枝穴。也有表层水平觅食穴，这类穴粗糙，多为一次性临时穴。

三角洲环境中三角洲平原上以大、中型深潜穴为主，多为倾斜型；三角洲前缘和前三角洲以中、小型，中、浅潜穴为主，穴壁粗糙，多为倾斜穴和竖直穴；

滨海环境中的潮上带以大、中型，中、深潜穴为主；多为口小穴大型，穴壁光滑；也见粗糙的觅食型水平潜穴。

潮间带以中、小型，中、浅潜穴为主，穴壁粗糙，有竖直穴和倾斜穴。

潮下带以中、大型，中、深潜穴为主，穴壁有修饰。有S型、倾斜型、U型、L型等潜穴[37]。

2. 排泄物

排泄物有两种类型，一种是生物进食消化后排出的粪便；另一种是生物从富含有机质的泥沙中过滤出食物，然后吐出泥沙颗粒[37]。排泄物的形状有颗粒状、条带状，大小差异很大。在潮间带最为常见（图3-3-13）。

3. 觅食迹、爬行迹、停歇迹、逃逸迹和足迹

在河漫滩、泛滥盆地、冲积平原和滨海的后滨上会有哺乳动物和鸟类的足迹。在三角洲平原、潮间带可见鸟类足迹，潮间带可见大量海洋生物的觅食迹、爬行迹、停歇迹和逃逸迹等。

4. 植物根痕

植物被埋藏后，植物的根常常会被炭化或铁质化，保留了植物生长时根须的形态特征。炭化的植物根须常呈黑色，铁质化的根须常呈棕色、浅黄色。呈直立状，垂直层面产出的植物根痕属原地生长的，常将赋存有这类根茎的岩石称为"根土岩"[36]，是判断沉积物是水上沉积还是水下沉积的重要证据。根痕比较发育的环境有冲积平原、沼泽、河漫滩、泛滥盆地、三角洲平原和潮上带。分布最丰富的岩石主要为泥岩、泥质粉砂岩和碳质页岩。

三角洲平原、泛滥盆地以草本植物的根痕为主；河漫滩和冲积平原以草本植物和灌木根痕为主。潮上带以草本植物和灌木植物根痕为主。潮间带可见红树林的植物根痕（图3-3-13）。

五、粒度分布标志

碎屑岩的粒度分布特征是判断沉积环境的一个重要物理标志[34]。沉积岩中绝大多数的碎屑物是由机械搬运作用堆积而成的，其搬运和沉积受水动力控制。搬运介质有水、风、冰川、泥石流，搬运方式主要有滚动、跳跃和悬浮三种。通过编制粒度的直方图、频率曲线、累积频率曲线、粒度概率曲线等，可以分析粒度分布特征，判断水动力环境。

1. 粒度直方图

以不同粒度等区间的 Φ 值（$\Phi=-\log_2 D$，D 为颗粒的直径，D 的单位为 mm）为横坐标（区间梯度取 0.5Φ 为宜），百分含量为纵坐标，绘制粒度直方图（图 3-3-14）。可以直观地观察粒度分布的区间，观察某一个粒度区间的优势，对比不同砂层间粒度的变化。

2. 频率曲线

以不同粒度等区间的 Φ 值为横坐标，百分含量为纵坐标，绘制频率图（图 3-3-14），得到频率曲线。曲线越窄、峰值越高，分选性越好，反之分选性越差。

3. 累积频率曲线

以不同粒度等区间的 Φ 值为横坐标，累积频率为纵坐标，绘制频率图，得到累积频率曲线，形态上多呈 S 状（图 3-3-14）。根据曲线的粒级范围和陡缓可以判断颗粒的分选程度[34]。

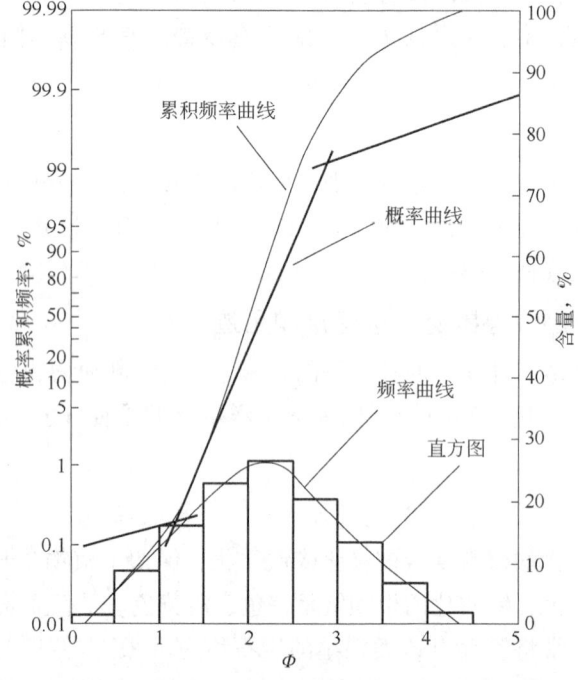

图 3-3-14 粒度分析图（据孙永传等，1986，有修改）

依据累积频率曲线图，通过图解法可以定量分析岩石的径平粒径（M_Z）、标准偏差（σ）、偏度系数（S_K）、峰态（K_G）等[34]。

1）径平粒径

径平粒径（M_Z）是表示岩石样品的平均粒径的大小[34]：

$$M_Z = \frac{(\Phi_{16}+\Phi_{50}+\Phi_{84})}{3} \tag{3-3-1}$$

式中，Φ_{16} 为累积频率图上含量为 16% 时对应的粒度；Φ_{50} 为累积频率图上含量为 50% 时对应的粒度；Φ_{84} 为累积频率图上含量为 84% 时对应的粒度。以下的 Φ_5、Φ_{75}、Φ_{95} 同上面的同类参数意义相同。

2) 标准偏差

标准偏差（σ）反映的是颗粒的分选程度[34]：

$$\sigma=\frac{(\Phi_{84}+\Phi_{16})}{4}+\frac{(\Phi_{95}-\Phi_5)}{6.6} \qquad (3-3-2)$$

福克（R. M. Folk）和沃德（W. C. Ward）根据标准偏差将岩石的分选程度划分为七个级别[34]：

$\sigma<0.35$ 为分选极好；

$\sigma=0.35\sim0.50$ 为分选好；

$\sigma=0.50\sim0.70$ 为分选较好；

$\sigma=0.70\sim1.00$ 为分选中等；

$\sigma=1.00\sim2.00$ 为分选较差；

$\sigma=2.00\sim4.00$ 为分选很差；

$\sigma>4.00$ 为分选极差。

3) 偏度系数

偏度系数（S_K）是表征粒度频率曲线的对称性，反映众数的相对位置[34]：

$$S_K=\frac{\Phi_{84}+\Phi_{16}-2\Phi_{50}}{2\times(\Phi_{84}-\Phi_{16})}+\frac{\Phi_{95}+\Phi_5-2\Phi_{50}}{2\times(\Phi_{95}-\Phi_5)} \qquad (3-3-3)$$

当 $S_K=0$ 时，为对称的正态分布。福克和沃德根据偏度系数划分了五个级别[34]：

$S_K=-1.0\sim-0.3$ 为极度负偏；

$S_K=-0.3\sim-0.1$ 为负偏；

$S_K=-0.1\sim0.1$ 为近对称；

$S_K=0.1\sim0.3$ 为正偏；

$S_K=0.3\sim0.1$ 为极度正偏。

4) 峰态

峰态（K_G）表示在粒度频率曲线的尖锐或钝化程度[34]：

$$K_G=\frac{\Phi_{95}-\Phi_5}{2.44\times(\Phi_{75}-\Phi_{25})} \qquad (3-3-4)$$

福克和沃德根据峰态参数划分了六个级别[34]：

$K_G<0.67$ 为很宽；

$K_G=0.67\sim0.90$ 为宽；

$K_G=0.90\sim1.11$ 为中等；

$K_G=1.11\sim1.50$ 为窄；

$K_G=1.50\sim3.00$ 为很窄；

$K_G>3.00$ 为极窄。

4. 粒度概率曲线

以不同粒度等区间的 Φ 值为横坐标（区间梯度取 0.25Φ 为宜），累积百分含量为纵坐标，但纵坐标用概率标度表示（图 3-3-14）。粒度概率曲线通常可以将不同搬运方式的颗粒群体区分开来，悬浮总体位于粒度概率曲线图的细端，是一个独立的总体，斜率通常较小；跳跃总体位于图上中段，斜率通常大于悬浮总体；滚动总体位于图的下方粗端，斜率小。曲线斜率的大小代表了粒度的分选程度，斜率越大分选性越好。

专家们通过大量资料的统计，总结了不同沉积环境下的粒度概率曲线特征（图3-3-15）。浊积岩的粒度概率曲线常常只有一段悬浮总体，为一平缓倾斜的平直段[图3-3-15(a)]，也可能呈缓弧形。辫状河砂体的粒度概率曲线通常是两段式，悬浮总体和跳跃总体均比较平缓[图3-3-15(b)]。曲流河砂体的粒度概率曲线也是两段式，悬浮总体平缓，跳跃总体较陡[图3-3-15(c)]。滨海砂体的粒度概率曲线是两段式，跳跃总体常由两个次总体构成，有一个回流交汇点[图3-3-15(d)]。沙漠沉积砂体的粒度概率曲线通常是三段式，跳跃总体比较陡，悬浮总体和滚动总体相对跳跃总体较缓[图3-2-15(e)]。

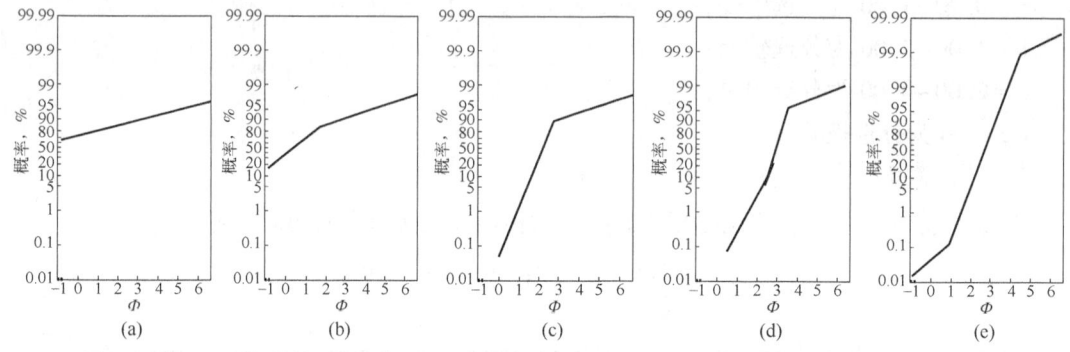

图3-3-15 几种不同沉积环境下的粒度概率曲线图特征（据孙永传，等，1986，有修改）

六、微量元素的环境指示作用

沉积岩中微量元素的含量与其形成环境具有密切关系。在沉积岩形成过程中，其所含元素会随着水体的搬运而迁移与聚集。不同沉积环境的水介质有着不同的物理和化学性质，不同元素分散与聚集的环境条件也相差很大，使得在不同的沉积相中有不同的元素组合和含量。元素的地球化学数据能间接反映沉积环境的这一特征，对恢复沉积环境具有一定的指示意义[38]。

1. 微量元素对古盐度的指示意义

恢复古盐度不仅可以了解古环境的形成与演变，同时对于区分海陆沉积环境以及研究矿产资源的储存和富集都具有十分重要的意义。在不同盐度环境下，由于各元素的溶解度和活性等化学性质的不同，其在水体和岩石中的含量变化也不尽相同。比如B的硼酸盐溶解度大，在流通的淡水环境中不易聚集而且在封闭的环境中才可以被吸附，盐度越高，B含量越大，即B含量与水体盐度存在正相关关系[39]。相反地，Ga的迁移能力远小于B元素，在淡水环境易中就易于富集，因此B/Ga值与盐度有一定的相关关系，即B/Ga值也会随盐度的升高而增大，故B/Ga值常常可以作为古盐度的判断指标[40]。

再如，U易被氧化和滤失，多富集在终极的海洋环境和盐湖中；Th更容易被吸附留在黏土矿物中，在陆相中就容易富集，使得陆相沉积环境中的沉积物（岩）中Th/U值高，而在海水中沉积岩的Th/U值低，即Th/U值越大指示水体盐度越低，Th/U值越小指示水体盐度越高。

沉积物中的 Sr/Ba 值也可作为水体盐度的一种判定指标。通常锶比钡的溶解度更大，具体表现为锶的迁移能力要强于钡，就是在过渡性盆地中 Sr/Ba 值较低；终极盆地中有比较高的 Sr/Ba 值。随着水体盐度的增加，锶和钡逐渐从水体中以硫酸盐的形式析出，其中，$BaSO_4$ 优先析出，当盐度达到一定高值时，$SrSO_4$ 才析出[41]。因此，陆相淡水环境下，锶和钡一般不发生沉淀，沉积物中锶钡比值很低[42]；陆相淡水入海（湖）后，一部分钡优先析出，此时无锶元素析出，Sr/Ba 值也很低；继续往盐度逐渐增大方向迁移时，钡由于前期的持续沉淀，导致其在终极盆地中含量逐渐降低，锶此时开始沉淀，沉积物中 Sr/Ba 值会发生明显的急剧增大的趋势。

根据国内外专家对大量实际数据的统计分析，初步建立了盐度环境的指标，淡水环境：B/Ga<3.3，Sr/Ba<0.6，Th/U>7；半咸水环境的 3.3<B/Ga<4.2，0.6<Sr/Ba<1，2<Th/U<7；正常海水环境的 B/Ga>4.2，Sr/Ba>1，Th/U<2。

2. 微量元素对古气候的指示意义

古气候主要指史前地质时期的气候，对地壳的演化、气候变迁、地层对比、沉积环境分析、矿产资源成因、找矿等都具有指示意义。微量元素在沉积物或沉积岩中的富集与沉积时的气候环境也关系密切[43]。在潮湿的气候条件下活动性强的元素易受风化作用的影响而迁移，反之，活动性较差的元素（Al、Zr 等）较其他元素富集；在炎热干旱气候时，蒸发作用强而化学风化作用弱，蒸发量大于降水量，水体盐度和碱度随之升高，溶解元素溶量下降，对咸水环境敏感的元素便也沉淀下来。因此，可以通过沉积物或沉积岩中对气候变化较为敏感元素含量的分析来对古环境进行重建。

沉积物中 Sr 因干旱炎热气候而富集，Cu 较为稳定，受外界影响小[44]，因此 Sr/Cu 值可以反映古气候变化，Sr/Cu 值越高就说明沉积时期气候条件越干热，降水较少，Sr/Cu 值低就说明沉积时期气候条件为温湿气候，降水多。在风化作用的影响下 Sr 容易发生淋失，而 Rb 却能相对完好的保留在沉积物中，温湿气候条件下，大气降水增多使得风化作用加强，Sr 因此而大量淋失，进一步导致 Rb/Sr 值增大；干旱气候条件下，降雨量减少，Rb/Sr 值因此而降低。

通常情况下，Sr/Cu=1~10 指示温湿气候，Sr/Cu>10 时对应干热气候；Rb/Sr<0.45 时气候相对干燥和寒冷，Rb/Sr>0.45 时气候相对潮湿、温暖，雨量充沛。

3. 古氧化还原条件研究

对氧化还原敏感的元素在水体及沉积物中的分布、循环、亏损或富集受其化学性质和氧化还原条件的影响。大多数对氧化还原敏感的元素在水体及沉积物中含量甚微，其中一部分溶解于水中，其余则以不同形式吸附在水体中的悬浮颗粒上，最终通过生物的或非生物的过程离开水体进入沉积物。沉积环境的氧化还原状态控制了沉积物或沉积岩中氧化还原敏感微量元素的富集程度，反过来，它们在沉积物或沉积岩中的富集程度也能够反映出沉积时水体的氧化还原状态[45]。氧化还原敏感微量元素是指那些溶解度明显受沉积环境氧化还原状态控制，从而导致其向还原性的水体和沉积物中迁移富集的微量元素，主要有 U、V、Mo、Cr、Co 等[46,47]。

Th 和 U 在还原环境下地球化学性质相似，在氧化状态下差别很大。在表生环境下，Th

以+4价存在，且不易溶解。而U在强还原状态下为+4价，不溶解于水，易在沉积物中富集；在氧化状态下，U以易溶的+6价存在，造成沉积物中U溶解进入水体而流失。基于这两种元素的地球化学性质差异，沉积物或沉积岩中U/Th值可以作为环境的氧化还原状态判断指标。通常认为，U/Th<0.75反映氧化环境，0.75≤U/Th≤1.25反映贫氧环境，U/Th>1.25反映还原环境。

V和Ni随氧化还原条件的改变其离子的价态会发生变化，V和Ni在一定的氧化还原条件下会与水体中的胶体黏土矿物络合并发生沉淀，在缺氧环境下，特别是存在较多腐殖质的情况下，V容易还原成氧钒（VO_2^{2+}），形成有机络合物或水化物富集于沉积物中；在硫化环境中，硫化物（HS^-）可将溶解态V还原为不溶的V(Ⅲ)氧化物。缺氧环境也有利于Ni富集，在缺氧条件下Ni被还原成各种水合离子，并被腐殖酸或氢氧化锰和铁的沉积物吸附富集，且一旦沉积下来不易再发生迁移，而富氧水体中，主要以可溶性镍酸盐的形式存在。此外Cr和Co也显示类似的特性，在还原环境中更易于沉淀。

根据国内外学者研究的成果得出的结论为：

氧化环境的V/Cr<2，Ni/Co<2.5；

贫氧环境的V/Cr=2.00~4.25，Ni/Co=2.5~5.0；

还原环境的V/Cr>4.25，Ni/Co>5.0。

七、测井相

地球物理测井能够提供纵向上连续的地层剖面电性特征。岩心资料直观可靠，但常常是部分井、部分层段有取心，纵向上不连续，资料有限。相比之下，测井具有纵向分辨率高、连续性好、不受人为因素影响、稳定程度高的特点。每一条测井曲线都可以认为是岩石物理特性的一个谱，不同的测井曲线反映了岩石不同侧面的物理属性特征，通过岩电关系的研究，就可以利用它们确定与之对应层段的岩相，称为测井相。

因为不同的电测曲线对储层有不同的响应，另外，不同地区由于储层的岩性、矿物成分、流体性质不同，测井曲线的响应变化比较大，所以在某一地区利用测井资料划分沉积相之前应充分研究岩电关系，优选曲线。

通常情况下，可以用于测井相划分的测井曲线有自然伽马曲线（GR）、自然电位曲线（SP）、电阻率类曲线（R_t）[包括深浅侧向曲线（R_{LLD}/R_{LLS}）、深中感应（R_{ILD}/R_{ILM}）等]，其他一些曲线可以作为辅助曲线应用。

（1）自然电位反映的是钻井液滤液与地层水之间的扩散电动势和扩散吸附电动势，它与地层的孔隙度、流体性质、渗透率、泥质含量等有关。在砂泥岩地层剖面中，通常以厚层泥岩为基线，孔隙度小的砂层异常幅度小，孔隙度大的砂层异常幅度大。粒度粗、分选好、泥质含量低的砂岩孔隙度高，自然电位异常幅度大，反之则异常幅度小。因此自然电位在一定程度上反映了岩石的结构成熟度。但自然电位曲线受影响的因素比较多，受流体性质的影响明显，相同物性的油层其幅度小于水层；同一个层位在不同构造部位，由于流体性质的不同也会导致自然电位曲线的形态发生变化；岩层厚度比较小时，自然电位也会失真。自然电位在确定大层、岩性组合，划分旋回性时，有比较大的价值。

（2）自然伽马曲线主要反映的是地层中放射性元素的含量，曲线读数的高低反映放射性元素含量的多少，不受流体性质和渗透率的影响，纵向分辨率较高。自然伽马曲线在划分碎屑岩岩性、确定泥质含量等方面具有重要的作用。通常情况下，自然伽马值越低说明沉积物形成时的水动力强，砂岩越纯净；反之则表明水动力越弱，砂岩泥质含量越高、分选越差。

（3）深浅侧向曲线反映的是地层的电阻率，砂岩、泥岩、碳酸盐岩的电阻率不同，可以利用深浅侧向曲线划分。在地层中的流体性质稳定时，该曲线能够划分出岩层的韵律性、层间的接触关系。但深浅侧向曲线受储层中的流体性质影响比较大，划分岩相时要考虑流体性质。

（4）深中感应曲线与深浅侧向曲线一样，反映的是电阻率，在识别岩性、划分旋回性方面具有重要作用。

（5）微电极曲线纵向分辨率高，在划分岩性、夹层和识别渗透性方面具有重要作用。

测井曲线的幅度、形态、接触关系以及齿化程度反映了碎屑岩的岩性、粒度、结构、韵律等属性。自然伽马、自然电位、电阻率曲线的幅度大一般情况下反映了沉积物的粒度粗、分选好、泥质含量低、渗透性好，代表较强水动力条件，是一种高能环境下沉积的产物；反之，代表低能环境。曲线的形态、纵向厚度既可以反映粒度和分选性的垂向变化，又能反映砂体沉积过程中的水动力和物源供应变化。曲线顶底的接触关系反映砂体沉积初期和末期水动力能量及物源供应的变化速度。曲线的齿化程度反应碎屑物供应和水流能量的稳定程度。每一种测井曲线有其优缺点，在划分测井相时要组合使用。

根据测井曲线的形态特征，测井相可划分为箱形、箱钟形、钟形、漏斗形、指形、复合韵律形、低幅齿形、平直光滑形等八种类型（图3-3-16）。

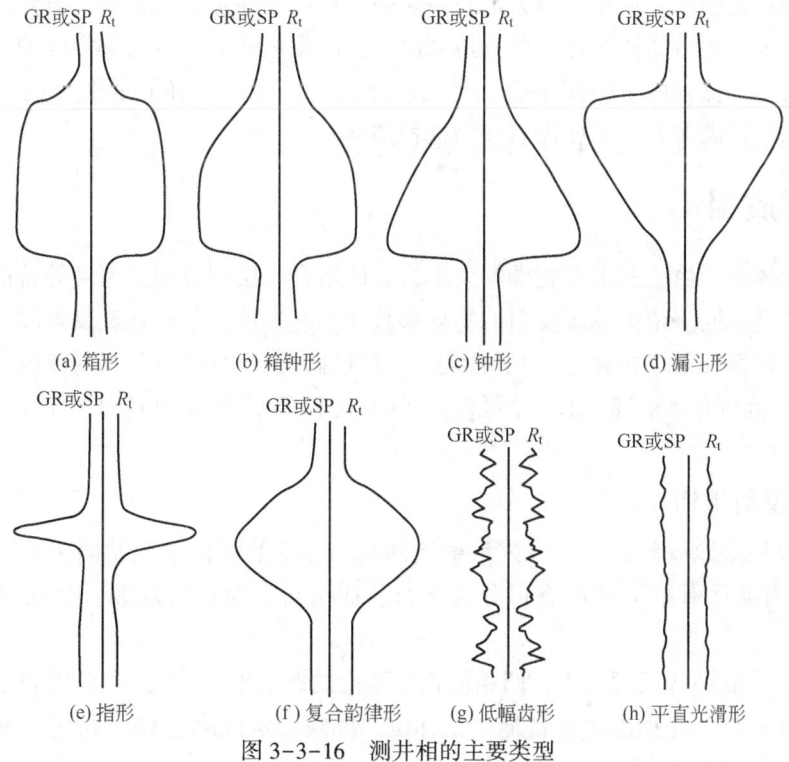

图3-3-16 测井相的主要类型

箱形：幅度通常中等，自下而上岩性均匀，顶、底部突变。对应岩性一般为砾岩、含砾砂岩。该曲线类型反映沉积过程中物源供应充分，水动力比较强，且持续在高能状态下。底部发育冲刷构造，内部多发育块状构造、槽状交错层理，是大型河道的典型特征。

箱钟形：幅度通常中等，底部突变，中、下部岩性均匀，一般为砾岩、含砾砂岩，顶部岩性变细，组合在一起呈箱钟形。底部发育冲刷构造，向上依次发育块状构造、槽状交错层理、板状交错层理，是中型河道的典型特征。该曲线类型反映早期和中期水动力比较强，沉积过程中物源供应充分，后期水流能量降低，碎屑物变细，直至河道废弃。

钟形：底部突变，顶部渐变，中高幅度。对应岩性多为含砾砂岩、粗砂岩、中砂岩、细砂岩。底部发育冲刷构造，向上依次发育槽状交错层理、板状交错层理、波纹层理。反映的是下部粒度粗、上部粒度细的正旋回，代表的是水流能量逐渐降低的过程。曲流河、三角洲前缘水下分支流河道等小型河道多为这种类型。

漏斗形：底部渐变，顶部突变，中高幅度，对应岩性一般为中砂岩、细砂岩、粉砂岩。反映的是下部粒度细，上部粒度粗的反旋回，代表的是水流能量逐渐增强的过程。沉积构造自下而上一般为波纹层理、前积层理等。三角洲前缘河口沙坝多为这种类型。

指形：薄层，中等幅度，顶底渐变。对应岩性多为细砂岩、粉砂岩，沉积构造多为波纹层理，是较强能量下的沉积，砂层与上下邻层间的岩性界限清楚。三角洲前缘席状砂、滨海滩砂多为这种类型。

复合韵律形：顶底渐变，中、低幅度，中厚层。对应岩性多为中砂岩、细砂岩、粉砂岩。滨海沙坝多为这种类型，有时曲流河泛滥盆地中的决口扇、三角洲平原上的决口扇砂体也常为这种类型。

低幅齿形：低幅度，齿化严重，形态不规则。对应岩性主要是泥岩，但岩性不纯，常夹薄层粉砂岩和泥质粉砂岩透镜体。前三角洲泥岩、泛滥盆地泥岩常表现为这种形式。

平直光滑形：低幅度、曲线平直，且比较光滑。代表了平静的低能环境，碎屑供应平稳，岩性均匀。深湖泥岩、海相泥岩多为这种类型。

八、地震相

不同沉积体系，由于其沉积物颗粒大小、岩性组合、层理类型、厚度等特征不同，导致地震反射的属性不同。依据地震反射的物理参数和几何参数，包括地震反射波的振幅、连续性、频率以及内部反射结构和外部几何形态，可以划分出特征明显的反射波组，通常将这种具有一定分布范围的反射波组，并可以区别于其相邻反射波组特征的地震单元称为地震相[48]。

1. 内部反射结构

反射结构是指地震剖面上层序内反射波同相轴本身的延伸情况及同相轴之间的相互关系[49]。根据内部反射结构的形态可分为平行、亚平行、前积、发散、杂乱和空白反射等结构。

（1）平行、亚平行反射结构：同相轴相互平行或近于平行[49]，一般代表了低能、均匀沉积（图 3-3-17）。往往出现在盆地中央部位，反映稳定沉降过程中湖盆中央的匀速沉积作用，岩性多为水平层理泥岩。

(2) 发散反射：同相轴沿斜坡上倾方向反射层减少，并收敛，向下倾方向发散，反射层增多、增厚[49]。反映了由于沉积速度的变化造成的不均衡沉积或沉积界面逐渐倾斜、水深逐渐加大的双重作用的结果，一般分布在盆地边缘（图 3-3-17）。

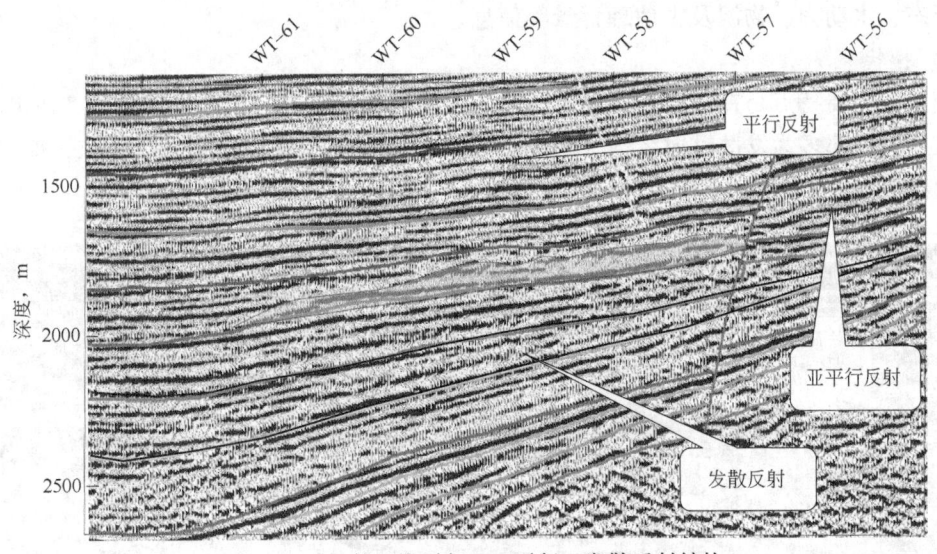

图 3-3-17　某区块平行、亚平行、发散反射结构

(3) 前积反射结构：同相轴倾斜，呈叠瓦状，并与这一组地震相的顶底界面相交（图 3-3-18）。发育于三角洲前缘部位。

(4) 杂乱反射：反射结构不规则、不连续，常有非系统性反射终止和同相轴分叉现象[49]。主要是由于内部成层性差或不均质性造成的（图 3-3-18）。反映一种高能不稳定环境的沉积作用，如滑塌浊积岩，另外盐丘、火山岩岩体等都有这种结构。

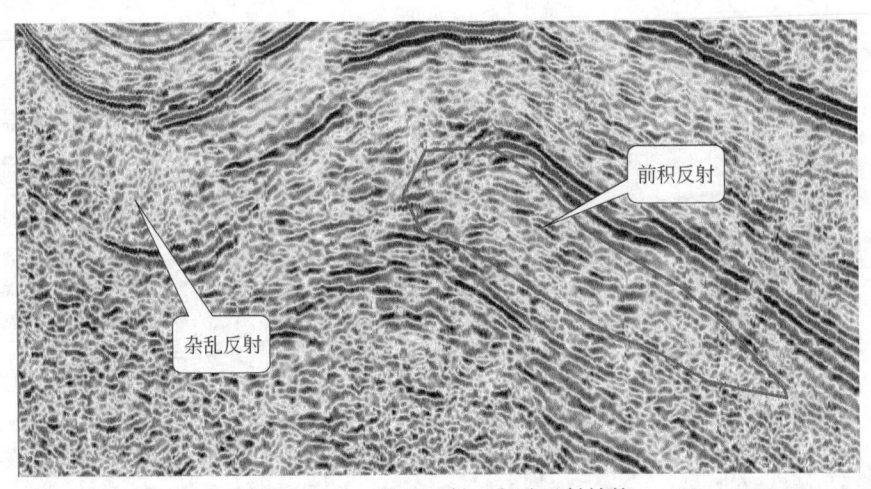

图 3-3-18　前积反射、杂乱反射结构

(5) 空白反射：同相轴的振幅弱，为无反射的空白区。主要是地层缺乏反射界面造成的，表明地层或地质体是均质体，如快速堆积的厚层泥岩等。

2. 外部几何特征

外部几何特征描述的是某种地震反射结构在三维空间上的分布状态。具有明显指相意义的外形有楔状、帚状、透镜状、丘状、箕状、席状等。外部几何特征可以提供有关沉积体的几何形态、水动力、物源及古地理背景等信息。

1) 楔状

楔状的主要特点是在倾向上其厚度向一个方向逐渐增厚,向相反方向减薄,在走向上则是席状的,内部多为发散反射结构(图3-3-19)。多发育于盆地边缘斜坡部位,如冲积扇、扇三角洲多为这一类型。

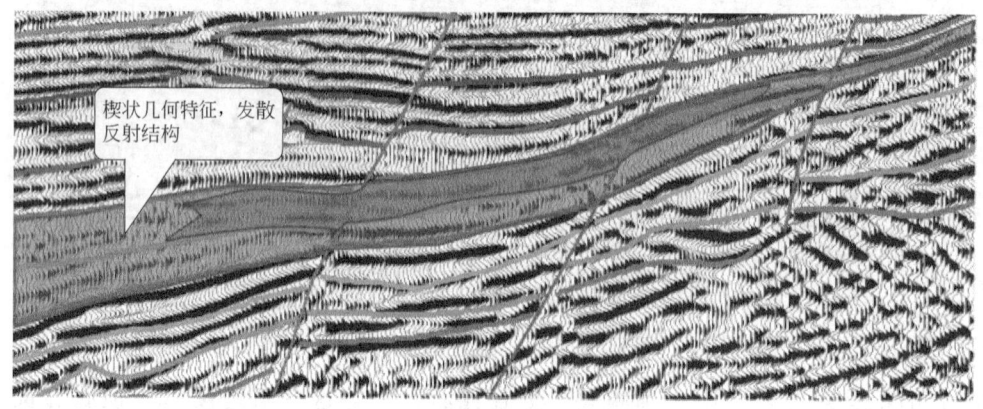

图3-3-19 楔状几何特征的地震相

2) 帚状

帚状与楔状特征相似,但外形特征呈帚状(图3-3-20)。代表了斜坡背景下的快速堆积。斜坡浊积岩多呈这一类型。

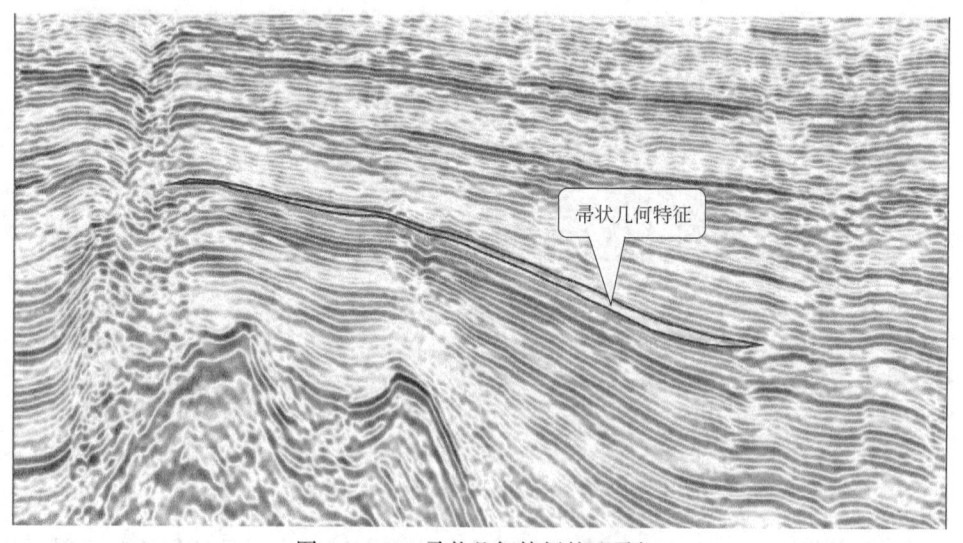

图3-3-20 帚状几何特征的地震相

3) 透镜状

透镜状剖面上中部厚,两侧减薄,直至尖灭,呈顶底双凸状(图3-3-21)。内部多呈杂乱或空白反射。湖底扇常呈这一类型。

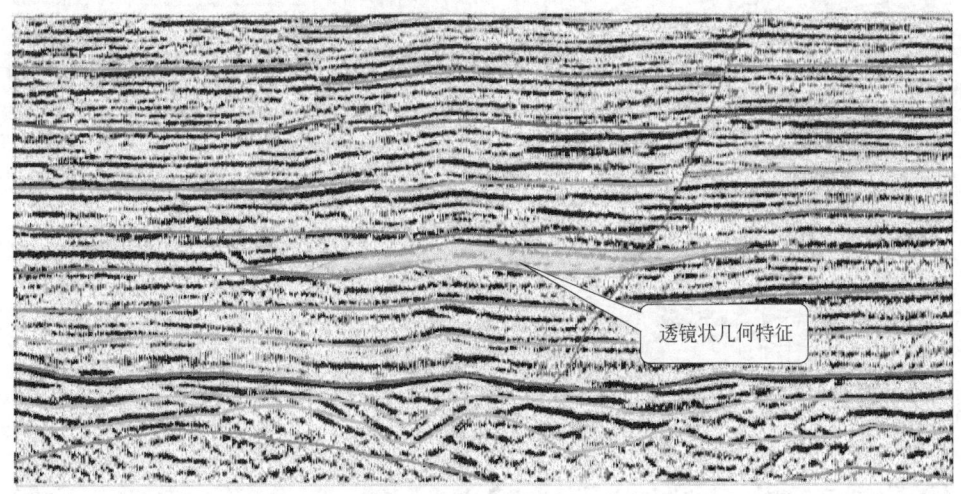

图 3-3-21　透镜状几何特征的地震相

4）丘状

丘状剖面上中部厚，两侧减薄，直至尖灭，呈顶凸底平状（图 3-3-22），内部常呈杂乱反射结构。代表高能快速堆积。水下扇和浊积岩常呈这一特征。

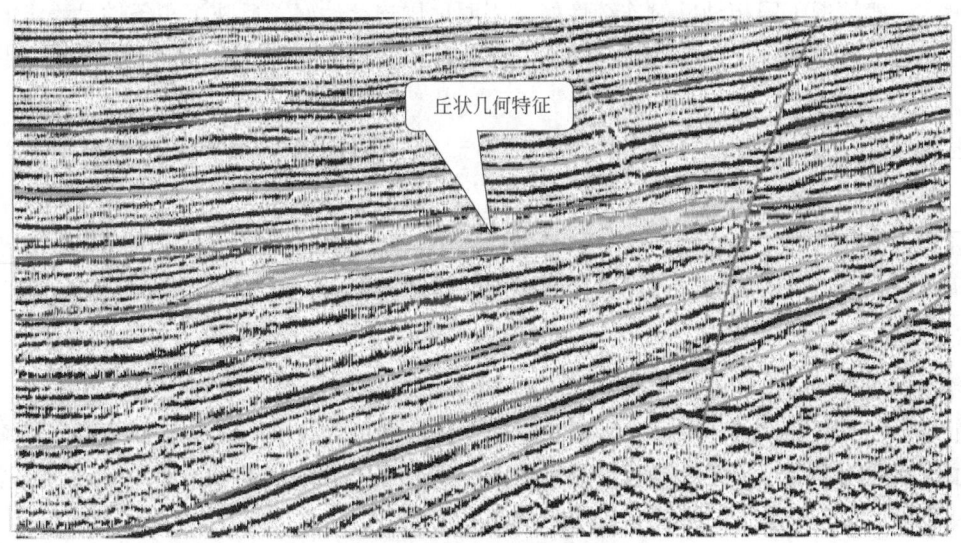

图 3-3-22　丘状几何特征的地震相

5）箕状

箕状指低洼凹地中充填沉积物形成的反射，与基底呈削蚀关系[49]，内部多为杂乱状反射（图 3-3-23）。下切河谷沉积多属这一类。

6）席状

席状的反射波同相轴互相平行，厚度相对稳定，可较远距离内连续追踪（图 3-3-23）。代表了地势平坦，相对稳定环境的均匀沉积。深湖相沉积多为这一类型。

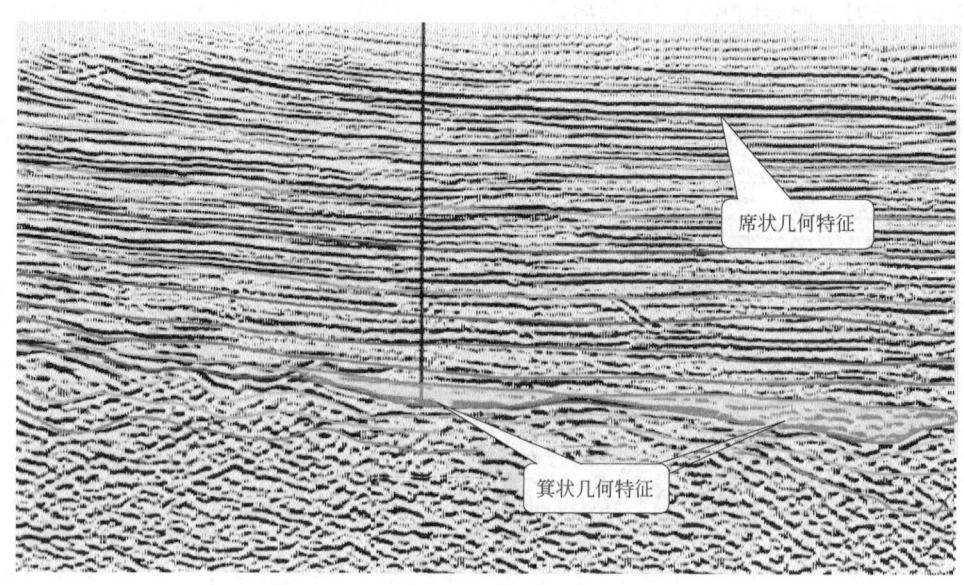

图 3-3-23 箕状和席状几何特征的地震相

3. 连续性

地震反射同相轴的连续性与地层本身的连续性有关，主要反映不同沉积条件下地层的连续程度。一般情况下同相轴反射连续性好，表明地层连续性好，反映沉积条件是稳定的低能环境；反之，连续性差，反映较高能的不稳定沉积环境。连续性一般划分为好、中、差三级。

4. 振幅

振幅用来描述地震反射同相轴强弱的变化，它与反射界面上、下岩层的岩性、厚度、孔隙度和所含流体等性质等有关，一般划分为强、中、弱三级。成层性好，岩性界限清晰的地层振幅强，大套、厚层的砂岩或泥岩往往成层性差，振幅弱。

5. 频率

频率指地震剖面上相同时间间隔内反射波同相轴排列的丰度。在相同时间间隔内，同相轴数量越多则其频率就越高，反之则频率越低，可以划分为高、中、低三个级别。频率参数反映了沉积速率和地层岩性的组合，盆地内砂泥岩互层，在地震剖面上都有较高频率特征；山麓冲积扇沉积、湖盆边部沉积多表现为低频率特征。

九、砂体剖面和平面几何特征

不同的沉积体系由于沉积背景、地形、沉积机制不同，砂体在剖面和平面上的形态特征存在明显差别，因此可以通过绘制剖面图和平面图来分析砂体的沉积相。

1. 砂体剖面几何特征

依据钻井资料研究砂体的剖面特征，需要将等时面拉平，然后将同一砂体顶底相连，近似地恢复古地貌背景下砂体的横向展布形态特征。随着三维地震处理和解释技术的发展，将测井与地震结合，能够更加直观地分析砂体的剖面形态特征。表征砂体剖面几何形态主要从厚度、连续性、形状等方面描述，通常可划分为以下几种类型：

（1）顶平底凸透镜状砂体：砂体顶面与邻近的等时面近于平行，底面呈下凸状[图3-3-24(a)]，并常常伴随有冲刷面，与下伏地层呈冲刷接触。多以砾岩、含砾砂岩为主。河道砂体、浊积岩水道砂体、潮汐水道砂体多呈这一类型。

（2）底平顶凸透镜状砂体：砂体的底面与邻近的等时面近于平行，顶面呈上凸状[图3-3-24(b)]。多以中粗粒砂岩、细砂岩为主。滨海沙坝、障壁岛沙坝、滨湖沙坝、三角洲前缘河口沙坝多呈这一类型。

（3）双凸透镜状砂体：砂体的顶底面呈双凸形的透镜状[图3-3-24(c)]。浅海、浅湖中的远岸沙坝、湖底扇、泛滥盆地中的决口扇等砂体，由于砂层夹在厚层泥岩中，在差异压实作用下呈双凸透镜状。

（4）楔状砂体：砂体一端厚度大，一端逐渐减薄尖灭，呈楔状[图3-3-24(d)]。盆地斜坡部位的砂体、冲积扇砂体多呈这一类。

（5）帚状砂体：砂体在剖面上呈"笤帚"状[图3-3-24(e)]。斜坡部位的浊积岩砂体多呈这种形态特征。

（6）分叉状砂体：砂体在横向上分叉、尖灭[图3-3-24(f)]。河道砂体的侧缘常表现出这样的特征，滨海砂岩向浅海泥岩的过渡带上也常常表现为分叉尖灭的特征。

（7）薄层连续状砂体：砂体厚度薄，但稳定、连续[图3-3-24(g)]。三角洲前缘席状砂、滨湖滩砂、滨海滩砂多呈这一类型。

（8）厚层带状砂体：砂体厚度大，延伸距离远，但厚度一般不稳定[图3-3-24(h)]。在顺河道方向的剖面上，砂体多表现为这一特征。

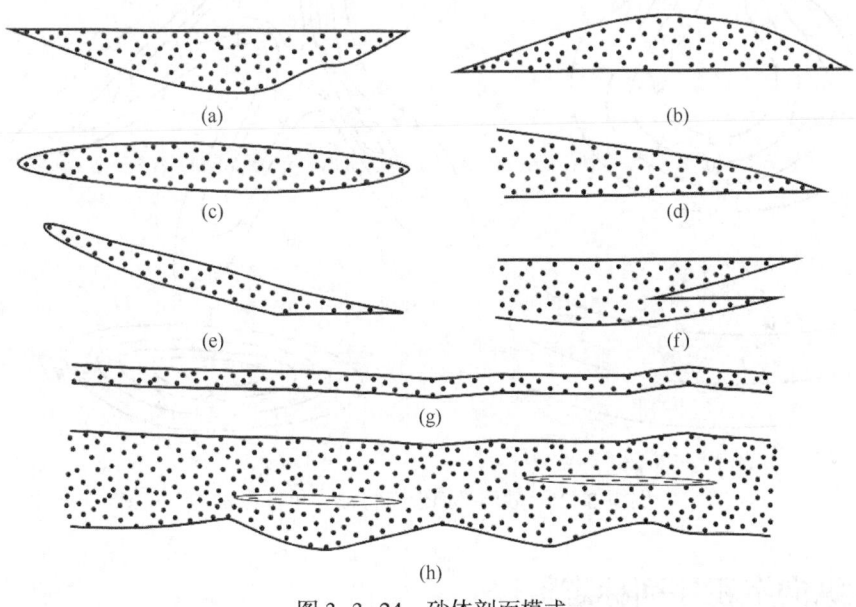

图3-3-24　砂体剖面模式

2. 砂体平面几何特征

通过钻井资料对比，划分砂层、编制砂体平面图。可以充分利用三维地震横向连续性好的优势，沿层切片，得到各砂层的波阻抗平面分布图，从宏观上了解控制砂体可能的展布方向，约束砂体图的编制，提高准确率。砂体平面几何特征包括砂体的形态、厚度、长宽比和稳定程度等，通常可划分为以下几种类型：

（1）条带状砂体：砂体呈条带状分布，厚度通常比较大，长宽比大于5倍以上[图3-3-25(a)]。河道砂体、潮汐水道等砂体是这样的特征。

（2）朵状砂体：砂体呈朵状或扇状，长宽比接近于1[图3-3-25(b)]，从根部到边部厚度逐渐减薄。扇三角洲、冲积扇、浊积扇、水下扇和朵状三角洲等砂体多呈这样的特征。

（3）树枝状砂体：砂体分叉呈树枝状[图3-3-25(c)]。鸟足状三角洲、港湾状三角洲等砂体多呈这样的特征。

（4）席状砂体：砂体厚度薄，且稳定[图3-3-25(d)]，分布面积大，长宽比接近于1。三角洲前缘席状砂、滨海滩砂、滨湖滩砂多呈这样的特征。

（5）透镜状砂体：有些呈孤立的透镜状[图3-3-25(e)]，有些呈厚薄相间的透镜状。远岸沙坝一般呈孤立的透镜状；滨海沙坝、三角洲前缘河口沙坝一般呈厚薄相间的透镜状。

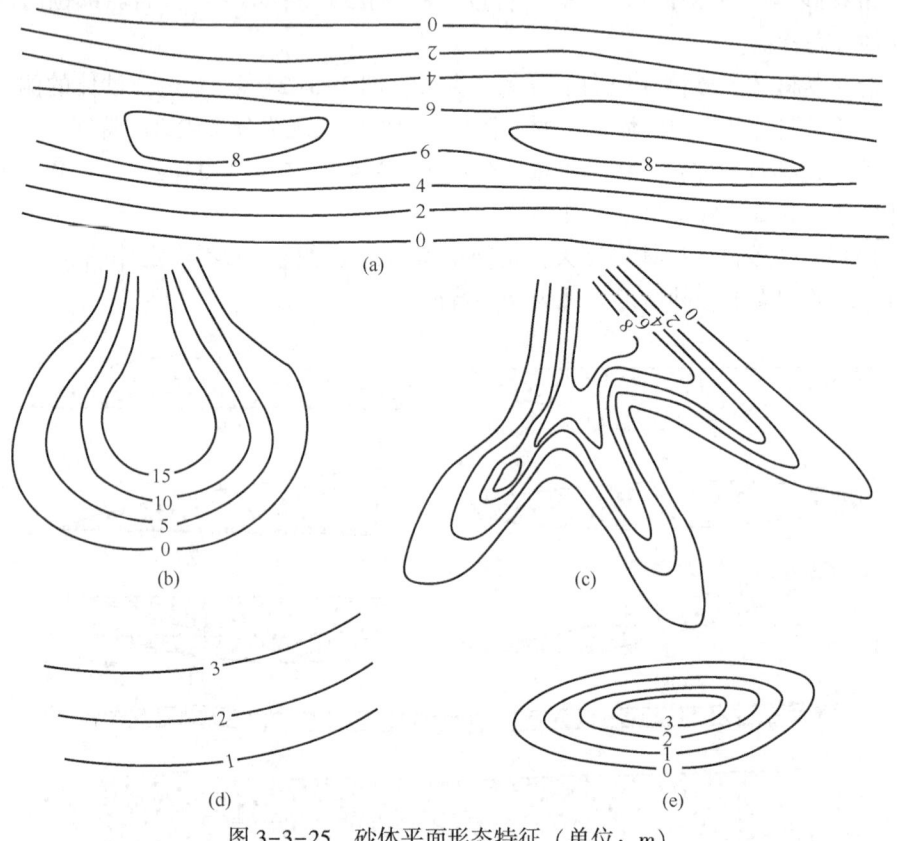

图3-3-25　砂体平面形态特征（单位：m）

十、纵向沉积序列标志

纵向沉积序列是指在连续沉积剖面中，成因上有联系的岩相或沉积相在纵向剖面上的相互组合关系[34]。前面所述的岩性、沉积构造、砂体形态特征等都是判断沉积环境的重要标志，同时也发现这些标志会在多种沉积环境中出现，就是说具有多解性，仍需要其他大量的相关证据协助佐证。纵向沉积序列具有综合性和完整性，某一个单砂体的特征可能受水动力环境的变化而变化，但沉积体系在纵向的演化规律常常具有相对的稳定性，因此纵向沉积序列在判断沉积环境和沉积体系时具有重要的作用。

地质学家在长期的实践中总结出了很多模式，有几种沉积体系的纵向序列比较典型，特征比较明显（图3-3-26）。

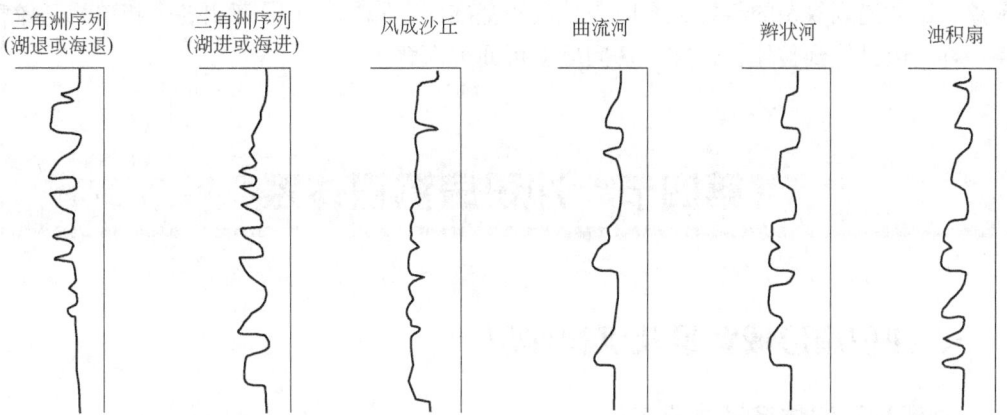

图3-3-26 不同沉积环境的岩性和测井相纵向序列示意图（据裘亦楠等，1997，有修改）

1. 三角洲沉积体系纵向沉积序列

该序列存在两种类型，一种为水退序列（湖退、海退），另一种为水进序列（湖进、海进）。

水退序列整体上为下部粒度细、泥岩厚度大、砂层厚度薄，上部粒度粗、砂层厚度大，为反旋回。自下而上，测井相的变化趋势为平直光滑形—低幅齿形—指形—漏斗形—钟形—箱形或箱钟形，代表了沉积环境由半深湖（浅海）泥岩向前三角洲、三角洲前缘，再到三角洲平原的逐渐过渡。

水进序列整体上为下部粒度粗、砂层厚度大，上部粒度细、泥岩厚度大、砂层厚度薄，为正旋回。自下而上，测井相的变化趋势为箱形（箱钟形）—钟形—漏斗形—指形—低幅齿形—平直光滑形，代表了沉积环境由三角洲平原向三角洲前缘、前三角洲，再到半深湖（浅海）泥岩的逐渐过渡。

2. 风成砂丘纵向沉积序列

该序列总体上是砂体厚度大，为一系列的箱形测井相叠置，中高幅度，局部夹薄层泥岩、粉砂质泥岩。

3. 曲流河沉积体系纵向沉积序列

该序列砂体厚度中等，为一系列的钟形砂体夹在低幅齿形厚层泥岩中，局部夹低幅、薄层复合韵律形砂体，具有比较低的砂泥岩厚度比。主要是曲流河—泛滥盆地—决口扇反复互层构成。

4. 辫状河沉积体系纵向沉积序列

该序列砂体为中厚层状，为一系列的箱形砂体反复叠置，夹薄层泥岩和泥质粉砂岩，具有比较高的砂泥厚度比。主要是辫状河道砂体—河漫滩细碎屑层—辫状河道砂体反复互层构成。

5. 浊积扇纵向沉积序列

该序列由一系列的箱形、钟形、指形砂体互层构成，中高幅度。主要是由内扇水道、中扇分流水道和扇端砂体反复叠置构成。

上述总结的沉积序列模式是理想的、典型的、普遍性的，不同地区由于背景、物源、气候、盆地演化模式、沉积基准面升降的频次不同，常常会出现不同的测井相反复叠置、重复等现象，因此遇到复杂的叠置关系时应从沉积基准面升降规律上分解出各个相单元，像解剖麻雀一样，由具体到整体，这样一切问题就可迎刃而解。

第四节 冲积扇沉积体系

一、冲积扇形成背景及沉积作用

1. 冲积扇沉积体系形成背景

冲积扇沉积体系是在山麓洪积环境中形成的以砾岩为主的沉积岩体，平面上呈近扇体的轮廓，剖面上呈楔状。

冲积扇砂砾岩体属陆上近源沉积，常沿山麓成裙带状分布，岩性以砾岩、含砾砂岩为主，矿物成熟度和结构成熟度低、磨圆程度低、分选差、储油物性变化大为主要特征。在一个冲积扇上，常有多个砂砾岩体叠置，每期次之间多被细碎屑层隔开。

冲积扇形成的条件为：(1) 物源区有大量松散的风化堆积物；(2) 地势高差分异大，坡度大；(3) 形成于暴雨、洪水季节；(4) 干旱、半干旱，植被不发育，地表裸露的地区更容易形成冲积扇沉积体系。

2. 冲积扇沉积体系沉积作用

冲积扇属于近源、坡度大、碎屑物供应充分、搬运距离短、快速堆积的沉积体系。根据沉积机制和沉积物的特征可划分为泥石流沉积、沟道沉积、沟道间沉积、漫流沉积和筛积。

1) 泥石流沉积

泥石流是陆地上的一种高密度、高黏度的块体流，岩块、砾石在细碎屑和基质的支撑下与水混合，并在重力的作用下呈块体状迁移[50]。

泥石流沉积是冲积扇的主要沉积类型之一[34]，其特征是岩块、砾石、泥、砂混杂，粒级大小悬殊。岩块最大可达吨级，岩块、砾石多呈棱角状，分选极差。

剖面上，这些粗碎屑颗粒没有分选，岩块和巨砾呈"漂浮状"分布于岩层中。每一期泥石流事件的底部可见侵蚀面，顶部见极薄的细碎屑沉积层。薄细碎屑层是泥石流末期，能量降低，块体稀释后沉积而成。

沉积构造以块状为主，见侵蚀构造。

2) 沟道沉积

由于泥石流的堆积，地势的坡度降低，随着洪水的消退，碎屑物供应减少，重力流的能量降低，流态逐渐由重力流转化为牵引流，水流在早期的泥石流堆积层表面形成很多水流沟道。

沟道沉积物主要是砾，以中砾和巨砾为主，砾石呈棱角、次棱角状，分选差。砾石多成叠瓦状排列，扁平面朝向上游[51]。沟道中有时可见筛积物。

沉积构造以块状为主。

3）沟道间沉积

沟道间沉积是流量较大时，水流漫出沟道形成的沉积。沉积物主要为细砾和砂，磨圆度为次圆状、次棱角状，分选差，多为块状构造。

4）漫流沉积

漫流沉积是冲积扇前端地势变得平坦且开阔，水体变浅，流速降低，水流散开呈片状流，洪水携带的细碎屑物通常在该地段被卸载。漫流的沉积物主要以砂、泥为主，分选较差，多发育水平层理，层理厚度一般比较大，常夹砾岩透镜体。

5）筛积

筛积作用是指水流通过巨砾堆积层时，水通过巨砾石间的缝隙和孔流到砾石层的下部，沿底部向前流动，将粗碎屑留在巨砾石堆积层的上面，将细碎屑带到砾石层的底部，从底部冲刷走，砾石之间孔很大，砾石层被冲洗得比较干净。该砾石层像筛子一样，所以将这种沉积作用称为筛积（图3-4-1）。

图 3-4-1 筛积物（据张昌民，等，2020）

筛积作用并不常见，不是在所有冲积扇体中都可以见到，一般发育在沟道的巨砾岩中，形成于洪水的末期，即水体变得相对平稳的时期。

二、冲积扇沉积体系相带划分

根据沉积作用和沉积物的特征，可以将冲积扇沉积体系划分为扇根、扇中、扇端三个亚相[34]（图3-4-2）。

1. 扇根亚相

扇根亚相位于冲积扇的根部，分布于沟谷的出口处，坡降大，平面上大致上呈扇面状分布。沉积作用主要为泥石流沉积，沉积物是由分选极差、无组构的岩块、巨砾、中砾以及泥、砂等构成。岩块、巨砾呈"漂浮状"分布于细碎屑颗粒中。一般不显层理，多呈块状构造，内部常可以看到不同期次泥石流的侵蚀刷面。

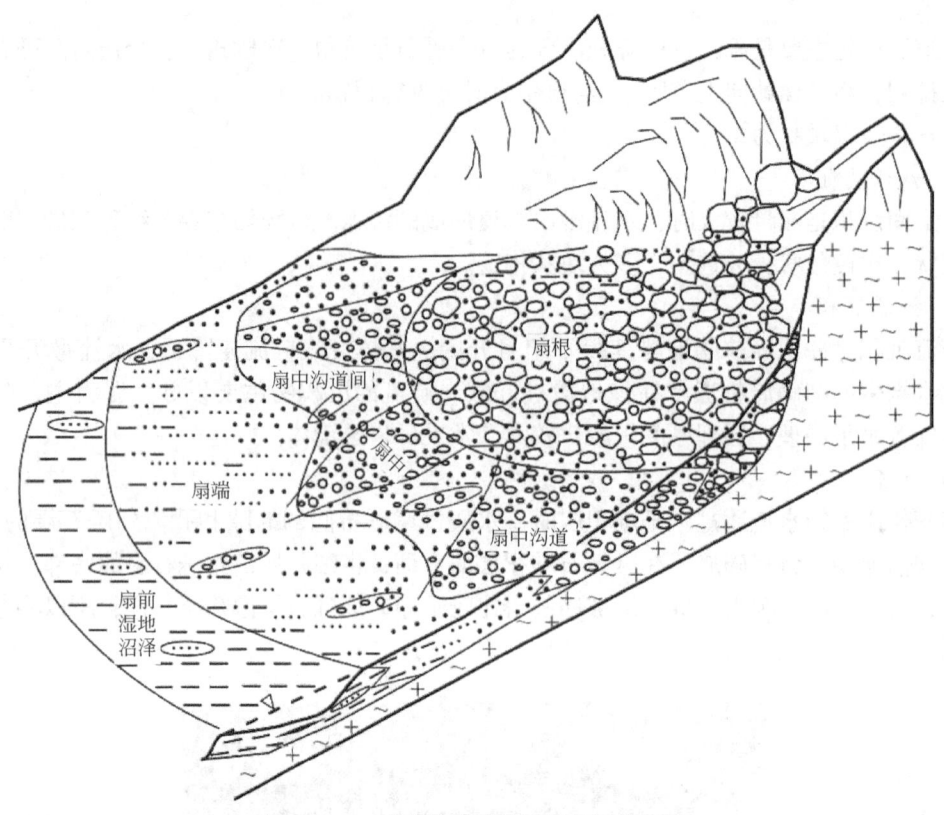

图 3-4-2 冲积扇沉积体系相空间分布图

剖面上，往往由多期泥石流叠置，每一期的底部见侵蚀面，顶部见薄层细碎屑，薄层细碎屑的厚度一般只有几厘米。扇根亚相累计厚度较大，单期厚度一般为 2~3m。

2. 扇中亚相

扇中亚相位于冲积扇的中部，分布于扇根亚相的前端，由重力流沉积逐渐过渡为牵引流沉积。主要为由沟道沉积、沟道间沉积和筛积作用形成的沉积物。沉积物以中砾和小的巨砾为主，含细砾和砂。颗粒的圆度为次圆状、次棱角状，分选极差到差。砾石多呈叠瓦状排列，偏平面朝向水流的上游方向。

剖面上，往往由多期沟道叠置，底部见冲刷面，内部呈块状构造、不太明显的平行层理、正递变层理等。

3. 扇端亚相

扇端亚相位于冲积扇的边缘部位，分布于扇中亚相的前端。坡降进一步降低，水流能量降低，碎屑物主要由漫流沉积作用堆积的砂、粉砂和泥构成，颗粒的磨圆度多为次圆状、次棱角状，分选差到中等。发育水平层理，层理厚度一般较大。见植物化石和根土岩。平面上呈席状或片状分布，剖面上呈薄层状连续分布，内部常夹含砾砂岩透镜体。

三、冲积扇沉积体系纵向沉积序列模式

冲积扇沉积体系以岩块、漂砾与砂和泥混杂为主要特征，纵向上为正递变旋回（图 3-4-3）。

底界以侵蚀面开始，各级砾石、岩块与泥砂混杂堆积，无沉积构造，无分选，多呈厚层状，这是扇根亚相。扇根亚相中常常可以看到多期泥石流叠置，界面处有明显的侵蚀现象。向上颗粒直径减小，仍以砾岩为主，砾石略显定向排列，分选差，块状构造，有时可见不明显的平行层理，这是扇中岩相。顶部为扇端亚相，岩性以砂岩、泥质砂岩和泥岩为主，常含砾，发育纹层厚度比较大的水平层理，常夹砾岩透镜体。如果所在区域温暖潮湿的话，常常会在冲积扇的前端形成沼泽湿地，会有湖沼泥岩、粉砂岩沉积和泥炭堆积。

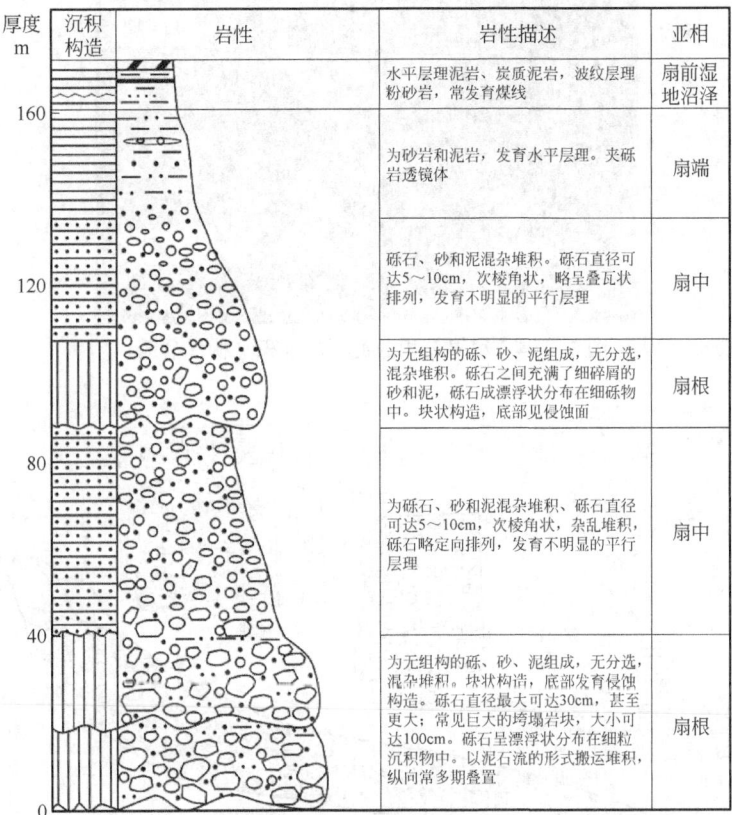

图 3-4-3　某冲积扇沉积体系纵向沉积系列模式图

四、冲积扇典型实例

在秦皇岛柳江盆地中黑山窑村北沟的南侧发育了一套砾、砂和泥岩混杂的地层（图 3-4-4），厚度 120m 左右，地层走向 60°，倾向 330°，倾角 35°。分析认为是一套冲积扇沉积体系，根据出露的岩层可以划分出扇根、扇中、扇端三个亚相（图 3-4-5），另外在扇的前端存在有明显的扇前湿地沼泽沉积，范围比较大，持续的时间还比较长。

扇根亚相：是以泥石流的形式搬运堆积而成，主要由无组构的砾、砂、泥组成，无分选，混杂堆积（图 3-4-4）。见大的漂砾，砾石直径 5~15cm，最大可达 30cm，也见巨大的垮塌岩块，形状不规则，最大个体 0.8m×1m×2.0m。砾石之间充满了细碎屑的砂和泥，砾石成漂浮状分布在细碎屑堆积物中。从出露的剖面上观察，扇根亚相厚 15~30m，宽 100m 左右。在沟底部的剖面中可以识别出多期的泥石流叠置，单期厚度 1~2m，每一期的底部有

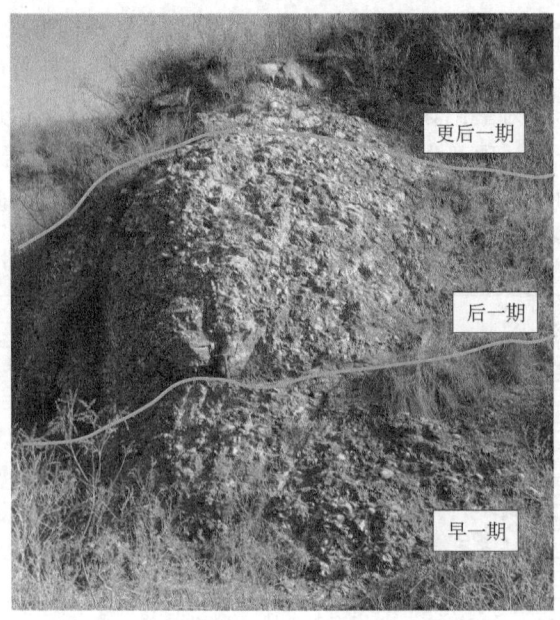

图 3-4-4 扇根亚相的泥石流堆积(柳江盆地)

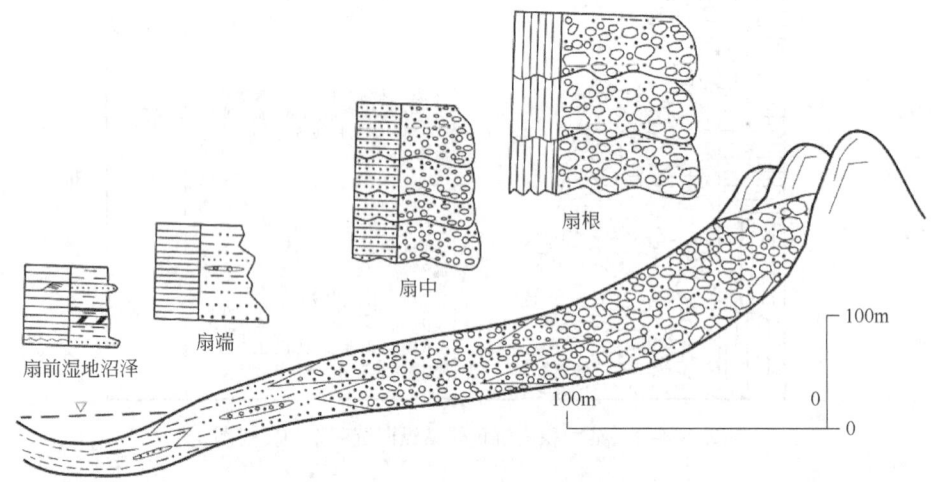

图 3-4-5 冲积扇露头沉积剖面图

明显的侵蚀作用,下部漂砾多,且个体大,向上漂砾数量较少,顶部有很薄的细粒堆积物,厚 10~20cm。

扇中亚相:主要为砾石、砂和红黄色泥混杂堆积,砾石直径 5~10cm,次圆状(母岩为沉积岩,这可能与母岩砾石的圆度高有关)、次棱角状,杂乱堆积(图 3-4-6),砾石略定向排列,发育不明显的平行层理。扇中亚相中可以划分出洪水期分流沟道沉积和消退期沟道顶部细碎屑沉积,二者组合一起构成了一个正递变旋回。洪水期分流沟道沉积主要为砾石,夹杂砂和泥,但砾石与砂泥的数量比比较大,砾石直径大,略定向排列,分选差,底部有冲刷痕迹,内部略显平行层理,总体上为正递变层理。消退期沟道顶部细碎屑沉积物主要为砂和泥,含砾,砾石颗粒大小降低、数量减少,厚度较薄,一般占沟道砾岩厚度的五分之一到十分之一。露头中可以划分出多个期次,累计厚度 10~30m。

图 3-4-6　扇中、扇端亚相露头（柳江盆地）

扇端亚相：主要由细碎屑构成，为灰白色细砂岩、粉砂岩、泥质粉砂岩和泥岩（图 3-4-6），主要发育纹理厚度比较大的水平层理。累计厚度 10～15m。可见零星分布的砾石，常见砾岩透镜体。扇端亚相与扇中亚相在剖面上呈相互穿插状、镶嵌状。

扇前湿地沉积：该扇属于湿地扇，扇前的地势低洼，有比较大范围的积水，沉积了波纹层理、波纹爬升层理粉砂岩、水平层理泥岩（图 3-4-7）、碳质泥岩和薄煤线（图 3-4-8）。

图 3-4-7　扇前湿地沼泽灰色水平层理粉砂岩（柳江盆地）

图 3-4-8　扇前湿地沼泽碳质泥岩及煤线（柳江盆地）

第五节 河流沉积体系

一、河流的分类

河流的类型通常是依据河道的几何特征划分的。河道的几何特征是河流坡度、基岩特征、流量、流速、沉积载荷等塑造河道的若干因素之间动态平衡的结果[34][52]。根据河道的几何特征，通常将河流划分为顺直河、曲流河、辫状河、网状河，后三者的差别及鉴定标志见表 3-5-1。

表 3-5-1 辫状河、曲流河、网状河沉积体系的差别及鉴定标志

参数	辫状河	曲流河	网状河
坡降	大	中等—低	低
弯度	低	高	多变
宽深比	大	中等	小
流量	流量大且变化大	流量中等，较稳定	稳定
河道稳定性	不稳定、横向摆动	不稳定、侧向迁移	稳定
水流能量	大	中等	小
负载能力	大	中等	小
河道分叉状况	多河道	单河道	多河道
纵向上砂泥厚度比	高	低	中等
决口沉积单元发育程度	无	多	多
沉积作用	冲刷充填	侧积	加积
纵向上河道单元叠置	多期河道单元叠置	单个河道单元	多期河道单元叠置

1. 顺直河

顺直河的特点是弯曲度小。绝对独立的顺直河比较少见，通常只是河流的某一段表现为顺直河的特征[34]。顺直河的沉积作用主要是冲刷充填，洪水期冲刷，随着洪水的消退，大小碎屑颗粒依次沉积。顺直河道深泓线稍有弯曲，也会表现出深潭和浅滩的相互交替，深潭处发生侵蚀作用，浅滩处沉积。在地质历史时期中，自然界很少有顺直河，只是河道的某一段呈现顺直河的特征，现代河流中很多顺直河是人工干预的结果，因此关于顺直河的实例很少，本书也不作为重点研究。

2. 曲流河

河道呈明显的弯曲形态（图 3-5-1），弯度系数超过 1.5（河道长度与河谷长度之比），为单河道，发育一系列的深槽和浅滩，又称为蛇曲河[34]。曲流河的沉积以侧积作用为主，从凹岸冲刷侵蚀下来的碎屑物，粗粒滞留在河床上，细碎屑经过底部的侧向涡动流搬运到凸岸沉积下来（图 3-5-2），形成点沙坝，这是曲流河特有的沉积机制形成的地貌特征。在剖

面上，不同期次的点沙坝单元侧向叠置，点沙坝内部发育侧积交错层理。侧向叠置的构型模式是区别于辫状河、网状河的重要特征标志［图3-5-3(a)］。曲流河多发育于坡降较低的地区，流量相对平稳，碎屑物供应稳定。

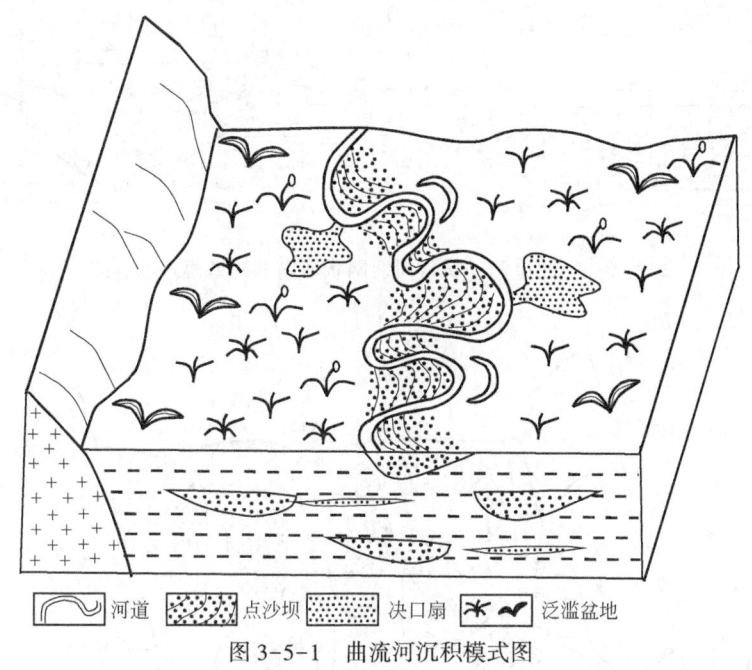

图 3-5-1　曲流河沉积模式图

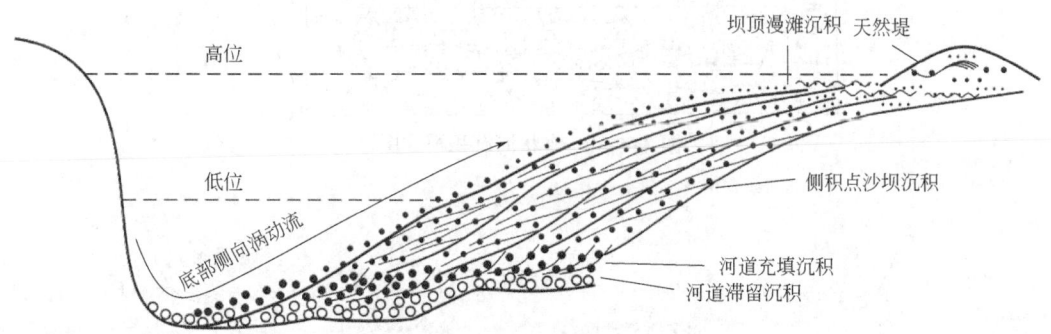

图 3-5-2　曲流河侵蚀凹岸堆积凸岸的侧积作用示意图

3. 辫状河

辫状河的河道一般很宽阔，由许多河道沙坝（心滩）将河道分隔成相互交织的分流河道（图3-5-4）。洪水期，河水充满整个河谷，心滩被水淹没，河床受到冲刷，此时在河道中仅有粗大的砾石被滞留下来，很少有细碎屑物沉积；随着洪水的逐渐消退，粒度由大到小依此沉积（图3-5-5）；枯水期只有河道里面有水流，以砂质沉积为主，心滩顶部露出水面，不接受沉积。洪水期和枯水期的反复交替，河道不断淤积改道，冲决河道沙坝，在垂向上和横向上，河道和河道沙坝反复错列叠置。辫状河的特点是坡降大，具有比较大的宽深比，河道易摆动，河道沙坝和河道位置经常处于迁移过程中，河道内部多期次的冲刷作用十分明显，沉积作用以冲刷充填作用为主［图3-5-3(b)］。

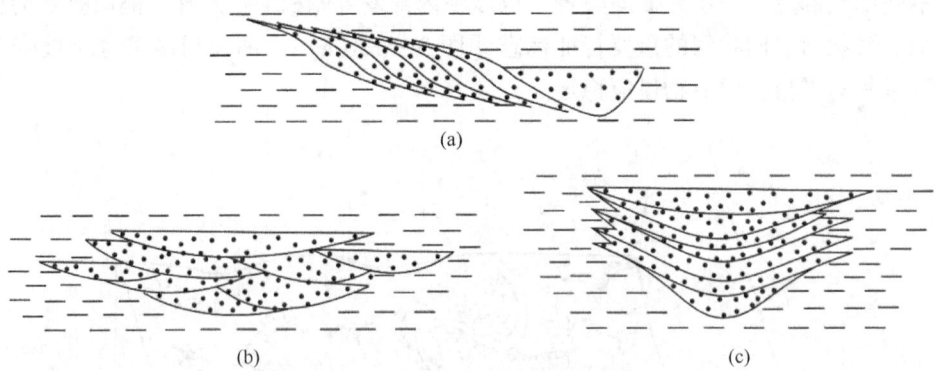

图 3-5-3 曲流河、辫状河、网状河内部构型模式示意图

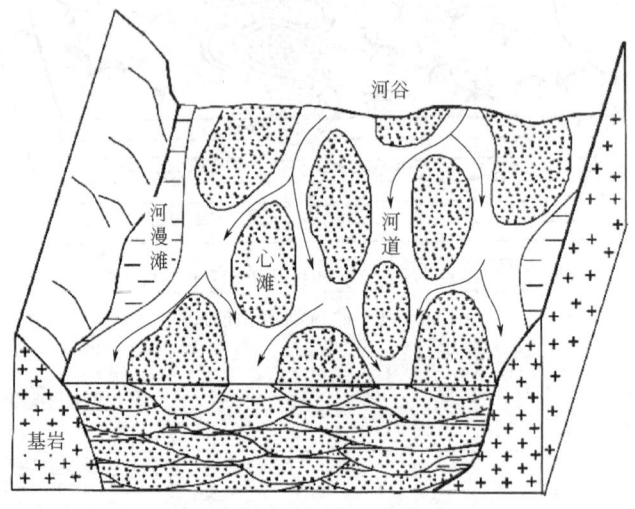

图 3-5-4 辫状河沉积模式图

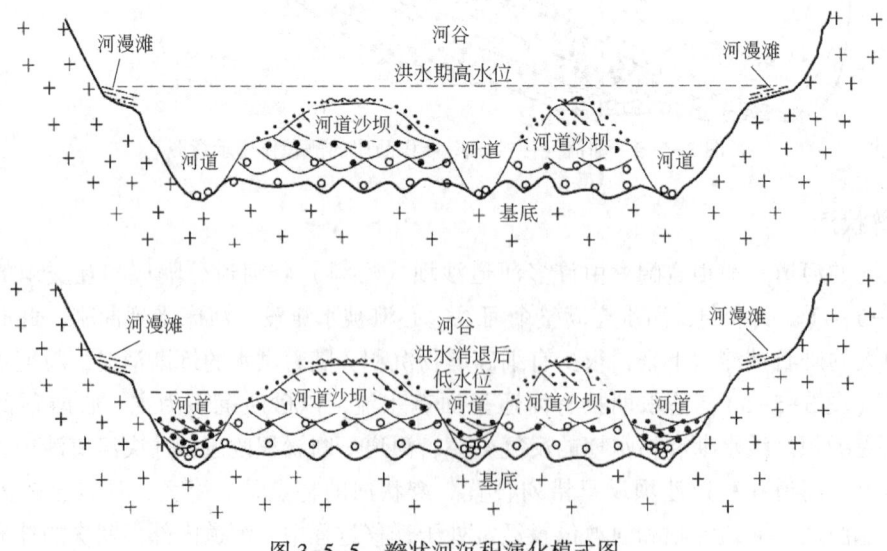

图 3-5-5 辫状河沉积演化模式图

4. 网状河

网状河发育在地势平坦的平原地区，是由几条弯度多变、相互连通的河道组成的低能复合体[34]（图3-5-6）。相对于辫状河，网状河道具有窄而深，砂体宽厚比小的特点。水流平稳，河道稳定。网状河沉积体系中的单河道砂体呈比较规则的顶平底凸状，垂向上多期河道叠置，但内部不同期次河道间的冲刷作用很弱，沉积作用以垂向加积作用为主[图3-5-3(c)]。

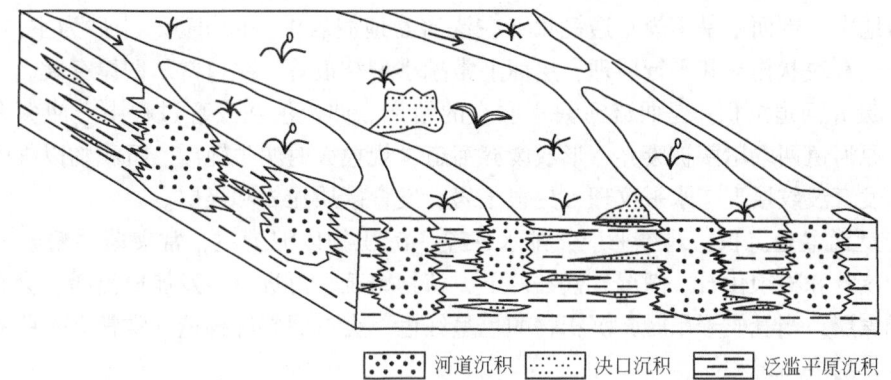

图3-5-6 网状河分布模式（据Smith，1980，有修改）

二、河流的沉积特征及纵向序列模式

1. 曲流河沉积特征及纵向序列模式

1）曲流河沉积单元划分及特征

根据沉积机制和岩性特征，曲流河的沉积单元可划分为河道滞留沉积、河道充填沉积、点沙坝沉积、坝顶漫滩沉积、天然堤沉积、决口沉积、废弃河道沉积和泛滥盆地沉积等8个沉积单元。

(1) 河道滞留沉积：曲流河不断侵蚀凹岸，河岸垮塌，细碎屑物质一般被搬运到点沙坝部位或河流的下游沉积下来，粗碎屑的砾和从堤岸上垮塌下来的大块泥砾被滞留在河道底部，构成了曲流河沉积层序的底部滞留层。滞留沉积物粒度粗，多为砾和岩块，分选差、颗粒多呈次棱角、棱角状。沉积构造为块状构造，底界面为冲刷构造。该单元厚度一般0.2~0.5m，通常不会超过1m。

(2) 河道充填沉积：随着河道的侧向迁移，在河道中心深泓线处流量和流速稳定，河床以砾、粗砂沉积为主，发育板状交错层理，形成了河道充填沉积。厚度一般0.5~1m，一般不超过2m。

(3) 点沙坝沉积：又叫边滩、曲流沙坝，是曲流河最显著的地貌特征，也是曲流河中碎屑物沉积的最主要场所。水流冲刷凹岸，通过底部的侧向涡动流把碎屑物带到凸岸侧向加积在点沙坝的斜坡上，一次次的洪水枯水期交替，随着河道的侧向迁移，侧积体与侧积夹层反复交替，点沙坝不断横向"生长"增大。点沙坝以砂质沉积为主，发育侧积交错层理，厚度一般3~8m，最大也可达20m以上。砂体平面上常呈半月形分布。

(4) 坝顶漫滩沉积：大洪水期，水面漫过点沙坝，会沉积一套以粉砂、泥质为主的细碎屑物质，覆盖在点沙坝之上，厚度比较薄，一般0.5m左右，不超过1m。主要为波纹层理、波纹爬升层理、水平纹理。

（5）天然堤沉积：分布于河道两岸，高于河道，分隔河道与泛滥盆地。是由洪水期携带的碎屑物堆积在河道两岸的沉积物，向河道一侧颗粒粗、厚度大，向泛滥盆地一侧颗粒细、厚度薄。以细砂、粉砂为主，常呈砂泥互层。发育块状构造、不规则的波状交错层理、波状层理、波纹爬升等层理类型。

（6）决口沉积：洪水期，河水越过天然堤，携带碎屑物呈扇状、舌状、不规则状沉积于泛滥盆地中。剖面上呈不规则透镜状夹在泛滥盆地泥岩中。以粗砂、中砂为主，可见砾，分选差。发育块状构造和平行层理，层面上常见小型波痕等。决口常从凹岸突破。

（7）废弃河道沉积：是曲流河裁弯取直的结果。曲流河在发育过程中，冲决天然堤取直河道，原河道两端堵塞被废弃，形成废弃河道，规模大时叫牛轭湖。沉积物以细碎屑物和泥为主，发育波纹层理、水平纹理，见根土岩。发育碳质泥岩和煤层。

（8）泛滥盆地沉积：地势平坦、排水性差，沉积物以泥为主，常夹薄层粉砂岩透镜体可见植物茎叶和根须化石。潮湿气候条件下，植物繁茂，可进一步发展成沼泽，会有泥碳堆积，形成煤层。当气候干旱时，沉积物颜色呈红色，会有泥裂等构造。常常夹一些粒度比较粗、分选差的决口沉积。

建议曲流河两侧的洼地称作泛滥盆地；网状河河道间的洼地称作泛滥平原；辫状河旁边在洪水期淹没在水下，枯水期露出水面的高地称作河漫滩。这样的称谓符合各类河流的地貌特征。

2）曲流河纵向沉积序列模式

曲流河沉积体系有其独特的沉积序列，一个完整的正旋回砂体夹在厚层的泛滥盆地泥岩中（图3-5-7）。底部由冲刷面开始，冲刷面之上为河道滞留沉积的砾岩，含撕裂状的泥砾团块，块状构造，颗粒磨圆度低，分选差。向上为河道充填沉积的板状交错层理含砾砂岩、粗砂层等。之上为结构特征明显的点沙坝沉积，以砂岩为主，发育侧积交错层理，纵向上，相对厚层的砂质侧积单元体和薄的泥质侧积夹层反复交互。顶部为坝顶漫滩沉积，为粉砂岩、泥质粉砂岩，波纹层理、波纹爬升层理。有时向上可以见到天然堤沉积，为薄层砂岩和泥岩互层。

2. 辫状河沉积特征及纵向序列模式

1）辫状河沉积单元划分及特征

宽阔的河谷被河道沙坝分隔成众多辫状交织的河道，地貌单元上可划分为河道、河道沙坝（心滩）和河漫滩（图3-5-5）。沉积单元可划分为河道沉积、河道沙坝沉积、坝顶沉积和河漫滩沉积。

（1）河道沉积：河道沉积以洪水期的冲刷开始，洪水早期，水流冲刷河谷，形成河道，此时只有大的砾石滞留在河道中，随着洪水的消退，颗粒由大到小依次沉积。岩性以砾岩、含砾砂岩为主，发育块状构造、槽状交错层理，底界面为冲刷构造。

（2）河道沙坝（心滩）沉积：河道淤积形成河道沙坝，早期，在水面以下，水体较深时，主要沉积板状交错层理粗砂岩、中砂岩。

（3）坝顶沉积：随着河道沙坝的生长，露出水面之后，枯水期不接受沉积，在洪水期被水淹没，往往在河道沙坝顶部沉积以波纹层理、波纹爬升层理和水平纹理为主的粉砂岩、泥质粉砂岩。

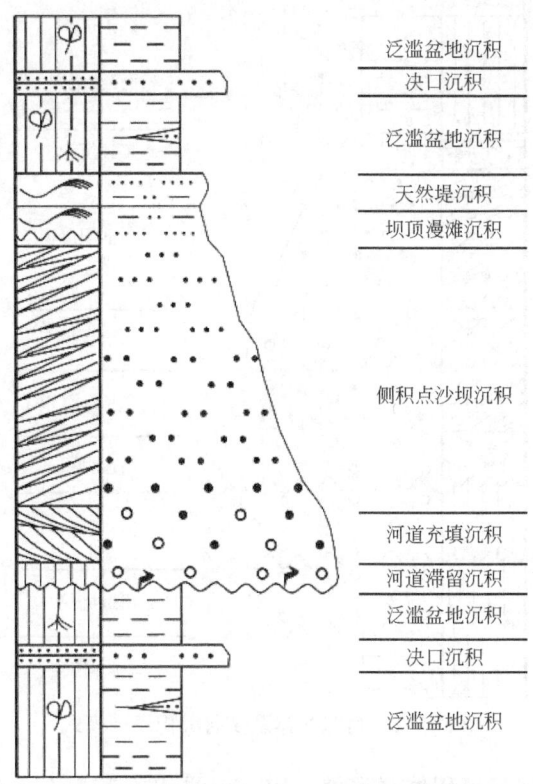

图 3-5-7 曲流河体系纵向沉积序列模式图

（4）河漫滩沉积：辫状河发育在具有一定坡度的地势条件下，河道的下切作用强，河岸与河床具有比较大的高差，但在河谷内往往存在有宽度比较窄、高出平均河水面的河漫滩，甚至有植物生长，大洪水时，被水淹没，沉积泥、泥质粉砂，发育波纹层理和水平层理。

2）辫状河纵向沉积序列模式

辫状河沉积体系所处区域坡降较大，流量大、能量强，冲刷充填作用是其主要沉积方式，层内冲刷面常见。纵向上多期厚砂层叠置是其主要的特征（图3-5-8）。底部以大型冲刷构造开始，向上为块状砾岩，分选极差。再向上砾石颗粒变细，以砾岩、含砾砂岩为主，发育槽状交错层理。冲刷构造、块状砾岩、槽状交错层理砾岩反复叠置，这是河道多期洪水反复作用的结果。之后，河道淤塞转换为河道沙坝，沉积粗砂岩、中砂岩，发育板状交错层理。随着沙坝的生长，高出水面，只有在洪水期才被淹没在水面以下，形成以粉砂岩、泥质粉砂岩为主的坝顶沉积，发育波纹爬升层理和波纹层理。

3. 网状河沉积特征及纵向序列模式

1）网状河沉积单元划分及特征

相对于辫状河和曲流河，网状河所在区域地势更加平坦，水流更加平稳，根据地貌特征和沉积机制可以划分为河道沉积、决口沉积、泛滥平原沉积。

（1）河道沉积：河道具有窄而深和稳定的特点，以垂向上的加积作用为主。岩性多为含砾砂岩、粗砂岩、中砂岩等，发育槽状交错层理、板状交错层理。由于洪水和枯水季节的交替，内部常常由多个正旋回构成，内部的冲刷程度相对较弱。

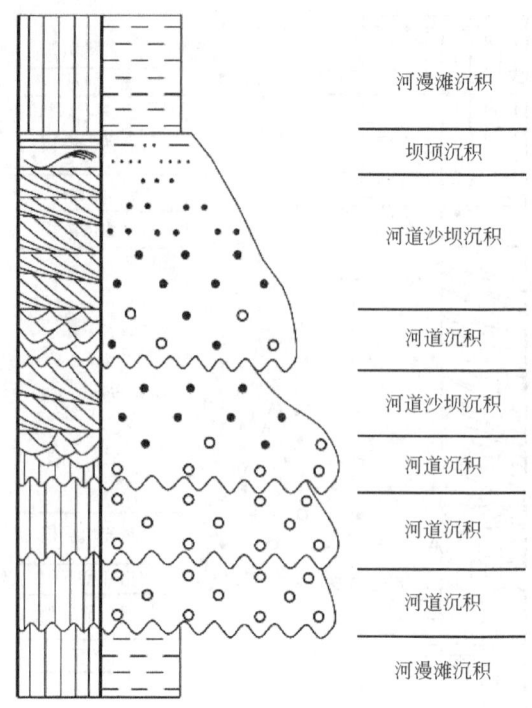

图 3-5-8 辫状河体系纵向沉积序列模式

（2）决口沉积：网状河沉积体系虽然稳定，但洪水季节也会发生决口，在泛滥平原上形成决口扇，通常为细砂和粉砂组成的叶状沙席。发育平行层理、波纹层理，层面上常见波痕。

（3）泛滥平原沉积：主要由泥岩和粉砂质泥岩组成，质不纯，常夹粉砂条带，见水平层理和波纹层理。在干旱环境下，泥岩多为块状、紫红色，植物化石稀少；在潮湿环境下，植被发育，植物茎叶和根须化石丰富，常形成泥碳堆积和煤层，多发育水平层理。

2）网状河纵向沉积序列模式

网状河沉积体系纵向上河道砂层厚度大，多期旋回叠置，但内部冲刷作用弱，剖面上，宽度小而厚度大，呈顶平底凸的透镜状夹在厚层的泥岩中，这是比较典型的网状河砂体特征。

底界面以冲刷构造开始，向上依次为含砾砂岩、粗砂岩、中砂岩，发育槽状交错层理、板状交错层理。多期这样的旋回叠置构成了网状河砂体的纵向沉积序列（图 3-5-9）。

三、典型河流沉积体系露头的解剖

1. 露头概况

中生代，柳江盆地为一湖盆，沉积了一套冲积扇、河流、扇三角洲、湖相碎屑岩地层。早侏罗世末期，湖盆萎缩成低洼的平原，此时形成了一套河流沉积体系，包括曲流河和辫状河。曲流河露头属于下侏罗统下花园组上段，剖面位于柳江盆地黑山窑后村西北方向 1.9km 处（图 3-5-10）。这套曲流河露头的总厚度 15m 左右，剖面方向 70°，河道、点沙坝、废弃河道、泛滥盆地、决口扇各微相出露完整，点沙坝内部的构型层次展现比较清楚。辫状河露

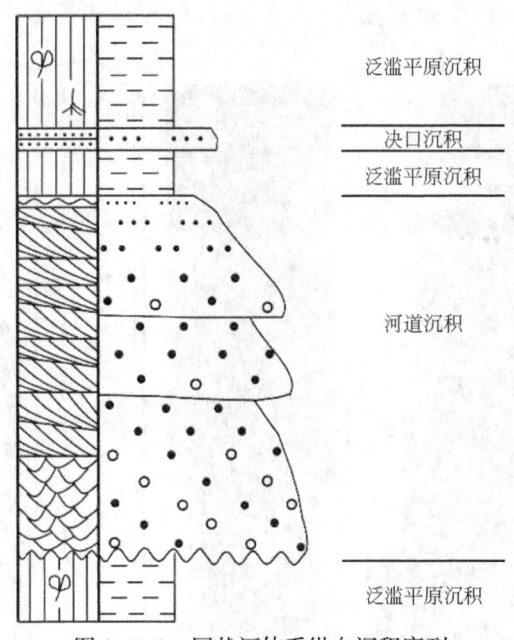

图 3-5-9 网状河体系纵向沉积序列

头位于下侏罗统下花园组的顶部，出露在柳江盆地黑山窑后村西侧 1.8km 处，露头剖面全长约为 600m，砂体展布范围宽，整体剖面方向 50°，地层总厚度 20m 左右，河道、河道沙坝、河漫滩各微相出露完整（图 3-5-11）。网状河是发育在上古生界中石炭统本溪组，这一时期柳江盆地属于滨海平原相，地势平坦，河网密布。在黑山窑后村东北方向 0.5km 处出露一套完整的网状河露头，垂直河道方向露头剖面全长约为 162.5m，剖面走向 98°（图 3-5-12）；顺河道方向剖面的露头长 200m 左右，露头完整。

2. 曲流河沉积体系露头

1）岩相类型

在这套曲流河体系的地层中，岩石总体上颗粒较细，主要发育有砾岩、含砾粗砂岩、砂岩、泥岩、碳质泥岩等。沉积构造类型有冲刷构造、块状构造、板状交错层理、侧积交错层理、波纹层理、波纹爬升层理、水平层理、平行层理以及波痕。依据岩性和沉积构造，可以细分出 12 种岩相类型：

(1) 块状砾岩：灰褐色，砾石粒径一般 2~4mm，多呈次棱角状，分选差。砾石主要是石英颗粒，少量为长石和岩屑颗粒。底部为冲刷构造，略显正粒序层理。

(2) 板状交错层理含砾砂岩：灰褐色、杂色，砾石颗粒大小 2~4mm，砾石含量 10%~15%，颗粒为次棱角状，分选差。石英含量 45%，长石含量 35%，岩屑含量 20%，杂基含量 8%~15%。纹理厚 1~5cm，纹层倾角 15°~28°。

(3) 侧积交错层理粗砂岩：灰白色、灰黄色，碎屑颗粒中石英含量 45%，长石含量 40%，岩屑含量 15%，杂基含量大约 8%。颗粒呈次棱角状、次圆状，分选较中等到差，偶见砾。层理厚 30~50mm，层理倾角 20°~25°。

(4) 侧积交错层理中砂岩：灰黄色，灰白色，碎屑颗粒中石英、长石和岩屑的含量分别为 45%、42%、13%，杂基含量 5%~7%。颗粒为次棱角~次圆状，分选中等~较差，偶见粗砂颗粒。层理厚 2~5cm，层理倾角 10°~20°。

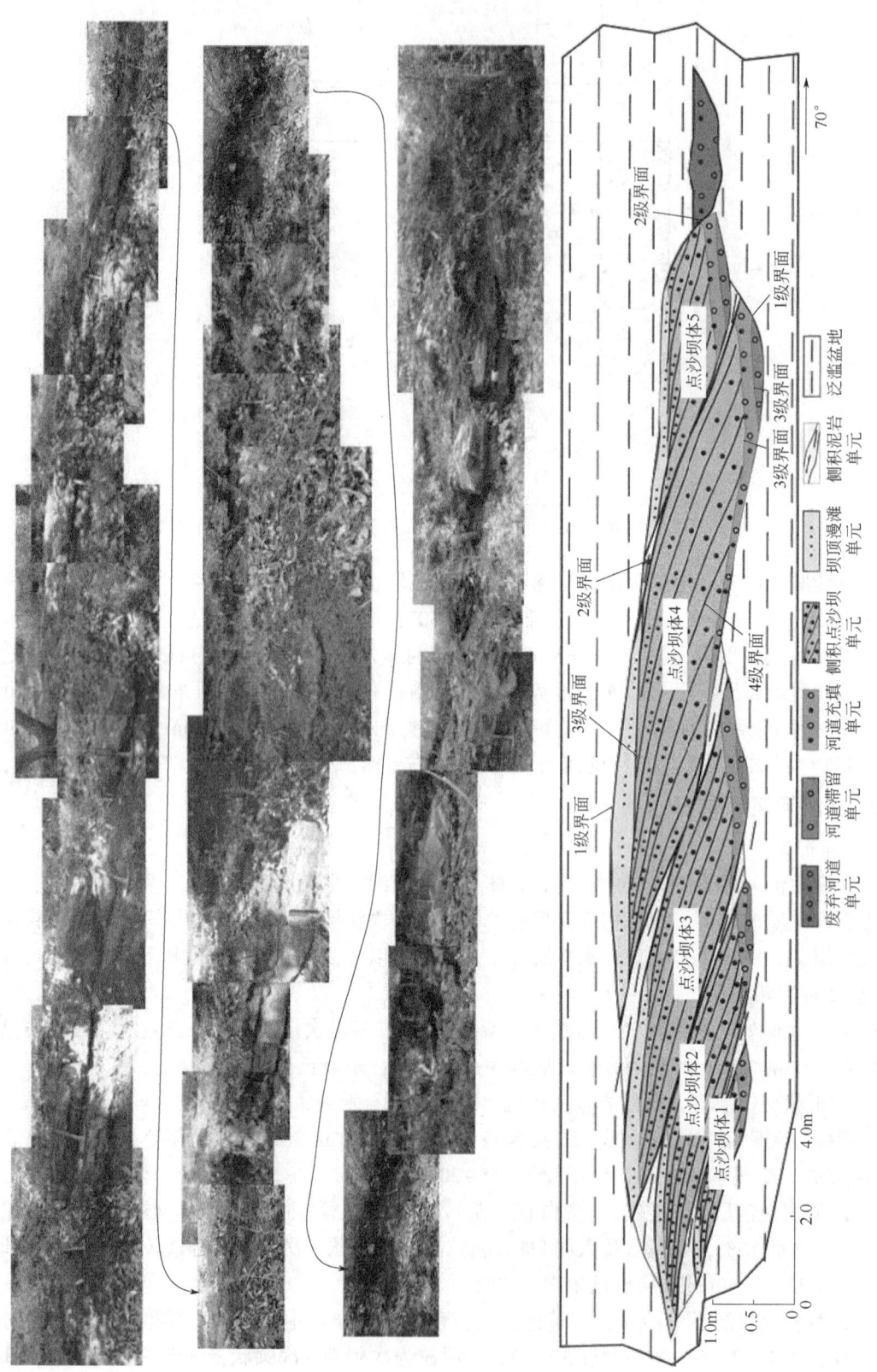

图 3-5-10 柳江盆地曲流河露头及剖面示意图

第三章 沉积环境与沉积体系研究

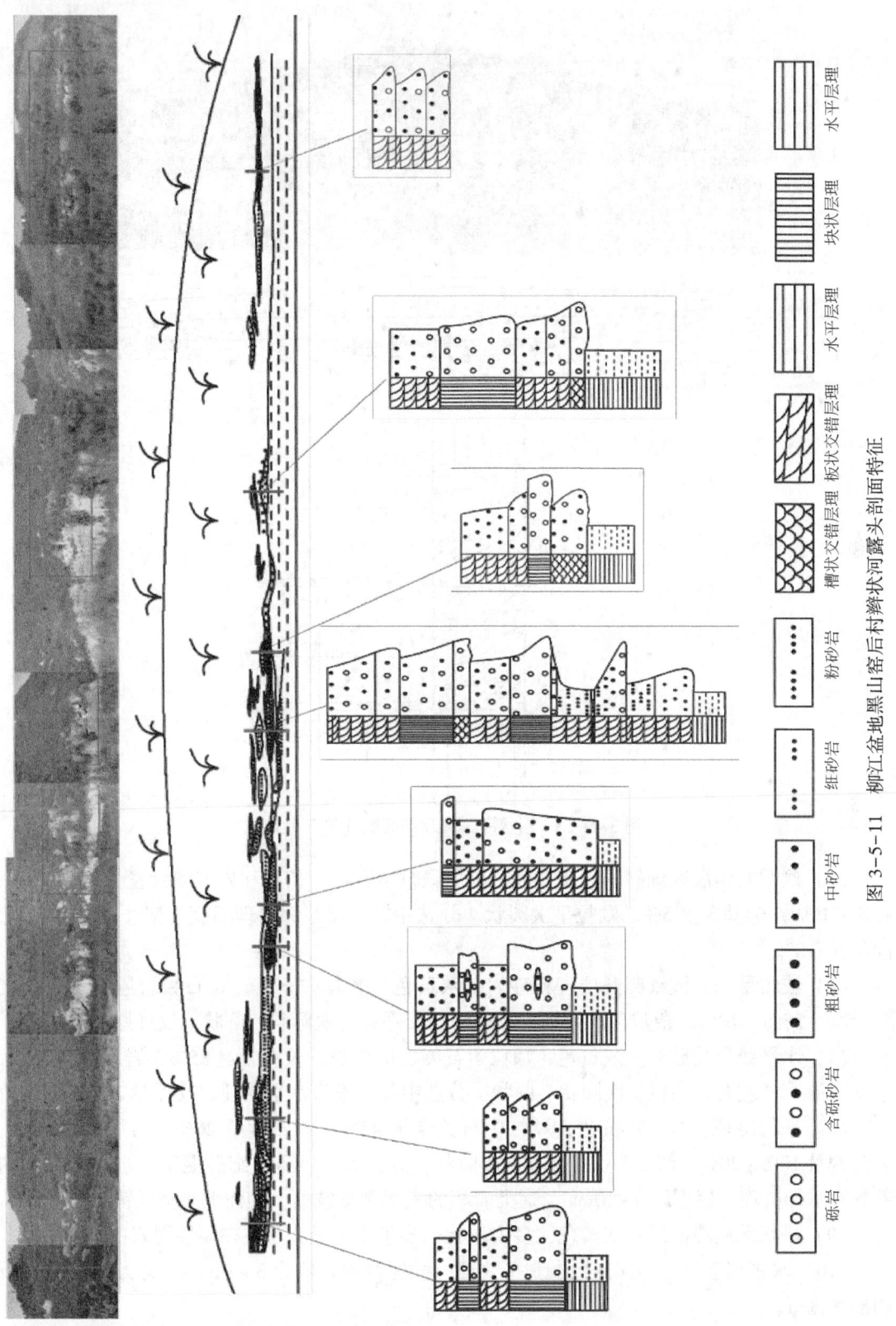

图 3-5-11 柳江盆地黑山窑后村辫状河露头剖面特征

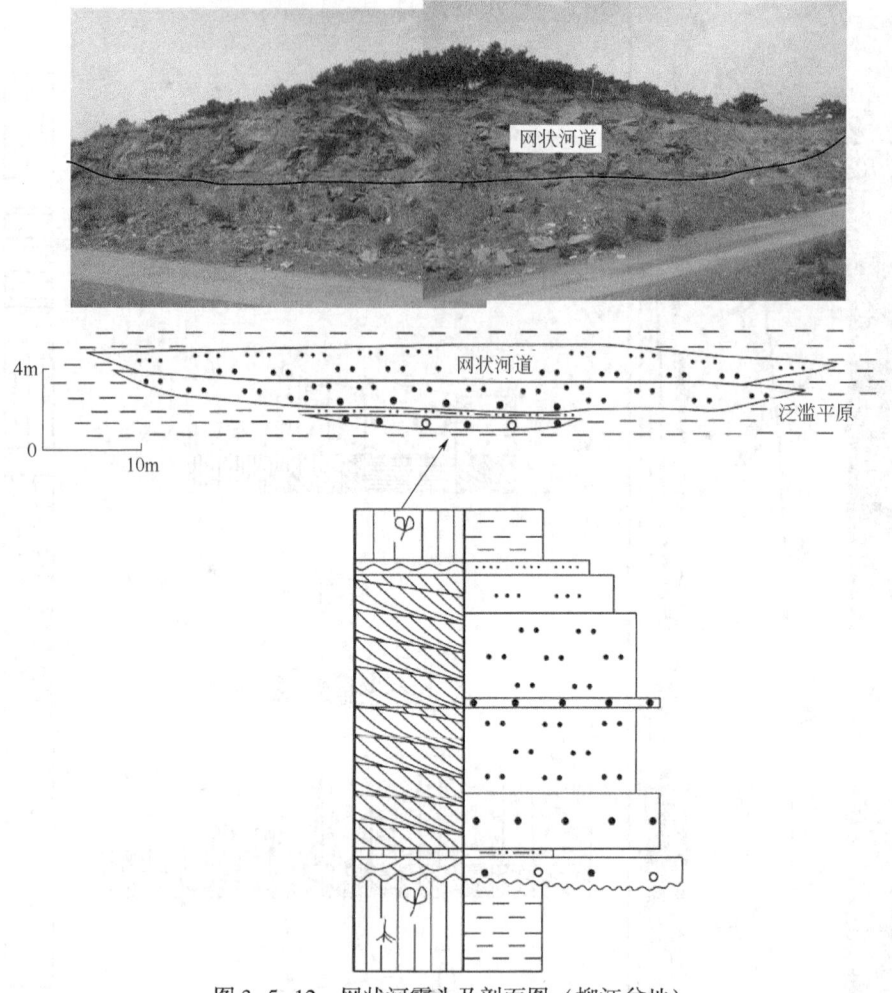

图 3-5-12 网状河露头及剖面图（柳江盆地）

（5）侧积交错层理细砂岩：灰白色，碎屑颗粒中石英、长石和岩屑的含量分别为48%、42%、10%，杂基含量5%。颗粒呈次圆状，分选中等~较好。层理厚度一般1~3cm，层理倾角5~10°。

（6）波纹层理、波纹爬升层理粉砂岩：灰黄色，颗粒中石英、长石和岩屑的含量分别为55%、35%、10%，杂基含量15%，分选中等，颗粒为次圆状、圆状。纹理厚3~5mm。

（7）水平纹层粉砂岩：灰黄色，颗粒中石英含量55%，长石含量35%、岩屑含量10%，杂基含量16%左右，颗粒呈次圆状、圆状，分选中等。发育水平层理，纹理厚2~5mm。

（8）平行层理砂岩：灰黄色，颗粒中石英含量45%，长石含量40%，岩屑含量15%，杂基含量10%~20%。圆度为次棱角状~次圆状，分选差，中砂、细砂混杂，也见粗砂。内部发育平行层理，层理厚5~10mm。这类岩相的表面常见波痕，剖面上多呈透镜状。

（9）块状泥质粉砂岩：灰黄色，多为块状，多呈小的透镜状夹在厚层泥岩中。

（10）水平层理泥岩：深灰色，水平纹理，纹理厚度一般为3~10mm，见大量植物化石和根须化石。

（11）碳质泥岩：深灰色、灰黑色，水平层理，见大量植物化石。

（12）块状泥岩：土黄色，块状，见植物化石碎片和根土岩。

2）微相类型及特征

根据对砂体的岩石学特征、沉积构造、砂体规模和剖面形态分析，该处的曲流河属于地势平坦，水流量相对较小的小型曲流河。露头中可识别出的沉积微相类型有河道、点沙坝、泛滥盆地、决口扇和废弃河道等5种微相（图3-5-13）。

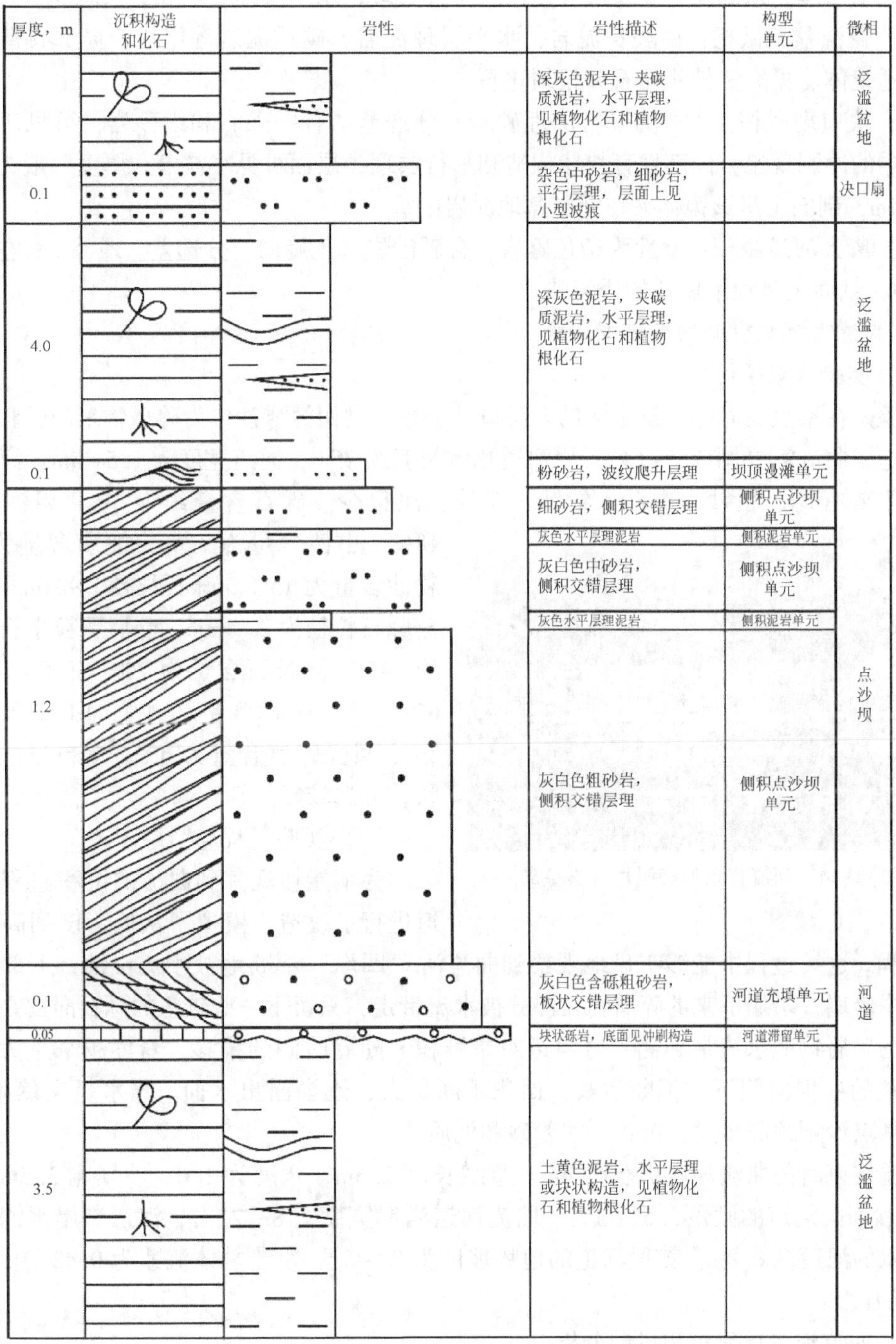

图 3-5-13　曲流河露头纵向序列、沉积微相、构型单元

(1) 河道微相：主要由块状砾岩和板状交错层理含砾粗砂岩构成，整体为正粒序。分选差，颗粒多呈次棱角、棱角状，底面为冲刷构造，下部为块状构造，中上部为板状交错层理。纵向上厚 0.2~0.5m。

(2) 点沙坝微相：主要由侧积交错层理粗砂岩、中砂岩、细砂岩以及波纹层理、波纹爬升层理粉砂岩、水平纹层粉砂岩构成，自下而上构成了一个完整的正粒序。下部、中部发育侧积交错层理，顶部发育波纹层理、波纹爬升层理、水平层理。厚 0.2~1.2m。

(3) 泛滥盆地微相：由块状泥岩、水平层理泥岩、碳质泥岩等组成，局部夹薄层泥质粉砂岩透镜体。见大量植物化石和根须化石。

(4) 决口扇微相：主要为平行层理砂岩，分选差，有中砂岩和细砂岩，可见砾。底部可见微弱的冲刷现象，内部发育块状构造和平行层理，层面可见小波痕。厚度一般为 0.1m，宽 5~15m，剖面上呈透镜体夹在泛滥盆地泥岩中。

(5) 废弃河道微相：岩性为杂色砾岩、含砾砂岩，正旋回，分选差。厚 0.5m 左右，宽 5m 左右，剖面上呈顶平底凸的透镜状。

3) 曲流河沉积机制物理模拟实验

(1) 实验背景条件。

实验是在秦皇岛海滩一条小河的入海口处进行，利用海滩沙作为碎屑物来源，将原来的河道改造成曲流河（图 3-5-14）。原河道总体长度约 25m，河道宽度为 1.5~5m。海滩碎屑沉积物主要有砾、粗沙、中沙、细沙、粉沙，泥很少。砾石含量约为 5%，粗沙含量为 18%，中沙含量为 42%，细沙含量为 20%，粉沙含量为 15%。砾石粒径 2~10mm，大部分砾石粒径为 2~4mm。碎屑颗粒中石英含量为 74%，斜长石含量为 7%，正长石含量为 6%，暗色矿物含量为 4%，白云母含量为 3%，贝壳碎屑含量为 6%。颗粒呈次圆~圆状，分选较好。

图 3-5-14 河流背景形态照片（秦皇岛）

(2) 实验过程与结果。

为了能够观察到曲流的沉积过程，对河道进行了改造，模拟了从低弯度到高弯度的演化过程。这一过程中能够明显地观察到曲流河"凹岸"不断地被水流侵蚀，下部被掏蚀空，河岸垮塌，垮塌下来的碎屑物大部分被水流带走，只留下一些较粗的砾石滞留在河道底部，细的碎屑物顺水流带到侧下方河道对岸堆积，随着时间的推移，弯度越来越大，"凸岸"一侧的沙坝向侧下方不断生长，面积不断扩大，逐渐露出水面。当水量突然增大时，河水会从点沙坝顶部漫过，沉积一些粉砂和泥质。

实验结束时的曲流河段弧长约 4m，直线长度 2.5m，弯度为 1.6。沙坝宽 3.5m，弦长 4.8m，沙坝向河道的倾角 3.5°~15°。曲流河道满岸宽度 2.8m 左右，河道满岸水深 0.3m，连续有水的河道宽 0.8m。该段河道的地势坡度为 2°~5°，水流总体流速为 0.43~0.53m/s，流量 0.11m³/s。

(3) 曲流河各单元沉积机制分析。

模拟实验重点观察了河道滞留、河道充填、侧积点沙坝和坝顶漫滩单元的沉积过程和沉积机制（图 3-5-15）。

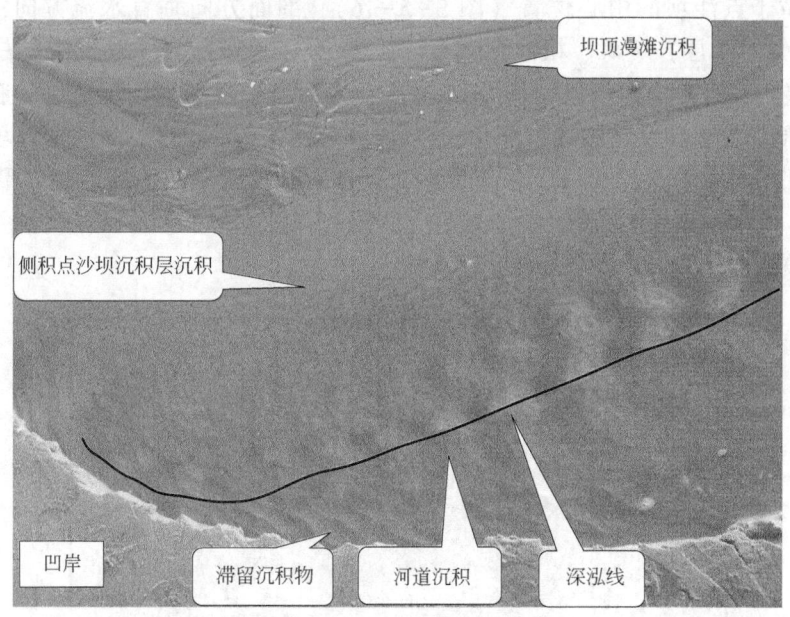

图 3-5-15　河道凹岸冲刷、河道底部滞留沉积与沙坝侧积沉积实时照片

① 河道滞留单元：迎着水头的河岸受到水流的冲击作用比较强，水流不断冲刷掏蚀河岸，并垮塌，细碎屑物被水流通过悬浮、跳跃形式被携带走，大颗粒被滞留在原地，或稍微有滚动迁移。滞留砾石颗粒的大小与水的流速、流量有关。滞留单元厚度很薄，甚至是不连续的。颗粒的磨圆度低，几乎没有分选，颗粒间被泥质充填。

② 河道充填单元：受冲刷河岸段的上游和下游河段水流相对平稳，水流沿河道呈波动状向前流动，河床上呈不对称的波痕，迎着水流的斜坡相对缓，斜坡长，背着水流的斜坡陡，斜坡宽度窄。碎屑物主要以跳跃式向前搬运，沉积物以粗沙为主，见砾，形成的是板状交错层理。

③ 侧积点沙坝单元：水流冲击凹岸后，受河岸反作用力的影响，呈侧向涡动流携带碎屑物向斜下方的对岸流去，随着流面变宽、流速降低，将碎屑物卸载到对岸，使对岸的沙滩不断增长，水体变得更浅，形成向河道倾斜的点沙坝。碎屑物主要以跳跃式和悬浮式搬运，并平铺在倾斜的沙坝表面。由于受流量大小的影响，每次平铺上去的碎屑物颗粒大小、厚度、面积不一定完全相同，错列叠置，因此成岩后，就会显示出侧积交错的纹层。在露头中可以看到侧积交错纹层和纹层组，纹层组的形成代表了一次较大的洪水过程，同一纹层组内的纹层是一个洪水期内不同时间侧积的结果。该实验的侧积点沙坝单元以中砂和细砂为主，呈正旋回。

④ 坝顶漫滩沉积：随着时间的推移，点沙坝的面积不断扩大，坝的顶面相对平坦。当水量突然增大时，河水会从点沙坝顶部漫过。坝顶平坦、水浅，动力较弱，水流平稳，携带的碎屑物主要是粉砂和泥，以悬浮状和跳跃式搬运沉积，显示波纹层理和波纹爬升层理以及水平层理。特大洪水时在其表面会形成冲沟。

（4）沉积模式。

在点沙坝形成一定规模后，在点沙坝不同位置铲出剖面（图 3-5-16），详细分析其粒度、沉积构造变化规律。根据观察结果，不同位置上的沉积厚度不同，纵向序列也有差别。

剖面 A 位于点沙坝的中心位置（图 3-5-16），剖面方向垂直水流方向，总厚 2.5~3.0cm。底部（第 1 层）为砾、粗沙，砾石粒径 2~4mm，砾石含量为 20% 左右，块状，厚 4mm，分选差，底面有冲刷痕迹（图 3-5-17），为河道滞留单元。第 2 层为粗沙，厚 8~10mm，发育低角度板状交错层理（倾角 3°~5°），分选中等~较好，为河道充填单元。第 3 层为中砂、细砂，厚 1.5~2.0cm，呈正旋回，下部中砂含量高，上部细砂含量高，发育侧积交错层理，纹层倾角 30°~45°，分选较好，为侧积点沙坝单元。第 4 层为粉沙，厚 2mm，水平纹理、波纹层理，为坝顶漫滩单元。

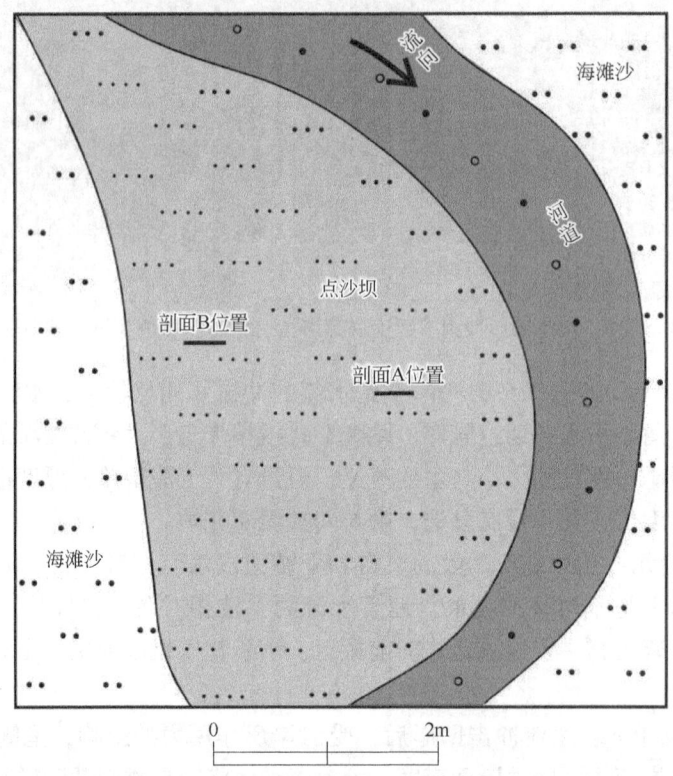

图 3-5-16 模拟实验后的点沙坝形态与剖面线位置

剖面 B 位于点沙坝的边部（图 3-5-16），剖面方向垂直水流方向，总厚度为 0.5~2.8cm。该剖面中缺少河道充填单元和河道滞留单元，侧积点沙坝单元直接覆盖在海滩沙上，顶部是薄层的坝顶漫滩单元（图 3-5-18）。这是河道弯曲度较低时的早期点沙坝的沉积。点沙坝剖面上呈楔形，向河道方向厚度增大，可达 2.8cm，向河滩方向厚度减薄至 0.5cm。侧积点沙坝单元的岩性为细砂岩，发育侧积交错层理，侧积纹层的倾角为 25°~30°，纹层厚 1.5~4mm。顶部的坝顶漫滩单元为粉沙，厚 2~3mm，发育平缓的波纹层理。

3. 辫状河沉积体系露头

1）岩相类型

（1）块状含泥质砾岩相：杂色，块状，底部发育冲刷构造，砾石含量约为 20%，砾石粒径 10~30mm，磨圆度高，呈滚圆状、次圆状，砾石排列杂乱，方向性不明显。砾石间的填隙物为粉砂和泥。

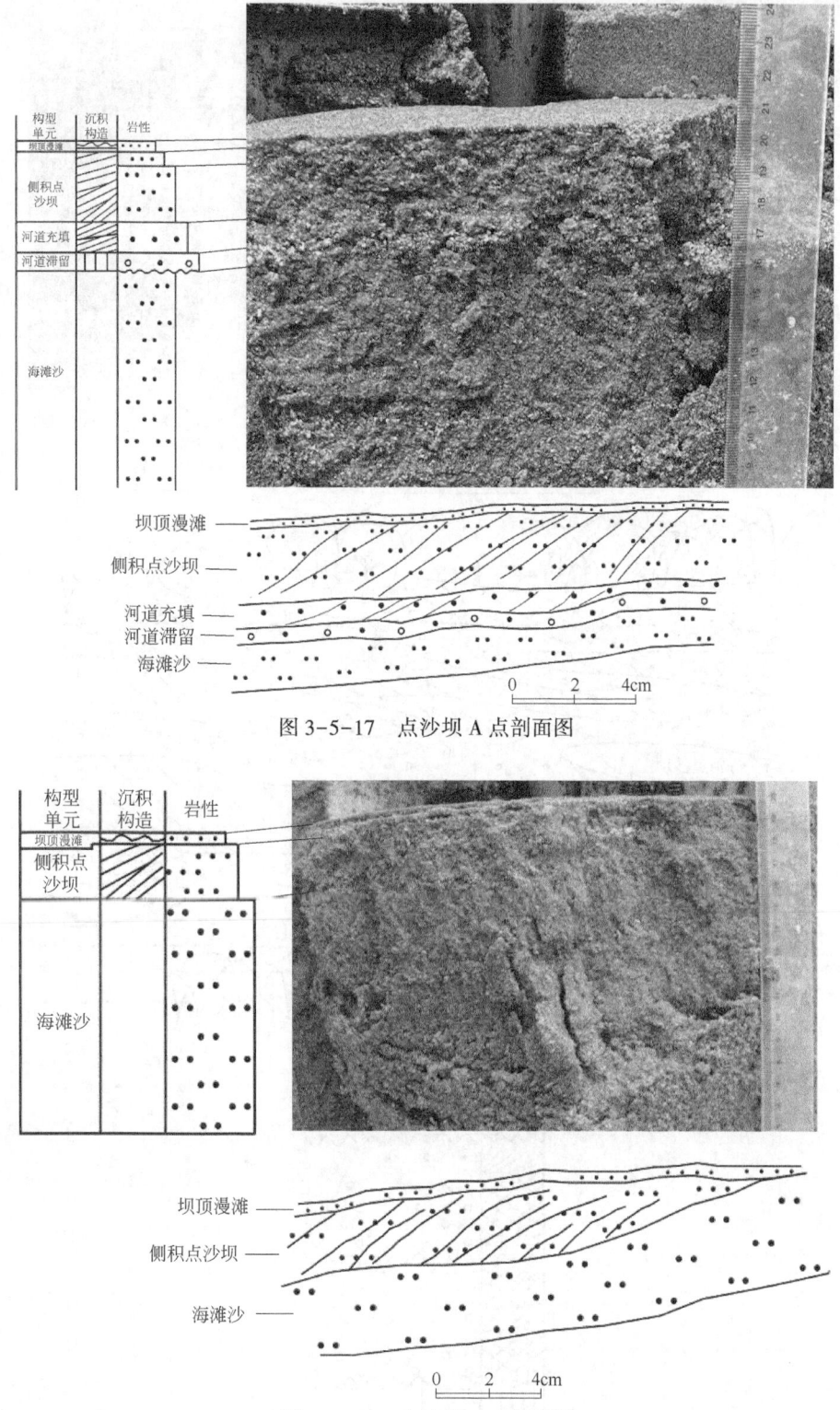

图 3-5-17 点沙坝 A 点剖面图

图 3-5-18 点沙坝 B 点剖面图

（2）块状砾岩相：块状构造，底部发育冲刷构造。砾石最大直径可达 100mm，最小 5mm，分选较差，砾石呈圆状—次圆状（图 3-5-19），砾石略定向排列。

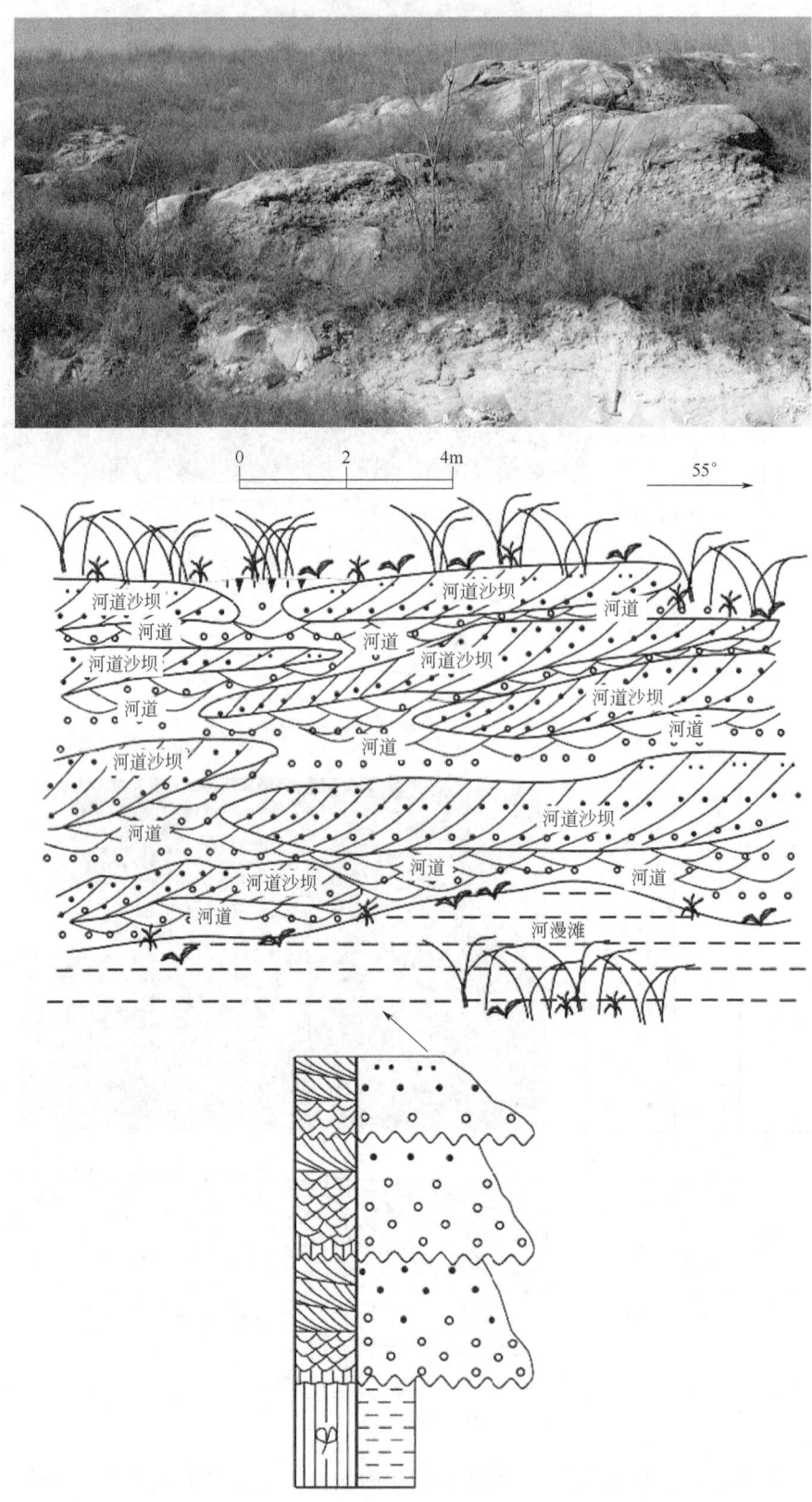

图 3-5-19 辫状河露头剖面（局部，柳江盆地）

（3）槽状交错层理含砾粗砂岩相：砾石含量20%~30%，砾石大小不一，砾石主要分布在靠近岩层的底部，下部砾石直径较大，最大可达50mm，向上粒径变细，砾石含量减少。

（4）板状交错层理粗砂岩：以灰白色、灰黄色粗砂岩为主，板状交错层理，纹层倾角较小，一般为5°~10°，层理厚10~30mm。分选差，偶见砾，颗粒呈圆状、次圆状。横向上多呈透镜体状（图3-5-19）。

（5）板状交错层理中砂岩相：以灰白色中砂岩为主，板状交错层理，纹层倾角为12°~20°，纹层厚5mm左右。颗粒呈次圆状，分选差。

（6）板状交错层理细砂岩相：灰黄色细砂岩，发育小型板状交错层理，分选好，纹理厚度小于2mm。

（7）粉砂岩相：灰绿色粉砂岩，杂基含量高，分选差，厚0.1m，发育波纹层理、波纹爬升层理、水平层理，局部夹灰黑色泥岩条带。

（8）泥岩相：灰色、土黄色，块状构造和水平层理的都有。见植物化石碎片，含铁质结核，结核大小30~60mm。

2）沉积微相类型及特征

根据岩相和沉积特征，在黑山窑后村辫状河露头中可识别出辫状河道、河道沙坝（心滩）和河漫滩三种微相类型（图3-5-19、图3-5-20）。

（1）辫状河道微相：以砾岩、含砾粗砂岩为主，块状构造、槽状交错层理，底部发育冲刷构造。砾石最大直径可达100mm，砾石磨圆程度比较高，多呈鹅卵石状，为圆状—次圆状，但分选差，砾石略呈定向排列。纵向上自下而上由粗砾岩变为含砾粗砂岩，沉积构造由冲刷构造→块状构造→槽状交错层理构成。纵向厚度一般为0.5~2.0m，厚度在横向上变化比较大，侧向上不同河道单元之间呈断续相连状（图3-5-19）。

（2）河道沙坝微相：以粗砂岩、中砂岩为主，见含砾砂岩，发育板状交错层理，顶部常发育薄层的细砂岩和粉砂岩，见波纹层理、波纹爬升层理。沉积在辫状河道上，二者之间的界限有时比较明显（图3-5-19）。纵向厚度一般0.5~6.0m，横向上呈透镜体状，宽度3.5~20.0m。

（3）河漫滩微相：以泥岩、粉砂质泥岩和泥质粉砂岩为主，为块状构造，也见水平层理，有时会夹薄层粉砂。厚0.3~2.0m，横向变化大。

4. 网状河沉积体系露头

1）岩相类型

（1）槽状交错层理含砾粗砂岩相：含砾粗砂岩，风化后呈黄褐色，砾石粒径5~10mm，砾石有一定磨圆度，分选中等。发育槽状交错层理，岩层底部发育冲刷构造。

（2）板状交错层理砂岩相：包括板状交错层理粗砂岩、中砂岩、细砂岩，新鲜面为灰白色，风化后呈黄色。岩石中石英含量52%~72%，平均为63.8%，长石含量10%~20%，平均为20%，岩屑含量5%~10%，平均为7.6%，杂基和胶结物等填隙物含量5%~13%，平均为8.6%。颗粒呈次棱角—次圆状，分选中等到好。层理厚30~50mm不等，纹层倾角10°~15°。

（3）粉砂岩相：粉砂岩灰白色，风化后呈灰黄色，有水平层理，也有波纹层理，纹理厚2~5mm，分选较好。

（4）块状泥质粉砂岩相：泥质粉砂岩，块状构造，呈灰白色略带黄色，风化后表面呈红褐色。见铁质结核团块，结核直径30~50mm。

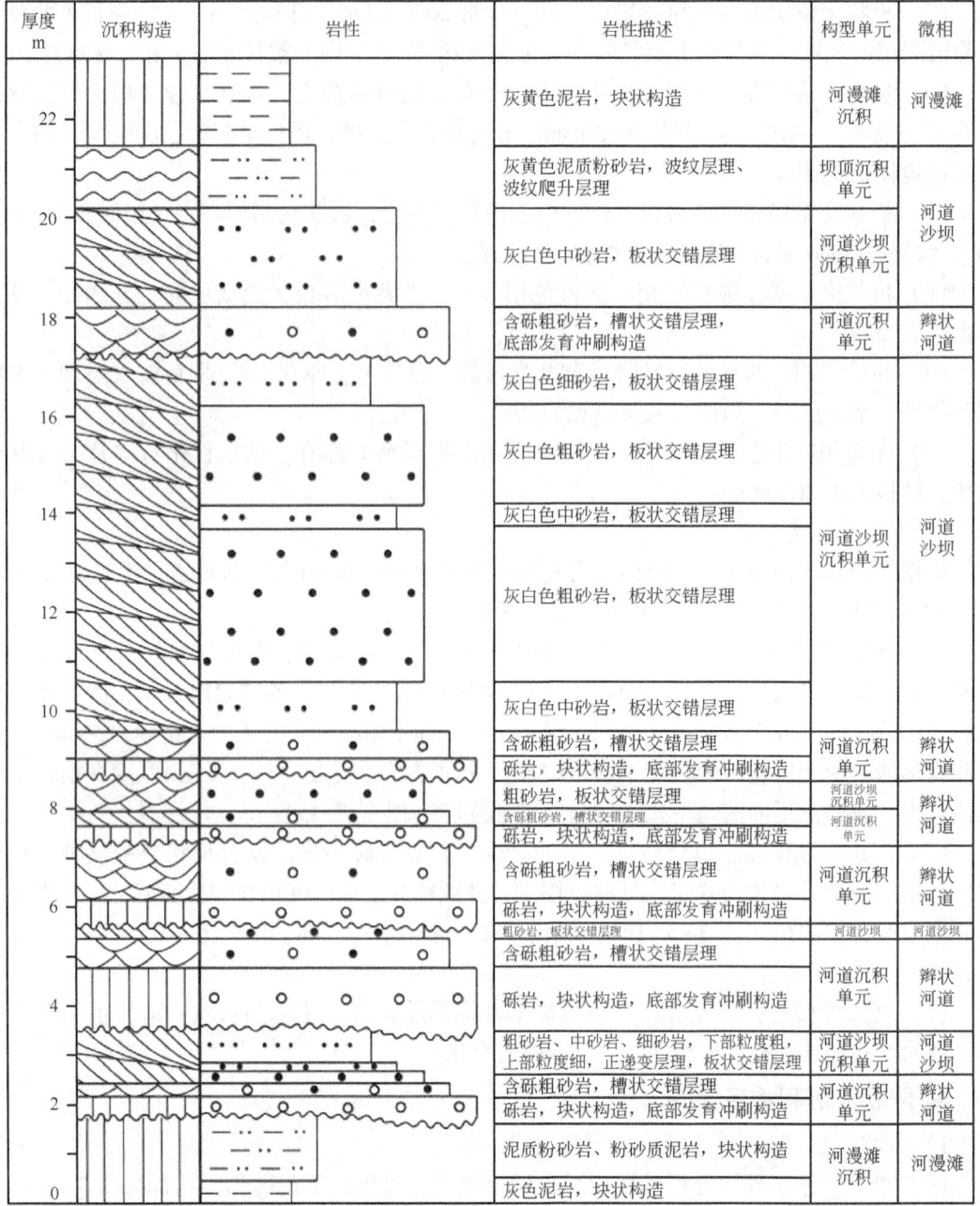

图 3-5-20 辫状河露头纵向序列、沉积微相、构型单元

(5) 泥岩相：泥岩为黄色，风化后呈黄褐色，有块状泥岩，也有水平层理泥岩，见植物化石碎片。

(6) 碳质泥岩：碳质泥岩为深灰色、灰黑色，水平纹理，纹理厚 5~10mm。多呈薄的条带状夹在泥岩中。

2) 沉积微相类型及特征

依据岩相和沉积特征，在黑山窑后村网状河露头中可识别出的沉积微相类型有河道、泛滥平原和决口扇（图 3-5-21）。

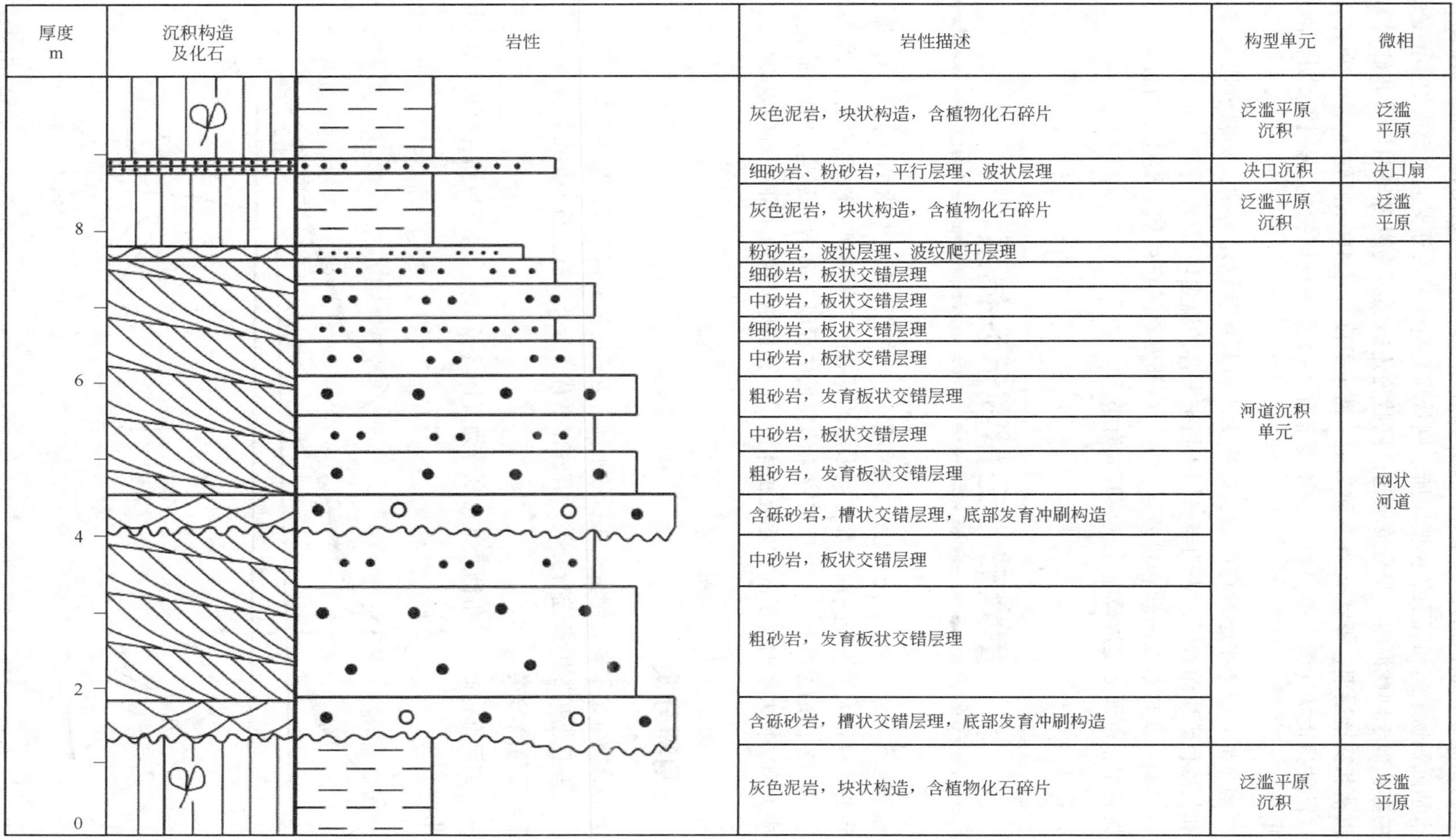

厚度 m	沉积构造及化石	岩性	岩性描述	构型单元	微相
8		灰色泥岩	灰色泥岩，块状构造，含植物化石碎片	泛滥平原沉积	泛滥平原
		细砂岩	细砂岩，粉砂岩，平行层理，波状层理	决口沉积	决口扇
		灰色泥岩	灰色泥岩，块状构造，含植物化石碎片	泛滥平原沉积	泛滥平原
6		粉砂岩	粉砂岩，波状层理，波纹爬升层理		
		细砂岩	细砂岩，板状交错层理		
		中砂岩	中砂岩，板状交错层理		
		细砂岩	细砂岩，板状交错层理		
		中砂岩	中砂岩，板状交错层理		
		粗砂岩	粗砂岩，发育板状交错层理		
4		中砂岩	中砂岩，板状交错层理	河道沉积单元	网状河道
		粗砂岩	粗砂岩，发育板状交错层理		
		含砾砂岩	含砾砂岩，槽状交错层理，底部发育冲刷构造		
		中砂岩	中砂岩，板状交错层理		
2		粗砂岩	粗砂岩，发育板状交错层理		
		含砾砂岩	含砾砂岩，槽状交错层理，底部发育冲刷构造		
0		灰色泥岩	灰色泥岩，块状构造，含植物化石碎片	泛滥平原沉积	泛滥平原

图 3-5-21 网状河露头纵向序列、沉积微相、构型单元

（1）河道微相：网状河道反复分岔、合并构成相互联系的网状结构，在网状河沉积体系中，河道是沉积物搬运和沉积的主要场所。网状河是由许多条分支河道组成的多河道。黑山窑后村的露头属于网状河的一个分支河道。网状河道的沉积物以含砾粗砂岩和砂岩为主，沉积构造以槽状交错层理、板状交错层理为主。河道宽度可达160m，砂体厚6~9m，剖面上呈顶平底凸的透镜状（图3-5-12），砂体内部有2~4个正旋回构成，是枯水期和洪水期交替的结果。

（2）泛滥平原：泛滥平原发育广阔，厚度大。以灰黄色泥岩为主，夹粉砂质泥岩、粉砂岩条带和灰黑色碳质泥岩层，表明当时属于植被发育的温湿环境。

（3）决口扇：决口扇以细砂和粉砂岩为主，内部发育平行层理，层面上有波痕，夹在泛滥平原泥岩中，剖面上呈透镜状，规模有大有小。

第六节 三角洲沉积体系

三角洲是河流入海（湖）时，因地势变得平坦，并受海水或湖水的顶托作用，流速降低，所携带的碎屑物大量沉积在河口部位而形成的特有的三角形河口地貌特征。三角洲属海陆过渡相（或河流湖泊过渡相），由于其特殊的背景位置以及砂岩和泥岩配置的储盖关系，往往是形成大型、特大型油气田的重要沉积体系，一直是地质家和石油工程师重点研究、解剖的对象。

一、三角洲分类

三角洲的分类方案很多，侧重点和目的不同，分类时所依据的控制因素和特征不同，结果也不同。有些依据控制因素进行分类，有些依据背景分类，有些按照形态特征分类[53]。

1. 湖盆三角洲分类

根据入湖的河流特征，三角洲通常可划分为（图3-6-1）：扇三角洲、辫状三角洲、正常河流三角洲[54]。

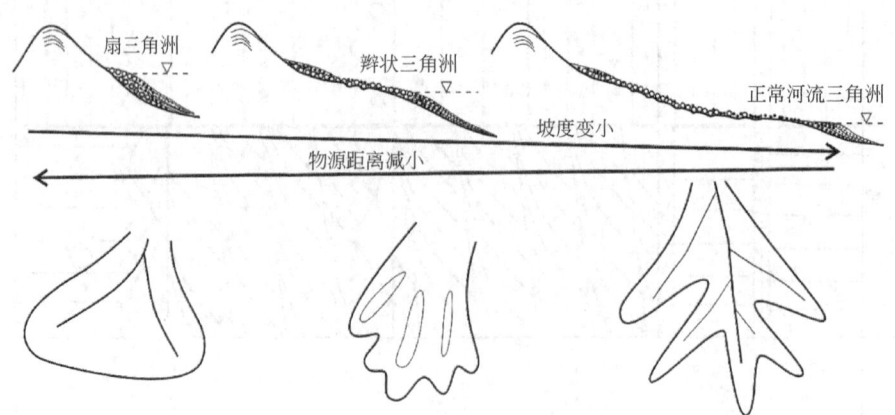

图3-6-1 扇三角洲、辫状三角洲、正常河流三角洲形成背景示意图（据裘亦楠等，1982，有修改）

扇三角洲是指从邻近高地，没有经过河流的搬运，经山前冲积扇后直接前积到湖盆的扇体。辫状三角洲是经由辫状河体系前积到湖盆中形成的富含砂和砾的三角洲。正常河流三角洲经过河流长距离的搬运，流经山麓冲积平原、丘陵地区、平原区，进入三角洲平原后入湖，在河口附近的陆上和湖盆浅水环境中形成的碎屑沉积体。

三者在沉积背景、沉积机制、碎屑物结构、砂体分布、储集物性等方面存在明显差别[55]（表3-6-1）。

表3-6-1 扇三角洲、辫状三角洲、正常河流三角洲特征对比表

特征属性	扇三角洲	辫状三角洲	正常河流三角洲
坡降	大，每千米数十米以上	中等，5~20m/km	小，小于5m/km
距物源距离	紧邻物源，无冲积平原	近物源，数千米到十千米，或有较窄的冲积平原	远源，一般大于数十千米，有广阔的冲积平原
水流机制	风暴型水流	湍急洪水型水流	终年性水流
沉积物输入	泥石流、牵引流	牵引流	牵引流
沿程相带	沿程可能有冲积扇，陆地部分缺三角洲以外的其他相	沿程有冲积扇、辫状河、三角洲等相带	沿程各相带发育完整
碎屑物颗粒	以砾为主，有砂，见漂砾	以砾和砂为主	以砂为主，含砾
沉积物结构	结构成熟度低，分选性差	结构成熟度中等，分选性中等	结构成熟度高，分选性好
沉积构造	块状构造、递变层理、槽状交错层理、板状交错层理等	槽状交错层理、板状交错层理等	槽状交错层理、板状交错层理等
暴露标志	有	有	有
平面形态	扇状	舌状	鸟足状
河口沙坝	不发育	发育	发育
重力流发育情况	泥石流、浊流发育	浊流发育	不发育
地震反射特征	前积反射结构	前积反射结构	前积反射结构
储集性能	平原亚相不是有效储层，前缘亚相有比较好的储层	平原亚相和前缘亚相都有比较好的储层	平原亚相和前缘亚相都有比较好的储层

（1）在古地理和古构造背景上，扇三角洲靠近陡峭的山地前缘或构造造成的湖盆陡崖斜坡地形。入湖前的坡降一般在每千米数十米以上。辫状三角洲往往形成在有一定坡度的地区，入湖前的坡降一般为每千米5~20m/km之间。河流三角洲一般发育在有宽阔平坦的沿湖平原的湖盆区，入湖前的坡降一般在5m/km以下。根据国内一些湖盆三角洲沉积体系分布的特点，一般有这样的规律，断陷湖盆陡坡带发育扇三角洲，盆地的两端一般发育辫状三角洲，盆地的缓坡带形成正常河流三角洲；坳陷型盆地以正常河流三角洲为主。

（2）在古气候方面，干旱、炎热，地表裸露的地区容易发育扇三角洲，在温暖、潮湿、植被发育的地区易形成辫状三角洲和正常河流三角洲。

（3）沉积过程方面，扇三角洲多表现为风暴型流量控制；辫状三角洲表现为湍急洪水控制，常为季节性的特点；正常河流三角洲表现为终年性的特点。

（4）平面形态上，扇三角洲呈扇状，辫状三角洲呈伸长状或舌状，正常河流三角洲多呈鸟足状。

（5）沉积机制方面，扇三角洲泥石流沉积物发育，常见大的漂砾，相反辫状三角洲和河流三角洲几乎没有泥石流沉积物。

（6）在微相发育状况方面，辫状三角洲和河流三角洲的前缘河口沙坝发育，而扇三角洲前缘河口坝不发育或缺乏河口沙坝微相。

（7）浊流发育方面，扇三角洲沉积体系坡降大，平原和前缘沉积物容易垮塌，常形成湖底扇；辫状三角洲在其前三角洲亚相或半深湖相中经常会有浊积岩发育，并且规模比较大；正常河流三角洲前三角洲亚相或半深湖中一般浊积岩不发育或者浊积岩的规模很小。

（8）辫状三角洲和正常河流三角洲的平原相一般是比较好的储集层，而扇三角洲平原相储集条件差，一般不会成为有效储层。

2. 河流入海三角洲分类

按照河流输入碎屑物数量、河流能量、海洋能量和三角洲形态，可划分为四类[56]（表3-6-2）：

表3-6-2 河流入海三角洲分类相关属性参数

三角洲类型	坡降	河口前端水体深度	碎屑物供应量	河流能量	海浪能量	潮汐能量	长宽比	沉积体系厚度	相对发育的亚相	河口平面形态
鸟足状三角洲	小	浅	大	强	弱	弱	>2:1	大	三角洲平原、三角洲前缘	鸟足状
朵状三角洲	平原区坡降小，前缘区坡降大	深	大	强	弱	弱	≈1:1	大	三角洲平原、三角洲前缘	朵状
港湾状三角洲	中等—小	中等—深	中等	中等	中等	强	1:1~2:1	中等	三角洲前缘	喇叭口状
鸟嘴状三角洲	中等—大	中等	小	弱	强	中等	<1:1	小	三角洲前缘	不规则菱形状

（1）鸟足状三角洲：坡降缓，河口地带海水浅，碎屑物供应充分，河流作用为主，海水作用相对弱，河流在河口部位形成许多分流河道，延伸距离远，平面上呈鸟足状 [图3-6-2(a)]。其重要特征是以河流为主控因素作用下形成，因此属河控三角洲。现代的密西西比河三角洲和黄河三角洲等都是比较典型的鸟足状三角洲[57]。

（2）朵状三角洲：水上平原地带坡降缓，水下前缘地带坡降大，波浪作用弱，河口外侧水下部分海水较深。碎屑物供应充分，在分流平原上形成许多分叉，常溢岸改道，呈放射状向海延伸 [图3-6-2(b)]。它主要受河流控制，海洋的改造作用较弱，也属河控三角洲。现代的尼罗河三角洲和尼日尔河三角洲都是比较典型的朵状三角洲[58]。

（3）港湾状三角洲：坡降中等，河口地带水深中等—深，碎屑物供应量中等，发育在潮汐能量强的地区，河流在河口地区沉积的碎屑物被潮汐流冲刷，改造成线状潮汐沙坝，这些沙坝平行于潮汐流方向，在河口的前方呈裂指状放射排列，状如港湾 [图3-6-2(c)]。

它是潮汐作用为主形成的三角洲,故又称潮控三角洲。长江三角洲接近港湾状三角洲[59]。

(4) 鸟嘴状三角洲:坡降较大,河口地带水深中等,波浪作用强度大。碎屑物供应量小,河流入海只有一条主流河道或比较少的分流河道,河流输入到海里的碎屑物很快被波浪冲刷搬运,再分配到河口两侧,形成一系列平行海岸分布的沿岸沙坝、沙滩和沙嘴。只在主流河口前端才有较多的碎屑物堆积,形成突出的河口,状似鸟嘴[图3-6-2(d)]。它是海洋波浪作用为主形成的三角洲,故又称浪控三角洲。红河口三角洲属于比较典型的鸟嘴状三角洲[60],北戴河赤土河三角洲接近鸟嘴状三角洲[61]。

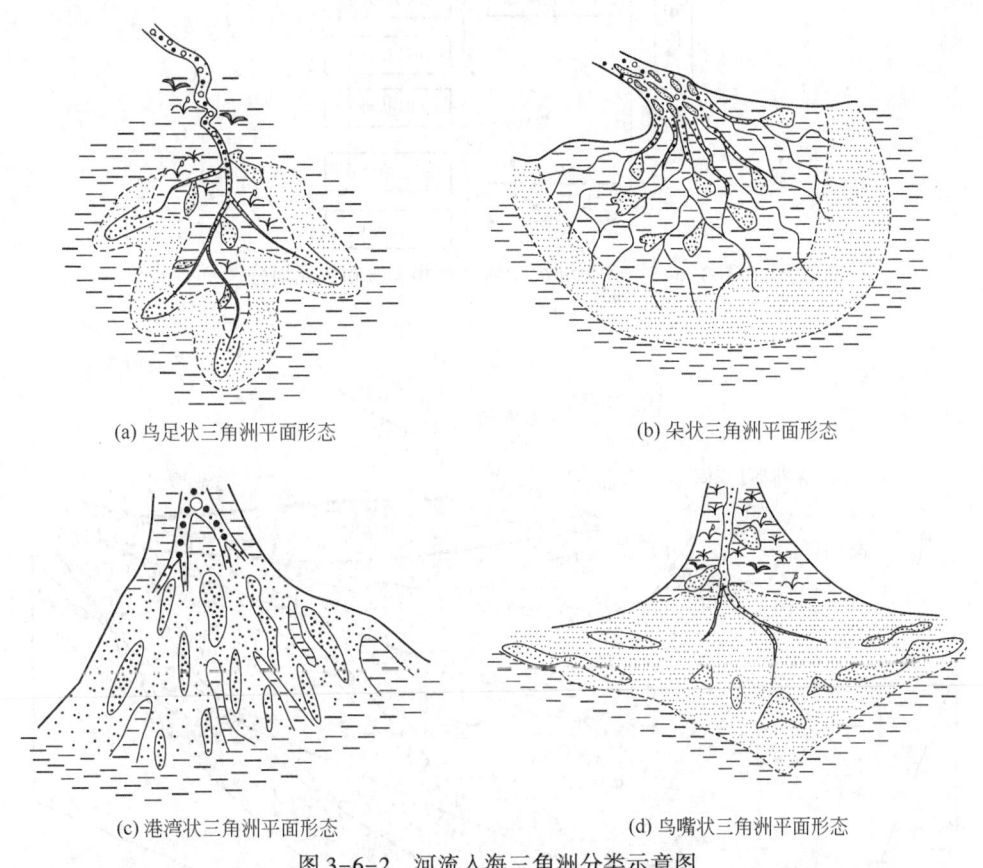

(a) 鸟足状三角洲平面形态 (b) 朵状三角洲平面形态

(c) 港湾状三角洲平面形态 (d) 鸟嘴状三角洲平面形态

图3-6-2 河流入海三角洲分类示意图

二、三角洲沉积特征

前面已经介绍了,不同类型的三角洲的平面形态特征不同,其沉积特征也不完全相同,但也有其共性特征。三角洲的识别主要依靠背景、砂体形态特征、沉积构造、纵向沉积序列和地震相等。

下面以湖盆正常河流三角洲为例详细分析三角洲的沉积特征、平面上相的划分和纵向相模式。

正常河流三角洲碎屑物供应充分,向湖延伸距离远,各相带发育一般比较完整,通常可划分出三角洲平原、三角洲前缘和前三角洲3个亚相(图3-6-3、图3-6-4)。

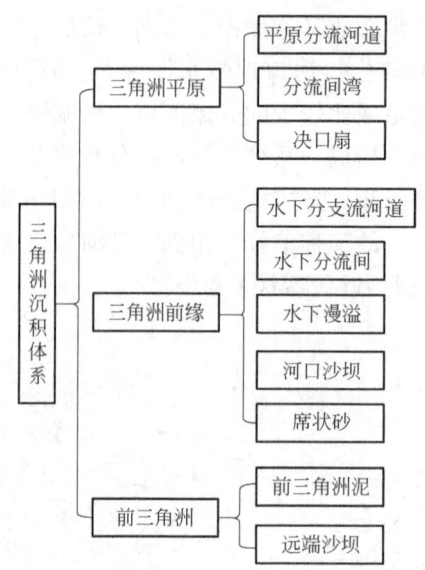

图 3-6-3 三角洲沉积体系亚相、微相单元划分

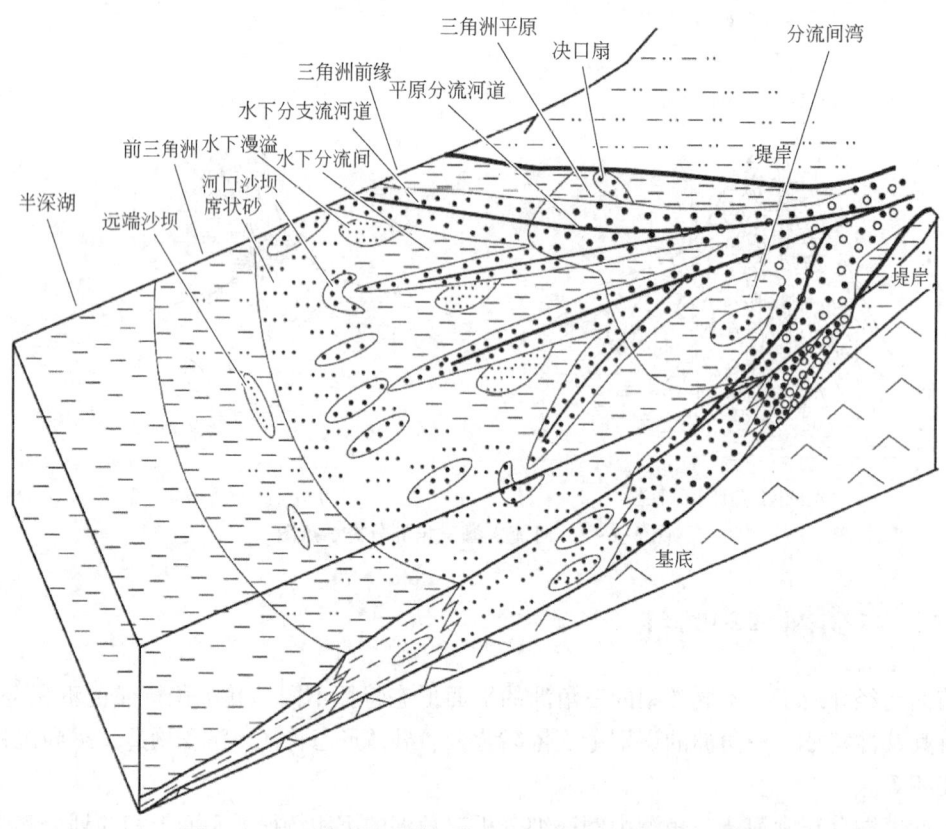

图 3-6-4 三角洲沉积体系各亚相、微相在空间上的关系

1. 三角洲平原亚相

三角洲平原是三角洲的水上部分，从河流开始分叉到平均高潮线以上这部分。该地段地势平坦，河网密布，地下水位高，草本植物茂盛，湿地沼泽发育。由于河流携带大量的陆上

有机质在此沉淀，吸引众多的生物在此聚集、觅食、繁衍生息，因此三角洲平原常见植物化石、生物遗迹化石。

三角洲平原通常可以细分出平原分流河道、分流间湾、决口扇微相类型。

1）平原分流河道

平原分流河道在三角洲平原上多呈树枝状分支或成网状河的形式分布。以砾、砂为主，发育槽状交错层理、板状交错层理，底部发育冲刷构造，自下而上依次为冲刷构造、槽状交错层理、板状交错层理（图3-6-5）。分选中等，颗粒以次圆状为主。垂向上为下粗上细的正旋回，通常有多期叠置。横剖面上呈顶平底凸的透镜状，往往是多个这样的独立砂体错列叠置。测井曲线常呈箱钟形。

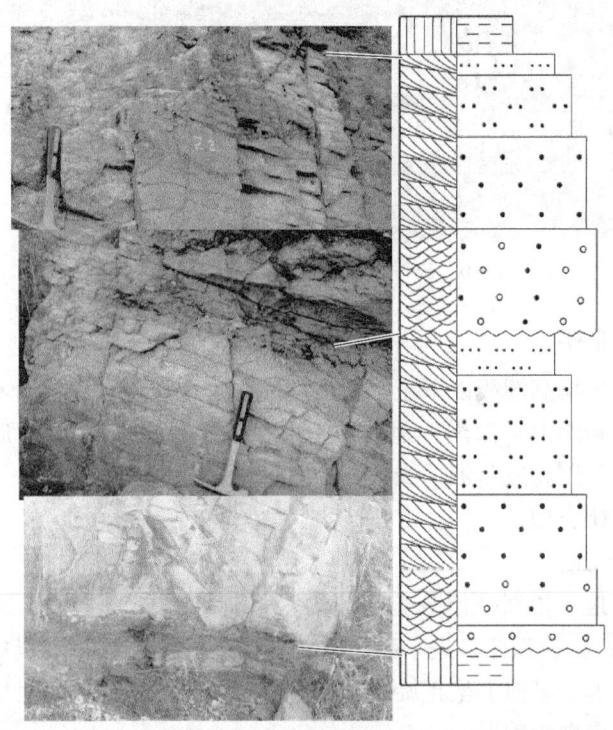

图 3-6-5 三角洲平原分流河道纵向模式图（柳江盆地露头）

2）分流间湾

分流间湾位于平原分流河道间的洼地，沉积物主要为泥。沉积构造多为块状构造和水平层理，可见雨痕和雹痕，常见植物化石和根土岩。测井曲线呈低幅齿形。

分流间湾地势低洼，潜水面高，常常积水，植被发育，容易形成湿地沼泽，如果持续时间长并且稳定的话，可形成泥炭堆积，经过后期的埋藏、成岩作用和演化，转化成煤炭，所以三角洲平原常常是重要的聚煤场所。分流间湾形成的煤层厚度一般变化大，纵向上常夹决口扇形成的碎屑岩层，在平面上被分流河道分割，穿插一些无煤条带。

3）决口扇

决口扇是洪水期河水漫出平原分流河道，在分流间湾形成小的、不规则的扇状分布的碎屑岩沉积体。碎屑物以砂为主，见砾。含砾砂岩、粗砂岩、中砂岩、细砂岩都可见到。由于决口扇通常是突发的快速堆积，分选差，多发育块状构造、平行层理（图3-6-6），规模大的决口扇底部还会存在冲刷构造。不同期次的决口扇在纵向上厚度变化大，剖面上呈透镜状。决口事件后，常常是平静期，分流间湾会存留大量积水，在风的作用下水面形成小的波浪，因此在决口扇砂体的表面常会留下波痕。测井曲线呈中薄层、复合韵律或不规则的形状。

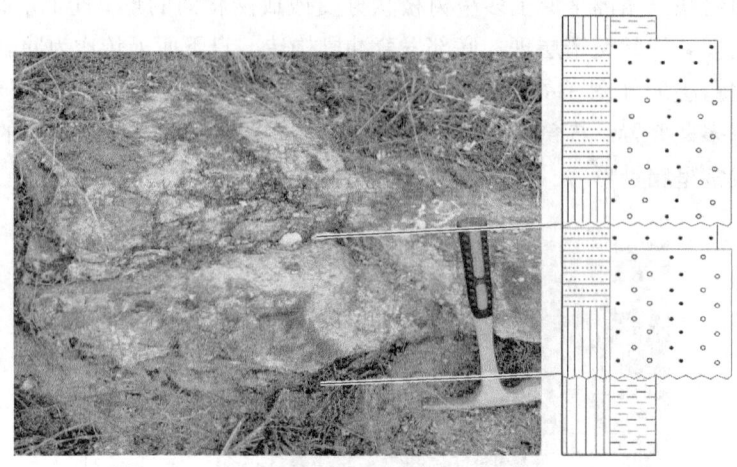

图 3-6-6　决口扇纵向模式图（柳江盆地露头）

2. 三角洲前缘亚相

三角洲前缘位于平均高潮线以下至平均浪基面附近，呈半环带状分布于三角洲平原的外侧。是河流地质作用和湖泊（海洋）地质作用激烈交锋的地带[62]，地质现象丰富。依据沉积作用机制和特征，可以将三角洲前缘细分为水下分支流河道、水下分流间、水下漫溢、河口沙坝、席状砂等微相类型。

1）水下分支流河道

水下分支流河道是三角洲平原分流河道的水下延伸部分和进一步分叉的结果。在湖水（海水）的顶托之下，流速降低，进一步分叉，规模进一步降低。沉积物主要为砂，分选较好，发育板状交错层理，纵向上呈正旋回（图3-6-7）。砂体在平面上呈分支状，剖面上呈透镜状。测井曲线多表现为钟形。

图 3-6-7　水下分支流河道纵向模式图（柴达木盆地露头）

2）水下分流间

水下分流间位于水下分支流河道之间，以泥质沉积为主，岩性不纯，常夹泥质粉砂岩薄层，发育小型波纹层理、生物潜穴常见。测井曲线呈低幅齿形。

3）水下漫溢

水下漫溢是水下分支流河道在洪水期溢出水道在水下分支流河道之间的沉积。纵向上夹在水下分流间的泥岩中，厚度薄，不稳定。以细砂、粉砂为主，分选中等到差，多发育波纹层理。测井曲线呈低幅指形。

4）河口沙坝

河口沙坝是河水和湖水（海水）交互作用后沉积而成的。水下分支流河道携带的碎屑物遇到湖泊（海洋）波浪的顶托作用，流速突然降低，碎屑物在分支流河道的前端卸载，快速沉积而成。后又受到波浪、河流的共同冲刷改造，呈透镜状分布在水下分支流河道前端。河口沙坝平面上通常有三种形态，包括长形透镜状沙坝、凹口向湖（海）的新月形沙坝和凹口向陆的新月形沙坝[61]。长形透镜状沙坝的长轴平行水下分支流河道的水流方向，这是河流能量和湖泊（海洋）能量大致相当的情况下形成的河口沙坝，两个方向的水流共同改造沙坝，使沙坝呈长形、两侧大致对称的透镜状。凹口向湖（海）的新月形沙坝一般发育在河流能量大于湖泊（海洋）能量的入湖（海）口，水下分支流河道能量强，迫使卸载下来的碎屑物继续向湖（海）推进，由于沙坝中部阻力大，水流就推着两端的碎屑物向前推进，就形成了凹口向湖（海）的新月形沙坝。反之，凹口向陆的新月形沙坝一般发育于湖泊（海洋）能量大于河流能量的入湖（海）口。

河口砂坝的沉积物以砂为主，分选好。纵向上的反旋回是河口沙坝的标志性特征，下部多为细砂岩，发育波纹层理，上部以中砂岩为主，发育前积层理（图3-6-8）。

河口沙坝通常也是不稳定的，受沉积基准面、河流流量、湖（海）水能量变化的影响，常常会发生横向的迁移。河口沙坝在地貌上呈凸起的透镜状，但在剖面上，常呈厚薄相间的带状。测井曲线呈漏斗形，下部渐变，顶界面突变。

图3-6-8 河口沙坝纵向模式图（柴达木盆地露头）

5）席状砂

席状砂分布于三角洲的前缘的边部，位于浪基面附近。是波浪对河口沙坝改造过程中，细碎屑物质随波浪被带到离陆地更远、水体更深的地方。沉积物以粉砂和细砂为主，分选好，发育平缓的波状层理（图3-6-9）。平面上由陆向湖（海）方向厚度逐渐减薄，呈席状分布；剖面上呈薄层状连续分布。纵向上呈薄层、复合韵律。测井曲线呈指形，中低幅度。

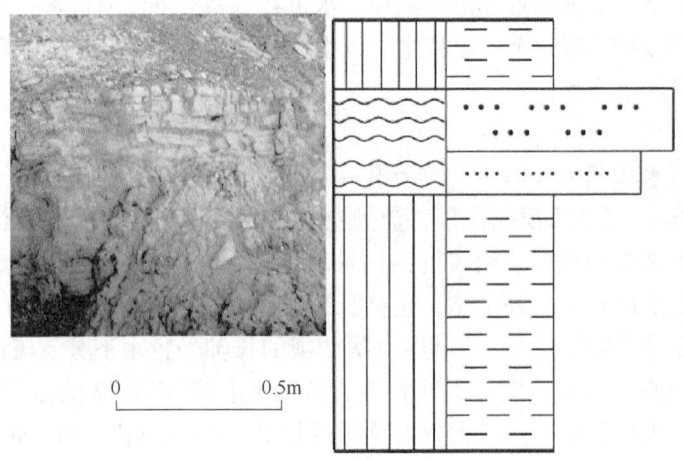

图3-6-9 席状砂纵向模式图（柴达木盆地露头）

3. 前三角洲亚相

1）前三角洲泥

前三角洲泥是三角洲前缘的泥质等细碎屑物在波浪的作用，漂浮到更深水域的沉积。它分布在三角洲前缘席状砂的外侧，以泥质为主，水平层理，但岩性不纯，常夹薄层夹粉砂岩、泥质粉砂岩透镜体，生物潜穴发育。测井曲线呈低幅齿形。

2）远端沙坝

在特大风暴浪的作用下，三角洲前缘的粉砂常常会被带到离岸更远的地方堆积下来，形成孤立的远端沙坝。远端沙坝以粉砂岩、泥质粉砂岩为主，分选中等，厚度薄，面积小，呈透镜状夹在前三角洲泥岩中。测井曲线呈薄层中低幅指形。

由于远端沙坝夹在厚层的前三角洲泥岩中，封闭条件好，距油源又近，常常会形成岩性油气藏。

三、三角洲纵向沉积序列模式

三角洲沉积体系的演化有海（湖）退型和海（湖）进型，前者下部粒度细，上部粒度粗，为反旋回；后者下部粒度粗，上部粒度细，为正旋回。下面以海退型为例详细分析一下海洋三角洲纵向沉积序列演化规律（图3-6-10）。

下部以浅海相泥岩起始，泥岩为灰色，岩性纯，水平层理。有生物潜穴，以中、大型，中、深潜穴为主，有S型、倾斜型、U型、L型等潜穴，测井曲线为平直光滑形。向上过渡为前三角洲泥岩，该泥岩岩性不纯，常混有粉砂，水平层理或块状构造，生物潜穴发育，测井曲线为低幅齿形。泥岩中会夹一些薄层透镜状的粉砂岩，这是风暴浪形成的远端沙坝。之上被三角洲前缘席状砂覆盖，席状砂以细砂岩为主，也有粉砂岩，发育平缓的波状层理，也有水平层理，测井曲线为指形。生物潜穴发育，但多以粗糙的临时潜穴为主。受沉积基准面

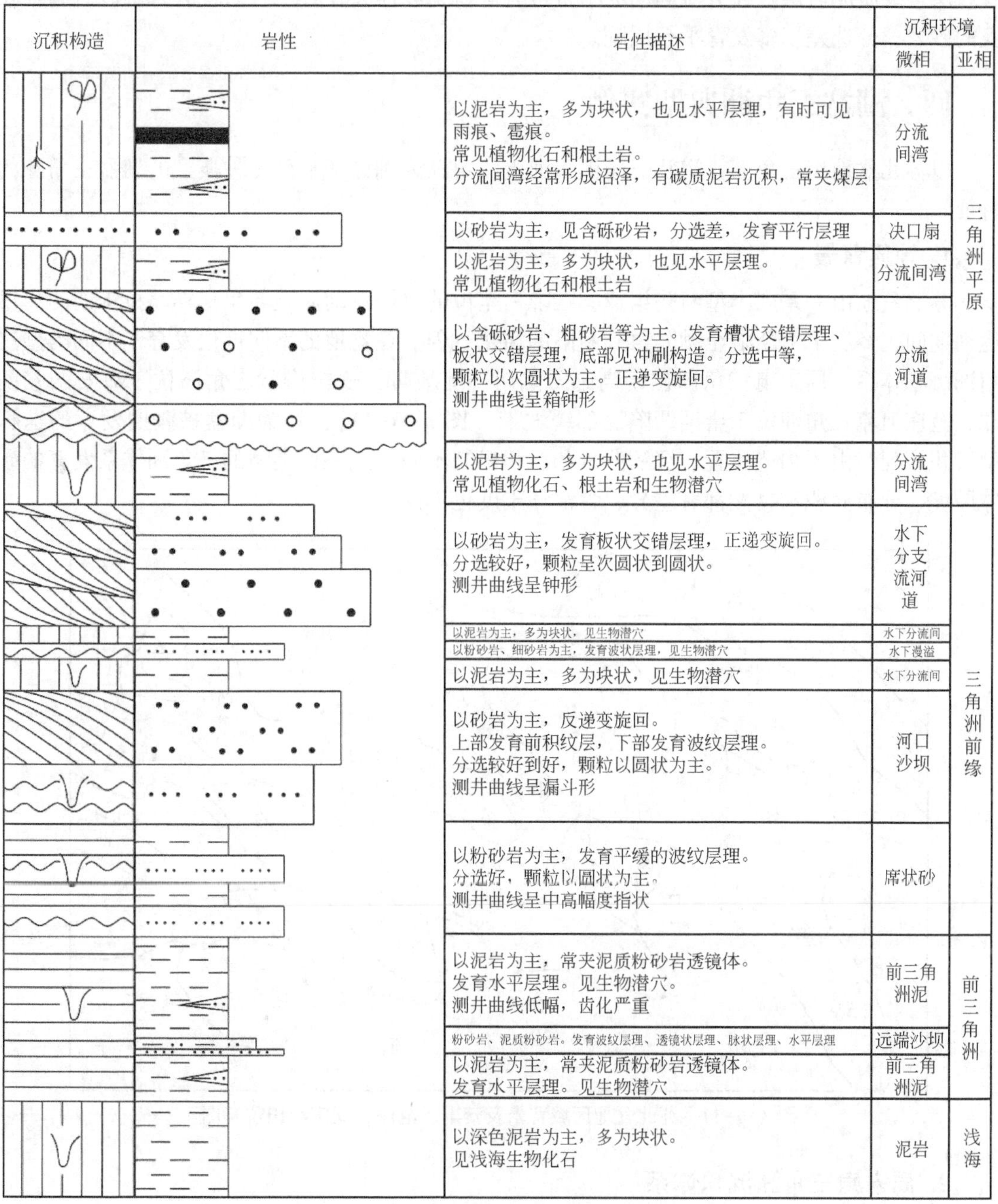

沉积构造	岩性	岩性描述	沉积环境	
			微相	亚相
		以泥岩为主，多为块状，也见水平层理，有时可见雨痕、雹痕。 常见植物化石和根土岩。 分流间湾经常形成沼泽，有碳质泥岩沉积，常夹煤层	分流间湾	三角洲平原
		以砂岩为主，见含砾砂岩，分选差，发育平行层理	决口扇	
		以泥岩为主，多为块状，也见水平层理。 常见植物化石和根土岩	分流间湾	
		以含砾砂岩、粗砂岩等为主。发育槽状交错层理、板状交错层理，底部见冲刷构造。分选中等，颗粒以次圆状为主。正递变旋回。 测井曲线呈箱钟形	分流河道	
		以泥岩为主，多为块状，也见水平层理。 常见植物化石、根土岩和生物潜穴	分流间湾	
		以砂岩为主，发育板状交错层理，正递变旋回。 分选较好，颗粒呈次圆状到圆状。 测井曲线呈钟形	水下分支流河道	三角洲前缘
		以泥岩为主，多为块状，见生物潜穴	水下分流间	
		以粉砂岩、细砂岩为主，发育波状层理，见生物潜穴	水下漫溢	
		以泥岩为主，多为块状，见生物潜穴	水下分流间	
		以砂岩为主，反递变旋回。 上部发育前积纹层，下部发育波纹层理。 分选较好到好，颗粒以圆状为主。 测井曲线呈漏斗形	河口沙坝	
		以粉砂岩为主，发育平缓的波纹层理。 分选好，颗粒以圆状为主。 测井曲线呈中高幅度指状	席状砂	
		以泥岩为主，常夹泥质粉砂岩透镜体。 发育水平层理。见生物潜穴。 测井曲线低幅，齿化严重	前三角洲泥	前三角洲
		粉砂岩、泥质粉砂岩，发育波纹层理、透镜状层理、脉状层理、水平层理	远端沙坝	
		以泥岩为主，常夹泥质粉砂岩透镜体。 发育水平层理。见生物潜穴	前三角洲泥	
		以深色泥岩为主，多为块状。 见浅海生物化石	泥岩	浅海

图 3-6-10　三角洲沉积体系纵向沉积序列模式

上升与下降反复波动的影响，席状砂和前三角洲泥岩常常是反复交互。向上为河口沙坝细砂岩、中砂岩，其明显的特征是反韵律结构，下部多发育波状层理，上部发育前积层理，分选好、物性好，可见生物潜穴，测井曲线为漏斗形。再向上为正旋回的水下分支流河道砂层，以粗砂岩、中砂岩为主，发育板状交错层理，测井曲线为钟形。之后，转变为三角洲水上部分，即三角洲平原亚相，平原分流河道是该亚相的主体，砂体厚度大，粒度粗，以砾岩、含砾砂岩、粗砂岩为主。底部发育明显的冲刷构造，砂体内部发育槽状交错层理、板状交错层理，测井曲线为箱钟形。分流河道上下为分流间湾泥，含丰富的植物化石，有些层段中会夹有煤层、碳质泥岩层。在分流间湾泥中常常有决口扇砂体夹在其中，岩性有含砾砂岩和各粒级的砂岩，分选差，多发育平行层理。

四、湖盆三角洲典型实例

以苏北盆地扇三角洲、辫状三角洲、河流三角洲为例详细解剖三种典型的湖盆三角洲的特征。

1. 地质背景

苏北盆地由一系列小型断陷组成，在晚白垩世的仪征运动后至新生代喜马拉雅期的吴堡运动期间，经历了由断陷至坳陷再到断陷的演化过程。在盆地的不同部位发育了不同类型三角洲沉积体系。周宋扇三角洲位于高邮凹陷南部陡坡带，安丰辫状三角洲位于海安凹陷西端，范庄河流三角洲位于金湖凹陷北部缓坡带（图3-6-11），均为湖盆扩张期发育的退积型沉积序列，由于构造位置、沉积背景和沉积机制不同，这三种类型的三角洲体系发育的砂体厚度、分布面积和物性都有差异，含油气丰度也不同[63]。

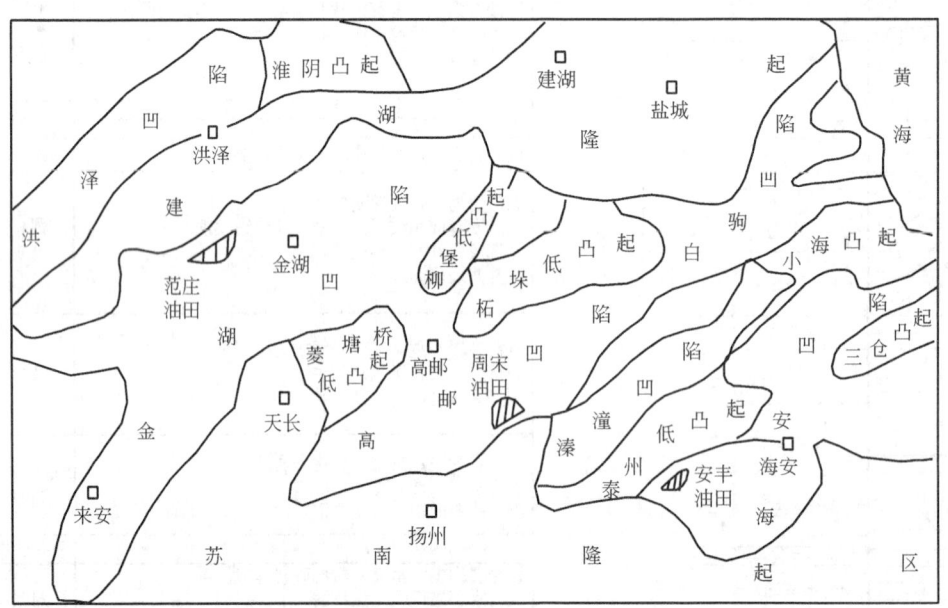

图3-6-11 苏北盆地区域背景及安丰、范庄、周宋油田位置图

2. 周宋扇三角洲沉积体系

周宋油田位于高邮凹陷刘五舍次凹之东吴堡低凸起西南端。周宋扇三角洲发育层位是上白垩统泰州组泰一段，划分为3个亚相，5种微相[63]（图3-6-12）。

1）扇三角洲平原亚相

该亚相细分为扇三角平原水道和水道间微相。水道间微相以紫色块状泥岩为主，厚度一般2~3m。平原水道微相为块状砾岩和含砾砂岩组成的粗碎屑剖面，发育块状构造，砂体中多处夹有以漂砾为特征的重力流沉积物，粒度概率曲线多以直线形、缓弧形和分选很差的两段式为主，测井曲线呈箱形。扇三角平原水道在剖面上呈巨厚层状（图3-6-12），宽厚比较小，分选差，物性差，不含油。

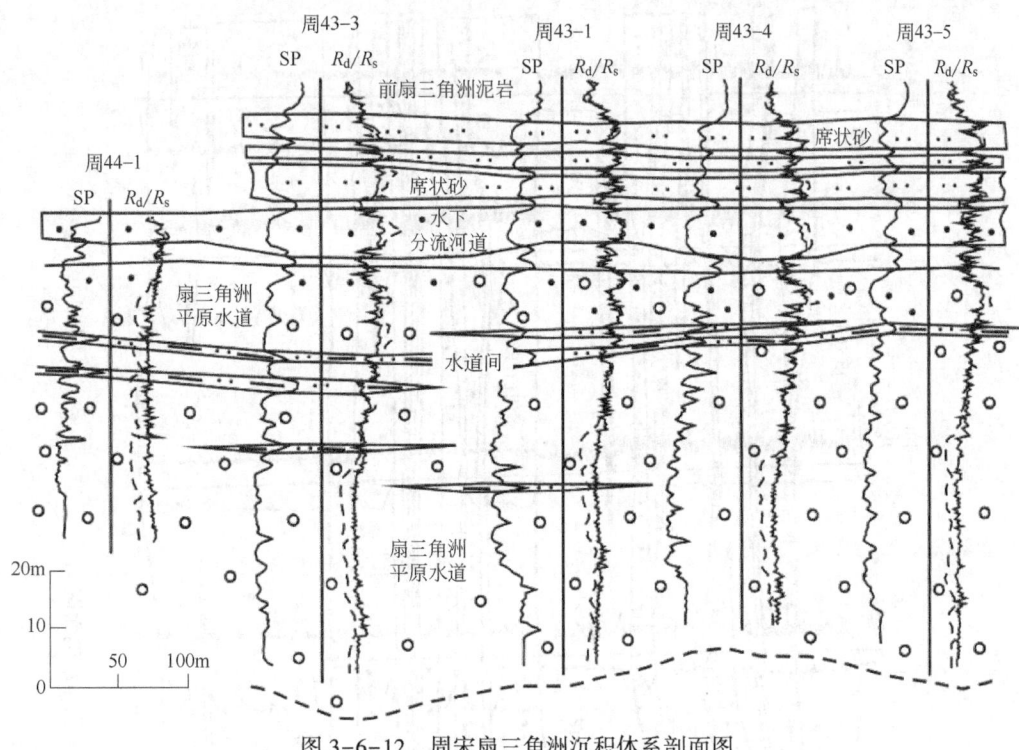

图 3-6-12　周宋扇三角洲沉积体系剖面图

2）扇三角洲前缘亚相

扇三角洲前缘亚相缺少反韵律的河口沙坝微相，只细分出了水下分支流河道和前缘席状砂微相。主要原因是在比较大的坡降条件下，沉积物快速下泄，水下分支流河道逐渐过渡到分支流河道末梢，再到前缘席状砂，湖泊的作用很弱，因此河口沙坝一般不发育。

（1）水下分支流河道微相：扇三角洲水下分流河道粒度比较粗，分选较差，层内分布有从平原亚相延伸到水下的重力流沉积物。粒度概率曲线有平直型、缓弧形和两段式，反映有重力流和牵引流的双重作用，两段式的分选也比较差，跳跃总体含量一般40%~80%，不同样品变化比较大，说明水动力条件变化大。测井曲线有中厚层箱钟形，为近岸水下分支流河道；也有钟型，为远岸水下分支流河道。

（2）席状砂微相：前缘席状砂微相是水下分支流河道延伸到半深湖后，河道逐渐分叉，能量逐渐降低，在河道末端沉积的以粉砂岩为主的薄层砂，分选较好，孔渗条件好，是扇三角洲沉积体系中比较好的储层。

3）前扇三角洲亚相

前扇三角洲亚相由深色泥岩组成，与前缘席状砂间互出现。

3. 安丰辫状三角洲沉积体系

安丰油田位于海安凹陷富安次凹西北坡，安丰构造为安曹断裂带西南端安丰大断层上升盘的一个屋脊状断鼻构造。安丰辫状三角洲发育于上白垩统泰州组泰一段沉积时期，划分为3个亚相，10种微相[63]（图3-6-13）。

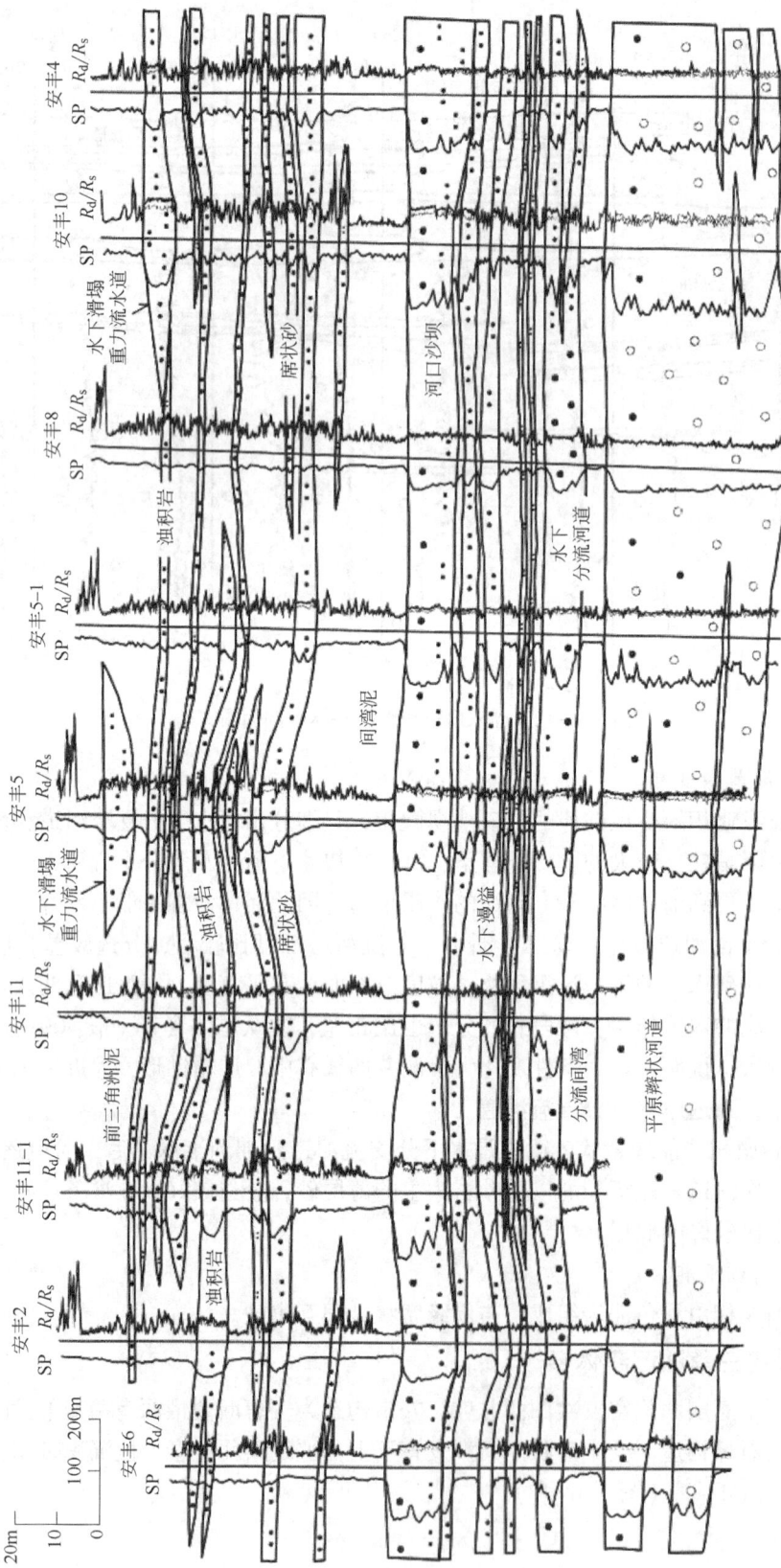

图 3-6-13 安丰辫状三角洲沉积体系剖面图

1) 辫状三角洲平原亚相

辫状三角洲平原亚相发育于泰一段下部[64]，可细分出平原辫状分流河道和分流河道间微相。分流河道间微相厚度5~8m，以灰色块状泥岩为主。分流河道呈辫状河道的特征，岩性为灰色含砾砂岩、粗砂岩和中砂岩，呈厚层状。粒度概率曲线由跳跃总体和悬浮总体两段组成。测井相呈箱形、箱钟形。发育完整的辫状河道自下至上一般发育3个沉积单元（图3-6-14）：(1) 底部河道高能单元，略具定向排列的泥砾和砾石沉积于冲刷面上，砾石最大直径15mm，发育正粒序层理、槽状交错层理；(2) 中部河道沙坝的加积单元，以砂质沉积为主，发育板状交错层理；(3) 坝顶低能单元，以细砂和粉砂沉积为主，发育波纹层理。分流河道在平面上为宽阔的带状，剖面图上呈上平下凸状，纵向上多期河道相互叠置构成了辫状河道复合体。

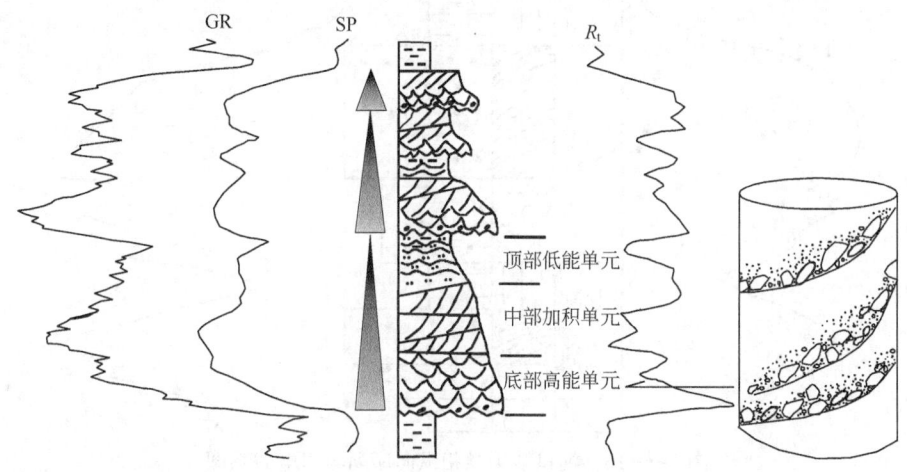

图3-6-14 辫状三角洲平原辫状河道纵向序列与岩电关系图

2) 辫状三角洲前缘亚相

该亚相发育在泰一段中部，划分为5种微相。

(1) 水下分支流河道微相：下部以粗砂岩为主，向上过渡为中砂岩，发育板状交错层理[65]。测井相呈典型的钟形（图3-6-15），微电极曲线下部离差大，向上减小。水下分支流河道摆动频繁，砂体厚度一般为3~8m，粒度概率曲线呈两段式。

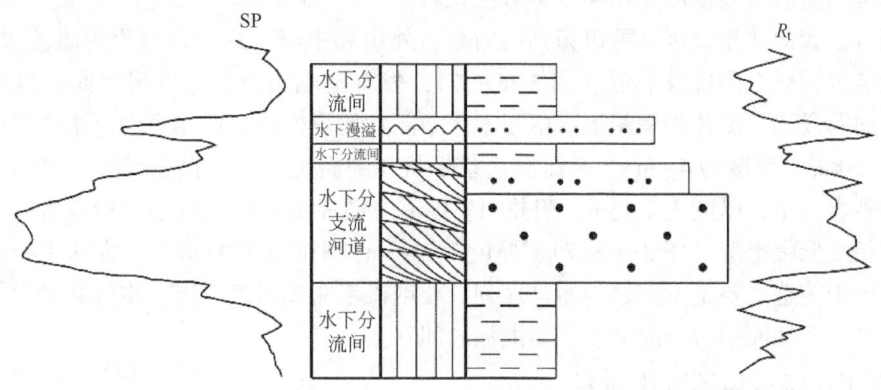

图3-6-15 辫状三角洲前缘水下分流河道纵向序列与岩电关系图

(2) 水下分流间微相：以泥岩为主，块状，不同井、不同层厚度变化大，测井曲线呈低幅齿形。

(3) 水下漫溢微相：分布在水下分支流河道之间[66]，以粉砂岩、泥质粉砂岩为主，多发育波状层理，分选差，以复合韵律、反韵律为主，粒度概率曲线为多段式，测井曲线呈齿化的低幅状。

(4) 河口沙坝微相：以中砂岩和细砂岩为主，分选较好，发育前积层理、波纹层理、反递变层理。粒度概率曲线两段式，大部分有过渡段。测井相呈底部渐变，顶部突变的漏斗形（图3-6-16）。本区多期次河口沙坝砂体在纵向上叠置构成了河口沙坝复合体，平面上呈侧向上相连的透镜状（图3-6-13）。

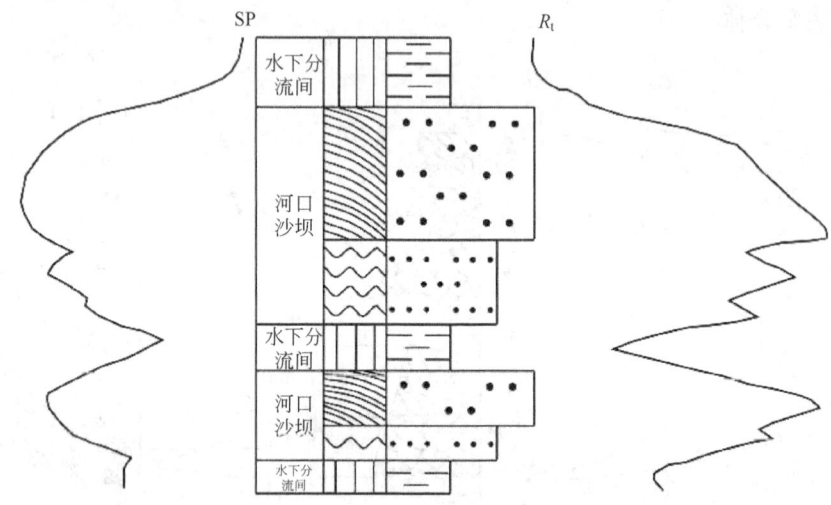

图3-6-16　河口沙坝微相纵向序列与岩电关系图

(5) 前缘席状砂微相：以粉砂岩、细砂岩为主。厚度一般为1~4m，呈席状稳定分布，分选好，多见平缓的波纹层理。单砂层测井曲线呈指形。

3) 前辫状三角洲亚相

前辫状三角洲亚相以泥岩为主，岩性不纯，常夹一些薄层粉砂岩透镜体。测井曲线呈低幅齿形。

4) 浊积岩

在本区的前辫状三角洲亚相中发育有浊积岩。

根据岩心和测井相分析，可以识别出内扇、外扇和中扇。内扇以重力滑塌流水道为主，夹杂大量撕裂状泥岩团块或条带（图3-6-17），发育滑塌构造，粒度概率曲线呈细弧形和分选极差的两段式。测井相呈箱形。由于本区断陷盆地规模小，滑塌重力流水道砂体宽度一般为300~500m，厚度为4~9m，平面上呈条带状，剖面呈上平下凸透镜状（图3-6-17）。中扇以细砂岩为主，厚度为2~5m，测井相呈钟形（图3-6-17）。外扇以粉砂岩为主，单砂体的测井相呈低幅指形（图3-6-17），厚度为1~3m，平面上席状分布，向深水部位逐渐变薄尖灭，沉积构造主要是不完整的鲍马序列，粒度概率曲线呈细弧形。本区共发生了6次大的浊流事件，多期浊积岩与前辫状三角洲泥岩间互。

4. 范庄河流三角洲沉积体系

范庄油田位于苏北盆地金湖凹陷北部缓坡带，含油层位为古近系阜宁组阜二段，岩性主

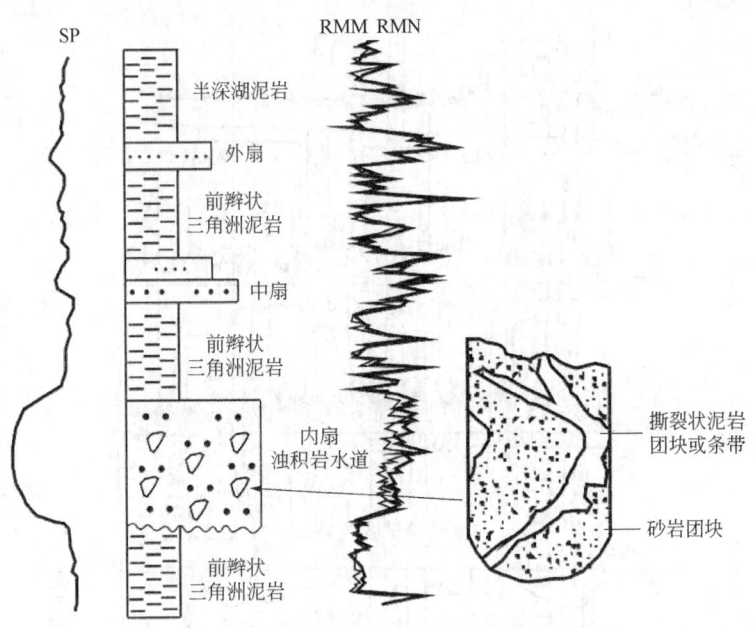

图 3-6-17 滑塌重力流水道及浊积岩岩电特征

要为中砂岩、细砂岩、粉砂岩、泥岩和生物碎屑灰岩。岩石类型为长石岩屑石英砂岩、长石石英砂岩等。根据沉积背景分析，坡降比较缓，依据沉积环境标志的研究，认为范庄油田含油层位为典型的湖盆扩张期发育的湖进型河流三角洲沉积体系[63]（图3-6-18）。

1）三角洲平原亚相

三角洲平原亚相发育于阜一段顶部和阜二段底部，分流河道构成了三角洲水上部分的砂体骨架。

（1）平原分流河道微相：主要由颗粒支撑的中砂和细砂岩组成，填隙物以泥质为主。碎屑颗粒为次圆状，分选中等—较好。发育正粒序层理、小型槽状交错层理和板状交错层理。同辫状河道相比，三角洲平原分流河道岩性更细，矿物成熟度更高。分流河道砂体纵向上通常呈厚层块状，测井曲线呈箱形、箱钟形，微电极曲线上下离差基本均匀。该区分流河道微相在纵向上往往是由多期叠加而成，组成了分流河道复合体，砂体在剖面图上呈上平下凸状（图3-6-18），在平面展布上呈带状分布。

（2）分流间微相：厚度4~8m，以灰色泥岩为主，块状，质不纯，夹粉砂条带。由于河道冲刷，河道间泥岩厚度变化大，局部地区甚至被完全冲刷，使不同期次的河道砂体直接接触。

2）三角洲前缘亚相

三角洲前缘亚相与辫状三角洲前缘亚相的电性特征和微相构成相似，划分为水下分支流河道、水下分流间、河口沙坝和席状砂微相。

（1）水下分支流河道微相：以细砂岩为主，分选较好，沉积构造主要为板状交错层理。同平原分流河道相比，其平面稳定性变差，横向摆动频繁，砂体在剖面上呈不相连续的上平下凸的透镜状，河道中心部位砂体厚度一般4~7m，侧缘厚度只有2~3m，夹层发育，平面上呈厚薄相间的指状分布。砂体纵向上表现为下部粒度粗，分选好，泥质含量低，向上变细，泥质含量增加，逐渐过渡为粉砂质泥岩，分选差。自然电位、自然伽马、电阻率曲线呈非常明显的钟形，微电极曲线下部离差大，向上减小，储油物性由下向上变差。

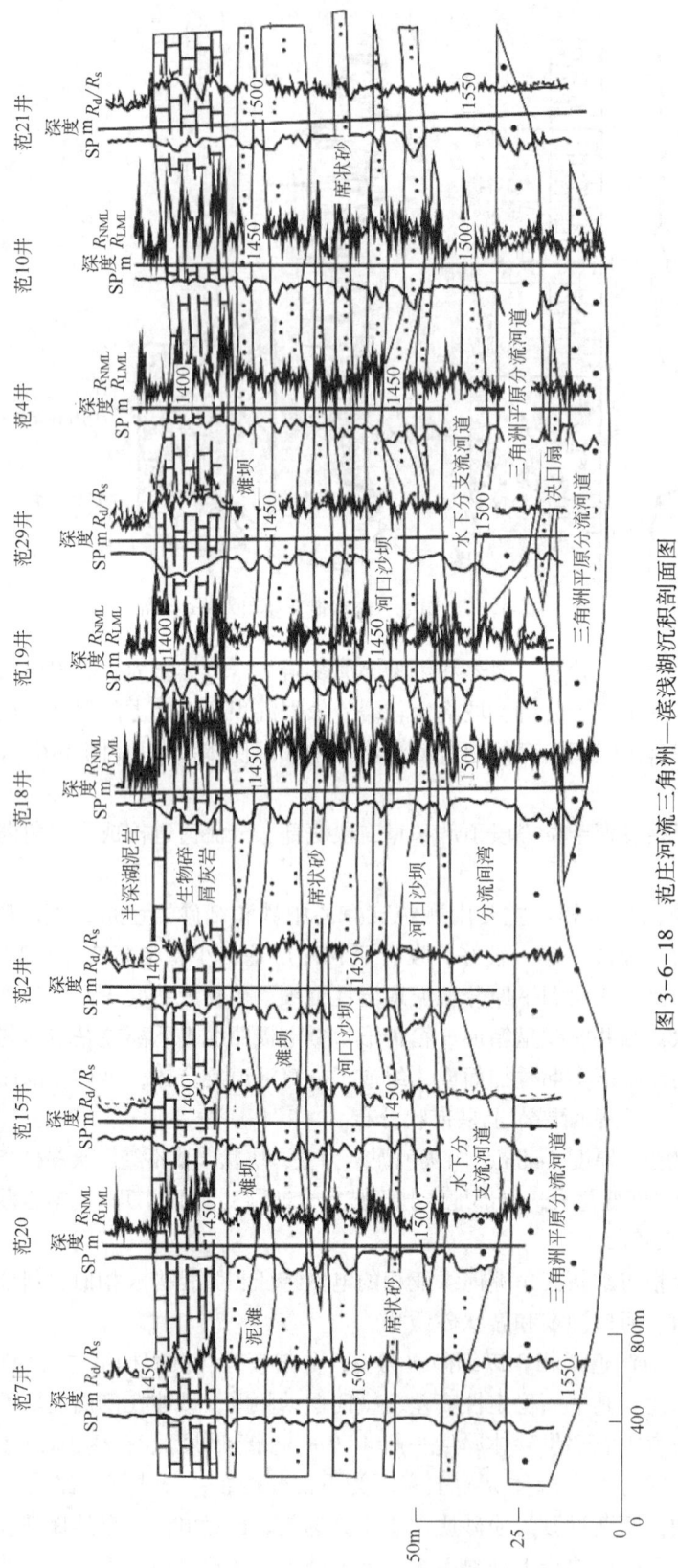

图 3-6-18 范庄河流三角洲—滨浅湖沉积剖面图

（2）水下分流间微相：以灰色块状泥岩为主。

（3）河口沙坝微相：以粉砂岩和细砂岩为主，分选好，发育前积层理、波状层理、反递变层理，粒度概率曲线呈两段式，大部分有过渡段出现。自然伽马、自然电位、电阻率均表现为底部渐变，顶部突变，呈漏斗形。剖面图上呈厚薄相间的透镜状，平面上是由一系列侧向相连的，厚薄相间的透镜状砂体组成。在研究区，河口沙坝砂体往往是由多期次的河口沙坝单元叠置而成的复合体。

（4）席状砂微相：为粉砂岩，分选较好，岩性较纯，厚度1~4m，呈席状稳定分布。见波状层理。单个砂层的测井曲线呈指形，前缘席状砂纵向上往往由多个单砂体构成互层状。

3）前三角洲亚相

前三角洲亚相由灰色块状泥岩组成，局部夹泥质粉砂岩和粉砂岩条带，可见水平层理。

第七节　陆源碎屑滨海沉积环境

滨海环境是指从平均浪基面至最大高潮线之间的地带，它的宽度很不固定，在陡岸处可能仅有数米宽，在平缓倾斜的海岸带其宽度可达数千米，甚至达10km以上[34]。在地质时期的地质剖面中，由于海岸线的往复迁移可形成很厚、很宽的海岸沉积。滨海所承受的地质作用主要是波浪、潮汐和近岸流[67]。根据滨海的地貌、水动力类型和沉积作用，将滨海环境划分为浪控型无障壁滨海、潮控型滨海和障壁岛—潟湖滨海环境。

一、浪控型无障壁滨海

1. 水动力与沉积机制

浪控型无障壁滨海地貌通常发育在面向宽阔大洋的海岸带，无障壁岛，坡降一般较大，大洋的波浪可直接到达滨海区。海浪是塑造滨海环境的主要因素[67]，受到水深、地貌的影响，能量传播形式和对海底的地质作用在不同地方是不断地变化的，海浪从大洋深处向滨海传播时，可依次划分为风浪、涨浪、升浪、破浪、碎浪、冲浪（图3-7-1）。

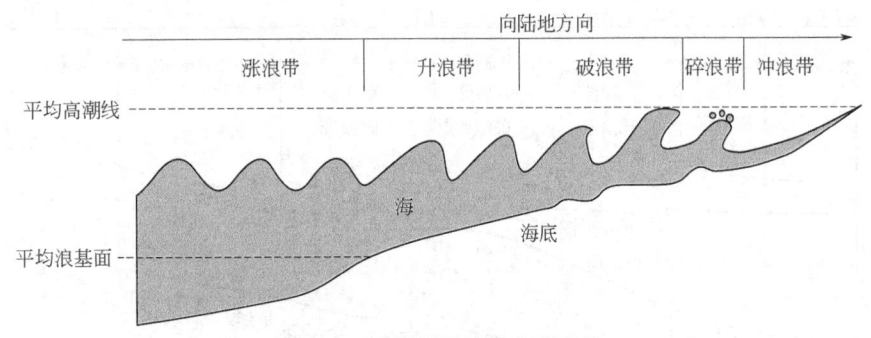

图3-7-1　海洋波浪演变示意图

风浪：是在风的作用下形成的原始波浪。风的流动具有湍流和阵发性，它以不规则的形式对水面施加剪切应力，将能量传递给海水，从而引起水面波动。风浪具有较宽的周期谱，其形态也极为复杂。风浪仅限于较深海的生成区，一般对海底沉积物没有太大的影响。

涨浪：波浪离开了生成区，但仍在深水区传播。波长很长，波峰连续，波形近于正弦波。由于水深，波浪对海底几乎没有影响。

升浪：波浪向前传播时，随着水体变浅，接触到海底，底部的水流质点由于摩擦阻力，其运动速度减慢，与水体表面的水流质点产生了速度差，使波浪形态变得不对称，波浪的前面陡，后面缓。由于波浪能量守恒，周期保持不变，波高就逐渐增高，波峰变陡呈尖峰状，并被较平缓的波谷分开。在升浪作用下，海底的细碎屑颗粒会随着波浪的运动而迁移，形成波状层理、波状交错层理和波痕。

破浪：随着水体进一步变浅，海底的摩擦阻力进一步增大，波峰变得更陡，波峰向前倾倒，波峰线分裂。发生破浪的水深大致相当于波高，波浪对海底的碎屑物进行簸选淘洗，形成板状交错层理、波状交错层理。

碎浪：不同大小的破浪波依次向岸传播，随着水体进一步变浅，摩擦阻力增大，破浪进一步碎裂，变成碎浪。碎浪对海底有强烈的冲刷、侵蚀、搬运作用，多形成楔状交错层理和槽状交错层理。

冲浪：当波浪传播到岸线附近时，能量消耗殆尽，在惯性作用下，每一条碎浪都转换成了冲浪冲向向海倾斜的海滩。受摩擦阻力、黏滞力和重力的作用，向上冲流的速度逐渐降低，到达滩面最高点后，流速减至0，出现短暂的静止后，在重力作用下，沿滩面回流到海。冲浪把携带的碎屑物遗留在冲流所能达到的最高岸线处，回流时又把细碎屑带回，平铺在滩面上，更细小的颗粒带回水线附近。这就在冲浪能达到的最远的岸线附近形成了以砾石和介壳碎屑为主的海滩脊，在滩面上形成以中粗沙为主的冲洗交错层理，在斜坡底部形成以细沙和粉沙为主的波状层理。

2. 滨海环境地貌单元划分与沉积特征

滨海（无障壁海岸）位于与海洋连通性好的海岸地带，它与广阔陆棚之间没有被障壁岛、生物礁所隔开，水流循环好、水体浅且开阔。

以陆源碎屑沉积为主的滨海地带可以按照碎屑物的类型划分为砾质海岸、沙质海岸、泥质海岸。下面重点分析与储集层形成关系密切的沙质滨海的沉积特征。

沙质滨海环境主要划分为4个地貌单元（图3-7-2）：滨岸沙丘、后滨、前滨、临滨。

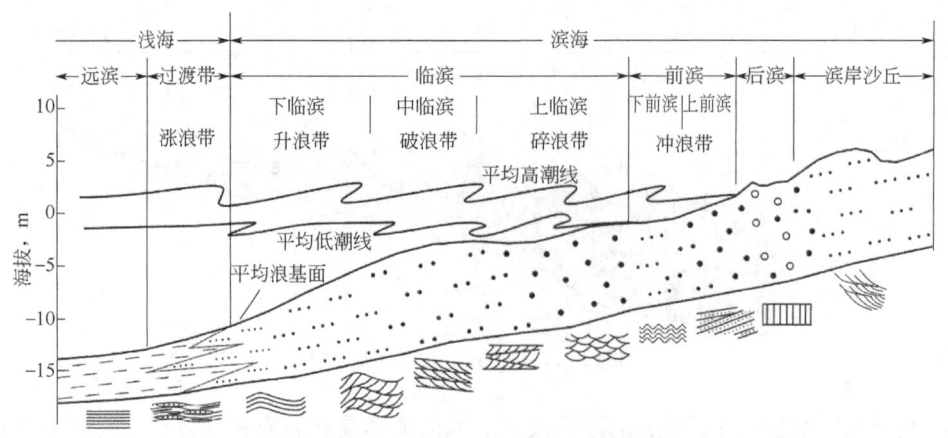

图3-7-2　无障壁沙质滨海地貌单元划分示意图

1) 滨岸沙丘

滨岸沙丘位于最大潮的高潮线以上，长期暴露，经风改造而成的沙丘堆积。一般为细沙、中沙，分选好，磨圆度高。沙质纯净，泥质含量很少，矿物成分主要以石英为主。具大型的沙丘交错层理，纹层倾角较陡，纹层组厚度比较大，可达数十厘米。颗粒表面常呈毛玻璃状，见碟形坑。矿物成熟度和结构成熟度均比较高。

在低洼处会因暴雨形成积水，沉积一些厚度比较薄的细碎屑沉积物和泥质，但一般厚度很薄，面积很小，有时可见植物根化石。

2) 后滨

后滨位于平均高潮线和特大风暴或异常高潮线之间。地势平坦，平时暴露在水面以上，只有特大风暴期间才会受到波浪的作用。后滨通常发育海滩脊，主要是高潮期波浪堆积起来的连续线状沙丘，位于后滨高潮线附近，主要由砾、沙和介壳碎屑等粗粒物质堆积组成，分选差。有时可见厚层的贝壳堆积，是由于当时海洋生物繁盛，波浪把残留的生物碎屑堆积到后滨，形成大面积的贝壳滩。海脊滩可以单独存在，也可以呈一系列沿海岸线分布的沙脊群出现。海滩脊的高度一般不会很高，呈低丘状，宽几米、十多米到几十米都有，长几米到数百米甚至数千米。底部常常与下伏沉积物呈突变接触，内部多呈块状构造。

3) 前滨

前滨位于平均高潮线与平均低潮线之间，是滨海环境的主要部分。前滨一般是向海倾斜的斜坡，上部较陡，下部比较平缓，有时在低潮线附近有一个比较平缓的低潮阶地。沉积物主要是中、粗粒的石英砂，由于受波浪的反复冲洗，沙纯净，泥质含量很低，分选好，磨圆度高。沉积物有来自临滨的，也有来自后滨的碎屑物。每次向岸的冲流都会沉积一层薄薄的席状砂，加积在向海倾斜的前滨地带，从而形成了前滨特有的冲洗交错层理（图3-7-3）。在下部低潮线附的低潮阶地比较平缓，沉积物以细沙为主，发育浪成波痕和波状层理，因此根据前滨的坡降可以划分为上前滨和下前滨，上前滨坡降大，沉积物粒度粗，发育冲洗交错层理，下前滨坡度小，地势平坦，沉积物粒度细，发育浪成波痕和波状层理。在下前滨常常会发育一些沿岸沙坝，沙坝平行于海岸线分布，沙坝呈不对称状，面海一侧较缓，背海一侧较陡，坝顶会形成比较浅的冲流沟，坝间低洼处发育不对称的浪成波痕。

前滨生物化石较少，见比较多的破碎贝壳以其他生物介壳，发育较多的小型、粗糙、浅的生物潜穴，多以倾斜型为主。

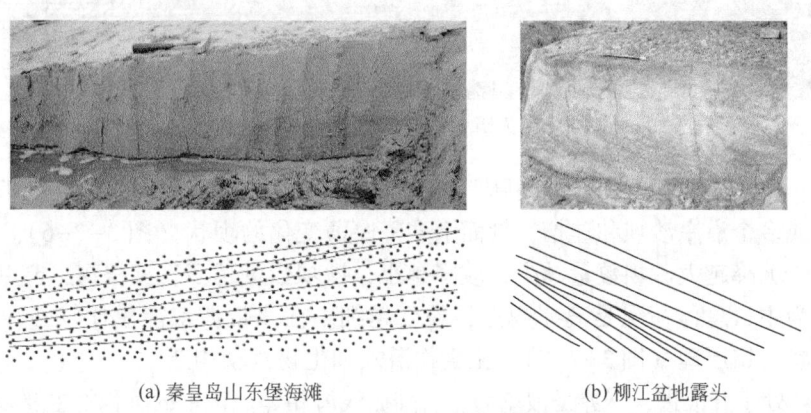

(a) 秦皇岛山东堡海滩　　　　　　　　(b) 柳江盆地露头

图3-7-3　前滨冲洗交错层理

4）临滨

临滨位于平均低潮线以下至平均浪基面，长期在水面以下，临滨带可进一步划分为上临滨、中临滨和下临滨三个亚带。

上临滨：与前滨紧密相连，位于碎浪带，属高能带。沉积物为细沙、中沙、粗沙，以纯净的石英沙为主。发育不规则的槽状交错层理（图3-7-4）、楔状交错层理（图3-7-5）。剖面上多呈坝状分布（图3-7-6），有生物潜穴，但比中临滨和下临滨少。

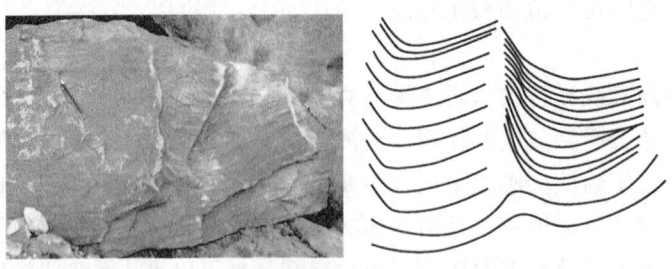

图3-7-4　上临滨槽状交错层理（柳江盆地露头）

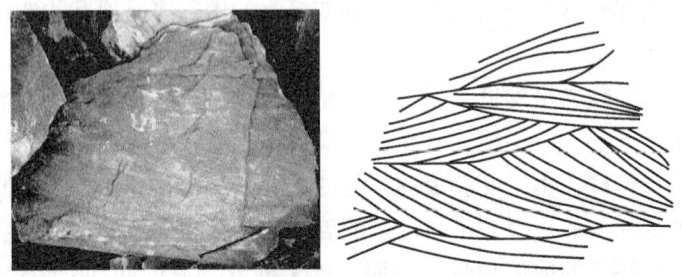

图3-7-5　上临滨楔状交错层理（柳江盆地露头）

图3-7-6　无障壁沙质滨海露头（柳江盆地）

中临滨：位于海滩突然变陡的向陆一侧，即水深变浅的破浪带内，为高能带。平行岸线常发育一个或多个沿岸沙坝和洼槽，剖面上多呈厚薄变化的坝状（图3-7-6）。沙坝的数量与坡降有关，坡降越大砂坝数量越少，坡降越小，沙坝数量越多。沉积物主要以中、细粒的纯净石英沙为主，总体情况是离岸越远，粒度越细。在该带波浪能量比较强，但回流能量弱，发育板状交错层理（图3-7-7），见生物潜穴和生物扰动构造。

下临滨：处于升浪带，下界是浪基面，与陆棚浅海相邻。该带的沉积物主要以粉沙、细沙为主，平面上呈席状分布。自生矿物海绿石含量比较高。发育波状交错层理（图3-7-7）、波

图 3-7-7　下临滨细砂岩中的波状交错层理、中临滨中砂岩中的板状交错层理（柳江盆地露头）

状层理（图 3-7-8）、宽缓的浪成波痕。底栖生物大量活动，含有正常浅海的底栖生物化石，生物扰动构造发育，发育倾斜的、S 形、U 形的穴壁精心修饰的生物潜穴。

图 3-7-8　下临滨细砂岩中的波状层理（柳江盆地露头）

3. 纵向沉积序列模式

浪控型无障壁滨海在垂向可以有两种模式，一种为海侵模式，另一种为海退模式。海侵模式在纵向由下向上为变细的模式；海退模式在纵向由下向上为变粗的模式（图 3-7-9）。以下以海退模式详细分析其垂向岩性和沉积特征的变化规律。

下部由浅海沉积的深灰色水平层理泥岩开始，向上依次为过渡带的泥岩、泥质粉砂岩，发育波纹层理、透镜状层理、脉状层理，生物潜穴发育。再向上为下临滨粉砂岩、细砂岩，波状层理、大型波痕、波状交错层理，生物潜穴发育，该段与过渡带之间的岩性界面不十分明显，岩性上是逐渐过渡的。当见到板状交错层理后就进入到了中临滨，以中砂岩为主，磨圆程度高，分选好。向上为上临滨，岩性变粗，多为粗砂岩、中砂岩，以不规则的楔状交错层理和槽状交错层理为主，磨圆程度高，分选好。之上会覆盖一层厚度比较薄的细砂岩，发育小型波纹层理，这是下前滨。再向上为上前滨，粗砂岩、中砂岩，发育特有冲洗交错层理。当看到颗粒比较大的砾岩时，就是后滨海滩脊，块状构造，颗粒多呈次圆状、滚圆状。顶部被风成沙丘覆盖，岩性以细砂、粉砂为主，发育高角度风成交错层理。

二、潮控型滨海

1. 潮控型滨海的一般特点

潮控型滨海以潮汐活动为特色，波浪的地质作用较弱。潮控型滨海地势一般较平缓，海滩宽阔。潮汐具有周期性，涨潮时海水迅猛上涨，海洋的边界向陆地推进；退潮时，海洋的

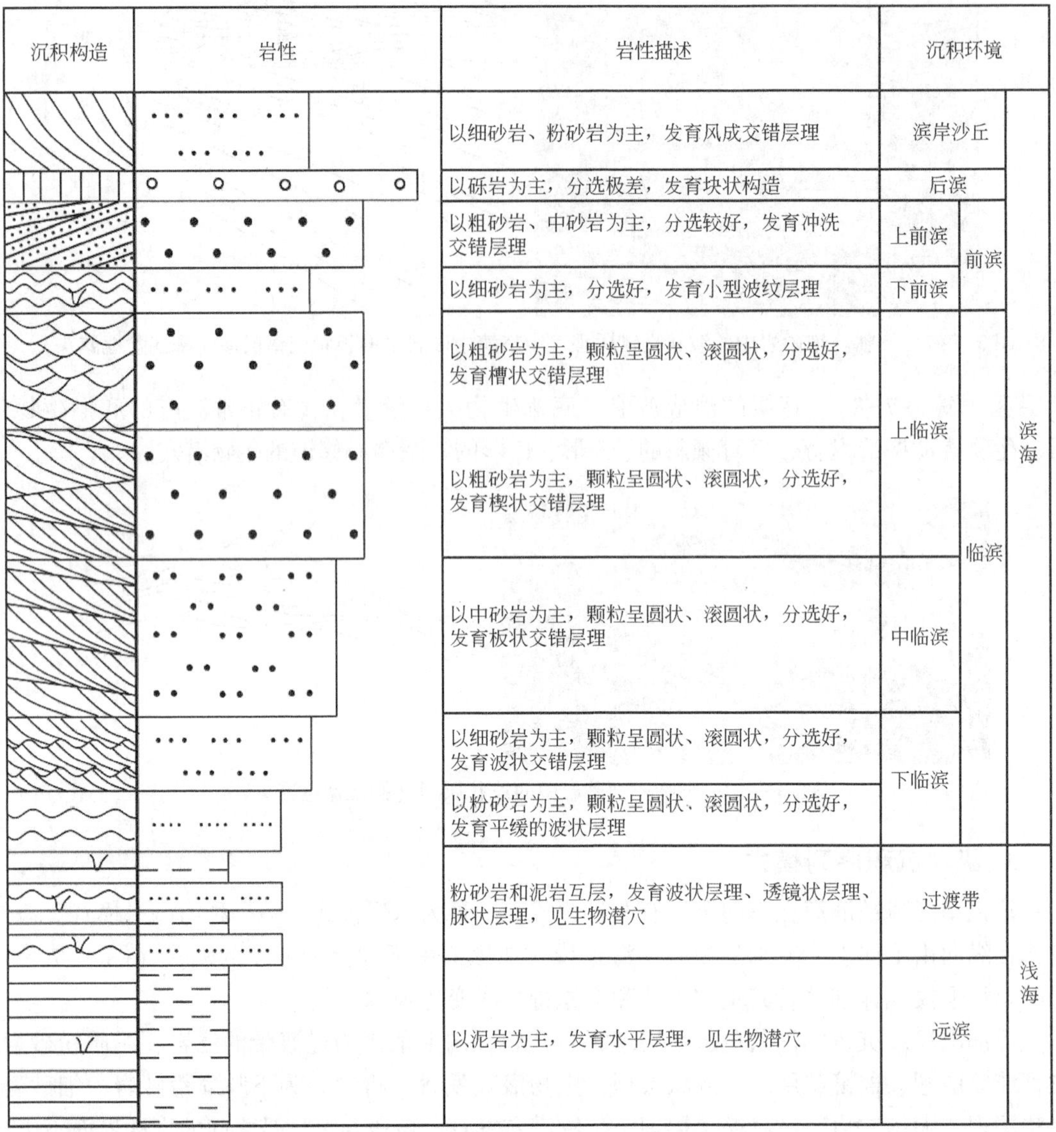

沉积构造	岩性	岩性描述	沉积环境	
		以细砂岩、粉砂岩为主,发育风成交错层理	滨岸沙丘	滨海
		以砾岩为主,分选极差,发育块状构造	后滨	
		以粗砂岩、中砂岩为主,分选较好,发育冲洗交错层理	上前滨	前滨
		以细砂岩为主,分选好,发育小型波纹层理	下前滨	
		以粗砂岩为主,颗粒呈圆状、滚圆状,分选好,发育槽状交错层理	上临滨	临滨
		以粗砂岩为主,颗粒呈圆状、滚圆状,分选好,发育楔状交错层理		
		以中砂岩为主,颗粒呈圆状、滚圆状,分选好,发育板状交错层理	中临滨	
		以细砂岩为主,颗粒呈圆状、滚圆状,分选好,发育波状交错层理	下临滨	
		以粉砂岩为主,颗粒呈圆状、滚圆状,分选好,发育平缓的波状层理		
		粉砂岩和泥岩互层,发育波状层理、透镜状层理、脉状层理,见生物潜穴	过渡带	浅海
		以泥岩为主,发育水平层理,见生物潜穴	远滨	

图 3-7-9 无障壁砂质滨海纵向沉积序列模式

边界远离陆地,留下一片宽阔的海滩。世界上最大的潮差可达 18m 左右,如果海滩的倾角按照 3°计算,潮间带的宽度就达 343.9m,如果按照 1°计算,潮间带的宽度达 1032m,由此可见,潮控型滨海从陆向海往往是一个很宽的带。根据涨潮、退潮海水覆盖的范围可划分为潮上带、潮间带和潮下带(图 3-7-10)。

1)潮上带

潮上带位于平均高潮线以上,只有在特大潮或风暴潮时才被海水淹没。基本上是长期处于暴露状态,受气候影响明显。在温暖潮湿的气候条件下,沼泽植物茂盛;在干旱气候环境下,蒸发盐坪很普遍,常有石膏、盐类等蒸发岩的形成[67]。

2)潮间带

潮间带位于平均高潮线与平均低潮线之间,地势低平略向海倾斜,其垂直高差取决于潮

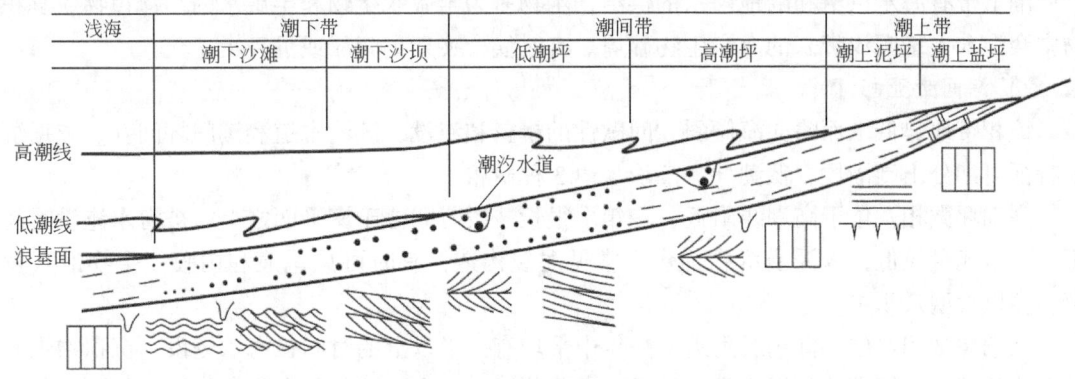

图 3-7-10 潮控型滨海横向模式图

差的大小,从几米到十几米都有;其宽度取决于潮差和滨海的坡降,从数十米到到千米。由于周期性的涨潮和落潮,在潮间带上会发育很多蜿蜒曲折的潮汐水道,水道内水深流急,具有极强的侵蚀力,有时可以侵蚀成很深的潮沟,无论在高潮期还是在低潮期始终有水。被潮汐水道切割的潮间坪地势平坦,只有涨潮时才被水淹没,退潮时露出水面,是随潮汐的涨落周期性的暴露在水面以上。潮间坪地势平坦,潮汐水流较平缓,常发育水流波痕。由于潮汐水道和潮间坪的地形和水动力的差异,导致生态环境的分异,在潮间坪上以潜穴活动为主的潮间带生物群落发育,而潮汐水道中则多生活着正常浅海的生物群落[67]。

3) 潮下带

潮下带位于低潮线以下,向下延至平均浪基面附近,与陆架浅海逐渐过渡。潮下带始终处于海面以下,受潮汐和波浪的共同作用,但以潮汐作用为主,是属于潮控滨海环境中能量相对最强的高能带。在往返潮汐流的作用下,潮下带发育许多与岸线大致垂直的水下潮道和浅滩。潮道水深流急,发育冲刷构造和双向交错层理[68]。浅滩上发育各种水流波痕和浪成波痕。潮下带以正常浅海底栖生物群落为主,生物潜穴发育。

2. 沉积特征与沉积相

潮控型滨海环境多形成于波浪能量较低、潮汐能量强的平缓滨海地带,根据地貌特征、沉积机制和沉积物的特征,可以把潮控型滨海环境划分为潮上带亚相、潮间带亚相和潮下带三个亚相。

1) 潮上带亚相

该相带虽然受潮汐的作用较弱,长期暴露在大气中,只是在特大潮时才被海水淹没,但地下水位高,海水通常会通过地下水的渗透影响该带。该亚相受气候影响比较明显,在干旱炎热的地区,盐坪发育,在温暖潮湿的地区泥坪发育,因此可划分为潮上盐坪微相和潮上泥坪微相。

潮上盐坪微相:海水通过地下渗流到该地带,形成盐沼,在阳光的照射下蒸发浓缩,形成石膏、石盐晶体等。该微相的岩性主要有白云质泥岩、泥质白云岩等。暴露标志常见,比如泥裂构造、鸟眼构造、雹痕等,岩石多呈红色、紫红色。

潮上泥坪微相:在潮湿气候条件下,潮上带也会形成泥沼,岩石类型主要以水平层理泥岩为主。也见泥裂构造等暴露标志。当气候适宜时,会形成泥炭堆积,演化成煤层。

有时候盐坪和泥坪都存在,靠陆一侧发育盐坪,靠海一侧发育泥坪。

潮上带有海水供给和陆地雨水的供给，生物多为半咸水生物和半咸水的沼泽植物。沉积物中会混入大量潮汐带来的海洋生物碎屑。有时候会夹杂贝壳滩或贝壳堤。

2）潮间带亚相

该相带地势低平而略向海倾斜，间歇性的暴露和淹没，潮汐水道和潮间坪间互。依据沉积特征可细分出高潮坪、低潮坪、潮汐水道3种微相。

高潮坪微相：位于高潮线附近，一年中很长一段时间位于海平面之上。被海水淹没时间短，海水能量较低，以泥质沉积为主，常见泥裂构造，有时可见雹痕和雨痕。生物潜穴发育，多以大型穴为主。

低潮坪微相：位于低潮线附近，一年中平均有一半以上的时间被海水淹没。沉积物主要是潮汐从潮下带携带的碎屑物至此，以床沙载荷搬运为主，沉积物主要为细沙、粉沙，分选好、颗粒的磨圆度高，在层面上见水流波痕。生物潜穴发育，多以浅而粗糙穴为主。

潮汐水道微相：潮汐水道可以从高潮线附近一直延伸到低潮线以下，规模有大有小。涨潮时，潮水沿潮汐水道向陆地方向冲流，形成向陆地方向倾斜的纹层，退潮时潮间带的海水汇聚到潮汐水道中向海回流，形成向海倾斜的纹层，因此在其内部形成了特有双向交错层理（图3-7-11）。沉积物以粗沙、中沙为主，有时可见砾。垂直水道方向的剖面上中部厚度大，两端逐渐变薄直至尖灭（图3-7-12），呈顶平底凸的透镜状，底部见冲刷构造。

图3-7-11 双向交错层理（羽状交错层理）（柳江盆地露头）

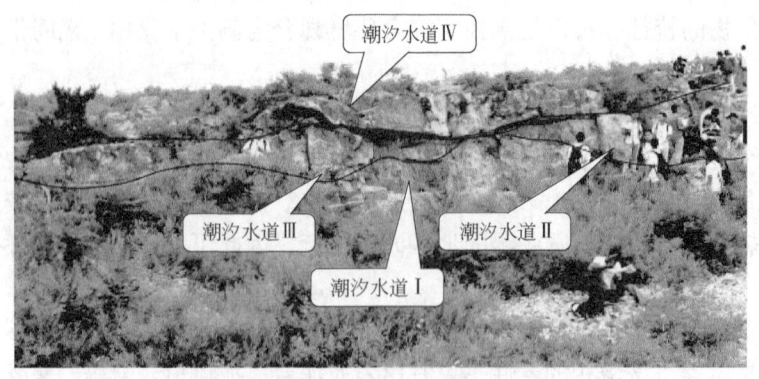

图3-7-12 潮汐水道砂体剖面特征（柳江盆地露头）

3）潮下带亚相

该相带一直处于海面以下，但水深较浅，受到海洋流和潮汐的相互影响，同时也受波浪的影响，是水动力较强的高能地带。沉积物以砂为主，分选好、磨圆度高。该亚相可细分出潮下沙坝、潮下沙滩和潮汐水道微相。

潮下沙坝微相：在低潮线附近，受潮汐、海流和波浪的影响，形成了一系列的沙坝，碎屑物纯净，以石英砂为主，石英含量一般在95%以上，颗粒呈圆状、滚圆状，分选好。发育楔状交错层理、板状交错层理。

潮下沙滩微相：随着水深的增加，在浪基面附近，海水能量降低，沉积物以细沙、粉砂为主，发育波纹层理，见双黏土层。

潮汐水道微相：同潮间亚相的水道特征相近。区别在于该部位的水道中可见双黏土层，在层面上可见大型波痕。

3. 纵向沉积序列模式

在潮控型滨海纵向沉积序列模式中，潮坪和潮汐水道是有明显特点的两个沉积单元，这些特征可以明显区别于浪控型无障壁滨海。在纵向上也可以有两种模式，一种为海侵模式，一种为海退模式。以下以海退模式详细分析其纵向岩性和沉积特征变化规律（图3-7-13）。

下部由浅海沉积的深灰色水平层理泥岩开始，向上为潮下沙滩微相，以粉砂岩、细砂岩为主，发育波状层理、波状交错层理，见双黏土层，生物潜穴发育。再向上为潮下沙坝微相，以中砂岩为主，发育板状交错层理、楔状交错层理。之上覆盖潮间带，首先是潮间低潮坪，以细砂岩为主，发育低角度板状交错层理，生物潜穴发育。在潮间带，潮汐水道十分发育，在纵向反复出现，岩性为粗砂岩、中砂岩，发育双向交错层理，底部见侵蚀面。高潮坪可以直接叠置在低潮坪之上，也可以覆盖在潮汐水道之上，以泥岩为主，块状构造，生物潜穴发育。顶部为潮上带，不同气候条件下形成不同岩性，干旱炎热气候条件下，常常是潮上盐沼发育，岩性以蒸发岩为主，主要有膏岩、石盐、泥质白云岩、白云质泥岩等；潮湿气候条件下，常常形成潮上泥沼，岩性以泥岩为主，含植物化石，条件具备的话可形成泥炭堆积，并演化成煤层。

三、障壁岛—潟湖滨海环境

1. 障壁岛—潟湖滨海环境的一般特点

在浅而平坦的滨海有凸起的沙洲、沙坝、沙嘴或离岸浅滩等与海岸配合把滨海的一部分围起与广海隔绝或半隔绝，则这一围限的海水处于局限流通的状态，构成了有障壁的滨海地带。这个地带具有特殊的水文状况，一是波浪作用弱，更多地受潮汐作用的影响；二是其盐度与外海不一致，可能咸化，也可能淡化，这就是障壁岛—潟湖滨海环境。

由于有障壁岛的存在，在岛的后方即向陆的方向，造成了一种总的来说是较低能的环境。障壁岛—潟湖滨海环境可划分为三个地貌单元，包括障壁岛单元，障壁岛背后的潟湖单元，切穿障壁岛将潟湖与广海连通的潮汐水道单元[36]（图3-7-14）。

2. 沉积特征与沉积相

1) 障壁岛沉积

障壁岛是一些狭长的凸出在海滩的沙体，平行海岸分布，将潟湖与外海隔开。其沉积包括海滩沙、风成沙丘、风坪三个部分。

海滩沙的沉积位于障壁岛向海一侧，是障壁岛的主体部分，是潮汐携带的碎屑物在此处的堆积。

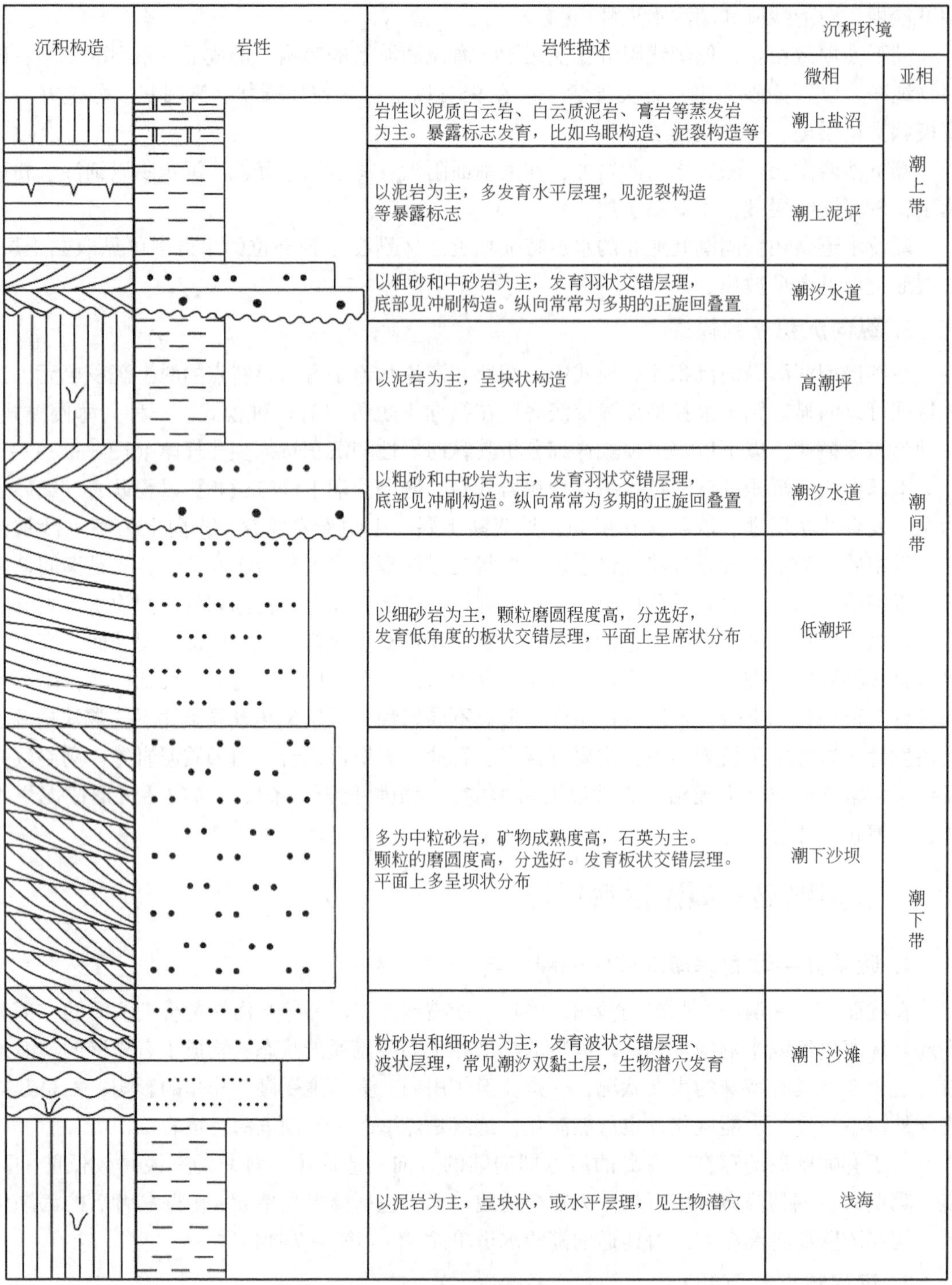

沉积构造	岩性	岩性描述	沉积环境	
			微相	亚相
		岩性以泥质白云岩、白云质泥岩、膏岩等蒸发岩为主。暴露标志发育，比如鸟眼构造、泥裂构造等	潮上盐沼	潮上带
		以泥岩为主，多发育水平层理，见泥裂构造等暴露标志	潮上泥坪	
		以粗砂和中砂岩为主，发育羽状交错层理，底部见冲刷构造。纵向常常为多期的正旋回叠置	潮汐水道	潮间带
		以泥岩为主，呈块状构造	高潮坪	
		以粗砂和中砂岩为主，发育羽状交错层理，底部见冲刷构造。纵向常常为多期的正旋回叠置	潮汐水道	
		以细砂岩为主，颗粒磨圆程度高，分选好，发育低角度的板状交错层理，平面上呈席状分布	低潮坪	
		多为中粒砂岩，矿物成熟度高，石英为主。颗粒的磨圆度高，分选好。发育板状交错层理。平面上多呈坝状分布	潮下沙坝	潮下带
		粉砂岩和细砂岩为主，发育波状交错层理、波状层理，常见潮汐双黏土层，生物潜穴发育	潮下沙滩	
		以泥岩为主，呈块状，或水平层理，见生物潜穴	浅海	

图 3-7-13 潮控型滨海纵向沉积序列模式

风成沙丘位于障壁岛的中央脊，是由海洋朝陆地吹的风把海滩沙再次搬运改造形成的波状起伏的沙丘[36]。内部具有风成交错层理。

风坪位于障壁岛向陆一侧，是大的风暴潮越过障壁岛造成的深入潟湖的朵状或席状沙，也叫风暴冲越扇[36]。

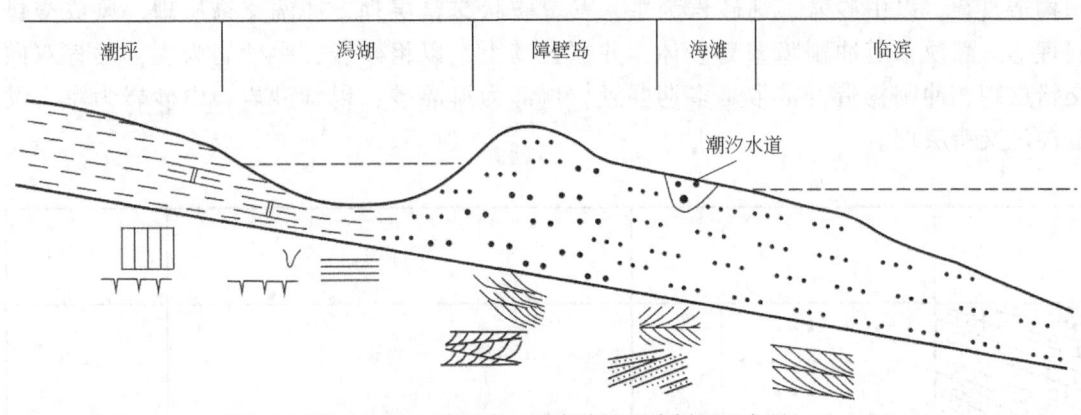

图 3-7-14　障壁岛—潟湖滨海环境剖面示意图

2) 潟湖和潮坪沉积

潟湖是障壁岛朝陆一侧在高潮时被海水充盈，低潮时残留海水的洼地。当潟湖处于潮湿气候环境下或作为湿地泄水的蓄水盆地时，流入潟湖的淡水大大地超过蒸发水量，这些过剩的水量会从入潮口流向开阔海。当处于干旱环境时，潟湖的水蒸发浓缩，盐度会间歇性地高于开阔海。

潟湖沉积以泥、粉砂为主，通常会有膏岩、白云岩、白云质泥岩、泥质白云岩沉积。以水平纹理为主，常见菱铁矿结核以及零星的黄铁矿。生物有明显的特化现象，与开阔海相比比较单调，而且会出现一些畸形，比如个体变小，壳体变薄等现象。

潮坪是潟湖中靠陆一侧宽阔平坦的地带，沉积物平行于岸线分布，也可划分出潮下带、潮间带、潮上带。潮下带由于受经常受波浪的簸选，沉积物主要为沙，形成了沙坪。在潮间带以沉积沙和泥为主，形成了混合坪。在高潮线以上以泥质沉积为主，形成了泥坪，潮上带常常沼泽发育，会有泥炭堆积，条件有利的话可形成煤层。

3) 潮汐水道和潮汐三角洲沉积

潮汐水道是连接潟湖和外海的通道，发育双向交错层理，底部发育侵蚀面，依据侵蚀面可以划分出潮汐的期次。沉积物分选好，颗粒磨圆度高。

潮汐三角洲可进一步细分为涨潮三角洲和退潮三角洲。退潮三角洲是退潮时在障壁岛外侧，即向海方向形成的碎屑物堆积，同时也受沿岸流和波浪的影响。涨潮三角洲是涨潮时在障壁岛内侧，即向陆一侧形成的碎屑物堆积，受海水的影响小。无论是涨潮三角洲还是退潮三角洲都具有三角洲沉积的一些特征。退潮三角洲的内部结构更加复杂，常与潮下沉积砂体交互。涨潮三角洲常与潟湖沉积交互，每期的涨潮三角洲之间常有泻湖泥岩隔开。

3. 纵向沉积序列模式

障壁岛—潟湖型滨海环境中潮汐水道反复切穿各相带，纵向沉积序列比较复杂。以下以海侵模式分析其纵向岩性和沉积特征变化规律（图 3-7-15）。

潮坪相覆盖在基底之上，以泥岩为主，多为块状构造，含植物化石，常见暴露标志。潟湖沉积覆盖其上，蒸发岩为主，有泥岩、膏岩、白云质泥岩等，水平层理，生物潜穴发育，见泥裂构造、鸟眼构造等暴露标志。之上叠置障壁岛沉积，厚度大，沉积构造复杂,以中砂岩、细砂岩为主,发育楔状交错层理、冲洗交错层理、风成交错层理等。潮汐水道冲刷障壁岛砂体,并覆盖其上,以粗砂岩、中砂岩为主,发育双向交错层理、冲刷构造,常常是多期叠置。顶部为海滩砂,以细砂岩、中砂岩为主,发育冲洗交错层理。

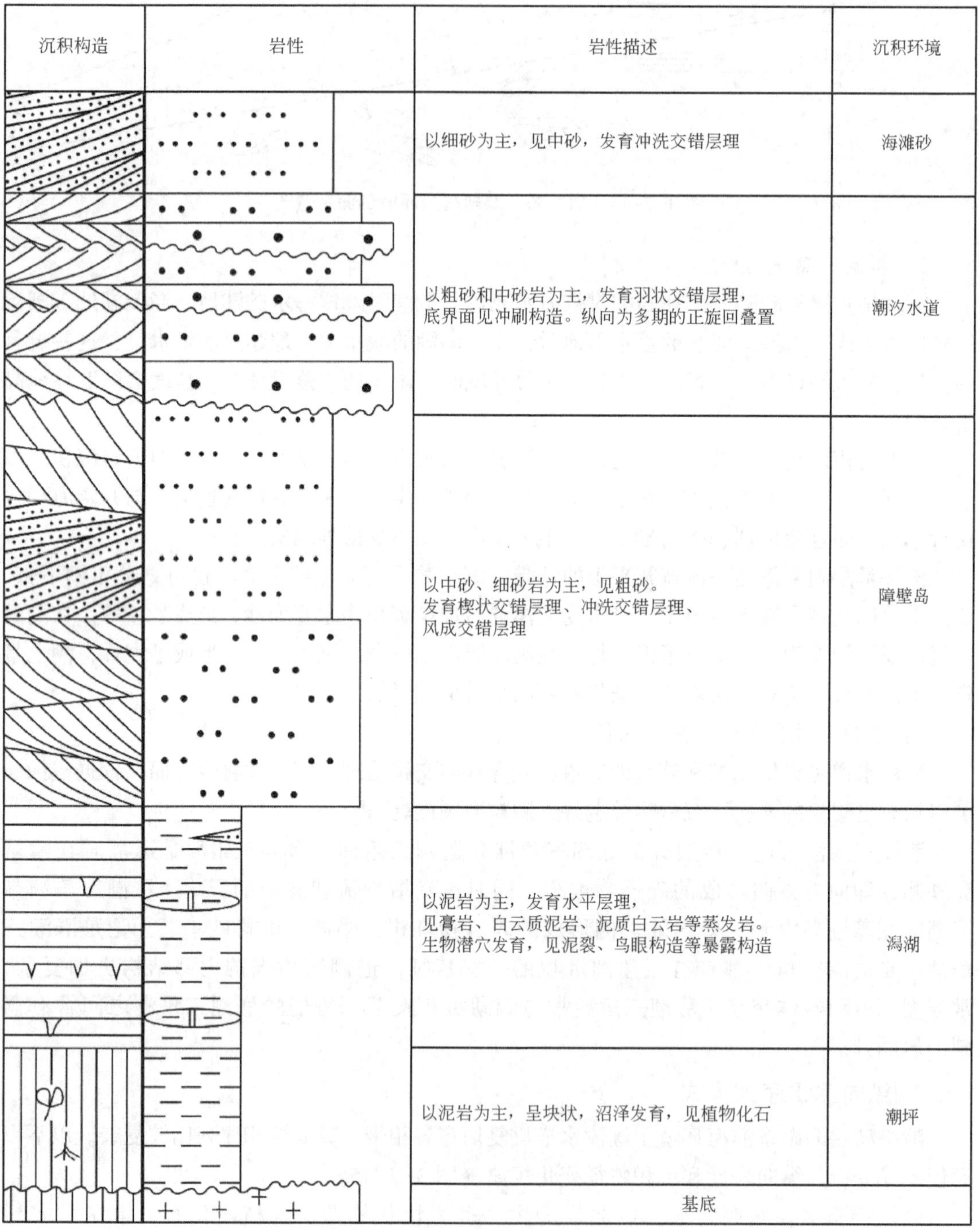

沉积构造	岩性	岩性描述	沉积环境
		以细砂为主,见中砂,发育冲洗交错层理	海滩砂
		以粗砂和中砂岩为主,发育羽状交错层理,底界面见冲刷构造。纵向为多期的正旋回叠置	潮汐水道
		以中砂、细砂岩为主,见粗砂。发育楔状交错层理、冲洗交错层理、风成交错层理	障壁岛
		以泥岩为主,发育水平层理,见膏岩、白云质泥岩、泥质白云岩等蒸发岩。生物潜穴发育,见泥裂、鸟眼构造等暴露构造	潟湖
		以泥岩为主,呈块状,沼泽发育,见植物化石	潮坪
			基底

图 3-7-15 障壁岛—潟湖型滨海纵向沉积序列模式

第八节　碳酸盐岩及沉积环境

碳酸盐岩是指主要由碳酸盐矿物组成的岩石。据有关资料，碳酸盐岩约占沉积岩总量的 20%，沉积岩覆盖面积占全国总面积的 75%，其中碳酸盐岩占沉积岩覆盖面积的 55%[62]。碳酸盐岩中蕴藏丰富的油气资源[69,70]，世界上与碳酸盐岩有关的油气储量占总储量的 50% 左右，产量占世界总产量的 60%[62]，因此碳酸盐岩是重要的储层类型之一[71,72]。

一、碳酸盐岩的矿物组成和类型

碳酸盐岩主要由方解石和白云石两种碳酸盐矿物组成，另外还有菱镁矿、菱锰矿、菱铁矿等碳酸盐矿物。碳酸盐岩中除了以碳酸盐矿物为主外，在沉积形成时还会伴生一些非碳酸盐的自生矿物，比如石膏、硬石膏、天青石、重晶石、萤石、石盐、钾石盐、玉髓、燧石、黄铁矿、赤铁矿、海绿石、胶磷矿等，还会混入陆源碎屑物，如黏土矿物、石英、长石、云母等。

根据碳酸盐岩中方解石和白云石的含量，划分为纯石灰岩和纯白云岩两个大类[73]。在纯石灰岩中，理论上 CaO 占 56%，CO_2 占 44%；在纯白云岩中，理论上 CaO 占 30.4%，MgO 占 21.7%，CO_2 占 47.9%。自然界中很少有纯的石灰岩和白云岩，或多或少都混入有其他氧化物，比如 SiO_2、TiO_2、Al_2O_3、FeO、Fe_2O_3、K_2O、Na_2O 等成分，因此，根据 CaO 和 MgO 的相对含量可把碳酸盐岩划分为纯石灰岩、含白云质的石灰岩、白云质灰岩、灰质云岩、含灰质的白云岩和纯白云岩（表 3-8-1）。

表 3-8-1　碳酸盐岩按照成分分类标准（据华东石油学院岩矿教研室，1985）

岩石类型	亚类	方解石含量，%	白云石含量，%	CaO/MgO
石灰岩	纯石灰岩	100~95	0~5	>50.1
	含白云质的石灰岩	95~75	5~25	50.1~9.1
	白云质灰岩	75~50	25~50	9.1~4.0
白云岩	灰质云岩	50~25	50~75	4.0~2.2
	含灰质的白云岩	25~5	75~95	2.2~1.5
	纯白云岩	5~0	95~100	1.5~1.4

碳酸盐岩中常常含有一定量的黏土矿物，分类时也要考虑。野外工作阶段，没有实验室内分析的数据，要根据肉眼鉴定，通常可以把碳酸盐岩划分为以下六类[73]。

石灰岩：方解石含量>75%，多为深灰色、暗灰色，滴稀盐酸起泡剧烈，可听到化学反应的响声。

白云质灰岩：方解石含量 50%~75%，白云石含量 25%~50%，多为灰色，滴稀盐酸起泡中等。

泥质灰岩：方解石含量 50%~75%，泥质含量 25%~50%，灰色、土灰色、浅黄色，多呈条带状、斑块状，滴稀盐酸起泡弱，起泡部位会留下比较多的残渣。

灰质云岩：白云石含量50%~75%，方解石含量25%~50%，多为灰白色，滴稀盐酸起泡，但相对弱。

泥质云岩：白云石含量50%~75%，泥质含量25%~50%，浅灰色、灰白色、土黄色，条带状、斑块状，滴稀盐酸起泡微弱。

白云岩：白云石含量>75%，多为灰白色、淡灰黄色、淡黄白色，滴稀盐酸起泡十分微弱。

二、碳酸盐岩的结构组分

碳酸盐岩主要由颗粒、泥晶质（隐晶质）、胶结物、晶粒以及生物格架五种主要的结构组分组成。

1. 颗粒

碳酸盐岩中颗粒按照成因可划分为盆地内自生颗粒和陆源碎屑颗粒。盆地内自生颗粒包括内碎屑颗粒、鲕粒、生物碎屑颗粒、藻粒、团粒。

1) 内碎屑颗粒

内碎屑是指在沉积盆地中沉积不久，半固结或已初步固结的碳酸盐岩在风暴浪作用下，被破碎、刨蚀、卷起、搬运、磨蚀，再沉积而成的碎屑颗粒。

内碎屑颗粒的大小差别很大，形状多种多样。个体大的可超过10cm，小的可小于2mm。有些呈不规则的棱角状，有些呈饼状，有些有一定的磨圆度，有些外形上呈竹叶状。

2) 鲕粒

鲕粒是由核、圈层和包壳组成的球状碳酸盐岩颗粒。核可能是砂屑、生物碎屑等细小颗粒。圈层呈同心圆状或放射状，由结构紧密的微晶方解石和结构稀疏的含有机质的泥晶方解石交互构成。包壳由结构紧密的方解石微晶构成。

根据鲕粒的结构和形态特征，可划分为五种类型。

（1）正常鲕：鲕粒有完整的核、圈层和包壳，结构完整，圈层的厚度大于核的直径。

（2）表皮鲕：鲕粒的核大，圈层薄，圈层的厚度小于核的直径。

（3）复鲕：就是一个鲕粒中包裹了两个及两个以上的鲕粒。被包裹的鲕粒都有自己完整的核和圈层。

（4）负鲕：又叫空心鲕，是指鲕粒的核被选择性的溶蚀掉，鲕粒中心成为孔隙。

（5）放射鲕：鲕粒的圈层不是同心圆状，而是呈放射状。这是后期成岩作用下方解石矿物重结晶的结果。

关于鲕粒的成因有很多观点，概况起来有两类，即有机成因说和无机成因说。持有机成因说的学者认为，鲕粒的形成与藻类、微生物的作用有关；无机成因说主张碳酸盐岩鲕粒是在碳酸盐过饱和且扰动的水体环境中，碳酸钙围绕水体中漂浮的核凝结而成[62]。

实际上两种观点是从鲕粒的内部结构、形态以及形成的环境推理出来的，从不同侧面分析了鲕粒的成因。鲕粒内部周期性的圈层结构是有机质含量的变化导致的，说明微生物参与了鲕粒的形成。

鲕粒的形成需要几个条件：一是水体中的碳酸钙要处于过饱和状态，利于碳酸钙的析出；二是要有一定的水动力条件，保证形成鲕粒的核和初期细小的鲕粒能处于漂浮状态；三是水体中要有悬浮的微小碎屑颗粒，便于碳酸钙围绕其凝结；四是浮游的海洋微生物粘附在碎屑颗粒和鲕粒上，能促进颗粒对钙质的吸附和凝结。

3) 生物碎屑颗粒

生物碎屑颗粒是指经过搬运、磨蚀的生物碎屑化石；或没有经过搬运，保留完整的生物化石个体。

根据生物碎屑颗粒的组合、完成程度、保存状态可以分析当时的水深、水动力和盐度环境。

4) 藻粒

藻粒就是与藻类有关的颗粒，常见的有藻灰结核、藻团块、藻屑等。

藻灰结核又称核形石，具同心层结构。其表层的黏液能捕获细粒的碳酸盐沉积物，从而形成不规则增长层[73]。这种增长常常是不连续、不均匀的。

藻团也属于藻类黏结增长过程中形成的颗粒，但不具有同心层结构[73]。

藻屑是破碎的藻粒，即由较大的藻格架破碎而成[73]。

5) 团粒

团粒是没有内部结构的球形、卵形或不规则的条形微颗粒。大部分可能是无脊椎动物的粪团粒。一些生物吃海底带有机质的软泥或浮游微生物后再排泄出来，与碳酸盐矿物一起沉积到地层中。

2. 泥晶质

泥晶质就是碳酸盐岩中的非结晶部分，颗粒直径小于0.005mm，其成分仍是碳酸盐矿物[73]。泥晶质可以充填在颗粒之间，也会单独聚集成为厚层的碳酸盐岩层。泥晶质具有典型的泥状结构（隐晶质结构）区别于微晶和亮晶碳酸盐岩胶结物，当然当泥晶质重结晶后就变成了亮晶碳酸盐矿物，这在碳酸盐岩中十分常见。

布拉特（Blatt，1972）认为碳酸盐泥晶质可能有4种成因[62]：

（1）由海水直接发生无机化学沉淀而成的泥状碳酸盐岩；

（2）较大的碳酸盐岩颗粒经波浪和水流的机械磨蚀作用形成；

（3）生物生命活动而成，当生物吃下较大的含有机质泥质碳酸盐后在体内消化掉有机质后排泄出来的；

（4）钙质藻类组织内的针状文石腐烂后形成文石泥。

3. 胶结物

胶结物是充填于碳酸盐岩原始颗粒之间起胶结作用的化学沉淀物。由于这种胶结物的颗粒一般大于0.005mm，呈亮晶结构，它通常是在水动力较强的沉积条件下，原始沉积物颗粒间的细粒灰质被冲洗走后，于成岩过程中在粒间孔隙内以化学方式沉淀的方解石。

4. 晶粒

晶粒是指呈晶体状的碳酸盐颗粒。晶粒可根据颗粒大小划分为砾晶（>2.0mm）、砂晶（2.0~0.05mm）、粉晶（0.05~0.005mm）、泥晶（<0.005mm）。泥晶和粉晶一般是原生的；砂晶和砾晶一般是次生的，即重结晶或交代作用成因的。

5. 生物格架

生物格架一般是指原地生长的群体生物，如珊瑚、苔藓、海绵、层孔虫等以其坚硬的钙质骨骼所形成的钙质格架。生物格架是礁灰岩不可缺少的结构组分。

三、碳酸盐岩的构造

碳酸盐岩是化学、生物和机械沉积共同作用的结果，有自生矿物，也会有陆源碎屑，因此有其独特的沉积构造和其他成因构造。

1）叠层石构造

叠层石基本上是由富藻纹层和富碳酸盐纹层交互叠置而组成，富藻纹层有机质含量高，颜色深；富碳酸盐纹层颜色浅、有机质少[73]。

叠层石的形态类型众多，有层状、柱状、波状、锥状、丘状等。一般来讲，层状、波状构造的叠层石一般水动力较强；柱状、锥状叠层石所在的水动力较弱；丘状构造的叠层石一般处于斜坡部位。

2）虫孔构造、生物扰动构造

在碳酸盐岩沉积的环境中，海洋生物丰富，在岩石中保留了大量与生物生命活动有关的构造，包括生物潜穴、生物扰动等构造。

根据生物构造的形态可以分析当时所处的环境条件，通常情况下，潮下环境中生物扰动构造发育，生物潜穴以水平穴为主；潮间环境中潜穴发育，以垂直穴、倾斜穴、S型穴为主；潮上带生物潜穴相对减少，多以大型中深潜穴为主。

3）鸟眼构造

鸟眼构造一般发育在泥灰岩中，多形成于潮间带的上部。刚沉积的灰泥富含水分，间歇性暴露、阳光暴晒，水分蒸发，灰泥质收缩，在沉积物的内部形成状似鸟眼状的孔隙构造。鸟眼的长轴多平行层面，常常是众多鸟眼密集分布。

4）干裂构造

干裂构造多形成于潟湖、潮间带的上部和潮上带。剖面上呈"V"字形，平面上构织呈网格状。

5）缝合线构造

缝合线构造在碳酸盐岩中十分常见，在岩石的剖面上呈不规则锯齿状的曲线。缝合线构造形态差别很大，有些起伏幅度大，尖锐，有些较平缓。有些沿层面分布，有些与层面有夹角。

关于缝合线构造的成因没有定论，概括起来有两种观点，即原生论和次生论[73]。

原生论认为，缝合线是在沉积过程中生成的，证据是缝合线被后期的构造裂缝和方解石脉切割，缝合线大部分沿层面延伸等。

后生论的证据是有些缝合线切穿了化石和鲕粒，缝合线与层面斜交，呈不规则的弯曲状，切割不同的层面。

缝合线构造的成因很复杂，但根据其形态特征以及与其他层面构造的关系分析，并非是在沉积过程中形成的，也不是在构造应力作用下形成的，应该是在成岩作用过程中形成的。

6）其他沉积构造

在碳酸盐岩中除了上面描述的比较特别的构造外。还有水平层理、波状层理、块状构造、波痕等沉积岩常见的沉积构造。

四、碳酸盐岩沉积环境

根据碳酸盐岩形成的地貌环境和沉积作用以及控制因素，可划分为台地型、潟湖型、斜坡型和孤岛型。

1. 台地型

1）相带划分与沉积特征

台地型碳酸盐岩沉积环境的标志性特征是有一个开阔的浅水碳酸盐台地[74]，根据水动力条件和沉积物特征，可划分为滨岸带、台地、台地边缘带、上斜坡带、下斜坡带和过渡带，向海方向逐渐过渡为海洋盆地（图3-8-1）。

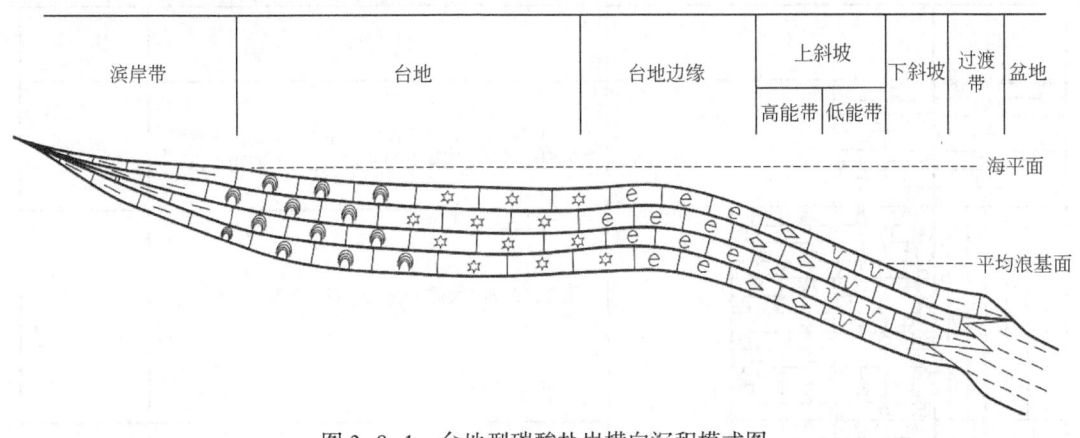

图 3-8-1　台地型碳酸盐岩横向沉积模式图

（1）滨岸带：为高潮线以上的低能带，长期暴露在海面以上，盐沼发育，以蒸发岩沉积为主，常混入陆源碎屑，见泥灰岩、泥质白云岩、膏岩、低幅叠层石，也会夹一些薄层的泥岩。常见暴露标志，比如干裂构造、鸟眼构造、雹痕等。

（2）台地：指从台地边缘向陆至高潮线的宽阔浅水地带，水体平静且与开阔的海洋畅通。以叠层石灰岩、藻灰岩为主，见薄层的生物碎屑灰岩。受雨季陆源碎屑物供给的影响，局部会夹薄层泥灰岩。沉积构造有叠层石构造、块状构造，在台地相上部靠陆一侧的潮间带会见到干裂构造、鸟眼构造等暴露标志。

（3）台地边缘带：在台地边缘有一个浅水高能带，远离岸线，水体清澈、水体浅、阳光充足、温暖、水动力强，水体中富含氧气，海洋生物丰富，有珊瑚、层孔虫、古杯海绵、苔藓虫和钙质藻等造礁生物以及腕足、双壳类等正常的海洋浅水生物。以生物碎屑灰岩堆积为主，可见礁灰岩。沉积构造多为块状、丘状，有些生物化石呈原始的簇状堆积。台地边缘带一般宽度比较窄，横向上连续性较差，地层厚度变化大。

（4）上斜坡带：该带从台地边缘带至浪基面，面向开阔的大海，坡降大，受波浪影响大。根据波浪影响的程度，可划分为上斜坡高能带和上斜坡低能带。高能带位于斜坡上部，波浪能量强，以内碎屑灰岩沉积为主，呈块状。低能带位于浪基面附近，波浪能波及海底，但能量弱，在沉积物表面留下大量波痕，发育波状层理，该带水体深度适中，且平静，底栖生物繁盛，在沉积物中留下大量的生物扰动和生物潜穴构造。

（5）下斜坡带：位于浪基面以下，属于低能带，水体深度一般 10～15m，水体清澈干净，钙离子浓度仍比较高，处于高碳酸盐产率的下限，主要以厚层块状石灰岩为主，受水体深度间歇性波动的影响，层间常夹水平层理薄层泥灰岩。

（6）过渡带：随着深度的增加，压力升高，温度降低，生物数量减少，碳酸盐产率快速下降，沉积物以泥灰岩、灰质泥岩为主，发育水平层理，生物化石数量减少。向下过渡到盆地，盆地内为纯净的泥岩，发育水平层理。

2）纵向沉积序列模式

台地型碳酸盐岩在纵向上有两种模式，一种为海侵模式，一种为海退模式。下面以海退型台地碳酸盐岩为例分析一下其纵向沉积演化序列（图3-8-2）。

早期为海洋盆地，沉积纯净的海相泥岩，水平层理，深灰色。之后海退，沉积了过渡带

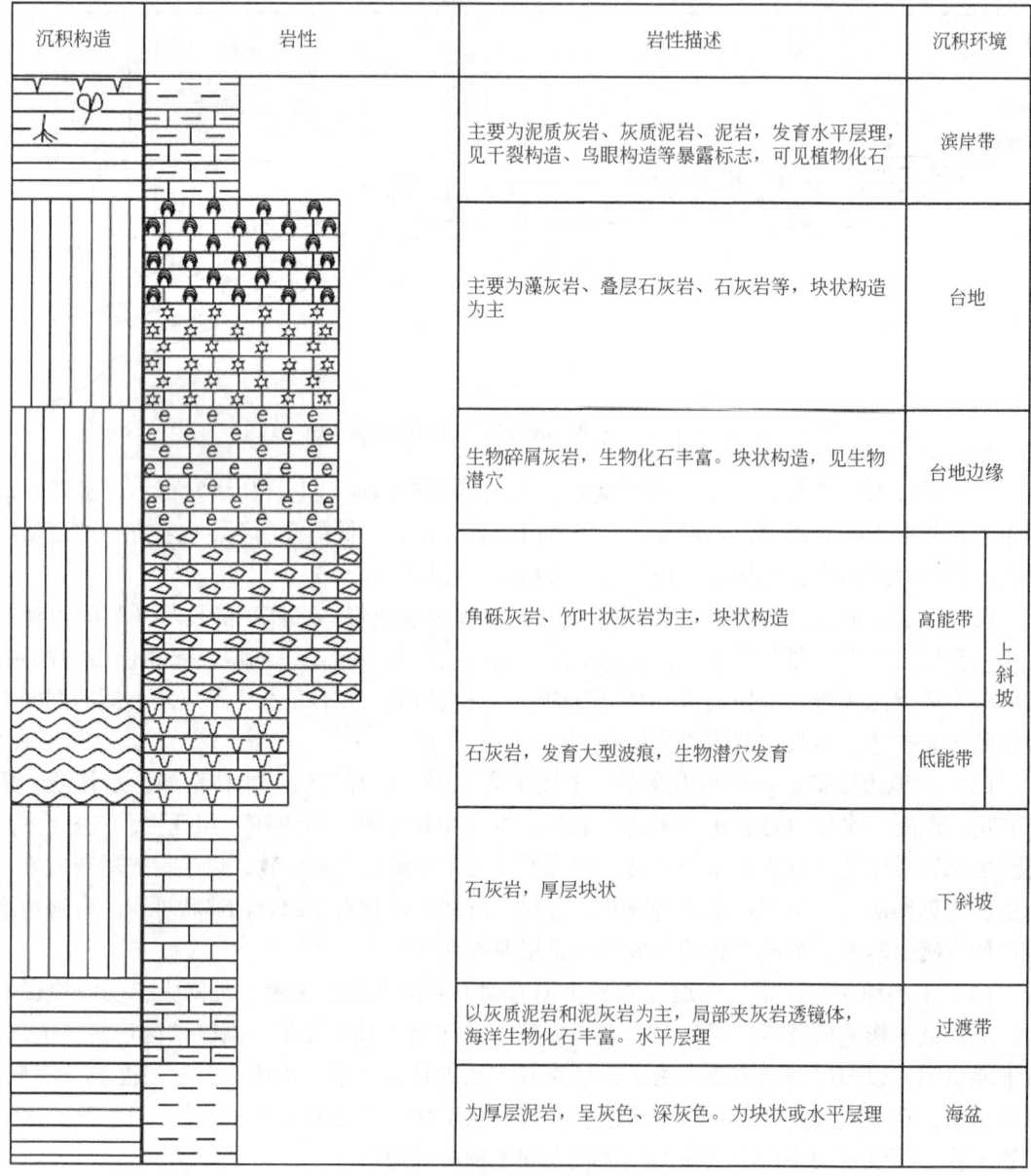

图 3-8-2　台地型碳酸盐岩纵向沉积序列模式图

泥灰岩，水平层理，灰色。通过颜色、岩石的强度、滴稀盐酸可以将二者区分开来，过渡带泥灰岩颜色稍浅，强度大于海相泥岩，滴稀盐酸有反应会起泡，盆地泥岩则不反应。覆盖在泥灰岩之上的是下斜坡厚层状灰岩，深灰色，块状构造，结构致密、均匀，二者之间的界限一般比较清晰。向上过渡为波状层理的生物扰动灰岩，这是一套上斜坡下部低能带的沉积，层面上常见大型波痕，生物扰动现象明显，岩石的颜色浅于下斜坡厚层状灰岩。向上为角砾灰岩、竹叶状灰岩，多呈厚层块状，属于上斜坡高能带沉积的产物。随着海退的加速，水体进一步变浅，过渡为台地边缘相，以生物碎屑灰岩为主，呈厚层块状，常见礁灰岩。之上为台地相沉积的藻灰岩、叠层石灰岩等。序列的顶部为泥灰岩、灰质泥岩，薄层泥岩等，多发育水平层理，常见暴露构造标志，这是滨岸带沉积。

2. 潟湖型

1) 相带划分与沉积特征

潟湖型碳酸盐岩沉积环境的标志性特征是有一个局限性的潟湖环境，根据水动力条件和沉积物特征，可划分为滨岸带、潟湖、陆棚边缘带、上斜坡带、下斜坡带和过渡带，向海方向过渡为海洋盆地（图3-8-3）。

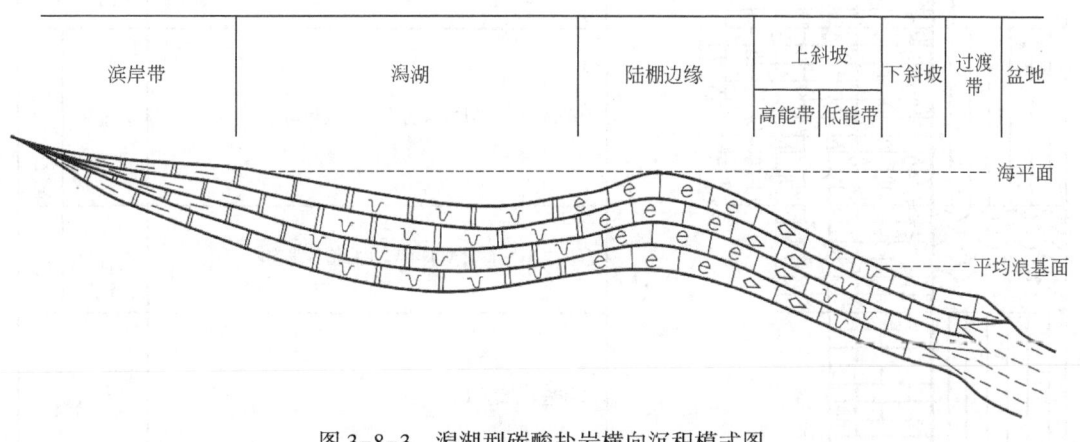

图 3-8-3　潟湖型碳酸盐岩横向沉积模式图

与台地型相比，从边缘带以下各相带的沉积特征相似，区别在于潟湖和滨岸带。由于潟湖环境间歇性地与外海隔绝，蒸发量大时，水体浓缩，盐度升高，主要以蒸发岩为主，由于沉积物的孔隙水中镁离子的浓度高，常发生同生白云岩和准同生白云岩的交代作用，因此在地质时期保留下来的主要岩性是白云岩、灰质云岩、白云质灰岩、膏岩等，多为块状构造、见纹层比较厚的水平层理。地层中含有高盐度的生物化石，生物潜穴构造发育。滨岸带以白云质泥岩、泥质白云岩为主。

2) 纵向沉积序列模式

现以海退型为例详细分析潟湖型碳酸盐岩纵向岩性的演化序列（图3-8-4）。

自下而上岩性依次为：纯净的深灰色海相泥岩，水平层理；向上为过渡带泥灰岩，水平层理，灰色；覆盖在泥灰岩之上的是下斜坡厚层状灰岩，深灰色，块状构造。向上过渡为上斜坡低能带波状层理的生物扰动灰岩、虫孔灰岩，层面上常见大型波痕，生物扰动现象明显；之上为角砾灰岩、竹叶状灰岩，多呈厚层块状。向上过渡为陆棚边缘的生物碎屑灰岩，呈厚层块状。再向上为潟湖蒸发岩、灰质白云岩、白云岩、白云质灰岩等，发育虫孔构造；序列的顶部为滨岸带泥质云岩、白云质泥岩、薄层泥岩，水平层理，见低幅度的叠层石。

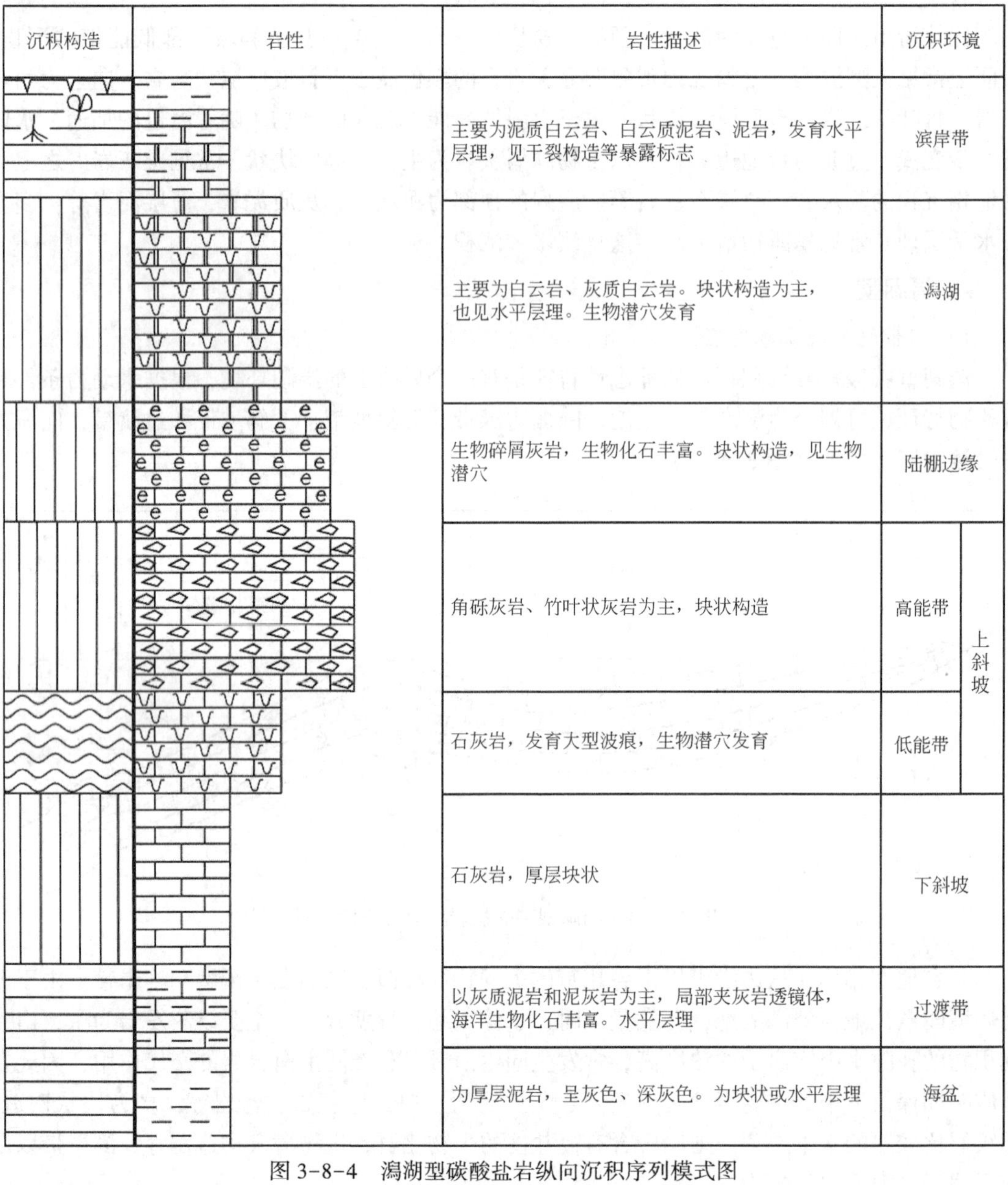

沉积构造	岩性	岩性描述	沉积环境	
		主要为泥质白云岩、白云质泥岩、泥岩，发育水平层理，见干裂构造等暴露标志	滨岸带	
		主要为白云岩、灰质白云岩。块状构造为主，也见水平层理。生物潜穴发育	潟湖	
		生物碎屑灰岩，生物化石丰富。块状构造，见生物潜穴	陆棚边缘	
		角砾灰岩、竹叶状灰岩为主，块状构造	高能带	上斜坡
		石灰岩，发育大型波痕，生物潜穴发育	低能带	
		石灰岩，厚层块状	下斜坡	
		以灰质泥岩和泥灰岩为主，局部夹灰岩透镜体，海洋生物化石丰富。水平层理	过渡带	
		为厚层泥岩，呈灰色、深灰色。为块状或水平层理	海盆	

图 3-8-4　潟湖型碳酸盐岩纵向沉积序列模式图

3. 斜坡型

1) 相带划分与沉积特征

斜坡型碳酸盐岩沉积环境的地貌是由陆地向海呈缓慢倾斜的斜坡，水动力主要受海浪控制[74]。根据水动力条件和沉积物特征，可划分为滨岸带、潮间带、浪控带、斜坡带、过渡带，向海方向过渡为海洋盆地（图 3-8-5）。

（1）滨岸带：与台地碳酸盐岩的滨岸带相似，以蒸发岩沉积为主，常混入陆源碎屑，

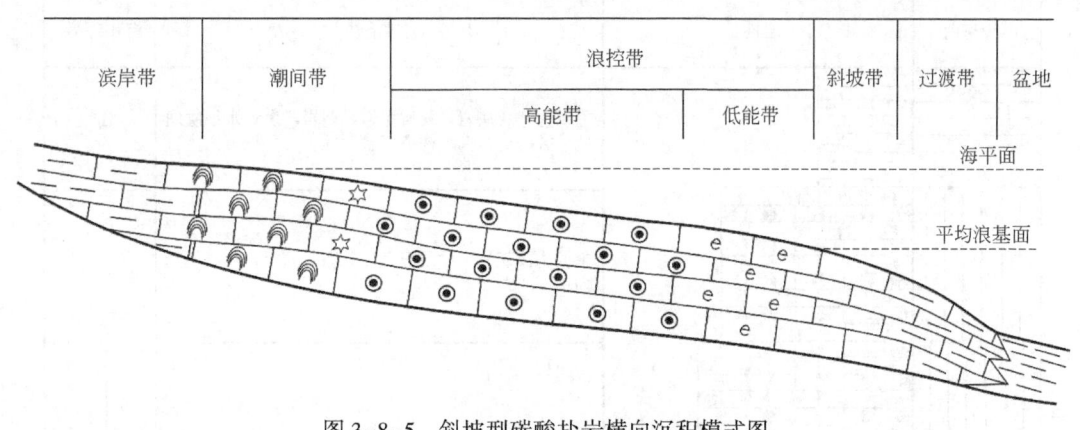

图 3-8-5 斜坡型碳酸盐岩横向沉积模式图

见泥灰岩、泥质白云岩、膏岩、低幅叠层石，也会夹一些薄层的泥岩。常见暴露标志，比如干裂构造、雹痕等。

(2) 潮间带：位于高潮线和低潮线之间，间歇性地暴露在水面以上，以叠层石灰岩、藻灰岩为主，也会混入陆源碎屑，形成砂屑灰岩，可见暴露标志。

(3) 浪控带：该相带从低潮线至浪基面，主要受波浪控制。上部水体浅、水温高，浮游生物繁盛，波浪能量强，为浪控高能带，有利于鲕粒的生成，常形成宽阔的鲕粒滩，沉积巨厚层鲕粒灰岩，以块状构造为主。靠近浪基面附近，波浪对海底的作用减弱，为浪控低能带，水体深度适中，阳光充足，氧气充分，海洋底栖生物发育，多沉积生物碎屑灰岩、虫孔灰岩、生物扰动灰岩，发育波状层理，层面上见大型波痕。

(4) 斜坡带：位于浪基面以下，水体深度一般 10~15m，属于低能带。同台地型碳酸盐岩沉积环境的下斜坡带一样，水体清澈干净，钙离子浓度仍比较高，处于高碳酸盐产率的下限，主要以厚层块状灰岩为主。

(5) 过渡带：与台地型碳酸盐岩的过渡带特征相似，沉积物以泥灰质为主，发育水平层理。向下过渡到盆地，为纯净的泥岩沉积，发育水平层理。

2) 纵向沉积序列模式

以海退序列为例（图 3-8-6），自下而上依次为海盆、过渡带、斜坡带、浪控低能带、浪控高能带、潮间带、滨岸带。岩性依次为深灰色水平层理泥岩；灰色水平层理灰质泥岩、泥灰岩；深灰色厚层块状灰岩；灰色波状层理虫孔灰岩、生物碎屑灰岩；厚层块状鲕粒灰岩；向上过渡为藻灰岩、叠层石灰岩、砂屑灰岩等；序列的顶部为泥灰岩、灰质泥岩、泥岩、蒸发岩等，见暴露标志。

4. 孤岛型

孤岛型碳酸盐岩沉积是指远离大陆，周围被深水环绕，呈孤立状态分布的碳酸盐岩沉积区（图 3-8-7）。该类型的基底早先一般都存在一个凸起，凸起通常与大洋火山有关[74]。根据水深和沉积物特征，可划分为环岛边缘生物礁、岛内台地和岛外斜坡三个相带。

1) 环岛边缘生物礁

孤岛所在区域无陆源碎屑物供应，水体浅、水体清澈，海洋生物繁盛。在孤岛的边缘可发育生物礁，形成生物礁环绕的凸起边缘。以生物碎屑灰岩、礁灰岩为主。

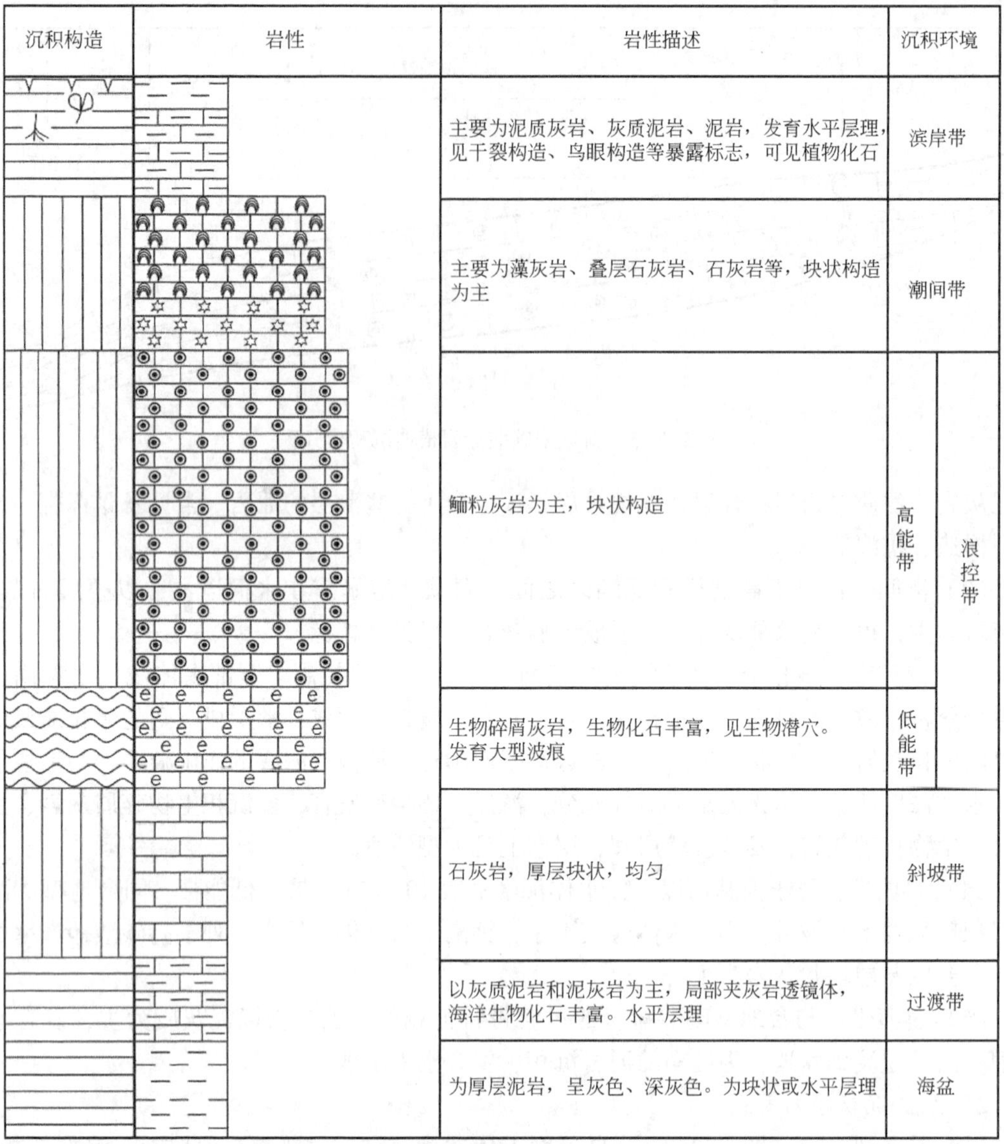

沉积构造
岩性
岩性描述
沉积环境
主要为泥质灰岩、灰质泥岩、泥岩，发育水平层理，见干裂构造、鸟眼构造等暴露标志，可见植物化石
滨岸带
主要为藻灰岩、叠层石灰岩、石灰岩等，块状构造为主
潮间带
鲕粒灰岩为主，块状构造
高能带
浪控带
生物碎屑灰岩，生物化石丰富，见生物潜穴。发育大型波痕
低能带
石灰岩，厚层块状，均匀
斜坡带
以灰质泥岩和泥灰岩为主，局部夹灰岩透镜体，海洋生物化石丰富。水平层理
过渡带
为厚层泥岩，呈灰色、深灰色。为块状或水平层理
海盆

图 3-8-6　斜坡型碳酸盐岩纵向沉积序列模式图

岛外斜坡
环岛边缘生物礁
岛内台地
环岛边缘生物礁
岛外斜坡
海平面
早先高地

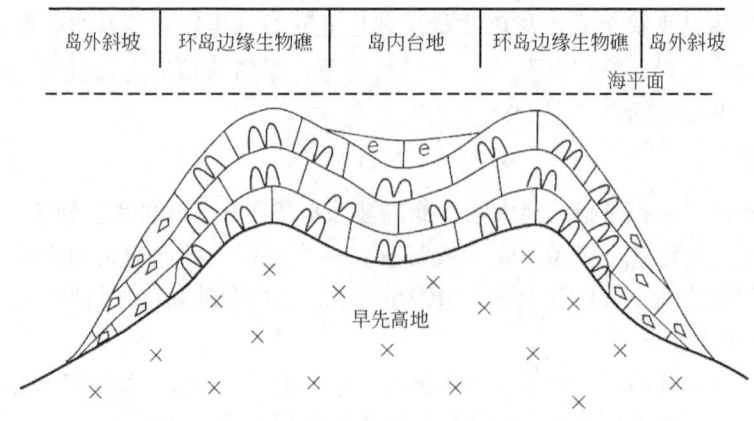

图 3-8-7　孤岛型碳酸盐岩横向沉积模式图

2）岛内台地

孤岛内部常沉积低能的隐晶质块状灰岩、生物碎屑灰岩。如果规模大，内部形成封闭的潟湖时，海水可变得超盐度，导致蒸发岩沉积[74]。因此，岛内台地上常形成隐晶质灰岩、生物碎屑灰岩、蒸发岩沉积，有时会混入风暴角砾灰岩。

3）岛外斜坡

岛外斜坡较陡，常常受到风暴浪的侵扰，以风暴角砾灰岩堆积为主，块状构造。

五、碳酸盐岩研究实例

1. 研究区概况

金湖凹陷是苏北盆地内部最大的一个次级凹陷，位于苏北盆地中西部[75]。北部以建湖隆起与洪泽凹陷相隔，东与柳堡低凸起相连，南部以菱塘桥低凸起与高邮凹陷相隔，西至张八岭隆起（图3-8-8），面积5500km²。金湖凹陷是在晚白垩世仪征运动和新生代喜马拉雅期吴堡运动作用下形成的南断北超的箕状断陷盆地。受南部边界北东向杨村断裂的控制，凹陷总体上呈NE向展布，由于长期受南部边界断层拉张活动的影响，凹陷东南深西北浅，东南部为断阶带，中部为深凹带，西北部为斜坡带，习惯称为西斜坡。

金湖凹陷西斜坡古新统阜宁组阜二段（E_1f_2）发育了一套厚度10~20m、分布广泛的生物碎屑灰岩，在有利的圈闭中含油气丰富，具有工业开采价值[76]。

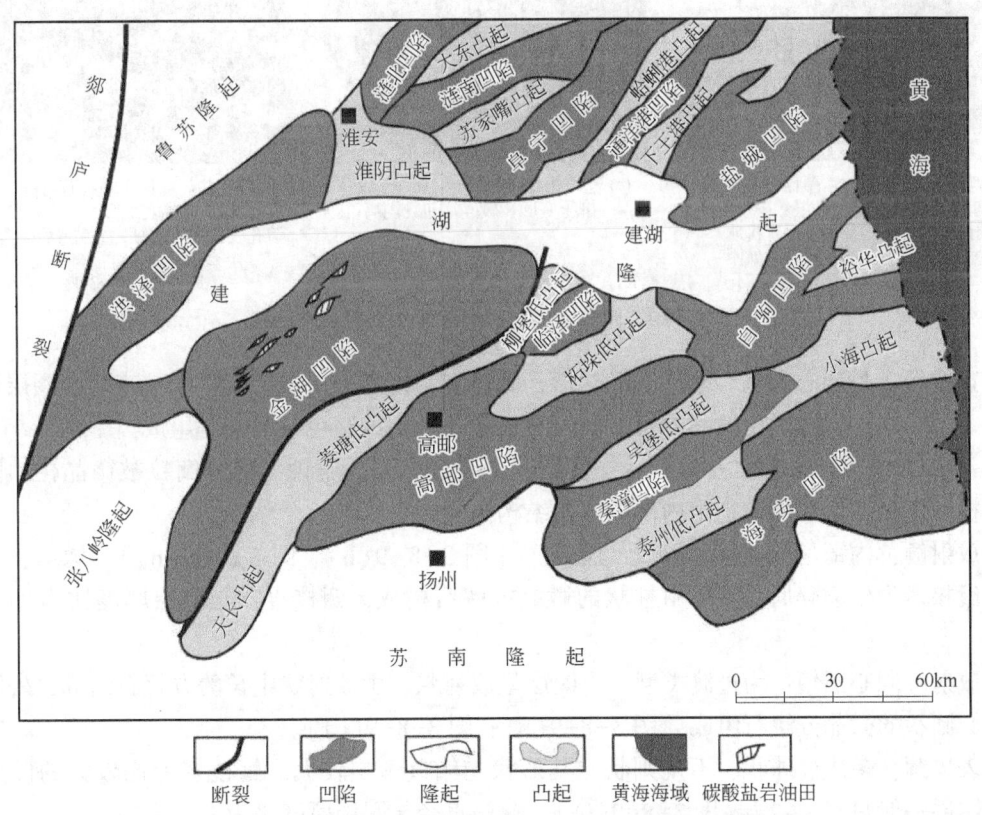

图3-8-8 苏北盆地构造格局及金湖凹陷区域构造背景

2. 碳酸盐岩颗粒类型

根据对大量岩心资料和微观铸体薄片的观察，阜二段Ⅱ油组（$E_1f_2^2$）碳酸盐岩虽然厚度不大，但由于受构造、气候、水深和盐度波动的影响，碳酸盐岩组分类型十分丰富，主要有鲕粒、生物碎屑颗粒、球粒、藻叠层石和陆源碎屑等颗粒。

1) 鲕粒

鲕粒直径一般小于0.5mm[图3-8-9(a)]，很少有超过1mm，含量为20%~75%，不同样品变化较大。以正常鲕为主，也见放射鲕、放射—同心圆鲕、表皮鲕、藻鲕、变形鲕等。

 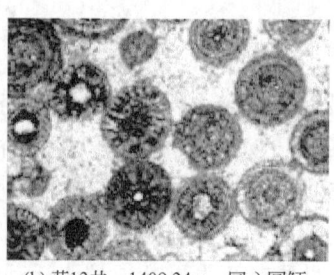 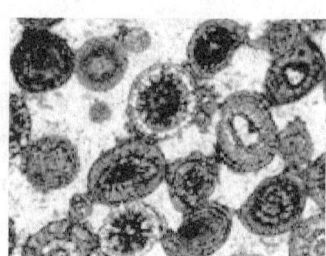

(a) 高7井，1734.44~1738.48m，鲕粒云岩，鲕粒小于0.5mm，含量40%，分布均匀，分选好

(b) 范13井，1409.34m，同心圆鲕、放射鲕，鲕核直径与包壳厚度比为1:2~1:6

(c) 范13井，1409.34m，放射鲕、同圆心鲕，变形鲕。鲕粒压扁变形

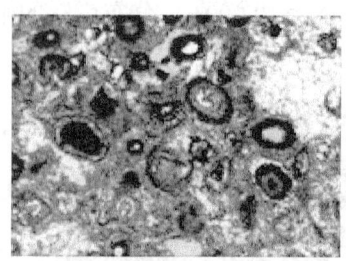 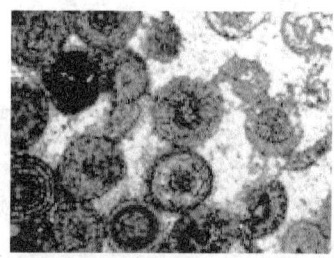 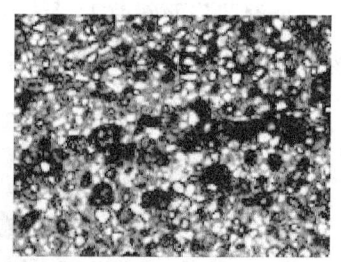

(d) 西1井，1567.10m，藻鲕，个体小，有机质含量高，包壳圈数少，单个圈层厚度大，内部圈层为有机质，外部圈层为微晶方解石，外圈层多被溶蚀，形成环带状溶孔

(e) 范13井，1409.34m，同心圆鲕、挤压变形、破碎，包壳剥离

(f) 高7-7井，1774.30m，砂屑灰岩，颗粒由砂屑和鲕粒组成，灰质胶结，溶孔发育。表皮鲕，包壳一般只有1~2层，鲕核直径与包壳厚度比1:1~3:1

图3-8-9 鲕粒灰岩、砂屑灰岩中鲕粒形态特征

正常鲕：呈同心圆状，球形、椭球形，鲕核多为生物碎屑或砂屑，鲕核直径与圈层厚度比为1:2~1:6，圈层由微晶方解石和含有机质比较高的暗色纹层交替组成[图3-8-9(b)、图3-8-9(c)]，在磨光面上滴酸后，显微镜下观察呈差异腐蚀。部分鲕粒被微晶化，同心圆结构变模糊，但仍能辨别出内部的原始结构。

放射鲕：内部呈放射状，形似"菊花"[图3-8-9(b)、图3-8-9(c)]。球形、近球形。鲕核多为生物碎屑，圈层由柱状的微晶方解石构成，鲕核直径与圈层厚度比为1:3~1:6。

放射—同心圆鲕：为过渡类型，内圈层呈放射状，由放射状生长的方解石组成，外圈层由同心圆状的微晶方解石组成[图3-8-9(b)、图3-8-9(c)]。

表皮鲕：多成椭球状、不规则状，其形状受鲕核影响较大，鲕核多为比较大的砂屑颗粒，圈层一般只有1~2层[图3-8-9(f)]，鲕核直径与圈层厚度比为1:1~3:1。

藻鲕：个体相对较小，多为椭球状，鲕核多为藻屑或生物碎屑，有机质含量高，圈层圈层数少，单个圈层厚度大。内部圈层为有机质，外部圈层为微晶方解石，外圈层多被溶蚀，形成环带状溶孔[图3-8-9(d)]。

变形鲕：由于受压实作用的影响[77]，鲕粒塑性变形，拉长，两端变尖；另一种是成岩后期受构造应力的作用[78]，鲕粒破碎变形，甚至出现圈层与核剥离的现象[图3-8-9(e)]。

溶蚀作用受成分和结构控制[79]，方解石部分多被溶蚀，有机质含量高的部分残留，因此溶蚀孔多呈同心圆状、环带状、放射状[图3-8-9(d)]。

2) 生物碎屑

研究区主要的生物碎屑颗粒为蠕虫动物化石，也见藻化石、介形虫化石、腕足碎屑化石、腹足化石、硅藻化石、有孔虫和苔藓化石等。

(1) 蠕虫动物化石。

蠕虫动物化石主要以环节动物门中的龙介虫科为主，个体呈管状，壳管长一般5~20mm，直径2~5mm。外表面平滑或带比较浅、细的横纹饰，纹饰宽度0.5~1mm，纹饰的深度0.05~0.1mm。壳管无根，呈锥状、柱状、弯曲状[图3-8-10(a)、图3-8-10(b)、图3-8-10(c)]，壳壁厚度0.3~1.0mm。在磨光面上可以看出，壳管致密，管腔的结构较疏松。壳管由高镁方解石、文石或方解石构成，颜色多较浅，滴酸起泡剧烈；也可能全由几丁质或几丁质和磷酸盐混合构成，这类颜色较深，滴酸后起泡较弱。

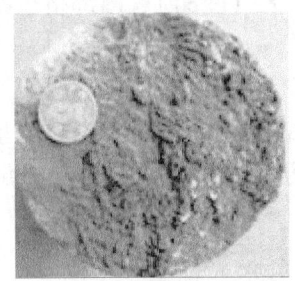
(a) 高6-8井，1906.59m，生物碎屑灰岩，龙介虫化石，含量超过70%，簇状分布，孔隙发育，油浸

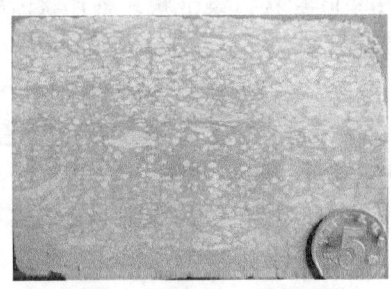
(b) 西1井，1524.74m，生物碎屑云岩，龙介虫化石，含量30%左右，颗粒呈长柱状、椭圆状，长3~5mm，顺层分布

(c) 高2井，1715.82m，生物碎屑灰岩，龙介虫化石，含量超过45%左右，壳管剖面呈锥状、柱状、弯曲状，截面呈圆状、椭圆状，壳壁厚度0.3~1.0mm

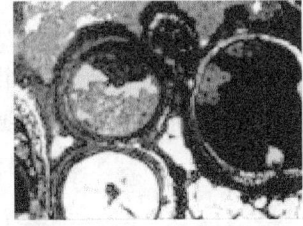
(d) 西1井，1531.10m，龙介虫化石，横切面呈圆形，内外表面为管状，壳管截面呈双层壳壁结构，内壳为同心圆状的微晶粒状结构，宽度均匀，外壳颜色深，微粒更细，宽度不均匀，表面略显凸凹不平。管腔被微晶方解石充填，暗色多为有机质含量较高部分

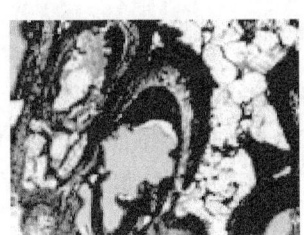
(e) 西1井，1531.10m，龙介虫化石被挤压完全变形，甚至破碎，粒间为亮晶方解石胶结，体腔内溶孔发育

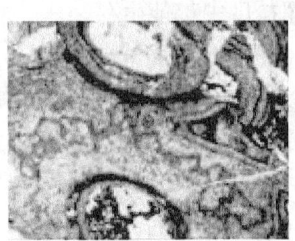
(f) 南1井，1467.50m，龙介虫化石被挤压呈椭圆形，破碎变形，粒间和粒内均被白云石充填，胶结物含量高孔隙不发育

图3-8-10 生物碎屑灰岩中的龙介虫科化石

薄片观察，横切面呈圆形或椭圆形，有些被挤压完全变形，甚至破碎。内外表面为明显的管状，壳管截面呈双层壳壁结构，内壳为同心圆状的微晶粒状结构，宽度均匀，外壳颜色深，微粒更细，宽度不均匀，表面略显凸凹不平［图3-8-10(d)、图3-7-10(e)、图3-8-10(f)］。管腔被微晶方解石充填，暗色多为有机质含量较高部分。部分颗粒的体腔孔、粒间和粒内溶蚀孔发育。

化石中，除龙介虫科外还有蛰龙介虫科和双栉虫科。龙介虫科包括锥状中华角管虫、簇状簇管虫、四沟耶雷虫、江苏右旋虫等；蛰介龙科有金湖蛰介龙；双栉虫科有规则筛管虫。

蠕虫生物通常生活在硬底结壳上[80][81]，在微超盐度环境中可形成小型礁块[82]。研究区的龙介虫壳管大多为孤立个体，也有形成交生的集合体，相邻壳管之间相互黏附着［图3-8-10(a)］，正是基于这样的结构，结壳龙介虫可以形成细小却十分稳固的抗波浪侵蚀的点礁。根据国内外的文献资料，龙介虫属海生、管穴固着生活。

（2）藻类化石。

藻类化石主要以绿藻门中的米齐藻和叶状藻为主。米齐藻属于粗枝藻科的一种[90]，中空部分为髓腔，被方解石晶体颗粒部分充填，茎有三层结构，内层呈同心圆状［图3-8-11(a)、图3-8-11(b)］，中层可见残留的粗枝藻科典型的辐射状的维管束，环状整齐排列，外层由略呈放射状的微晶方解石构成。有些个体受到外力的挤压变形，维管也变形。粗枝藻是暖海环境的指示者。叶状藻呈叶片状、条带状、薯片状［图3-8-11(c)］，内部格子状组织保存较好。粒内溶孔极其发育。

（3）介形虫化石。

介形虫化石有破碎的［图3-8-11(d)］，也有保存相对完整的［图3-8-11(b)］，略呈定向排列，部分个体壳壁的两瓣完整，呈铰合状，壳壁为微晶方解石，体腔被亮晶方解石充填。

（4）腕足碎屑化石。

腕足碎屑化石主要保存有腕足动物的棘刺［图3-8-11(d)］，具有特征明显的中心空腔和同心双层壳壁结构，内层厚度大，同心圆状，外层厚度薄，呈放射状。同龙介虫化石的区别是壳壁厚度大，中心空腔直径相对小。腕足类是海生底栖、单体群居无脊椎动物，在低盐度和超盐度中都能生存。

（5）腹足化石。

腹足化石椭圆形，壳小，螺旋状，由4~5个螺环构成［图3-8-11(e)］。螺壳是一个不分隔的螺旋空壳（这也是区别于有孔虫的一个特征），由内向外空间越来越阔。壳壁主要为微晶白云石，腔内为隐晶质，壳壁内圈厚度薄，最外圈厚度明显加大。

（6）硅藻化石。

硅藻化石个体较小，呈单圆形［图3-8-11(f)］，筛孔呈放射状排列，内部筛孔直径大，向外逐渐减小。存在一个明显的外壳（这一特征区别于有孔虫中的环圈虫），外壳厚度薄，有微晶或隐晶方解石构成，呈放射状。硅藻化石多分布在隐晶质碳酸盐岩、泥灰岩以及湖相泥岩中。

（7）有孔虫化石。

由于有孔虫个体小，镜下放大倍数小，不太容易识别[83]，只观察到三种有孔虫化石。刀马属有孔虫巨大的无孔瓷状钙质隔壁呈琥珀色、微红色［图3-8-12(a)］，房室环绕状排

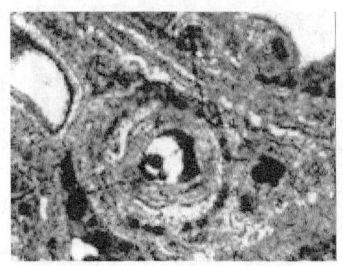
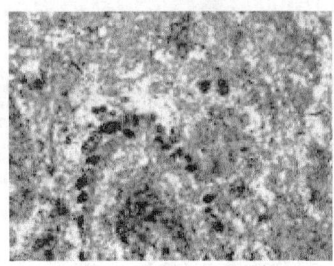
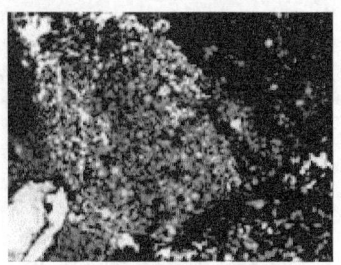

(a) 高14井，1999.02m，绿藻门中的米齐藻化石，中空部分为髓腔，被方解石晶体颗粒充填，茎有三层结构，内层呈同心圆状，中层可见残留的粗枝藻科典型的辐射状的维管束，环状整齐排列，外层由略呈放射状的微晶方解石构成

(b) 高14井，1999.02m，绿藻门中的米齐藻，挤压成椭圆状

(c) 高7-7井，1798.16m，叶状藻，薯片状，内部格子状组织保存较好，粒内发育

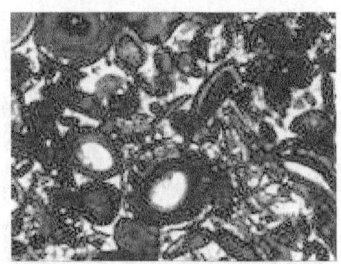
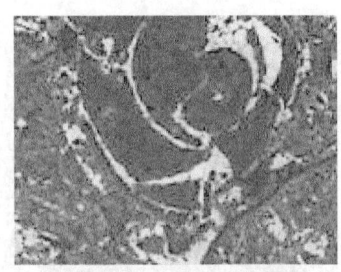
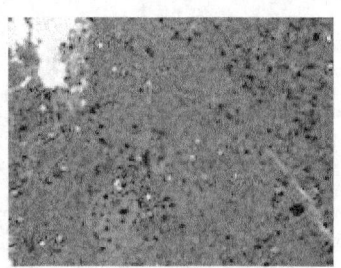

(d) 高6-8井，1903.20m，化石碎屑丰富，有腕足动物的棘刺、介形虫等。腕足动物的棘刺以中心空腔和同心双层壳壁结构，内层厚度大，同心圆状，外层厚度薄，呈放射状

(e) 范13井，1405.39m，腹足化石，由内向外空间越来越阔。壳壁主要为微晶白云石，壳壁内圈厚度薄，最外圈厚度明显加大

(f) 范21井，1485.21m，硅藻化石，单圆形，筛孔呈放射状排列，内部筛孔直径大，向外逐渐减小，存在一个明显的比较薄的外壳

图 3-8-11　藻类、腕足、腹足、介形虫、硅藻化石碎屑

列。单列底栖有孔虫的房室软组织腐烂后留下串珠状孔隙[图 3-8-12(b)]。双列有孔虫不仅选择碳酸盐岩颗粒，而且也选择了细小的石英颗粒构成了壳壁和隔壁[图 3-8-12(c)]。大部分学者认为有孔虫是完全的大洋至陆缘海洋生物[80]，国内少数学者认为在内陆盐湖中也有孔虫生存[84]。

（8）苔藓化石。

观察到的苔藓化石主要是裸唇纲（*Gymnolaemata*），薄片中显示的是一个弦切面，外形呈叶片状，能识别出枝、横枝、窗孔、虫室[图 3-8-13(a)]。卵圆形的大孔是窗孔，小孔是虫室，大部分被方解石充填后又部分溶蚀，主要发育粒内溶孔。苔藓虫是一种水生固着生活的群体动物，大部分生活在海洋中，其骨骼多为钙质，容易保存成化石[81]。只有极少数生活在淡水中，无硬体骨骼，不能保存成化石。

3）球粒、似球粒以及钙球

球粒和似球粒多与介形虫伴生，分布在隐晶质灰岩和泥灰岩中，呈球形、卵形、杆形和不规则的弯曲形[图 3-8-13(b)]，大小不均匀，不受层理影响，没有分选。有机质含量比较高，呈暗色，隐晶质。根据内部结构和形态特征分析，认为以化学凝聚和生物成因的粪团粒为主。

钙球多分布在水体较深的泥灰岩层中，灰白色，颗粒细小，呈圆球形、椭圆形[图 3-8-13(c)]、长条形，主要由微晶方解石或白云石构成，多沿纹层分布，以原生为主。

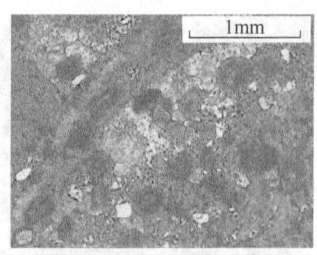 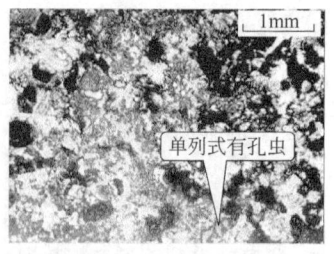 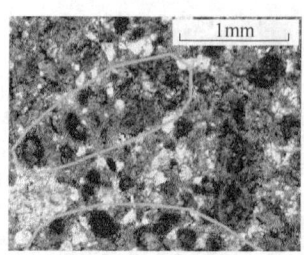

(a) 南1井，1463.70m，生物碎屑灰岩，刀马属有孔虫横切面　　(b) 南1井，1447.70m，单列式有孔虫，房室已溶蚀成为孔隙　　(c) 南1井，1463.70m，双列式有孔虫

图 3-8-12　有孔虫化石碎屑

由于颗粒太小，增大了成因解释难度，推测可能是一些生物壳壁上的碎屑颗粒和绿藻的生殖器官等。

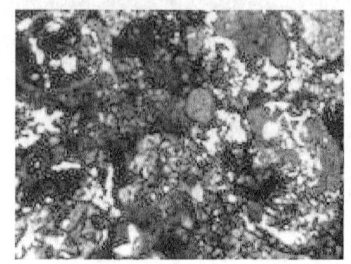  

(a) 高7-7井，1798.16m，苔藓化石，裸唇纲，叶片状，可见枝、横枝、窗孔、虫室，卵圆形的大孔是窗孔，小孔是虫室　　(b) 高6-8井，1903.20m，球粒、似球粒和介形虫化石伴生，球粒和似球粒呈圆形、卵形、杆形和不规则的弯曲形，一般没有内部结构。介形虫呈卵形，两瓣壳完整，呈铰合状　　(c) 范1井，1418.20m，钙球，颗粒细小，呈圆球形、椭圆形、长条形，无内部结构，多沿纹层分布

图 3-8-13　苔藓化石、球粒、似球粒以及钙粒的形态特征

4）叠层石

叠层石是蓝绿藻等低等植物生命活动造成的、具有一定形态特征的生物沉积结构[85]。外形上有层状、丘状、波状、变形状（图 3-8-14）。纹层清晰，纹层厚 2~10mm，变化较大，最大纹层厚度可以是最小纹层厚度的 5 倍以上，纹层颜色深浅呈周期性变化，反映了季节性的变化，深色部位有机质含量高，是参与形成叠层石的生物活动旺盛期。由于构造运动的挤压，常见纹层发生变形。纹层内部偶见一些细小的溶蚀孔，但连通性差。虽然叠层石的

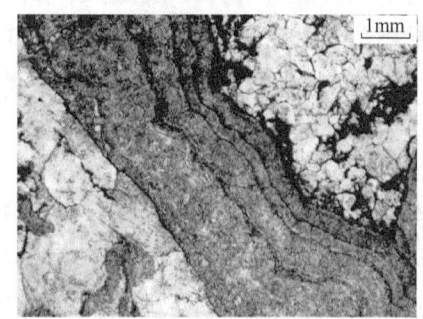 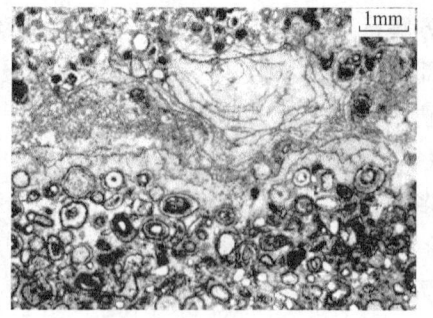 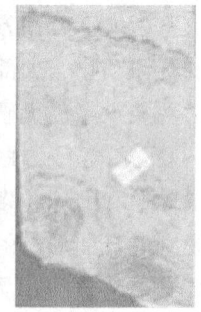

(a) 南1井，1467.50m，叠层石，层状，上下为结晶白云石　　(b) 高7-7井，1798.67m，叠层石，丘状。分布在鲕粒灰岩中　　(c) 范13井，1401.14m，叠层石，呈丘状、层状、波状

图 3-8-14　叠层石的宏观、微观形态特征

形成与蓝绿藻有关,但蓝绿藻化石颗粒细小,并不容易观察到。层状叠层石一般形成于海洋环境的潮间带[73]。

5) 陆源碎屑

陆源碎屑主要为石英颗粒,含少量的长石,粒级 0.01~0.1mm,次圆~次棱角状,含量为 10%~50%,呈分散状分布在鲕粒及其他碳酸盐岩颗粒之间(图 3-8-14)。粒间溶孔发育,也见粒内溶孔。

3. 沉积微相类型及特征

以镜下薄片和岩心观察为基础,综合测井及化验分析等资料,将研究区碳酸盐岩划分为 4 种微相类型,包括陆源碎屑—碳酸盐岩混合相、鲕粒滩相、生物碎屑滩相和泥晶灰岩相。

1) 陆源碎屑—碳酸盐岩混合相

混合相是由滨湖到浅湖碳酸盐岩相的过渡地带,岩性为砂屑灰岩,见纹层比较细的波状交错层理、波状层理,滴酸起泡严重。微观上,明显可以看到鲕粒与石英颗粒混杂[图 3-8-9(f)],胶结物为灰质,粒间溶孔发育。鲕粒和砂屑的比例是变化的,当水体浅时,砂屑含量增加,鲕粒和灰质含量降低;当水体逐渐加深时,砂屑含量降低,灰质含量增加。混合相纵向分布在 $E_1f_2^2$ 油组 4 小层的下部,碳酸盐岩与砂岩的过渡段上,厚度 2~3m,平面上宽 300~1000m,大部分层段物性比较好,为有效储层。

2) 鲕粒滩相

鲕粒滩主要由亮晶鲕粒灰岩组成,发育在 $E_1f_2^2$ 油组下部的 4 小层和 3 小层,厚度为 2~4m,岩石呈灰色、灰白色,见块状和波纹层理,局部夹叠层石灰岩薄层[图 3-8-9(b)]。

同正常海相鲕粒灰岩相比,该地区的鲕粒颗粒小,含量低,基质含量高,层薄,这可能与湖相水动力相对弱,环境不稳定,更替快有关。

鲕粒灰岩中大部分不是有效储层,只有当鲕粒含量超过 60%、溶蚀孔比较发育、孔隙之间连通性比较好时,才能成为有效储层。

3) 生物碎屑滩相

生物碎屑滩主要由生物碎屑灰岩组成,发育在 $E_1f_2^2$ 油组顶部的 1、2 小层,厚度 5~10m。颜色多为灰色、深灰色,颗粒多呈柱状、球状。主要以蠕虫生物碎屑为主,含有少量的藻类、介形虫、腕足、有孔虫和其它生物的介壳化石。

根据沉积环境能量和生物碎屑含量的多少以及保存状态,生物碎屑滩可进一步划分为 3 个沉积单元,分别为生物碎屑滩上边缘、生物碎屑滩坝、生物碎屑滩下边缘。

(1) 生物碎屑滩上边缘是指生物碎屑滩水体最浅的边缘部位,生物碎屑颗粒含量一般小于 50%,通常 10%~30%,由于水体波动能量较高,碎屑颗粒常常沿层面定向排列,隐晶质含量高,孔隙不发育。

(2) 生物碎屑滩坝是指生物碎屑滩的主体部位,在该位置无论是水深、地势、光照条件、温度、盐度、水动力条件等都适合生物的生存和繁殖,生物密度高,死亡后遗体原地保存,几乎没有经过改造,生物碎屑呈簇状保存。生物碎屑颗粒含量一般高于 50%,通常可以达到 70% 以上,生物体腔内溶孔和粒间溶孔发育,物性好,是主要的储集体。

(3) 生物碎屑滩下边缘是指生物碎屑滩水体最深的边缘部位,由于水体较深,光照不足，温度低，生物数量和密度降低，生物碎屑颗粒含量一般为 10%～30%，水体比较平静，生物死亡后，遗体呈原始状态保存，没有明显被波浪改造过的痕迹[图 3-8-10(c)]，由于沉积时基质含量高，孔隙不发育，一般不能形成大面积的有效储层。

生物滩的发育受气候、构造、水深、盐度等条件影响大[86]，湖盆往往稳定性差，构造变动频繁，所以生物碎屑滩的单层厚度薄，一般只有 1～2m。常常是生物碎屑滩上边缘、生物碎屑滩坝和生物碎屑滩下边缘，甚至与泥晶灰岩相反复交替，因此，岩心观察其含油层段中存在比较多的夹层条带。

4）泥晶灰岩相

泥晶灰岩相处于水体相对较深的部位，水体平静，岩石类型主要为泥晶灰岩和泥灰岩，见硅藻、介形虫、球粒以及从浅水带来的细小介壳碎屑。主要发育在 $E_1f_2^2$ 油组顶部，$E_1f_2^2$ 内部也有发育。常与深湖泥岩呈互层状，灰色、深灰色，呈水平纹理、常见灰、白相间的纹理，这是由于季节变化造成的，纹理厚 2～4mm[图 3-8-15(a)]，纹理比较细，说明当时水体较深，比较平静。

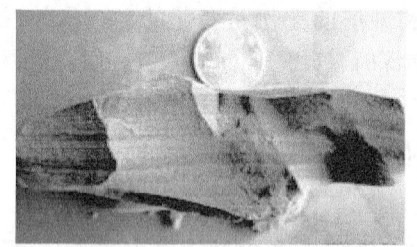 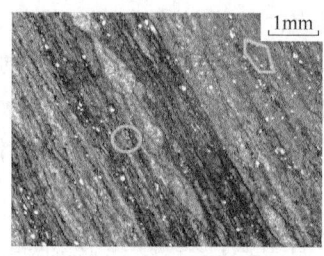 

(a) 西1井，1524.28m，深灰色泥晶灰岩，水平纹理，纹理厚度2～4mm

(b) 范21井，1489.65m，条带状灰岩中见海绿石的矿物，呈浸染状分布在基质中

(c) 高3井，1990.59m，在灰质砂岩中见海绿石的矿物，呈浸染状分布在胶结物中

图 3-8-15　泥晶灰岩、海绿石矿物特征

4. 沉积演化模式及控制因素

1）沉积演化模式

古生物化石主要为蠕虫管、绿藻、蓝绿藻、硅藻、介形虫、腹足类、腕足、有孔虫、苔藓等，虽然对应生物数量比较多，但种属单调，耐盐度比较窄，为典型的半咸水海洋生物组合[34]。$E_1f_2^2$ 油组硼质量分数为 $(50.7～105.8)×10^{-6}$，平均为 $77.6×10^{-6}$，硼镓比值 (B/Ga) 为 3.0～4.2，平均为 3.6，两参数也表明当时的水体含盐度低于正常海水，高于淡水湖，属于半咸水环境。

尽管国内一些学者认为内陆盐湖也会有有孔虫，但龙介虫、腕足、有孔虫、粗枝藻、苔藓虫化石以及叠层石同时存在于一套沉积地层中，说明这套碳酸盐岩具有海洋环境的特征。另外，在条带状灰岩[图 3-8-15(b)]和灰质砂岩薄片中[图 3-8-15(c)]见到海绿石矿物，呈翠绿色、淡绿色，浸染状分布在基质和胶结物中。

从生物组合、含盐度指标和海绿石矿物等分析，认为金湖凹陷在 $E_1f_2^2$ 沉积时期曾经发生过海侵或曾经有通道与古黄海沟通，此时的湖泊具有潟湖特征。

从早白垩世的仪征运动开始，金湖凹陷形成，到晚白垩世的吴堡运动，使坳陷转化为断陷盆地，从上白垩统泰州组（K_2t）到古新统阜一段（E_1f_1）、阜二段（E_1f_2）、阜三段（E_1f_3），沉积体系经历了河流—扇三角洲—河流三角洲—滨浅湖—潟湖—湖泊沉积体系的演化，构成了一个完整的湖进—海侵序列。在 $E_1f_2^3$ 沉积末期，构造活动加剧，苏北盆地开始大范围快速沉降，东部古黄海与盆地内的次级凹陷沟通，发生大面积海侵。到 E_1f_2 顶部层段沉积时期，达到最大沉降，盆地处于欠沉积补偿状态，甚至在西斜坡也沉积了一套厚度近50m 的深灰色、暗色泥岩。$E_1f_2^2$ 就是在达到最大沉降之前，构造活动处于稳定沉降期，金湖凹陷由正常淡水湖转化为半咸水潟湖时期形成的。相邻的其他次级凹陷在该时期也都沉积有生物碎屑灰岩，只是因凹陷规模和构造背景的差异，造成不同次级凹陷中生物碎屑灰岩的厚度、面积不同。

利用区域上的钻井资料，针对金湖凹陷西斜坡的古地形特征，建立了相应的沉积模式（图 3-7-16）。滨湖地区沉积了一套分选比较好，以细砂岩、粉砂岩为主的滩坝、滩砂体；随着海侵程度的加剧、水体的加深，进入混合相，沉积了一套砂屑灰岩，多见波状层理、波状交错层理，这个相带比较窄。在浪基面之上，碎屑供应量逐渐减少，形成了鲕粒滩相带，沉积了厚度为 2~4m 的鲕粒灰岩，多见波状层理、块状构造，局部夹叠层石灰岩。随着水深的变化，水体更加清澈，温度适宜，适合蠕虫生物中的环节动物和腹足、腕足、藻类等生物繁殖，形成了生物繁茂的生物滩，生物死亡后遗体堆积，形成了一定厚度的生物碎屑灰岩。由于湖盆（潟湖）稳定性差，不同种类的生物对水体的深度、温度、水动力等环境因素要求比较严格，在最适宜的深度生物大量繁殖，形成了比较厚的生物碎屑堆积层，向浅部位和深部位厚度均减薄，生物碎屑滩呈坝状平行湖岸线分布。随着水体的进一步加大，逐渐过渡为泥晶灰岩相，沉积了一套灰色、深灰色泥晶灰岩、泥灰岩，水平纹理，多见硅藻、介形虫等生物化石。向深部位逐渐过渡为深湖泥岩。

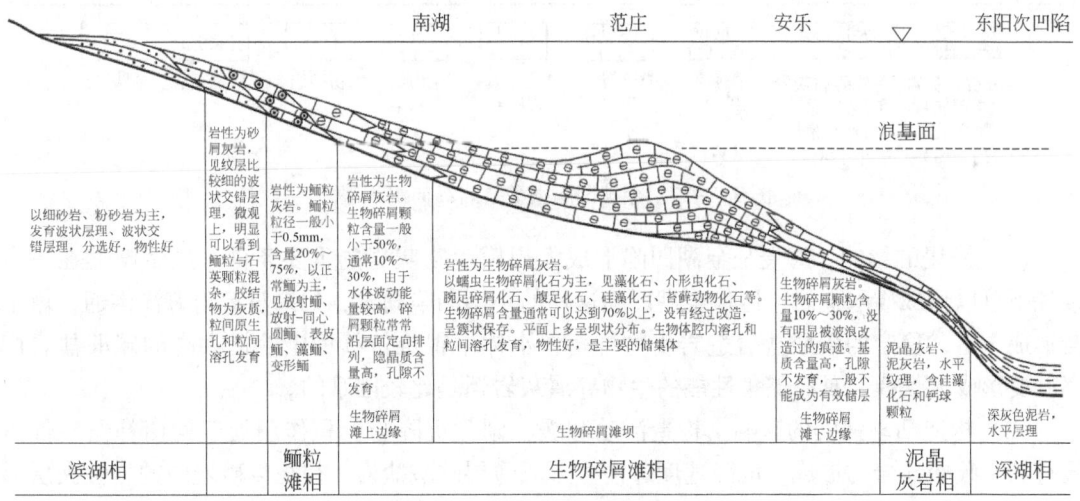

图 3-8-16 金湖凹陷阜二段碳酸盐岩沉积模式

研究区整体上为一比较典型的水进序列，不同类型的岩性和碳酸盐岩岩相构成了规律性明显的纵向序列。自下而上为滩砂、砂屑灰岩、鲕粒灰岩、生物碎屑灰岩、隐晶质灰岩、泥灰岩、泥岩（图 3-8-17）。

2）控制因素

根据金湖凹陷碳酸盐岩沉积特征和分布规律的研究，认为湖盆碳酸盐岩的形成、沉积主要受以下几个方面的地质因素控制。

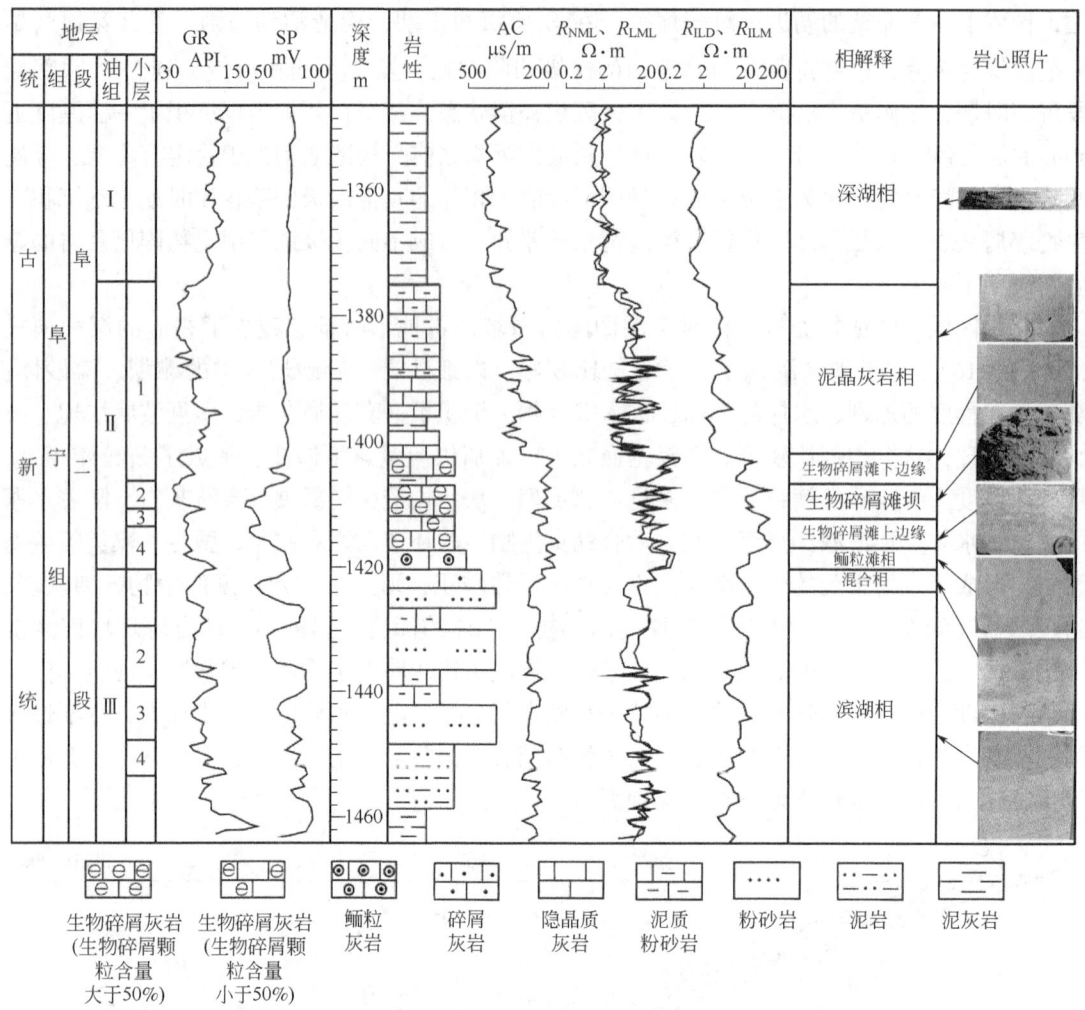

图 3-8-17 金湖凹陷碳酸盐岩纵向沉积序列

(1) 海侵的影响：海侵是金湖凹陷形成大规模生物灰岩的重要条件。虽然湖盆在一定条件下可以形成碳酸盐岩，但像金湖凹陷这样的小型断陷湖盆，如果没有与海洋沟通，就不会形成丰富、稳定的碳酸盐岩造岩生物群落，水体中很难持续稳定地提供高的碳酸盐岩产率，要形成大规模、具有储集性能的生物碎屑灰岩还是比较困难的。

(2) 构造活动强度的影响：构造活动和缓，湖盆沉降与沉积作用处于均衡补偿条件下最有利于碳酸盐岩的形成。沉降速度过慢多形成薄层碳酸盐岩，往往以砂岩中的岩性夹层形式出现；沉降速度过快则形成欠补偿性的深水沉积。$E_1f_2^2$ 层段沉积时期，构造活动相对平静，湖盆沉降速率和沉积速度缓慢且补偿适中，因此形成了本区厚度较大的生物碎屑灰岩。

(3) 古地形的影响：金湖凹陷的碳酸盐岩主要分布在西部缓坡区，东南部的陡坡带几乎没有分布。陡坡带坡降大，构造活动强烈，水深变化大，环境不稳定，碎屑物供应充分，一般不能形成有效的碳酸盐岩储层。相邻湖盆的陡坡区也有分布，但相带窄、相变快、厚度薄，一般缺少生物碎屑灰岩。缓坡区地势平缓、开阔，构造活动相对稳定，水深波动小，适宜生物繁殖，多能形成宽度较大、相带齐全、纵向上有一定厚度的碳酸盐岩储层。

(4) 水体清澈程度的影响：碳酸盐岩是原地沉积物，与陆源碎屑之间存在着相互消长的关系，当陆源碎屑颗粒物供应充分时，水体中的碳酸盐的浓度往往比较低，不易形成碳酸盐岩沉积，因此碳酸盐岩的大量沉积还需要一个水体清澈的环境。金湖凹陷在 $E_1f_2^2$ 层段沉积时期，西斜坡几乎没有河流和三角洲发育，陆源碎屑颗粒供应量很少，水体清澈，为大面积的碳酸盐岩沉积创造了条件。

第九节　浊积岩及沉积特征

1885 年，在瑞士的日内瓦湖和康士坦茨湖中，Forel 首次发现水中包含有大量悬浮的高密度流，但当时并未提出浊流的概念[87,88]。1936 年，R. A. Daly 提出了水下高密度浊流的概念，并发现它具有很强的下切能力，以此分析了海底峡谷中沉积物形成的原因[89]。1938 年，Stetson 等人认为深海中许多细小的颗粒沉积物是浊流搬运后形成的[90]。直至 1939 年，Johnson 对浊流概念进行了详细描述，认为它是由大量的悬浮物形成的，而不是由于盐度和温度的差异引起的。1950 年库南和米格列奥尼联合发表了《浊流是递变层理的成因》，认为浊流能在深海中形成砂质沉积，推动了深水沉积体系的研究，它突破了以往的机械沉积分异认知，正式建立了浊流理论[91]。随后的 10 年，人们开始花更多的精力研究海相浊流[92,93]，但对湖泊中的浊积岩研究较少[94]。直到 20 世纪 70 年代，陆相湖盆浊积岩才再一次进入地质学家的视野[95,96]。

我国系统地对浊流沉积的研究始于 1975 年前后，20 世纪 70 年代末到 80 年代初，全国形成了一股浊流研究的热潮。1983 年召开了全国浊流沉积学术会议。40 多年来，它已成为沉积学研究中重要组成部分，并达到了一定深度，形成了比较完善的理论，丰富了浊积岩方面的理论[97]。

针对湖盆浊流，国内外专家、学者从相序特征、形成机制、背景、形态和沉积学标志等多个角度进行了分类研究。何起祥等从相序特征和初始触发机制这两方面出发，将湖盆浊流划分为稳定型和阵发型两类。吴崇筠（1986）从湖盆中浊积砂体形态特点与发育的部位，将湖盆浊积岩划分为六种类型，包括深湖平原中的席状浊积岩、湖盆缓岸部位的带水道远岸浊积扇、湖盆陡岸部位的近岸浊积扇、近岸处浅湖砂体前面的浊积岩、深湖隆起带的浊积岩、陡岸断槽部位的浊积岩[98]。刘宪斌等（2003）根据湖盆浊流的沉积特征，将湖底扇划分为透镜状湖底扇和水道型湖底扇两种类型[99]。李丕龙（2003）结合沉积学标志，将陆上断陷湖盆浊积岩体系划为三种类型，包括滑塌浊积扇、陡坡近岸浊积扇和缓坡远岸浊积扇[100]。丁桔红（2007）根据浊流发育部位的坡度及砂体形态，将湖相浊积体系划分为三种，包括陡坡水道型浊积扇、缓坡水道型浊积扇和无水道滑塌浊积岩[101]。这些研究成果丰富了湖盆浊积岩的理论，推动了我国浊积岩油藏勘探开发的步伐[102]。

一、浊积岩形成的背景条件与沉积机制

根据前面的综述，浊流可以定义为：一种富含悬浮固体颗粒的黏稠状混合体，其密度远大于周围水体，在重力驱动下呈块体状或蠕动状顺斜坡向下迁移，多发生在较深水体中。由于其属特殊的沉积机制，其形成就需要有特殊的地质背景条件。

1. 浊积岩形成的条件

浊积岩的形成受多种因素的控制,但必要条件包括以下四个方面。

1) 一定的水深

浊积岩的形成必须有足够的水深。根据有关资料,某些专家认为,浊流多发生在1500~1800m 的深水中,不得小于100m。英国学者克林(1978)认为,在80m 以深才能形成浊积岩[103]。Galloway(1996)认为陆棚斜坡坡折以下相对深水区,就是在大陆斜坡与坡脚处是重力流沉积的最佳形成地点,由此可见,足够的水深是形成浊流的重要条件。但海洋与湖泊中各有不同[97],相对而言,湖盆稳定向差,构造活动频繁,浊流的形成不一定需要有海洋浊积岩如此大的水深条件,具体的水深条件没有确定的数值,但一定的水深和足够大的水体是必要条件,否则就是陆上泥石流了。

2) 足够的坡度角

在水体中包含大量悬浮物的浊流是一种密度流,密度差与本身的重力相结合,引发流体发生侧向流动。而侧向流动又可以促使紊流的发生,使得悬浮物不会沉积下来,浊流也就不会消失。

紊流保持连续不断就需要有稳定的能量提供,这种能量就是重力势能,足够的坡度角是提供这一能量的最佳选择。在一定的坡度下当沉积物不稳定时,就容易发生整体滑动。多数专家认为,发生重力流的坡度角最小为 3°~5°,而陆相发生重力流的斜坡一般要在5°以上。

3) 大量松散堆积的碎屑物

大量未固结、松散堆积的碎屑物是形成浊流的物质基础。碎屑物的来源可能是三角洲、扇三角洲、辫状三角洲沉积砂体,也可能是湖岸隆起带风化堆积的碎屑物,或者是火山喷发堆积的物质等。

浊流沉积物的岩石成分、碎屑物颗粒的特征度受制于物源,物源成分的不同造成浊流沉积物的差别很大,有些以砾为主,有些砂为主。

4) 一定的诱发机制

浊流的形成多归根于突发性事件。一定的突发事件诱发将导致浊流事件的发生,突发事件包括季节性洪水、地壳活动、火山活动和大风暴等。

当斜坡上堆积物的重力势能积累到一定程度,再加上一些触发机制的影响,外部造成的剪切力超过沉积物本身的凝聚力时,斜坡沉积物发生滑动,只要动力大于阻力,搬运作用就不会停止,直至斜坡底部。

2. 浊积岩形成的机制及特点

浊流是一种深水区域中大量沙泥与水混合的特殊类型水下重力流,这些泥沙和水的混合物以湍流机制呈自悬浮状态,是一种由密度差异产生重力驱动的流体,浊流体迁移过程中大体上可以划分为三个部分,即头部、体部、尾部(图3-9-1)。头部粒度粗、密度大,在斜坡背景上呈涡动状向前迁移,对床面的侵蚀作用强。体部碎屑颗粒降低,密度低于头部,以似层流状跟随头部迁移。尾部的碎屑物含量降低,粒度进一步变细,为稀释的流体,紧随体部迁移。

浊流属特殊类型的水下重力流,有别于牵引流和一般的重力流,因此有其独特的沉积特征和岩性组合。

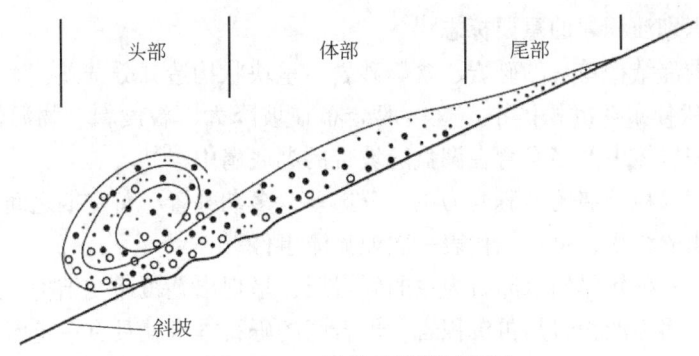

图 3-9-1 浊流的迁移示意图

1) 鲍马序列

鲍马于 1962 年发现浊流砂体在沉积过程中形成了具有独特的沉积序列，即鲍马序列[105][106]。一组完整的鲍马序列意味着一次浊流事件的发生，一个完整的鲍马序列可分为五段（图 3-9-2），自下往上依次为：

A 段——递变层理段：主体成分为砂，底部常含砾石，厚度比其他段要大，是递变悬浮沉积的结果。粒度向上变细，为正递变层理，底界面上多有侵蚀构造，下部常见侵蚀基底形成的泥质团块。实验证明 A 段是高密度浊流直接悬浮沉积作用的结果。浊流迁移到地势平坦区域后，失去动力，黏稠状的混合物开始沉积，虽然沉积快速，但仍有一定的分异作用，大颗粒下沉细小颗粒上浮，因此就形成了正递变层理。

B 段——平行层理段：位于 A 段之上，二者为渐变过渡的接触关系，粒度较 A 段细，多为中、细砂，发育平行层理。浊流头部的高密度流首先沉积，之后浊流体部快速覆盖在比较平坦的 A 段之上，形成了平行层理。

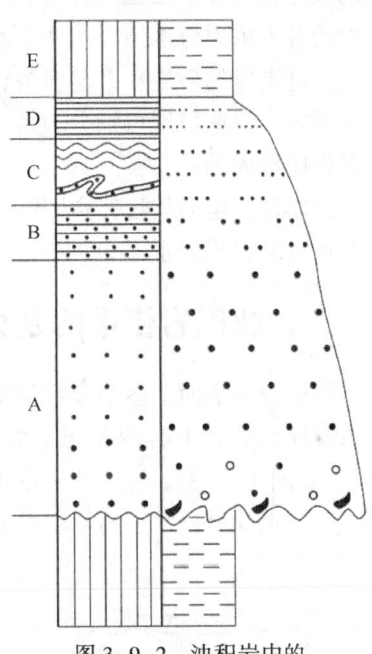

图 3-9-2 浊积岩中的鲍马序列示意图

C 段——波纹层理段：位于 B 段之上，与 B 段过渡接触，多是粉砂岩，含细砂。发育包卷层理、变形层理、波纹层理等。C 段是继 A 段和 B 段高密度流沉积后变为稀释的低密度流的沉积，惯性作用下后面的流体推动前面已经沉积的碎屑物发生蠕动，就形成了包卷层理和变形层理。由于浊流事件刚刚发生，搅动了浊积岩所在的深水区体产生了波动，在波浪的作用下在 C 段的上部就形成了波纹层理。

D 段——水平纹层段：位于 C 段之上，与 C 段之间为连续过渡关系。主要由粉砂岩和泥质粉砂岩构成，发育水平纹层。这一层段主要是由水体中细小悬浮组分直接沉积形成的。该段是前期的高密度流和低密度流沉积之后，被搅动的水体逐渐趋于平静过程中沉积下来的细碎屑物，因此表现为水平层理。

E 段——泥岩段：以泥质为主，多为块状构造，也有水平层理。这部分是浊流结束后，恢复到原深水平静环境后水体中悬浮的泥质碎屑直接沉积形成的。

2) 高密度、粗碎屑浊积岩

在一些粗碎屑、高密度的浊流中形成的浊积岩不一定有完整的鲍马序列，以下这些特有的岩石特征也是识别浊积岩的重要标志[107]。

块状砾岩：内部结构单一的砾岩、含砾砂岩，呈块状构造，分选差，大小混杂，有时可见砾呈"漂浮"状分布在沉积体中。这一般分布在坡降大、粒度粗、物源供应充分、高密度浊流形成的浊积岩体中。多发育在湖盆陡坡带的湖底扇中[108]。

叠覆砂砾岩：以粗碎屑的砂砾岩为主，分选差，多期叠置，每一期之间都有侵蚀面，这是高密度浊流沉积的结果，每一期代表一次浊流流事件。

卵石质砾岩：一种较厚的以卵石为主的砾岩层，呈现出叠覆递变结构，递变层从下到上含砾量逐步减少。因为浊积岩是再沉积岩，母岩区的砾石本身就具有一定磨圆度。

颗粒支撑砾岩：以再沉积砾石为主，砾石之间为细粒支撑物。与卵石质砾岩相比，它的区别就是含有较多细粒支撑物。沉积构造有正递变层理砾石层、紊乱状砾岩层。主要分布深水中的各种重力流水道环境中。

杂基支撑的砂岩：杂基多为粉砂和黏土成分，含量一般在25%~50%之间，通常作为颗粒支撑物，根据粒度可细分为砂岩、砂砾岩、砾岩，递变现象不明显。是内扇主水道中的浊流沉积所形成的。

滑塌岩：是砂体没完全固结，呈比较大的块体发生重力滑塌，沉陷在浊流沉积物中，多分布在滑塌浊积岩水道中。

二、浊积岩相带的划分及特征

浊积岩在平面上多呈扇状分布，剖面上呈丘状、楔状、寻状。根据浊积岩形成的背景和沉积特征，平面上有两种形态特征，一种可以将浊积扇划分为内扇、中扇和外扇三种亚相[34][图3-9-3(a)]；另一种可以划分出补给水道、内扇、中扇和外扇四个亚相[图3-9-3(b)]，有明显补给水道的浊积岩多形成于中等坡降背景。

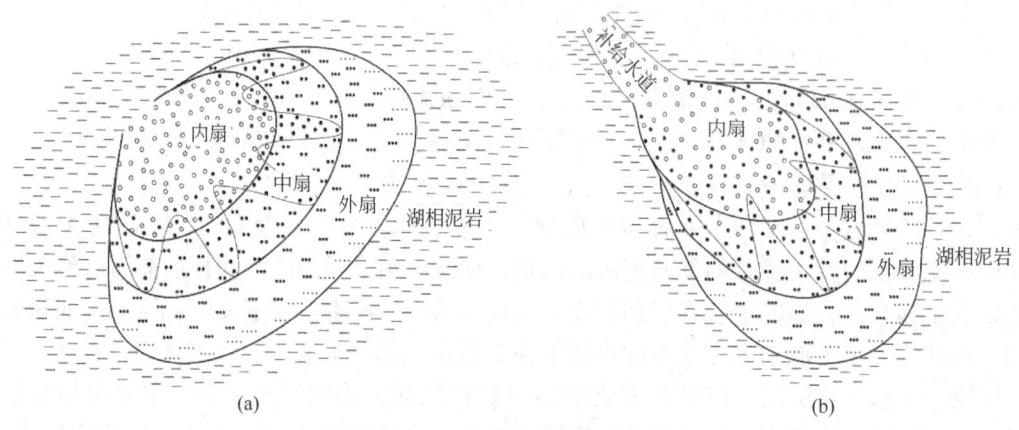

图3-9-3 浊积扇平面相带划分

1. 内扇

内扇以粗碎屑为主，厚度大，分选差。以浊积岩水道沉积为主，底部发育侵蚀面，有递变层理、平行层理等沉积构造。测井曲线多呈箱形、箱钟形。内扇常常是由多期浊积岩水道叠覆而成，内部的鲍马序列多是不完整的，常见的组合有"AAB""ABAB"等，A段发育，厚度大，其他段厚度一般很薄。

2. 中扇

中扇以浊积岩分流水道沉积为主，有递变层理、平行层理、水平层理、变形层理、波纹层理等沉积构造。测井曲线多呈钟形。内部的鲍马序列发育完整，一般可以见到比较全的"ABCDE"段组合。

3. 外扇

外扇多以细砂、粉砂为主，厚度薄，发育水平层理、变形层理、波纹层理等沉积构造。测井曲线多呈指形。平面上呈席状分布。外扇的鲍马序列发育不完整，多缺少A、B段，一般以"CDE"段组合为主。

4. 补给水道

在陡坡背景下，浊积岩一般是整体滑塌、迁移，没有明显补给水道，在中等坡降背景和缓坡背景下，往往会形成一个或多个补给水道。补给水道是浊流早期在斜坡部位侵蚀形成的沟槽，大部分的浊流碎屑物沿沟槽迁移到底部平缓带。早期，补给水道遭受侵蚀，并不接受沉积，后期随着浊流能量的降低，逐渐接受沉积。岩性以粗碎屑为主，大小混杂，泥质含量高，分选差。剖面上呈顶平底凸的透镜状，纵向上多呈厚层块状，测井曲线呈箱形或箱钟形。当坡降比较大时，碎屑物在斜坡处的重力势能一直很大，直到浊流结束都不会在沟槽中留下沉积物。但留下的沟槽会接受平静期泥质的沉积，因此常常会发现有水道的外形，但以泥质充填为主的补给水道。

三、湖盆浊积岩成因类型

湖盆浊积岩既具有海相浊积岩的一般特征，也明显受湖盆地质背景的影响，不同背景的的浊积形成机制、岩石特征和储集物性等不完全相同，因此，有必要进行分类研究。

基于湖盆背景、岩心、露头、沉积特征、测井、地震等资料的分析，将湖相盆浊积岩划分为缓坡型浊积岩、中等坡降型浊积岩、陡坡型浊积岩和断阶型浊积岩等四种类型。

1. 缓坡型浊积岩

缓坡型浊积岩的坡度一般小于20°，物源多来自三角洲前缘，岩性细，流体密度相对低，由于重力势能小，浊流的规模小。单期次浊积岩沉积体的厚度薄，纵向上的期次少，平面上呈片状，多分布于斜坡的中下部。

2. 中等坡降型浊积岩

中等坡降型浊积岩的坡度一般介于20°与40°之间，物源多来自辫状三角洲，岩性相对粗，流体密度大，浊流的规模大。浊积岩的厚度大，平面上多呈朵状分布，多沉积于斜坡的下部至坡脚处，常常发育有浊积岩补给水道。纵向上期次多，叠合程度高。

3. 陡坡型浊积岩

陡坡型浊积岩的坡度一般介于40°与60°之间。陡坡背景下多形成湖底扇，物源度来自扇三角洲或湖岸风化物，岩性的颗粒粗大，以砾为主。坡降大、密度大、重力势能大，碎屑物最终迁移到湖底，形成湖底扇，平面上多呈扇状分布。

4. 断阶型浊积岩

断阶型浊积岩与湖盆斜坡带的同生断裂相伴生，坡度一般大于60°。物源来自同生断裂上升盘的三角洲或湖相沉积碎屑物，这些碎屑物原本位于断层的上升盘，在同生断裂活动等诱发机制作用下，上升盘的沉积物滑塌并卸载到断裂的下降盘上，砂体紧靠断裂，平面形态多呈扇形，如果断裂持续活动的时间长，浊流发生的频次就高，纵向上的累计厚度就大。

四、不同类型湖盆浊积岩典型实例

1. 缓坡型浊积岩

松辽盆地西斜坡的英台油田上白垩统嫩江组发育有比较典型的缓坡型浊积岩。

1) 地质背景

英台油田位于吉林省白城地区镇赉县大屯乡，构造上处于松辽盆地西斜坡南部英台背斜构造的主体部位（图3-9-4）。

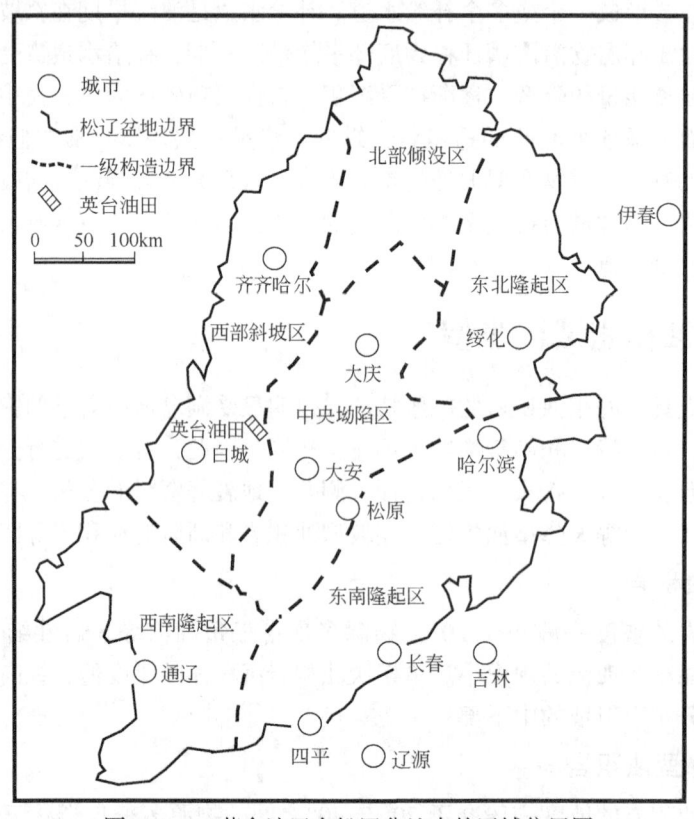

图3-9-4　英台油田在松辽盆地中的区域位置图

松辽盆地是一个大型的中生代沉积盆地，盆地基底为加里东褶皱带的一部分，主要为古生代和前古生代变质岩。沉积盖层有侏罗系、白垩系和新生界。西部斜坡区在坳陷期发育的地层主要有下白垩统泉头组和上白垩统青山口组、姚家组、嫩江组。该套地层与下伏古生界为角度不整合接触，其上被上白垩统的四方台组不整合覆盖。英台油田主要含油层位为上白垩系青山口组二段、三段（高台子油层）、姚家组二段、三段（萨尔图油层）和嫩江组（萨尔图零油组）（图3-9-5）。储层以细砂岩、粉砂岩为主，主要为三角洲沉积体系，物源来自西北方向。由于湖水频繁间歇性进退，形成了一套沉积旋回复杂、韵律多变、物性差异大、非均质性十分严重的砂岩储层。

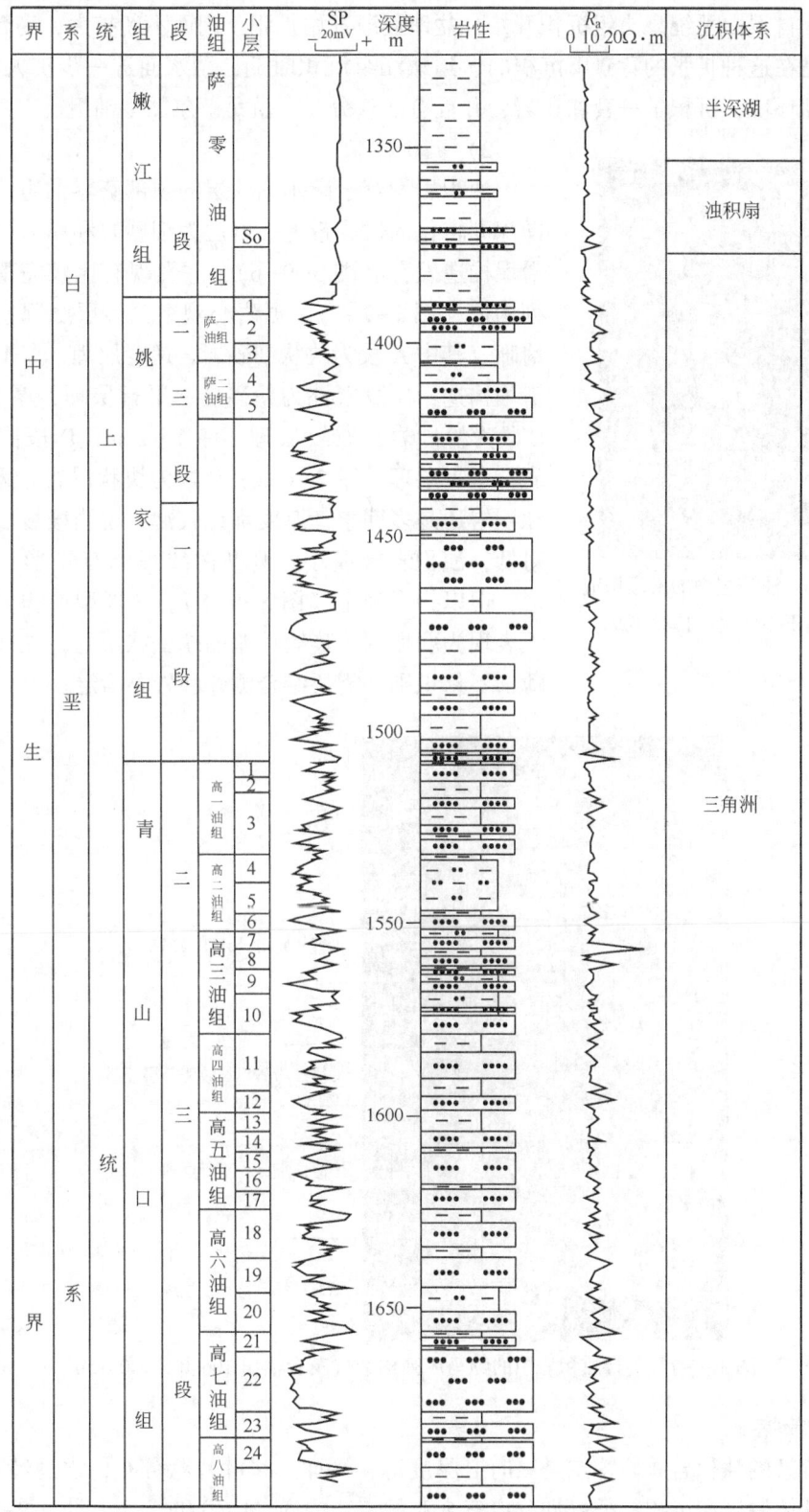

图 3-9-5 英台油田地层层序图

松辽盆地早期为拉张断陷型盆地，到了下白垩统登娄库组沉积时期，盆地开始逐步转化为坳陷型，自下白垩统泉头组沉积开始，盆地逐渐开始扩张，湖面不断扩大，高台子、萨尔图油层就是在这种扩张的背景下沉积的，到嫩江组沉积时期，湖水面进一步扩大[97]，该区处于半深湖环境，沉积了一套浊积岩，并且有油气分布，就是萨尔图零油组。

2) 沉积特征

浊积岩发育于萨尔图油层的顶部萨零油组，由三角洲向深湖转化的过渡带上。岩性为细砂岩和粉砂岩，岩石中滑塌构造发育（图3-9-6），并发现有比较完整的鲍马序列构造（图3-9-7）。据岩心观察，砂层底部侵蚀面比较清晰，其中A段为块状细砂岩，递变层理，厚1~2cm，见滑塌构造；B段岩性为粉砂岩，平行层理，厚3cm左右；C段为粉砂岩，波纹层理，厚1~2cm；D段同样为粉砂岩，水平层理，厚2~4cm；E段为块状泥岩。无论是单期浊积岩还是多期累计厚度都比较薄，说明缓坡浊流能量相对低，浊积岩规模小。测井曲线形态有箱形、钟形和指形，但以指形为主（图3-9-8）。缓坡型浊积岩地震剖面上表现为弱振幅、连续性差的蠕虫状反射，往往因其厚度薄，不易识别，需要结合测井和岩心确定。

图 3-9-6　浊积岩中的滑塌构造
（英台油田109井，1388.02m）

E段：泥岩，块状

D段：粉砂，水平纹理

C段：粉砂，波纹爬升层理

B段：细砂，平行层理

A段：细砂，递变层理，见底痕

图 3-9-7　英台浊积岩中的鲍马序列构造（英台油田106井，1405.5m）

3) 相带特征

缓坡背景的浊积岩总体特点是纵向上厚度薄，平面上呈叶片状分布，水道特征不明显。按岩性、砂体厚度和沉积特征可划分出三个亚相带：内扇、中扇和外扇（图3-9-9）。

内扇：厚3~4m，宽600~1000m。岩性与物源的岩性较为相似，主要为细砂岩，底部发

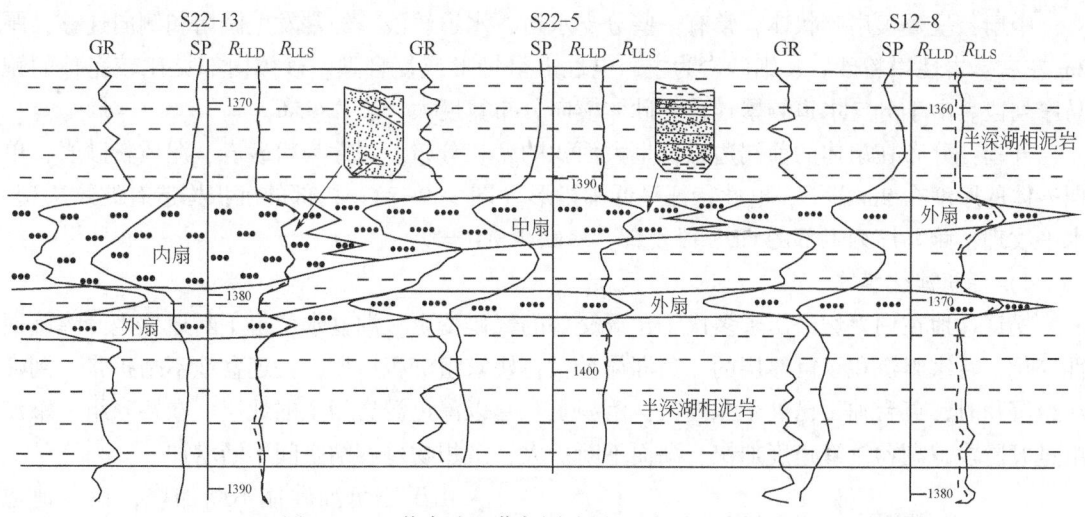

图 3-9-8 英台油田萨尔图油层 S_0 小层对比剖面图

育侵蚀构造，内部发育正递变层理，滑塌构造常见，砂层中分布有撕裂状的泥质和砂质团块（图 3-9-5），测井曲线呈低幅箱形（图 3-9-9），鲍马序列中的 AB 段比较发育。砂体在平面上呈宽的带状分布，内扇水道部分规模较小，并且宽而浅，水道的特征不明显。

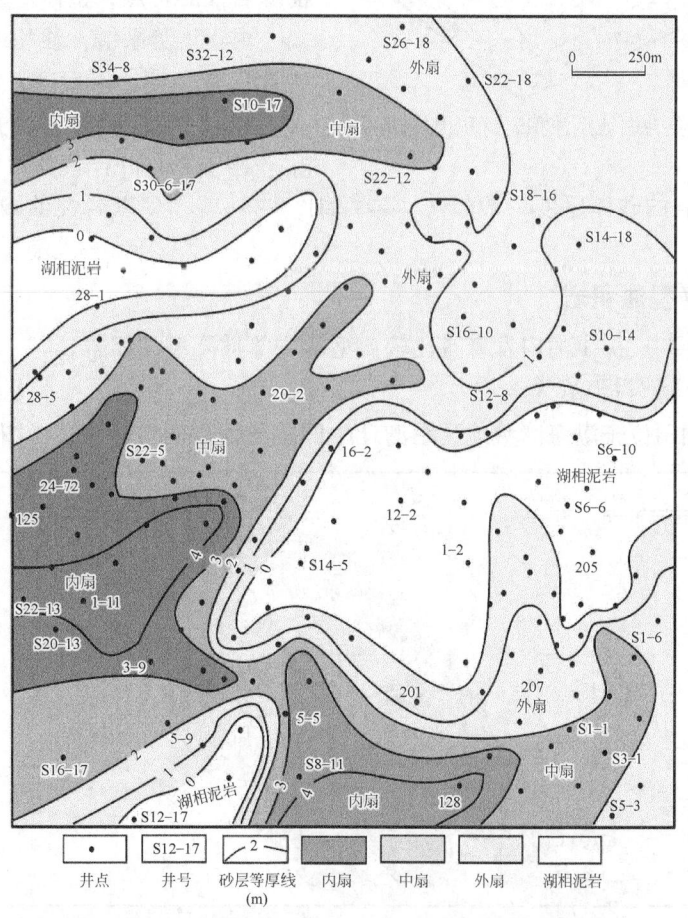

图 3-9-9 英台油田萨尔图油层 S_0 小层砂体等厚图及微相分布

中扇：呈叠覆扇叶状体，常有一些分支水道，水道较浅，经常发生淤堵和侧向迁移，厚2m左右。岩性以粉砂岩、细砂岩为主，电性上呈钟形或复合型。砂体内部见比较完整的鲍马序列段。由于分支水道频繁迁移，砂体横向分布宽度大，连片分布。

外扇：分布在扇体的前端边缘，呈大面积的席状分布。岩性为粉砂岩、泥质粉砂岩，单期砂体的厚度在2m以下，电性特征呈低幅指形（图3-9-8）。内部的沉积构造有波纹层理、水平纹理，鲍马序列上部的CDE段发育，多缺少AB段。

4）沉积演化模式

松辽盆地在白垩纪经历了多次干、湿交替的气候变更，湖盆水位也不断地发生升降旋回性变化。姚家组沉积了巨厚层的三角洲体系，自姚家组沉积后期，松辽盆地不断扩张，到嫩江组沉积时，英台油田已处于深湖区，沉积了一套以深色泥岩为主的地层。在姚家组—嫩江组过渡阶段，湖盆沉降速度加快，湖面不断扩大，沉积物可容纳空间不断增加。

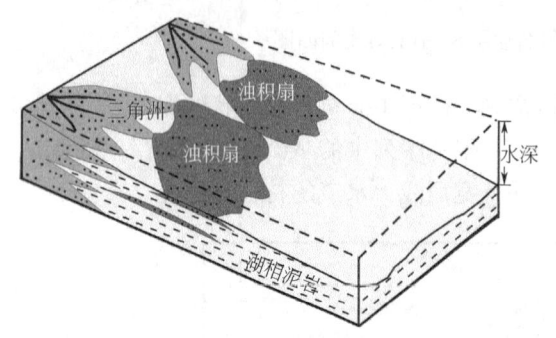

图3-9-10 英台缓坡型浊积岩沉积模式图

由于三角洲砂体不断加厚，在盆地边缘地质活动或洪水等诱因作用下，前缘沉积物垮塌，并沿着斜坡迁移，将碎屑物卸载到斜坡中下部（图3-9-10）。这些扇体发育在三角洲的前端，岩性继承了三角洲前缘岩性的特点，整体比较细。

由于地势平缓，浊积岩发生的期次少，统计只有2期；厚度薄，单期沉积厚度最大不超过5m，两期累计最大厚度不超过8m；平面上呈叶片状分布，水道不发育。

该类型浊积岩的砂体厚度一般较薄，岩性细，物性差，多以岩性油藏为主，含油面积小，储量丰度低。

2. 中等坡降型浊积岩

渤海湾盆地绥中36-1油田发育有比较典型的中等坡降型浊积岩。

1）绥中36-1油田地质背景

绥中36-1油田位于渤海湾盆地辽东湾辽中凹陷的西部斜坡带[109]（图3-9-11）。钻遇

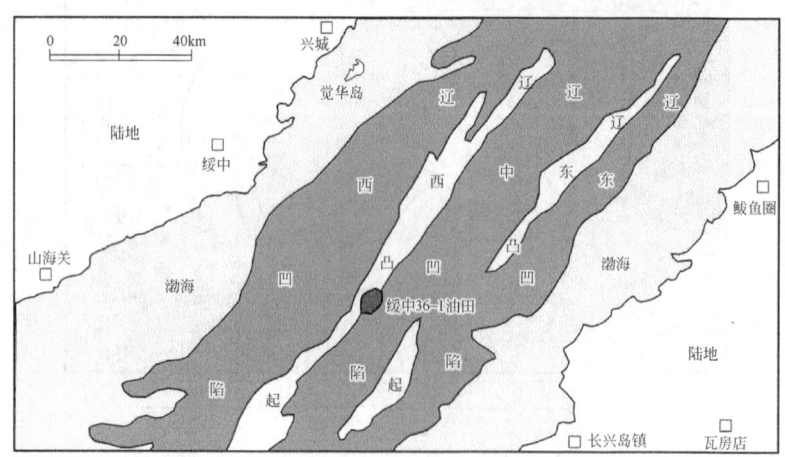

图3-9-11 绥中36-1油田区域地质背景图

了4套地层，自上而下依次为：第四系平原组、新近系明化镇组和馆陶组、古近系东营组以及前新生界基底。主要含油层段位于东营组下段（E_3d_2），埋深1300~1600m。根据砂岩发育程度及油气分布规律，将含油层段E_3d_2由上而下划分为零、Ⅰ、Ⅱ、Ⅲ等4个油组。

绥中36-1油田主要为三角洲、浊积扇和湖泊三种沉积体系共存。纵向上，湖相沉积主要发育在研究层段顶部，三角洲沉积伴随升降旋回在整个研究层段都有发育，浊积扇受古潜山的影响主要形成于研究区东部的中上层段（图3-9-12）。

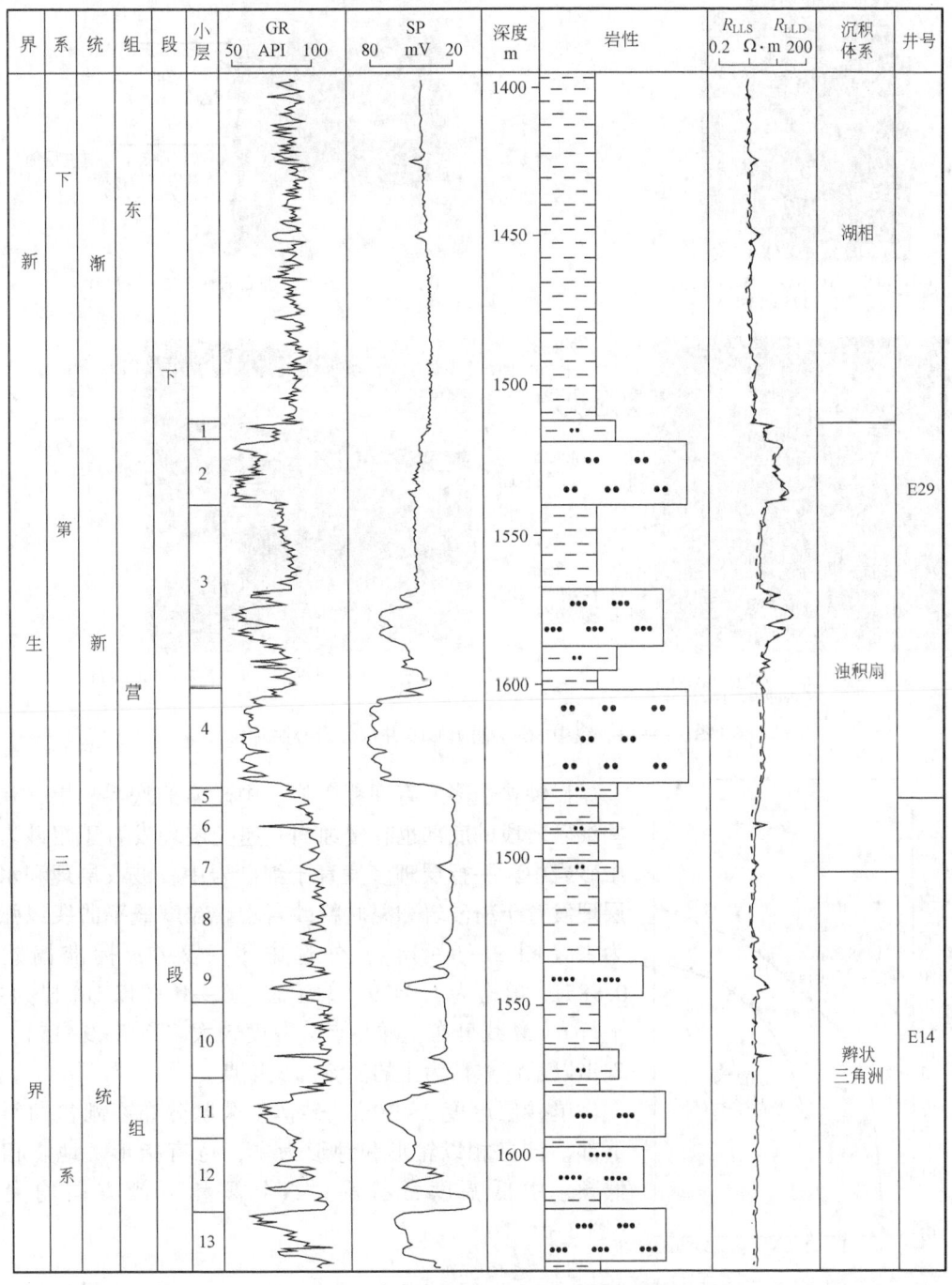

图3-9-12 绥中36-1油田东营组下段地层层序图

2) 沉积特征

这类型浊积岩的岩性组合从泥岩到粗砂岩都有发育，也见含砾砂岩。沉积构造以不完整的鲍马序列为主，递变层理、平行层理、块状构造、波纹层理、水平层理以及侵蚀构造都有发育（图3-9-13）。

(a) G19井，中砂岩，块状，正递变层理，1396~1398m

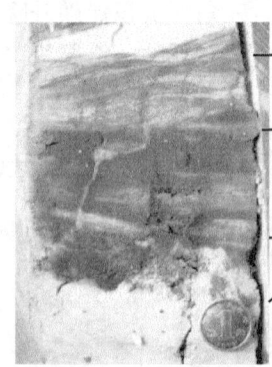
(b) G19井，细砂岩，底部有冲刷面，1490.1m

(c) G19井，递变层理中砂岩、平行层理细砂岩，1490.8m

(d) G19井，细砂岩，平行层理，1489.8 m

图 3-9-13　绥中 36-1 油田 G19 井部分岩心照片

侵蚀构造多发育在粗砂岩、中砂岩的底界面上，在有些细砂岩段的底部也有侵蚀面。递变层理发育于粗砂岩和中砂岩中，平行层理多发育于细砂岩中，波纹层理和水平层理发育于粉砂岩和泥质粉砂岩中。粒度概率曲线以弧形为主（图 3-9-14），分选中等—较差，标准偏差为 0.9851，峰态为 1.0479，偏正态。$C—M$ 图以 QR 段为主，平行 $C=M$ 线分布，样品点分散度较大（图 3-9-15），表现出以悬浮载荷为主的浊流沉积特点。

单砂层厚度 2~30m，砂体呈朵状分布在湖盆的斜坡下部。测井相以箱形和钟形为主，也有指形。地震相呈低频、中低幅度带状反射，上倾和下倾方向均尖灭（图 3-9-16）。

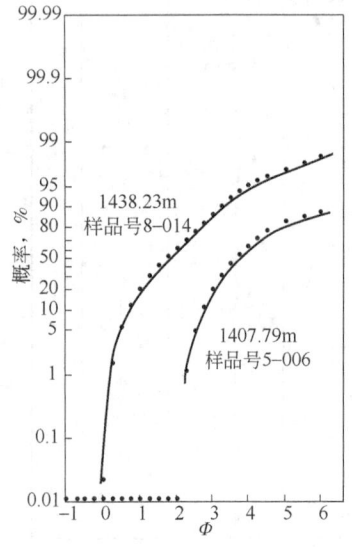

图 3-9-14　宽缓弧形粒度概率图

3) 微相特征

在岩性、沉积构造、砂体分布特征和测井相上，可以

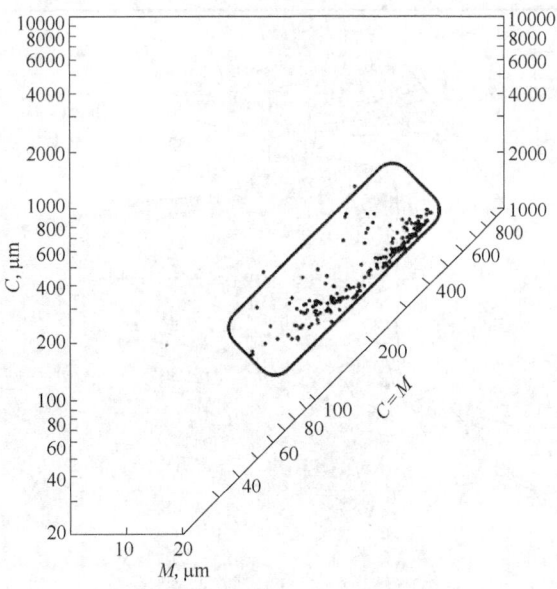

图 3-9-15　SZ36-1-B19 井的 C-M 图

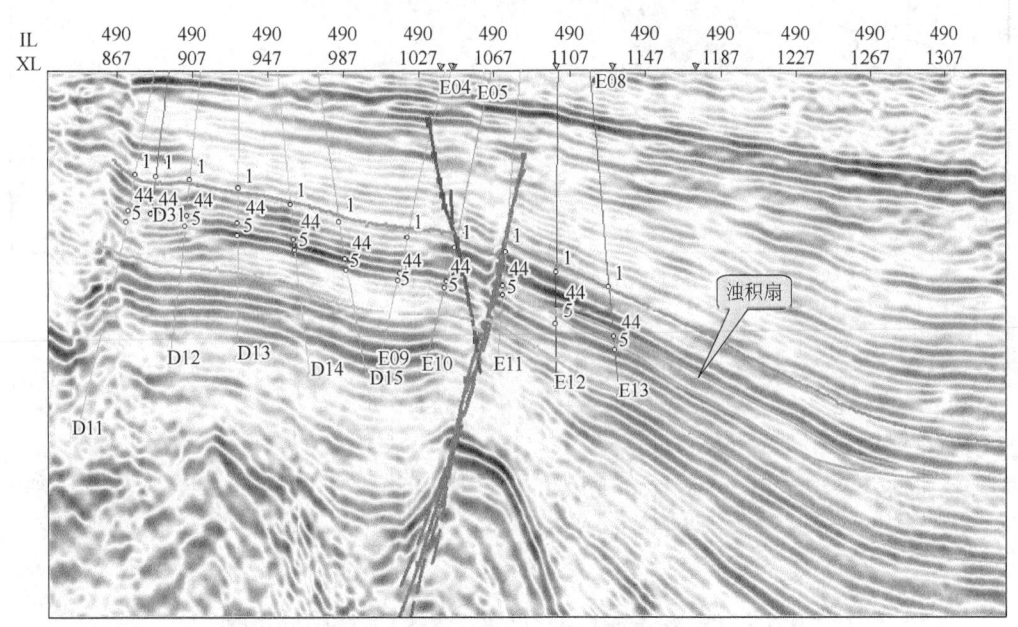

图 3-9-16　绥中 36-1 油田地震剖面图

明显地看出中等坡降型浊积岩的补给水道十分发育（图 3-9-17）。

补给水道：包括水道主体部位和水道侧缘部位。主水道微相实际上是一个欠补偿的下切谷，早期的块体流能量强，造成斜坡被侵蚀，碎屑物难以保留，后期随着能量的降低，碎屑物在侵蚀槽里面堆积。岩性以粗砂岩和中砂岩为主，顶部也有细砂岩分布。颗粒分选性差，发育递变层理。补给水道单期砂体厚 5~10m，宽度一般为 50~100m，多期叠加厚度可达 30m，叠加宽度从 200m 到 1000m。补给水道主体部位的测井曲线多呈箱形，幅度中等偏高，顶、底部突变，侧缘部位多呈复合韵律形和指形（图 3-9-18）。

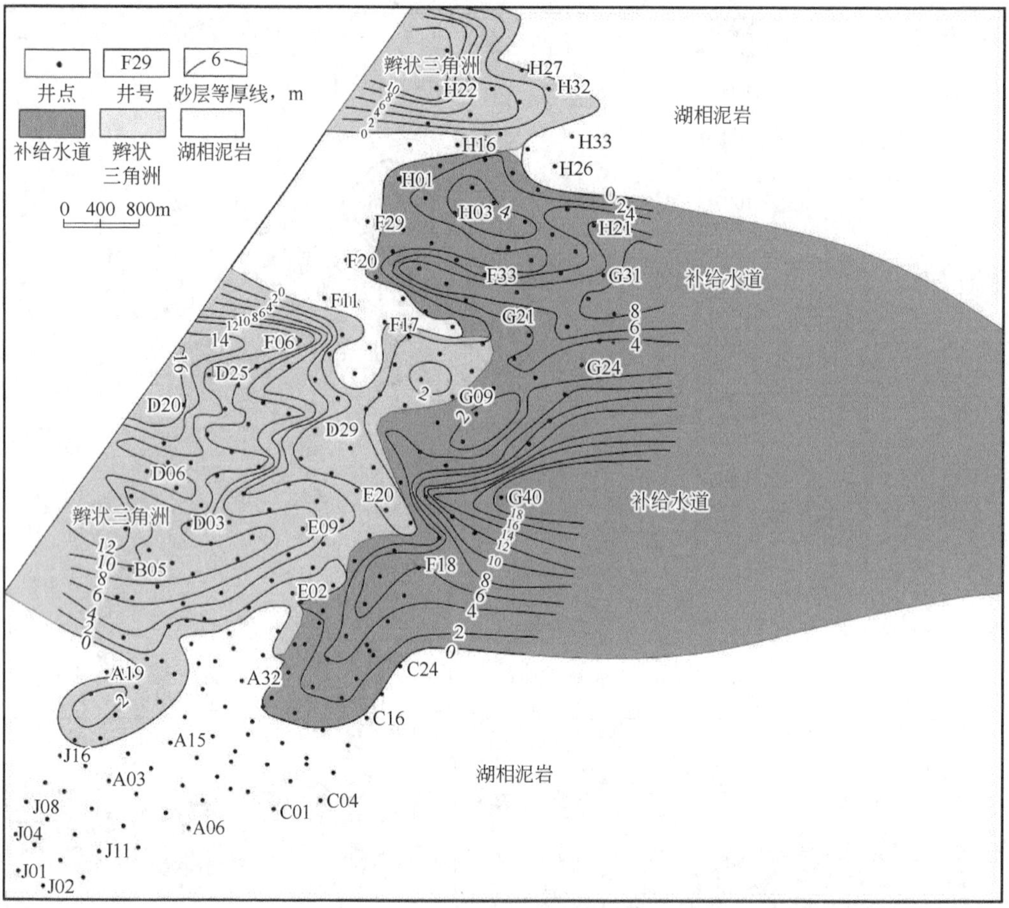

图 3-9-17 绥中 36-1 油田东营组下段 2 小层砂层等厚度图及微相分布图

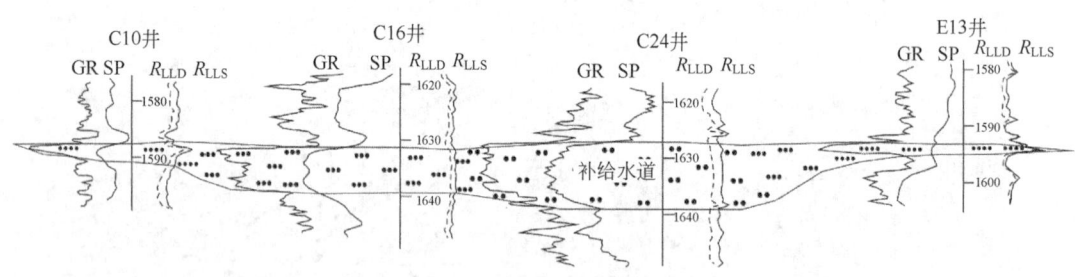

图 3-9-18 绥中 36-1 油田东营组下段 4 小层对比剖面图

内扇：水道微相构成了内扇亚相的砂体骨架，是碎屑物被输送到深水区域的主要迁移通道。岩性以粗砂岩和中砂岩为主。颗粒分选性差，发育递变层理和平行层理。鲍马序列的组合形式主要为 AA、ABAB 组合。内扇的测井曲线多呈箱形。

中扇：岩性主要为中砂岩、细砂岩，沉积构造包括递变层理、平行层理、波纹层理、水平层理，发育完整的鲍马序列构造。单期沉积的砂层厚度为 5~10m，测井曲线以钟形、复合形为主。分支水道微相与分支水道之间微相间互。

外扇：岩性为粉砂岩，呈席状分布，厚度一般小于 4m。发育鲍马层序中的 CDE 段。虽然有多期沉积，但厚度均较薄，平面上与半深湖泥岩过渡接触，在纵向上与半深湖泥间互。

测井曲线呈指形,幅度中等。

4) 沉积演化模式

从地震剖面上可以看出(图3-9-16),斜坡的基底上发育一个幅度不大的潜山体,三角洲砂体覆盖在潜山之上,随着潜山顶部沉积物的加厚,造成潜山东侧的斜坡越来越陡,在洪水或构造运动等突发的诱发条件作用下,辫状三角洲前缘沉积物沿斜坡滑塌形成浊积扇,浊积扇分布在斜坡的下部,与半深湖泥岩交互沉积。

由于斜坡的坡降较大,碎屑物迁移距离远,并会在斜坡带上形成比较长的浊积岩补给水道,在斜坡下部形成朵状扇体(图3-9-19),各相带发育完整。根据对油田全部钻井的地层对比发现,东营组共发生了11次浊流事件。

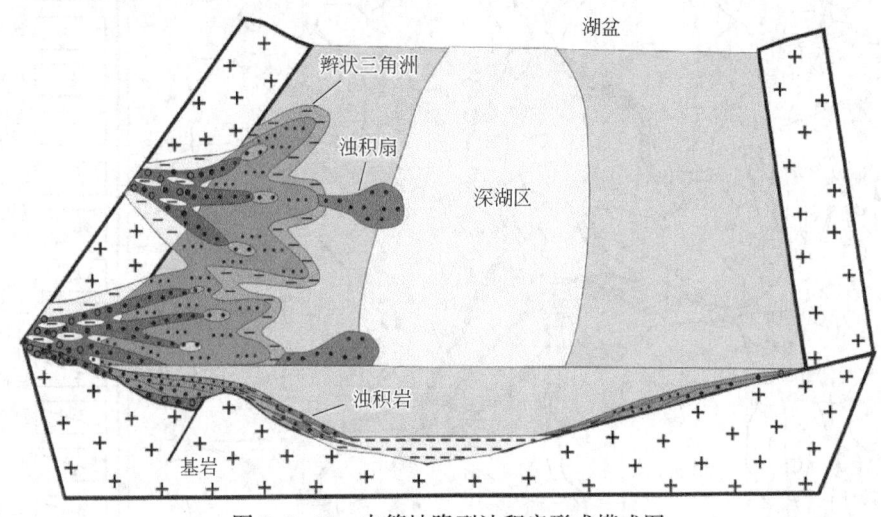

图3-9-19 中等坡降型浊积扇形成模式图

中等陡坡型浊积扇的规模大、继承性好,无论是单砂层还是累计砂体的厚度都比较大,物源来自辫状三角洲前缘,物性比较好。砂体与半深湖泥岩呈穿插接触,四周又被湖相泥岩包裹,无论是砂体物性条件、运移条件,还是圈闭条件都很优越,往往能形成丰度比较高的油气藏。根据统计,在绥中36-1油田,浊积岩砂体的储量占这一区域储量的16.0%。

3. 陡坡型浊积岩典型实例

陡坡背景下的浊积岩以湖底扇为主。柳江盆地中生界下侏罗统下花园组中部发育一套砾岩、含砾砂岩地层,属于比较典型的陡坡背景下的湖底扇。

1) 地质背景

柳江盆地地处秦皇岛市市区北部,位于古老的华北地台北缘[110],是燕山山脉东段的一个南北向延伸的丘陵盆地[111](图3-9-20)。

中生代,柳江盆地为一小型裂谷湖盆,沉积了一套冲积扇、河流、扇三角洲、湖相碎屑岩地层(图3-9-21)。早侏罗世中期湖盆扩张规模达到顶峰,湖盆面积最大,这一时期发育了一套湖底扇。

2) 沉积特征

湖底扇的岩石以砾岩、含砾粗砂岩、粗砂岩为主,少量的中、细粒砂岩。沉积构造有块状构造、平行层理、波纹层理、水平层理。

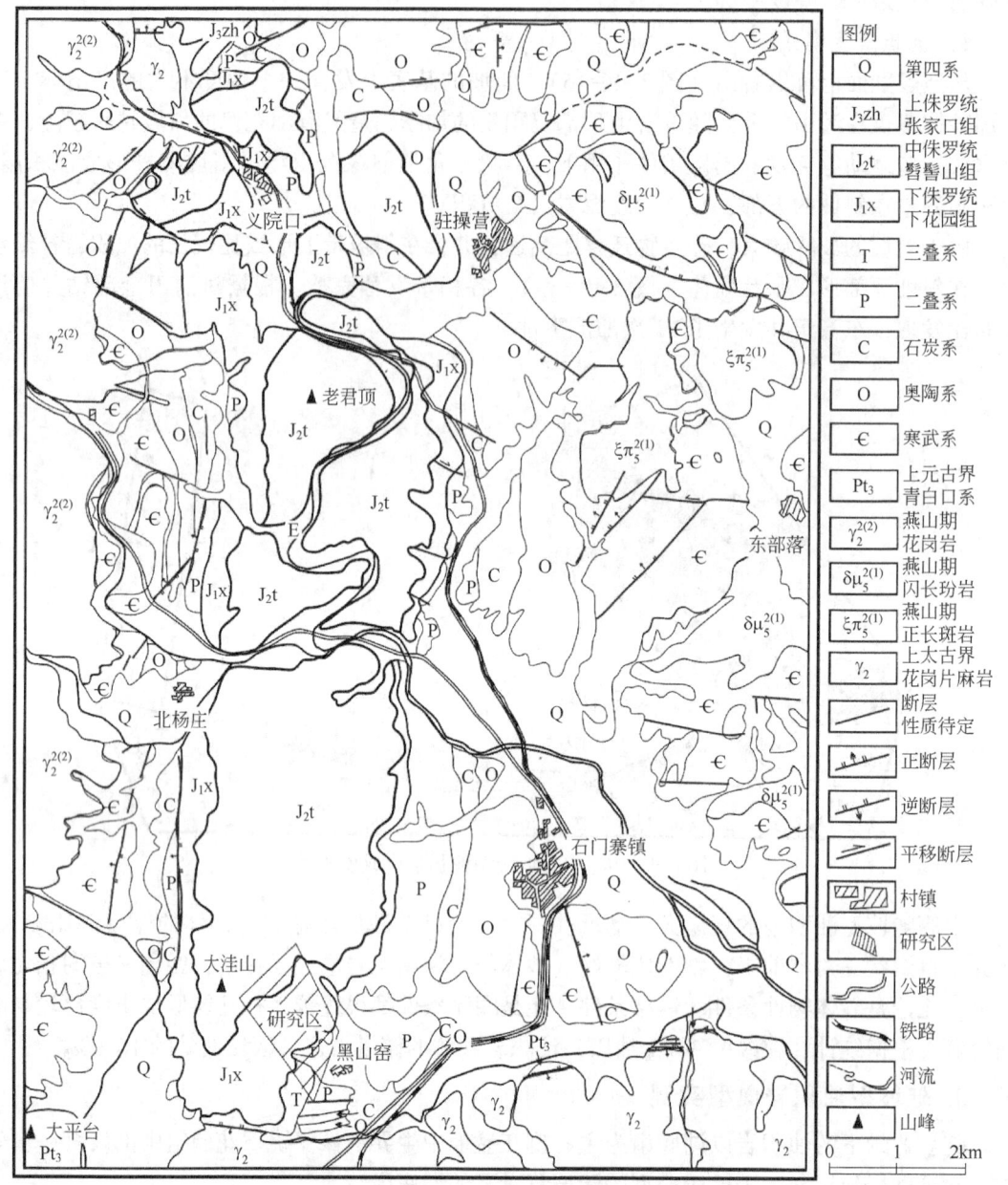

图 3-9-20 柳江盆地地质图及研究区位置图

砾岩的厚度一般为 1~5m。砾石直径一般为 5~10cm，最大可达 20cm。砾石呈次圆状，分选极差，砾石呈漂浮状分布在细碎屑颗粒中间（图 3-9-22）。具有整体搬运和快速堆积的特征。岩层底部见侵蚀面，内部呈块状或略显正递变层理。

含砾砂岩厚度一般为 0.3~1.0m。砾石直径一般为 2~10mm，砾含量 35% 左右，分选差。碎屑颗粒中石英含量约为 40%，斜长石含量约为 15%，正长石含量约为 5%，岩屑含量约为 25%。岩石内部略显平行层理。

中砂岩厚 0.5m 左右，灰白色，分选较好，发育变形层理（图 3-9-23）。

细砂岩厚 0.3m，灰白色，发育水平层理（图 3-9-23），纹理厚 3~8mm。

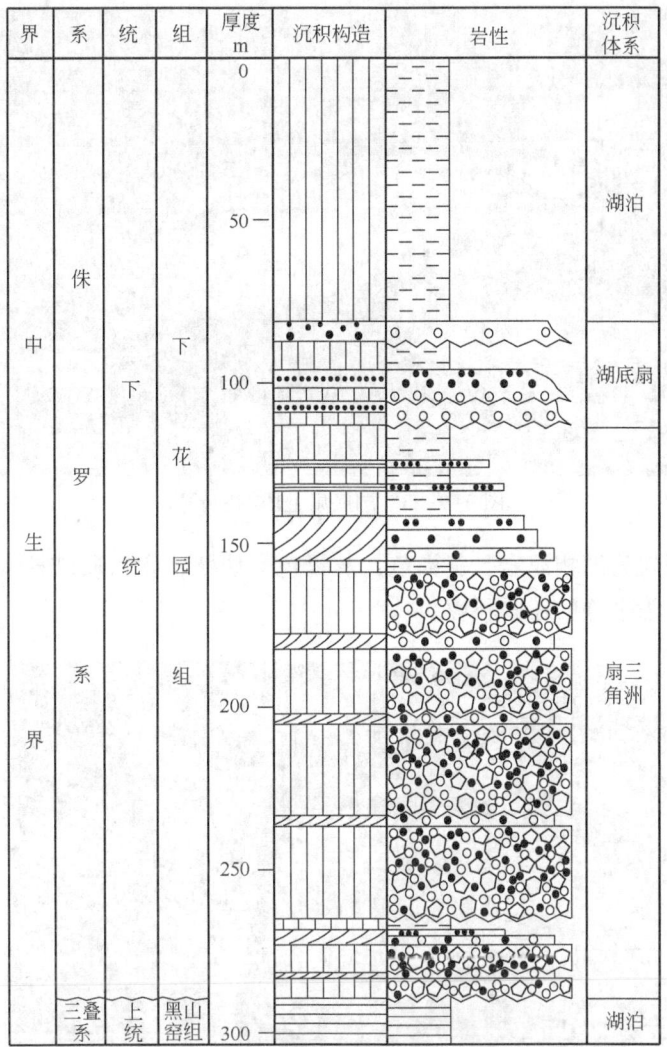

图 3-9-21　柳江盆地中生代下侏罗统下花园组地层特征

图 3-9-22　湖底扇下段的砾岩和含砾粗砂岩

图 3-9-23 湖底扇上段的中砂岩

浊积上部的泥岩为湖相泥岩，黄褐色，灰褐色，块状，含铁质结核（图 3-9-24）。说明当时水体较深，为平静的还原环境。

图 3-9-24 泥岩段

受陡坡背景的影响，湖底扇一般分布在湖底靠坡脚部位，沉积物以砾岩为主，分选差，厚度大，平面上呈扇状分布。根据相关盆地的资料，地震剖面上呈楔状（顺物源方向）和丘状（垂直物源方向）。测井相以箱形、钟形为主。

3）相带特征

研究区共发育四期浊流事件（图 3-9-25），依据剖面上的岩性、沉积构造、接触关系，可以划分出内扇、中扇和外扇。

内扇：以宽阔的水道为主要特征，岩性以砾岩为主，分选差，底部侵蚀面明显，发育块状构造和不明显的正递变层理。厚 5~10m。纵向上鲍马序列的组合形式有 AAA、ABAB 等形式。纵向上多期水道呈侵蚀叠置的特征区别中扇，分布在斜坡的坡脚处。

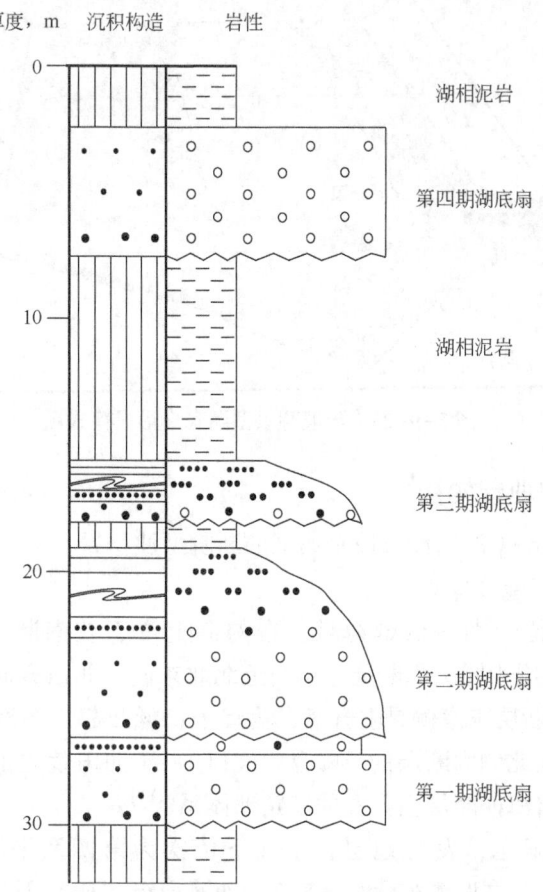

图 3-9-25　湖底扇纵向岩性及沉积构造序列图

中扇：以含砾砂岩为主，分选差，发育递变层理、平行层理。鲍马序列的组合形式有 ABC、ABCD 等形式。

外扇：以中砂、细砂岩为主，分选中等，发育变形层理、水平层理。鲍马序列的组合形式以 BCDE、CDE 形式为主。呈环带状分布湖底扇的外围。

4）沉积演化模式

柳江盆地是一个小型裂谷型盆地，周边高差悬殊，碎屑物供应充分，湖盆边部的扇三角洲平原和扇三角洲前缘不断堆积，随着时间的推移，形成了厚度较大的粗碎屑堆积层，受突发因素的影响，扇三角洲沉积物垮塌，砾、砂、泥和水混合，顺斜坡迁移到湖底坡脚处，并在惯性作用下，散开分布在湖底。由于坡降大，碎屑物在斜坡部位往往是过路不留，主要堆积在坡脚和深湖区，形成湖底扇（图 3-9-26）。由坡脚向外依次发育内扇—中扇—外扇三个亚相。内扇叠合程度高，多期浊积岩叠置。早期堆积形成的外扇会使湖底的地势变高，后期的浊积岩往往会向外扇侧面地势低的位置沉积，所以多期浊积岩会形成不同方向的朵状体，呈错列叠置。

在湖底扇沉积体系内部，内扇以砾为主，砾石之间由各级别的细碎屑充填，分选极差，物性很差，一般不会成为有效储层。中扇多为含砾砂岩，物性相对较好，一定条件下可以成为储层。外扇以中、细砂岩为主，物性好，是比较好的储层。

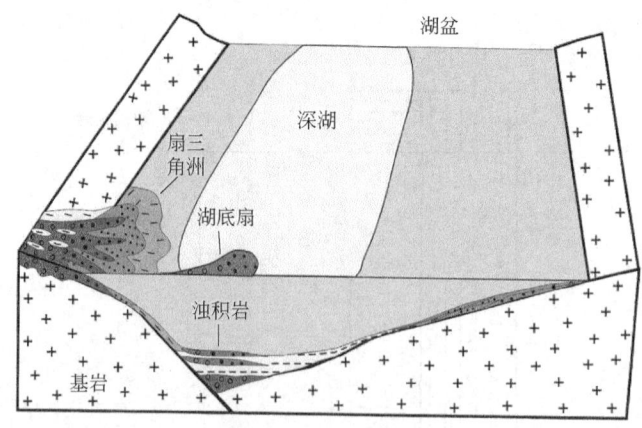

图 3-9-26　陡坡背景型湖底扇形成模式图

4. 断阶型浊积岩典型实例

渤海湾盆地岐口 18-1 油田沙二段是典型的断阶型浊积岩。

1）岐口 18-1 油田地质背景

岐口 18-1 油田位于渤海西部海域，在构造上位于岐南断阶带海四断层的下降盘（图 3-9-27）。海四断层为同沉积断层，走向近北北东向，北西方向倾斜，正断层，断距最大处超过 200m。海四断层东南侧是上升盘，为埕子口低凸起，在沙二段时期有三角洲沉积体系分布；海四断层西北侧为断层的下降盘，岐口 18-1 油田就位于海四断层下降盘上，紧靠海四断层，物源来自海四断层上升盘的三角洲体系[112]。

油田的钻井资料显示，发育地层自上而下依次为第四系平原组、新近系明化镇组（Nm）和馆陶组（Ng）、古近系东营组（Ed）、沙河街组（Es）及中生界侏罗系地层（J）。

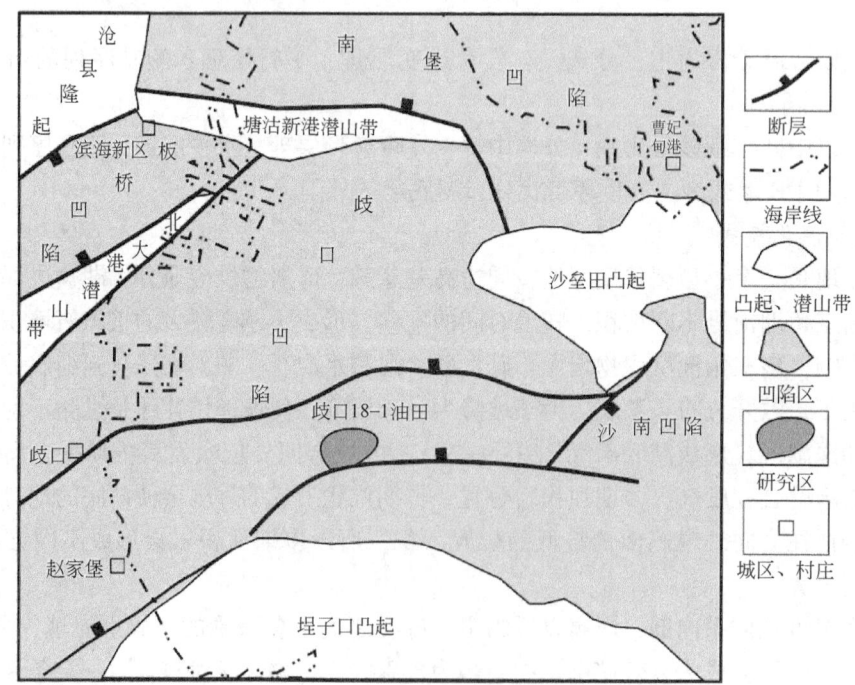

图 3-9-27　岐口 18-1 油田区域构造位置图

其中沙河街组沙二段（Es_2）为该区主要含油层系（图3-9-28）。

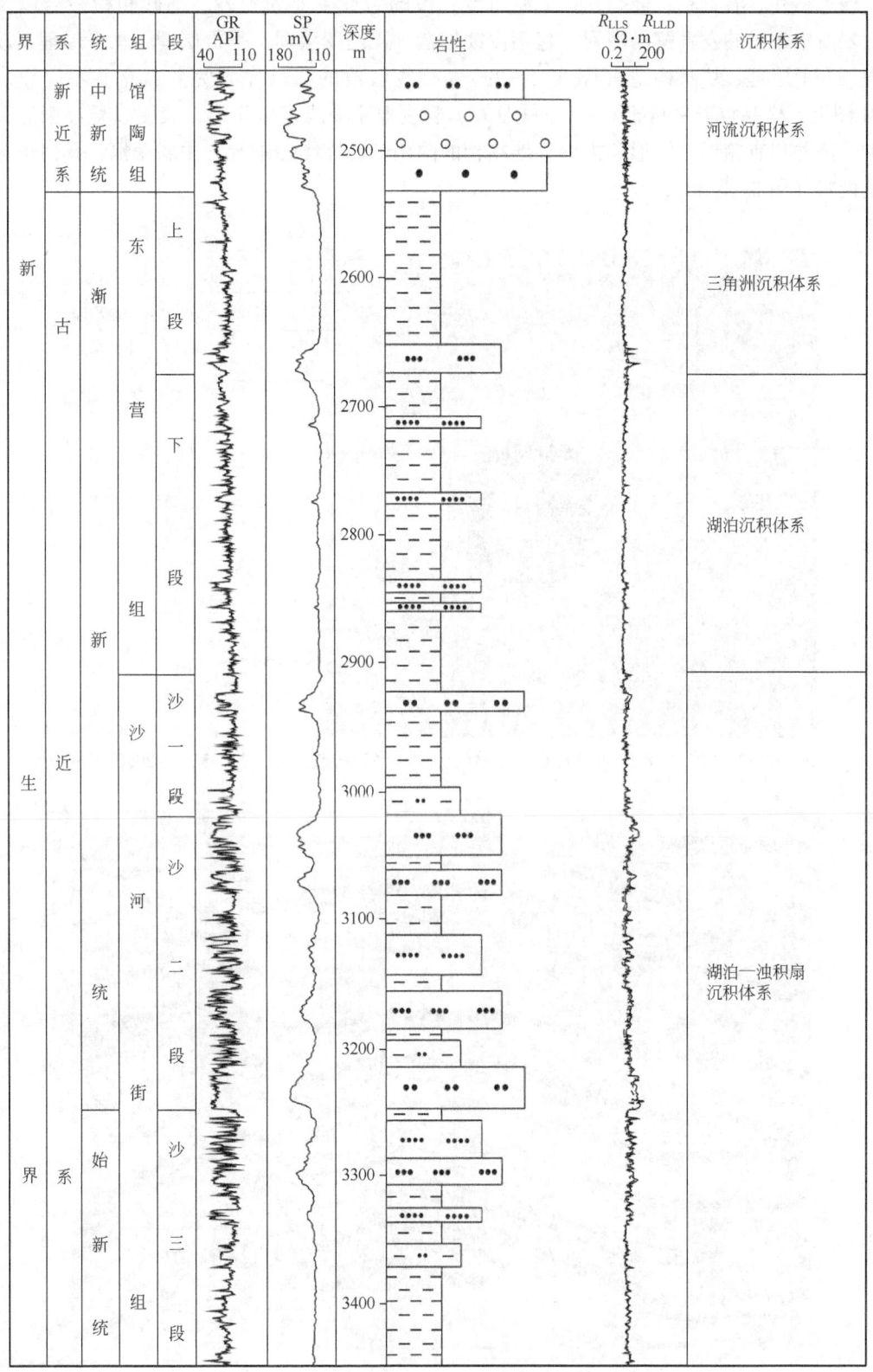

图 3-9-28 歧口 18-1 油田地层层序图

2）沉积特征

根据钻井岩心资料，岐口 18-1 油田沙二段的岩性主要为中砂、细砂和粉砂岩以及泥岩。岩石中大量的发育鲍马序列，包括侵蚀构造、正递变层理、平行层理、水平层理、波纹层理、变形层理、块状构造（图 3-9-29），有些层段的鲍马序列完整，有些不完整。在 C-M 图上，样品点群平行于 C-M 基线分布，粒度概率曲线多呈弧形，表明以悬浮搬运沉积为主。测井相有箱形、钟形和指形。地震相的同相轴的连续性中等，中弱振幅，几何形态上多呈楔状（图 3-9-30）。

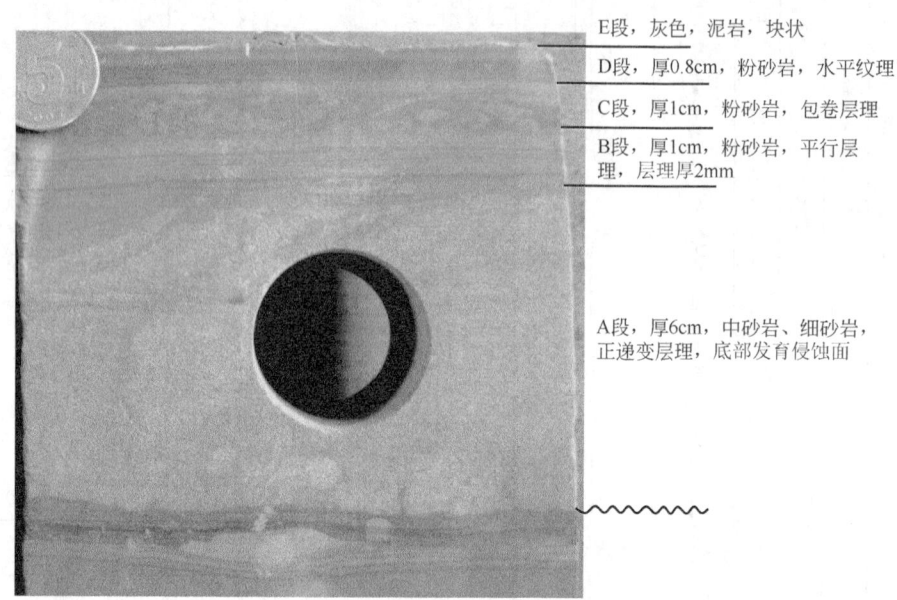

图 3-9-29　岐口 18-1 油田岩心中完整的的鲍马序列构造（1-1 井，3050~3050.96m）

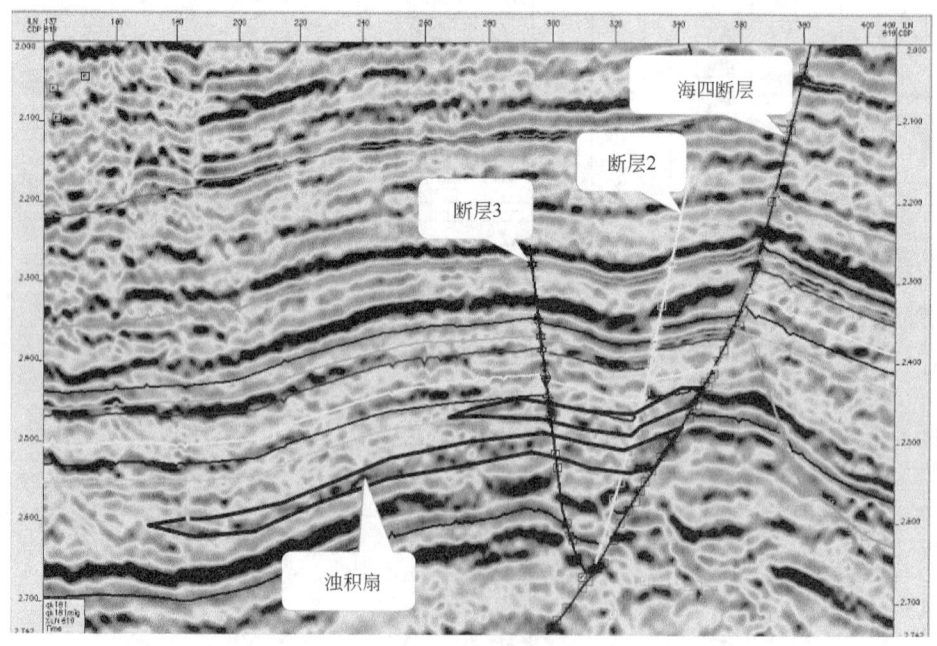

图 3-9-30　岐口 18-1 油田地震剖面计算机成果图

3) 沉积相

断阶型浊积岩平面上呈扇形，横向上呈楔状深入湖相泥岩中[113]，扇体根部紧靠断面坡脚，从近至远划分为三个亚相：内扇、中扇、外扇（图 3-9-31）。

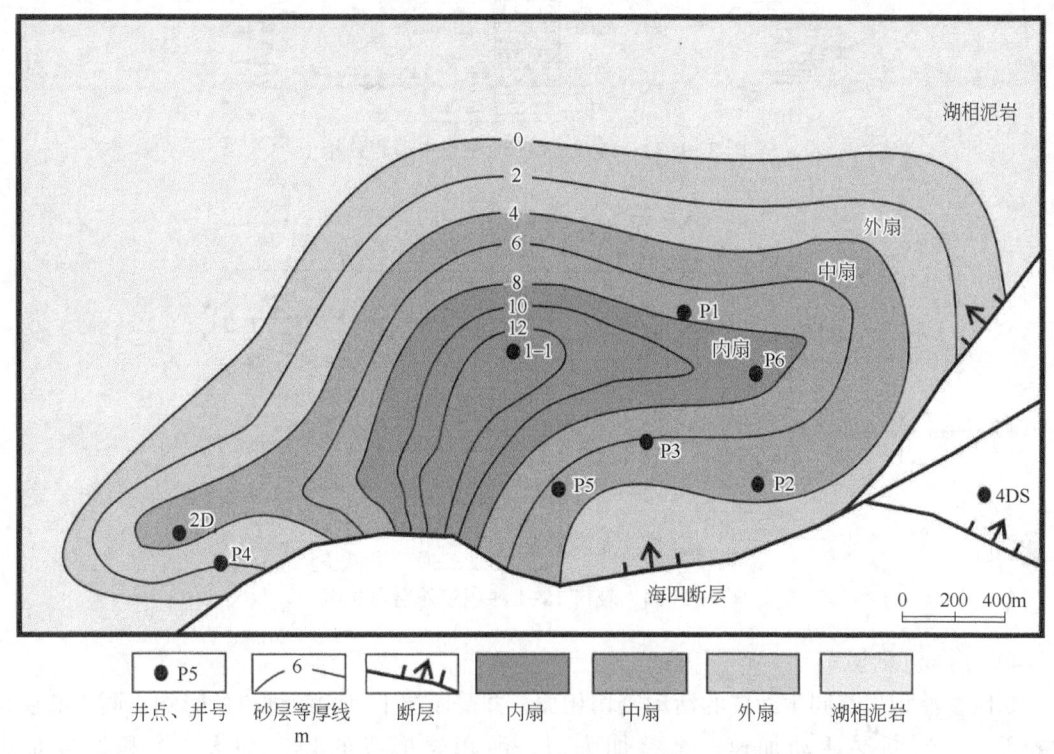

图 3-9-31　歧口 18-1 断阶型背景浊积扇相带图

内扇：紧邻断层，岩性以中砂岩为主，鲍马序列中的 A 段发育，组合形式以 AAA、ABAB 型为主。以浊积岩水道微相为主，测井相多为箱形（图 3-9-32）。

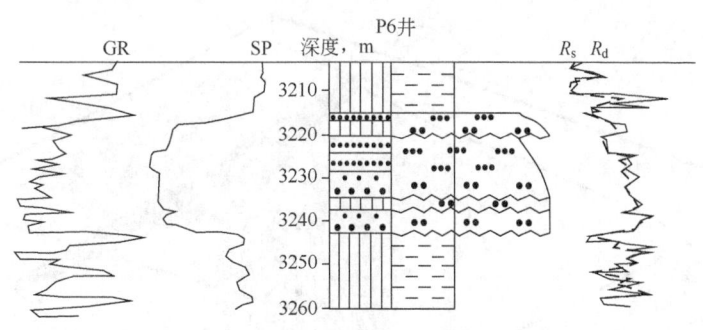

图 3-9-32　歧口 18-1 浊积扇内扇测井相

中扇：岩性以细砂岩为主，鲍马序列中的各段在该亚相发育最为完整。微相以分支水道和水道间漫溢为主，测井曲线呈齿化的钟形、复合形为主（图 3-9-33）。

外扇：位于浊积扇的外缘，岩性以薄层粉砂岩为主，席状分布，与湖相泥岩互层，沉积构造以鲍马序列中的以 CDE 段为主，显示波纹层理、变形层理和水平层理。测井曲线多为中—低幅指形（图 3-9-34）。

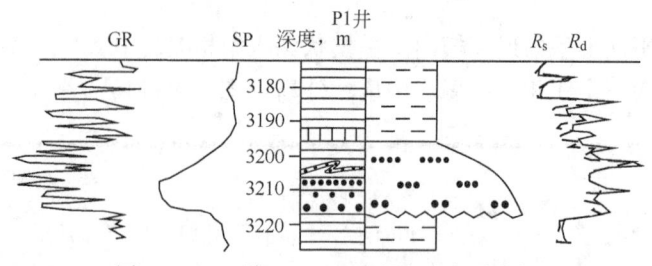

图 3-9-33 歧口 18-1 浊积扇中扇测井相

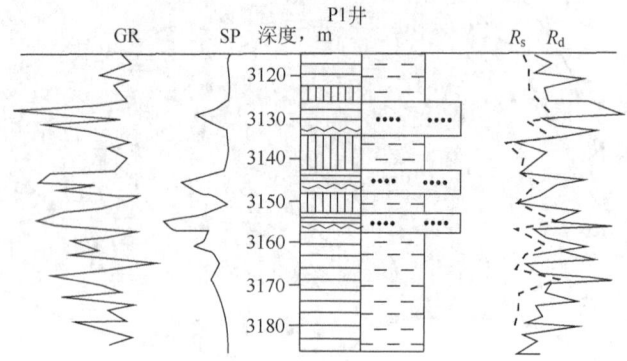

图 3-9-34 歧口 18-1 浊积扇外扇测井相

4) 沉积演化模式

断阶型浊积岩与同生断层的活动密切相关，并受断层上盘物源供应的影响。同生断层是主控因素，当断层活动加速，高差加大时，浊积岩形成的频次加大，沉积厚度加大（图 3-9-35）；当断层活动减缓时，往往是沉积厚层的湖相泥岩。浊积岩的碎屑物与断层上升盘的沉积物有继承性，上盘属于低凸起，沉积体系属三角洲，下盘浊积岩的物源来自三角洲前缘，所以歧口 18-1 油田的浊积岩整体上岩性比较细。

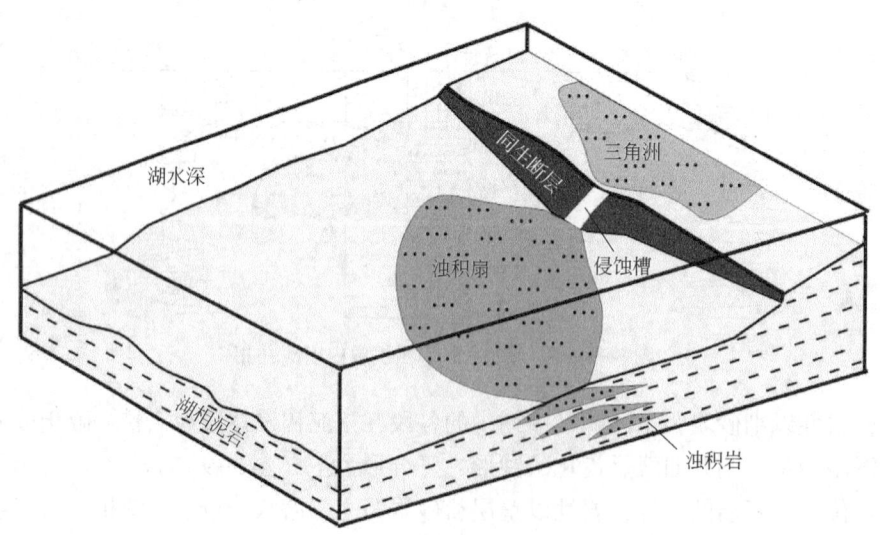

图 3-9-35 断阶背景浊积岩形成模式图

这类背景的浊流一般形成于同生断层断距最大的部位，因为该处落差大，沉积物的势能大，碎屑物最容易滑塌、汇聚，顺断层面下泄形成浊流，并会在上升盘靠断层的附近形成侵蚀凹槽。

这一类浊积岩的继承性好，当上升盘的沉积物累积厚度增大，断层落差扩大后，在洪水、风暴的作用下就很容易形成浊流事件，每一期浊积岩叠合程度还比较高，因此在歧口18-1油田形成了累计厚度达103.0m的浊积岩砂体，统计共发生了34期浊流事件。

断阶型浊积岩继承性好，不同期次的浊积岩叠置程度高，在后期成岩压实作用下，往往会形成一个低幅度的穹隆背斜，一侧为断层遮挡，其他三面为岩性界面，封闭性好。其物源来自三角洲体系，继承了三角洲砂体纯净、物性好的特性。砂层累计厚度大，直接沉积在半深湖泥岩中，与生油岩穿插接触，油源丰富，运移距离短，油气充满度高，所以通常具有极高的含油丰度。

第四章
储层微观孔隙和孔隙结构研究

储层微观孔隙和孔隙结构的研究主要是基于岩心样品的薄片、铸体薄片、扫描电镜观察、压汞实验、核磁共振、CT扫描以及气体吸附法等技术，不同的技术方法可以从不同侧面研究储层微观孔隙和孔隙结构特征。

第一节　岩石薄片法研究微观孔隙及喉道

利用岩石薄片和铸体薄片在偏光显微镜下观察，结合扫描电镜观察，可以在二维和三维空间中直观地分析和测量孔隙和喉道的类型、大小、形状、数量以及分布情况，还可以清楚地看到孔隙与颗粒及胶结物之间的关系、孔隙与孔隙、孔隙与喉道之间的关系[114]。

铸体薄片法的原理是将染色树脂注入到被洗净和抽空的岩心孔隙中，待树脂凝固后，再将岩心制做成薄片，在显微镜下观察，其中，染色树脂代表了岩石中的孔隙结构状态。

镜下薄片观测常用的方法有面积测定法和直线测定法[114]。

（1）面积测定法是指在显微镜下测量孔隙结构时，在选择好适宜的观测系统和合适的孔隙半径组间距的前提下，不但测量孔隙直径，同时也要测量其所占面积的一种统计分析法。

（2）直线测定法是指在测量过程中，使薄片沿着测线移动，在移动过程中用目镜微尺测量测线通过每个孔隙的交切点的长度来测量孔径大小。通过统计不同孔径出现的频数，绘制出截距频率分布直方图和频率累计曲线图，并以此为基础，求得孔隙结构特征参数。

一、铸体薄片微观孔隙结构参数测量

1. 面孔率

薄片中孔隙和喉道面积占薄片总面积的百分数即面孔率。面孔率可用上述方法测量得到，也可以用人工智能的方法提取出视域内孔隙的总面积，除以视域总面积得到更准确的面孔率。

2. 孔隙大小、平均孔隙直径、平均孔喉直径比

孔隙大小的统计与颗粒大小的统计方法一样。通过绘制孔隙大小的直方图和频率曲线

图,直观展示不同直径的孔隙分布情况,从曲线上可以求出平均孔隙直径和均值。

比较铸体薄片上求出的平均孔隙直径与压汞曲线上求得的平均孔喉直径,可以得到样品的平均孔喉直径比[114]:

$$平均孔喉直径比 = \frac{铸体薄片统计平均孔隙直径}{压汞曲线计算平均喉道直径}$$

3. 孔隙配位数

孔隙配位数是指某一个孔隙与其周边相邻孔隙间相互连通的喉道个数,它是评价储层孔隙连通性的一个重要参数。利用铸体薄片统计配位数直观、准确。

4. 喉道测量

在显微镜下可以测量喉道的宽度、长度,对喉道进行分类。

二、储层的孔隙和喉道的表征

1. 孔隙分类

按照形态特征划分,孔隙可划分为孔、洞、缝。通常称直径小于 2mm 为孔,大于 2mm 为洞[115];长短轴之比大于 10 的为缝,小于 10 的为洞。

根据微观孔隙的大小以及对流体的作用结果,可将微观孔隙划分为超毛细管孔隙、毛细管孔隙和微毛细管孔隙。超毛细管孔隙的直径一般大于 0.5mm,在自然条件下,流体可以在其中自由流动,服从静力学的一般规律。毛细管孔隙的直径一般介于 0.5~0.0002mm 之间,其中的流体受毛细管力的作用,已不能自由流动,只有在外力大于毛细管阻力的情况下,流体才能在其中流动。微毛细管孔隙的直径一般小于 0.0002mm,在这种孔隙中,由于流体和介质之间巨大的分子引力,在通常的温度和压力下,流体在其中不能流动[115]。

按照成因通常可以将孔隙划分为原生孔隙和次生孔隙。凡是在沉积之前和沉积过程中形成的孔隙以及压实作用后残留下来的孔隙都叫原生孔隙。次生孔隙是岩石形成之后,在物理、化学、生物等作用下,使岩石溶解、收缩和破裂而产生的孔隙。

对于碎屑岩储层,原生孔隙又划分为原生粒间孔、原生粒内孔、残余粒间孔、基质内微孔、层面缝以及收缩缝。次生孔隙又划分为粒间溶孔、粒内溶孔、超大孔、铸模孔、窗格状溶孔、构造缝、溶蚀缝、粒内微裂隙、风化缝等。详细特征见表 4-1-1。

表 4-1-1 碎屑岩储层中的孔隙类型

类型		亚类	特征描述
原生孔隙	孔	原生粒间孔	碎屑颗粒堆积后,又经过成岩压实后的孔隙,其间无充填物,多呈不规则多边形,孔隙边缘规则,未见明显的溶蚀现象
		原生粒内孔	碎屑颗粒内原有的孔隙,孔隙边缘整齐,没有溶蚀现象
		残余粒间孔	原生粒间孔经过压实、胶结物充填后残留下来的孔隙,形态呈不规则状
		基质内微孔	泥质等基质和胶结物中的微孔隙,多为无效孔隙
	缝	层面缝	埋藏在地下深部的岩层在后期构造运动过程中抬升,上部地层遭受剥蚀,上覆地层压力降低,应力释放,原来的层理面、层面强度变弱,产生的应力释放缝
		收缩缝	水位下降,沉积物露出水面,水分蒸发,岩石收缩形成干裂缝和收缩缝。这种裂缝常被后期的沉积物充填,一般形成在泥岩和粉砂质泥岩中

续表

类型	亚类		特征描述
次生孔隙	孔	粒间溶孔	组成岩石的碎屑颗粒边缘被溶蚀，使粒间孔隙扩大。颗粒的边缘不整齐，呈蚕食状、港湾状等
		粒内溶孔	颗粒内部被溶蚀，其特点是孔隙边缘不整齐，有参差不齐的溶蚀痕迹
		超大孔	颗粒和胶结物一起被溶蚀，形成一个比较大的孔隙
		铸模孔	矿物颗粒、晶体和生物碎屑等被整体溶蚀后，孔隙保留了原颗粒的形态特征
		窗格状溶孔	一般是发生在有两组相交解理的矿物颗粒中，地下水沿解理溶蚀，形成的孔隙呈窗格状
	缝	构造缝	在构造应力作用下形成的裂缝。一般过规模大，延伸远，成组出现
		溶蚀缝	在溶蚀作用下形成的裂缝。这类裂缝一般是早期形成的各类裂缝进一步被溶蚀改造、扩大而成
		粒内微裂隙	分布在颗粒内部，很少穿越颗粒。在成岩压实过程中，颗粒在上覆地层的重力作用下，沿原来脆弱面裂开而形成
		风化缝	当岩石裸露时，受风化作用影响，岩石会形成走向杂乱的裂缝

对于碳酸盐岩储层，原生孔隙常划分为原生粒间孔、原生粒内孔、生物骨架孔、生物钻孔、鸟眼孔以及收缩缝。次生孔隙又划分为粒间溶孔、粒内溶孔、晶间孔、铸模孔、溶洞、构造缝、压溶缝、溶蚀缝、粒内微裂隙、风化缝等。详细特征见表4-1-2。

表4-1-2 碳酸盐岩储层中的孔隙类型

类型	亚类		特征描述
原生孔隙	孔	原生粒间孔	当颗粒含量在岩石中占主要地位，形成颗粒支撑结构，颗粒间未被灰泥或胶结物全部充填而形成的孔。如内碎屑、生物碎屑、鲕粒等颗粒之间的孔隙
		原生粒内孔	颗粒沉积前已存在的孔隙，通常指生物体腔孔隙，即生物死亡之后，软体组织部分腐烂分解，体腔未被全部充填而保留下来的孔隙
		生物骨架孔	指原地生长的群体造礁生物所形成的骨架间孔隙，如珊瑚、海绵等生长时形成的骨架间孔隙
		生物钻孔	在沉积过程中，某些生物生命活动过程中因居住、躲避天敌钻孔而形成的孔隙
		鸟眼孔	由于水面下降，沉积物暴露，沉积物失水收缩而形成的孔隙，因外形似鸟的眼睛，故称作鸟眼孔
	缝	收缩缝	与鸟眼孔的成因一样，但因收缩幅度大、沿层面延伸距离长，转换成了有一定长度的缝
次生孔隙	孔	粒间溶孔	组成碳酸盐岩的颗粒边缘被溶蚀，使粒间孔隙扩大。其特点是颗粒的边缘不整齐，呈蚕食状、港湾状
		粒内溶孔	颗粒内部被溶蚀形成的孔隙。其特点是孔隙边缘不整齐，有溶蚀痕迹
		晶间孔	碳酸盐矿物重结晶后形成的晶体间孔隙，是指泥晶转变为亮晶过程所形成的孔隙。它可以在沉积过程中发生，也可以在成岩后期形成
		铸模孔	碳酸盐矿物颗粒、晶体或生物碎屑等被整体溶蚀后，孔隙保留了原颗粒的形态特征

续表

类型	亚类		特征描述
次生孔隙	洞	溶洞	不受岩石组构控制，由溶蚀作用形成的直径大于2mm的孔隙，常称为洞
	缝	构造缝	在构造应力作用下形成的裂缝。一般过规模大，延伸远，成组出现
		压溶缝	沿原来的缝合线溶蚀，形成锯齿状的裂缝，是碳酸盐岩中特有的裂缝
		溶蚀缝	在溶蚀作用下形成的裂缝。沿碳酸盐岩脆弱的面溶蚀，或沿早期形成的各类裂缝进一步被溶蚀改造、扩大而成
		粒内微裂隙	分布在颗粒内部（如鲕粒、生物碎屑颗粒等），很少穿越颗粒。在成岩压实过程中，颗粒在上覆地层的重力作用下，沿原来脆弱面裂开而形成
		风化缝	当岩石裸露时，受风化作用影响形成的走向杂乱的裂缝

2. 喉道类型

喉道是连通相邻孔隙的狭窄通道，喉道大小和形态是影响储层渗流能力的重要因素。而喉道的大小和形态特征是岩石沉积和成岩作用的结果，通常划分为四种类型[115]（图4-1-1）：

（1）孔隙缩小型喉道：喉道为孔隙的缩小部分，孔隙和喉道的界限不明显[图4-1-1(a)]。这类喉道多发育于比较纯净的、成岩程度较低的岩石中。这类储层多为特大—大孔隙度，特高—高渗透率。

（2）缩颈型喉道：喉道为连通孔隙的可变断面的收缩部分[图4-1-1(b)]。碎屑颗粒被压实而排列得比较紧密，使两孔隙间的连通通道变窄。这类喉道一般分布于中等孔隙度、中等渗透类型的储层中。

（3）片状或弯片状喉道：碎屑颗粒压实、紧密堆积，再加上重结晶、自生加大等地质作用，使两孔隙间的连通通道变成狭窄且长度比较大的片状或弯片状［图4-1-1(c)、图4-1-1(d)]。这类喉道一般分布于低孔、低渗类型的储层中。

（4）管束状喉道：当岩石中基质含量高，粒间孔完全被填塞，基质中的微毛细管既

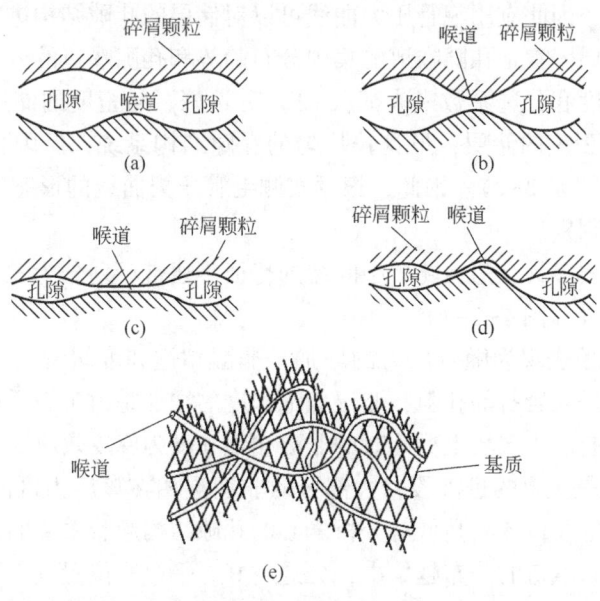

图4-1-1 孔隙喉道的类型

是孔隙又是喉道[图4-1-1(e)]。这类喉道一般分布于特低孔隙度、超低渗透类型的储层中。

第二节 压汞法

一、压汞法基本原理

压汞法是研究孔隙结构最常用的方法,在20世纪40年代后期,由波塞尔(Purcell)首次将压汞法引入到石油地质研究工作中[116]。其基本原理是,对岩石而言,汞是非润湿相流体,若将汞注入被抽空的岩石孔隙内,则必须克服岩石孔隙喉道所造成的毛管阻力。因此,当注汞压力与岩样孔隙喉道的毛管阻力达到平衡时,便可测得该注汞压力及在该压力条件下进入岩样内的汞体积,进而也可以研究喉道的大小。在对同一岩样注汞过程中,可在一系列测点上测得注汞压力及其相应压力下的进汞体积,即可得到压力—汞注入量曲线,称为压汞曲线。

压汞法测得的毛管压力曲线可以很好地揭示岩样孔隙系统的整体特征、三维流动特性、孔隙结构系统中喉道及与其相连通的孔隙容积的分布特征。

二、毛管压力曲线及其形态分析

根据实测的汞注入压力与相应的岩样含汞体积,经计算求得汞饱和度和孔隙喉道半径后,就可绘制毛管压力、孔隙喉道半径与汞饱和度的关系曲线,即毛管压力曲线(图4-2-1)。毛管压力曲线反映了在一定驱替压力下汞可能进入的孔隙喉道的大小及这种喉道连通的孔隙容积,因此应用毛管压力曲线可以对储层的孔隙结构进行研究。影响毛管压力曲线形态特征的主要因素是孔隙喉道的集中分布趋势和孔隙喉道的分布均匀性。这两个性质可以用孔隙喉道歪度和分选系数来表征:(1)分选好、粗歪度的储层应具较好的储渗能力;(2)分选好,细歪度的储层,虽具较均匀的孔隙结构系统,但因孔隙喉道太小,其渗透性可能是很差的(图4-2-2)。因此,根据实测毛管压力曲线的形态特征,可以对储层的储渗性能作出定性的判别。

一般的毛管力曲线多具有两头陡、中间缓的特征,通常可划分为三段[117]:初始段、中间平缓段和末端上翘段(图4-2-1)。

(1)初始的陡峭段表现为随着压力的增加,非湿相饱和度缓慢增加,此时,由于外加压力小,非湿相不能进入岩石的孔隙,非湿相饱和度的增加是由于岩样表面凹凸不平的表面孔或较大的缝隙等引起的。现场上称此时的非湿相饱和度为麻皮效应。

(2)中间平缓段是主要的进液段,大部分的非润湿相在该压力区间进入岩石的主要孔隙。中间平缓段的长短及位置的高低对分析岩心的孔隙结构起着重要的作用。中间平缓段越平缓、越长,说明岩石喉道的分布越集中,分选越好。平缓段位置越靠下,说明岩石主要喉道的半径越大。

（3）最后的上翘段表示随着压力的升高，非湿相将进入越来越细的喉道，但进入速度越来越缓慢，最后曲线与坐标轴几乎平行，即压力再增加，非湿相也不再进入岩样。

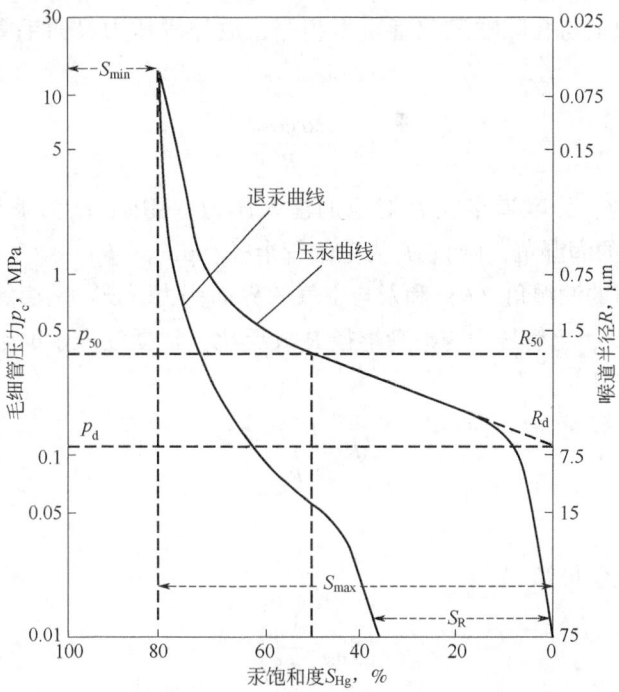

图 4-2-1　毛管压力曲线形态示意图（据国景星等，2010）

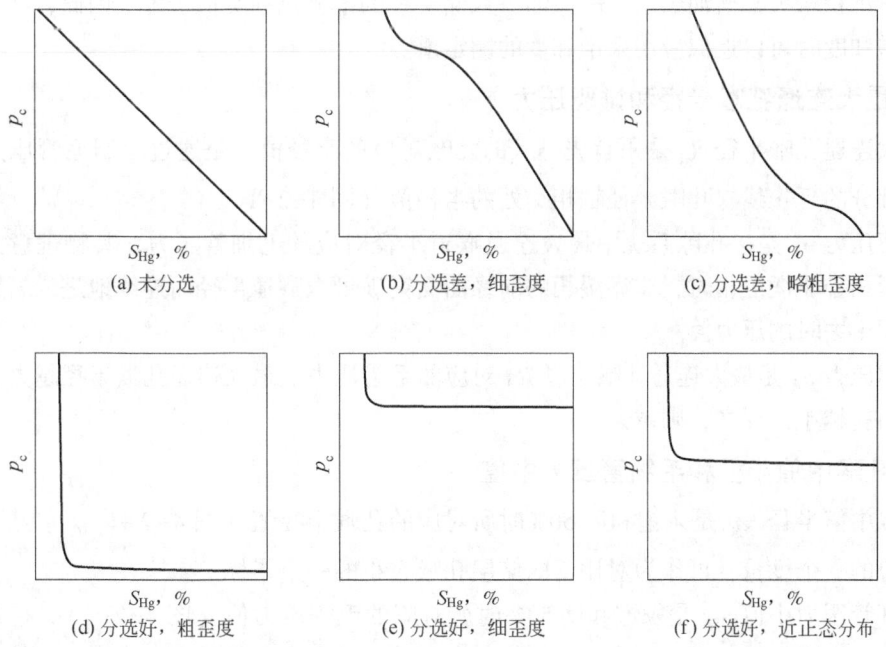

图 4-2-2　不同分选和歪度下的典型毛细管压力曲线形态示意图（据国景星等，2010）

三、孔隙结构基础参数计算

1. 孔喉半径

注汞压力在数值上与孔隙喉道毛管阻力相等,故注汞压力又叫毛管压力,用 p_c 表示。其大小为:

$$p_c = \frac{2\sigma\cos\theta}{R} \tag{4-2-1}$$

式中,p_c 为毛管压力,为喉道半径 R 对应的注入压力,MPa;σ 为汞与空气的界面张力,N/m;θ 为汞与岩石的润湿角,(°);R 为毛细管半径,μm。

通常,汞与岩石的润湿角(θ)和汞与空气的界面张力(σ)是稳定的,$\theta \approx 140°$,$\sigma \approx 4.85 \times 10^{-1}$ N/m。因此,毛管压力与毛管半径 R 成反比,根据注入汞的毛管压力就可计算出相应的孔隙喉道半径[118]:

$$R \approx \frac{0.75}{p_c} \tag{4-2-2}$$

2. 汞饱和度

由流体饱和度概念可知[115]:

$$S_{Hg} = \frac{V_{Hg}}{\phi V_f} \tag{4-2-3}$$

式中,S_{Hg} 为汞饱和度,%;V_{Hg} 为孔隙中含有的汞体积,cm³;V_f 为岩样的体积,cm³;ϕ 为岩样孔隙度,%。

由于沉积岩大都憎油亲水,故原油进入储层中的排驱机理类似于汞,因此,在计算储层的含油饱和度时可以近似应用汞饱和度的测定值。

3. 最大连通孔喉半径和排驱压力

最大连通孔喉半径 R_d 是汞首先进入的孔喉对应的半径值。是通过绘制毛管压力曲线中部平坦部分的延长线与孔喉半径轴相交处的半径值(图4-2-1)。

排驱压力 p_d 是指孔隙系统中最大连通喉道半径对应的毛细管压力。其物理意义是,在用非润湿相排驱润湿相时,非润湿相的前缘曲面突破最大喉道半径而连续地进入岩样并将润湿相排驱出去时的压力值。

排驱压力 p_d 是最大连通孔喉半径 R_d 对应的毛管压力。最大连通孔喉半径越大,对应的排驱压力就越小,反之,则越大。

4. 孔喉中值半径和毛细管压力中值

孔喉中值半径 R_{50} 是汞饱和度50%时所对应的孔喉半径值(图4-2-1)。它是孔喉直径分布趋势的一个度量,可作为对比不同储层孔喉大小的一个指标。

毛细管压力中值 p_{50} 是汞饱和度50%时所对应的毛管压力值(图4-2-1)。它是毛管压力趋势的一个度量,毛细管压力中值越大,说明储层的孔喉直径越小,渗流能力越低,产能就低,反之,渗流能力越强,产能高。

5. 最小非饱和孔隙体积百分数

最小非饱和孔隙体积百分数 $S_{\min}$ 是注入汞达到极限压力后，仍然没有被汞侵入的孔隙体积百分数（图 4-2-1）。该数值越大，说明细孔喉所占比例就越大，储层物性就越差。

6. 退汞效率

从最大注入压力降至最小压力时，从岩样中退出的汞体积与最大注入汞体积之比，称为退汞效率 W_e，有

$$W_e = \frac{S_{\max} - S_R}{S_{\max}} \times 100\% \tag{4-2-4}$$

式中，W_e 为退汞效率，%；$S_{\max}$ 为注入汞的最大饱和度，%；S_R 为退汞后残留在样品中汞的饱和度，%。

退汞效率受岩石的孔隙结构、黏土矿物含量和润湿性等因素影响[119]。

四、不同喉道大小控制的孔隙体积以及对渗透率的贡献评价

1. 不同喉道大小对渗透率的贡献

喉道对渗透率的大小具有控制性作用，很多学者都在探索利用压汞实验估算渗透率，评价喉道大小对渗透率的贡献。

Purcell 提出的计算方法如下[120]：

$$\Delta V_i = \frac{\Delta S_i}{(p_{ci} \times 9.81)^2} \tag{4-2-5}$$

$$V_i = \frac{\Delta V_i}{\sum_{i=1}^{N} \Delta V_i} \times 100 \tag{4-2-6}$$

式中，ΔV_i 为第 i 喉道区间渗透率，mD；ΔS_i 为第 i 喉道区间汞饱和度，%；p_{ci} 为第 i 喉道区间毛管压力，MPa；V_i 为第 i 喉道区间渗透率贡献率，%。

2. 不同喉道区间控制的孔隙体积

根据毛管压力曲线的压力范围划分为若干区间，计算出不同区间对应的喉道半径和汞饱和度（孔隙体积分数）[121]，以喉道半径为横坐标，孔隙体积分数和渗透率贡献率为纵坐标，并绘制出孔隙体积直方图和渗透率贡献率曲线图（表 4-2-1，图 4-2-3）。从图上可以看出不同喉道区间控制的孔隙体积占比和对渗透率的贡献。

表 4-2-1 不同喉道大小控制的孔隙体积以及对渗透率的贡献计算例子

序号	p_c, MPa	S_{Hg}, %	R, μm	ΔS_i, %	$(p_{ci} \times 9.81)^2$	ΔV_i, mD	V_i, %
1	0.002	0	375.00	0.00	0.0004	0.0000	0.0000
2	0.006	0	125.00	0.00	0.0035	0.0000	0.0000
3	0.011	0.2	68.18	0.20	0.0116	17.1754	14.4353
4	0.02	0.47	37.50	0.27	0.0385	7.0140	5.8950
5	0.039	1.55	19.23	1.08	0.1464	7.3783	6.2012

续表

序号	p_c, MPa	S_{Hg}, %	R, μm	ΔS_i, %	$(p_{ci}\times 9.81)^2$	ΔV_i, mD	V_i, %
6	0.06	25.63	12.50	24.08	0.3464	69.5050	58.4165
7	0.121	48.81	6.20	23.18	1.4090	16.4515	13.8269
8	0.273	57.23	2.75	8.42	7.1724	1.1739	0.9867
9	0.586	65.16	1.28	7.93	33.0471	0.2400	0.2017
10	1.222	69.88	0.61	4.72	143.7078	0.0328	0.0276
11	2.497	75.02	0.30	5.14	600.0329	0.0086	0.0072
12	5.052	79.66	0.15	4.64	2456.2055	0.0019	0.0016
13	10.16	83.56	0.07	3.90	9934.0292	0.0004	0.0003
14	>10.16		<0.07	16.44			
Σ						118.98	

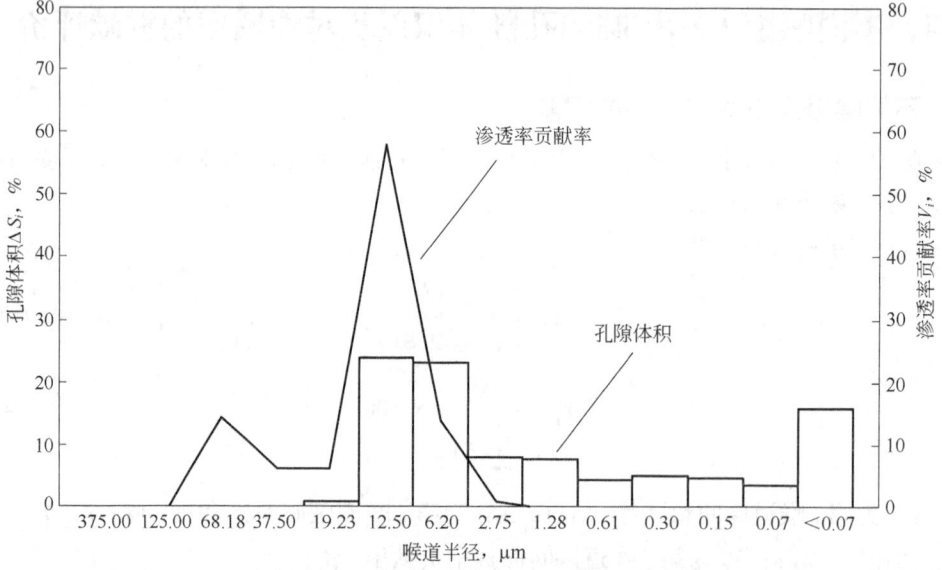

图 4-2-3 不同喉道区间控制的孔隙体积柱状图和渗透率贡献率曲线图

五、喉道倾向向量计算

喉道的倾向向量一般是采用图解法求取。通过绘制喉道的频率图（图 4-2-4）和累积频率图（图 4-2-5），从图上读出不同区段的数值，用数理统计法计算出各参数。

把喉道直径（D）转换为 Φ 值（$\Phi=-\log_2 D$，喉道直径 D 的单位为 mm）。

喉道频率图的横坐标为喉道的 Φ 值，纵坐标为各 Φ 值区间对应的汞体积饱和度频率 $\left(V_i=\dfrac{\Delta S_{iHg}}{\sum S_{Hg}}\times 100\%\right)$（图 4-2-4）。累积频率图的横坐标为喉道的 Φ 值，纵坐标为各 Φ 值区间对应的汞体积饱和度的累积频率 $\left(\sum V_i=\dfrac{\sum_{j=1}^{i}\Delta S_{iHg}}{\sum S_{Hg}}\times 100\%\right)$（图 4-2-5）。

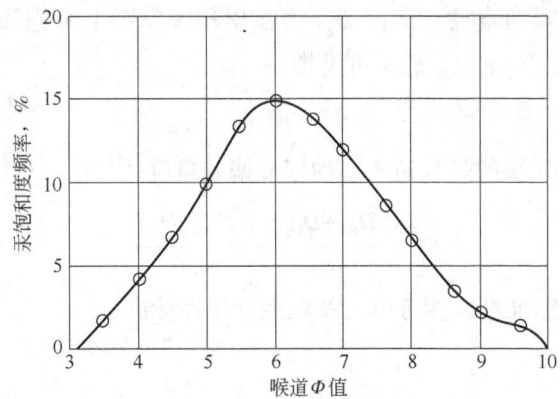

图 4-2-4　喉道大小的频率分布曲线图（据罗蛰潭、王允成，1986，有修改）

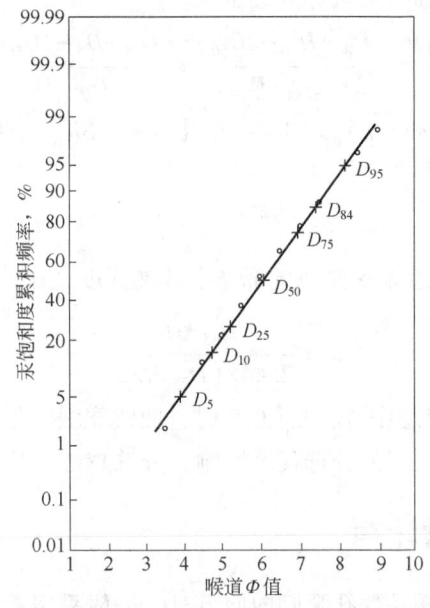

图 4-2-5　喉道大小的累积频率分布曲线图（据罗蛰潭、王允成，1986，有修改）

在大多数样品中，喉道 Φ 值的频率曲线不一定完全是正态分布，累积频率曲线在概率图纸上也不一定完全是直线。

1. 喉道直径中值

喉道直径中值（D_{50}）是指喉道分布区间的中间值[121]。它在分布图中，比一半喉道直径大，而比另一半喉道直径小，就是居于中间的喉道直径，就是累积频率图上汞饱和度 50% 对应的喉道直径。

2. 喉道直径平均值

喉道直径平均值（D_m）是喉道大小平均数的度量[121]：

$$D_m = \frac{(D_{16} + D_{50} + D_{84})}{3} \tag{4-2-7}$$

式中，D_{16} 为在累积频率图上汞饱和度 16% 时对应的喉道直径，μm；D_{50} 为在累积频率图上汞饱和度 50% 时对应的喉道直径，μm；D_{84} 为在累积频率图上汞饱和度 84% 时对应的喉道直径，μm。以下的 D_5、D_{75}、D_{95} 意义可类推。

3. 喉道分选性

喉道分选性（S_p）反映的是喉道大小的标准偏差量度[121]：

$$S_p = \frac{(D_{84}+D_{16})}{4} + \frac{(D_{95}-D_5)}{6.6} \tag{4-2-8}$$

喉道分选性的评价标准可以参考第三章粒度分选性标准。

4. 喉道歪度

喉道歪度（SK_p）是表征喉道频率曲线对称性的参数，反映众数的相对位置[121]。众数偏粗喉道端称作粗歪度，偏细喉道端称为细歪度。

$$SK_p = \frac{(D_{84}+D_{16}-2D_{50})}{2\times(D_{84}-D_{16})} + \frac{(D_{95}+D_5-2D_{50})}{2\times(D_{95}-D_5)} \tag{4-2-9}$$

当 $SK_p=0$ 时，为正态分布；$SK_p>1$ 时，为粗歪度；$SK_p<1$ 时，为细歪度。对于储集层来讲，越是偏粗歪度越好。

5. 喉道峰度（K_p）

喉道峰度（K_p）表示喉道频率曲线尾部与中部展开度之比[121]，表征曲线的尖锐程度。

$$K_p = \frac{D_{95}-D_5}{2.44\times(D_{75}-D_{25})} \tag{4-2-10}$$

当 $K_p=0.9\sim1.11$ 时，峰态中等；$K_p<0.9$ 时，曲线宽缓，呈平峰分布；$K_p>1.11$ 时，曲线呈尖峰分布。曲线峰态受喉道的分选程度影响，分选越好，峰值越高，越接近正态分布。

六、孔隙倾向向量计算

利用压汞资料计算岩石样品的孔隙倾向向量时，一般采用矩法。利用喉道直径的 Φ 值，按照 1Φ 的宽度等间距划分，计算出各间距的间隔汞饱和度（ΔS_{Hg}），进而求出孔隙的均值（$\bar{x}$）、标准偏差（σ）、变异系数（c）、歪度（SK）（表 4-2-2）。

表 4-2-2 利用压汞资料采用矩法计算砂岩样品孔隙倾向向量的计算例子

（据罗蛰潭、王允成，1986，有修改）

序号	p_c/MPa	$x_i=-\log_2 D$	S_{Hg}/%	ΔS_i/%	$x_i \Delta S_i$	$x_i-\bar{x}$	$(x_i+\bar{x})^2 \cdot \Delta S_i$	$(x_i+\bar{x})^3 \cdot \Delta S_i$
1	0.01	2.76	0	0	0	-6.23	0	0
2	0.02	3.76	0.59	0.59	2.22	-5.23	16.11	-84.18
3	0.04	4.76	1.68	1.09	5.19	-4.23	19.46	-82.23
4	0.08	5.76	7.94	6.26	36.09	-3.23	65.12	-210.04
5	0.16	6.76	35.81	27.87	188.53	-2.23	138.02	-307.14
6	0.33	7.76	48.53	12.72	98.77	-1.23	19.10	-23.40
7	0.65	8.76	59.15	10.62	93.08	-0.23	0.54	-0.12
8	1.30	9.76	66.2	7.05	68.84	0.77	4.23	3.28
9	2.61	10.76	74.76	8.56	92.15	1.77	26.96	47.84

续表

序号	p_c/MPa	$x_i = -\log_2 D$	S_{Hg}/%	ΔS_i/%	$x_i \Delta S_i$	$x_i - \bar{x}$	$(x_i+\bar{x})^2 \cdot \Delta S_i$	$(x_i+\bar{x})^3 \cdot \Delta S_i$
10	5.22	11.76	83.08	8.32	97.88	2.77	64.05	177.72
11	10.44	12.76	100	16.92	215.98	3.77	241.07	909.97
Σ					898.72		594.67	431.70

均值 $\bar{x}=8.99$；标准差 $\sigma=2.44$；歪度 $SK=0.30$；变异系数 $c=0.27$。

1. 均值

均值（$\bar{x}$）是位置特征参数，它描述的是全孔隙分布的平均位置[121]，用加权平均的方法得到：

$$\bar{x} = \left(\sum_{i=1}^{n} x_i \cdot \Delta S_i\right)/100 \tag{4-2-11}$$

式中，x_i 为第 i 喉道区间的喉道直径，μm。

通常情况下，$\bar{x}$（Φ 值）越小孔隙度和渗透率越大，就是说，$\bar{x}$（Φ 值）与储层的孔隙度和渗透率大多呈负相关关系。

2. 标准偏差（σ）

标准偏差（σ）属于散布特征参数，它是描述以均值为中心的散布程度[121]，即分选程度。σ 越小分选越好，反之，则越差。

$$\sigma = \left[\left(\sum_{i=1}^{n} (x_i - \bar{x}) \cdot \Delta S_i\right)/100\right]^{1/2} \tag{4-2-12}$$

3. 变异系数

变异系数（c）是标准差对平均值之比，它表征的是参数的分选程度[121]。c 越小，分选性越好。

$$c = \sigma/\bar{x} \tag{4-2-13}$$

4. 歪度

歪度（SK）表征的是孔隙分布不对称程度的测度[121]：

$$SK = \left(\sum_{i=1}^{n} (x_i - \bar{x})^3 \cdot \Delta S_i\right)/100\sigma^3 \tag{4-2-14}$$

歪度值一般在 +2 和 -2 之间，表示孔隙分布相对于平均值来说是偏于大孔还是偏于小孔，越接近 0 就越接近正态分布，越接近 +2 就越偏于小孔，越接近 -2 就越偏于大孔。

第三节 气体吸附法

一、吸附法基本原理

气体吸附技术目前多应用于储层纳米级孔隙（孔宽小于 100nm）的研究[123]，目前在国内主要用于煤储层微观孔隙的研究。常用的探针分子包括氮气、二氧化碳等。通过选择合适的吸附模型分析待测样品的物理吸、脱附信息，可以确定其孔隙类型、比表面积、孔体积、孔径分布等信息。

吸附曲线的形态差异指示了不同相互作用的物理化学条件，同时也对应于不同的吸附机制及吸附模型。根据相关理论和应用化学联合会（IUPAC）1985年提出的吸附等温线分类方案[124]（图4-3-1），氮气、二氧化碳在煤表面的吸附曲线通常具有Ⅱ、Ⅲ型等温线的形态特征，因此通常选择经典的多层吸附模型（B-E-T模型）和孔隙填充模型（D-R、D-A模型）解释探针分子在煤中的吸附过程。通过拟合实测吸附量—相对压力数据获取模型参数值，进而确定待测样品的比表面积、微孔孔容等孔隙结构的信息。

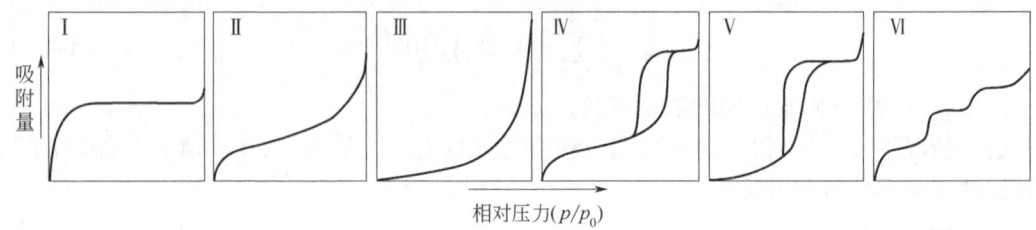

图4-3-1　吸附等温线形态分类方案（据K. S. W. Sing 等, 1985）

二、BET 与 BJH 模型

1. BET 模型

低温液氮吸附实验通常采用 BET（Brunauer-Emmett-Teller）模型计算待测样品的比表面积。模型基于多层吸附的动力学方程推导[125]：

$$V=\frac{V_\mathrm{m}Cx}{(1-x)[1+(C-1)x]} \tag{4-3-1}$$

$$x=\frac{p}{p_0} \tag{4-3-2}$$

式中，V 为相对压力 x 等于 p/p_0 时的氮气吸附量，cm^3/g；p 为绝对压力，MPa；p_0 为饱和蒸气压，MPa；C 为 BET 常数，该值反映了单层吸附势（E_a）与冷凝势（E_1）的相对大小（当 $C<1$ 时，说明 $E_a \ll E_1$，曲线起始段凸向 x 轴；当 $C>2$ 时，说明 $E_a \gg E_1$，曲线起始段凸向 y 轴；选择煤作为吸附材料时，C 值通常大于 2）；V_m 为单层吸附量，cm^3/g。通过下式可进一步确定待测样品的比表面积（S，m^2/g）：

$$S=\frac{V_\mathrm{m}}{22400}N_A\sigma_\mathrm{m} \tag{4-3-3}$$

式中，S 为样品的比表面积，m/g^2；N_A 为阿伏伽德罗常数；σ_m 为吸附质分子的截面积，m^2，此处为氮气，通常取 $\sigma_\mathrm{m}=1.62\times10^{-19}m^2$。测得的比表面积理论上包含孔隙直径大于 0.7nm（两倍氮气分子动力学直径）的全部孔隙的吸附表面。

2. BJH 模型

为了进一步确定待测样品孔隙结构信息，通常选择 BJH（Barret-Joyner-Halenda）模型分析脱附或吸附分支曲线,从而计算孔径分布曲线[126]。该模型基于圆柱状孔隙的假设,考虑了吸附层厚度随相对压力的变化,通过毛管凝聚理论推导,其核心公式如下:

$$V_{p_n} = R_n \Delta V_n - R_n c \Delta t_n \sum_{j=1}^{n-1} A_{p_j} \tag{4-3-4}$$

$$R_n = \frac{r_{p_n}^2}{(\bar{r}_{k_n} + \Delta t_n)^2} \tag{4-3-5}$$

$$r_{k_n} = -\frac{0.414}{\lg(p_n/p_0)} \tag{4-3-6}$$

$$t_n = 0.354 \left[-\frac{5}{\ln(p_n/p_0)} \right]^{\frac{1}{3}} \tag{4-3-7}$$

$$A_{p_j} = \frac{2V_{p_j}}{\bar{r}_{p_j}} \times 10^4 \tag{4-3-8}$$

式中:V_{p_n} 为半径介于 $r_{n-1} \sim r_n$ 的孔隙孔容,cm^3/g,孔径插值距离($r_n \sim r_{n-1}$)根据测试范围选择,其中 1~30nm 选择 1nm、1~20nm 选择 0.5nm、0.7~2.5nm 选择 0.1nm;ΔV_n 为压力由 p_{n-1} 降至 p_n 标准状态(273.15K,1bar)下氮气的解吸量,cm^3/g;R_n 为解吸氮气体积与第 n 段孔隙体积之比;t_n 为吸附层厚度,nm(后面为实际目的转换为 Å);Δt_n 为吸附层厚度变化量,Å;A_{p_j} 为第 j 段孔隙的平均表面积,cm^2;$\bar{r}_{k_n}$ 为第 n 段孔隙的最大半径,Å;r_{k_n} 为毛细管半径,cm(后面为实际目的转换为 Å);$\bar{r}_{p_j}$ 为第 j 段孔隙的最大半径,Å;V_{p_j} 为第 j 段孔隙的体积,cm^3;$\overline{r_{p_j}}$ 为第 j 段孔隙的平均半径,Å;p_n 为绝对压力,MPa;p_0 为饱和蒸气压,MPa;c 为校正常数,通常取 0.85,用于校正吸附层的表面积,这也是 B-J-H 方法测量较小孔隙时误差较大的原因之一[127]。

然而,由于孔隙半径接近探针分子直径时,与蒸气平衡的弯月面概念不再具有精确含义,此时应用 Kelvin 方程成了一种外推,无法保证其准确性;而当孔隙较大时,限于孔隙半径与相对压力之间的对数关系,对仪器测试精度要求较高。鉴于此,经大量实验数据验证,该模型的建议测试范围为孔隙直径 2~100nm 的孔隙(GB/T 19587—2017),最高可达 300~400nm。而对于直径小于 2nm 的微孔分布,则可以考虑采用 HK(Horvath-Kawazoe)模型、SF(Saito-Foley)模型或非定域密度泛函理论(NLDFT)结合分子模拟方法(GCMC,巨正则蒙特卡罗模拟)分析吸、脱附数据获取[123]。

应用 BJH 模型时,经常会遇到具有迟滞回线的数据,此时选择吸附分支还是脱附分支可以参考下列建议[128]:

(1)如果观察到 H1 型迟滞回线,建议采用脱附分支分析;
(2)如果观察到 H2 型迟滞回线,建议采用吸附分支分析;
(3)如果观察到 H3 型或 H4 型迟滞回线,此时选择吸附或脱附分支均不能可靠的评估孔径分布;
(4)如果脱附分支在 $p/p_0 = 0.42(77K, N_2)$ 附近时出现陡降,则建议采用吸附分支的数据计算孔径分布。一般认为这种陡降是由于达到了毛管凝聚的稳定性下限导致的,此时选择脱附分支计算的 B—J—H 孔径分布图将出现假峰。

三、DR 与 DA 模型

77K 下的氮气吸、脱附实验是分析介于（2~50nm）孔隙结构很好的手段，但对于直径小于 2nm 微孔的分析结果不尽理想，一方面是由于氮气分子的四极矩作用，导致其在低压段的吸附行为受材料表面的官能团和离子影响严重，另一方面，较低的实验压力还导致其吸附平衡时间过长。而在 273K 下，二氧化碳的饱和蒸气压较高（约 3.5MPa）且分子动力学直径较小（0.33nm），使得气体能够快速扩散到直径 0.4nm 以下的空隙中，从而可以探测微孔结构[123]。

CO_2 吸附数据通常采用经典的孔隙填充理论分析。该理论认为，具有分子尺度的微孔，由于孔壁之间距离很近，发生了吸附势场的叠加，因此微孔内气体的吸附行为是孔隙填充，而非表面覆盖形式。结合 Polanyi 势理论建立 D-R（Dubinin-Radushkerich）经验方程、D-A（Dubinin-Astakhov）经验方程如下[129]：

$$A = RT\ln(p_0/p) \qquad (4\text{-}3\text{-}9)$$

$$N_a = N_{a0}\exp[-(A/E)] \qquad (4\text{-}3\text{-}10)$$

$$N_a = N_{a0}\exp[-(A/E)^n] \qquad (4\text{-}3\text{-}11)$$

式(4-3-9)、式(4-3-10) 分别对应 D-R 方程和 D-A 方程，式中，A 为吸附势，J/mol；E 为特征吸附能，kJ/mol；N_a 为实际吸附量，mol；N_{a0} 为饱和吸附量，mol；n 为拟合参数，使得 D-A 较 D-R 方程具有更强的灵活性；R 为理想气体常数，8.314J/(mol·K)；T 为热力学温度，K；p 为平衡压力，kPa；p_0 为饱和蒸气压，kPa。其中 A、E、n 具有温度不变性，因此任意吸附体系的特征曲线（吸附相体积—吸附势曲线）是唯一的。拟合得到 N_{a0}，结合下式可计算微孔孔容（V_0）：

$$V_0 = N_{a0} \times V_m \qquad (4\text{-}3\text{-}12)$$

式中，V_0 为孔隙体积，cm^3；V_m 为吸附质的摩尔体积，cm^3/mol。由于 273K 以下 CO_2 吸附的相对压力测试范围通常小于 0.03，因此决定了该方法可以探测的孔宽上限为 1nm[123]。

四、滞后回线形态分析

气体吸、脱附曲线不仅蕴含着固体材料的孔容、表面积、孔径分布等信息，两者的差异还可以反映材料的孔隙形态特征。根据滞后环的形态可将其划分为四类（图 4-3-2），其中 H1 型通常出现在规则排列的均匀球体构成的多孔材料中，表明其具有相对集中的孔径分布；H2 型通常出现在具有复杂孔隙网络的多孔材料中，渗流效应（吸、退附具有不同的气液界面）、墨水瓶孔理论等可以部分解释滞后环特征；H3 与 H4 型通常出现在片状颗粒聚集形成的多孔材料中，一般认为这种现象与狭缝孔有关[123,124]。

基于多层吸附与毛管凝聚理论，进一步分析各种孔隙形态对应的滞后环形态。两端开口的圆柱状孔通常具有典型的 H1 型特征，而具有平行板结构的狭缝孔则通常呈现典型的 H3、H4 型曲线特征；锥形管孔以及具有锥形结构的狭缝孔表现出的滞后特征分别与圆柱孔和平行板状狭缝孔相似，主要区别在于前者的解吸曲线下降更均匀；墨水瓶孔理论常用于解释具有 H2 型特征的多孔材料中复杂的孔隙网络。然而，实际上分析的样品可能具有广泛的孔径分布、多样的孔隙形态，造成分析结果多解[130]。

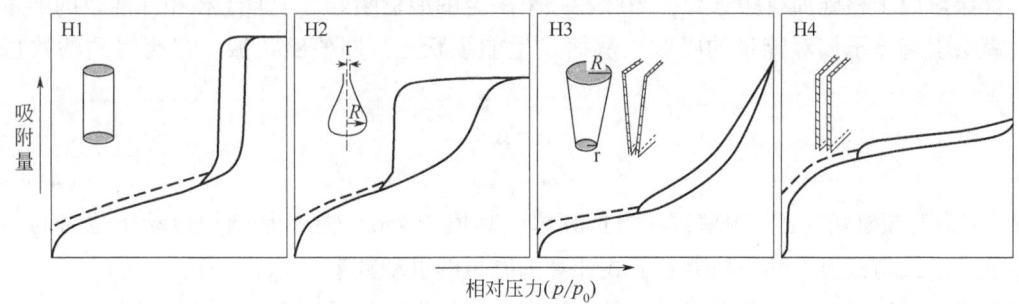

图 4-3-2 滞后环类型及反映的孔隙形态（据 K. S. W. Sing 等，1985）

第四节 核磁共振法

一、核磁共振法的基本原理

核磁共振的基础源于原子核的自旋，自然界中具有奇数质子或中子的原子核具有自旋现象[131,132]。自旋角动量（P）取决于自旋量子数（I），其绝对值由下式决定：

$$P=\frac{h}{2\pi}\sqrt{I(I+1)} \tag{4-4-1}$$

式中，P 为自旋角动量，J·s；h 为普朗克常数。实验表明自旋量子数（I）与核子数目有关，原子核内质子数（Z）和中子数（N）都是偶数时 I 为 0；Z 加 N 为偶数，而 Z 和 N 本身都是奇数时，I 取整数值；Z 加 N 为奇数时，I 取半整数。同时，由于原子核带电，根据经典电磁学理论，它在自旋时将产生一个磁场，其磁矩（μ）与自旋角动量（P）成正比：

$$\mu=\gamma P \tag{4-4-2}$$

式中，γ 为磁旋比（gyromagnetic ratio），是原子核的特征参数。此时若将原子核置于磁场（B_0）中，根据塞曼能级理论，此时将形成 $2I+1$ 个自旋角动量取向，核自旋角动量在 Z 轴上投影（P_Z）为：

$$P_Z=\frac{hm}{2\pi} \tag{4-4-3}$$

式中，h 为普朗克常数，$h=6.626\times10^{-34}$ J·s；m 为磁量子数，取 I，$I-1$，…，$1-I$，$-I$。

同样的，核磁矩在 Z 轴上的投影（μ_Z）为：

$$\mu_Z=\frac{\gamma hm}{2\pi} \tag{4-4-4}$$

此时，磁矩位能 E_m（J）等于磁场强度 B_0（T）与 μ_Z 乘积的负值，即：

$$E_m=-\frac{\gamma hmB_0}{2\pi} \tag{4-4-5}$$

E_m 即原子核的能级，显然，相邻能级的能量之差（ΔE，J）为 $\gamma hB_0/2\pi$。据量子力学理论，如果对原子核施加射频脉冲，当脉冲频率决定的能量刚好等于原子核相邻能级的能量差时，就会引起原子核对能量的吸收，从而发生能级跃迁，即核磁共振，据此得到的共振条件为：

$$hv = \Delta E \tag{4-4-6}$$

$$\omega = \gamma B_0 \tag{4-4-7}$$

式中，v 为射频磁场（rf）频率；ω 为角频率，其值为 $2\pi v$，意义是圆周运动单位时间转过的角度。上式与经典力学中拉莫尔公式计算的磁矩的进动频率（ω_0）一致。

在无外磁场时，自旋的空间取向是杂乱的，这使得物体整体不显磁性。外加磁场（B_0）时，整个自旋系统被磁化，在宏观上产生磁化矢量（M），在方向上与 B_0 平行，根据高能级与低能级上粒子布具数服从玻尔兹曼分布，该值大小可通过下式计算：

$$M = \frac{N\gamma^2 h^2 I(I+1) B_0}{12\pi^2 KT} \tag{4-4-8}$$

式中，M 为磁化矢量的模；N 为单位体积中的自旋核数；K 为玻尔兹曼常数；T 为绝对温度。

结合经典力学的观点来看，通过施加一定频率射频脉冲的方式可以改变宏观磁化量的方向，产生横向磁分量 M_{XY}。随后测试横向磁分量衰减过程的磁信号 ε，结合数学计算方法，就可以确定受检物体各处的自旋核分布密度（N），从而获取样品的结构信息，总结为如下流程：

$$\mu \rightarrow M \rightarrow M_{XY} \rightarrow \varepsilon \rightarrow N$$

二、T_2 弛豫谱分析孔径分布

横向磁分量（M_{XY}）的形成是由于进动统一相位导致，其衰减过程通常被称为自旋—自旋弛豫，它是由自旋系统内部交换能量引起的，自旋系统的总能量不变，也即横向（T_2）弛豫。而纵向磁分量（M_Z）的消失是由于能级跃迁导致，其恢复过程通常被称为自旋—晶格弛豫，它是靠自旋和晶格交换能量实现的，自旋系统本身的能量发生变化，也即纵向（T_1）弛豫。在储层评价中常通过分析受检样品的 T_2 弛豫行为确定其孔隙结构信息。

对于一般的液体，M_Z 和 M_{XY} 向平衡位置恢复的速率与它们离开平衡位置的大小成正比，据此规律积分可得 M_Z 和 M_{XY} 的大小按以下指数规律变化：

$$M_{XY} = M_0 e^{\frac{t}{T_2}} \tag{4-4-9}$$

$$M_Z = M_0 (1 - e^{\frac{t}{T_1}}) \tag{4-4-10}$$

式中，M_0 为受检物体在 B_0 磁场下的宏观磁化量；T_1，T_2 分别为纵向弛豫时间与横向弛豫时间，它们的实际意义为纵向磁分量恢复到 $63\% M_0$ 的时间以及横向磁分量衰减到 $37\% M_0$ 的时间；t 为恢复时间。

对于岩石等多孔介质样品，孔隙中流体的弛豫时间不仅受流体自身性质影响，同时受液体比表面积影响。也即不同尺寸、形状孔隙内流体的 T_2 弛豫时间不同，这就为通过 T_2 弛豫谱分析样品的孔径分布提供了理论基础[133]。

$$\frac{1}{T_2} = \rho_2 \frac{S}{V} + \frac{\gamma^2 G^2 D \tau^2}{3} \qquad (4\text{-}4\text{-}11)$$

式中，D 为扩散系数；G 为磁场不均匀性，其与磁场强度成正比；τ 为回波间隔；ρ_2 为表面弛豫强度；S/V 为单个孔道的比表面，通过调整测试参数，选择较小的磁场强度和回波时间（磁场强度小于 0.12T，回波时间小于 2ms），后一项的贡献可忽略[134]。

研究中为避免散相带来的测试误差、同时降低测试时间，通常通过发射自旋回波序列（CPMG）以接收受检样品的横向弛豫信号 $S(t)$，$S(t)$ 由多部分孔隙流体信号构成：

$$S(t) = \sum M_i \exp\left(\frac{-t}{T_{2i}}\right) \qquad (4\text{-}4\text{-}12)$$

式中，M_i 为弛豫时间 T_{2i} 组部分流体的横向磁分量，实际上反映了该部分流体的自旋原子核数量。对采集的信号进行多指数拟合，求得各部分流体的原子核数量，进而确定不同孔径孔隙的分布情况。

第五节　扫描电镜法

扫描电镜的基本工作原理是通过电子枪发射产生一束精细聚焦的高能电子，电子束与样品相互作用会产生二次电子、背散射电子、特征 X 射线、阴极荧光等各种信号（图 4-5-1），利用合适的探测器检测这些信号，就能确定电子束入射部位样品的形貌、成分、晶体结构等特征[135-137]。二次电子、背散射电子和特征 X 射线三类信号在储层孔隙表征中最为重要。二次电子来自距样品表面几纳米的地方，其产率主要取决于样品表面形貌。二次电子图像分辨率高、立体感强，对各类样品孔隙特征的观察多采用此类成像模式。背散射电子与样品的相互作用区域更大，其产率主要取决于样品不同部位的原子序数，原子序数越大，产率越高。此类成像模式多用于表征样品组成特征和晶体结构。特征 X 射线的产率取决于原子序数，此类成像模式多用于元素含量分析和矿物识别。

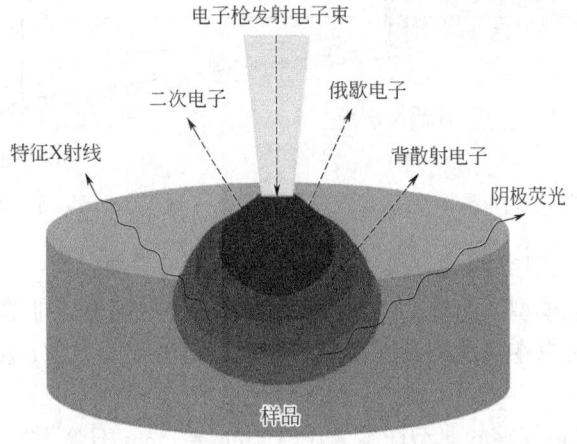

图 4-5-1　电子束与样品相互作用及激发的信号（据 K. Akhtar 等，2018，有修改）

扫描电镜法和岩石薄片法表征孔隙特征都是基于直观观察，但扫描电镜相比于常规光学显微镜具有更大的景深、分辨率和放大倍率[139],可以有效识别岩石微纳米级别孔隙发育特征。

扫描电镜观察一般选取样品新鲜自然断面,地质类样品多制作成尺寸约 1cm³ 左右的小块[137]。此外,自然断面样品还可以通过氩离子抛光技术进行表面抛光,广泛应用于识别页岩等致密储层中微纳米孔隙发育特征。在使用扫描电镜时,样品必须具有导电性。样品导电性差会造成其表面过度充电,可能导致成像过亮影响成像效果。各类油气储层样品普遍导电性差或不导电,一般都需要在样品表面喷涂导电膜。地质类样品较为常用的是金和碳导电膜。

第六节 X 射线计算机断层扫描法

X 射线计算机断层扫描(CT)是一种成像方法,利用 X 射线的穿透力从不同方向观察记录物体的二维投影(图 4-6-1),然后使用计算机重建算法提供物体的三维结构表征[140,141]。CT 法的本质是基于 X 射线穿过材料时会产生不同程度的衰减,得到线性衰减系数的三维分布。X 射线衰减过程遵循 Beer 定律:

$$I = I_0 e^{-\int_{-\infty}^{+\infty} \mu(s) ds} \tag{4-6-1}$$

式中:I 为透过样品的射线强度;I_0 为入射强度;s 为射线透过样品的路径长度;$\mu(s)$ 为射线沿着路径长度 s 的线性衰减系数。

线性衰减系数取决于样品密度、平均原子序数和 X 射线的能量[142]。样品观测部位密度越大、平均原子序数越高,X 射线衰减程度越高,通过灰度值表示便可以重现样品内部的物质组成和孔裂隙结构特征。

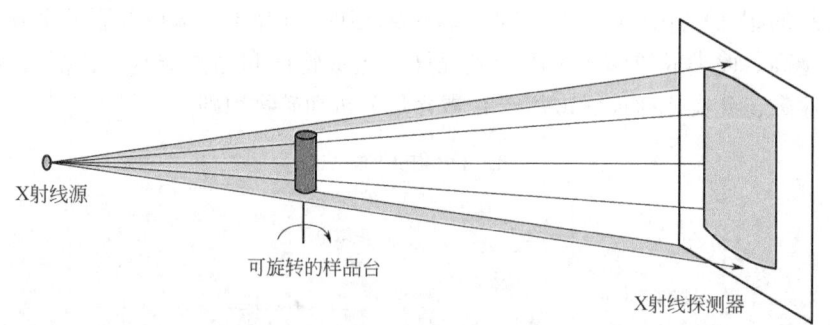

图 4-6-1 实验室条件下微米 CT 装置原理示意图(据 V. Cnudde 等,2013,有修改)

CT 法可以实现对孔隙空间的三维表征,定量刻画孔隙的大小、形态、连通性等特征,并为渗流模拟提供物理模型。此外,CT 方法的重要优势是能够以非破坏和非侵入的方式进行三维成像,意味着可以在其他测试过程中对相同样品开展多次 CT 检测,观察孔隙特征的变化[143]。

地质样品微米 CT 可观察的典型样本大小从 1mm 到 5cm 不等[140],纳米 CT 可观察的样品大小在 10~60μm,分辨率越高,可观察的样品尺寸越小。CT 数据通常存储为一系列二维切片,三维定量重建需要基于专业的渲染软件,如 VGStudio MAX、Avizo、Fiji 等。

第五章
储层的裂缝表征

裂缝性油气藏的储集体多是致密岩体,其共同的特点是基质孔隙度和渗透率都很低。通常情况下孔隙度低于10%,渗透率低于$10\times10^{-3}\mu m^2$,如果没有裂缝的导流作用,很难形成产能。裂缝性油气藏勘探和开发的最大难点是对储层岩体中裂缝的发育程度、规律和分布范围的确定和预测。常常因为缺乏有效的研究和预测手段,而使油气井钻探和油气田开发方案达不到预期目的。

油藏中的裂缝往往是多种成因、多期次叠加的结果,分布复杂,又受到观测和探测手段的限制,很难全面观察,给研究带来很多困难。对于裂缝的研究首先要区分出不同类型的裂缝,然后分析其成因,最后建立预测方法。

第一节 裂缝分类

裂缝是岩石中没有发生显著位移的破裂。裂缝一般按照几何关系、产状和力学成因等性质进行分类。几何关系分类主要是考虑裂缝与所在岩层和其他构造的几何关系;力学成因分类主要是从裂缝形成时的力学性质进行分类。

经常在不同的文献中会看到裂缝和节理的描述,裂缝和节理没有本质的区别,习惯上,当裂缝规模比较小,发育规整时,常将其称为节理;当规模比较大、不规整时常常将其称为裂缝。

一、按裂缝与岩层、构造的空间关系分类

按裂缝与岩层、构造的空间关系,可将裂缝划分为走向裂缝、倾向裂缝、斜向裂缝、顺层裂缝。走向裂缝是指其与所在岩层的走向一致;倾向裂缝是指其与所在岩层的走向大体垂直;斜向裂缝是指其与所在岩层的走向有一定的夹角;顺层裂缝是指裂缝大致平行于岩层层面[56]。

二、按力学性质分类

多数裂缝都是在一定应力作用下产生的,按照应力的性质可将裂缝划分为张裂缝、剪裂缝和张剪性裂缝。

张裂缝是在张应力作用下所产生，裂缝面粗糙、不平整、延伸距离短，裂缝的宽度不稳定，变化大，一般是中部宽、两端窄，呈透镜状[图5-1-1(a)]，裂缝形成时，剪切分量为0，而总位移垂直于破裂面（图5-1-2）。

剪裂缝是在剪应力作用下所形成，裂缝面一般比较光滑，常会切穿砾石等粗碎屑颗粒，裂缝面平直、裂缝宽度小、延伸远，常常是一组呈"X"形交叉的剪裂缝共同产出[图5-1-1(b)]。剪切分量为一定数值，并发生有限的剪切位移（图5-1-2）。

另外还有一些裂缝表现为张剪性的特点，形成时受到剪应力作用的同时，也存在一定的张应力分量，张剪性裂缝的面一般比较平直，多表现为缝的一端宽度大，另一端的宽度小，直至尖灭[图5-1-1(c)]，呈楔形。具有一定法向方向的位移（图5-1-2）。

图5-1-1　岩石中的张裂缝、剪裂缝、张剪性缝

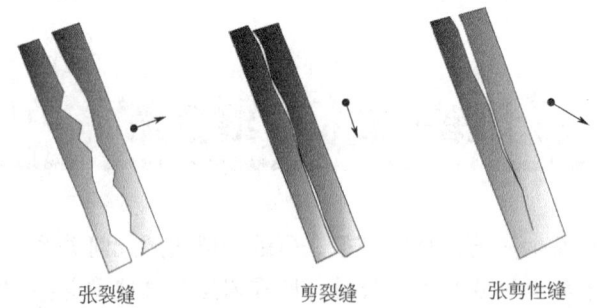

图5-1-2　张裂缝、剪裂缝、张剪性缝位移特征（据B.E.霍布斯等，有修改）

根据有关专家的实验结果，在应力作用下的岩石破坏是一个十分复杂的过程。如图5-1-3所示，在三轴应力试验中，岩石受到挤压，基本上可以形成三种性质的裂缝，一组是共轭剪裂缝，与压应力σ_1呈小于45°的夹角，一般是30°左右；另一组为平行于压应力σ_1的张裂缝，第三组为垂直于压应力σ_1的应力释放缝。

加压初期会产生许多微小拉伸裂纹，颗粒表面发生滑动，随着应力的增大，最终这些微小裂纹形成贯穿的剪切面。微小的拉伸裂缝也会沿着脆弱面延伸形成一组平行于压应力的的张裂缝。当应力释放时，岩石反弹，可以形成一组垂直压应力的卸载张裂缝。

三、按产状分类

根据裂缝的产状不同，可将裂缝划分为垂直缝、高角度倾斜缝、低角度倾斜和水平缝。

垂直缝：裂缝倾角为80°~90°，缝面不规则，多为张性破裂缝。

高角度倾斜缝：裂缝倾角45°~80°，主要是在最大主应力为垂向应力的状态下形成的高角度的剪性破裂缝。

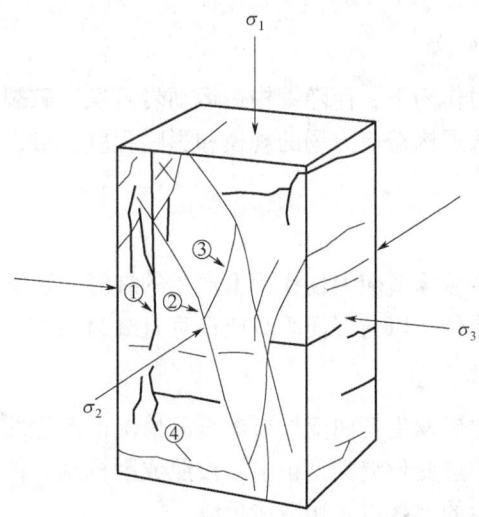

图 5-1-3　石灰岩岩块施加应力的破裂实验（据 B. E. 霍布斯等，1982）

$\sigma_1>\sigma_2>\sigma_3$；①—加载应力作用下的张裂缝；②、③—加载应力作用下的共轭剪裂缝；④—应力卸载后的张裂缝

低角度倾斜缝：裂缝倾角 10°~45°。主要是在最大主应力为水平主应力的状态下形成的的剪性破裂缝。裂缝一般张开宽度小，在上覆地层压力的作用下可能是闭合的剪性破裂面，岩心取出地表或在钻井过程中才形成张开的破裂面。

水平缝：倾角小于 10°。沿纹层、层理面等力学薄弱面破裂形成的卸载水平破裂，破裂面多以水平或极低角为主，缝面不规则，有时为"波状"，在地层深部常常是闭合的。

四、按规模分类

由于裂缝的长度、张开程度的大小不同，划分为宏观裂缝和微观裂缝。宏观裂缝与微观裂缝都对储层的储渗性能产生巨大影响。

五、按照裂缝组合的几何形态分类

根据裂缝组合的几何形态，可将裂缝划分为平行缝、雁列缝、共轭缝、网状缝、穗状缝和帚状缝[145]。

六、按充填程度分类

根据裂缝的充填程度，可将裂缝划分为未充填、半充填和完全充填裂缝[146]。

第二节　裂缝成因

裂缝的成因很复杂，不同类型的岩石，由于其形成、成岩过程不同，裂缝的成因也存在很大差别。

一、构造缝

构造缝是指在构造应力作用下,伴随着构造运动岩石发生破裂而形成的裂缝。一般规模大、延伸远、成组出现。根据构造应力场的规模和影响程度,可以将构造缝划分为区域构造裂缝和局部构造变形裂缝。

1. 区域构造裂缝

区域构造裂缝是指在区域构造应力场作用下产生的裂缝。这类裂缝大面积分布,延伸方向和形态稳定,裂缝互不错位,以与层面垂直或近垂直缝为主[147]。

2. 局部构造变形裂缝

局部构造变形裂缝指地层发生弯曲变形或断裂的情况下产生的裂缝,裂缝的发育程度主要受构造变形程度控制。构造变形缝类型很多,按照成因机制和伴随的构造,可划分为与褶皱伴生的裂缝、与断层伴生的裂缝以及构造派生缝。

1) 与褶皱伴生的裂缝

地层受力到弯曲变形,不同时刻、不同部位的受力机制不同,因此在褶皱的不同部位会产生不同性质的裂缝(图 5-2-1)。

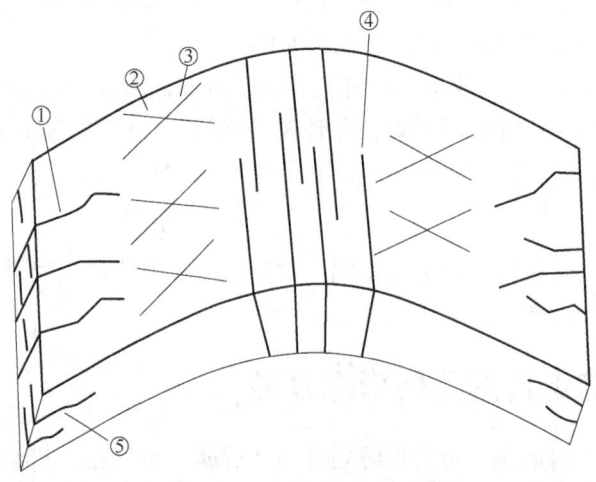

图 5-2-1 与褶皱伴生的裂缝

横裂缝:垂直于褶皱的轴,主要发育在褶皱的翼部(图 5-2-1①)。一般形成于褶皱发育的早期,褶皱形态还没有形成,岩层受到挤压应力作用下,当 $\sigma_{最大水平} > \sigma_{垂} > \sigma_{最小水平}$ 时(即最小水平方向应力为最小主应力时),首先产生的平行于压应力的张裂缝。

共轭斜裂缝:一组共轭裂缝与褶皱的轴斜交(图 5-2-1②③)。发育在褶皱的翼部,形成于褶皱发育的中期。

纵裂缝:裂缝平行与褶皱的轴,主要发育在褶皱的转折端(图 5-2-1④),从褶皱的枢纽向两翼裂缝密度逐渐降低。这一组裂缝形成于褶皱构造发育的后期,褶皱形态已经显露的情况下,随着地层弯曲度的增大,挤压应力转化为张应力的状态下形成。裂缝的宽度大,延伸长度大,但一般不跨越岩层。

顺层缝:裂缝顺层分布,主要发育在褶皱的翼部(图 5-2-1⑤)。一般形成于褶皱发育的早期，褶皱形态还没有形成，岩层受到挤压应力作用下，当 $\sigma_{最大水平} > \sigma_{最小水平} > \sigma_{垂}$ 时（即垂向应力为最小主应力时），首先产生的平行于压应力的张裂缝。

2）与断层伴生的裂缝

伴生裂缝是与断层同时形成，并且是在同一应力场下形成。不同性质的断层受力机制不同，伴生的裂缝不同。逆断层一般受到的是挤压应力，在地层向上逆冲的过程中，在地层中也会形成平行于挤压应力的张裂缝（图5-2-2①）和与挤压应力斜交的一组剪裂缝（图5-2-2②③）。正断层一般受到的是拉张应力，伴随着断层的形成，在地层中会形成垂直拉张应力的张裂缝（图5-2-3）。

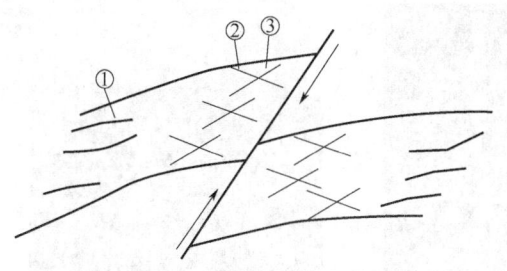

图 5-2-2　与逆断层伴生的裂缝

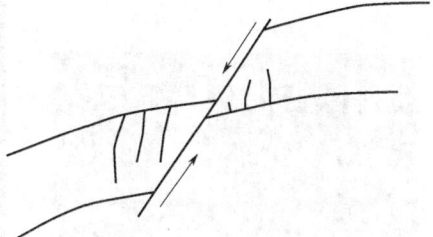

图 5-2-3　与正断层伴生的裂缝

3）构造派生裂缝

构造派生裂缝是在断层形成过程中产生的次级应力作用下形成的裂缝，与断层的应力场不是同一应力场。特别是在平移断层滑动过程中，两盘之间相互挤压，存在摩擦力，往往会在两盘上形成张剪性裂缝，裂缝与所在盘的运动方向呈钝角（图5-2-4）。裂缝多为垂直缝，裂缝面平直，靠近断层处裂缝宽度大，随着与断层距离的增大，裂缝宽度变窄，直至尖灭。

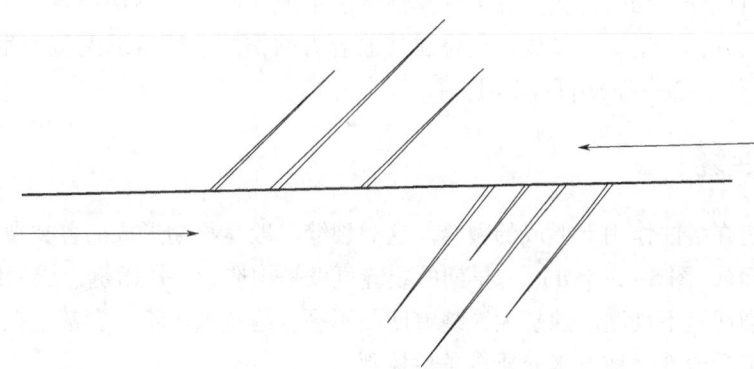

图 5-2-4　平移断层派生的裂缝

二、成岩缝

在沉积岩中，随着埋藏深度的增加，一些颗粒的强度承受不了上覆地层重力的作用，颗粒破裂形成微裂隙[图5-2-5(a)]。这类裂隙一般发育在颗粒上，不跨颗粒。

在岩浆岩中，岩浆侵入到浅层，随着温度、压力的降低以及挥发组分的溢出，岩浆成岩过程中，不均匀的收缩，常形成高角度的裂缝[图5-2-5(b)]。这类缝常常会被后期活动的岩浆侵入或矿物充填。

图 5-2-5　各种成因类型的裂缝

三、压溶缝

压溶缝主要发生在碳酸盐岩中。在上覆地层静压力作用下，富含 CO_2 的地下水沿裂缝或层理流动时对成分不均的石灰岩发生选择性溶解形成压溶缝。早期压溶缝一般是闭合的，如果后期地层抬升，发生应力释放，或叠加其他应力的作用，压溶缝两侧产生微小的位移，就成为开启缝[图 5-2-5(c)引自网络图片]。

四、溶蚀缝

溶蚀缝是指在溶蚀作用下形成的裂缝。这类裂缝一般是早期形成的各类裂缝进一步被溶蚀改造、扩大而成[图 5-2-5(d)]。早期的裂缝可以是构造缝、压溶缝、成岩缝等。

溶蚀缝的裂面呈不规则溶蚀扩大，缝壁凹凸不平，缝宽大小不一，甚至在局部会溶蚀成洞。其发育程度受岩性，地下水介质等条件控制。

五、收缩缝

收缩缝是指由于沉积物失水、岩石矿物相变和热梯度变化等因素导致岩石体积收缩而形成的裂缝。

在刚刚沉积的泥岩中，孔隙度大，饱含水分，如果裸露到水面以上，在阳光照射下，水分蒸发，岩石收缩干裂，会形成网格状的裂缝，裂缝垂直层面，呈"V"字形。这类裂缝常常被后期的沉积物充填，一般不会成为有效缝。

在碳酸盐岩中，刚刚沉积沉积的碳酸盐岩和泥灰岩，随着水位的下降，露出水面沉积物失水，收缩，形成沿层面分布的收缩缝[图5-2-5(e)]。

六、风化缝

当岩石裸露时，受气候、温度、水以及生物活动等因素的影响，岩石受到风化，在出露的岩石上部形成风化缝。风化缝无规律，存在随机性，延伸距离短，多个方向的裂缝相互穿插[图5-2-5(f)]。风化缝由岩石表面至深部发育密度逐渐降低；突出的地貌风化缝发育，低洼的负地貌风化缝密度相对降低；有断层发育的地区裂缝密度大于无断层发育的地区。

第三节　裂缝的研究实例

一、地质背景

陈堡油田位于江苏省兴化市境内，构造上属于苏北盆地东台坳陷高邮凹陷陈堡断阶带（图5-3-1）。区内吴1、吴2两条北东向大断裂贯穿，并伴随众多次级断层。钻遇地层自上而下有（表5-3-1）：第四系东台组（Q）、新近系盐城组（Ny）、古近系三垛组（E_2s）和阜宁组（E_1f）、白垩系泰州组（K_2t）和赤山组（K_2c）。主要含油层位为阜宁组（E_1f）、泰州组一段（K_2t_1）和赤山组（K_2c）。

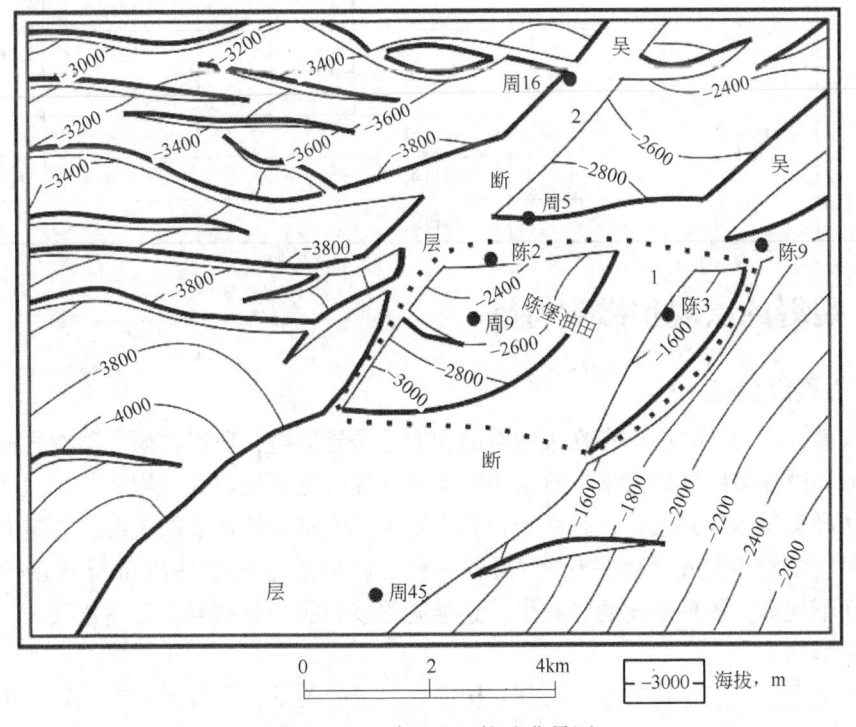

图5-3-1　陈堡油田构造背景图

自晚白垩世以后,苏北盆地经历了仪征运动、吴堡运动、真武运动、三垛运动、盐城运动和东台运动等多次构造运动[148]。主力含油层段阜宁组以三角洲前缘和滨浅湖沉积为主,岩性以粉砂岩和细砂岩为主。岩心观察发现微裂缝发育,生产特征也表现出裂缝储层的特征,裂缝对边水和注入水的水线推进影响明显,因此就开展了裂缝特征和发育规律的研究。

表 5-3-1 陈堡油田地层层序表

地层						构造运动
界	系	统	组	段	代码	
新生界	第四系	全新统 更新统	东台组			东台运动
	新近系	上新统	盐城组	二	N_1y_2	盐城运动
		中新统		一	N_1y_1	
	古近系	渐新统				
		始新统	三垛组	二	$E_2^2s_2$	三垛运动
				一	$E_2^2s_1$	
			戴南组	二	$E_2^1d_2$	真武运动
				一	$E_2^1d_1$	
		古新统	阜宁组	四	$E_1^2f_4$	吴堡运动
				三	$E_1^2f_3$	
				二	$E_1^2f_2$	
				一	$E_1^2f_1$	
中生界	白垩系	上统	泰州组	二	K_2t_2	
				一	K_2t_1	
			赤山组		K_2c	仪征运动
			浦口组		K_2p	
		下统	葛村组			燕山运动

二、裂缝的宏观和微观特征

1. 岩心裂缝特征

根据观察,发现在岩心中存在天然裂缝和取心诱导裂缝,所以在研究裂缝之前,应将天然裂缝和取心诱导裂缝区别出来,着重研究天然裂缝的发育规律和成因[149]。

取心诱导裂缝多为卸载缝,是由于岩心出筒时,能量释放造成的裂缝,裂缝面多沿层面延伸,有时会使岩心变成"薄饼状"。另外一种是在取心过程中钻压扭断岩心产生的破裂面,裂缝面不规则,各种角度的缝共生。这类缝的破裂面一般新鲜,裂缝宽度大,无任何构造及次生充填物。

原生天然裂缝一般缝宽较小,与其它构造有一定的关系,裂缝多有充填物,裂缝中明显有原油、沥青质充填等特征。

根据岩心观察，宏观上存在三种裂缝类型：即沿纹层分布的水平缝、与纹层斜交的低角度倾斜缝和垂直缝。

1) 沿纹层分布的水平缝

此类裂缝沿岩石的纹层延伸，缝宽最大可超过1mm，一般0.1~0.5mm，中部缝宽较大，向两端缝宽降低，直至消失，裂缝延伸长度一般4~8cm，部分延伸长度大于10cm（超出岩心宽度）。油层段的裂缝中显示含油饱和度高，沿裂缝面的向外渗油[149]。

水平缝的形态受储层的沉积纹层影响明显，纹层平直，则裂缝面平直，纹层面弯曲变形的，裂缝面也发生变形，甚至在变形层理和包卷层理中裂缝也随层理面呈旋卷状延伸。

水平缝尾部的变化形式有三种类型[149]（图5-3-2）：

(1) 尖灭型。裂缝由宽到窄，逐渐尖灭。这类裂缝多孤立分布，一般延伸范围小，导流能力相对较弱，对开发影响小。

(2) 分叉型。裂缝在端部分叉，呈燕尾状，宽度变窄，并逐渐消失。

(3) 追踪过渡型。一条裂缝随着延伸长度的增加，逐渐变窄，但它往往会跨过纹层与另一条裂缝相连接。这类裂缝延伸范围远，对开发影响大。

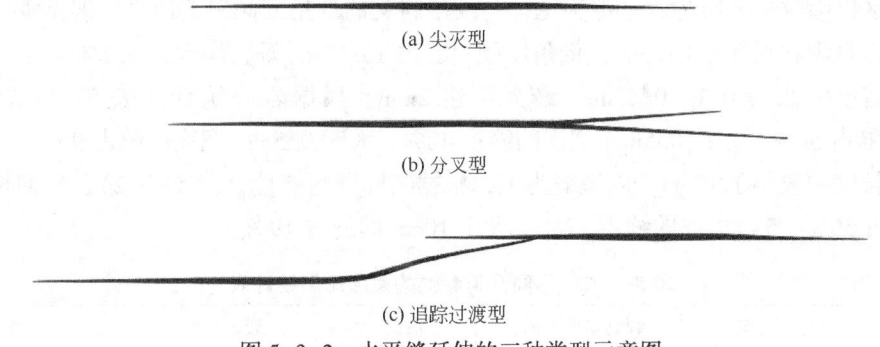

图 5-3-2　水平缝延伸的三种类型示意图

2) 低角度倾斜缝

此类裂缝与沉积纹层斜交，夹角40°左右。这类裂缝在岩心上横向延伸时，向上、向下一般受围岩限制，裂缝一般不穿过岩层的界面。裂缝宽度0.2~1mm，延伸长度大于8cm，裂缝往往呈组出现，一组裂缝一般有3~4条平行裂缝出现，裂缝面比较平直，裂缝开启。

3) 垂直缝

此类裂缝的面几乎垂直于层理面，缝宽0.2~2mm，裂缝长度大于10cm，从裂缝面特征上看，多属张性裂缝面，裂缝宽度变化大，常有矿物充填。

2. 微观裂缝特征

根据铸体薄片观察，某断块存在微裂缝，据其特征可划分为两种：

第一种为切割组构或绕过颗粒边界，是在构造应力作用下形成的微裂隙。裂缝呈蛇曲状延伸，将不同类型的孔隙窜通，形成了比较好的渗滤通道，往往能够大幅度地增加砂岩储层的渗透能力。

第二种为受颗粒控制，仅限于颗粒内部的微裂隙，数量比较少，其成因可能为地层沉积之前，颗粒内原有的微裂隙、解理经成岩后期的压实作用改造扩大而成。这类缝规模小，相当于连通孔隙的喉道，并且类似于管状喉道。

3. 裂缝组合关系

根据裂缝的组合关系，可以将裂缝划分为三类：

（1）孤立分布型。在大段岩心中只有一条裂缝分布，裂缝线密度低，这类裂缝在局部地段使孔隙连通，增大渗滤能力，但影响范围有限。

（2）组合分布型。多条同类性质的裂缝平行分布，构成一组，这种组合类型的裂缝线密度大，并且裂缝延伸距离远，各裂缝之间可能还存在追踪过渡关系，构成了裂缝网络，极大地提高了储集层的渗滤能力，对开发效果影响大。

（3）交切型。两组不同方向的裂缝呈交切关系，是在不同时期和不同应力机制下形成的结果。

三、裂缝分布规律

1. 裂缝发育频率

研究区以沿纹层分布的水平缝为主，与纹层斜交的低角度倾斜缝次之，偶见垂直缝。水平缝比例占总观察裂缝的81.3%，低角度倾斜缝占13.6%，垂直缝仅占5.1%。

裂缝宽度一般为0.1~0.5mm，最大可达2mm。根据岩心统计（表5-3-2），小于0.2mm的缝占50%，0.2~0.5mm宽度的缝占42%，大于0.5mm宽度的缝占9%。

裂缝长度一般小于10cm，以短缝为主，根据实际资料统计（表5-3-2），延伸长度小于5cm的缝占59%，5~10cm的缝占22%，大于10cm的缝占19%。

表5-3-2　不同几何参数的裂缝比例统计表

产状	占比, %	裂缝宽度, mm	占比, %	裂缝长度, cm	占比, %
水平缝	81.3	<0.2	50	<5	59
低角度缝	13.6	0.2~0.5	42	5~10	22
垂直缝	5.1	>0.5	9	>10	19

2. 裂缝与岩性的关系

根据岩心观察，不同岩性的储层中裂缝发育密度不同（图5-3-3），粉砂岩中裂缝发育密度最大，占62%，泥质粉砂岩中占31%，灰质胶结砂岩占5%，细砂岩占2%。

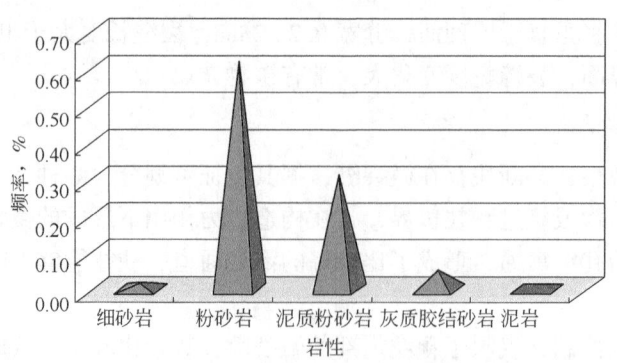

图5-3-3　不同岩性中的裂缝发育频率

影响裂缝发育的岩性因素主要是岩石成分、颗粒大小、胶结物的成分、胶结程度和孔隙度等。在研究区,灰质胶结物含量高,致密的岩石中裂缝相对不发育,胶结程度中等,颗粒比较细的粉砂岩和泥质粉砂岩裂缝发育。细砂岩中裂缝所占比例比较低的主要原因是细砂岩储层在研究区所占比例比较低,观察样品少。

根据岩石密度与岩石抗张、抗压强度相关参数分析的结果,随着岩石密度的增加,其强度增大。也就是说,相近岩类,随着岩石孔隙度增大,岩石强度降低,在相同的剪切应力环境条件下,更容易产生破裂。

裂缝很少跨越不同岩性的界面,这很可能是不同岩性具有不同的岩石力学参数,在同一应力场作用条件下,应变和破裂压力不同,裂缝往往终止于岩性界面,在另一种岩性中往往产生另一组裂缝。

3. 裂缝与储层厚度的关系

岩心裂缝统计表明,裂缝的发育程度与岩层厚度有一定关系,随着岩层厚度增加,裂缝密度下降(图5-3-4)。根据统计,单层厚度小于2m的8个层,裂缝密度最大的8.5条/m,一般大于3条/m,厚度大于2m的岩层,裂缝密度一般小于3条/m,只有1层的裂缝密度为7.7条/m。

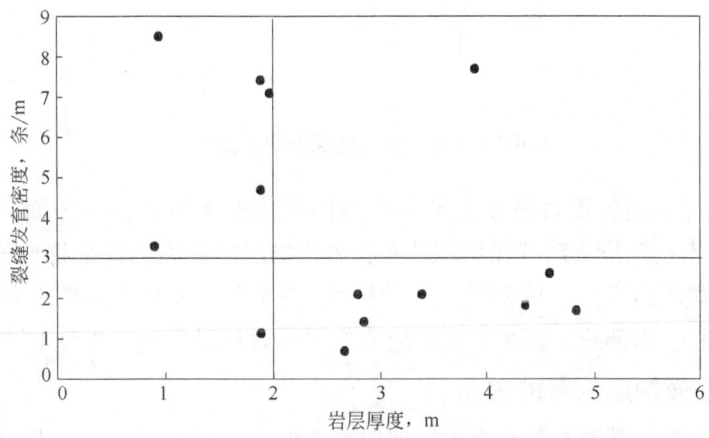

图 5-3-4 裂缝发育密度与岩层厚度的关系图

随着砂岩层厚度的增大,其裂缝发育密度有降低的趋势,说明在同一应力环境条件下,薄砂层裂缝发育程度比厚砂层要大。

4. 裂缝与层位和深度的关系

在陈堡地区,随着深度的增加,裂缝密度降低(图5-3-5)。在陈2断块层位上,E_1f_3与E_1f_1地层埋藏深度相差250m左右,裂缝性质和裂缝发育密度不同。E_1f_3段以水平缝为主,并且裂缝发育密度大,E_1f_1段以垂直缝为主,裂缝密度小。

裂缝发育与围压(深度)的关系密切,裂缝的产生总是垂直于最小主应力方向(平行于最大主应力)[150],随着深度的增加,上覆地层压力增加,垂向主应力增加,当深度达到一定值时,垂向主应力往往成为最大主应力,当叠加其它应力,并达到岩石破裂压力时,一般产生垂直裂缝。埋藏较浅的地层,上覆地层压力较小,构造活动的地区,水平应力往往是最大主应力,当应力达到岩石破裂压力时,一般容易沿胶结程度弱,比较容易破裂的层理面产生裂缝[151]。这是 E_1f_3 段与 E_1f_1 段在同一地区产生不同性质裂缝的主要原因。

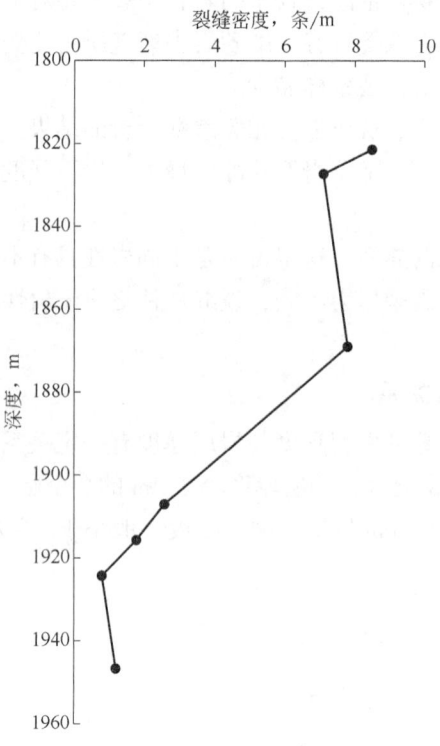

图 5-3-5　裂缝随深度变化关系

E_1f_3 段比 E_1f_1 段裂缝发育密度大的主要原因可能有两方面：一方面，E_1f_1 段埋藏深，成岩程度高，并且 E_1f_1 段为滨浅湖沉积体系，砂岩储层中的钙质胶结物含量高，岩石致密，抗张强度大，破裂压力高，不易破裂；另一方面，浅部断层发育，构造应力作用强，剪切作用形成的裂缝发育，深部断层较少，构造应力作用相对较弱，裂缝相对不发育。

5. 裂缝与平面构造位置的关系

以陈 2 断块为例，其取心资料有限，比较系统的取心井只有 3 口，根据这些资料分析，裂缝的发育密度与断层的距离有关。E_1f_3 段断层密度大，裂缝发育密度也大。陈 2-14 井和陈 2-20 井紧邻吴 2 断层和周 9 断层，平均裂缝发育密度 3.07 条/m，陈 2-7 井距吴 2 断层 500m 左右，偶尔见某些层段零星发育有裂缝。可见裂缝与断层的活动有密切关系。

四、裂缝的分形几何特征

岩石裂缝系统相当复杂，而绝大多数情况下，人们只能观察到一些钻井取心资料或有限的露头，储层内部绝大部分资料是未知的。即便是能够观察到的岩心裂缝，但描述方法也存在着局限性，例如，常用线密度表征岩心裂缝的多少，实际上存在着缺陷。如图 5-3-6 所示，按照线密度的描述结果，样品 A 的裂缝密度大于样品 B 的密度，但实际情况是样品 B 的裂缝延伸范围大，单位面积内裂缝占据的空间（单位面积内所有裂缝长度累加之和，暂称面密度）大，连通性更好，对储层的渗滤作用影响更大。再如样品 C 和样品 D，二者中均发育 3 条裂缝，若采用裂缝线密度统计，两者不仅单位长度岩心上的裂缝线密度相同，单位长度上的岩心裂缝累加长度也是相同的，但裂缝的分布特征和疏密程度不同，裂缝导流的面积也不同，两种裂缝对油气储层的渗滤贡献也是不一样的。可见，裂缝密度统计方法为一数值平均方法，没有考虑裂缝的空间几何分布关系，无法真正有效地区分两种几何分布不同的裂缝。如何更有效地表征裂缝的分布规律，更有效地预测裂缝呢？相对而言分形几何方法，能够从总体上比较全面地描述储层裂缝的疏密程度和规律，为有效的预测裂缝提供依据。

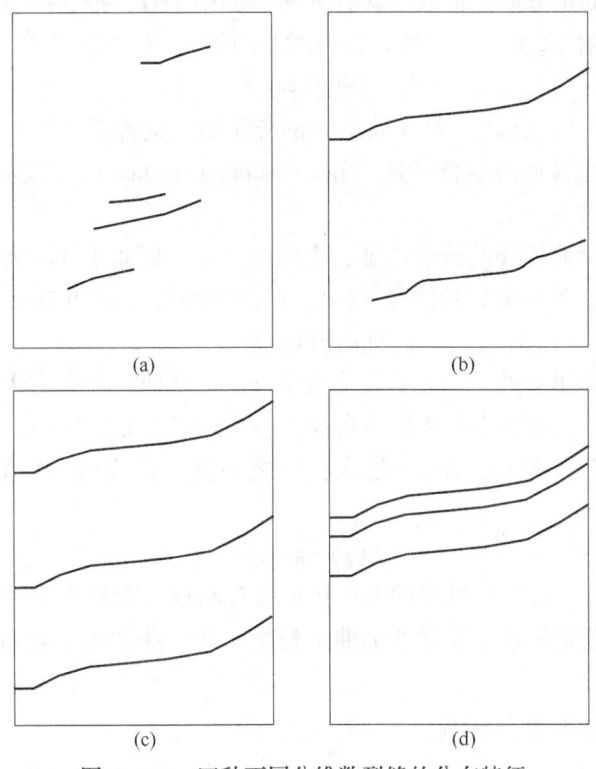

图 5-3-6　四种不同分维数裂缝的分布特征

1. 裂缝分形几何应用原理

在自然界中，许多物体都具有自相似性的"层次"结构，在理想情况下，甚至是无穷层次适当地放大或缩小几何尺寸，整体结构并不改变，在形态、功能和信息等方面具有自相似性，可以用分维数来描述这一层次结构[152]。

Mandelbrot（1983）认为，许多复杂物理现象背后都有反映这类层次结构的分形几何学[153]。分形方法最显著的特征是对看起来十分复杂的事物，事实上大多数均可用仅包含很少参数的简单公式予以描述。

从 20 世纪 70 年代开始，分形几何发展为一门新兴学科至今，学者们总结出了许多种描述不同分形特征的方法，如康托集合、科赫曲线、谢尔宾斯基集合等[153]。

维数是刻画图形占据空间规模和整体复杂性的量度，是图形最基本的不变量。欧几里德空间的拓扑维数的含义是：集合是全不连通时，维数为 0；当集合的任意小的邻域都具有维数为 0 的边界，其维数为 1；当集合的任意小的邻域都具有维数为 1 的边界，其维数为 2，依此类推，即点是 0 维，线是 1 维，面是 2 维，体是 3 维。物体和几何的维数就是描述任意一点位置所需要的独立坐标数。在数学上，一个独立的坐标对应一个独立变量，因此，独立变量的数目又被视为维数。在分形理论中，分维数是描述一个分形的最基本的特征量，通过研究分形维数，可以建立有关向量与分维数间的关系。

目前常用的计算分维数的方法很多，其中改变观察尺度求维数比较适合研究裂缝的分布特征。该方法是用圆或球、线段、正方形或立方体等具有特征尺度的基本图形去近似分形图形。例如，设 F 是平面上的一个离散子集，要求 F 中的点的分布维数。首先用间隔为 r 的格子把平面分成长为 r 的正方形，再数出含有 F 中点的格子数，把这些正方形格子的数目记为 $N(r)$。然后改变 r 的值重复上述过程。如果对不同的 r，有关系式[152,153]：

$$N(r) \propto r^{-D} \qquad (5-3-1)$$

如果关系式(5-3-1)成立，则 D 就是 F 的分维数。这种用边长 r 不同的正方形格子去覆盖分形图形的方法也被称为数盒子法（box-counting method），这是一种应用十分广泛的求维数的方法。

如果用线段研究某海岸线的分形特征，方法也一样。例如用开度为 r 的两脚规沿海岸线一步步地测量其长度，若量出的步数为 $N(r)$，则海岸线长 $L(r)$ 可写成[153]：

$$L(r) = N(r) \cdot r \qquad (5-3-2)$$

因为海岸线并非是笔直的，而是有许多大大小小的弯曲，在大的弯曲中又存在一些较小的弯曲。当 r 较大时，有些较小的海岸线弯曲就会被忽略，而用较小的 r 时，则可测量出那些被漏看的弯曲，所以 r 越小，$N(r)$ 越大；反之亦然。将式(5-3-1)代入式(5-3-2)即得[152,153]：

$$L(r) = k \cdot r^{1-D} \qquad (5-3-3)$$

这就是 Mandelbrot（1967）给出的海岸线长度与测量尺度的关系[153]。这里 k 是比例常数，D 是分维数，它定量刻画了海岸线的曲折程度。在有些文献中将由式(5-3-3)求得的分维数称为量规维数。

2. 储层裂缝的分形几何特征

根据岩心观察，裂缝在平面和纵向上的分布不均一性是普遍存在的一种现象。根据一些专家的研究结果，宏观上的断裂系统分布具有分形几何的特征。微裂缝的产生，从力学角度上看，是与断裂产生过程中相伴生的产物，它们之间存在一定的自相似性。在陈2断块，这一特征也十分明显，浅部的 E_1f_3 段裂缝比深部的 E_1f_1 段裂缝发育，断层也是浅部地层比深部地层发育，这就是分形几何自相似性的典型特征。

根据前面的分析，在纵向上，陈2断块裂缝往往集中分布在某一个层段，在平面上，在某些地段密集分布。如果将某一口井分成大小相等的若干段，必定是有些层段有裂缝发育，在有些裂缝发育段之间总存在无裂缝发育段。如果把裂缝发育段分成更小的单元，又可以发现裂缝发育段和无裂缝发育段。无论单元的尺度多么小，只要大于裂缝的线性尺度，其中总存在若干无裂缝的单元。也就是说，随着尺度的一次次变换，裂缝的不均匀或不规则中存在着一种规则性，即有裂缝单元对无缝单元的比率似乎保持一定，换言之，在一个特定地区，局部的裂缝分布结构与整体的裂缝分布结构是相似的。

根据对大量实际资料的统计分析，裂缝的分布确实存在着分形特征。裂缝分维数的地质意义详细介绍如下：

分维数理论的实质是反映物体分布的复杂程度[152]。为了查明分维数与裂缝分布的关系，本次研究做了大量分析，分维数与裂缝的线密度有关，但与面密度和裂缝的密集程度关系更为密切。以图 5-3-6 为例详细研究了分维数与裂缝分布的关系（图 5-3-7，表 5-3-3），假设在某一区域分布一组相互平行的 3 条裂缝，裂缝线密度相同，但疏密程度不同，根据计算，二者的分维数不同，第一种情况（图 5-3-7 中 C）的分维数为 0.9534，第二种情况（图 5-3-7 中 D）的分维数为 1.4892，二者相差 36%。由此可见，分维数与裂缝的疏密程度有关，裂缝越密集，分维数越大，越稀疏分维数越小。假设在某一区，裂缝的线密度和面密度均不同，图 5-3-6 中 A 的线密度大，图 5-3-6 中 B 的面密度大，根据计算面密度越大，裂缝的分维数越大。

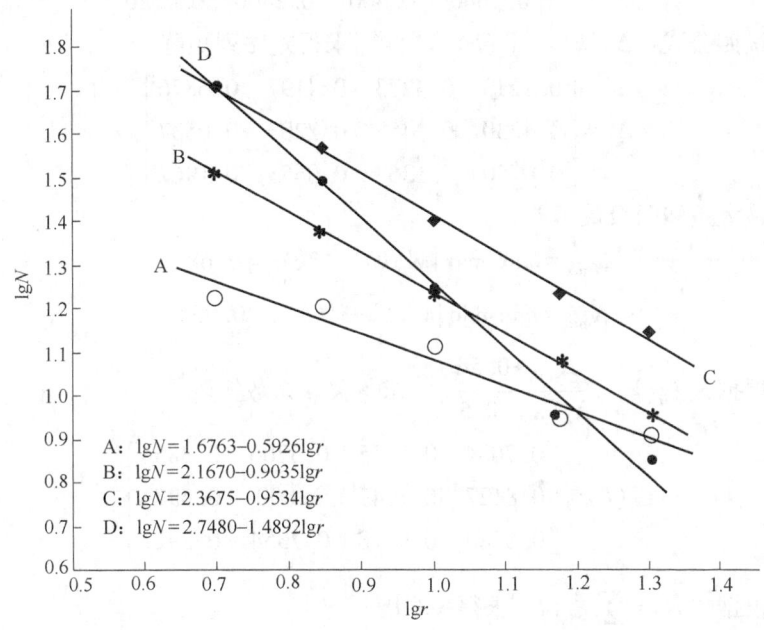

图 5-3-7　不同裂缝发育状况下的分维数计算

由上述分析可知，裂缝的分布维数影响因素很多，关系非常复杂，也就是说，分维数是裂缝分布复杂特征的综合反映。为了能够定量分析裂缝线密度、裂缝面密度和裂缝间距对裂缝分布维数的影响程度，我们利用灰色系统理论中的灰色关联分析方法在这方面进行了探讨[154]。

表 5-3-3　不同裂缝分布密度分形几何参数统计

样品号	A	B	C	D
相关系数	0.9709	0.9996	0.9956	0.9941
分维数	0.5926	0.9305	0.9534	1.4892

具体计算步骤和方法如下：

第一步，利用实测的各样品的分维数 $y(k)$ 和裂缝线密度、裂缝面密度和裂缝间距数值构成数据矩阵：

$$\begin{bmatrix} y(k) \\ x_i(k) \end{bmatrix} = \begin{bmatrix} 0.5926 & 0.9305 & 0.9534 & 1.4892 \\ 0.0750 & 0.0380 & 0.0570 & 0.0570 \\ 0.1510 & 0.2450 & 0.4230 & 0.4230 \\ 0.1600 & 0.400 & 0.2800 & 0.0750 \end{bmatrix} \quad (5\text{-}3\text{-}4)$$

式中：$y(k)$ 为不同样品实测计算的分位数；$x_i(k)$ 为不同样品测的裂缝线密度、裂缝面密度和裂缝间距；k 为样品序号。

第二步，对上矩阵进行归一化处理，用 2 去除第一行分维数，其它各行不变，得到归一化处理后的数据矩阵：

$$\begin{bmatrix} y(k) \\ x_i(k) \end{bmatrix} = \begin{bmatrix} 0.2963 & 0.4653 & 0.4767 & 0.7446 \\ 0.0750 & 0.0380 & 0.0570 & 0.0570 \\ 0.1510 & 0.2450 & 0.4230 & 0.4230 \\ 0.1600 & 0.400 & 0.2800 & 0.0750 \end{bmatrix} \quad (5-3-5)$$

第三步，按照公式：$\Delta_{li}(k) = |y'(k) - x'_i(k)|$ 求得差序列矩阵

$$\Delta_{li} = \begin{bmatrix} 0.2213 & 0.4273 & 0.4197 & 0.6876 \\ 0.4230 & 0.1453 & 0.2203 & 0.0537 \\ 0.0750 & 0.1363 & 0.0653 & 0.1967 \end{bmatrix} \quad (5-3-6)$$

求得两级最大差和两级最小差：

$$\Delta_{\max} = \max_i \max_k |y'(k) - x'(k)| = 0.6876 \quad (5-3-7)$$

$$\Delta_{\min} = \min_i \min_k |y'(k) - x'(k)| = 0.0537 \quad (5-3-8)$$

第四步，根据式 $\xi_{li}(k) = \dfrac{\Delta_{\min} + 0.5\Delta_{\max}}{\Delta_{li}(k) + 0.5\Delta_{\max}}$ 求得关联系数矩阵：

$$\xi_{li}(k) = \begin{bmatrix} 0.7034 & 0.5155 & 0.5206 & 0.3854 \\ 0.8127 & 0.7047 & 1.000 & 0.5974 \\ 0.8280 & 0.9718 & 0.7354 & 0.3922 \end{bmatrix} \quad (5-3-9)$$

第五步，根据式 $r_{li} = \sum_{k=1}^{n} \xi_{li}(k)$ 求得关联度

$$r_{li} = \{r_{11}, r_{12}, r_{13}\} = \{0.5312, 0.7787, 0.7318\} \quad (5-3-10)$$

有最大关联度

$$r_{\max} = 0.7787 \quad (5-3-11)$$

定量分析表明 $r_{12} > r_{13} > r_{11}$。也就是说，裂缝的面密度对分维数影响最大，其次为裂缝间距，即裂缝的密集程度，裂缝的线密度相对影响较小。裂缝面密度和裂缝间距的关联度都大于 0.7，并且比较接近，这两因素对裂缝分维数影响程度比较接近，线密度对裂缝分维数的关联度只有 0.5312，比其它两因素低很多，其影响应要小得多。这一计算结果与定量分析结果是吻合的。

综上所述，裂缝的分维数随着裂缝的面密度和密集程度增大而增大，因此，通过不同井段上裂缝的分维数的统计，可以求得裂缝在横向和纵向上的发育规律，从而达到预测的目的。

3. 裂缝系统描述的分形统计方法及结果

前面已经分析，裂缝具有分形几何的特征，人们最关心的是裂缝在某一地段和某一层位的发育程度，研究这一问题，实际上就是研究裂缝系统的分布密度随尺度的变化规律。前面已经介绍了改变观察尺度求维数的数盒子法能够比较好地研究裂缝系统的自相似性，即用网格覆盖法来求岩心某个剖面上裂缝分布维数值。

具体做法是：用边长为 r 的正方形网格覆盖岩心剖面上的裂缝，然后统计包含裂缝的格子数 $N(r)$，逐渐改变 r 的尺度，分别统计对应的 $N(r)$ 值，如果岩心裂缝分布具有分形特征，则 $\lg N(r)$ 与 $\lg r$ 之间满足线性关系。一般情况下，若线性相关系数大于 0.90，则可以认为岩心裂缝的分布具有分形特征，此时回归直线的斜率即为裂缝分布密度的分维数。

采用上述方法，对取心资料比较全的陈 2-14 和陈 2-20 井的 15 块样品进行了分形几何特征研究。

根据分析结果，15 个样品的相关系数均大于 0.90（表 5-3-4），具有分形特征。分维数最大的为 1.3119，为陈 2-20 井 2080.4m 层段的样品；分维数最小的为 0.8090，为陈 2-20 井 2028.0m 层段的样品。对比两个样品可以看出，前者在 10cm×5cm 的样品中发育了 5 条裂缝，后者在 10cm×14cm 的样品中只发育了 3 条裂缝，无论线密度、面密度和密集程度，后者都比前者低。

根据上述分析，裂缝的分维数，全面地描述了裂缝的密集程度，因此，可以根据裂缝分布维数的大小将裂缝的密集程度划分为 4 种类型：

1）分维数>1.2，为裂缝密集发育

一般由一组多条裂缝密集发育或由两组斜交的裂缝密集发育，裂缝延伸距离长，大多数裂缝的两个端口为 1（1 表示裂缝延伸端超出岩心样品，0 表示裂缝端部在岩心内部消失），线间距小，裂缝线密度和面密度均较大，线密度一般大于 0.05 条/cm^2，裂缝系统构成了一个网络，极大地提高了储层的渗滤能力，对油水运动影响比较大。这类样品约占总样品数的 26.7%。由此可见，裂缝密集发育段占裂缝发育段的四分之一左右，比例比较高。

表 5-3-4　岩心裂缝分形几何参数统计结果

井号	深度，m	岩性	相关系数	分维数
陈 2-14	2134.0	泥质粉砂岩	0.9861	0.9592
陈 2-14	2135.0	泥质粉砂岩	0.9931	0.9471
陈 2-14	2135.5	泥质粉砂岩	0.9857	0.9797
陈 2-14	2136.4	泥质粉砂岩	0.9834	1.0466
陈 2-14	2138.0	粉砂岩	0.9800	0.8400
陈 2-14	2151.0	粉砂岩	0.9874	1.2080
陈 2-14	2260.9	粉砂岩	0.9939	1.2213
陈 2-20	1969.4	泥质粉砂岩	0.9921	1.0199
陈 2-20	1969.7	泥质粉砂岩	0.9889	0.9095
陈 2-20	1973.4	泥质粉砂岩	0.9972	1.2344
陈 2-20	2027.8	粉砂岩	0.9922	1.0911
陈 2-20	2028.0	粉砂岩	0.9821	0.8090
陈 2-20	2071.2	粉砂岩	0.9909	1.0388
陈 2-20	2080.4	粉砂岩	0.9740	1.3119
陈 2-20	2442.2	粉砂岩	0.9920	0.9090

2）分维数 1.0~1.2，为裂缝中等密集发育

裂缝线密度一般为 0.025~0.050 条/cm^2，裂缝间距仅次于第一种情况，裂缝延伸长度

不一，部分裂缝的端口为1，部分裂缝端口为0，裂缝面密度较大，裂缝系统也基本构成了裂缝网络，对提高储层的渗透能力有较大作用，这一类型约占总样品数的26.7%。

3）分维数0.9~1.0，为裂缝低密集发育

裂缝线密度一般为0.01~0.025条/cm^2，裂缝间距一般较大，裂缝延伸长度较短，大部分裂缝的端口为0，裂缝面密度较小，裂缝基本不构成网络系统，对大范围提高储层的渗透能力作用较小，但对局部渗透率的提高影响较大。这一类型约占总样品数的33.3%。

4）分维数<0.9，为裂缝稀疏发育

一般裂缝孤立发育，一个样品上只发育一条或两条裂缝，线间距比较大，并且裂缝延伸距离短，裂缝线密度一般小于0.01条/cm^2，裂缝没有形成一个网络体系，在区域上对渗流作用影响不大，但在局部可以增大渗透能力。这一类型约占总样品数的13.3%。

上述统计结果只是针对有裂缝发育储层段中不同分维数所占的比例，并非占整个储层的比例。

五、裂缝在测井曲线上的响应

研究储层裂缝最直观、最有效的方法是岩心观察和描述，然而，出于经济上的考虑，任何一个油田取心井的数量都是极为有限的，且岩心多是不连续的，所以，如何利用测井资料来进行裂缝的研究和评价，多年来一直是油藏地质工程师和测井工程师们共同的愿望。目前，人们的注意力主要集中在两个方面：一方面是通过研究新的测井方法，研究新的测井仪器来提高裂缝的检测精度；另一方面是立足于现有的测井系列，力求通过改进资料的分析和处理方法，来提高裂缝的评价水平。

利用测井资料识别裂缝的主要依据是不同的测井方法对于储层的各种特征有不同的响应，而裂缝的发育会导致一些"正常"的响应产生异常。对于砂泥岩剖面，能否有效识别裂缝的关键就在于能否成功地区分裂缝和非裂缝因素的影响，只有在排除诸多非裂缝因素影响的基础上，才有可能对储层的裂缝作出较为可靠的评价。

目前，超声波电视成像测井是一种比较直观地了解井下地层裂缝发育状况的测井方法，陈2断块没有这类测井，只有常规的声—感应测井系列，所以，研究就是立足常规测井，深入岩电关系研究，寻找裂缝的测井响应规律，建立评价系统。

根据对岩电关系的研究，发现在某些层段，声波时差测井、微侧向和微电极测井对裂缝，特别是水平缝有较明显的反映。

1. 裂缝在声波时差曲线上的响应

声波时差测井测的是初至纵波，事实上，声波在传播过程中，由于地层的吸收，总是要发生能量衰减，在没有裂缝发育时，衰减表现为"正常"的特征，如果存在裂缝，特别是存在水平缝或低角度缝时，声波能量的衰减要严重得多（垂直缝影响相对较小）。

根据实际资料统计，E_1f_3段的声波时差比E_1f_1平均高23%~25%（图5-3-8），当然，这一方面与岩性、物性和成岩作用有关外，裂缝的影响也是主要因素之一。

另据陈2-14井资料统计分析，裂缝在声波时差曲线上的确有较为明显的特征，该井取心段为2121.0~2260.0m，层位为E_1f_3砂层组的4~15小层，根据岩性观察，上段4~9小层，2121.0~2199.0m水平裂缝发育，以下层段几乎没有观察到裂缝的存在，利用该井资

料，将声波时差值作为横坐标，自然伽马值作为纵坐标作交会图（图5-3-9），明显可以分为5个区，砂岩层的自然伽马值一般小于83API，裂缝段的声波时差值大部分分布在大于93μs/ft的区域，非裂缝段声波时差值一般分布在83~93μs/ft区域，小于83μs/ft的区域为灰质夹层区和泥灰质夹层区。

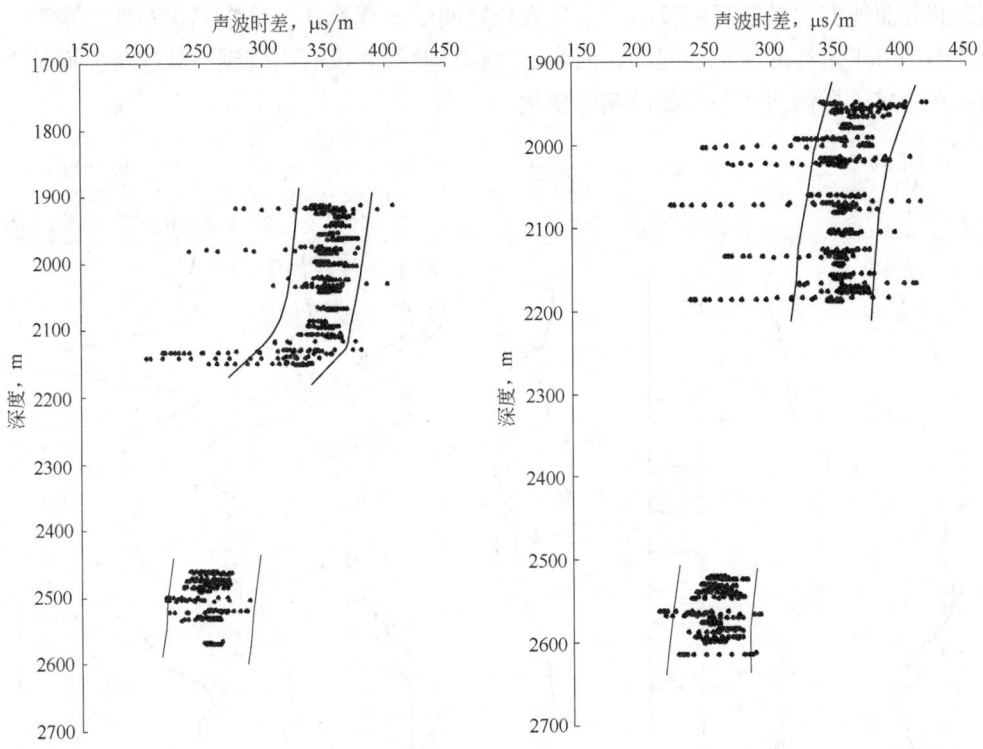

图 5-3-8　陈2-11和陈2-27井 E_1f_3（图中上部）和 E_1f_1（图中下部）段声波时差分布趋势图

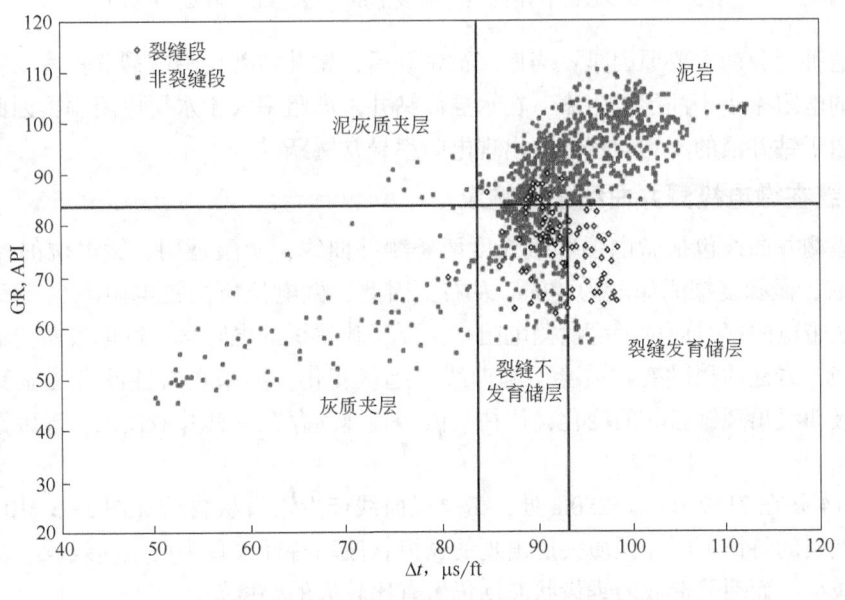

图 5-3-9　自然伽马和声波时差交会图

2. 裂缝在微侧向测井差曲线上的响应

微侧向测井借助于推靠器，紧贴井壁测量，由于其电极系尺寸小，测量范围小，所以，其测量结果反映了井壁附近的地层情况，对裂缝的反应相对其它电阻率测井较为敏感[16]。

如图 5-3-10 所示，陈 2-14 井在 2149.0~2152.0m 取心段发育 9 条水平裂缝，对应的微侧向测井曲线有比较明显的反映，主要表现是曲线出现跳动，从自然伽马曲线来看，这种跳动并不是由于岩性的变化引起的，因为自然伽马曲线并没有出现锯齿状起伏，而是由于裂缝的存在造成了微侧向测井曲线的起伏变化。

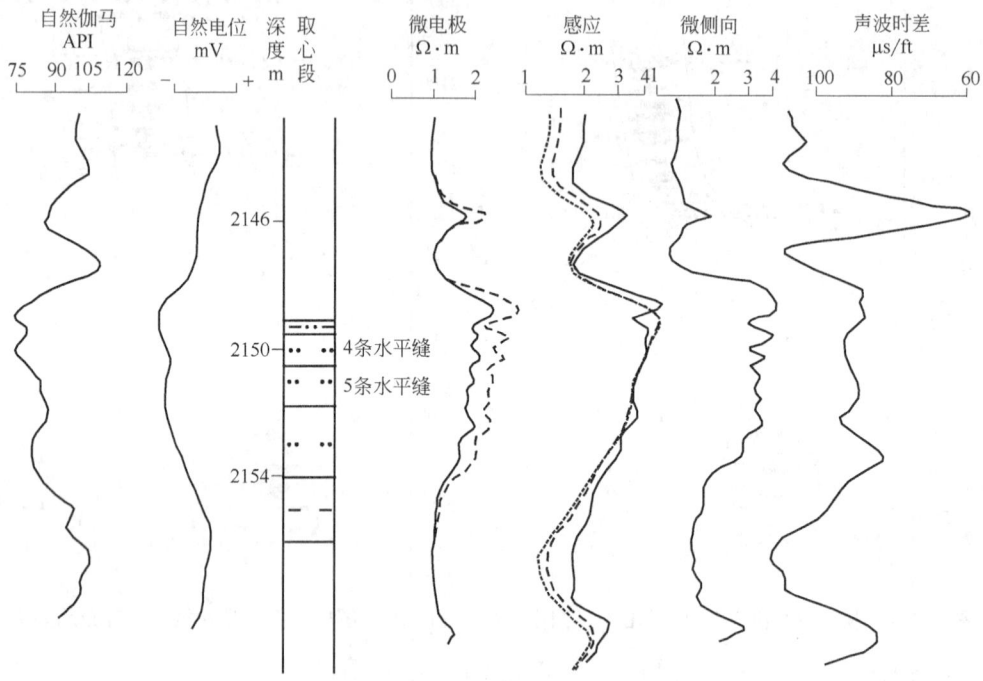

图 5-3-10　裂缝在不同测井曲线上的响应特征（陈 2-14 井）

产生这种现象的主要原因是：当地层被钻开后，钻井液就会沿着裂缝侵入，在油层段钻井液侵入的电阻率小于油层电阻率，在水层段钻井液电阻率大于水层电阻率，因此，在裂缝发育段，由于钻井液的不均匀侵入，出现电阻率异常跳跃。

3. 裂缝在微电极测井曲线上的响应

微电极测井曲线包括微电位和微梯度两条测井曲线，实验证明，微电位的探测深度为 100mm 左右，微梯度探测深度为 40mm 左右，因此，微电位所测视电阻率主要反映渗透层井段的冲洗带电阻率，而微梯度所测电阻率主要反映滤饼的电阻率。微电极曲线的纵向分辨能力比较强，岩性的稍微变化就会引起曲线的起伏变化。如果在岩性没有明显变化的情况下，微电极曲线出现锯齿状的变化，往往是由于裂缝的存在，钻井液侵入，导致微电位曲线波动。

陈 2-14 井在 2149.0~2152.0m 处，微电极曲线产生锯齿状波动（图 5-3-10），这种波动与泥质夹层的特征不同，泥质夹层出现的锯齿状波动特征表现为两条曲线没有幅度差或幅度差明显减小，而裂缝造成的锯齿状波动仍然有比较大的幅度差。

除了以上所描述的三种测井曲线对水平裂缝和低角度倾斜缝具有较明显的反映外，感应测井、密度测井也有一定的响应，在判断裂缝时，需要利用多种测井曲线，进行综合性判断。

六、裂缝的模糊识别技术

在许许多多的裂缝识别方法中，目前还没有哪一种方法能够单独非常可靠地用于识别裂缝，都需要借助多种手段和方法，综合研究和分析。

通过上述研究可以看出，研究区的某些层段的水平裂缝和低角度倾斜缝在声波时差、微侧向和微电极测井曲线上有比较明显的反映，可以借助这些曲线定性判断裂缝的发育情况。

为了连续定量地识别裂缝发育段，关键是如何定量描述反映裂缝测井异常信息，其次是建立用于裂缝识别的数学模型[155]。

本书采取的基本思路是：依据关键层段中裂缝的测井异常响应，建立裂缝综合判别函数，由判别函数对其它井段进行定量性的裂缝识别。

1）微侧向测井

设定致密、无裂缝层的微侧向读数值为 R_{max}，裂缝最发育段微侧向读数值为 R_{min}，目的层段的微侧向读数值为 R_{mll}，则其裂缝测井异常响应值 X 为：

$$X = \begin{cases} 0 & \text{当 } R_{mll} \geq R_{max} \\ 1 & \text{当 } R_{mll} \leq R_{min} \\ \dfrac{R_{max}-R_{mll}}{R_{max}-R_{min}} & \text{当 } R_{min} < R_{mll} < R_{max} \end{cases} \quad (5\text{-}3\text{-}12)$$

2）声波时差测井

裂缝发育层段最大声波时差测井读数值为 Δt_{max}，致密、无裂缝发育段声波时差测井最小读数值为 Δt_{min}，目的层段的声波时差测井读数值为 Δt_{mll}，则其裂缝测井异常信息响应值 X 为：

$$X = \begin{cases} 0 & \text{当 } \Delta t_{mll} \leq \Delta t_{min} \\ 1 & \text{当 } \Delta t_{mll} \geq \Delta t_{max} \\ \dfrac{\Delta t_{max}-\Delta t_{mll}}{\Delta t_{max}-\Delta t_{min}} & \text{当 } \Delta t_{min} < \Delta t_{mll} < \Delta t_{max} \end{cases} \quad (5\text{-}3\text{-}13)$$

3）微电极曲线

一般来说，微电极曲线定量读值比较困难，根据取心井资料进行定量赋值，裂缝最发育段，其值大小波动严重，赋值为1，无裂缝的致密段、无幅度差的层段赋值为0，根据曲线的波动幅度大小和曲线的幅度差大小，赋值在0~1之间。

综合前面的研究结果，上述三种参数在综合判断裂缝时，其响应程度不同，即对裂缝的敏感程度不同，这样在定量判断裂缝时，要根据其重要性，进行合理的权重分配：

$$综合评价 = \begin{cases} 微侧向 & 0.2 \\ 声波时差 & 0.5 \\ 微电极 & 0.3 \end{cases} \quad (5\text{-}3\text{-}14)$$

即 $$\text{权重系数 } A = (0.2 \quad 0.5 \quad 0.3) \tag{5-3-15}$$

根据测井读数值、隶属度和评语表，可以构成每个目的层的综合评价变换矩阵。比如，陈 2-14 井需要评价 4 个层的裂缝发育状况，通过读测井曲线图，分别对微侧向测井、声波时差测井和微电极测井赋值（表 5-3-5）。

表 5-3-5　不同层位微侧向、声波时差和微电极测井赋值结果表

层位	R_{mll}	Δt	$R_{微电极}$
$E_1f_3^{2-4}$	0.6	0.8	0.7
$E_1f_3^{2-5}$	0.8	1	0.7
$E_1f_3^{2-6}$	1	0.8	0.8
$E_1f_3^{2-14}$	0.6	0	0

利用上述数据构成评判矩阵：

$$R = \begin{bmatrix} 0.6 & 0.8 & 1 & 0.6 \\ 0.8 & 1 & 0.8 & 0 \\ 0.7 & 0.7 & 0.8 & 0 \end{bmatrix} \tag{5-3-16}$$

按照乘积求和算法，求出每个层段的综合评价值 B，有

$$B = A \otimes R = (0.2 \quad 0.5 \quad 0.3) \otimes \begin{bmatrix} 0.6 & 0.8 & 1 & 0.6 \\ 0.8 & 1 & 0.8 & 0 \\ 0.7 & 0.7 & 0.8 & 0 \end{bmatrix} \tag{5-3-17}$$

$$= (0.73 \quad 0.87 \quad 0.84 \quad 0.12)$$

综合评判值越大，裂缝越发育，根据计算结果，$E_1f_3^{2-5}$ 和 $E_1f_3^{2-6}$ 层的综合评判值均大于 0.8，裂缝最发育，$E_1f_3^{2-4}$ 层的值为 0.73，略低于前两层，裂缝不如前两层发育，$E_1f_3^{2-14}$ 层值只有 0.12，裂缝不发育，这一结果与岩心实际观察情况基本一致。理论和实践证明，以测井资料为依据，利用模糊综合评判方法预测裂缝的方法是可行的，但是该方法需要大量的取心资料，深入进行岩电关系研究，建立裂缝与电性之间的定性和半定量的关系，然后应用到未知井上。

由于取心资料较少，评判级别划分太多，也不现实，为了简洁明确，模糊评判集合划分为四级（表 5-3-6），即 Ⅰ 级，综合评判值为 0.8~1，裂缝发育；Ⅱ 级，综合评判值为 0.6~0.8，裂缝较发育；Ⅲ 级，综合评判值为 0.4~0.6，可能有裂缝发育；Ⅳ 级，综合评判值为 0~0.4，无裂缝发育。

表 5-3-6　模糊评判集、隶属度及意义

等级	隶属度	评语
Ⅰ	0.8~1	裂缝发育
Ⅱ	0.6~0.8	裂缝较发育
Ⅲ	0.4~0.6	可能有裂缝发育
Ⅳ	0~0.4	无裂缝发育

第六章 储层非均质性研究

储层非均质性是指储层在空间上的分布以及其内部各种属性的不均一性[156]。非均质性是储层的自然属性[157,158]，特别是我国东部的陆相储层非均质性极其严重，如果应对措施不得当，会严重影响开发效果，因此，储层非均质性一直是储层研究的重点。

我国的地质学家和一线的地质工程师们在长期的科研和生产实践过程中总结了很多关于储层非均质性的表征方法，包括用来定量描述储层非均质性的参数以及宏观非均质性和微观非均质性的描述方法等。

第一节 储层非均质性的层次划分

储层形成过程中受到所在环境、沉积作用、成岩、油气运移与充填等因素的影响，存在随机性，也具有自相似性的"层次"结构[159,160]。R. R. Berg (1988) 将储层非均质性划分为超大规模（megascale）、宏观规模（macroscale）、中等规模（mesoscale）、微观规模（microscale）[161]。如图 6-1-1 所示，超大规模的非均质性相当于针对油藏级别的非均质性研

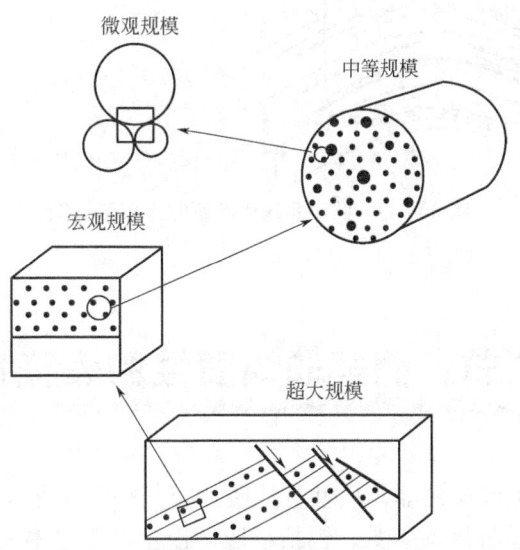

图 6-1-1 储层非均质性尺度示意图（据吴云燕等，1996）

究，宏观规模的非均质性相当于研究油层级别的非均质性，中等规模的非均质性相当于岩心级别的非均质性研究，微观规模的非均质性对应的是在岩石薄片、扫描电镜、CT 扫描等微观方法下开展的研究。

根据我国的油气田开发实践，为了满足不同开发阶段的需要以及不同阶段资料的完善程度，认为储层非均质性的研究可以分步骤、分层次开展研究。早期可以开展油田级别的非均质性研究，为油田的开发规划和总体开发方案的编制提供依据。投入开发后，随着资料的丰富，可以开展开发层系级别的的非均质性研究，满足油田开发井部署、注采关系确立、层系划分的需要。随着开发进程的深入，要开展油层级别的非均质性研究，为了满足细分开发层系、注采关系调整的需要。开发中后期，要开展油砂体级别和微观级别非均质性的研究，满足调剖、堵水、剩余油挖潜的需要。所以，针对我国陆相储层的特征，非均质性的研究可以划分为五个级别（图 6-1-2）：油田级别、开发层系级别、油层级别、油砂体级别、微观级别。

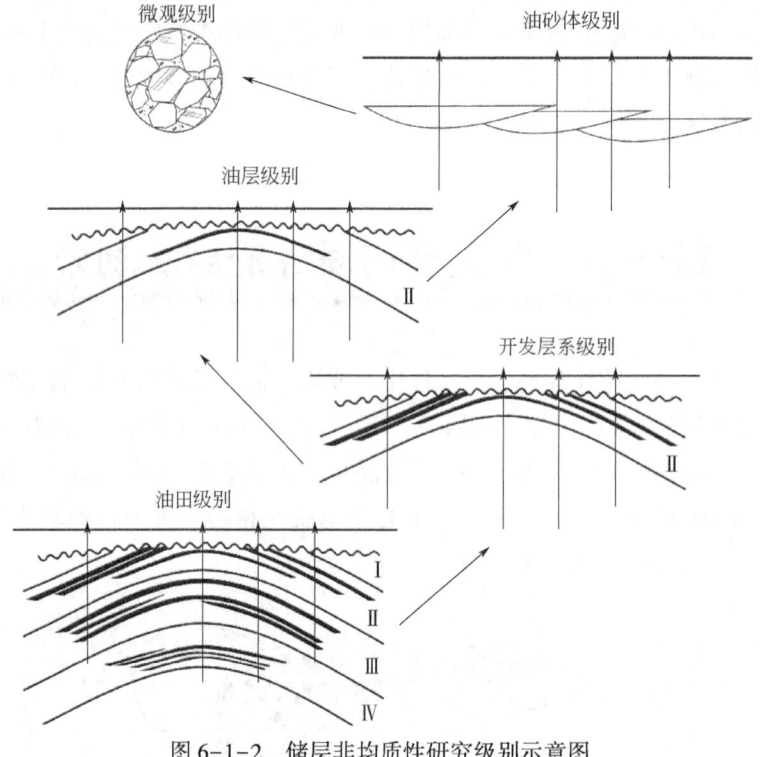

图 6-1-2 储层非均质性研究级别示意图

第二节 储层非均质性的表征参数

为了能够准确地刻画储层的非均质性，地质学家们探索了很多方法[159,160]，提出了一些定量表征渗透率非均质程度的参数，包括渗透率极差、渗透率突进系数、渗透率均质系数、渗透率变异系数、渗透率变差函数、渗透率基尼系数、渗透率参差系数等，各种方法有其优缺点，常常是一起使用，相互弥补其不足。

一、渗透率极差

渗透率极差是层段内最大渗透率与最小渗透率的比值。表征的是层段内渗透率的差异程度，变化范围为 $1\sim\infty$，极差越大反映渗透率非均质性越强，反之非均质性就越弱。

$$J_K = \frac{K_{\max}}{K_{\min}} \tag{6-2-1}$$

式中，J_K 为渗透率极差；$K_{\max}$ 为层段内渗透率最大值；$K_{\min}$ 为层段内渗透率最小值。

该参数简单、直观，容易计算，不足之处是其结果受个别数据影响太大，它只考虑了最大值与最小值，忽略了中间数值对储层非均质性的影响，不全面，同时也存在数值区间变化大，可对比性差的问题。

二、渗透率突进系数

渗透率突进系数是层段内渗透率最大值与渗透率平均值的比值。其值变化范围为 $1\sim\infty$，越大渗透率非均质性越强，反之非均质性就越弱。

$$T_K = \frac{K_{\max}}{\bar{K}} \tag{6-2-2}$$

式中，T_K 为渗透率突进系数；$\bar{K}$ 为层段内渗透率的平均值。

该方法的优点同样是简单明了，与渗透率极差相比，它考虑了平均渗透率的贡献，但忽略了下半区渗透率的影响，代表性差。其数值变化范围大，不太容易确立可对比的标准区间，可对比性差。

三、渗透率均质系数

渗透率均质系数是指层段内渗透率的平均值与最大渗透率的比值。该值在 $0\sim1$ 之间，越接近 1，就越均值，反之非均质性就越强。

$$K_P = \frac{\bar{K}}{K_{\max}} \tag{6-2-3}$$

式中，K_P 为渗透率均质系数。

该方法同渗透率突进系数一样简单明了，只是调换成了均值与最大值之间的比，性质基本一样。

四、渗透率变异系数

渗透率变异系数表征的是层段内各渗透率离散的程度，其数值变化范围为 $0\sim\infty$，数值越大非均质性越强。

$$V_K = \frac{\sqrt{\sum_{i=1}^{n}(K_i - \bar{K})^2/(n-1)}}{\bar{K}} \tag{6-2-4}$$

式中，V_K 为渗透率变异系数；K_i 为第 i 个样品或第 i 层渗透率值；$\bar{K}$ 为层段内渗透率的平均值；n 为样本数。

该系数反映的是样品偏离整体平均值的程度，其数值变化范围大，只有下限没有上限，可对比性差，分类标准不容易确定。

五、渗透率变差函数

渗透率变差函数是各种趋势预测和模拟算法的基础参数，同时还能通过变程、块金常数、基台值等参数以及变差图刻画区域变化量的性质[114]。它可以反映储层某一属性在不同方向上的变化速度和幅度，从一个侧面反映储层某些属性各向异性的程度。求实验变差函数的方法有多种，如半变异函数，交叉半变异函数，指示半变异函数，协方差半变异函数等。相对简单的计算方法是半变异函数：

$$\gamma(h) = \frac{1}{2N(h)} \sum_{i=1}^{N(h)} (X_i - Y_i)^2 \qquad (6-2-5)$$

式中，X_i，Y_i 为地质变量；h 为方向矢量；$N(h)$ 为数据点对数。

通过对变异函数的最优拟合，从而完成对变异函数块金常数 C_0、变程 α 和基台值 $(C+C_0)$ 参数的选择，并建立合适的变异函数模型。常用的变异函数模型有球状模型、高斯模型、幂模型。其中球状模型是：

$$\gamma(h) = \begin{cases} C_0 & h=0 \\ C \cdot \left[1.5 \dfrac{h}{\alpha} - 0.5 \left(\dfrac{h}{\alpha} \right)^3 \right] + C_0 & 0 < h \leq \alpha \\ C + C_0 & h = 0 \end{cases} \qquad (6-2-6)$$

式中，α 为变程；C 为拱高；C_0 为块金常数；$(C+C_0)$ 为基台值。

变异函数的这些特征值反映了储层参数的空间变化特征，当距离超过某一范围后，变差函数值不再增大，而是稳定在一个极限值附近，这个范围就称为变程 α，这个极限值称为台基值 $(C+C_0)$。块金常数 C_0 指原点处的变差函数值。

变程 α 反映了区域变量的相关范围，在变程范围内，区域化变量有空间相关性，在变程范围外，区域化变量不在有空间相关性。变程 α 不仅能反映区域化变量的影响范围，还能直接反映储层参数沿某一个方向的变化速度的大小，而台基值 $(C+C_0)$ 能反映储层参数在某一个方向变化的幅度。块金常数 C_0 的存在主要是由于测量误差等因素所致。

因为储层参数存在方向性和不均一性，故可以通过求取每个方向上的变差函数值，就能反映出各向异性的特征，可利用变差函数提供的全部信息来分析和认识储层，这是研究储层平面非均质性的一种有效方法。

通常情况下，α 值越大，表明所研究参数在该方向上变化越慢，即非均质程度越弱；相反，α 值越小，表明所研究参数在该方向上变化越快，非均质程度越强。

用变差函数描述平面非均质性具有整体性，比较全面，但需要数据量大，井点分布要相对均匀，否则代表性差。

六、渗透率基尼系数

基尼系数最早用于评价国民收入分配的差异程度，它是根据洛伦兹曲线计算得到的[162]。后来被地质学家引用到储层渗透率非均质表征方面，能够比较全面地反映出一组数据的均匀程度。

用洛伦兹曲线评价油层非均质性的原理是，以岩样块数百分比为 x 轴，以渗透率百分比为 y 轴，建立平面直角坐标系（图 6-2-1）。对角线 AC 称为"完全均质线"，在 AC 对角线上的任何一点都满足 $y=x$，即岩样块数比重等于渗透率比重，这说明所有岩样的渗透率都是相等的。折线 ADC 称为"完全非均质线"，它表示全部渗透率都集中在一块岩样上，其它的渗透率均为 0。一般情况下，实际渗透率分配曲线（AEC）总是处于"完全均质线"与"完全非均质线"之间，曲线上的任何一点（除两个端点 A、C 以外）到两轴(AB,AD)的距离都不相等，每一点所标示的物理意义是占岩样总数一定百分比的岩样所累加的渗透率之和在全部岩样的渗透率之和中所占的比重。实际渗透率分配曲线越接近"完全均质线"，表明油藏非均质性越弱；反之，则非均质性越强。

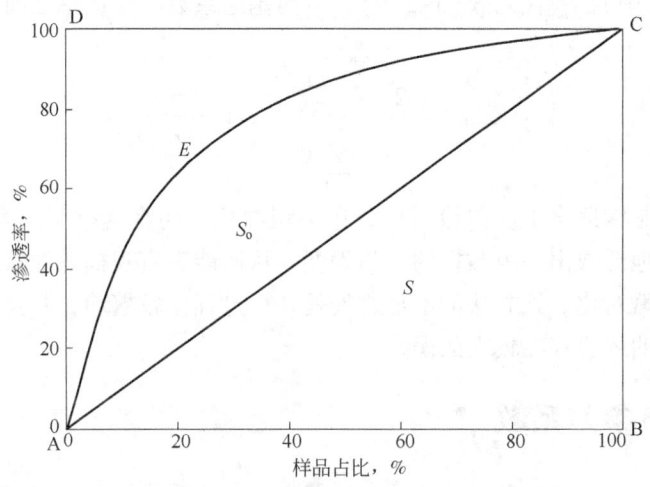

图 6-2-1 洛伦次曲线确定渗透率非均质性示意图

渗透率洛伦兹曲线的作法是，将连续逐点解释的渗透率值从大到小排成一序列，设有 n 块，并分别从 1 到 n 编号。则该曲线（包括 A 点）由 $n+1$ 个点组成，其中第 m 个点的坐标 (x_m, y_m) 是这样定义的：

$$\begin{cases} x_m = 100 \dfrac{m}{n} \\ y_m = \dfrac{\sum\limits_{i=1}^{m} K_i}{\sum\limits_{i=1}^{n} K_i} \end{cases} \quad (6-2-7)$$

式中，K_i 为第 i 块岩样的渗透率。

在实际应用过程中，还可以画出不同油层的洛伦兹曲线，然后将这些曲线进行对比分析，可从不同的弯曲程度看出油层非均质程度。这种方法比较直观，但不能够定量评价。

为了定量测算油藏非均质程度，可以在洛伦兹曲线的基础上计算出渗透率的基尼系数。其定义为洛伦兹曲线与"完全均质线"AC 围成的弓形面积即 AEC 的面积 S_o 与三角形 ADC

的面积 S 之比（图 6-2-1），即渗透率基尼系数 $G(k)$：

$$G(k) = \frac{S_o}{S} = \frac{\text{弓形 } AEC \text{ 面积}}{\text{三角形 } ADC \text{ 面积}} \tag{6-2-8}$$

基尼系数的求解法是：洛伦兹曲线是由 $n+1$ 个点组成，且它们的坐标已知，即其数学模型 $y=f(x)$ 已知，这样即可采用数值积分的方法近似求得，当 n 比较大时，原有数据的计算结果已相当准确，当 n 比较小时，可以通过插值得到满足需要的 n 值。

n 块岩样的渗透率基尼系数 $G(k)$ 可用近似积分即得：

$$G(k) = \frac{y_0 + 2\sum_{m=1}^{n-1} y_m + y_n}{100n} - 1 \tag{6-2-9}$$

式中，$y_0 = 0$；$y_n = 100$。

将式(6-2-7) 中的 y_m 代入式(6-2-9)，可得基尼系数与渗透率之间的关系为：

$$G(k) = \frac{2}{n} \frac{\sum_{j=1}^{n} \sum_{i=1}^{j} K_i}{\sum_{i=1}^{n} K_i} - 1 - \frac{1}{n} \tag{6-2-10}$$

该方法的优点是它适合于任何渗透率分布类型油藏，而渗透率基尼系数 $G(k)$ 在 0 与 1 之间，可比较全面地反映出一组数据的均匀程度，从而能够直观描述油藏的非均质程度，可以与其它类型的油藏对比。该方法的不足之处是计算过程比较繁琐，并且当数据点比较少的情况下，拟合出的曲线也存在较大的误差。

七、渗透率参差系数

渗透率参差系数表征的是各样品渗透率值偏离完全均质线的平均值[163]。详细的计算方法如下：

将连续逐点解释的渗透率值或渗透率样品测试值从小到大排成一序列，设有 n 块样品，并分别从 1 到 n 编号。横坐标 X 轴为样品百分数，即样品的序号与样品总数的百分比。纵坐标 Y 轴为样品渗透率累积百分数，即样品的渗透率累积值与所有样品渗透率总和之比的百分数。这样散点图中由 n 个点组成（图 6-2-2），其中第 m 个点的坐标 (x_m, y_m) 为：

$$\begin{cases} x_m = \dfrac{m}{n} \times 100 \\ y_m = \dfrac{\sum_{i=1}^{m} K_i}{\sum_{i=1}^{n} K_i} \times 100 \end{cases} \tag{6-2-11}$$

式中，x_m 为第 m 个点的横坐标；y_m 为第 m 个点的纵坐标；m 为第 m 个样品。

图中对角线 OB 为完全均质线，如果样品是完全均质的，即当样品的渗透率值全部相等时，数据点全部落在 OB 线上，在该线上任何一点都满足 $y=x$，即样品百分数等于渗透率百分数。OAB 线为完全非均质线，如果全部样品中只有一个样品有渗透率值，其它全部为零

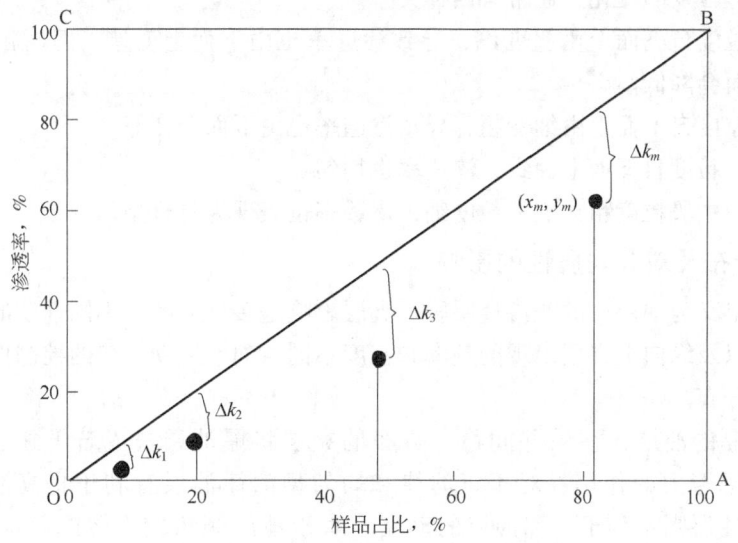

图 6-2-2　渗透率参差系数计算示意图

时，数据点会落在 OAB 线上。

渗透率参差系数（Ck）的定义为各样品的渗透率累积百分数偏离"完全均质线"（OB 线）的相对值的平均值，即：

$$Ck=(Ck_1+Ck_2+\cdots+Ck_m+\cdots+Ck_{n-1})/(n-1) \quad (6\text{-}2\text{-}12)$$

其中
$$Ck_m=\Delta k_m/x_m,\ \Delta k_m=x_m-y_m$$

式中，Ck 为渗透率参差系数；Ck_m 为第 m 个样品点偏离完全均质线的相对大小；Δk_m 为第 m 个样品点偏离完全均质线的值。

因为 $Ck_n=0$，所以只累加到 Ck_{n-1} 即可。

Ck 是介于 0~1 之间的小数。等于 0，表明是均质的，样品点的渗透率值全部相等；等于 1，完全非均质。

依据渗透率参差系数 Ck 的大小可以将储层的非均质程度划分为四个级别：$Ck\leqslant 0.4$ 为均质；$Ck=0.4\sim 0.6$ 为较均质；$Ck\geqslant 0.6\sim 0.8$ 为非均质；$Ck\geqslant 0.8$ 为极度非均质。

第三节　储层宏观非均质性

一、层内纵向非均质性

层内纵向非均质性是指单个油层纵向上性质的变化[164]，包括粒度、渗透率、夹层和内部构型等属性。层内纵向非均质性影响注入剂的波及厚度和层内剩余油分布，特别是厚油层，是油田开发中后期重点研究、挖潜的对象。

1. 纵向粒度变化及对非均质性的影响

粒度分布是沉积作用的结果，进而影响储层的孔隙度和渗透率，甚至影响生产措施的实施。根据纵向上粒度的变化，通常有四种类型。

正粒序：粒度自下而上由粗变细，导致渗透率也由下而上变差，但当粒度过粗的情况下，渗透率反而会降低。

反粒序：粒度自下而上由细变粗，导致渗透率也由下而上变好。

均匀粒序：粒度自下而上一致，渗透率也均匀。

复合粒序：中段粒度粗，上下粒度细，渗透率也表现为复合型。

2. 夹层分布及对非均质性的影响

夹层可以定义为油层内的非渗透层段。夹层影响是多方面的，不同性质的夹层、不同稳定程度的夹层以及纵向上夹层出现的频率和密度不同对油水运动规律的控制作用不同，进而影响剩余油的分布。

对于比较厚的油层，注采井间稳定分布的夹层将厚油层分成若干独立的流动单元，减弱了重力和毛管力的作用；对于正韵律和均匀型韵律油层有利于提高注水波及系数，而对于反韵律油层则不利于下部油层的动用。对于地层倾角较平缓的底水油层，夹层可以抑制"底水"的锥进速度，提高开发效果。但是，对于厚度较薄的油层，夹层的存在，加剧了油层的非均质性，降低了油层的横向连通程度，从而影响水驱波及体积。因此夹层性质的识别、夹层稳定程度的确定以及夹层密度和夹层频率的研究是层内非均质性研究的重要内容之一。

1) 夹层的岩性类型

按照岩性划分，夹层通常有四种，包括灰质夹层、泥灰质夹层、泥质夹层和粉砂质泥岩夹层。

在四性关系的研究基础上，可以通过建立夹层图版识别出夹层的性质（图 6-3-1）。

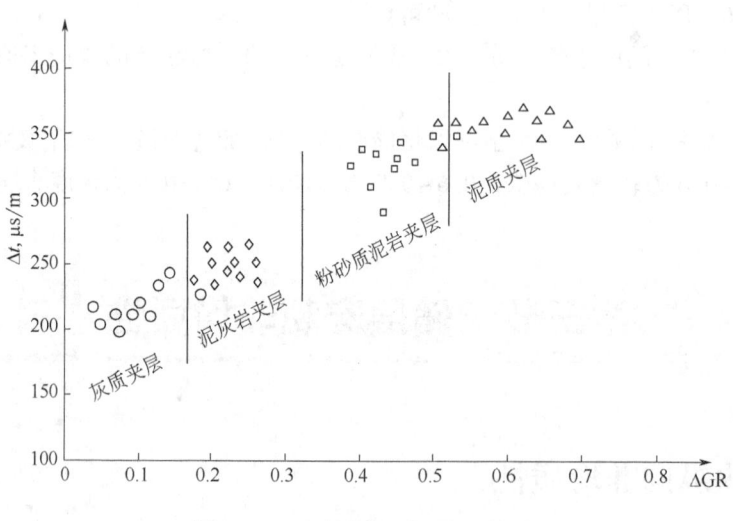

图 6-3-1 不同类型夹层识别图版

将相对自然伽马值（ΔGR）作为横坐标，声波时差（Δt）作为纵坐标，岩心描述的不同岩性夹层归位后，把对应的 ΔGR 和 Δt 标注在坐标中，明显可区分为四个区域，灰质夹层的数据点分布在左下角，泥岩夹层分布在右上角，中间过渡为泥质粉砂岩夹层和泥灰质夹层（图 6-3-1）。

2）夹层密度和夹层频率

夹层密度是指每米储层厚度内夹层的累计厚度[164]：

$$D_j = \frac{H_j}{H} \qquad (6-3-1)$$

式中，D_j 为夹层密度，m/m；H_j 为储层内夹层累计厚度，m；H 为储层总厚度，m。

夹层频率是指每米储层厚度内夹层的个数[164]：

$$P_j = \frac{N_j}{H} \qquad (6-3-2)$$

式中，P_j 为夹层频率，个/m；N_j 为储层内夹层总数，个；H 为储层总厚度，m。

上述两个参数分别反映的是储层纵向上夹层出现的频繁程度和夹层的厚度占比。

3）夹层分布特征

夹层的横向不连续变化是造成储层非均质性的主要表现特征之一。由于夹层的成因不同，岩性特征不同，分布面积差别很大，对油水运动规律的影响也不同。根据其平面稳定性，可进一步划分为稳定分布夹层、中等稳定分布夹层、不稳定分布夹层、零星分布夹层四类。

稳定分布夹层：席状分布，厚度相对稳定，连续性好，岩性多为水进泥岩，钻遇井数大于80%。这类夹层具有一定的分隔作用，在注水开发过程中对油水运动具有一定的控制作用，可以作为细分开采的隔层使用。

中等稳定分布夹层：钻遇井数介于50%～80%之间。这类夹层在局部细分开采时可以考虑作为隔层使用。

不稳定分布夹层：钻遇井数介于10%～50%之间。这类夹层分布局限，干扰水驱效果。在调剖和封堵高含水层段时可以利用。

零星分布夹层：平面上零星分布，厚度薄，互不连片，常常是单井分布。一般情况下，这类夹层在细分调整、挖潜时很难利用。

4）夹层成因

夹层成因十分复杂，但大的方面可以划分为两类，包括沉积成因和成岩成因。

（1）沉积成因夹层。

暂时性的水进可以形成夹层，由于盆地的升降或气候的变化等原因引起沉积基准面波动，当盆地沉降，可容纳空间增大，增加了盆地边缘地段沉积物的保存能力，原来为砂质堆积，发生短暂性的水侵后，往往会大面积地形成一套薄的泥质夹层。这类夹层多属稳定分布夹层。

洪水期和枯水期交替形成的夹层。洪水期，河流携带大量碎屑物推进到离盆地边界较远的地方，沉积了一些砂；枯水期，水流搬运碎屑物质能力下降，这样在向湖延伸较远的砂体上又沉积了一套薄层泥岩。这类夹层也属于稳定分布夹层。

砂体横向迁移形成的夹层，比如河道稳定性差，横向迁移频繁，迁移过程中造成砂质沉积间断区沉积了一些粉砂质泥岩夹层或泥岩夹层。这类夹层多属不稳定分布夹层。

（2）成岩成因夹层。

沉积物在成岩固结过程中，有机质热演化释放出大量的 CO_2 与地层水中 Ca^{2+}、Mg^{2+} 等阳离子结合形成碳酸盐岩胶结物，使砂层无渗透性或渗透性变得极差。这类夹层一般分布范围比较小，连片性差，多属不稳分布夹层或零星分布夹层。

3. 渗透率韵律性及非均质性

除了可以利用前述非均质性表征参数描述纵向上渗透率的非均质程度外，渗透率垂向韵律性也是层内非均质性的一个重要方面。因为韵律性严重影响水驱效果和剩余油的分布以及挖潜技术的实施。

根据纵向渗透率的变化可划分为八类渗透率韵律类型（图 6-3-2）：正韵律、反韵律、均匀韵律、复合韵律、复合正韵律、复合反韵律、正反复合韵律、复杂韵律[164]。

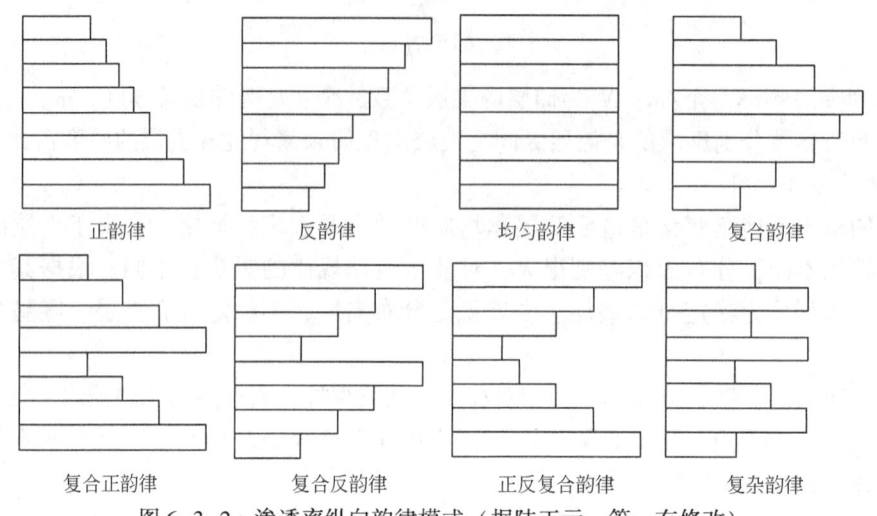

图 6-3-2 渗透率纵向韵律模式（据陆正元，等，有修改）

4. 内部构型及对非均质性的影响

储层内部构型是影响层内油水运动规律的重要因素之一。不同沉积类型的砂体构型不同，流动单元的界面不同，注采井网部署方式不同，开发效果不同。简单划分有侧积型、冲刷充填型、垂向叠置型、前积型、超覆型、孤立分布型等（前三种类型见图 3-5-3，后三种类型见图 6-3-3）。

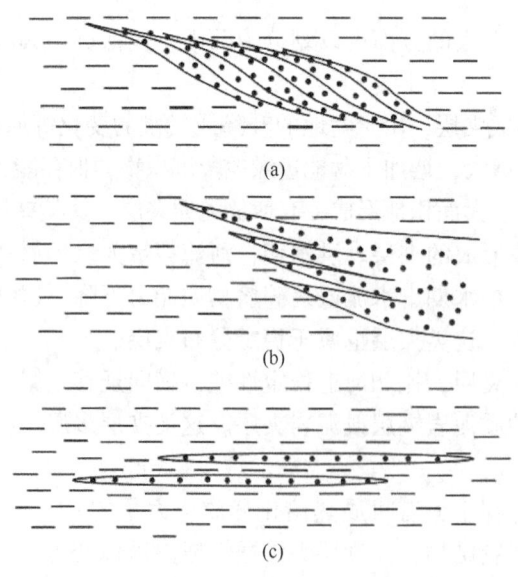

图 6-3-3 前积型（a）、超覆型（b）、孤立分布型（c）构型模式示意图

二、层内平面非均质性

储层平面非均质性包括砂体的几何形态、大小、连续性和砂体内孔隙度、渗透率的平面分布等。平面非均质性影响油气储量的空间分布、油水平面运动规律、水驱波及体积以及开发后期剩余油的分布等。

1. 砂体几何形态

砂体的几何形态构成了储层的宏观非均质性,影响注采井的对应关系和储量动用程度。定量性地研究砂体的空间几何形态也是保证精细地质建模的需要,对于预测剩余油的分布,提高开发效果具有实际意义。

砂体的几何形态的描述包括面积、形状、长宽比等。

2. 砂体连通性

砂岩横向的连通性影响注采对应关系和开发后期剩余油的分布。

艾伦(J. R. L. Allen)等人提出了用垂向上砂体密度界限来推测砂体侧向连通情况的方法,他认为,当砂体密度大于50%时,砂体之间的连通性好,小于50%时,则连通性差。我国地质学家针对陆相储层的研究结果,认为当砂体密度在50%以上时,砂体大面积连通,扩大后的砂体宽度超过数千米;而当砂体密度小于30%时,属于孤立分布砂体。

可以通过绘制连井剖面和砂体平面图,研究剖面上的油砂体连通情况(图6-3-4),通常可以划分为五种类型:

(1)稳定连通型[图6-3-4(a)],单砂层侧向稳定,厚度变化不大。

(2)部分连通型[图6-3-4(b)],上下叠置的单砂层,在侧向上某段砂体发生尖灭,某段砂体连通,要劈分叠置砂体。

(3)尖灭型[图6-3-4(c)],砂层侧向变薄尖灭,相变为泥岩。

(4)天窗式尖灭型[图6-3-4(d)],在剖面上砂层侧向变薄尖灭,相变为泥岩,但间隔一定距离后又出现。

(5)不稳定连通型[图6-3-4(e)],由于砂体厚度变化大,横向不稳定,剖面上呈厚薄相间的透镜状。

3. 平面井点间渗透率非均质性

以单井单层平均渗透率为基本单元,按照前面介绍的渗透率非均质参数计算方法评价各层平面渗透率的非均质性。

4. 渗透率平面各向异性

由于沉积岩具有方向性和各向异性的特点,导致储层物性也具有方向性,注入水总是沿优势方向突进,影响开发效果,提前预知渗透率的各向异性,可以采取措施有效抑制注入水快速突进,提高开发效果。

前面已经介绍,变差函数可以表征渗透率平面上的各向异性,下面以某油田实际资料对变差函数计算的结果进行分析和应用。

利用变差函数计算了不同微相砂体渗透率在各向上的变程 a(表6-3-1),滩坝的平均变程最大,其他依次为滩砂、分流河口沙坝、席状砂和水下分支流河道。席状砂沿90°方向

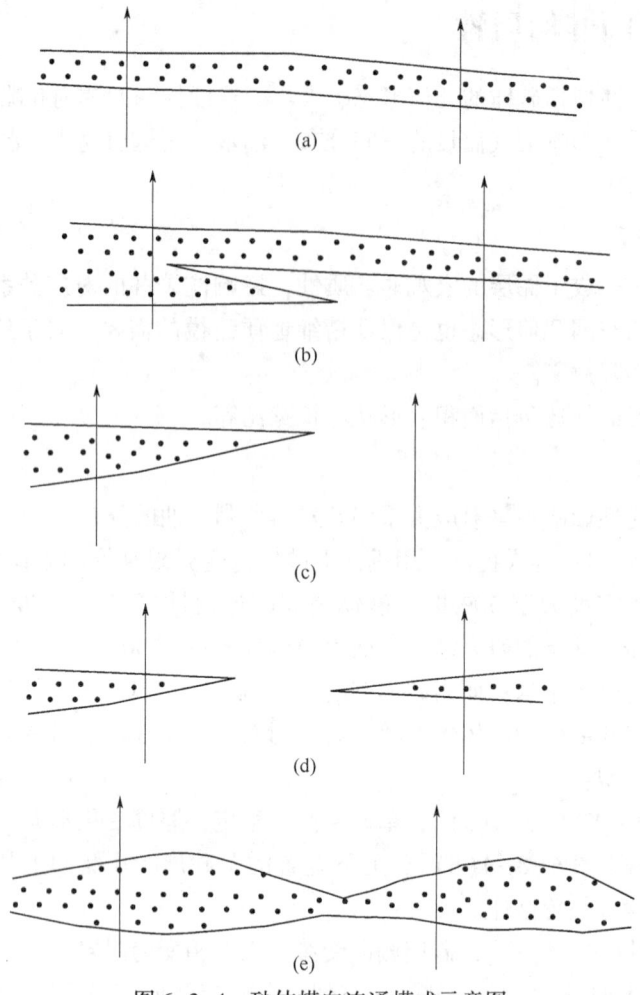

图 6-3-4 砂体横向连通模式示意图

变程最大，0°方向变程最小（图 6-3-5），即平行砂体等值线方向渗透率最均质，垂直等值向方向非均质最强。分流河口沙坝沿 315°方向变程最大，即顺沙坝长轴方向变程最大，垂直和斜交长轴方向变程最小。水下分支流河道沿 45°方向变程最大，受河道方向影响，即顺河道方向为最大值。滩砂在各个方向上的变程差别比较小，各向比较均质。滩坝在 315°方向变程最大，也就是斜交湖岸线方向，即平行于滩坝方向变程最大。

表 6-3-1 不同微相渗透率变程统计表

微相	0°方向变程 α	45°方向变程 α	90°方向变程 α	315°方向变程 α
席状砂	251.17	210.28	376.40	328.96
分流河口沙坝	265.60	273.90	236.30	460.20
水下分流河道	194.26	352.78	280.78	308.14
滩砂	417.24	399.66	377.13	391.13
滩坝	430.45	341.76	416.93	537.84

由于渗透率的各向异性，注水开发过程中，注入水推进也存在方向性，因此，在井网部

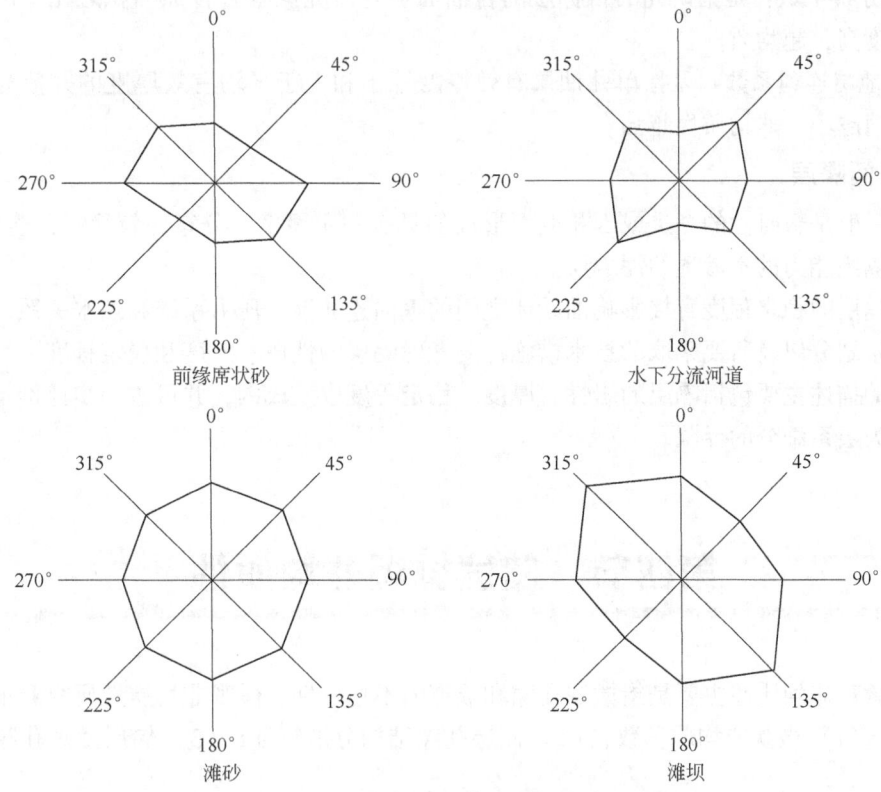

图 6-3-5　不同微相砂体变程 α 方向星位图

署时，应根据不同层位的渗透率方向性，优化注采井网结构，避免沿变程大的方向注水，改变为沿最小变程方向注水，提高水驱波及系数。

三、层间非均质性

层间非均质性控制着注水井的层间吸水差异、油井的产油能力以及层间动用状况等。通过层间非均质性的研究，可为细分调整过程中采取合理有效的层系划分提供可靠的依据。

用以表征层间非均质性的参数包括分层系数、砂岩密度、分布系数、层间渗透率非均质性参数以及层间隔层的描述等。

1. 层间渗透率非均质参数

以单层平均渗透率为基本单元，按照前面介绍的渗透率非均质参数计算方法可计算出层间渗透率非均质参数。

2. 宏观上层间砂体参数

通过宏观上层间砂体参数可以表征纵向上不同油砂体之间的差别，为开发层系优化提供依据。

（1）分层系数：是指单位厚度内的砂层层数。一般来说，分层系数越大，单砂层厚度越薄，层间非均质性越严重。

（2）砂岩密度：是指纵向上砂岩总厚度与地层总厚度之比。表征了砂层发育程度。

(3) 分布系数：是指研究的目标层的含油面积与研究区叠合含油面积之比。值越大表示叠合程度高，越均质。

(4) 地层连通系数：是指单井油层有效厚度等于和大于平均有效厚度的井数与总井数之比。其值越小，非均质性越强。

3. 层间隔层

隔层一般是暂时性的湖进或因相变而形成的具有一定厚度，分布比较稳定，连续性好，具有一定隔绝能力的不渗透的泥岩层。

层间隔层的稳定程度直接影响油砂体之间的垂向连通性、压力系统和油水关系。细分调整时的层系划分以及所要采取的技术措施都要考虑隔层的性质、厚度和稳定程度。

隔层的描述主要包括隔层的岩性、厚度、稳定程度以及成因，并可进一步评价是否可以将隔层作为层系细分的界限。

第四节 储层微观非均质性

储层微观非均质性主要是指微观孔隙和喉道的不均一性。微观非均质性研究着重从三个方面入手：(1) 微观非均质参数，(2) 储层孔隙结构分形特征，(3) 储层微观孔隙的分形几何特征。

一、微观非均质参数

(1) 微观孔隙非均质参数：包括孔隙分选系数、孔径分布频率曲线的尖度、孔径频率曲线偏态、孔径变异系数、孔径级差等参数，相关参数前文已经详细介绍。

(2) 微观喉道非均质参数：包括喉道分选系数、喉道偏度等，相关参数前文已详细介绍。

二、储层孔隙结构分形特征研究

1. 基本原理及计算方法

储层的孔隙结构是一种分形结构，可用分形维数来定量描述，沈平平、李克文等人提出了用分布函数和实测毛管压力曲线计算砂岩孔隙结构分形维数的方法——MIFA法[165]。

利用 MIFA 法求得的孔喉半径的分形维数 D，主要反映三维欧氏空间内砂岩孔喉分布的分形维数。具体计算步骤简述如下：

(1) 对取得的岩样进行压汞试验，并将实测压汞数据绘成毛管压力 p_c 与进汞饱和度 S_{Hg} 关系曲线，即毛细管压力曲线。

(2) 将毛细管压力曲线按著名的 Washburn 方程转换成 S_{Hg}—r 关系曲线。

$$p_c = \frac{2\sigma\cos\theta}{r} \qquad (6\text{-}4\text{-}1)$$

式中：p_c 为毛细管压力，MPa；r 为孔喉半径，μm；θ 为汞与岩石空气润湿接触角，(°)；σ

为汞与空气界面的表面张力，mN/m。

(3) 依据 S_{Hg}—r 关系曲线，计算某一孔喉半径 r_c 处所有大于 r_c 的孔喉所具有的概率 $P(r>r_c)$。

(4) 绘制 $P(r>r_c)$ 与 r 的关系曲线，据分形几何理论，若储层孔隙结构具有分形特征，孔喉半径的概率分布函数 $P(r>r_c)$ 应满足如下关系式[118]：

$$P(r>r_c) \propto r^{-D} \tag{6-4-2}$$

式中，D 为孔隙结构分形维数，无因次；$P(r>r_c)$ 为孔喉半径 r_c 处所有大于 r_c 的孔喉具有的概率，无因次；r 为孔喉半径，μm。

(5) 计算函数 $P(r>r_c)$ 与 r_c 关系曲线的斜率，该斜率的负值即为岩样孔隙结构的分形维数 D。

在实际应用中可以用 $r>r_c$ 的孔喉数量 $N(r)$ 代替孔喉半径 r_c 处所有大于 r_c 的孔喉所具有的概率 $P(r>r_c)$。

(6) 微观孔隙结构分形维数的确定，MIFA 法求取孔隙结构分形维数 D 的难点在于如何求取概率 $P(r>r_c)$，或者说如何求取 $N(r_c)$（压汞样品中半径为 r_c 的毛管根数）。主要采取如下方法：

设 $W(r)$ 代表半径为 r 的毛管孔隙体积占总孔隙体积的百分数，即孔喉大小分布函数。定义毛管根数的分布函数 $n(r)$ 为单位岩石孔隙体积中半径为 r 的毛管根数，那么

$$n(r) = \frac{W(r)}{\pi r^2 L_c} \tag{6-4-3}$$

式中，L_c 为毛细管长，cm。

设 p_c 与 S_{Hg} 的函数关系为：

$$S_{Hg} = f(p_c) \tag{6-4-4}$$

结合式(6-4-1)得：

$$S_{Hg} = f[p_c(r)] = f\left(\frac{2\sigma\cos\theta}{r}\right) \tag{6-4-5}$$

设毛管孔喉大小累积分布为 $\beta(r)$，那么：

$$\beta(r) = S_{Hg} = f[p_c(r)] \tag{6-4-6}$$

则：

$$W(r) = \frac{d\beta(r)}{d(r)} = \frac{dS_{Hg}}{dr} \tag{6-4-7}$$

对于任意具体的压汞岩样，半径为 r 的毛管根数为：

$$N(r)_{样} = AL_r \phi n(r) \tag{6-4-8}$$

$$A = \pi r_{样}^2$$

式中，A 为具体岩样的横截面积，cm^2；$r_{样}$ 为具体岩样截面半径，cm；L_r 为岩样长度，cm，$L_r = L_c$；$n(r)$ 为任意岩样的单位岩石孔隙体积中半径为 r 的毛管根数，无因次；ϕ 为岩样实测孔隙度。

将式(6-4-3)、式(6-4-7)代入式(6-4-8)，可得到任意具体岩样半径为 r 的毛管根数：

$$N(r)_{\text{样}}=AL_r\phi n(r)=\pi r_{\text{样}}^2 L_c\phi\frac{W(r)}{\pi r^2 L_c}=r_{\text{样}}^2\phi\frac{1}{r^2}\frac{dS_{\text{Hg}}}{dr} \qquad (6\text{-}4\text{-}9)$$

对于任意具体岩样中在孔喉半径为 r_i 处所有大于 r_1 的毛管根数 $N(r_i)_{\text{样}}$ 为：

$$N(r_i)_{\text{样}}=\int_{r_i}^{r_D}r_{\text{样}}^2\phi\frac{1}{r_i^2}\frac{dS_{\text{Hg}}}{dr} \qquad (6\text{-}4\text{-}10)$$

式中，ϕ 为岩样实测孔隙度；r_D 为对应排驱压力最大孔喉半径，μm。

依据式（6-4-9）和式（6-4-10），只要得到了每块岩样的 S_{Hg}—r 关系曲线，便可求得任意孔喉半径 r_i 处所有大于 r_1 的毛管根数 $N(r_i)$。

在双对数坐标上作 $N(r_i)$ 与孔喉半径 r_i 的关系曲线（图6-4-1），基本呈直线，相关系数一般大于 0.99，直线斜率的负值即为样品的分形维数 D。

上述方法实际上就是根据测度关系求维数，考虑形体的几何特征，改变测度，求维数。

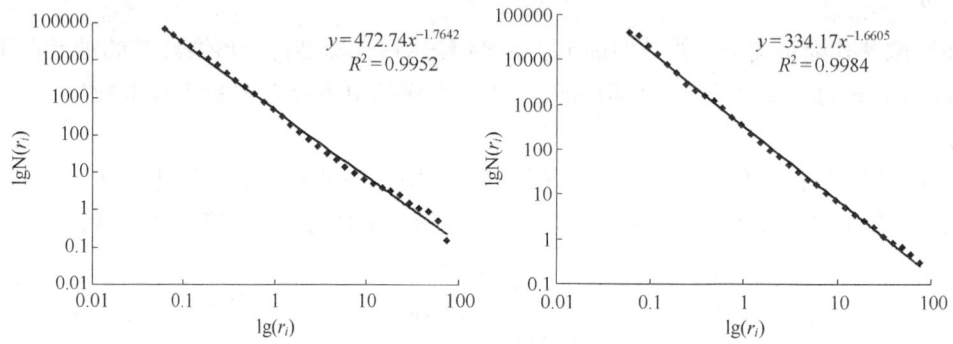

图 6-4-1 某油田 14 样和 30 号样喉道半径和毛管根数分形回归统计图

2. 分维数的地质学意义

砂岩储层孔隙结构的几何特征受沉积、成岩等地质因素控制，是一个极其复杂的微观体系，很难用一两个传统的参数达到全面客观的表征。根据分形几何理论，在三维欧氏空间内的分形结构，其分形维数 D 是一个利用数据特征定量描述储层孔隙结构复杂程度的综合参数，与砂岩储层的储集性能具有密切的关系。

总体情况是：随着分维数的增大，样品喉道分选越差，喉道就越不均匀，喉道连通性变差，随之排驱压力和中值压力增大。随着分维数的增大，阻碍流体流动的阻力就越大，渗流能力就越差。

三、储层微观孔隙分形特征分析

前面提出可以利用微观孔隙结构的参数，包括分选系数、变异系数和非均质系数等参数表征微观孔隙和喉道的非均质性，还可利用分形几何技术研究微观喉道的非均质性。但是，前述两种方法分别是从不同大小孔隙出现的频率和不同样品中孔喉的粗糙程度、大小、均匀程度以及连通状况进行描述和评价的，并没有反映孔隙在空间上的分布均匀程度。同一个样品中的孔隙分布是不均匀的，局部孔隙密集，局部稀疏；另一方面，有些样品的面孔率相近，分选系数相近，但是从照片上可以看出，不同样品的孔隙分布均匀程度不同，也就是说，样品中的孔隙分布是不均匀的。如何定量描述孔隙的分布均匀程度呢？利用分形几何中的盒子法可以定量区分不同样品的孔隙分布均匀程度。基本方法如下：

1. 提取孔隙

为了容易区分孔隙和颗粒，将孔隙单独提取出来，用醒目的颜色区别（图6-4-2，图6-4-3）。

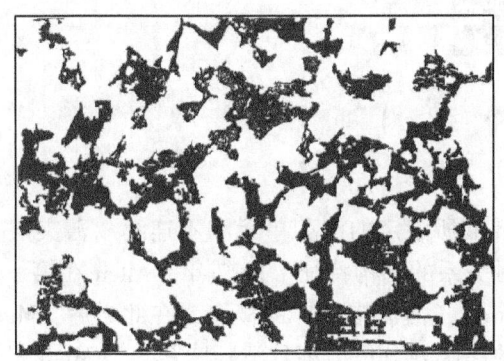

图6-4-2　某油田24号样孔隙分布特征图　　图6-4-3　某油田18号样孔隙分布特征图

2. 用网格覆盖求取分维数

用不同边长的正方形覆盖样品，然后统计包含孔隙的格子数$N(r)$，逐渐改变正方形边长r的大小，统计所对应的$N(r)$值。如果孔隙分布具有分形特征，则$\lg N(r)$与$\lg r$之间满足线性关系：

$$N(r) \propto r^{-D} \tag{6-4-11}$$

即
$$\lg N(r) = \lg k - D\lg r \tag{6-4-12}$$

分维数D的取值范围为$0<D<2$，这是因为当$D=2$时，相当于一个面的欧几里德维数，这意味着整个研究区域完全被孔隙所充填；当$D=0$时，这是一个点的欧几里德维数，即不论r如何改变，有孔隙分布的格子数总$N(r)$等于1。

3. 地质意义分析

分维数D大于0小于2，定量地刻画了孔隙在空间上的丛集程度和不均匀程度。D值与样品的面孔率无关，与图像分析的分选系数也无关系，只与孔隙的分布均匀程度有关。D值越小，孔隙在空间上的丛集程度越高（相对集中的趋势越大），分布越不均匀；D值越大，孔隙分布越均匀，开发时水驱波及体积系数往往越高。

第七章 储层构型研究

储层构型是指储层内部由各级次沉积界面所限定的沉积单元和不连续"薄夹层"的几何形态、规模大小、相互排列方式以及接触关系的结构特征。1977年，Allen在第一届国际河流沉积学会议上提出了"fluvial architecture"（河流构型）的概念，在此之后，Miall不断丰富储层构型的界面划分，使得储层构型的层次划分更为细致清晰[166-168]，Miall提出的储层构型理论是沉积学、开发地质学研究领域中的重大技术进展。储层构型的研究内容主要包括岩相类型、层次界面识别与分析、构型单元划分及空间组合关系、各级别单元的规模大小及层次性等。构型单元是指构成某一层次级别的地层单元，是一个能表征其几何形态、沉积相（或岩性相）特征、内部结构、相互排列方式、接触关系及其规模的沉积体，也是沉积体系内部一个或一组特定沉积作用过程的产物。通过构型研究能够揭示砂体内部的结构、岩性、物性变化、空间非均质性及其构成级次，厘清组成储层单元的层次性，查明储层单元的空间分布，合理地解释储层非均质性特征及其成因。

由于河流相储层的空间分布比较复杂，砂体在纵向上交错、横向上拼接，具有极其复杂的储层构型，因此一直是构型研究的重点。通常是在河流相储层沉积体系研究的基础上，分析河流储层的层次性和空间分布，建立构型单元和地质知识库，依据露头河流沉积体系构型的模式完成地下河流储层的构型研究。构型的研究能够帮助解决河流相储层特征、开发动态特征和剩余油形成与分布的成因机理，指导河流相油田的开发[169]。

随着储层构型理论在地下储层研究过程中的应用，国内外油气地质工作者在储层构型研究方面形成了比较成熟的技术与方法，储层构型研究大致上分四步进行。第一步是寻找与研究区沉积类型相同或相近的野外露头进行研究，详细解剖，测量不同构型单元的发育规模，分析不同构型单元之间的空间组合规律，建立其构型模式，指导地下研究。第二步是通过对取心井岩心的研究，细分出不同的岩相类型和不同级别的界面，建立岩电关系，使利用测井曲线识别构型单元成为可能。第三步是通过细分对比，利用测井曲线细分出各单井不同层次的单元和界面。第四步先将高一级的界面连起来，然后结合野外露头的测量结果，将低一级的界面和单元组合起来，依次从剖面、平面和空间上完成各构型单元的空间拼合关系。

第一节 储层构型层次划分

前面已经提出，河流相储层是石油地质学家和油田开发工程师开展构型研究的重点。由于河流相储层往往是多期次沉积在空间上叠加、复合的结果，储层非均质性十分严重，影响开发效果和剩余油分布的主要地质因素是储层自身不同层次和不同规模的非均质性，因此，对于河流相砂体而言，其纵向上的非均质性及内部夹层的分割作用是导致剩余油形成的主要因素。储层构型研究是储层非均质性精细表征的有效方法，它通过层次界面及结构单元的划分对砂体进行定性描述和定量表征，从而达到揭示储层非均质性特征的目的。储层构型研究包含砂体沉积特征分析、沉积界面的识别、沉积事件的重塑、构型单元识别与拼合关系等研究内容，可以合理地定量表征储层非均质性特征及其成因。通过分析储层演化过程及不同时期特征，研究储层的沉积模式，建立储层内部空间格架，进而实现储层空间结构的精细解剖。

储层构型研究的本质就是为了查明组成储层单元的层次性结构，不仅注重沉积单元级次的划分，而且更强调各级单元之间界面的研究，即层次界面[170]。1966 年，Allen 在研究河流、三角洲沉积体露头时，将沉积体分为 5 个层次[170]。1988 年，Miall 在 Allen（1983）的 3 级构型界面划分的基础上，提出了 6 级界面划分方案[171]。将曲流河沉积的构型单元划分出 6 级构型（图 7-1-1），同时结合 Colombera[172] 提出的三个不同级次的构型单元要素——沉积要素（depositional element）、构型要素（architectural element）、相单元（facies units），将 1 级复合河道与 2 级单河道定义为属于大尺度构型单元即沉积要素级别，3 级和 4 级构型单元属中间尺度构型单元即构型要素级别，5 级和 6 级属小尺度构型单元即相单元级别。A. D. Miall 等人系统分析了河流沉积体系中各级次沉积界面的特征，提出了沉积界面级次的划分方案[171]，并对各级次层次实体的沉积作用、沉积特征、层次实体的规模和沉积作用时间等进行了研究。

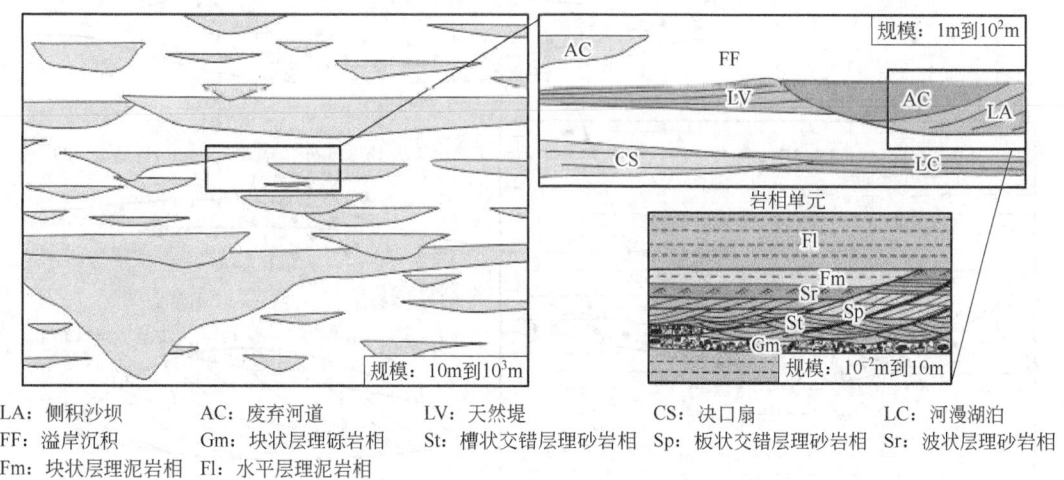

LA：侧积沙坝　　AC：废弃河道　　LV：天然堤　　CS：决口扇　　LC：河漫湖泊
FF：溢岸沉积　　Gm：块状层理砾岩相　St：槽状交错层理砂岩相　Sp：板状交错层理砂岩相　Sr：波状层理砂岩相
Fm：块状层理泥岩相　Fl：水平层理泥岩相

图 7-1-1　河流相储层构型划分方案（据 A. D. Miall，1988）

需要特别指出的是，Miall 的划分方案主要是依据露头研究得出的，只是提供一个解决问题的思路[170]，在具体的研究中，需要根据研究对象以及油田的实际资料，提出合适的划分方案。

划分构型单元总的原则是从大到小，逐级划分，具体到不同的沉积体系由于其内部的结构的不同，划分的方案不完全相同。本书分别以曲流河和辫状河为例，提出了详细的各级别构型界面和构型单元的划分方法（图 7-1-2、图 7-1-3）。

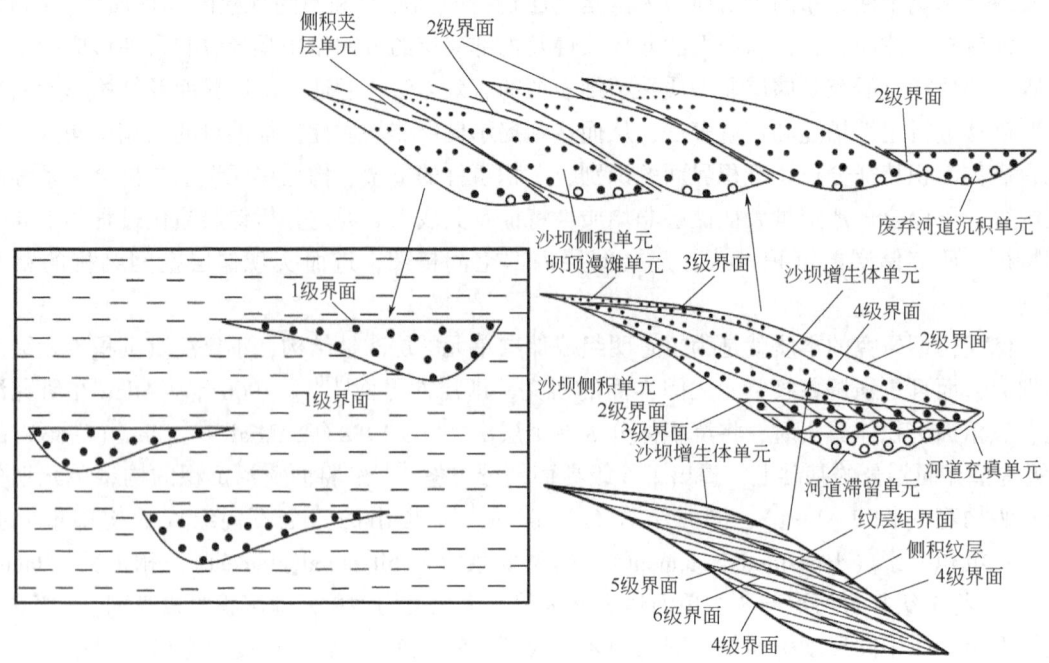

图 7-1-2 曲流河沉积体系各级别构型界面和构型单元划分示意图

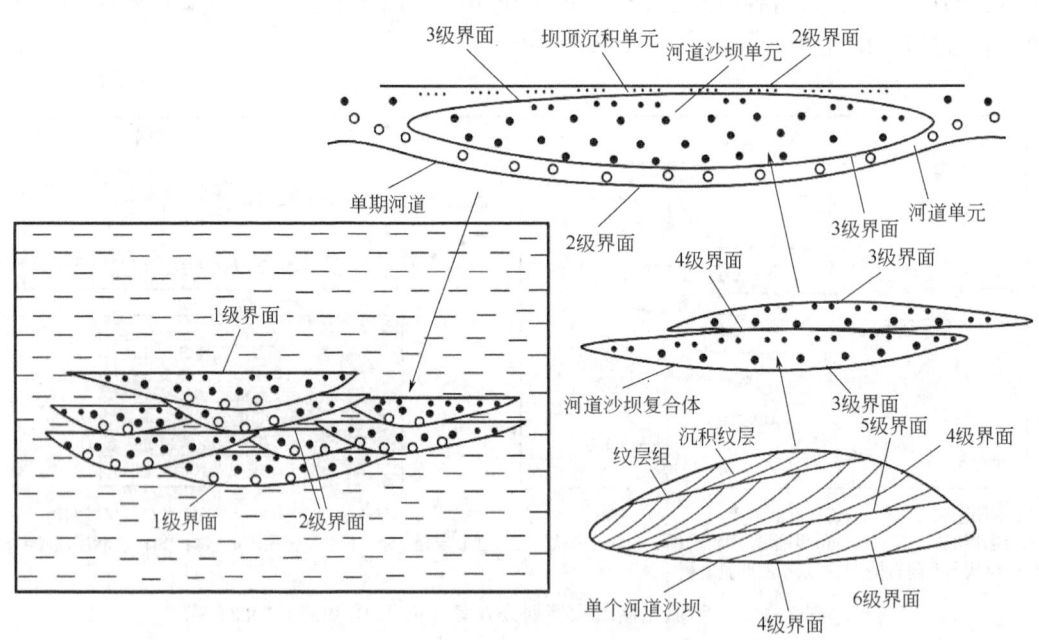

图 7-1-3 辫状河沉积体系各级别构型界面和构型单元划分示意图

1 级构型单元：对于辫状河沉积体系，该级别的单元由多期河道叠置组成的复合体，每一期复合河道沉积体之间有厚层稳定的河漫滩泥岩隔层隔开。对于曲流河沉积体系，1 级构型单元由一个完整的曲流河沉积组成，顶底都有厚层稳定的泛滥盆地泥岩隔层隔开。

2级构型单元：对于辫状河沉积体系，该级别的单元为单期河道沉积体，顶底多为冲刷面或岩性突变界面。对于曲流河沉积体系，该级别的单元为各个完整的点沙坝单元和废弃河道单元，界面为较稳定的侧积泥岩夹层。

3级构型单元：该级构型单元为细分的沉积单元。对于辫状河沉积体系，该构型单元有河道单元、河道沙坝单元、坝顶沉积单元等，界面是岩相变化面。对于曲流河沉积体系，该构型单元有河道滞留单元、河道充填单元、单个点沙坝单元、天然堤单元等，界面是岩相变化面。

4级构型单元：该级构型单元对应的是增生体。对于辫状河沉积体系，该构型单元为河道沙坝内部的单个增生体，界面是岩性界面。对于曲流河沉积体系，该构型单元为点坝内部的点坝侧积体内的增生体，界面是增生体之间的界面。

5级构型单元：为纹层组单元，对应的构型界面为纹层组之间的界面。

6级构型单元：为纹层单元，对应的构型界面为纹层之间的界面。

第二节　河流相储层构型界面识别与特征

前面已经分析，河流相储层内部具有明显的层次性、结构性和有序性，因此可以利用层次分析法对其储层构型进行研究。层次分析法是研究储层构型层次性的一种有效方法，可以简单概括为层次划分、层次描述、层次解释、层次建模和层次归一等五个方面，其核心内容在于层次描述，并在对描述结果进行成因解释的基础上寻找出规律性的认识，建立不同层次的模型，借助地质、数学的方法及信息技术，将不同层次的特征统一在体系中，以达到储层数字化的目的。层次划分受研究对象复杂性和资料丰富程度的限制，层次界面的分级编号是一个开放的可变系统，在具体的研究过程中，应根据研究对象地质情况的复杂程度，自行确定层次级别的划分方案。复杂地区的层次性可以多些，简单地区的可以少些，不同层次的单元以一定的界面相互区别开。

每个层次界面都具有分级界面和层次实体两个要素，层次描述就是对层次界面和层次实体进行描述，说明层次界面的形态、连续性、空间分布范围，确定层次界面所代表的级别，分析层次界面的形成机制，描述层次实体的空间分布和内部结构，其中要重点说明层次实体的空间特征以及它们之间的相互关系[173]。综上所述，通过层次分析法可以明确构型的层次级别，为构型的整体研究打下坚实的基础。但要注意，研究和分析河流相储层构型的层次性，不仅要研究河流相储层各级次构型的特征，而且要阐述它们之间的相互关系。

在用层次分析法对河流相储层构型进行分析时，要遵循"从大到小、层层控制、逐级解剖"的原则，要充分利用研究区的钻井资料，以现代沉积学理论为指导，依据岩心、测井及三维地震资料所反映的各种沉积特征和沉积界面，由大到小、由粗到细、分层次逐级解剖构型单元的几何形态和内部构成。不同沉积体系各级构型界面划分的方式不同，表现出的特征不同（图7-2-1、图7-2-2）。

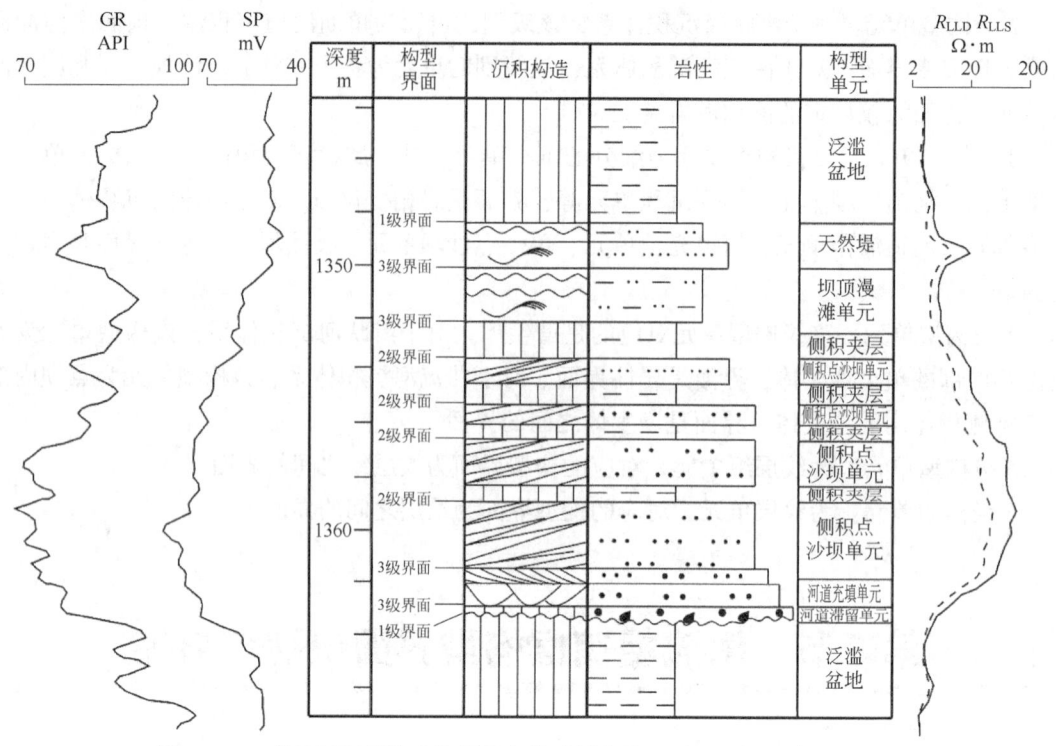

图 7-2-1 曲流河沉积体系依据岩电关系划分构型界面及构型单元示意图

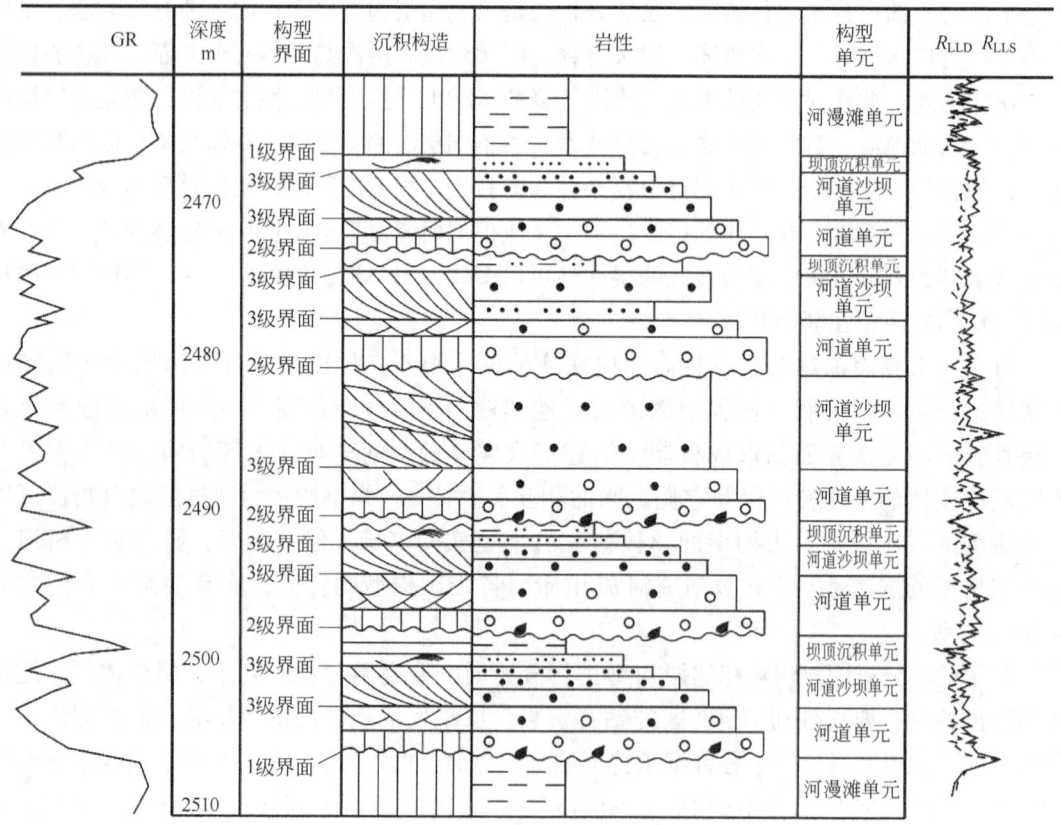

图 7-2-2 辫状河沉积体系依据岩电关系划分构型界面及构型单元示意图

首先是要通过岩电关系的研究，编制出岩电关系图，依据岩性、沉积构造和测井相细分出不同级次的构型界面，然后确定构型单元。对于地下储层的构型定性解剖主要针对1~3级构型界面与构型单元开展，4~6级界面识别有点困难，实际上，如果能准确地划分出1~3级构型界面、构型单元以及各构型单元之间的关系，就能够满足地质建模的需要。

1级构型界面：对于辫状河沉积体系，由于河道的迁移，复合河道之间往往会经历一个时期的河漫滩沉积，因此，复合河道之间多发育一些较厚层的泥岩、粉砂质泥岩沉积层，厚度一般介于2~5m之间，因此，在辫状河沉积体系中，1级界面就是辫状河道与河漫滩之间的界面。底部的1级界面是岩性突变的冲刷面；顶部1级界面是岩性的过渡面，多是由粉砂岩过渡到泥岩之间的界面，即顶部界面就是河漫滩泥岩的底界面。对于曲流河沉积体系，1级界面就是曲流河与泛滥盆地沉积泥岩之间的界面，下部界面为突变的冲刷面，顶部1级界面为过渡性界面，由砂岩过渡到泥岩之间的界面。1级界面在测井曲线上可以识别出来，并且比较容易。底部的1级界面自然伽马、自然电位、深浅侧向电阻率曲线都表现为由泥岩到砾岩或含砾砂岩的突变，突变点即界面；顶部的1级界面在自然伽马、自然电位、深浅侧向电阻率曲线上表现为由砂岩到厚层泥岩的过渡，界限划在曲线的半幅点上。

2级构型界面：对于辫状河沉积体系，就是单期河道之间的界面。受后期河道对前期河道冲刷程度的影响，单河道之间可能为冲刷面，或者为细碎屑跨级到粗碎屑级，之间没有明显的冲刷作用。如果后期河道的能量强，对前期河道冲刷作用强，则两期河道之间的构型界面为冲刷构造。如果后期河道的能量弱，则两期单河道之间的构型界面为细碎屑到粗碎屑的突变面，并没有明显的冲刷构造。辫状河沉积体系中的2级界面在自然伽马、微电极、深浅侧向电阻率曲线有响应，通常表现为岩性夹层的特点，自然伽马低值，深浅侧向电阻率低值，微电极曲线低值、幅差减小，其至无幅差。对于曲流河沉积体系，2级界面是不同点沙坝侧积体之间的界面，界面上为薄层的侧积泥岩，2级界面大多是倾斜的面，与1级界面呈斜交的关系。曲流河沉积体系的2级界面需要利用自然伽马、微电极曲线识别。砂体内部的泥岩薄夹层就是2级界面，自然伽马曲线高值，微电极曲线低值、无幅差。

3级构型界面：为微相单元之间的界面，在辫状河沉积体系中，3级界面就是河道沙坝（心滩）与辫状河道之间的界面、坝顶沉积单元与河道沙坝（心滩）之间的界面，依据岩性和沉积构造可识别出来这些界面。河道单元是块状构造、槽状交错层理，岩性多为砾岩、含砾砂岩；河道沙坝多为砂岩，发育比较单一的板状交错层理；坝顶沉积单元多为粉砂岩，发育波纹爬升层理、波纹层理。对于曲流河沉积体系，3级界面就是河道滞留单元与河道充填单元、点沙坝单元与河道充填单元、坝顶漫滩单元与点沙坝单元之间的界面，依据岩性和沉积构造可识别出来这些界面。河道滞留单元以砾岩为主，块状构造，分选极差；河道充填单元以含砾砂岩为主，发育槽状交错层理、板状交错层理，分选差；点沙坝单元以砂岩为主，发育侧积交错层理，内部具有特殊的侧积结构；坝顶漫滩单以粉砂为主，发育波纹层理、波纹爬升层理。3级界面依靠测井曲线划分比较困难，需要借助岩心资料划分。

第三节 曲流河构型表征实例

点沙坝单元是曲流河相储层中的骨架砂体，在开发后期的曲流河相油气储层中，需要进一步开展对点沙坝内部构型的深度解剖[169]。点沙坝内的薄夹层产状、规模、分布模式对其内部剩余油具有很强的控制作用，为此，曲流河构型研究的重点是点沙坝[178,179]。在曲流河所有成因砂体中，点沙坝砂体内部结构最为复杂，它是由若干侧积体构成的，且侧积体之间发育有斜交层面的泥岩侧积夹层，这一特殊的结构特征有别于通常的加积结构，因此其研究方法和开发时表现出的特征都是不同的。

曲流河点沙坝由曲流河侧向迁移过程中形成的若干个侧积体侧向迭加组合而成，每个侧积体则是从洪峰开始到洪峰退去的一次洪水事件全过程所形成的侧向加积沉积单元体[181][182]。点沙坝由三个要素构成：侧积面、侧积夹层、侧积体。侧积面是侧向迁移过程中形成的倾斜面，其产状倾向趋势是指向河道迁移方向一侧。侧积夹层是点沙坝砂体之间沉积的泥质层及粉砂质泥岩层，岩性细、颜色较深，产状呈斜插的泥质楔子，表现为不规则薄层状，横向稳定性差，厚度变化大，上下接触关系为突变；主要形成于洪水消退的过程中。侧积体是河流冲刷凹岸在凸岸的沉积砂体，是点沙坝砂体中的等时间单元，也是点沙坝砂体的基本沉积建造单元；一个点沙坝砂体由若干个侧积体迭加组合而成。

解剖点沙坝单元的构型有几个关键参数：侧积角、侧积体的几何大小、侧积夹层的厚度。

一、露头曲流河构型分析

以前面描述的柳江盆地曲流河露头为例，分析一下曲流河的构型界面、构型单元和构型模式。

1. 构型界面划分

曲流河构型的研究是以点沙坝微相为中心以及与其关系密切并直接相接触的河道和废弃河道微相为重点进行解剖。

构型界面的识别和追踪是开展构型研究的起点和基础，只有合理地识别出构型界面，才能准确地划出分构型单元。通过野外露头的详细观察和测量，曲流河砂体可以比较明确地识别出4级8种构型界面（图3-5-10、图7-3-1）。

1级界面：就是包络点沙坝、河道、废弃河道的轮廓线，该界面是区别河流砂体和泛滥盆地泥岩的界面。有两种，包括底部1级界面和顶部1级。底部的1级界面呈冲刷起伏状与泛滥盆地泥岩接触，为突变接触，界面清楚。顶部1级界面是砂体顶面与泛滥盆地泥岩的界面，不规则，总体趋势是沿不同点坝顶的尖灭线延伸，略向河道的方向倾斜。

2级界面：有两种类型，一类是不同点沙坝单元体之间的界面，另一类是点砂坝单元体与废弃河道之间的界面。2级界面大多是倾斜的面，界面的倾角为10°~25°，与1级界面呈斜交的关系，实际上就是以厚度不等的侧积泥岩为界。该界面是由于特大洪水使河道突变性

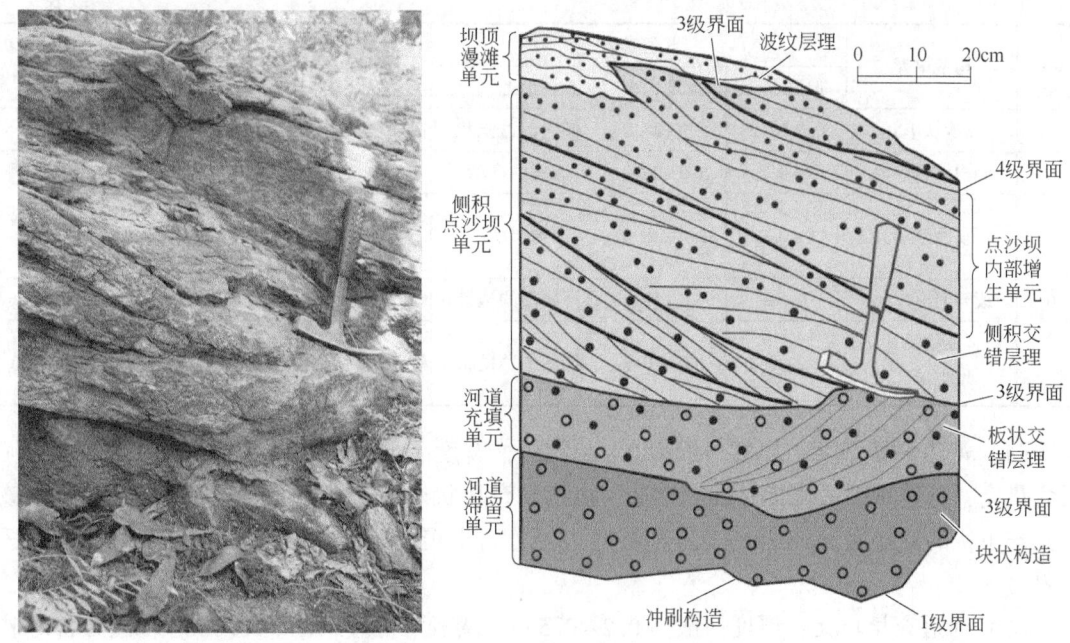

图 7-3-1 露头中曲流河砂体构型单元

横向快速迁移形成的。

3 级界面：有三种类型，包括点沙坝侧积体与河道充填沉积单元之间的界面，坝顶漫滩沉积单元与点沙坝侧积体之间的界面，河道充填沉积与河道滞留沉积单元之间的界面。3 级界面中的上下沉积单元之间的岩性是过渡的，实际上是连通的，主要表现是粒度大小和沉积构造的区别。3 级界面较平缓，近于水平。

4 级界面：是点沙坝单元体内部各增生体之间的界面，大致上平行于 2 级界面。该界面的上下都是砂岩，砂层是连通的，界面是由颗粒大小、岩性或颜色的变化显示出来的。4 级界面是河流水量变化形成的。

如果继续细分甚至可划分到 5 级、6 级界面，5 级界面实际上就是侧积纹层组的界面；6 级界面是纹层级别的界面。考虑到 5 级和 6 级界面随机性强，又是渗透性界面，在宏观上并不影响注采关系，所以通常的研究并没有划分出 5 级、6 级界面。

2. 构型单元

依据岩相、微相和构型界面的划分结果，以点沙坝为中心，采用层次划分法，可将曲流河砂体在剖面上划分出 7 种构型单元（见图 3-5-10、图 7-3-1、表 7-3-1），包括河道滞留单元、河道充填单元、点沙坝单元、侧积泥岩单元、坝顶漫滩单元、废弃河道单元和点沙坝内部增生单元。

表 7-3-1 曲流河砂体不同级次的构型单元类型及几何参数统计表

序号	构型单元	几何参数			岩性	沉积构造
		厚度，m	宽度，m	形态		
1	河道滞留单元	0.1~0.2	1.0~4.0	透镜状薄层	砾岩	块状、冲刷构造
2	河道充填单元	0.2~0.5	2.0~10.0	透镜状	含砾粗砂岩	板状交错层理

续表

序号	构型单元	几何参数			岩性	沉积构造
		厚度，m	宽度，m	形态		
3	点沙坝单元	0.2~1.2	5.0~25.0	倾斜的透镜状	粗砂岩、中砂岩、细砂岩	侧积交错层理
4	侧积泥岩单元	0~0.2	5.0~20.0	倾斜的楔状	泥岩	倾斜的纹层
5	坝顶漫滩单元	0~0.2	2.0~15.0	薄层状	粉砂岩	波纹爬升层理、波纹层理、水平层理
6	废弃河道单元	0.5±	5.0~10.0	顶平底凸的透镜状	砾岩、含砾粗砂岩、砂岩	块状、冲刷构造
7	点沙坝内部增生单元	0.1~0.2	3.0~10.0	倾斜的透镜状	粗砂岩、中砂岩、细砂岩	侧积交错层理

（1）河道滞留单元：厚度一般为0.1~0.2m，宽度一般为1.0~4.0m。岩性为砾岩，泥质含量高，分选极差，底面见冲刷构造，内部发育块状构造，剖面上为不规则的透镜状。该单元与下伏的泛滥盆地泥岩之间为不渗透边界，与上覆的河道充填单元过渡接触，为渗透边界。

（2）河道充填单元：厚度一般为0.2~0.5cm，宽度一般为2.0~10.0m。岩性为含砾砂岩，剖面上呈透镜状，发育板状交错层理。该单元与下伏的河道滞留单元之间为过渡接触的渗透边界，与上覆的点沙坝单元也是过渡接触，为渗透边界。

（3）点沙坝单元：厚度一般为0.2~1.2m，宽度一般为5.0~25.0m。为粗砂岩、中砂岩和细砂岩，正韵律，发育侧积交错层理。在剖面上呈倾斜的透镜状，上部收敛尖灭，倾角变缓，一般为0°~5°；中下部略宽，倾角变陡，一般为10°~25°。该单元与下伏的河道充填单元之间为过渡接触的渗透边界，与上覆的坝顶漫滩单元也是过渡接触，为渗透边界，横向上与相邻的点沙坝单元之间常常分布有侧积泥岩单元，导致两个点沙坝单元不连通，为不渗透边界，有时随着侧积泥岩单元的尖灭，二者之间呈半连通状。

（4）侧积泥岩单元：岩性为泥岩，厚度为0~0.2m，宽度与点沙坝的规模有关，一般为5.0~20.0m。呈倾斜状分布在两个点坝单元体之间，厚度不稳定，上部厚度大，向下厚度减薄，甚至尖灭。侧积泥岩单元是超大洪水消退过程中在沙坝侧积体表面形成的泥质沉积物，该单元将不同的点沙坝单元隔开，导致不同点沙坝单元间横向上不连通。

（5）坝顶漫滩单元：其覆盖在点沙坝单元顶部，为粉砂岩，泥质含量高，发育水平层理、波纹爬升层理、波纹层理。厚度一般为0~0.2m，宽度为2.0~15.0m，其规模大小主要受点沙坝单元规模的影响。是洪水期河水漫过沙坝顶在其表面形成的细碎屑沉积物。该单元与下伏的点沙坝单元之间为过渡接触的渗透边界，向上过渡为泛滥盆地泥岩。

（6）废弃河道单元：岩性为砾岩、含砾砂岩、砂岩。厚度和宽度与河流的规模有关，通常厚度0.5m左右，宽度5.0~10.0m，剖面上呈顶平底凸的透镜状。该单元上下均与泛滥盆地泥岩接触，为不渗透边界；一侧与点沙坝单元接触，呈半连通状。

（7）点沙坝内部增生单元：该构型单元是点沙坝单元内部的进一步细分，是依据4级界面划分出来的结果，一个点沙坝单元内部通常可细分出5~10个增生单元。厚度一般为0.1~0.2m，宽度为3.0~10.0m。为粗砂岩、中砂岩和细砂岩，发育侧积交错层理。剖面上呈透镜状。与上下相邻的增生单元之间为渗透边界。

3. 构型模式

依据构型单元空间上的接触关系和构型界面的性质，围绕点沙坝单元以及与其它构型单元的拼合关系，可以从三个方面解剖曲流河沉积单元间的构型，包括点沙坝单元横向构型模式、点沙坝单元纵向构型模式、点沙坝单元内部构型模式以及其它单元之间的构型模式(图7-3-2)。

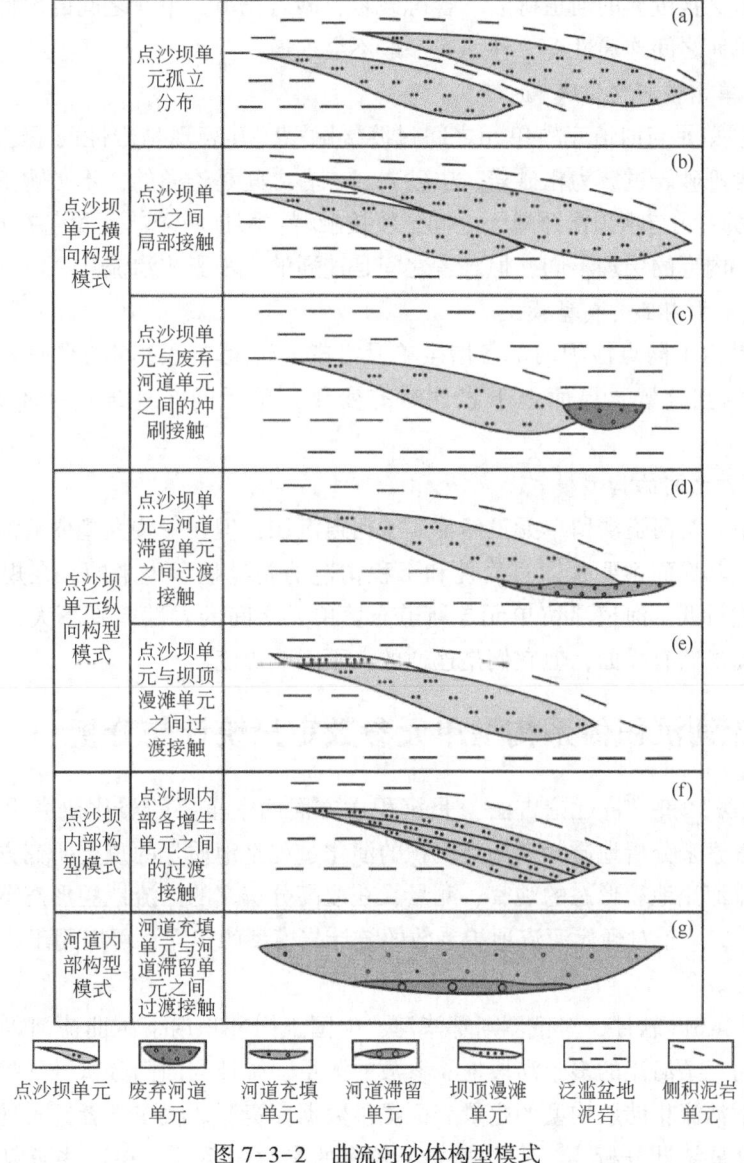

图7-3-2 曲流河砂体构型模式

1) 点沙坝单元横向构型模式

(1) 点沙坝单元孤立分布型：点沙坝单元规模小，顶底为泛滥盆地泥岩，侧向为厚度比较大的侧积泥岩单元，四周没有与其它砂体单元接触，呈孤立状。构型单元的上下和侧面分别被 1 级和 2 级界面隔开。单元横向连通性差，无法构成注采连通井网，往往是开发后期剩余油分布区。

（2）点沙坝单元之间局部接触型：这类构型是不同点沙坝单元体之间被 2 级界面分开，即由侧积泥岩单元隔开，上部侧积泥岩单元的厚度大，分隔作用明显，向下部侧积泥岩单元的厚度逐渐减薄，甚至尖灭，相邻的点沙坝单元体间接触，构成半连通体。

（3）点沙坝单元与废弃河道单元间冲刷接触型：它是由废弃河道单元和点沙坝单元组成，二者之间是冲刷充填的接触关系，单元间被 2 级界面隔开。点沙坝单元的侧面被河道冲刷形成河槽，后又被废弃的河道砾岩、含砾砂岩、砂岩充填。单元之间的岩性突变，存在明显的界面，二单元之间连通性差，注水时一般不会连通。

2）点沙坝单元纵向构型模式

（1）点沙坝单元与河道充填单元之间过渡接触型：其表现是岩性间呈过渡变化，自下而上由砾岩、含砾砂岩过渡为粗砂岩、中砂岩。二者之间是连通的，不影响渗流。

（2）点沙坝单元与坝顶漫滩单元之间过渡接触型：坝顶漫滩单元覆盖在点坝单元之上，二者岩性不同，内部的层理不同，但二者之间是连通的，不影响渗流。

3）点沙坝单元内部的构型模式

这一模式是由不同点沙坝内部各增生单元组成，构型单元之间的界面为 4 级界面。各增生单元侧向相互叠置，界面上下岩性略有变化，单元间是连通的，不影响注入水的渗流。

4）其它单元之间的构型模式

河道充填单元与河道滞留单元虽然都属于河道沉积，但在一些大型曲流河中，二者也会有明显的界面，其界面主要是通过岩性和沉积构造的差异显示出来的。在规模小的曲流河中，由于水流能量低，河道滞留单元与河道充填单元之间的岩性差别不大，界面不十分明显。二单元之间虽然有界面，但它们是连通的，不影响渗流。

二、曲流河沉积体系构型单元参数定量统计与分析

"历史比较法"和"将近论古法"是沉积学方面两个重要的类比研究手段[174,175]，通过现代沉积的考察来分析地质时期同类沉积的演化过程是地质学的重要研究方法。通过对大量现代典型曲流河流地貌形态的观察、测量，获取高分辨率的河流地貌形态特征，并测量相关地貌参数[176]，基于对现代河流地貌参数的统计与模型的建立，可以用于指导地下古河流构型的定量表征。

应用 Google earth 软件，对俄罗斯鄂毕河、中国玉门冲积扇下游曲流河以及美国阿拉斯加州挪威特纳河三条河流的多个河段地貌参数的测量、统计与回归分析，寻找这些参数之间的关系，为地下河流相储层构型的定量表征提供数据库资源。很多学者针对现代河流的部分地貌参数关系开展统计分析[175,177]，建立了较多的参数关系式，在这些研究的基础上，又进行了完善。

基于现代河流地貌特征，统计了点沙坝长度（L）、点沙坝宽度（W）、点沙坝面积（S）、曲率半径（R）和河道宽度（M）等参数之间的相关关系（图 7-3-3）。根据物理模拟实验和露头资料的统计，分析了最大河道深度（河道满岸深度）（H）、最大河

道宽度（河道满岸宽度）（M_a）、河道弯度系数（β）和侧积夹层的侧积角（θ）的控制因素。依据这些关系式，可以为地下曲流河储层构型的定量表征提供重要依据和知识库。

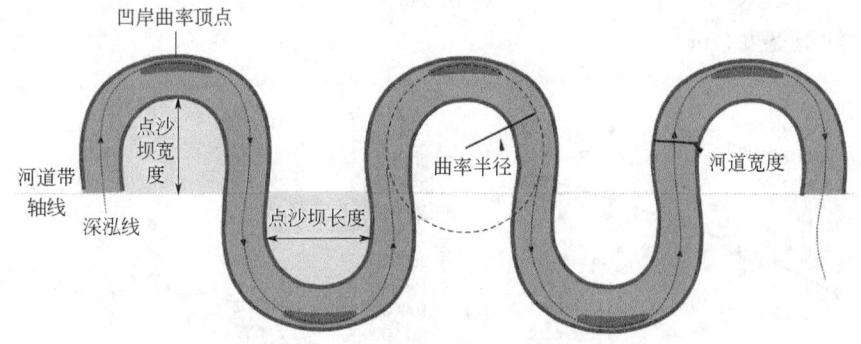

图 7-3-3　现代曲流河地貌参数表征示意图

1. 点沙坝的长度（L）与宽度（W）之间的关系

点沙坝的长与宽是表征点坝规模的重要参数之一。本次研究共统计 50 个现代曲流河段，点沙坝的长和宽具有较好的关系 [图 7-3-4(a)]：

$$L = 16.008 W^{0.6054} \tag{7-3-1}$$

$$r = 0.6588$$

式中，L 为点沙坝长度，m；W 为点沙坝宽度，m；r 为相关系数。

2. 点沙坝宽度（W）与点沙坝面积（S）之间的关系

点沙坝面积可以反映点坝在平面上的规模，对新月形、半圆形、圆形点沙坝的面积与不同地貌参数进行回归，点沙坝面积与点沙坝宽度之间具有较好的相关性 [图 7-3-4(b)]：

$$S = 14.546 W^{1.5746} \tag{7-3-2}$$

$$r = 0.7783$$

式中，S 为点沙坝面积，m^2。

3. 点沙坝长度（L）与曲率半径（R）之间的关系

曲率半径即为曲率圆的半径，曲率半径一定程度上可以反映点沙坝平面发育规模和河道的弯曲度，在将点沙坝简化为圆、半圆的简化几何模型时，曲率半径是一个重要参数。在诸多参数之间的关系回归过程中，发现点沙坝宽度与曲率半径具有良好的正相关关系 [图 7-3-4(c)]：

$$R = 1.4391 L^{0.8547} \tag{7-3-3}$$

$$r = 0.7991$$

式中，R 为曲率半径，m。

4. 点沙坝宽度（W）与水道宽度（M）之间的关系

不同规模的活动河道宽度一定程度上反映了河道的流量，控制着沉积物的供给，进而影响点沙坝的规模。对现代曲流河点沙坝的宽度与河道宽度之间的关系进行统计回归，表明二者具有一定的正相关关系［图 7-3-4(d)］：

$$M = 0.1076 W^{1.0698} \tag{7-3-4}$$
$$r = 0.8475$$

式中，M 为河道宽度，m。

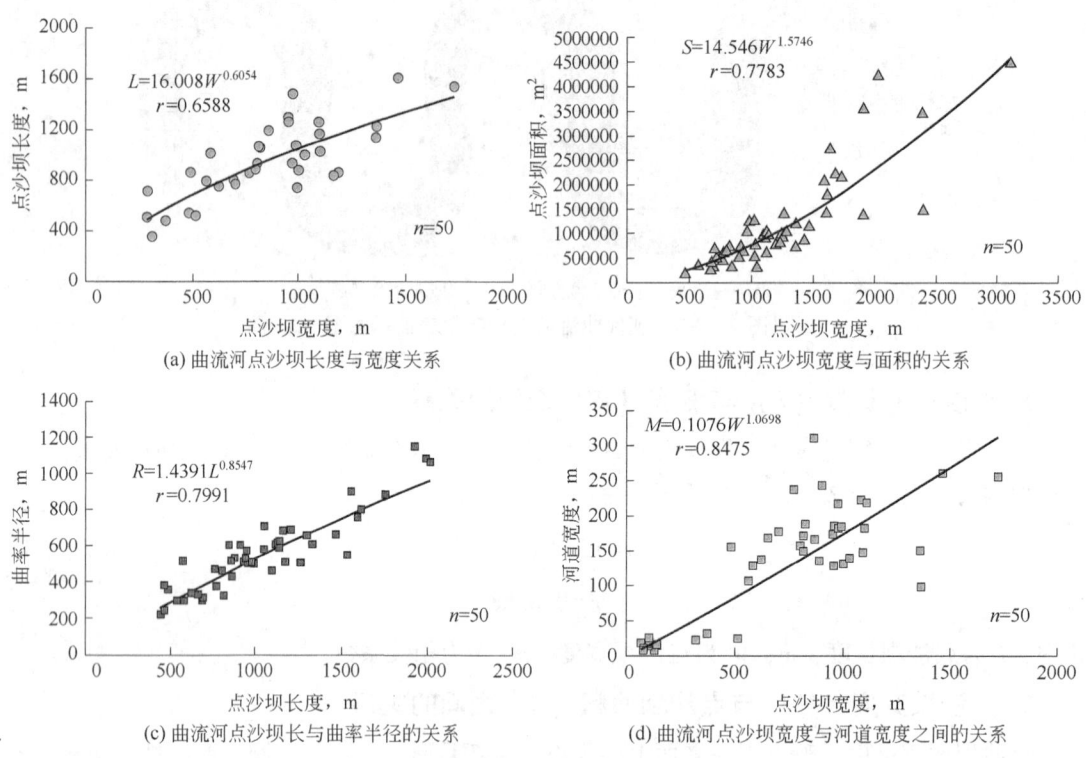

图 7-3-4　现代曲流河不同地貌参数关系

5. 河道最大深度（H）和河道最大宽度（M_a）参数的恢复

根据物理模拟实验，河道的最大水深等于河床至河岸高差的深度，对于古代曲流河可以通过测量点沙坝的厚度估算出当时河水最大的深度。河水面的最大宽度等于所对应的单期点沙坝体的宽度。将点沙坝上下泛滥盆地泥岩层地层作为标准层，恢复到水平状态，这样就反映的当时的地貌状态。计算此时单个点沙坝单元体底端到顶端的垂直高差，该高差代表了当时河流的最大水深，即最大洪水期的深度。此时，单个点沙坝单元的宽度可近似代表当时河道的最大河水面宽度。

6. 河道弯度参数的恢复

根据模拟实验统计，曲流河的弯度系数与砂坝的长宽比值的大小呈正相关（图 7-3-5）：

$$\beta = 3.344 A - 0.2259 \tag{7-3-5}$$
$$r = 0.9759$$

式中，β 为河道的弯度系数；A 为点沙坝的长宽比值。

据此关系，通过编制砂体平面图，可以恢复古曲流河平面几何形态。

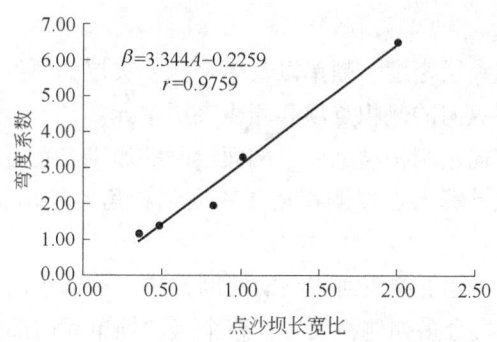

图 7-3-5　曲流河弯度系数与点沙坝长宽比的统计关系

7. 点沙坝侧积角参数的恢复

对于地下油藏来讲，点沙坝侧积角是研究曲流河砂体构型、恢复砂体空间几何形态的重要参数。点沙坝侧积角（单个点沙坝单元顶面的倾斜角，也可以说是侧积夹层的倾角）的大小受河流下切强度、地形的坡度、河流规模、流速等因素影响。根据露头资料统计，点沙坝侧积角的大小与点沙坝单元体的厚宽比存在一定的相关性（图 7-3-6），厚宽比大的点沙坝，侧积角就大，厚宽比小，侧积角相应减小，其关系如下：

$$\theta = 7.9471\ln B + 47.609 \tag{7-3-6}$$
$$r = 0.9225$$

式中，θ 为点沙坝侧积角；B 为点沙坝的厚宽比值。

依据此关系可用来恢复地下油藏的几何参数。当然，一个露头的统计资料偏少，随着数量的增加和丰富，关系式的代表性会更强。

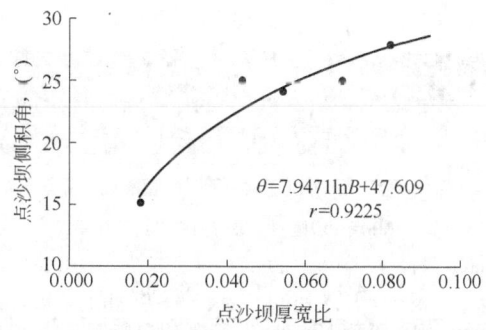

图 7-3-6　点沙坝侧积角与点沙坝厚宽比的统计关系

三、地下曲流河构型分析

点沙坝砂体构型分析的实质就是要详细解剖点沙坝三要素（侧积面、侧积夹层、侧积体）在空间上的组合关系。根据对渤海湾盆地大量曲流河砂体的研究，总结出了一套地下曲流河点沙坝砂体内部构型分析方法。

（1）首先对每口井进行逐点校斜。

（2）通过岩电关系研究，建立三要素在测井曲线上的关系。侧积夹层在自然伽马、自然电位曲线上表现为高值，深浅侧向曲线上表现为低值。侧积体在自然伽马、自然电位曲线上表现为低值，深浅侧向曲线上表现为高值，一般呈正韵律，其顶底面为侧积面，底界面多为突变，顶界面多为渐变。

（3）统计单井的侧积夹层密度、频率以及单个侧积夹层的厚度，为井间预测奠定基础。

（4）详细划分出各井纵向的侧积点坝和侧积夹层单元。

（5）沿点沙坝侧积方向编制构型剖面，剖面绘制的原则是把各井河道单元的顶部拉平。

（6）依据上述关系式计算出点坝侧积角，依据侧积角勾绘出相邻井间的侧积夹层，然后逐井逐单元对比连线。

以孤东油田为例，说明地下曲流河构型的解剖方法。从孤东油田密闭取心井的岩心观察来看，曲流河点沙坝内部发育多期侧积夹层，整个点沙坝单元内部底部夹层不发育或发育岩性过渡的夹层，顶部夹层发育且多呈泥质，取心井中夹层厚度介于 2~10cm 之间不等。通过取心井的岩心—测井标定表明：若侧积夹层厚度介于 5~10cm 之间，GR 曲线与 ML 曲线测井响应明显，多呈半幅式回返；若侧积夹层厚度介于 2~5cm 之间，GR 曲线回返相对较弱，ML 曲线呈阶梯式回返，在夹层识别过程中充分利用 GR 与 ML 曲线综合识别。首先依据前面的关系式，确定点沙坝侧积夹层的倾角与侧积体规模 [图 7-3-7(a)]。由于孤东油田六区属高密度井网，研究采用将曲流河点沙坝顶部拉平的办法，通过邻井对比的方法识别侧积夹层，根据确定的侧积夹层的倾角 θ，首先完成侧积夹层的勾绘，完成全部剖面构型单元的连线 [图 7-3-7(b)]。

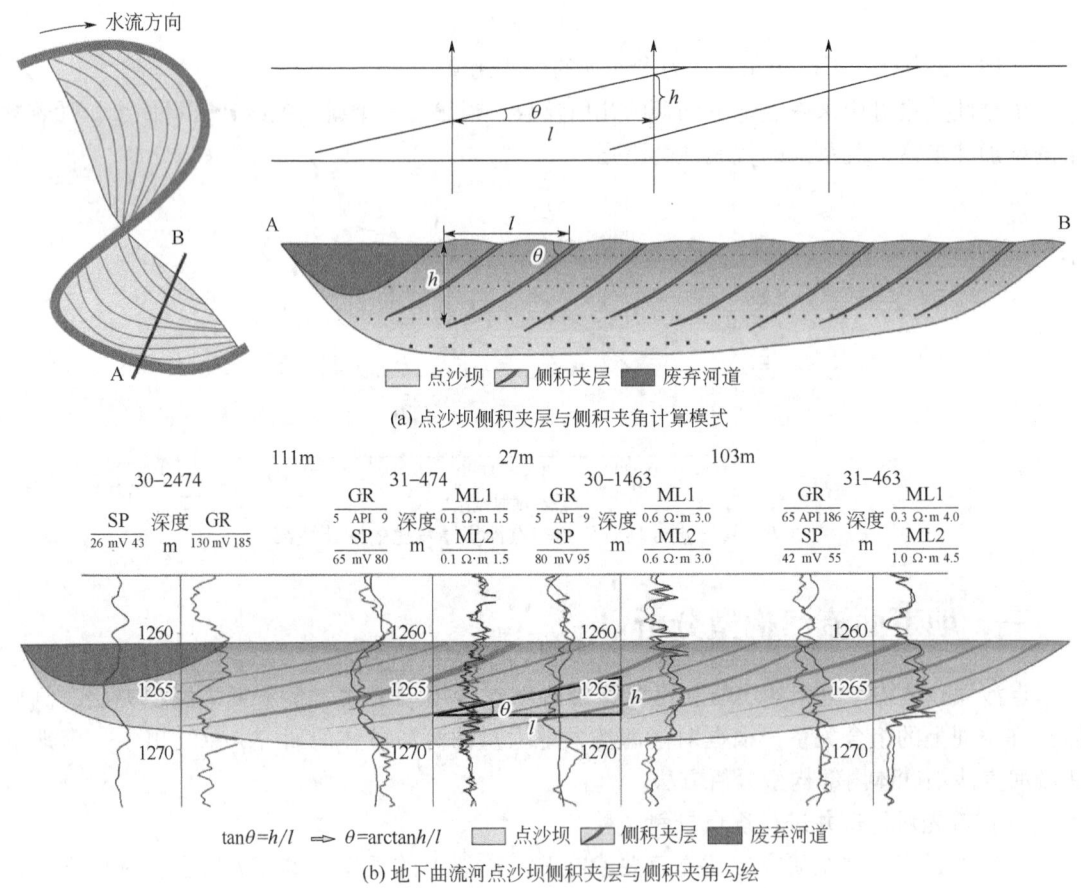

图 7-3-7 曲流河点沙坝侧积模式与侧积夹角计算

第八章

随机地质建模

随机地质建模是储层地质建模的两大途径之一。本章主要介绍随机地质建模的概念、方法以及随机地质建模的流程，包括基础数据库的准备、构造建模、属性建模和油藏模型粗化。

第一节 随机地质建模原理与方法

一、随机地质建模涵义及意义

地下砂体的分布是客观存在而且是确定的，储层建模的终极目标是要给出符合地下情况的砂体和物性分布规律。然而由于人们对储层认识的程度不够，加之已知信息有限，对地质变量的认识具有一定的不确定性，这种不确定性使得储层预测具有多解性[183]，这时确定性方法所预测的唯一结果就具有较大的风险，而这种风险又是客观存在的、不能回避的，因此人们在预测这种风险时常会采用随机模拟方法，通过随机建模来做储层预测[184]。

所谓随机建模，是指以已知的信息为基础，以随机函数为理论，应用随机建模方法，产生可选的、等概率的储层模型的方法[185]。这种方法认为控制点以外的储层参数具有一定的不确定性，即具有一定的随机性[186]。因此采用随机建模方法所建立的储层模型不是一个，而是多个，即一定范围内的等概率的多个实现，这可以满足油田开发决策在一定风险范围内的正确性需求。由于每一种实现所模拟参数的统计学理论分布特征与控制点参数值统计分布是一致的，所以各个实现之间的差别则是储层不确定性的直接反映。如果所有实现相差很小或都相同，这说明模型中的不确定性较少；如果各实现之间相差较大，则说明模型中的不确定性较大[187]。

由此可见，随机地质建模的重要目的之一便是对储层的不确定性进行评价。其意义主要有以下几点：

（1）有助于认识地下砂体的复杂性。石油工业史上人们所熟知的是简单的千层饼状地层，岩性单元在井间或者连通，或者在井距之半尖灭这样一种表达方式，等值图通常表现出平滑微变动的预测结果。随机建模结果使人们意识到井间的复杂程度远比传统储层建模描述的结果要复杂得多，事实上大量露头研究和密井网资料揭示的地下砂体分布已充分证实了这种复杂性。

（2）改善非均质性的表征。人们已越来越认识到，基于反映油藏实际非均质性的模型，油藏动态预测将更为准确；油藏动态预测失败的实例都是由于使用了过于简化的模型。传统方法形成的井间连续无变化模型，并未表现已存在的井间变化，这样过于简化的储层模型通常会造成预测的偏差和低水平的开发规划。随机建模能较好地反映储层分布的离散性，对于储层非均质性表征具有更大的优势。

（3）评价储层的不确定性。常规研究中，地质家的储量计算和油藏工程师的动态预测是基于一种具体的认为是"最优"的储层模型。而基于随机建模的结果，可以分别选择"悲观"和"乐观"模型，据此评价基于"最优"模型提出的开发方案是否足以表征储层的不确定性。

（4）进行蒙特卡洛风险分析。如果生成了足够大数量的实现，并继续处理，就可做出诸如见水时间、连通孔隙体积等关键参数的可能分布，获知对各种可能情况的解释，以此通过分析获得实际的下限优化决策。

二、随机地质建模方法

Halderson 等（1990）将随机模型分为离散模型和连续模型两类，离散模型主要描述离散性质的地质特征，连续模型主要描述连续变化的地质参数在空间的分布，实际中这两步常结合在一起，从而形成两步建模模型，即首先建立离散模型，描述储层大范围的非均质特征，接着在离散模型的基础上建立描述储层参数空间变化和分布的连续模型。

目前，随机建模的方法很多，分类方法也很多，按照随机模拟中空间赋值方式的不同，可以将随机建模方法分为两大类：基于目标的方法和基于像元的方法。表 8-1-1 为综合考虑模型和算法的随机模拟方法的分类。

表 8-1-1 随机模拟方法分类

随机模拟方法 随机模型	算法及模型	序贯模拟	误差模拟	概率场模拟	优化算法（模拟退火及迭代算法）	模型性质
基于目标的随机模型	示性点过程（布尔模型）				示性点过程模拟（布尔模拟）	离散
	随机成因模型				沉积过程模拟	离散
基于像元的随机模型	高斯域	序贯高斯模拟	转向带模拟	概率场高斯模拟	（模拟退火可用作后处理）	连续
	截断高斯域		截断高斯模拟		（模拟退火可用作后处理）	离散
	指示随机域	序贯指示模拟		概率场指示模拟	（模拟退火可用作后处理）	离散/连续
	分形随机域		分形模拟		（可应用模拟退火）	离散/连续
	马尔柯夫随机域				马尔柯夫模拟	离散/连续
	随机游走				随机游走模拟	离散
	多点统计	多点统计模拟			多点统计模拟	离散

1. 基于目标的随机建模方法

基于目标的方法以目标物体为基本模拟单元，为基于目标的随机模型与优化算法的结合。

基于目标的方法通过对目标几何形态（如长、宽、厚及其之间定量关系）的研究，在建模过程中直接产生目标体。通过定义目标的不同几何形状参数以及各个参数之间所具有的地质意义上的关系，可以真实再现储层的三维形态。它利用示性点过程法（布尔方法）建立离散性模型，实现对目标体（如沉积相、岩石相、构型单元、隔夹层、裂缝等）的随机模拟。

对于一个点过程，在其上的每一个点赋予一个特征时，就称为示性点过程。可用一个随机序列来表示：

$$\Psi = \{[x_n; m(x_n)]\} \tag{8-1-1}$$

式中，Ψ 表示特征点的随机函数；x_n 表示特征点的随机过程；$m(x_n)$ 表示与特征点过程相对应的特征函数。

示性点过程法是根据点过程的概率定律，按照空间中几何物体的分布规律产生这些物体的中心点的空间分布，然后将物体性质（如物体几何形态、大小、方向等）标注于各点之上。从地质统计学角度来讲，示性点过程模拟是模拟物体点（points）及其性质（marks）在三维空间的联合分布。

根据点过程理论，物体中心点在空间上的分布可以是独立的（如 Poisson 点过程，即布尔模型的概率分布理论），也可以是相互关联或排斥的（如 Gibbs 点过程）。从示性点过程的理论来看，模拟过程是将物体"投放"于三维空间，亦即将目标体投放于背景相中。因此，这种方法适合于具有背景相的目标（物体或相）模拟，如冲积体系的河道和决口扇（其背景相为泛滥平原）、三角洲分流河道和河口坝（其背景相为河道间和湖相泥岩）、浊积扇中的浊积水道（其背景相为深水泥岩）、滨浅海障壁砂坝、潮汐水道（其背景相为潟湖或浅海泥岩）等。另外，砂体中的非渗透泥岩夹层、非渗透胶结带、裂缝均可利用此方法来模拟。

基于目标的模拟方法具有其独有的优点：运算速度快、方法简单，一些先验的地质知识可以作为条件信息加入到模型中去，如各相百分比、砂体宽厚比、各种相空间分布规律等等，这样就可以最大限度地综合地质家的认识，提高模型的精度。然而，基于目标的模拟方法也要求很强的先验地质知识，如目标体几何形态、尺寸、方位等参数，而这些参数仅仅依靠稀疏的井点数据又难以得到，事实上，即使是很好的露头也难以确定这些参数的可靠分布。因此，如何最大限度地获取这一先验地质知识并有效地运用到模型中去，是提高建模精度的关键。

2. 基于像元的随机建模方法

基于像元的方法为基于像元的随机模型与各种算法的结合，如将概率场模拟算法应用于高斯域模型则为概率场高斯模拟方法，将序贯模拟算法应用于指示域模型中则为序贯指示模拟方法等。基本模拟单元为网格化储层格架中的单个网格，既可用于连续性储层参数的模拟，也可用于离散地质体的模拟。

基于像元的基本思路是首先根据条件数据 [图 8-1-1(a)，以孔隙度为例] 建立待模拟网格的累计条件概率分布函数（ccdf）[图 8-1-1(b)]，然后对其进行随机模拟，即从 ccdf 中随机地提取分位数，便得到该网格的模拟实现 [图 8-1-1(c)]。

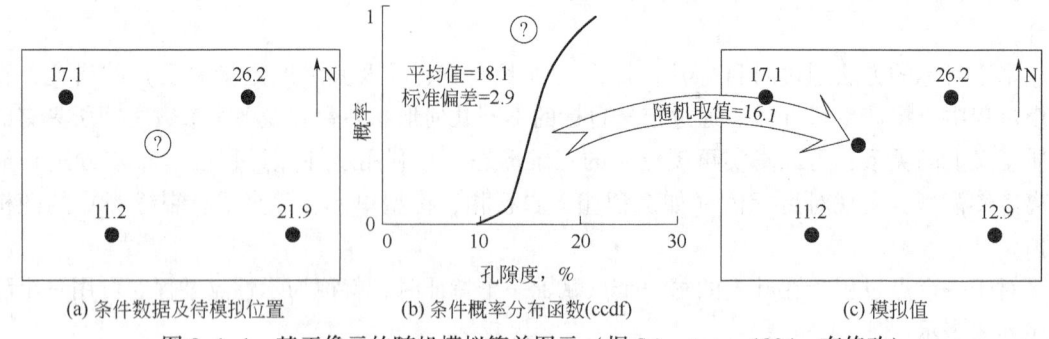

图 8-1-1 基于像元的随机模拟简单图示（据 Srivastava，1994，有修改）

根据建模方法所应用的统计学特征，可将其分为基于两点统计学的方法和多点统计学方法。

1) 基于两点统计学的方法

两点统计学的含义是通过若干个点对来对变量的统计特征进行分析，变差函数即为两点统计学的最常用工具。

对于基于变差函数的随机建模方法，其共同的特点是条件累积概率分布函数（ccdf）均可应用克里金方法来求取。这些方法包括高斯模拟、截断高斯模拟、序贯指示模拟等。另外，基于两点统计学的方法还有分形模拟及随机游走模拟等。

高斯随机域是最经典的随机函数。该模型的最大特征是随机变量符合高斯分布（正态分布）。然而大多数地质数据并非是对称高斯分布的，因此，在实际应用中需首先将区域化变量（如孔隙度、渗透率）进行正态变换（变换成高斯分布），模拟后，再将模拟结果反变换为区域化变量。

高斯模拟可以采用多种算法，如序贯模拟、误差模拟、概率场模拟等。实际中经常应用序贯模拟，即为序贯高斯模拟。序贯高斯模拟是从一个像元到另一个像元序贯进行的，而且用于计算某像元 ccdf 的条件数据除原始数据外，还考虑已模拟过的所有数据。从 ccdf 中随机地提取分位数便可得到模拟实现。

高斯模拟是应用广泛的连续性变量的随机模拟方法。在应用过程中有两点需注意：(1) 高斯模型不大适合各向异性很强特别是极值分布具方向性的连续性变量的随机模拟。在这种情况下，应采取相控建模方法。(2) 高斯模拟结果强烈地依赖于变差函数，而变差函数参数的准确求取并非易事。

截断高斯随机域属于离散随机模型，其模拟过程是通过一系列门槛值及截断规则对三维连续高斯分布进行截断而建立类型变量的三维分布。其中，连续变量（如粒度中值）首先转换成高斯分布（正态分布），然后通过变差函数模型，应用任一连续高斯域模拟方法建立三维连续变量的分布。另外，通过对离散物体（如不同沉积相）编码并进行高斯域模拟，亦可得到三维离散变量的分布。这一方法适合于相带呈排序分布的沉积相模拟，如三角洲（平原、前缘和前三角洲）、呈同心分布的湖相（滨湖、浅湖、深湖）、滨面相（上滨、中滨、下滨）的随机模拟。

序贯指示模拟既可用于离散的类型变量，又可用于离散化的连续变量类别的随机模拟。该方法的重要基础为指示变换和指示克里金。所谓指示变换，即将数据按照不同的门槛值编码为 1 或 0 的过程。指示变换的最大优点是可将软数据（如试井解释、地质推理和解释）进行编码，因而可使其参与随机模拟。

在类型变量的模拟过程中，对于三维空间的每一网格（像元），首先通过指示克里金估计各变量的条件概率，并归一化，使所有类型变量的条件概率之和为 1，以确定该处的条件概率分布函数；然后随机提取 0 至 1 的一个随机数，该随机数在条件概率分布函数中所对应的变量即为该像元的相类型。这一过程在其他各个像元运行，便可得到研究区内相分布的一个随机图像。

在连续性参数的模拟过程中，首先通过一系列门槛值将连续性变量离散化为一系列变量类别，然后针对这些变量类别进行模拟。

指示模拟最大的优点是可以模拟复杂各向异性的地质现象，各个类型变量均对应于一个变差函数。对于具有不同连续性分布的变量（如沉积相），可指定不同的变差函数，从而可建立各向异性的模拟图象。另外，指示模拟除可以忠实硬数据（如井数据）外，还可忠实软数据（如地震、试井数据）。然而，指示模拟也存在一些缺点：（1）模拟结果有时并不能很好地恢复输入的变差函数；（2）在条件数据点较少且模拟目标各向异性较强时，难于计算各类型变量的变差函数；（3）不能很好地恢复指定目标的几何形态，由于未考虑像元间的交互相关性而使模拟实现中的相边界不甚光滑，出现星星点点的分布现象。

2）基于多点统计学建模方法

多点统计是相对于两点统计而言的，可理解为应用多个点来对变量的统计特征进行分析，这样更能把握目标体的形态及空间分布特征。在多点地质统计学中，应用"训练图像"代替变差函数表达地质变量的空间结构性。同时，用一个给定的数据事件对训练图像进行扫描来获取该数据事件的条件累积概率分布（ccdf）。由于该方法仍然以像元为模拟单元，而且采用序贯算法（非迭代算法），因而很容易忠实硬数据，并具有快速的特点。多点地质统计学方法综合了基于像元和基于目标的算法优点，同时一定程度上克服了已有的缺陷。

训练图像是能够表述储层结构、几何形态及其分布模式的数字化图像。对于沉积相建模而言，训练图像相当于定量的相模式，它不必忠实于实际储层内的井信息，而只反映一种先验的地质概念，如图 8-1-2 为一个反映河道溢岸砂岩与河道间泥岩分布的训练图像。一个给定的数据事件的概率则可通过应用该数据事件对训练图像进行扫描来获取。

多点地质统计学能够更好地对地质形态进行重建，也适用于连续变量的模拟，显示了其强大的功能和很好的发展前景。但是，该方法的应用与推广还需要进一步研究和论证。

三、随机地质建模流程

随机建模的基本流程包括以下四个步骤：基础数据库的准备、构造建模、属性建模和油藏模型粗化（图 8-1-3）。

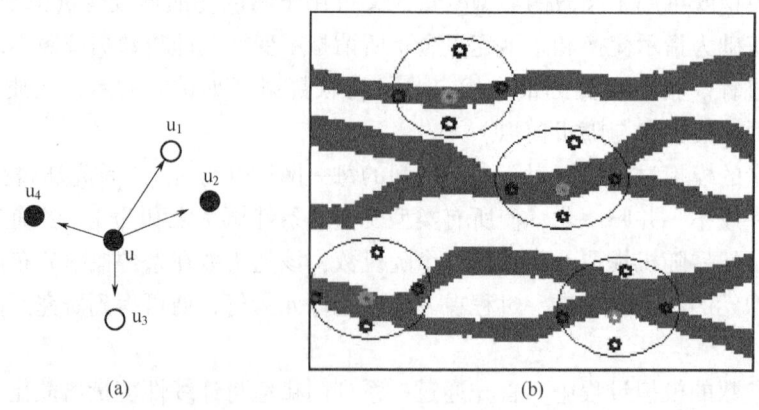

图 8-1-2 数据事件与训练图像示意图

(a) 数据事件：由中心点 u 和邻近四个向量构成的五点数据事件，其中 u_2 和 u_4 代表河道，
u_1 和 u_3 代表河道间；(b) 训练图像：反映河道（黑色）与河道间（白色）的
平面分布。图内四个圆环表示数据事件对训练图像扫描的四个可能的重复

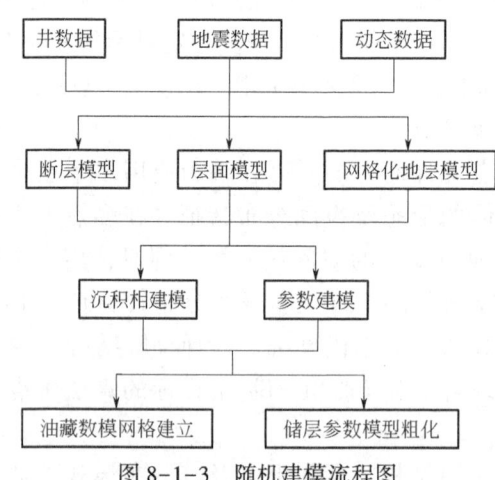

图 8-1-3 随机建模流程图

1. 基础数据库的准备

随机建模以多学科数据库为基础，数据库内容的丰富程度和准确性在很大程度上决定了最终所建模型的精度。从数据类型来看，建模所需数据包括井数据、地震数据、动态数据、地质解释的二维剖面及平面研究成果和数据等。当然，面对庞大的数据量，必须对其进行质量检查，保证建模所用原始数据的准确性，以提高建模精度。

2. 构造建模

构造建模是三维地质建模的重要基础，主要包括三个方面的内容：（1）运用地震解释资料和井上钻遇断层资料建立断层模型；（2）在断层模型的控制下，结合地震解释和井资料确定的层面，建立各个地层的顶底层面模型；（3）以断层和层面模型为基础，建立一定分辨率的等时三维地层网格体模型。

3. 属性建模

属性建模包括沉积相建模和参数建模。通过应用井数据和地震属性数据来确定储层的非均质性，最终将沉积相的三维空间展布表征在沉积相模型中；用相约束模拟三维储层参数的空间分布，从而表征储层的非均质性，精确地模拟流体动态。

4. 油藏模型粗化

由于油藏数值模拟模型计算的复杂性与时效性，精细地质模型直接用于油藏数值模拟的输入在大部分情况下是不可能的，因此需对地质模型进行粗化。粗化后的模型要满足快速的数值模拟，同时粗化后的储层结构和储层物性及其非均质性要能够保留储层地质模型中的主要特征。

第二节 随机地质建模基础数据库

三维地质建模是一个系统工程，它涉及多个专业的技术应用并且需要大量的各种格式和来源的数据支持。地质建模的每一个特定项目有着各自的具体工作目标，资料信息的丰富与可靠程度都有所不同。因此根据工作目标分析数据需求并进行有效的数据质量管理从而制定合理的工作流程（包括数据流程及建模流程）是储层三维地质建模的重要起点。

本节主要介绍储层地质建模过程中用到的一些基础资料，包括必备资料以及参考资料。这些资料统称为建模基础数据库，可以通过建模软件（Petrel、RMS 等）对这些资料进行统一管理、分析并应用到各类模型的建立过程中。

一、必备资料

必备资料是指在建模过程中必须用到的资料，大多为建模过程中的"硬数据"，是储层地质建模的基础[188]。

1. 井位和井轨迹数据

井位主要包含井名、井口坐标、补心海拔、完井深度等数据，斜井还应具有井轨迹数据，可从完井报告获取。有了井位和井轨迹数据即可在建模软件三维界面中进行显示（图 8-2-1），并对数据进行质量控制。

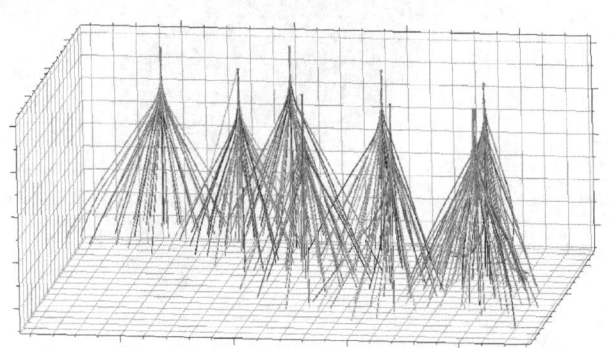

图 8-2-1 某油田井轨迹三维窗口显示（软件截图）

2. 地质分层和断点数据

分层数据和断点数据一般为地层划分和对比后的最终成果。按照油田勘探开发阶段的不同，分层数据级别也存在较大差异，一般包含油组、砂层组、小层及单砂层等级别。断点为井轨迹与断层面的交点，主要包含井名、断层名、断点深度等数据。

分层数据和断点数据为构造建模阶段的"硬数据"，断层模型和层面模型都必须与分层数据和断点数据匹配。

3. 构造层面和断层解释数据

该类数据主要为地震解释的成果数据，包括时间域以及深度域两种类型的数据。层面数据可以为原始地震解释线数据（图 8-2-2），也可以为其他类型数据（如等值线数据）。断层解释数据可以为断层 stick（图 8-2-3）或者断层多边形等类型。

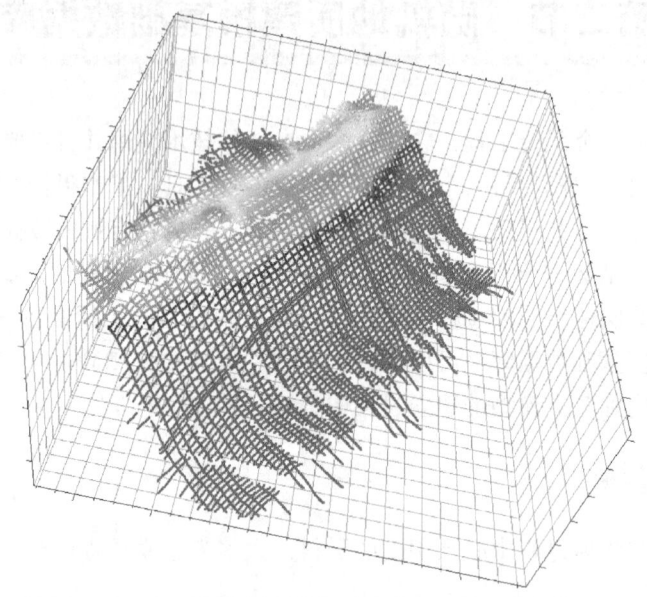

图 8-2-2　地震解释层面数据三维窗口显示（软件截图）

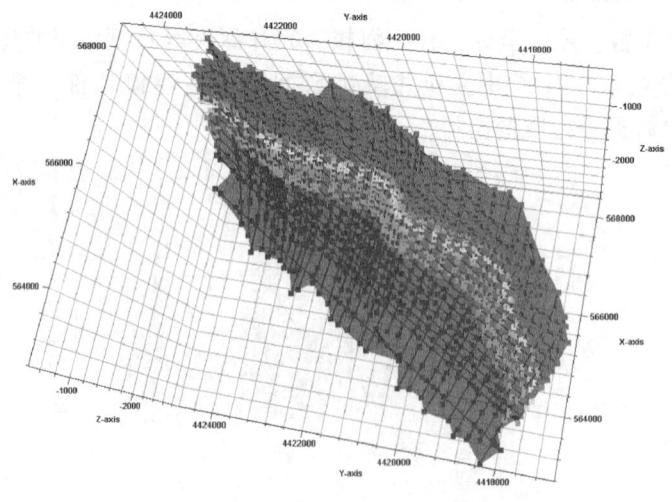

图 8-2-3　地震解释断层数据三维窗口显示（软件截图）

通过断层解释数据及断点数据即可建立研究区的断层模型，再通过解释层面数据及分层数据即可建立研究区的解释层面模型，并通过插值得到其他没有层面数据的小层的层面模型，最终得到整个构造模型。

4. 测井曲线和测井解释成果数据

测井曲线主要包括电法测井、声波测井、放射性测井、地层倾角测井、气测井、生产测井以及随钻测井等多个类别，一般为 Las 格式。测井曲线是地层划分及沉积微相等研究的重要资料[189]。

测井解释成果数据包括孔隙度、渗透率、含油饱和度、泥质含量、油气水解释结论等数据。其中孔隙度、渗透率、含油饱和度、泥质含量一般为 Las 格式，这类数据是进行物性模拟的基础数据。油气水解释结论一般为数据表格的形式，可以通过简单处理后加载到建模软件中。

5. 储量计算参数

地质模型建立后，一般均需要进行储量计算[190]，因此需要收集流体界面、有效厚度下限、原油体积系数、地面原油密度等参数。一般可从油田储量报告中获取。

二、参考资料

1. 地震属性数据

地震属性数据主要指可反映储层岩相及储层参数变化的各类地震属性数据体，如波阻抗（图 8-2-4）、振幅等，一般按 Segy 数据格式记录。地震属性数据为储层建模的"软数据"，可用作沉积相及储层参数建模的趋势控制[189]。

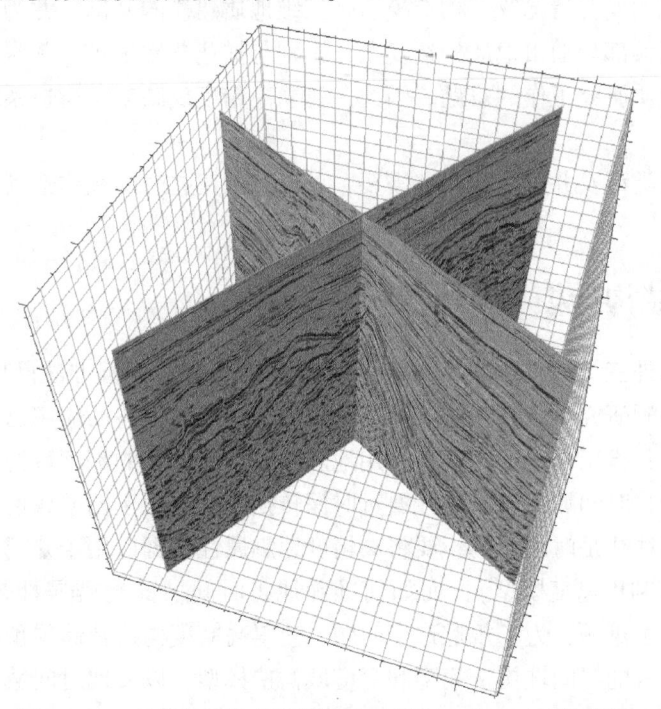

图 8-2-4　地震波阻抗反演数据体三维窗口显示（软件截图）

利用地震属性作为趋势来约束建模时需要对属性及模拟参数相关性进行分析，确保模拟结果的准确性。

2. 地质研究成果资料

地质研究成果资料主要包含各类地质研究成果，例如单井沉积微相解释、平面沉积微相图和各类地质研究报告等。通过这类资料可以掌握更多所要模拟油田的构造及储层等特征，并可以尽可能地将这些特征反映到模型中去。

3. 生产动态分析资料

生产动态分析资料主要为单井测试及井间动态监测数据。通过动态资料得出的井间连通性认识可以很好的弥补静态资料的不足，作为储层建模过程中的约束数据[191]。此外，生产动态分析资料中的部分储层参数数据，也可以应用到参数模拟过程中。

4. 钻井取心资料

钻井取心资料包括岩心照片、岩心描述以及岩心钻孔分析数据等。该类数据可以指导进行地层对比、沉积微相划分等。有些时候，通过岩心测得的孔渗数据也可以直接用来开展物性建模。

第三节 构造建模

构造建模主要研究建立构造模型及构造背景下的地层厚度分布变化、垂向地层之间的接触关系和断裂系统的发育情况等。构造模型是三维地质建模的基础，并为后续的属性建模提供三维骨架。我国大部分油田地质构造复杂，识别与描述非常困难，断裂系统较为复杂的断块区的研究更是地质研究工作的难题。因此，建立高精度反映复杂构造系统的构造模型成为问题的关键。

根据数据资料类型及井震结合研究需要，可以分别建立时间域构造模型及深度域构造模型两种模型。

一、时间域构造模型

近年来，国内外三维地震资料处理解释技术与地震属性分析方法已广泛应用于地质构造、断层及储层预测研究，特别是基于地球物理方法的储层描述的应用已经发展到了一个新的高度。但大多数建模工作还停留在仅利用地震解释数据转化的深度域构造成果来建立深度域构造模型，很难将时间域的地震属性通过时深转换直接应用于储层属性的预测中。

由于地震数据往往是时间域的，要将高精度地震属性数据应用于井间储层预测，就需要进行时深转换（即利用速度模型），而如何准确地将时间域的地震属性数据转换到深度域来，这是业界的一个难题，为了规避这个问题，获得高精度构造及储层预测模型，提出建立相同网格系统下等效的时间域构造模型和深度域构造模型，以实现时间域和深度域的数据校正、转换与共享。

1. 建立时间域构造模型思路

时间域构造建模主要是应用地震属性资料，进行断点归位、断层及断层产状落实、确定断裂组合关系、断层附近构造落实，并建立时间域的断层模型及地层框架模型。具体分为以下主要环节：

（1）井震结合断点组合归位，建立速度模型及断层建模；

（2）以井点分层为主输入数据，以地震解释层位控制趋势，建立层位模型；

（3）运用速度模型将时间域构造模型转换为深度域构造模型。

2. 时间域构造模型建立

井震结合断点组合及断层建模包括以下几个方面。

1）速度模型与时深转换

井震结合断点归位时，时间域的地震解释成果与深度域的地质认识之间的信息匹配对应依赖于合理的时深关系，通过这个时深关系建立一个速度模型，对断点数据进行深时转换，井震统一到时间域进行断点组合归位。好的时深对应关系有助于断点合理归位和搞清断层组合关系[192]。

（1）生成时深关系：首先将地震解释的层面数据导入地震工区中，计算井与这些地震解释层面的交点值即得到研究区井上相应层的时间数据，井上时间数据与地震解释层面对应的分层数据组合建立研究区井上的时深关系。并运用其他解释层面进行质量控制，检验时深关系的准确性，并不断修正。

（2）平均速度和层速度：建立速度模型过程中，首先需要明确两个速度概念，即平均速度和层速度。平均速度是指波从同一基准面开始到目的层的速度，层速度是指波在均匀地层中的速度。

建立时深关系后，基于时深点对，可计算井的平均速度和层速度，并分别对各层的平均速度和层速度进行网格插值，得到每个层的平均速度和层速度等值图。

（3）建立速度模型：高精度三维速度场（速度模型）的建立对于井震结合构造建模至关重要。合理的速度模型本质上反映了深度和时间合理的对应关系，折射出测井信息与地震信息的有效统一，为建立客观反映地下真实情况的断层模型以及构造模型奠定良好的基础。建立速度模型时，不论是平均速度、层速度还是深度域的地质分层，都要以精细的时深关系为基础，通过逐级校正和质量控制才能保证所建三维速度模型具有较高精度。

（4）明确时深（深时）转换：井震结合关键在于时深转换，使两个毫不相干的地质认知系统建立起联系，并使其数据在相同的域内（或时间域或深度域）协同工作，相互检查。通常先将断点数据进行深时转换，把测井信息统一到时间域，以便和地震信息建立联系，在构造研究阶段，充分发挥地震平面体或场的优势，即地震平面连续性好，所揭示的构造趋势精度高于井的精度，因此要尽量保留地震数据体的原貌。为减小地震数据体转化的误差，因此将井分层、断点与地震统一到时间域进行研究。

2）井震结合断点组合归位

井震结合断点归位组合以地震解释的断层为基础，大断层的倾向、延伸长度基本保留，结合方差体、蚂蚁体算法成果，综合利用点（断点）、线（地震剖面）、面（断层发育面）、体（地震属性体）进行断点的空间组合归位。对于断点没有控制，断面与分层发生矛盾的地方，还要进一步考虑断面两侧的分层点，微调局部断层面，保证合理性。

3）井震结合断层建模

井震结合断层建模综合利用地震解释的断层、井断点资料、分层资料、地震属性体，进行点、线、面、体的断层的空间组合、断层及断层产状落实。即用地震数据控制断层的形态和组合方式，断点数据校准断面的位置和产状，在此基础上建立断层框架模型（具体方法见深度域断层模型的建立）（图8-3-1）。

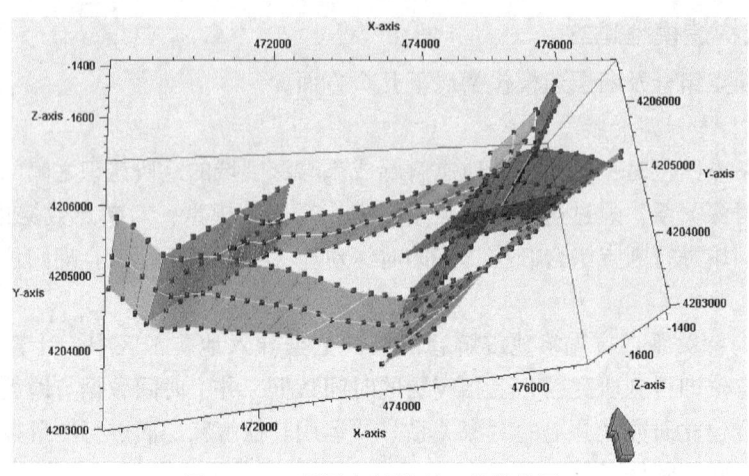

图 8-3-1　断层空间模型（软件截图）

4）井震结合构造建模

井震结合构造建模基于实钻的测井资料去校正各个构造层面，对其构造形态进行细致的构造落实，通过二者的相互校验，降低构造模型的不确定性。在软件中的实现是以地震解释的层面的成果作为趋势约束，用井上的分层数据作为硬数据来建立油层组级别的构造格架，油层组中间的层面用厚度来搭建更细级别的构造格架。

（1）构造框架模型算法优选：在建模过程中，有许多算法可以实现对构造的模拟，但每种算法都具有各自的适用性和优势，模拟结果差异较大。构造框架模型建立算法有收敛法、移动平均法、最小曲率法、余弦插值法这4种校正井点残差面算法，不同的算法及参数设置得到的井间微构造是不同的，这直接影响后期的沉积相模型建立，即储层模型的准确度。检验模型精度较为常见和有效的方法是抽稀验证法。

（2）构造层面建模：由于地震资料揭示的地下反射界面的相对构造深度趋势是准确可信的，因此在建立构造模型的时候既要忠实于井点数据，又要保留地震的相对趋势。将地震解释层面作为 make surface 的趋势面，得到忠实于井点分层数据，井间保留地震解释层面趋势的构造层面 surface。图 8-3-2 所示为某工区井震结合构建的层面模型。

（3）时深转换：时间域构造模型需要与三维地震数据体一起转换到深度域，即该时深转换工作包括构造模型转换和三维地震数据体转换两个内容。使用 Petrel 软件利用完全相同的速度关系分别对构造模型和地震数据体进行转换，这样可以保证构造模型与三维地震数据体之间有良好的对应关系。验证时深转换准确性的主要依据是检查时间域模型与深度域模型在构造趋势、地层厚度、与钻井的吻合程度等几个方面的相互关系。

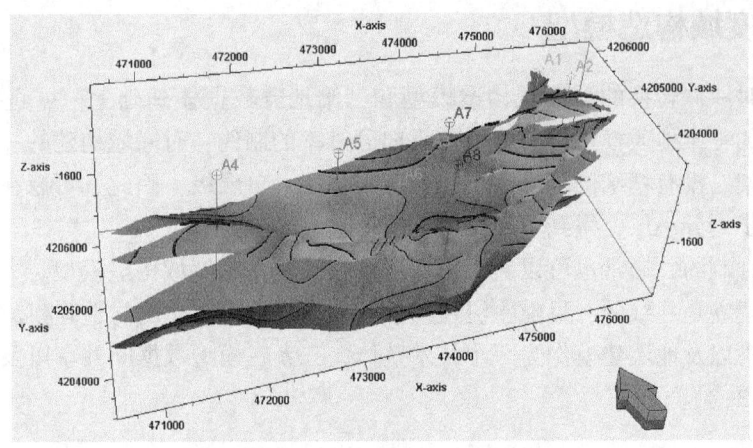

图 8-3-2　层面空间模型（软件截图）

通过以上方法，建立的时间域构造框架模型可减小直接将时间域地震数据体转化到深度域过程造成的误差，得到时深关系更匹配的属性数据体。如图 8-3-3 中间为本方法转换得到的地震数据体（Seismic_T-D）与右边直接转换得到的地震数据体（Seismic_Res）与单井砂泥解释结果对比图，可看出有的地方，该方法得到的对比关系明显较好。

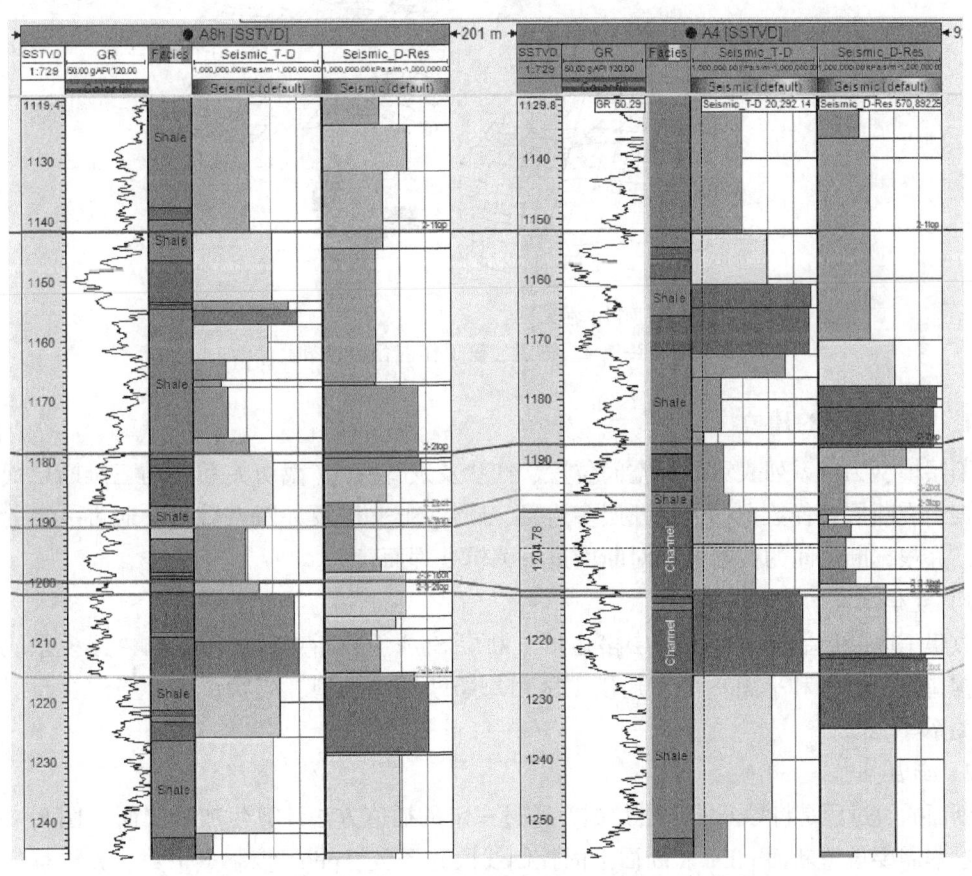

图 8-3-3　不同方法转换地震数据体深度对比（软件截图）

二、深度域构造模型

前面通过时—深转换的深度域构造模型和三维地震数据体基础上，可直接进行网格剖分，完成较粗的三维地质模型。但受地震垂向分辨率的制约，时间域构建的一般是油层组级的整体构造框架，没有精细剖分到砂层组、甚至小层、单层级，因此，可以在深度域框架模型基础上进一步划分小层，得到更精细的构造框架。

受各种条件制约，通常也可以直接用深度域数据建立深度域构造模型。大致流程与时间域构造模型的建立是一致的，目前主流建模软件大多采用一体化的构造建模流程，即将断层建模、层面建模以及地层建模作为一个技术整体，三者在模型数据间共享以及将操作过程有机整合（图 8-3-4）。

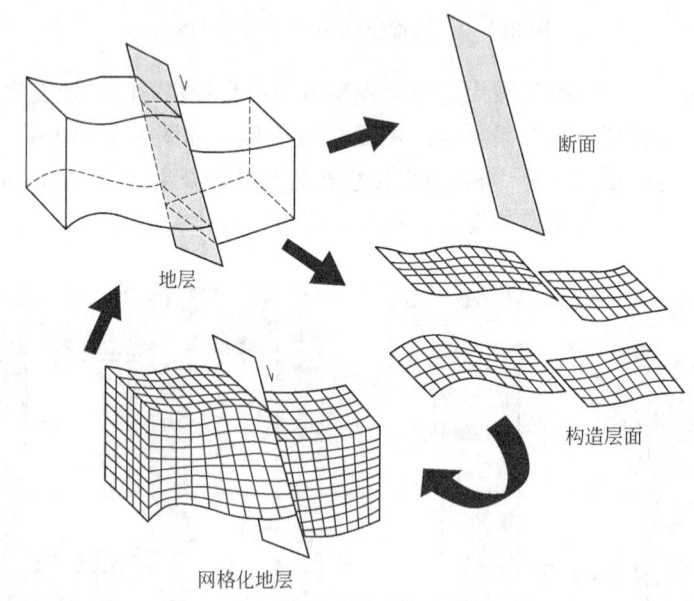

图 8-3-4 构造建模工作内容示意图

1. 断层模型的建立

断层模型为一系列表示断层空间位置、产状及发育模式（截切关系）的三维断层面，主要根据地震断层解释数据，包括断层多边形、断层 Stick 以及井断点数据，通过一定的数学插值，并根据断层间的截断关系对断面进行编辑处理而建立。

1) 建模准备

收集工区断层数据，包括断层多边形、断层 Stick、井断点数据等，输入建模系统，并根据构造图（剖面和平面）落实建模工区内每条断层的类型、产状、发育层位及断层间的切割关系等。

2) 断层插值

断面插值过程是将导入的断层数据，通过一定的插值方法计算生成断层面（图 8-3-5）。插值过程需要设置断面 pillar（断面上的控制线段）条数、pillar 控制点个数、光滑程度、垂向延伸长度等参数。

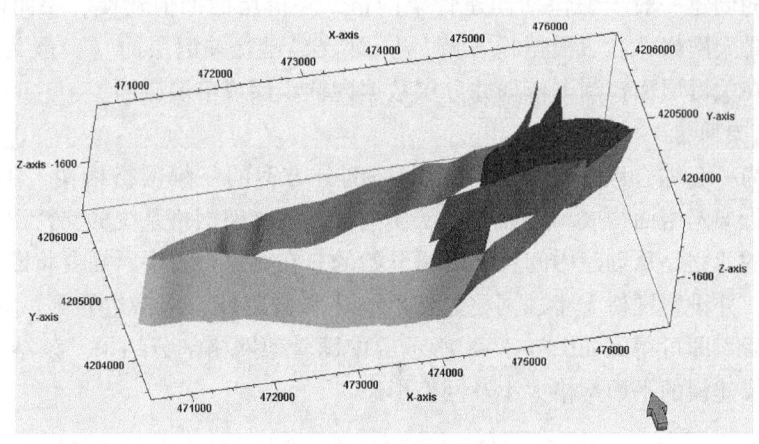

图 8-3-5 断面插值三维视图（软件截图）

空间三维曲面一般可采用三角网格、结构化网格面等多种方式来构建。在一体化的构造建模系统中，一般采用由 pillar 控制的样条曲面来构建断面。如图 8-3-6 所示，单个断面由若干纵向的骨架线条（pillar）组成，每条 pillar 又由数个关键点控制其形态（一般 2~5 个关键点）。通常，pillar 的条数与控制点个数越多，则可描述更复杂的断面形态。

随着地震探测和处理技术水平的提高以及井网密度的增加，使构造解释人员能描述越来越详细的断层特征。但是，对油气藏建模人员来说，并不是描述的断层越多越好，而是需要建立断层重要性分级，使地质模型中体现具有实际意义的断层。这些断层对油气田动态和储量计算具有重要影响。选择模拟断层的标准为：(1) 油气藏的边界断层；(2) 油气藏内形成独立分割块的断层；(3) 井钻遇的断层；(4) 地震上能分辨的、对流体流动可能有影响的断层；(5) 可能是流体流动阻碍的已确定的断层。

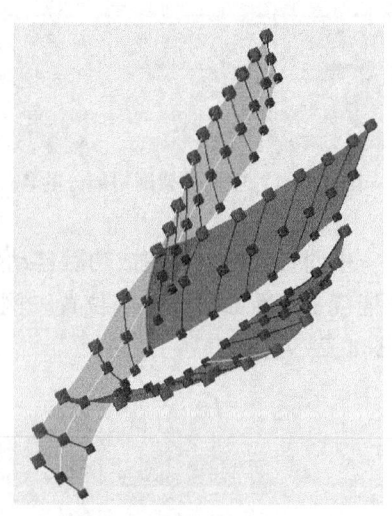

图 8-3-6 断面及断面 pillar 结构示意图（软件截图）

3）断面模型编辑

断面模型编辑的主要目的有两个：一是调整断面形态，使其与各类断层描述信息协调一致；二是设定断层间的切割关系，如简单相交、X 形相交断层等，可通过编辑断面 pillar 来实现。正确编辑、处理断面形态及断层间接触关系是非常烦琐的工作环节，特别是在断层条数多、接触关系复杂的情况下。因此，需熟练掌握建模软件在断层建模技术方面的功能及操作，从而正确、快速编辑断面模型。

2. 地层模型的建立

油气藏骨架的另一部分是地层模型，地层模型为地层界面的三维分布，它由地震上解释的层面和根据井资料确定的计算层面（油气层单元分界面）组成。计算层面是通过解释层面深度加油气层单元厚度而生成。

地层模型的创建一般步骤包括创建骨架网格、关键层面插值建模、层面内插等三个环节。首先创建骨架网格，然后根据地震解释层面数据建立关键层面（一般为油组或砂组）的模型，最后在关键层面控制下依据井分层数据内插小层或单层层面。

1) 创建骨架网格

骨架网格为一套综合断层模型及平面网格剖分方案的三维网格格架，由网格化断面、上/中/下三个骨架网格面构成。层面与地层模型将在该骨架网格系统的支持下建立。

骨架网格的建立是从创建中间骨架网格开始的。在建立过程中，需要将断层面中线投影在二维视图中，并设置网格大小、网格趋势线、区块分割线、网格边界等，如图 8-3-7 所示。设置完成后，即可得到如图 8-3-8 所示的中面骨架网格剖分结果。该结果决定了后续层面插值及地层建模的平面网格大小及网格形态。

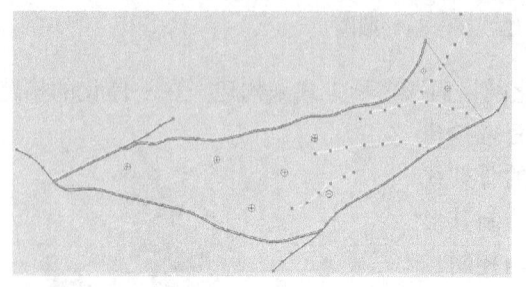

图 8-3-7 中面骨架网格剖分的各类特征线

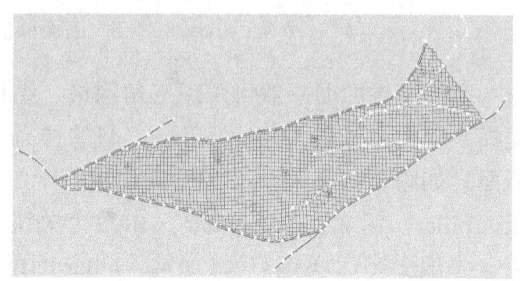

图 8-3-8 中面网格构建结果

中间骨架网格创建成功后自动生成顶、底骨架网格面及网格化断面。其中，顶、底骨架面连接了各断面的顶、底位置。网格形态主要根据中面骨架网格及断层面 pillar 趋势变化（图 8-3-9）。

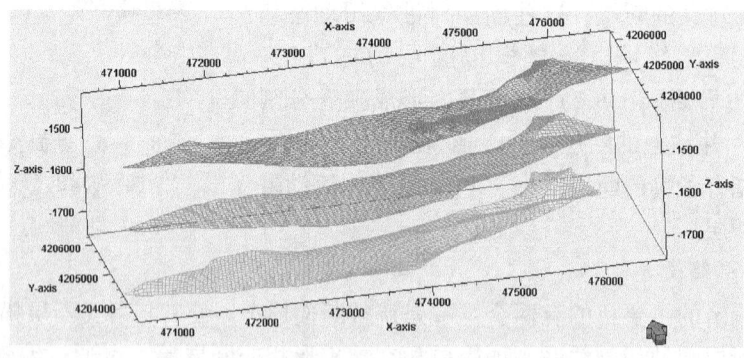

图 8-3-9 骨架网格三维视图（软件截图）

2) 关键层面插值建模

关键层面主要是指地震解释的级别较高的层面，一般为油组或砂组。这些界面一般能较好地认识与解释。这些关键层面模型的建立，可作为内部小层或单层层面内插建模的趋势控制。

关键层面的建模数据主要为地震层面数据和井分层数据，通过数据插值而建立模型。算法的关键是能有效地整合井分层数据与地震层面数据。插值算法既可为数理统计方法（如样条插值法、离散光滑插值法以及多重网格收敛法等），也可为克里金方法。层面插值中一一般需要设置以下参数：

（1）层面。选择插值面，并设置层面之间的接触关系，包括整合型、超覆型、前积—剥蚀型、不连续型等。

（2）原始数据。选择参与插值的井分层点以及地震层位解释数据，等等。

（3）断层影响范围。真实的地下断层错断位置在垂向上为一定宽度的断裂破碎带，而构造建模一般以断面的形式来近似表示断层，也就是说，层面是直接与断面相交。由于地震层位解释数据在断层附件的准确性不高，因此，在建模过程中，可在断面附近设置一定距离的数据无效域，在插值过程中将按周围有效区的层面趋势延伸插值到断面位置，如图8-3-10所示。

（4）其他参数（包括插值算法，平滑次数等）。插值参数设置完成后，即可得到关键层面的插值结果。

3）层面内插

在关键层面建立之后，便可以其作为顶、底趋势面，对其内部的小层或单层进行层面内插，建立各层的层面构造模型。

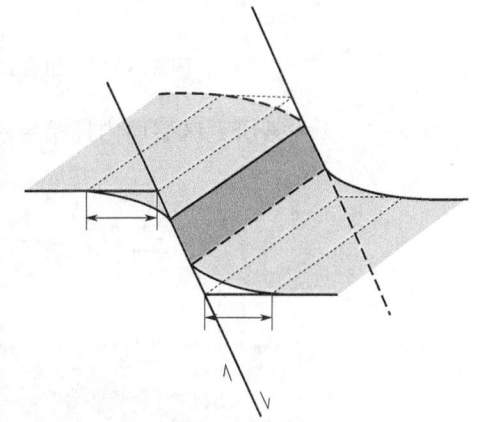

图8-3-10　断层影响范围示意图

由于地层内部的层面与顶、底趋势面的接触关系可能不同，导致顶底趋势面对内插层面的控制方式的不同，因此，在内插前，需要首先判别地层面的发育型式，确定地层层面之间的接触关系。

结合地质统计认识，地质建模设置时，可将层序地层学中的地层分布型式归纳为四种类型，即整合型（包括比例式、波动式）、超覆型（即超覆式）、退覆—剥蚀型（包括前积式、剥蚀式）、不连续型（即组合式）。

准确判识地层面的发育型式，才能合理地设置层面类型，插值模拟得到更符合地层形态的等时地层沉积面。根据不同地层发育模式，可选择与之对应的类型来进行削截。可用的类型如下。

（1）整合（conformable）：一个典型的层状地层沉积序列，有一系列相邻沉积的地层模拟出层面模型。两个沉积层面遇到一起的时候，年轻的地层会被削截超覆在老地层上面。

（2）剥蚀（erosional）：不整合并且削截老的地层。剥蚀面之上的部分老地层被削截，年轻地层被忽略。

（3）基底（base）：不整合并且削截年轻地层。及地面之下的一部分年轻地层被削截，老地层被忽略。

（4）不连续（discontinuity）：不整合并且削截的老地层也有新地层（剥蚀个基底两种类型的综合）。与不连续面相交的新地层在不连续面的下面被削截，与不连续面相交的老地层在不连续面的上面被削截。

图8-3-11所示地层即为多种接触关系组合的组合式。在作层面内插时，各层面间需要选择不同的层面类型，从上到下三个主层面依次可选择剥蚀—不连续—基底等不同的类型进行合理的插值分析。

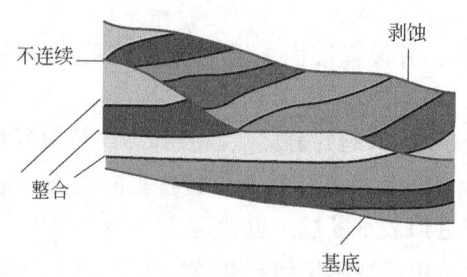

图 8-3-11　组合式地层不整合接触关系示意图

图 8-3-12 为某研究区层面内插结果示意图。

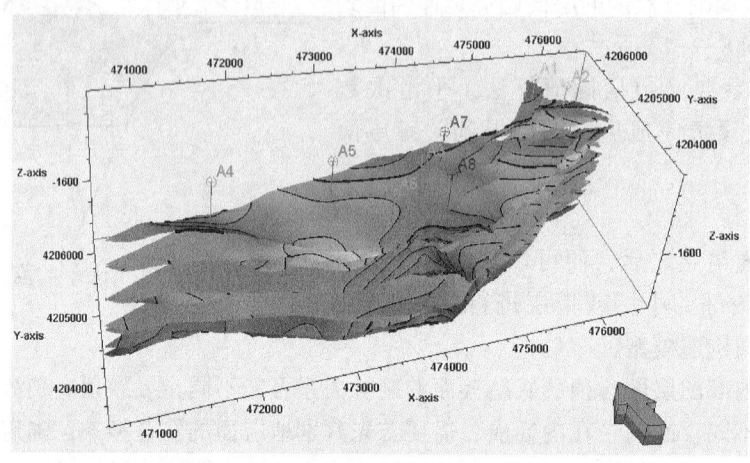

图 8-3-12　某研究区层面内插结果示意图（软件截图）

三、三维地质网格模型的建立

以上建立的断层模型和地层模型基础上，需要建立时间域和深度域的网格系统，即对地层格架分别进行三维网格化（3D griding）。如需采用以上先建立时间域构造模型的方法，则两个域的构造框架需保证平面和垂向均采用相同的网格剖分方法，相同的约束条件，建立起两个域的一一对应的网格系统，即等效的三维网格模型。三维地质网格模型再现了油藏的构造形态，为反映储层物性平面非均质性和层间非均质性奠定了基础。

1. 网格类型

在地质建模中，三维网格类型主要有正交网格（XY 平面正交）与角点网格两类（图 8-3-13）。

1）正交网格

正交网格是常见网格类型，其计算速度快，构建方式简单，但正交网格不能很好地表达断层的错断情况，如图 8-3-13 所示。一般用于没有断层的地层。

2）角点网格

角点网格克服了正交网格在处理断层方面的局限性，如图 8-3-13 所示。目前，角点网格在断层处理、复杂地层接触关系等方面的处理已比较完善，成为地质建模与数模软件的主流应用网格技术。

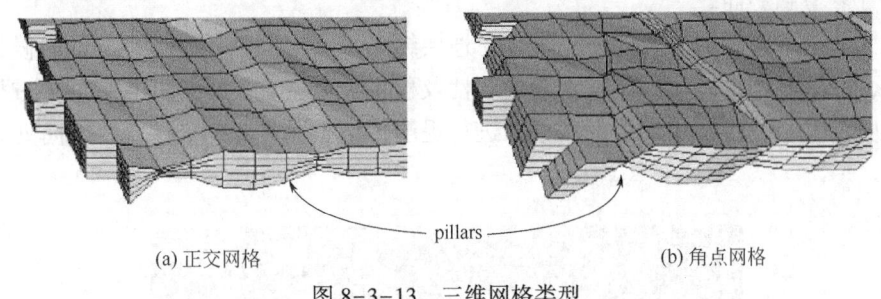

(a) 正交网格　　　　　　　　　　(b) 角点网格

图 8-3-13　三维网格类型

2. 网格设置

1) 平面网格设置

平面离散化常用方法是三角剖分和矩形网格化。数值模拟采用矩形网格，因此矩形网格化也是地质建模层面最常用的离散化方法。

在平面上，网格分别是沿 x、y 方向划分成由行列构成的矩形区域。行与列的交点是网格节点。每行包含的节点具有相同的列号；每列包含的节点具有相同的行号。通过网格化，可以将不规则间距的油气藏特征参数，利用插值或外推数值算法生成规则间距的油气藏特征参数。

(1) 网格大小：根据研究目标区的地质体规模及井网井距而定。针对不同油气藏规模，不同研究阶段其平面网格大小有不同的划分精度[193]，一般在 10~100m 不等。平面网格大小通常以井间内插 4~8 个网格为宜，如对于 200m 井网，平面网格大小一般为 25m×25m 至 50m×50m。虽然网格尺寸越小意味着模型越精细，但也要避免一味追求精细而造成模型巨大运算费时的误区。

(2) 网格方向：平面上的 x、y 方向不一定是东西与南北方向。一般地，x 方向与工区的长轴方向平行，y 方向与工区的短轴方向平行。

2) 垂向网格设置

建模对象通常是开发层系，一个开发层系内往往包含若干个小层或单层。

为了详细地反映物性参数垂向上的变化，体现层内非均质性，需要在更小的网格单元内研究储层形态。因此，需要将小层或单层继续细分成若干个"微层"。实质上该过程是将油气藏在垂向上继续离散化，最终形成三维地质网格模型。

(1) 网格大小。

垂向网格大小视研究目的而定，如需表征 0.5m 厚度夹层的空间分布，则垂向网格最小应保证 0.5m 的厚度，否则在三维模型中难以刻画夹层。

(2) 网格层（Layer）的等时原则。

在划分垂向网格层时，如同层面内插过程，同样需要遵循等时原则。网格划分方式主要包括以下三种方式。

方式一：按比例划分网格。在地层顶、底面为整合型时，一般采用等比例式网格划分。此时需要设置垂向网格个数。

方式二：按厚度划分网格。在地层顶、底面为不整合类型时，一般采用不等比例式网格划分，此时需设置垂向单网格层厚度，并以整合面为趋势。如果顶、底面均为不整合类型，则需要设置参考趋势面。

方式三：按不同占比划分网格。需要对地层纵向采用不同占比进行划分的时候，一般采用该方法，但该方法对地层内储层发育连续性及稳定性有一定要求，并且在划分过程中，要对地层厚度及纵向上目标层划分的网格数进行提前预估。图8-3-14为三种纵向划分地层模型示意图。

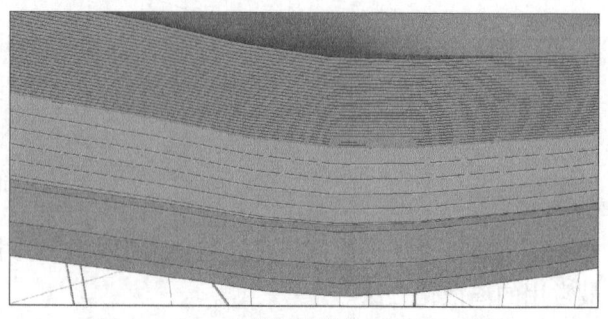

图 8-3-14　三维网格化地层模型示意图

第四节　属性建模

此处所指的属性建模是构造范围内的储层结构及其内部参数在三维空间的变化和分布。包括离散属性的沉积相建模，反映储集砂体的大小、几何形态及其三维空间分布的储层相或者成因单元建模；以及连续属性的储层参数建模，反映孔隙度、渗透率及含油饱和度的情况。

一、沉积相建模

1. 相建模原则

地质统计学原理的兴起为科学合理地预测井间储层的分布提供了一种方法[194]。但是，在地质建模过程中，不能单一地应用地质统计学的方法对井上数据进行插值或者随机模拟来预测储层分布，地质工程师需要以沉积学原理及层序地层学原理为理论基础，综合应用地质、地震及测井等资料来认识地下储层沉积模式。因此，在做沉积相建模的过程中要遵循等时约束建模、分级控制建模、成因控制建模以及确定性建模和随机建模相结合的原则。

1）等时约束建模

沉积体是在不同地质历史时期形成的，不同的地质时期，沉积物的可容空间、物源供给、海平面升降及气候都是不同的。因此，在不同的沉积环境中，形成的砂体分布规律是有差别的。

为了提高建模精度，在建模过程中，首先要识别出每一个等时沉积体，确定模拟单元，将每个模拟单元作为建模软件中的一个层段（zone），对不同的模拟单元分别进行模拟，再将其组合成统一的相模型，这样可以更客观地反映地质实际。

2) 分级控制建模

地质研究是一个识别与描述地质现象的过程。宏观地质现象是人们容易识别的，地质研究人员往往在宏观地质现象里来识别微观地质现象。因此，在做沉积相建模的时候，先确定容易识别的大级别目标体的分布规律，然后分级控制，依次建立更小级次的目标体的分布模型。

3) 成因控制建模

在沉积相建模的过程中，要充分遵循沉积学原理，分析每种沉积相的平面分布、空间组合及其成因关系。分别建立沉积体的垂向以及平面的分布趋势，用来约束三维模型的分布规律。

4) 确定性建模与随机建模相结合

确定性建模是根据确定性资料，推测出井间确定的、惟一的储层特征分布。而随机建模是对井间未知区应用随机模拟方法建立可选的、等概率的储层地质模型。应用随机建模方法，可建立一簇等概率的储层三维模型，因此可评价储层的不确定性，进一步把握井间储层的变化。在实际建模的过程中，为了尽量降低模型中的不确定性，应尽量应用确定性信息来限定随机建模的过程，这就是随机建模与确定性建模相结合的建模思路。

2. 相建模方法

相建模方法主要分为两大类：基于目标的方法和基于象元的方法。如果预知相的几何构型（几何形态和组合方式），则基于目标的示性点过程为首选方法；对于具有排序分布的相组合来说，截断高斯模拟方法最为适合；如果既不知几何构型，相组合又无排序现象，则应选用序贯指示模拟。

1) 基于目标模拟

这里主要介绍基于目标的示性点过程方法。采用这种方法进行建模之前，要建立储层地质知识库。储层地质知识库是指经大量研究高度概括和总结出的能定性和定量表征不同成因类型的储层地质特征、且具有普遍意义的参数。它能用来指导对未知储层的研究、预测和地质建模，如常用的河道砂体宽厚比等。广义的储层地质知识库仅指各类储层沉积相的分类、沉积背景、沉积特征、成岩特征、储层特征及含油气性特征等一切能表征不同成因类型储层三维空间特征和成因及其控制作用的定性和定量的知识总结。狭义的地质知识库仅指能定量表征各类砂体成因的空间特征、边界条件及物性特征的参数以及定性表征的各种沉积模式，主要包括岩性岩相库、沉积环境和沉积微相库、几何形态库、物性参数库等。该方法适应于开发中后期井数较多，容易确定目标体几何形态、位置及其配置关系的沉积储层。如图 8-4-1 所示，为某研究区基于目标模拟沉积相模型的一个实现。

2) 截断高斯模拟

截断高斯模拟方法适合于相带呈排序分布的沉积相模拟[195]，如三角洲（平原、前缘和前三角洲）、呈同心分布的湖相（滨湖、浅湖、深湖）、滨面（上滨、中滨、下滨）的随机模拟。

截断高斯模拟首先要选择待模拟的相类型，设置各相类型的相序。根据不同的算法要求，需设置不同的相比例及相比例曲线。在整个研究区内统计各相类型的体积百分比。

通过井数据统计并绘制垂向各相类型体积百分比曲线，查看垂向上相比例变化规律，并

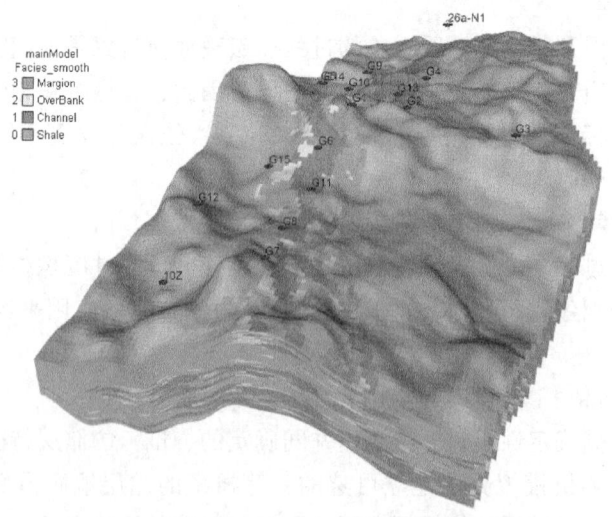

图 8-4-1 基于目标模拟沉积相模型（软件截图）

根据体积百分比曲线编制各相类型随深度变化的概率函数曲线。一般建模软件均提供数据统计与函数曲线绘制功能模块。

平面相概率趋势对应各相类型的体积百分比的平面分布图，作为随机模拟时的平面约束。平面相概率趋势图数据，可通过提取井点处各相类型在垂向的体积百分比，并进行网格化插值获得沉积相平面概率分布趋势面。

三维相概率趋势对应各相类型的三维概率数据体（三维体的每个网格值为相类型对应的概率值），作为随机模拟时的三维趋势。可通过地震属性与沉积相的概率关系统计，将地震数据体转化各相类型的三维概率数据体。

在正确设置相序及比例曲线的基础上，建模软件系统内部将井点离散的相代码转换为高斯域值（0~1）。此时，在各井所处的网格点处，不再是相代码值，而是连续的高斯域值，据此可求取对应的变差函数模型（模型一般为高斯类型）。该模型将作为后续模拟的唯一变

图 8-4-2 截断高斯模拟沉积相模型（软件截图）

差函数模型（序贯指示模拟需要分相求取并设置变差函数）。如图 8-4-2 所示，为某研究区基于截断高斯模拟沉积相模型的一个实现。

3）序贯指示模拟

序贯指示模拟为沉积相随机模拟的一种常用的方法，它的基础为指示克里金，其不同点在于序贯指示模拟方法是随机访问每个未知节点[196]，在未知点处建立条件累积概率分布（ccdf），并随机抽样获得每个节点模拟结果值。每个节点的 ccdf 的求取，需要应用指示克里金方法。相应地，序贯指示模拟方法包括一般的序贯指示模拟、具有局部趋势的序贯指示模拟、同位协同指示模拟等。序贯指示模拟的关键是变差函数的求取，依据地质认识砂体的长、宽，分相带求取变差函数。同时需要已有的平面趋势或者三维趋势进行约束，才能建立符合地质认识的相模型。图 8-4-3 所示为某研究区序贯高斯模拟沉积相模型的一个实现。

图 8-4-3　序贯指示模拟沉积相模型（软件截图）

3. 相建模步骤

1）单井沉积微相识别

依据岩心标定测井，确定沉积微相测井相特征，建立测井相模板，在井上识别每口井的单井沉积微相。

2）井数据网格化

选择参与模拟的井，并将单井相数据根据建模网格层进行网格化采样，生成沿井轨迹的网格化沉积相数据。

3）相类型设置

设定背景相与目标相类型。如在河流相建模中，可将泛滥平原设为背景相，将河道、决口扇、天然堤等设为目标相类型。

4）各相类型的体积百分比统计

根据网格化井数据，统计分析建模地层单元范围内各相类型的体积百分比。为某研究区各小层的目标相比例。

5) 各相类型几何特征

分别按不同建模层、不同相类型，依据储层地质知识库的统计参数，设置各相几何特征参数，包括厚度、长度、宽度、弯曲度、几何外形以及展布方向等。该统计参数主要用于基于目标的相建模。

6) 剖面相及平面相趋势

将手工绘制的连井相剖面及平面相数值模型作为趋势加入到模拟过程中。需要注意的是，需要保证沉积相剖面、平面相分布以及井点相数据三者的吻合程度，不能出现大的矛盾。

7) 地震属性体趋势

加载可反映沉积相空间展布特征的地震属性数据体，并通过沿井轨迹的网格数据对地震与沉积相进行概率统计分析，获得概率关系曲线。

8) 模拟及优化算法参数设置

模拟参数包括随机种子数、模拟退火初始温度、扰动次数以及最大迭代次数等。在实际操作中，也可直接选择应用建模软件的缺省参数设置。

在完成相关参数设置并运行计算后，可得到多个模拟实现。

二、储层参数建模

1. 参数建模原则

1) 相控原则

就储层参数（孔隙度、渗透率、含油饱和度）建模而言，传统的建模途径主要为"一步建模"（one-stage modeling），即直接根据各井储层参数进行井间插值或模拟，建立储层参数三维分布模型。这种方法比较简便，但值得注意的是，它主要适合于具有单一微相分布或具千层饼状结构的储层参数建模，因为在这种情况下，目标区的储层参数具有同一的统计分布。但对于具有多相分布或复杂储层结构（如拼合板状和迷宫状结构）的储层来说，应用非一步建模的途径将影响甚至严重影响所建模型的精度。其原因主要有：(1) 有效储层参数主要分布于储层砂体中，而泥岩中不存在有效储层参数；(2) 不同相具有不同的储层参数统计特征（如直方图），如河道砂体的参数分布与决口扇有较大的差别，因此，不宜采用笼统地一步建模思路。在这种情况下，应采用"相控建模"（facie-controlled modeling）或"二步建模"（two-stage modeling）方法，即首先建立沉积相、储层结构或流动单元模型，然后根据不同沉积相（砂体类型或流动单元）的储层参数定量分布规律，分相（砂体类型或流动单元）进行井间插值或随机模拟，建立储层参数分布模型。这种多步随机模拟方法不仅与所研究的地质现象吻合，而且能避免大多数连续变量模型对于平稳性/均质性的严格要求。实践证明，这是符合地质规律的、行之有效的储层参数建模思路。

2) 趋势控制原则

对于不同的沉积相，其储层参数除了统计特征（如平均值）有差异外，还表现出相内部垂向或侧向的变化规律性，如储层参数垂向韵律性、河道中心部位与河道边部物性的差异规律性等。同时，成岩、后期构造等因素对储层的形成与改造也会导致储层参数分布的宏观规律性。在建模过程中，应充分应用这些规律或趋势，约束储层参数的建模过程，使建模结果更符合地质实际。另外，不同信息之间的相关关系也可作为趋势进行约束建模。例如，孔隙度变化区间较为稳定（0~0.35 左右），而渗透率参数变化范围较大（从几十到上千毫达西），对其直接建模则难以保证精度。因此，若渗透率与孔隙度相关性较好，则可先建立孔隙度模型，并以此为趋势建立渗透率参数模型。再如，在井分布比较稀疏、地震属性品质较好的情况下，可将地震属性作为趋势约束孔隙度模型的建立。

2. 参数建模方法

储层参数随机建模方法很多，包括序贯高斯模拟、序贯指示模拟、分形随机模拟等。目前，常用的方法为序贯高斯模拟，包括基本的序贯高斯模拟、整合趋势的序贯高斯模拟、同位协同高斯模拟等。

1) 序贯高斯模拟

序贯高斯模拟以基本的克里金方法为基础，不考虑趋势，也不考虑二级变量（如地震信息）。建模设置与基本克里金插值基本相同，仅需要增加以下设置：

（1）随机种子数的设定。

随机种子数决定了内部算法随机数的产生，将会影响序贯模拟随机访问的网格顺序及从后验累计概率的随机抽样。采用相同的种子数的两次随机模拟将得到同样的模拟结果。随机种子数一般为较大的奇数值，如 69069。

（2）正态得分变换设置。

通过变换，使模拟的储层参数符合高斯分布，以能应用高斯模拟方法进行建模；建模后，进行反变换。

（3）模拟次数的设置。

模拟实现个数的设置，决定在当前参数设置下模拟实现的个数。

（4）序贯参数设置。

序贯参数设置包括以下几方面内容：

① 已模拟节点的最大个数。对某个未知网格点模拟估值时，将井点与已模拟网格点模拟值作为已知信息。当已模拟网格点过多时，将会屏蔽井点对估值的贡献，所以必须设定每次参与计算的已模拟网格点最大数目（一般缺省为 12 个）。

② 多级网格模拟。同样，为了减小序贯过程中已模拟网格点的影响，可采用多级网格的模拟策略。算法将首先采用大的数据邻域模拟较稀疏网格，例如在每十个节点为间隔的位置处进行模拟，这样变差函数模型中变程较大部分的空间结构将得到恢复；接着，在逐级减小的邻域内模拟剩余网格结点。一般采用 2~3 级模拟即可。

2) 整合趋势的序贯高斯模拟

以具有趋势的克里金为基础，整合趋势进行储层参数的序贯高斯模拟。建模设置为在具有趋势的克里金方法的设置基础上，增加上述四项设置，即随机种子数的设定、正态得分变换设置、模拟次数的设置、序贯参数设置。

3) 同位协同高斯模拟

以同位协同克里金为基础，整合二级变量（如地震属性）进行储层参数的随机模拟。建模设置在同位协同克里金方法的设置基础上，增加四项设置，即随机种子数的设定、正态得分变换设置、模拟次数的设置、序贯参数设置。

3. 参数建模步骤

1) 数据变换

（1）井数据变换：主要为截断变换，即截除一些由于测井解释造成的异常低值和异常高值，使井参数符合正常分布。

（2）对数变换：对于渗透率而言，一般不呈正态分布，而将其进行对数变换后，则其分布可接近正态分布。因此，在建模前，一般要对渗透率进行对数变换，建模后，再进行反变换。

（3）正态得分变换：通过变换，使各参数符合高斯分布，以能应用高斯模拟方法进行建模；建模后，进行反变换。

2) 变差函数计算

变差函数反映储层参数的空间相关性，其参数可通过计算求取。但当分相求取变差函数的井点较少时，求取结果会有较大的误差。因此，在实际的建模过程中，可应用地质概念模式来估计变差函数的参数，主要是变程。其中，变程的主方向为沉积相的主流线方向，主变程相当于相的长度，次变程相当于相的 1/2 宽度，而垂向变程相当于一个单一沉积单元的厚度。

3) 参数分布统计

按照每个沉积单元，分不同相带统计孔隙度、渗透率及含油饱和度等储层参数的最大值、最小值、平均值等，来反映储层参数的分布规律。如图 8-4-4 和图 8-4-5 所示，为某研究区孔隙度模型和渗透率模型的实现。

图 8-4-4　孔隙度模型（软件截图）

4) 含油饱和度模型建立

对于孔隙度和渗透率模型采用以上步骤即可建立，对于含水饱和度模型，应用 J 函数公式来计算获得。

图 8-4-5　渗透率模型（软件截图）

目前，利用毛管压力资料计算原始含油饱和度是国内外计算饱和度的最广泛使用的方法。一般流程如下：先通过多条实验室毛管压力曲线得到实验平均毛管压力曲线，再将实验室毛管压力变换成地层毛管压力，然后将地层毛管压力换算为油藏高度，最后用油藏高度或油水界面以上的高度从毛管压力曲线查处油藏原始饱和度 S_w。测井解释法多用阿尔奇公式计算含水饱和度来验证。

通常获得的单块岩心的毛管压力数据只代表油藏中某一点的特征，如果利用 J 函数，那么可以综合应用从同一油藏中取得的多块岩心的毛管压力数据，得到一条反映整个油藏特征的平均毛管压力曲线。通过 J 函数方法，可以消除油藏中各点的渗透率、孔隙度等非均质性对毛管压力曲线的影响。

(1) 通过实验室毛管压力曲线得到平均毛管压力曲线[197]：

$$J(S_{Hg}) = \frac{31.62 p_{cL}}{\sigma_L \cdot \cos\theta_L} \cdot \sqrt{\frac{K}{\phi}} \tag{8-4-1}$$

式中，$J(S_{Hg})$ 为 J 函数，无因次量；S_{Hg} 为含汞饱和度，%；p_{cL} 为实验室条件下毛管压力，MPa；；K 为渗透率，$10^{-3}\mu m$；ϕ 为孔隙度，%；θ_L 为实验室条件下接触润湿角，(°)；σ_L 为实验室条件下表面张力，N/m。

根据实验测得的接触角、表面张力、以及多块岩样的毛管压力曲线[198]，可以得出关于 J 和 S_{Hg} 的关系曲线，拟合这条函数曲线即可得到：

$$J(S_{Hg}) = 10^{A \cdot S_{Hg} - B} \tag{8-4-2}$$

式中，A、B 均为常数。

由前面的 J 函数关系式反代拟合函数关系式即可得到：

$$p_{cL} = \frac{10^{A \cdot S_{Hg} - B} \cdot \sigma_L \cdot \cos\theta_L}{31.62} \cdot \sqrt{\frac{\phi}{K}} \tag{8-4-3}$$

(2) 将实验室毛管压力曲线转换为地层毛管压力曲线，地层条件下毛管压力为

$$p_{CR} = \frac{2\sigma_R \cdot \cos\theta_R}{r_c} \quad (8\text{-}4\text{-}4)$$

式中，p_{CR} 为地层条件下毛管压力（绝对压力），MPa；θ_R 为地层条件下接触润湿角，(°)；r_c 为毛管半径，μm；σ_R 为地层条件下表面张力，N/m；

实验室条件下毛管压力为

$$p_{CL} = \frac{2\sigma_L \cdot \cos\theta_L}{r_c} \quad (8\text{-}4\text{-}5)$$

式中，p_{CL} 为实验室条件下毛管压力（绝对压力），MPa；θ_L 为实验室条件下接触润湿角，(°)；σ_L 为实验室条件下表面张力，N/m。

由以上两个公式联立可以得出实验室条件下毛管压力和地层条件下毛管压力的关系式：

$$p_{CR} = \frac{\sigma_R \cdot \cos\theta_R}{\sigma_L \cdot \cos\theta_L} \cdot p_{CL} \quad (8\text{-}4\text{-}6)$$

(3) 将地层毛管压力转换为油藏高度。

地层条件下毛管压力和含油高度关系为：

$$p_{CR} = (\rho_w - \rho_o) \cdot g \cdot h_o \quad (8\text{-}4\text{-}7)$$

式中，p_{CR} 为地层条件下毛管压力，MPa；ρ_w 为地层水的密度，g/m³；ρ_o 为地层油的密度，g/m³；h_o 为油水界面以上的高度，m。

可以得到实验室条件下毛管压力和含油高度关系：

$$p_{CL} = \frac{\sigma_L \cdot \cos\theta_L}{\sigma_R \cdot \cos\theta_R} \cdot \frac{(\rho_w - \rho_o) \cdot g \cdot h_o}{1000} \quad (8\text{-}4\text{-}8)$$

(4) 用油柱高度求含油饱和度。

将含油饱和度和油柱高度关系式联立可得：

$$p_{cL} = \frac{10^{A \cdot S_{Hg} - B} \cdot \sigma_L \cdot \cos\theta_L}{31.62} \cdot \sqrt{\frac{\phi}{K}} \quad (8\text{-}4\text{-}9)$$

$$p_{CL} = \frac{\sigma_L \cdot \cos\theta_L}{\sigma_R \cdot \cos\theta_R} \cdot \frac{(\rho_w - \rho_o) \cdot g \cdot h_o}{1000} \quad (8\text{-}4\text{-}10)$$

又可以得到：

$$S_{Hg} = \frac{\lg\left[\frac{31.62 \cdot}{\sigma_R \cdot \cos\theta_R} \cdot \frac{(\rho_w - \rho_o) \cdot g \cdot h_o}{1000} \cdot \sqrt{\frac{K}{\phi}}\right] + B}{A} \quad (8\text{-}4\text{-}11)$$

即可求出含油饱和度。如图 8-4-6 所示，为某研究区含油饱和度模型的一个实现。

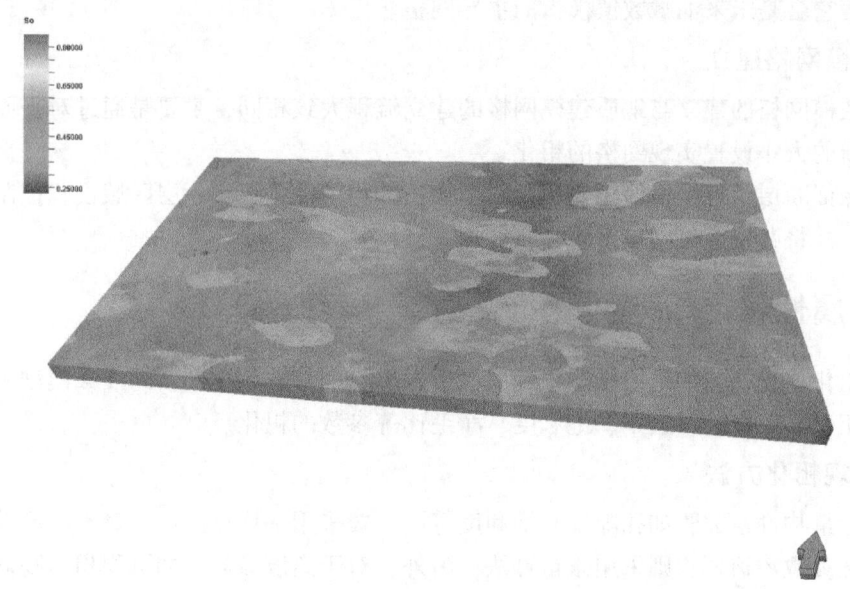

图 8-4-6 含油饱和度模型（软件截图）

第五节 模型粗化

由于受目前计算机运算能力的限制，动态的数值模拟不可能处理太多的节点，地质模型建立以后，往往需要按照油藏需求进行模型的粗化，即将细网格的地质模型粗化为粗网格的油藏模型。模型粗化主要包括构造模型的粗化及属性模型的粗化。其基本原则是尽量使细网格地质模型中体现的储层特征在粗化后的粗网格模型中得到保留，即尽可能使油藏模拟模型与地质模型等效[199]。

一、数值模拟网格设计

1. 数模网格类型

数模网格主要有正交网格、角点网格以及 PEBI 网格等几种类型。其中正交网格和角点网格均属于结构化网格，PEBI 网格属于非结构化网格。

正交网格是常见网格类型，其计算速度快，构建方式简单，但不能很好地表述断层、裂缝、尖灭等复杂地质结构。在没有断层的情况下，可应用正交网格进行地层的三维网格化。

角点网格克服了正交网格在处理断层方面的局限性，成为地质建模与数模软件的主流应用网格技术。由于角点网格间的非正交性（一般只是在复杂边界处），对传导率计算、模拟迭代收敛性以及模拟结果精度都有所影响，但此类问题可通过网格质量的控制（如阶梯状断层处理）加以优化解决。

PEBI 网格满足局部正交性，但又比结构网格灵活，能很好地模拟非规则地质体的边界，便于局部加密，但其矩阵比其他网格要复杂很多，需要更加有效的解法，所以现在应用还不广泛,相信它会是未来油藏数值模拟的主导网格。

2. 数模网格建立

油藏数模网格的建立与地质建模网格的建立流程大致相同,主要是通过对平面及垂向上网格进行新的大小设置实现网格的粗化。

为了保证断层附近网格的正交性及网格体积的均匀性,可在断层区域设置控制线控制网格线走向,并将断层穿过网格做阶梯状处理。

二、属性粗化

属性粗化就是将精细地质模型中的属性通过适当的算法采样到新的油藏模型中去,主要包括沉积相、孔隙度、渗透率、饱和度、净毛比等参数的粗化。

1. 常规粗化方法

对于标量物性参数,如孔隙度、饱和度等,一般采用平均算法;而对于与流动方向有关的矢量物性参数渗透率,则采用张量算法;另外,对于离散参数,如沉积相,则需要按最大体积百分比的统计方法处理。

由于数模网格比地质模型网格更粗,因此,粗化后的模型或多或少都会损失一些精细的地质认识,从图 8-5-1 中可以看出,在单砂层内部,单砂体间在侧向上存在着微相类型的变化,不同微相砂体间构型界面很可能是低渗或不渗的,但是在粗化后,这种信息很难保留(图 8-5-2)。如何在粗的网格模型中表征精细地质认识,这是目前的一个研究难点。

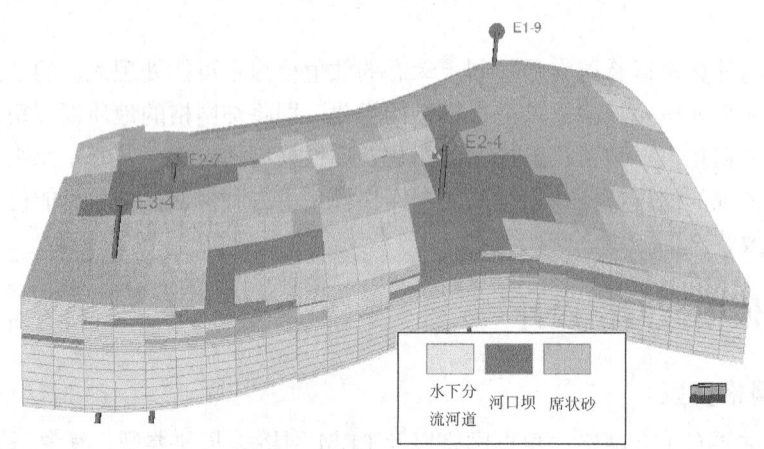

图 8-5-1 沉积微相模型(粗化前)(软件截图)

2. 等效表征方法

大量研究证明,在油田开发中后期,诸如曲流河内部侧积夹层、三角洲不同微相间夹层等小尺度的地质(成因单元或构型)界面对油水渗流起到重要的影响。而这些隔夹层(或构型界面)的厚度往往才 10 多厘米(图 8-5-3),在油藏模型中对其进行三维表征存在许多困难。目前国内外常规处理方法是将侧积层以局部网格加密形式体现油藏模型中,而这样大量增加了网格数量,且造成网格大小不一,会导致数模运算效率低或不收敛。即使垂向网格设置到 0.5m,仍然不能表征侧积层。

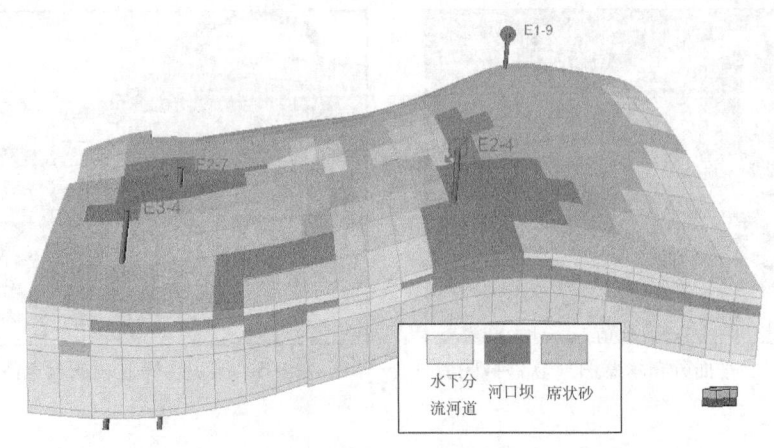

图 8-5-2 沉积微相模型（粗化后）（软件截图）

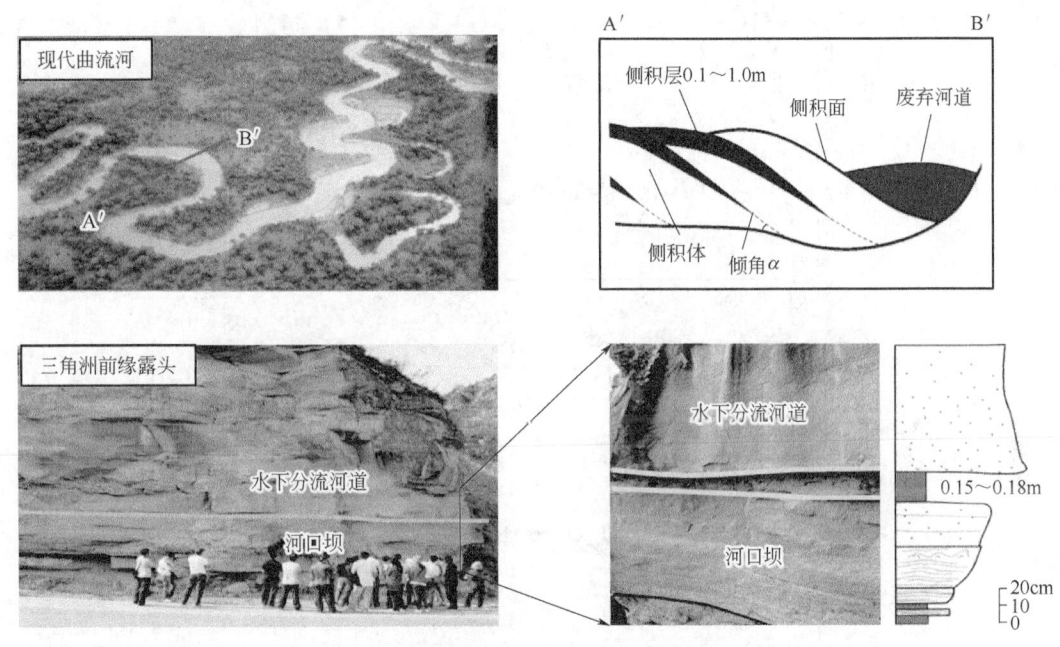

图 8-5-3 现代沉积及露头中观测到的隔夹层

在实践中提出了一种储层成因单元界面等效表征方法来表征侧向低渗透构型界面。侧积层在空间是一个连续曲面（图8-5-4），该方法在油藏模型里将其等效成锯齿状网格界面（图8-5-5），通过设置界面网格传导率达到在油藏数值模型中设置低渗界面的目的。

这一技术突破了传统储层表征技术难以表征小尺度构型界面的技术瓶颈，在形成渗流屏障的同时还保证了网格尺寸不变。在实际油田的应用中也取得了良好的效果，图8-5-6为利用常规的属性参数修改法历史拟合结果，图8-5-7为利用等效表征方法得到的新模型开展历史拟合结果，可见通过等效表征有效提高了单井历史拟合精度与可信度。

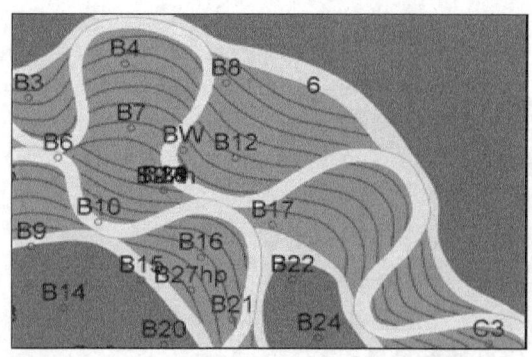
图 8-5-4 侧积层平面分布示意图（软件截图）
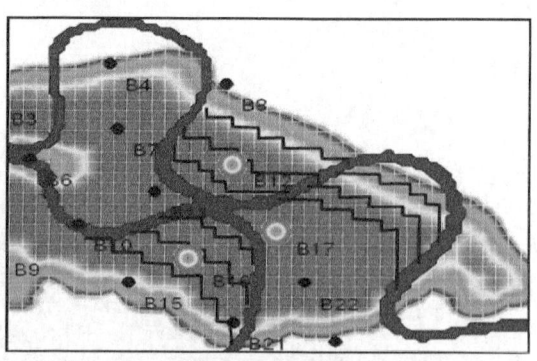
图 8-5-5 侧积层等效表征示意图（软件截图）

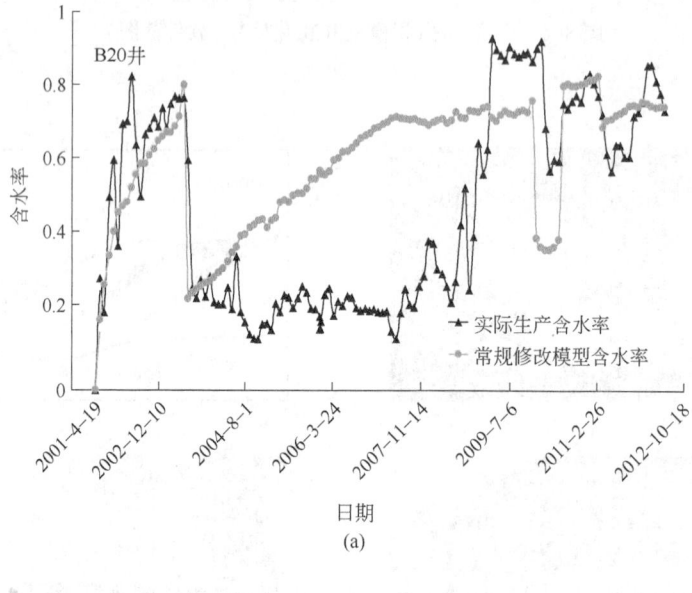
(a)

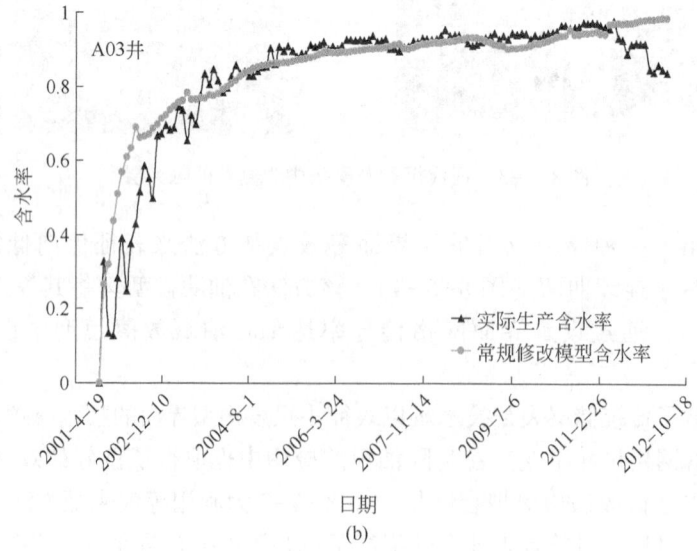
(b)

图 8-5-6 常规方法进行含水率曲线历史拟合示意图

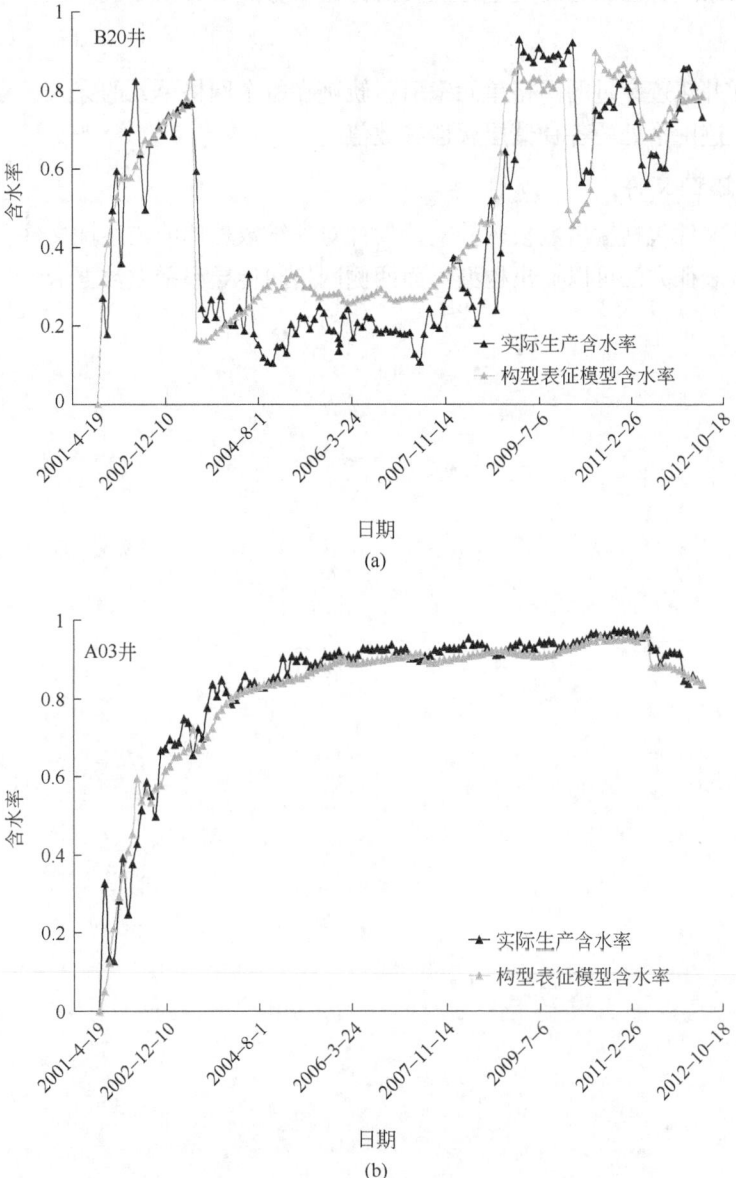

图 8-5-7　等效表征方法进行含水率曲线历史拟合示意图

三、粗化模型数据体

模型粗化后,应根据数模文件的格式要求,向油藏数值模拟人员输出相应的数据文件[200],主要有以下几种数据类型。

1. 粗化网格数据体

粗化网格数据体主要包括粗化后的网格模型以及断层模型。

2. 属性参数及油藏分区参数

属性参数包括孔隙度、含油饱和度、渗透率、净毛比数据模型等。此外,还需要根据研究需要提供油水系统分区、岩石类型分区及流体性质分区等分区参数。

3. 井模型

井模型包括井轨迹穿过的网格单元索引，轨迹在每个网格单元的穿入、穿出网格面及点坐标，以及井轨迹网格处的各种储层属性参数值。

4. 其他描述性文件

其他描述性文件包括输出数模软件支持的针对三维数据体的描述性文件，如通过储层成因单元界面等效表征方法可以输出构型界面两侧网格间传导率乘数数据卡。

第九章 剩余油研究

第一节 剩余油形成机理

一个油田开采的初期一般要经过天然能量采油阶段，即一次采油，采收率一般只能达到5%~15%。为了补充地层能量，通常要实施注水开发，即二次采油，其采收率一般可以提高到30%~45%，但仍有一半以上的原油残留在地下，即使实施三次采油以及其他技术和措施后，仍然会有相当一部的原油无法采出。残留在地下的原油是由于两方面的原因导致的：一是受储层非均质性等因素影响，驱替剂波及不到而残留的剩余油；二是虽然驱替剂能够波及到，但受驱油效率的限制，总是有残余油。

一、因驱油效率受限而形成的残余油

对于注水开发油田，驱油效率是指注入水波及范围内所驱替出的原油体积与波及范围内的总含油体积的比值[201]。

大量实验和生产实践表明，影响水驱油效率的主要因素是岩石表面润湿性、油层岩石的孔隙结构和油水黏度比[202]。有些专家认为影响驱油效率的因素还包括油与驱替剂之间的界面张力[203]。下面详细分析一下水驱油过程中残余油的形成机理。

1. 岩石润湿性对驱油效率的影响及残余油形成机理

1）水湿岩石

在水润湿的油藏中，由于水是润湿相，在毛管压力的作用下占据小孔道，并以水膜的形式牢固黏滞在岩石颗粒表面上，形成一个连续的水膜；油为非润湿相，占据着孔道的中心部位。在驱油过程中，如果黏度比适当，水在多孔介质中可形成完全的均一水驱前缘，注入的水靠自吸机制被吸入小和中等级别的孔隙中，将其中的原油推向易流动的大孔隙中。在前缘区域内，每种流体沿其自己的孔隙网络流动，在水驱过后，残余的油几乎都不能采出。如果水湿岩心的非均质性严重，且又选择了不适度的黏度比，则水驱油效率会很低。在这种润湿条件下，见水时的含油饱和度、经济饱和度和真实的残余油饱和度几乎都相等，换句话说，无水驱油效率与最终驱油效率相等或接近[204]。

2) 油湿岩石

在油湿岩石中，岩石是优先与油接触，油水的静态分布与水湿的情况相反。一般认为，油存在于小孔道岩石的颗粒表面中心位置。在这种润湿条件下，毛管压力与水湿条件是反相的，在水驱时，毛管压力为阻力，水将通过孔隙的中心构成连续相，大量的油在孔喉突变的地方被卡住。随着注水倍数的增加，水逐渐向小孔隙中扩展，形成附加的连续流动通道，当大量的水充满流动的孔道时，油就不流动了。这种润湿条件下无水驱油效率低于水湿情况下的无水驱油效率。残余油的分布主要有三种方式：（1）由于小孔隙具有强亲油性质，注入的水很难进入小孔道驱油，所以在这类孔隙中保持着可观数量的原油；（2）由于岩石颗粒比表面积大，有相当一部分油以膜的形式黏附在岩石颗粒表面；（3）在袋形孔隙中，由于水的绕流，使其中的油滴很难流出。基于上述原因，在油湿系统中，水驱后残余油较多，原油的驱油效率强烈地随注入水倍数变化而变化[204]。

3) 混合润湿岩石

在混合润湿的岩石中，在小孔隙中和颗粒间接触的部位是优先水湿，而大孔道的表面是强亲油的，驱替过程中能够形成连续的油流通道。从宏观上看，在这种润湿条件下，毛管压力趋于零。当水驱油时，水将从大孔隙中驱油，而在充满水的小孔隙中或者在颗粒间接触的地方，由于毛管压力很小，或者不存在，没有油被束缚住。对于混合润湿样品，无水驱油效率、经济驱油效率以及最终驱油效率三者相差很大[204]。

4) 中性润湿岩石

虽然对于中性润湿岩石和混合润湿岩石测定的润湿性指数相同，但这两种润湿条件存在本质上的区别。中性润湿性是指岩石中所有颗粒表面都表现出中性润湿的特征，而混合润湿性表明岩石中不同的颗粒表面具有明显不同的润湿性。从宏观上分析，对于这种润湿条件，岩石对油和水的自吸能力相等，毛管压力为零。就水驱特征而言，其结果与混合润湿条件相类似[204]。

理论上，注水开发时，岩石亲水性越强，更容易使油滴从岩石表面剥落下来，驱油效率越高。但也有人认为，中性润湿的岩石驱油效率更高，因为此时毛管阻力最小，原油和岩石之间的界面张力最小[205]。由此可见，影响油层驱油效率的因素不仅仅只有润湿性，还有其他因素。

2. 孔隙结构对驱油效率的影响及残余油形成机理

1) 并联孔隙结构中的残余油形成机理

先以图 9-1-1 为例分析并联孔隙结构中的残余油形成机理。假设岩石为水湿的，并假设油水黏度相同，在不等径并联孔隙结构中，在压差（p_A-p_B）作用下，注入水从 A 口进入，B 口流出。如果压差比较小时，则毛管压力占据优势，从而控制了油水界面运动的速度与方向。也就是说，油水界面处的毛管压力将向前方"曳引"水，而使水进入两种孔隙的喉道中。由于半径为 r_1 的较小孔隙喉道的毛细管力比半径为 r_2 的较大孔隙喉道的毛细管力大，r_1 孔隙内的油水界面推进速度快，当 r_1 孔隙内的油水界面已经到达出口端 B 时，r_2 孔隙内的油水界面还在"半路"上，这时，在大孔隙喉道的下游端也出现了一个油水界面，将大孔隙喉道 r_2 中的油包围起来，封闭其去路，形成俘油 [图 9-1-1(a)]。相反，如果压差比较大时，则孔隙喉道直径大的 r_2 内的油水界面推进速度快，小孔隙喉道 r_1 内的油被包

围起来 [图 9-1-1(b)]，形成俘油[206]。

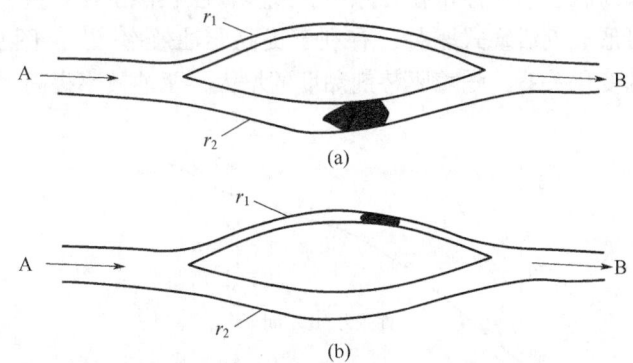

图 9-1-1　不等径并联孔喉模型水驱过程中残余油形成示意图（据王瑞和等，2011）

对于油湿岩石来讲，进行水驱时，在压差作用下，水会作为非润湿相而总是优先进入较大的孔隙喉道，俘油几乎都残留在较小的孔道中[201]。

对于混合润湿岩石来讲，由于岩石颗粒润湿性的随机性，这种孔隙结构中形成俘油的部位比较复杂，也存在随机性。

2) 串联孔隙结构中的残余油形成机理

油藏中连通的孔隙和喉道不都是均匀的，横向上其直径是变化的（图 9-1-2），毛管压力的大小也是变化的。油水界面从不规则的孔隙和喉道中推进的过程中，界面的形状会随着孔喉截面积的形状变化而伸缩变化。弯曲的油水界面时而扩张时而缩小，始终处于瞬变的不平衡状态，连续流动的油丝流在喉道部位可能被掐断，成为俘油滴[201]。

图 9-1-2　不等径串联孔喉模型水驱过程中残余油形成示意图（据王瑞和等，2011）

3) "死胡同"孔隙中的残余油形成机理

油藏中存在大量的"死胡同"式孔隙（图 9-1-3），当注水压力比较低时，水沿孔壁表面被吸入（水湿岩石），在高的毛管压力梯度下油被驱出；如果外部注水压力高，油会被俘留[201]（图 9-1-3）。

图 9-1-3　"死胡同"式孔隙模型水驱过程中残余油形成示意图（据王瑞和等，2011）

3. 油水黏度比对驱油效率的影响及残余油形成机理

如果原油与注入水的黏度比很大时，驱替界面不是均匀推进的，而是沿孔道壁或阻力最小的孔隙中部突进（当然这与润湿性和压差有关），形成微观的渗流通道，水的指进和绕流作用将原油切割成孤岛状、索状俘留在孔隙中，或呈薄膜状俘留在孔壁上。较小的油水黏度比在水驱油过程中可形成近活塞式驱替，有利于提高驱油效率[207]。图9-1-4是驱油效率与驱替剂黏度之间的变化关系，随着驱替剂黏度的增大，驱油效率提高[208]。

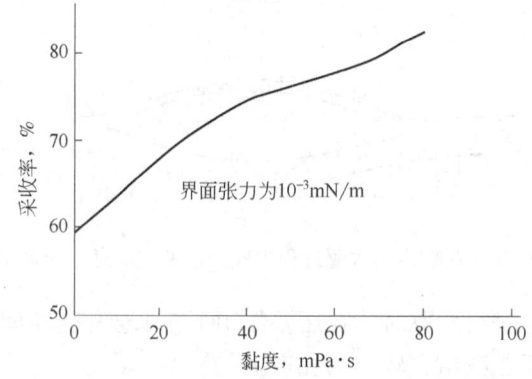

图9-1-4　驱替剂黏度对驱油效率的影响（据刘春天等，2012）

4. 油水界面张力对驱油效率的影响及残余油形成机理

油水界面张力与驱油效率之间存在着一定的联系，Uren 和 Fahryll 早在 1927 年就提出，在原油开采中，注水驱油的效率与驱替液的表面张力成反比，通过降低界面张力可以提高驱油效率[209]。图9-1-5是三元复合驱体系的界面张力与驱油效率的关系，随着界面张力的减小驱油效率提高。

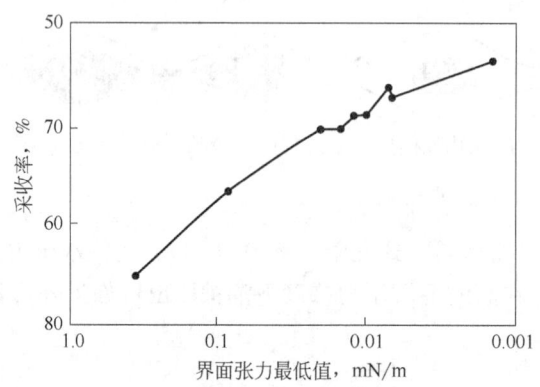

图9-1-5　驱油效率与三元复合驱体系界面张力的关系（据郭春萍等，2011）

水驱的过程中，驱油相当于将原油从岩石表面剥离，再驱替出来，随着油水界面张力的减小，原油的黏附能力减弱，水越容易把油从岩石中洗下来，因此有较高的洗油效率。

二、因波及体积受限而形成的剩余油

油田上常用波及体积系数来表征水驱波及状况。水驱波及体积系数是指天然的或人工注入水波及到的油藏体积与整个油藏含油体积的比值[202]。在某种意义上，波及体积系数是面积波及系数和纵向波及系数的乘积。

影响水驱波及体积系数的因素很多，比如流度比、油水密度差、注水方式、注采井网、储层孔隙结构、油藏非均质性、层内夹层油藏微构造特征、断层的切割与遮挡等。

1. 流度比对波及体积系数的影响

油水流度比是指在油藏中注入的流体与原油接触部分中，原油的流度与注入流度比[201]。流度比是流体黏度和渗透率的函数：

$$M = \frac{\lambda_o}{\lambda_w} = \frac{\dfrac{K_o}{\mu_o}}{\dfrac{K_w}{\mu_w}} = \frac{K_o \mu_w}{K_w \mu_o} = \frac{K_{ro} \mu_w}{K_{rw} \mu_o} \qquad (9-1-1)$$

式中，M 为流度比；λ_w，λ_o 分别为注入水和油的流度；K_w，K_o 分别为水和油的有效渗透率；K_{rw}，K_{ro} 分别为水和油的相对渗透率；μ_w，μ_o 分别为水和油的黏度。

油水流度比越大，水驱前缘就变得越不稳定。早期前缘可能是线性或径向对称状，随着时间的推移，逐渐转变成指状向油层突进，最终水指进到达生产井。此后，后续补充注入水会优先沿这个已填充水的路径流动。油水流度比越大，指进越严重，未被注入水波及的油藏体积所占的比例就会越大。

由图 9-1-6 可以看出，随着油水流度比减小，黏性指进减弱，在相同含水率下，面积波及系数提高。

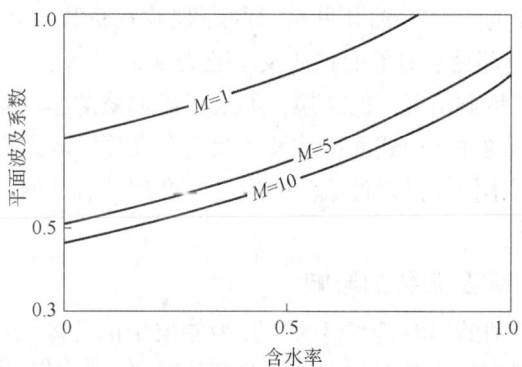

图 9-1-6　五点法井条件下平面波及系数与流度比的关系（据俞启泰等，1989）

2. 油水密度差对波及体积系数的影响

由于油水之间存在密度差，在注水过程中，水质点总是倾向于下沉，沿油层底部突进，特别是对于地层倾角较小，油层厚度大且较均质的地层，油水密度差对波及体积系数的影响就会越大。

水质点在地层中流动过程中，受来自水平方向上的压差和自身重力的影响[211]，根据达西定律，线性系统的黏滞压差 Δp_h 为：

$$\Delta p_h = \frac{u_i \mu_w x}{K_h} \qquad (9-1-2)$$

垂直方向上油水重力差 Δp_v 为：

$$\Delta p_{\mathrm{v}} = g\Delta\rho y \tag{9-1-3}$$

$$\frac{\Delta p_{\mathrm{h}}}{\Delta p_{\mathrm{v}}} = \frac{u_i \mu_{\mathrm{w}} x}{K_{\mathrm{h}} g \Delta \rho y} \tag{9-1-4}$$

式中，Δp_{h} 为水平方向上的压差，MPa；u_i 为水平渗流速度，m/s；μ_{w} 为水的黏度，mPa·s；x 为水平距离，m；K_{h} 为水平方向渗透率，$\times 10^{-3} \mu m^2$；Δp_{v} 为油水重力差，MPa；g 为重力加速度，m/s^2；$\Delta\rho$ 为水和油的密度差，kg/m^3；y 为垂直距离，m。

由上式可以看出，油水密度差 $\Delta\rho$ 越大，水平方向和垂向的压差比值 $\Delta p_{\mathrm{h}}/\Delta p_{\mathrm{v}}$ 就越小，重力的影响就越大，下沉的速度就越快，纵向波及系数就越小。

3. 注水方式对波及体积系数的影响

注水方式的影响主要体现在注水速度上。对于亲水储层，注水速度低，有利于发挥水驱前缘后面的水由高渗透层段向低渗透层段的渗吸作用，从而提高波及体积系数。但是流速越慢，油水重力分异作用越显著。对于厚油层，会因油水密度差造成纵向波及系数低[211]。因此，合理的注水速度是水驱波及体积系数的关键参数之一。

4. 注采井网对波及系数的影响

不同的注采井网形式，注采井数比不同，注采强度不同，面积波及系数不同。假设油藏为均质油藏，油水黏度比为1，对于四点法井网，注采井数比为2∶1，油井见水时的面积波及系数为0.74。五点法井网，注采井数比为1∶1，油井见水时的面积波及系数为0.72。反七点法井网，注采井数比为1∶2，油井见水时的面积波及系数为0.74。反九点法井网，注采井数比为1∶3，油井全部见水时的面积波及系数为0.80[212]。

上述的分析是在油藏均质情况下的结果，如果考虑油藏的非均质性、油藏分布的形态特征、面积和方向性，不同的井网形式面积波及系数会存在更大的差别，因此，部署开发井网时要充分论证，对比分析不同井网对油藏的适应性，合理部署井网，最大限度地提高注水面积波及系数。

5. 储层孔隙结构对波及系数的影响

微观孔隙结构对剩余油的影响是明显的，因为储层中的孔隙网络并非以单一形态分布，而是以组合形态共存，有均匀分布和非均匀分布两种形式，但多以非均匀形式分布。

因油藏的孔隙和喉道分布不均匀，存在非均质性，水驱前缘不能均匀地向前推进，水头沿连通较好的、比较大的孔隙和喉道向前推进，而渗流阻力较大的细小孔道中注入水则不易向前推进，形成微观上的指进，水驱前缘绕过这些细小孔隙，这样就在相对细小孔隙和喉道网络中形成了剩余油。

6. 油藏非均质性对波及体积系数的影响

宏观上，无论是平面渗透率的非均质还是纵向渗透率的非均质都影响水驱波及体积，甚至表现为很重要的因素。

平面上，渗透率非均质性影响注入水的推进，如图9-1-7所示为专家们采用物理模拟的方法，模拟了平面上渗透率的非均质性在不同注采井网下的水驱状况。特别是当注水井和采油井都处在中、高渗透率条带上时，平面波及系数比较低，低渗区的剩余油饱和度比较高，剩余油面积大，并且不会随着注入倍数的增加而改善。从图中可以看出，当高渗透率条带的方向与注采井方向直交，且注水井在低渗区，采油井在高渗区时平面波及系数最高。因此，针对不同的非均质油藏，合理的注采井网形式可以最大限度地提高平面波及系数。

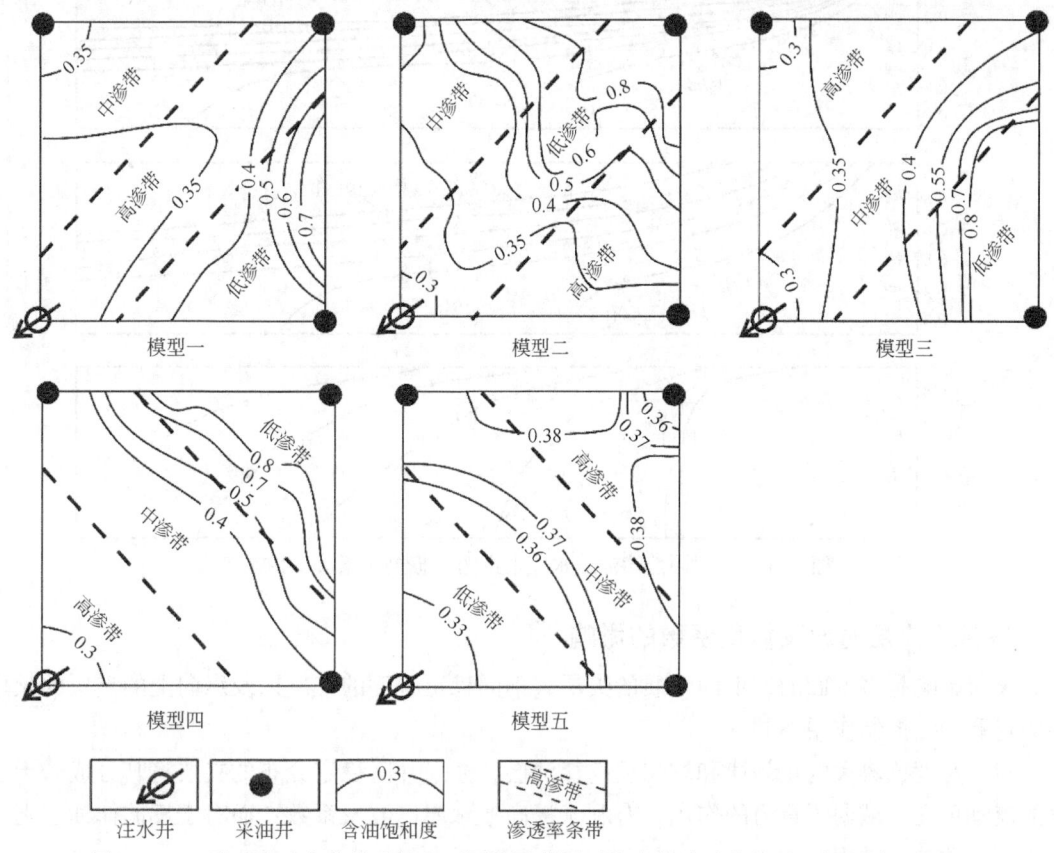

图 9-1-7 平面渗透率非均质性和不同注采井网下的水驱波及状况图（据刘斌，2015）

垂向上，特别是对于厚油层，韵律性影响油水运动规律。大庆油田利用实际的油藏模型，采用数值模拟的方法，分别模拟了厚层正韵律、均匀韵律和反韵律水驱过程中水线的推进速度和纵向波及系数[214]（图9-1-8）。

正韵律油层，注入水受细小孔道阻力的影响，上部推进速度慢，下部推进速度快。水线向前推进过程中，又受重力的作用，水质点下沉，很快就开始沿底部突进，注水到1464d 时，就突进到了采油端，此时在采油端仍有65%的厚度没有被波及。当注水到 2916d 时，上部仍有 1/3 左右的油藏没有被波及，并且随着注入时间的增加，纵向波及系数增加的幅度逐渐降低。

均匀韵律油层，纵向上吸水比较均匀，初期水线也是均匀推进，离开注入井附近后，注入水很快开始下沉，沿下部突进，到1416 天后已突进到采油端。波及系数比正韵律油层略高，远低于反韵律油层。

反韵律油层，渗透率的级差抑制了水的下沉，早期水线推进比较均匀，快到采油井时，才发生注入水的下沉现象，油井见水时间推迟，到2418d 时水线才推进到采油端，此时在剖面中只有局部没有被波及到。总体上，水线推进相对比较均匀。

由上述分析可以看出，平面非均质性和纵向非均质性对水驱波及体积系数的影响很大，是宏观上形成剩余油的主要因素。

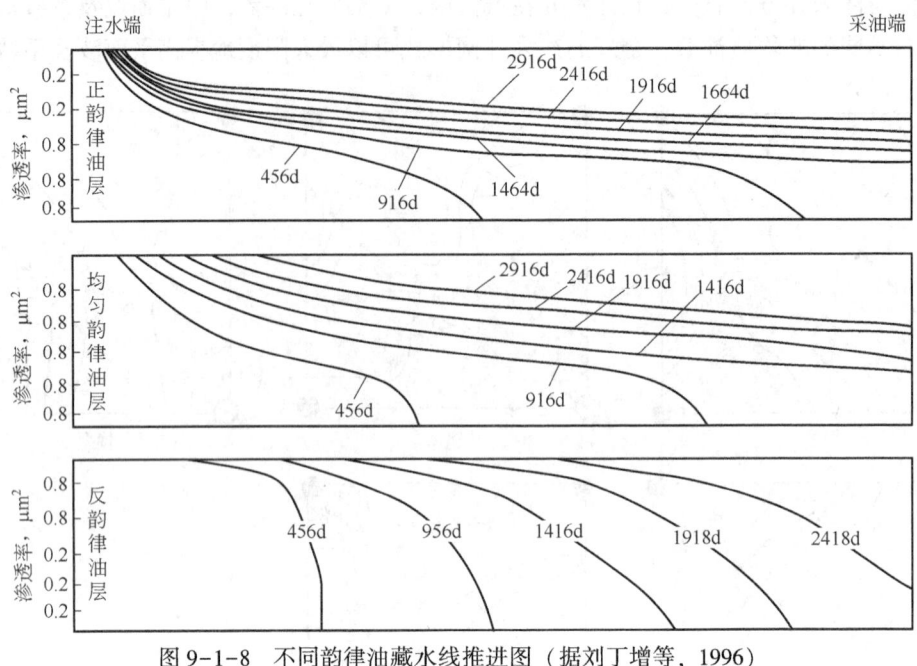

图 9-1-8 不同韵律油藏水线推进图（据刘丁增等，1996）

7. 层内夹层对波及体积系数的影响

夹层影响是多方面的，不同性质的夹层、不同稳定程度的夹层以及纵向上的夹层的频率不同对剩余油控制作用不同。

对于厚度比较大的正韵律和均匀型韵律油层，注采井间稳定分布的夹层将其分成若干独立的流动单元，减弱了重力的作用，有利于提高注水厚度波及系数；而对于反韵律油层则不利于下部油层的动用。

图 9-1-9 所示为大庆油田模拟的厚油层中不同延伸长度的夹层对注水开发效果的影响。对于相对均质的厚油层，夹层的存在一定程度上可以提高纵向波及系数。

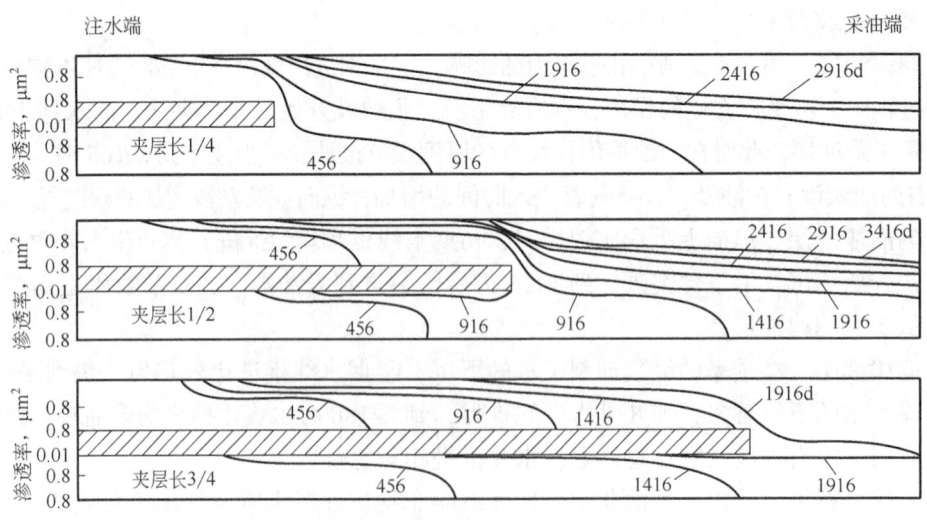

图 9-1-9 厚油层内夹层对水线推进的影响（据金毓荪等，2006）

8. 油藏微构造特征对波及体积系数的影响

微构造由于规模小，对油气聚集和分布影响不是太大，但在开发程中对油水运动有一定的控制作用。对于注水油田，在某一流速下，随着地层倾角的增加，向上倾方向驱油的注水动态会得到改善，但如果向下倾方向驱油，其驱油效果将会变差，这一现象可通过莱弗里特（Leverett）方程来说明[216]：

$$f_w = \frac{1 + \dfrac{K}{v_t} \cdot \dfrac{K_{ro}}{\mu_o}\left(\dfrac{\partial p_c}{\partial L} - g\Delta\rho\sin\alpha_d\right)}{1 + \dfrac{\mu_w}{\mu_o} \cdot \dfrac{K_o}{K_w}} \tag{9-1-5}$$

式中，f_w 为水的分流量（油井产液的含水率），%；v_t 为总流速，cm/s；L 为沿流向的距离，cm；g 为重力加速度，cm/s^2；p_c 为压差，MPa；K 为油层渗透率，μm^2；K_o 为油的有效渗透率，μm^2；K_{ro} 为油的相对渗透率；K_w 为水的有效渗透率，μm^2；μ_o 为油的黏度，mPa·s；μ_w 为水的黏度，mPa·s；p_c 为毛细管压力 0.101MPa；g 为重力加速度，cm/s^2；Δp 为油水密度差，g/cm^3；α_d 为油层倾角（°），以水平线为零，向上倾为正，向下倾为负。

从上式可以看出，μ_o、μ_w、K_o、K_{ro}、K_w、p_c、K 和 $\Delta\rho$ 等参数虽然对 f_w 有影响，但在同一油层内，含油饱和度相近的条件下，这些参数的变化较小，故对 f_w 影响较小。$\sin\alpha_d$ 不仅有数量的变化，而且还有正负的变化，因向上流动为正值，向下流动为负值，故对 f_w 影响较大。所以在相同条件下，水向上驱油比向下驱油的含水率要低。

假设在注水开发过程中，采油井在平面上有来自四个方向上的驱油，不同微构造受效情况不同。微高点因处于局部高处，在四个方向上均为向上驱油（图9-1-10）。在微鼻状构

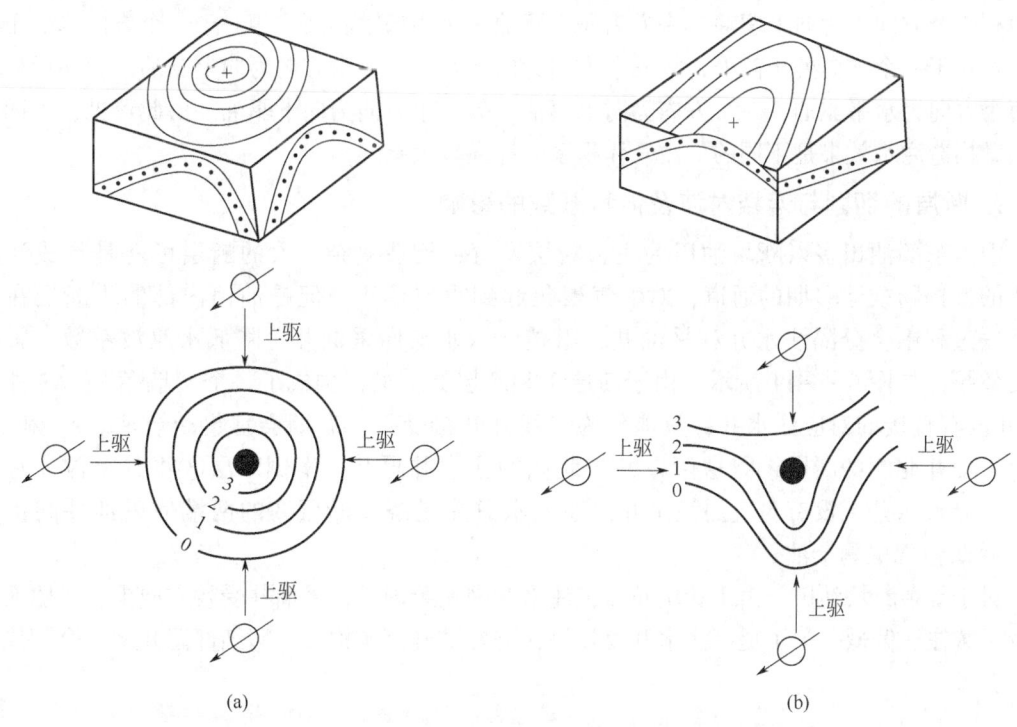

图 9-1-10　微构造水驱油方向示意图（据李兴国等，1993）

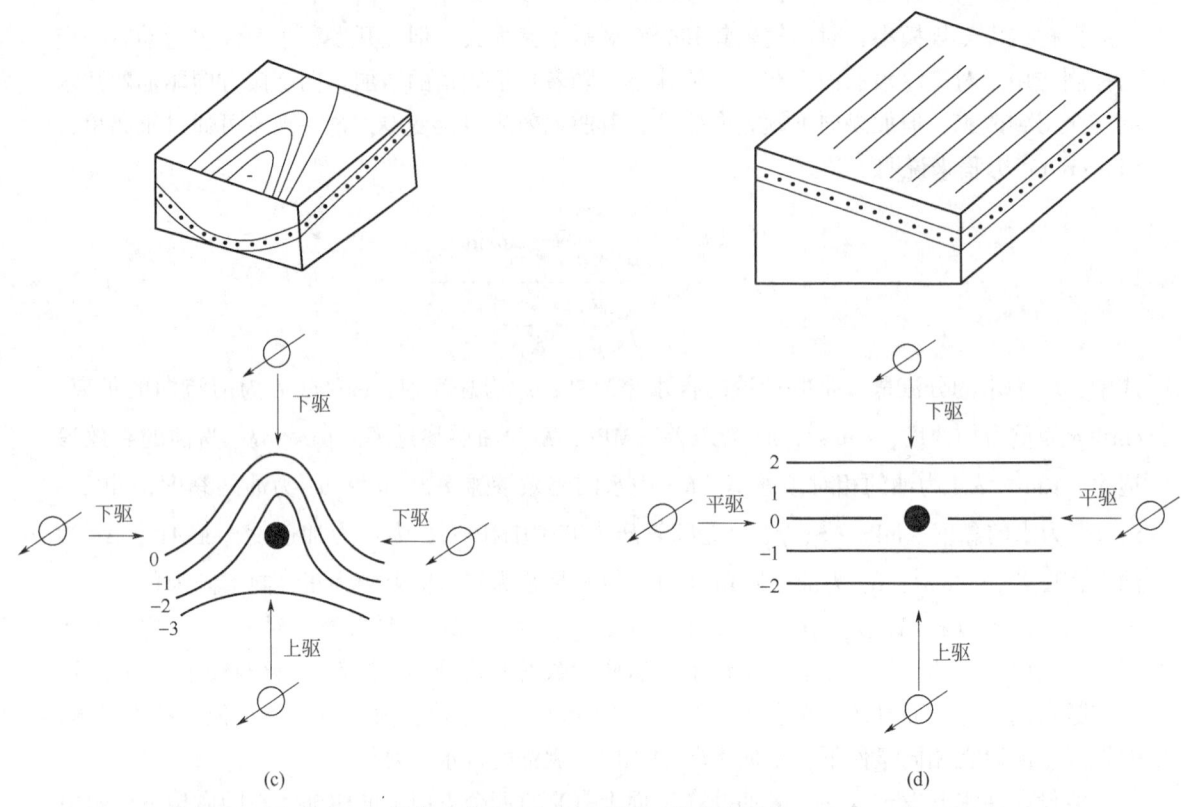

图 9-1-10　微构造水驱油方向示意图（据李兴国等，1993）（续）

造中有三个方向上为向上驱油，一方为向下驱油。小沟槽中心部位相对于三个方向均处于低处，相对于一个方向处于高处，故三个方向为向下驱油，一个方向为向上驱油。斜面微构造有两个方向为水平驱油，一个方向为向上驱油，另一个方向为向下驱油。由此可见，不同类型的微构造注水效果是不同的，波及体积系数存在较大差异。

9. 断层的切割与遮挡对波及体积系数的影响

中国东部油田多以断块油田为主，断层发育，构造复杂，大的断层可能是形成油藏重要的遮挡物或运移期的通道，对油气聚集起到重要作用，但是油田内部的小断层在注水开发过程中会分隔注水井和采油井，阻挡注入水流向采油井，降低水驱波系数，影响开发效果。如图 9-1-11 所示，由于断层①和断层②交叉，构成了一个"墙角"，A3 井和 A4 井没有直接的对应注水井，只能作为二线井间接受效，后期会富集剩余油。A1 和 A2 两口采油井北侧的断层①将这两口井与北侧的注水井隔开，南侧断层③将其南侧注水井隔开，导致该井区没有对应的注水井，注入水只能是绕过断层③的两端使采油井间接受效，后期会富集剩余油。

对于复杂断块油田，由于断块破碎，注采井网完善困难，采油井受效方向少，水驱面积波及系数往往偏低。为了提高注水开发效果，需要准确落实构造，精细部署井网，合理优化注采关系。

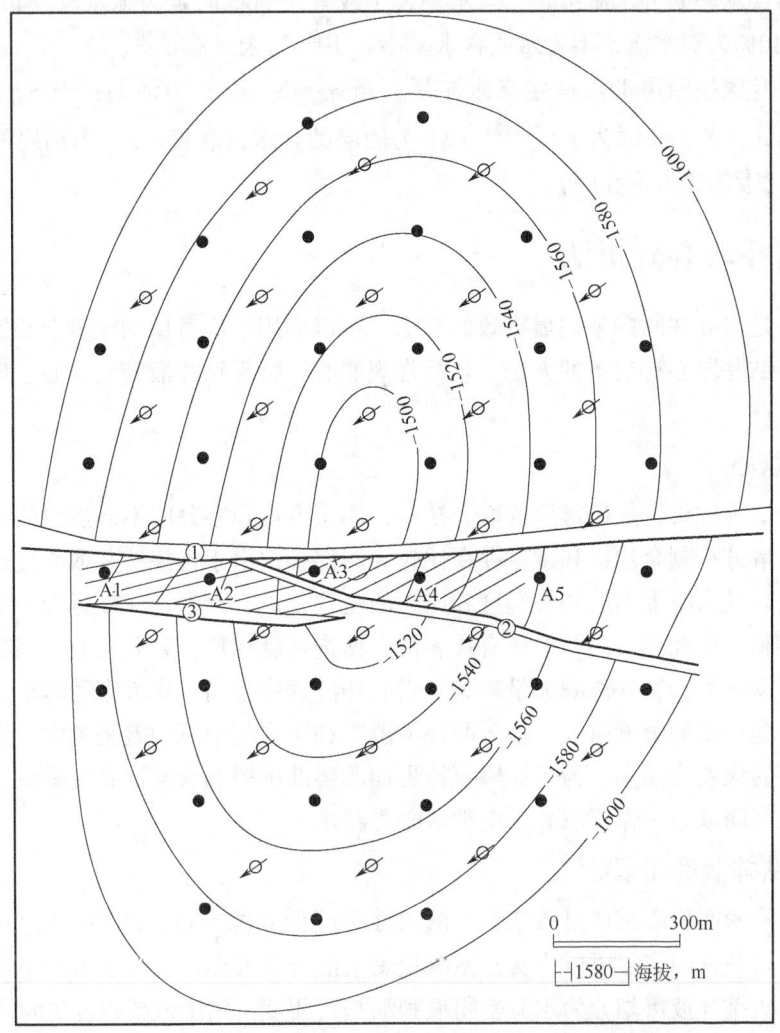

图 9-1-11　断层遮挡对注采关系和面积波及系数的影响示意图

第二节　剩余油研究方法

  目前研究剩余油的方法有很多，可以从钻井地质、油藏工程、开发动态和地球物理测井等不同角度来进行研究，各种方法都具有其优势和局限性。众多研究者多采用综合的方法从微观到宏观、从静态到动态、从定性到定量、从机理和成因到影响因素等方面对剩余油作了大量的理论和实验研究。国内学者探索了水淹层饱和度的测井解释、产液剖面和同位素吸水剖面结合的矿场测试、地化录井、岩心水驱实验、室内平面及三维物理模型实验、矿场检查井取心，分层找水、油藏工程、油藏数值模拟等方法，为剩余油分布规律的研究提供了宝贵资料，并形成了一系列剩余油研究的方法。

  水淹程度通常可划分为四级：强水淹、中水淹、弱水淹和未水淹。大庆油田是按照试油或投产初期的含水率划分水淹级别，含水率大于或等于80%时定为强水淹，40%~80%为中水淹，10%~40%为弱水淹，不含水或含水率小于10%为未水淹[215]。

曾文冲等专家按照可动水法定义水淹层，当 $S_w = S_{wi}$ 时，为油层；当 $S_{wi} < S_w \leq S_{xo}$ 时，为水淹层；当 $S_w = S_{xo} = 1$ 时为水层[218]（S_w 为油层的含水饱和度，S_{wi} 为油层的束缚水饱和度，S_{xo} 为冲洗带的含水饱和度）。

一、钻井取心分析法

钻井取心是研究井间剩余油最有效的方法，可以利用岩心直接测定剩余油饱和度。为了不同的目的，钻井取心有很多种方法，包括常规取心、特殊钻井液密闭取心、保压取心和海绵取心等。

1. 常规取心

常规取心最为廉价，是最常用的取心技术，用于定性观察井间不同层段的水洗程度具有价值，如果定量分析剩余油饱和度就存在比较大的误差。由于常规钻井取心过程中存在钻井液滤液的冲洗以及岩心取出后环境温度和压力的变化，岩心含油饱和度远低于地下真实的含油饱和度，实验室依此测出的结果没有代表性。钻进速度越低，岩心浸泡时间越长，剩余油饱和度降低幅度越大；钻井液滤失量越高，岩心冲洗程度越高；岩心直径越小，钻井液冲洗对岩心剩余油饱和度的影响越大。地面的环境温度和压力与地下的差别越大，岩心剩余油饱和度测量结果的误差会越大。为了能够获得更加真实准确的剩余油饱和度参数，人们提出了特殊的钻井液密闭取心、保压取心、海绵取心等技术。

2. 特殊钻井液密闭取心

特殊钻井液密闭取心是通过改变钻井液的性能降低其滤失量，减小对岩心的冲洗程度，提高密闭率，因此密闭取心可以为实验室测量剩余油饱和度提供更能接近地下原始状况的岩心。根据其性质钻井液可划分为水基密闭液和油基密闭液。密闭液要求滤失量小，密闭能力强；有良好的悬浮携砂能力和清洁井眼的能力；有良好的润滑性能，保证井眼畅通，起下钻顺利；要有合适的密度，保持取心过程中处于近平衡状态[219]。

岩心密闭率的主要影响因素是地层渗透率，密闭率的高低基本上是随着渗透率的大小而变化，渗透率高，则密闭率低；其次是钻井液性能，主要是压差与失水，压差越大，钻井液失水越大，地层先期污染越严重，岩心密闭率越低；再者是取心钻进参数，如钻压、转速和排量，它们决定了机械钻速的快慢、钻井液射流的冲击力和水力功率，从而决定了对岩心的冲刷和侵污程度，进而影响岩心密闭率。此外，密闭液性能、地质预告是否准确等都对密闭率有一定影响[220]。

3. 保压取心

保压取心技术是指利用特殊的岩心筒采用特殊的取心工艺措施，使岩心在钻取、搬运和运输过程中始终保持在地层状态下的压力，保证能在地层条件下开展流体饱和度分析，提高分析数据的准确性[221]。这种特殊技术的取心桶在取心钻头上部有旋转凡尔，用来在钻柱提出井底时关闭取心桶以保持岩心压力。在地面取下岩心桶时，一般有两种方法来保存和分析岩心。一种方法是一边收集和测量所有产出液，一边使岩心和岩心桶放压，放压后从岩心桶中取出岩心并用常规方法分析岩心，放压过程中从岩心桶中收集的液体按分析岩心时液体所占体积分配之，这样可以得到重建的油藏岩心饱和度。第二种方法是在排除取心桶内、外层之间的钻井液后，冻结整个取心桶，将内筒从取心桶总成中取出，再用冰贮运往实验室供实验使用。在实验室，从金属内桶中取出岩心，再将岩心切割成剖面进行分析[206]。这种方法能够减少环境温度和压力变化造成的原油收缩和渗出。

4. 海绵取心

海绵取心技术是在岩心周围包裹一种亲油性的特殊海绵材料，可防止流体流失，利于进行实验分析。海绵取心所需的主要装置包括钻井液侵入性低的岩心钻头、海绵取心筒、预饱和装置和运输管等。

钻井液侵入性低的岩心钻头采用了独特的设计，最大限度地减轻了钻井液冲刷岩心，使钻井液对岩心的侵入降至最低限度。这些独特的设计包括文杜里效应面排出口、内唇状下鞋座和平滑内径。文杜里效应面排出口引导液流离开岩心，流往环空，由此形成独特的流动形式，使钻头面形成真空区，将钻屑排离钻头，因此在实际工作中可达到比常规取心高得多的机械钻速。内唇状下鞋座的设计使下鞋与岩心钻头间有超覆，形成有效的密封，使钻井液不致流入岩心钻头喉部，而对于常规取心钻头来说，如果钻井液流经该区，必然侵入岩心。平滑内径的含义是指在岩心钻头的喉部没有金刚石，不会破坏岩心表面的滤饼，因为滤饼可以成为钻井液进一步侵入岩心的屏障，滤饼是由钻井液中的固相物形成的，它可堵塞岩心表面的孔隙，形成隔绝层[222]。

海绵取心筒以 DBS 的标准取心筒为基础增加了一些部件。在起钻过程中，它可收集岩心中溢出的所有液体，并能防止钻井液进入内岩心筒。这些独特的部件包括活塞密封装置、海绵衬管和内岩心筒顶部接头[222]。

预饱和装置为向内岩心筒内灌充预饱和液之用。预饱和液的作用是防止钻井液进入内岩心筒，因为只要钻井液与海绵衬管接触，就会影响岩心液体进入海绵衬管，而且内岩心筒内的钻井液会连续地侵入岩心。预饱和液的化学组分在取心作业之前确定，其应满足两条原则：必须保持岩心中储层液体的性质；必须是同基钻井液[222]。

运输管用于防止海绵衬管内的岩心暴露于大气中，因为这样可避免岩心干燥，改变岩心的性质[222]。

过去的几十年，海绵取心技术得到了普遍的应用，但也面临着海绵包裹程度、流体运移、钻井液伤害、岩心堵塞及海绵损坏等诸多问题[221]。

以上讨论的取心技术各有优缺点，可根据油藏条件、取心目的选择应用。

二、测井综合解释法

地球物理测井方法可以连续测量油层垂向上的水洗状况和剩余油的饱和度，并可以通过多井分析推断剩余油饱和度在横向上的变化情况。根据井筒的条件，可以将确定剩余油饱和度的测井方法分为裸眼井测井和套管井测井两类。裸眼井测井包括电阻率测井、核磁测井、电磁波传播测井、介电常数测井等；套管井测井主要有脉冲中子俘获测井，碳氧比能谱测井等方法。

我国的油田注水开发历史比较长，注入水的性质十分复杂，不同类型的注入水水淹后油层电性特征的变化不同。通常按照注入水的性质可将水淹类型划分为淡水水淹型、边水水淹型和混合水水淹型。通常情况下，常规测井可以进行水淹状况的定性解释，如果再加一些非常规的测井系列完善，就可以开展水淹层含油饱和度的定量解释。

1. 水淹层定性解释

1）淡水水淹层电性特征

淡水水淹主要是指油田的注入水来自于地表水，相比地层水其矿化度低，电阻率高。主要是发生在油田注水开发的初期。

淡水水淹后，地层流体被局部淡化，导致水淹层段相邻的泥岩基线的自然电位曲线向负方向偏移，淡化程度越高，偏移幅度越大[16]。如图9-2-1，油层段下部被淡水水淹后，下部水淹段相邻的泥岩段的自然电位会产生一个偏移量ΔSP。

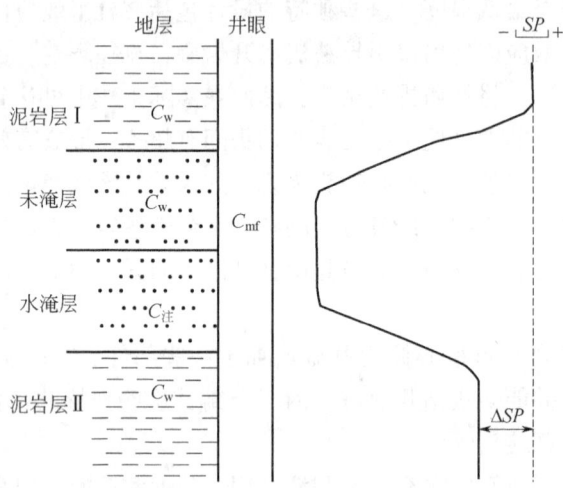

图9-2-1 淡水水淹层自然电位曲线偏移示意图（据丁次乾，2006）

上部泥岩段附近的扩散吸附电动势为：

$$E_{\rm I} = K_{\rm da} \lg \frac{C_{\rm w}}{C_{\rm mf}} \tag{9-2-1}$$

下部泥岩段附近的扩散吸附电动势为：

$$E_{\rm II} = K_{\rm da} \lg \frac{C_{注}}{C_{\rm mf}} \tag{9-2-2}$$

$$\Delta SP = E_{\rm I} - E_{\rm II} = K_{\rm da} \left(\lg \frac{C_{\rm w}}{C_{\rm mf}} - \lg \frac{C_{注}}{C_{\rm mf}} \right) = K_{\rm da} \lg \frac{C_{\rm w}}{C_{注}} = K_{\rm da} \lg \frac{R_{注}}{R_{\rm w}} \tag{9-2-3}$$

式中，ΔSP为自然电位泥岩基线偏移量，mV；$E_{\rm I}$为上部泥岩层附近产生的扩散吸附电动势，mV；$E_{\rm II}$为下部泥岩段附近产生的扩散吸附电动势，mV；$K_{\rm da}$为扩散吸附电动势系数；$C_{注}$为水淹层段孔隙水的矿化度，mg/L；$C_{\rm w}$为地层原始孔隙水的矿化度，mg/L；$R_{注}$为水淹层段孔隙水的电阻率，$\Omega \cdot {\rm m}$；$R_{\rm w}$为地层原始孔隙水的电阻率，$\Omega \cdot {\rm m}$；

另外，如果淡水水淹程度比较高的话，电阻率值也会有一定幅度的增大，自然电位曲线的异常幅度稍微降低。主要原因是注入水不仅替代了地层中的可动油，由于注水过程中油层孔隙结构的变化，原来地层中的部分束缚水也会被注入水置换，注入水的电阻率远高于地层水的电阻率，所以就导致水淹程度高的层段的电阻率略升高，自然电位异常幅度略降低。

2）边水水淹层电性特征

边水水淹后，增加了产层的导电性，导致油层的电阻率降低，同时也使地层和井眼流体间的离子扩散量增大，自然电位异常幅度呈增大的现象。水淹程度越高，电阻率降低幅度越大，自然电位异常幅度也扩大。

3）混合型水淹层电性特征

混合型水是指注入水来源于油田采出水，是早期注入的淡水与地层水的混合。这类水淹层的电性特征变化不明显，主要原因是注入水的矿化度和电阻率不稳定，变化大。常规测井很难对这类水淹层进行解释，需要根据各油田开发过程中储层结构、性质的变化，结合声波时差、密度、中子伽马、井径等曲线的变化进行综合判断分析。

2. 水淹层定量解释

水淹层的定量解释一直是地球物理测井专家努力攻关解决的难题，前面已经分析，注入水的性质变化大，水淹层的类型多，基础参数不容易确定，常规测井定量解释剩余油饱和度往往存在比较大的误差。

从理论上讲，C/O 比能谱测井是不受地层中水型影响的含油饱和度测井。该测井方法依据的是快中子非弹性散射理论，利用脉冲中子源向地层中发射 14MeV 高能快中子，测量这些快中子与地层的核素发生非弹性散射释放出的伽马射线的能谱，来识别岩性，确定含油饱和度[16]。

含油饱和度的确定依据的是地层孔隙中的原油和水所含的元素不同。原油主要含碳原子，水主要含氧原子，当碳原子和氧原子与快中子发生反应时，都有较大的非弹性散射截面（碳原子为 0.353b，氧原子为 0.104b），且释放出较高能量的伽马射线。碳的非弹性伽马射线能量为 4.43MeV，氧的最强的非弹性散射的伽马射线能量为 6.13MeV，两者的能量差 ΔE 较大，这个能量差为进行伽马射线能量谱分析提供了极为有利的条件。因此，利用这一基本原理，可以用定量的解释方法确定目的层段的含油饱和度以及水淹程度，划分水淹级别。

C/O 比能谱测井适应的地质条件是：地层有效孔隙度一般要大于 15%，要有比较好的渗透性，单层厚度要大于 2m，套管井要用清水洗净，避免油污影响测井质量。

确定地层含油饱和度的 C/O 比测井解释公式很多，可以通过理论计算由含油地层中的碳、氧原子密度的比（n_C/n_O）与含油饱和度 S_o 的关系。得到。由于受不同地区地层岩性条件的影响，由此推导出的关系式应用时误差比较大。实际应用比较多的解释公式是在实验室中通过模拟地层实验建立的经验公式，这种方法确定的公式考虑了与地层相关的实际参数，方法简便，结果相对准确，应用比较广泛[223]。其计算公式为：

$$S_o^{1.11} = \frac{C/O + 0.8(Si/Ca) - L_w}{0.6\phi^{1.11}} \tag{9-2-4}$$

式中，S_o 为目的层段含油饱和度；C/O 为目的层的 C/O 比；Si/Ca 为目的层 Si/Ca 比；ϕ 为有效孔隙度；L_w 为常数（可由纯水层确定）。

利用 C/O 比能谱测井解释含油饱和度的经验模型还有很多，可以根据各自油田的具体情况选择性的应用。

三、矿场监测和测试方法

1. 利用注入剖面和产液剖面分析层间动用状况和剩余油富集层位

通过矿场产液剖面和注入剖面可以了解各小层的产出与吸水的情况,判断纵向层间动用状况和剩余油的分布状况。在投产射孔的层段中,不吸水、吸水能力差的层段动用程度低(图9-2-2),是剩余油富集的层段。产液剖面中(图9-2-3),含水率低、产液量低的层剩

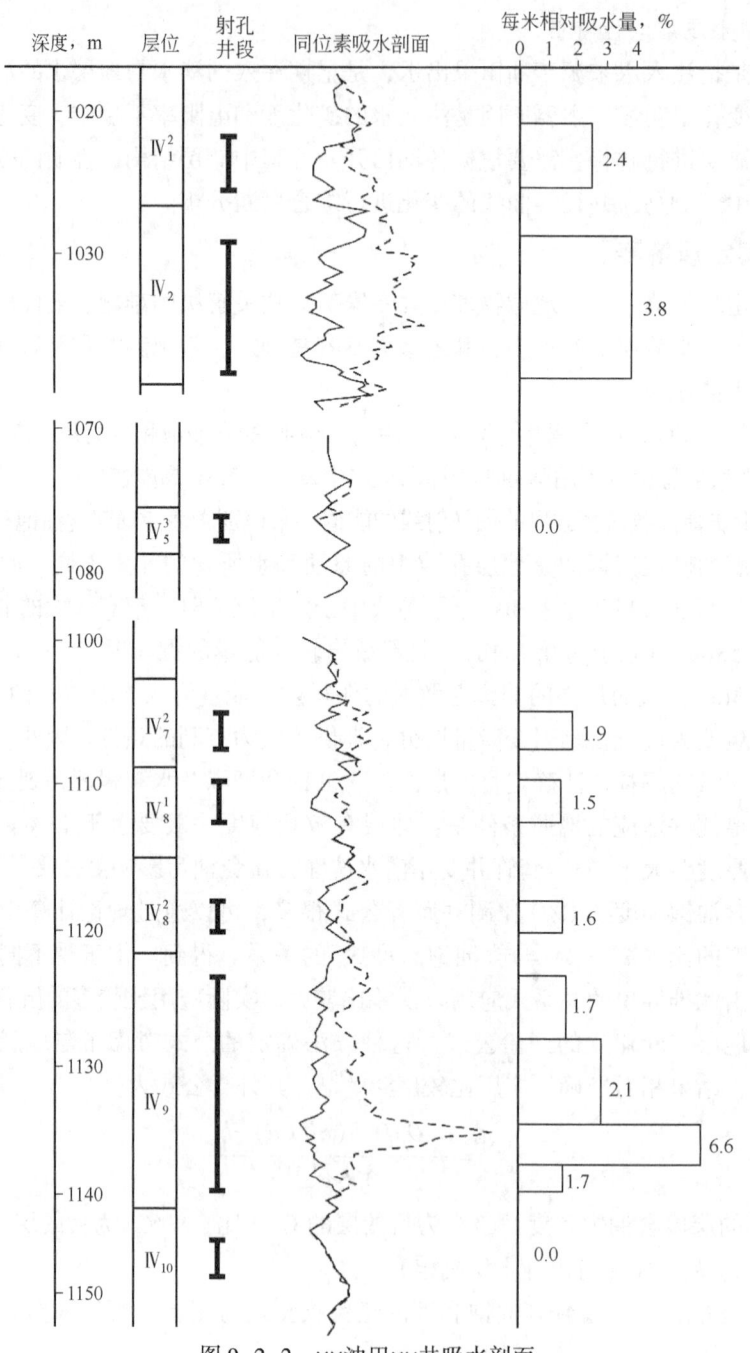

图 9-2-2　××油田××井吸水剖面

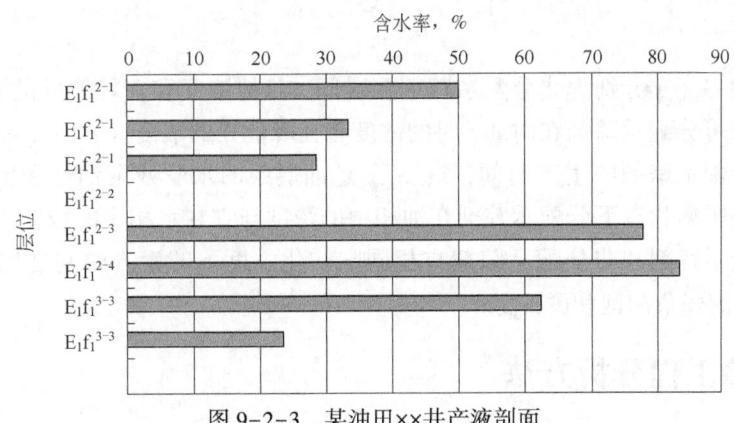

图 9-2-3　某油田××井产液剖面

余油饱和度高，是后期挖潜的重点。

2. 井间示踪剂剩余油研究方法

井间示踪法是应用放射性同位素和化学示踪剂来研究井间剩余油饱和度变化的一种方法。该方法以示踪剂在储层中的色谱分离理论为基础，将注入和产出井之间的地层看成一个色谱柱，油视为不动相，注入水视为流动相。在注入井中同时注入两种示踪剂，一种是只溶于水的非分配示踪剂，另一种是既溶于油又溶于水的可分配示踪剂，非分配示踪剂只存在于流动相中，随注入水流至生产井中；而可分配示踪剂在跟随注入水推进过程中，在示踪剂质量浓度梯度的作用下，示踪剂分子将从示踪剂段塞段中扩散到油相中，段塞通过后，质量浓度梯度反向，示踪剂分子将从相对不动的油相中向水中扩散，这个过程是反复进行的，那么在注入井到产出井的流动过程中可分配示踪剂到生产井的时间就会滞后（图 9-2-4），滞后时间量的相对大小与剩余油饱和度有定量的关系[224]。

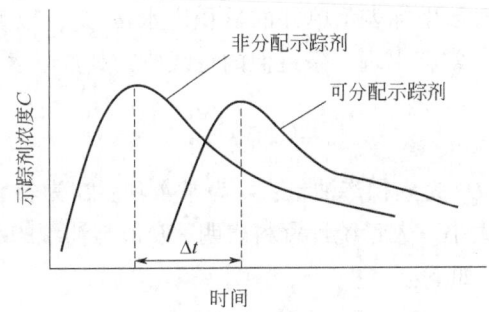

图 9-2-4　两种示踪剂产出曲线示意图（据崔萍，2009）

Taig 等人依据色谱原理，提出了色谱转换的界标比较法，即可分配示踪剂和非分配示踪剂在归一化浓度相等的条件下，可分配示踪剂所对应的时间只是比非分配示踪剂所对应的时间滞后了一个 $1+\beta$，其表达式为：

$$\frac{C_{\mathrm{p}}}{C_{\mathrm{p,max}}}=\frac{C_{\mathrm{n}}(t)}{C_{\mathrm{n,max}}} \tag{9-2-5}$$

$$\tau=t(1+\beta) \tag{9-2-6}$$

$$\beta = \frac{KS_{orw}}{1-S_{orw}} \tag{9-2-7}$$

式中，$C_n(t)$ 和 $C_{n,max}$ 分别为非分配示踪剂在时间 t 时的浓度和在峰值处的浓度，g/L；C_p 和 $C_{p,max}$ 分别为可分配示踪剂在时间 t 时的浓度和在峰值处的浓度，g/L；t 和 τ 分别为非分配示踪剂和可分配示踪剂的生产时间，s；S_{orw} 是油层中的水驱残余油饱和度，小数；K 是分配系数，它是平衡状态下分配示踪剂在油相中的浓度与它在水相中的浓度比值。

根据可分配示踪剂和非分配示踪剂在相同归一化浓度下的生产时间之比，可求得参数 $(1+\beta)$，进而确定残余油饱和度 S_{orw}。

四、油藏工程分析方法

研究剩余油形成与分布的传统油藏工程方法主要有物质平衡分析法、水驱曲线法、递减分析法等。

1. 物质平衡分析法

物质平衡方法是油藏工程中一种常用的、经典的油藏动态分析方法，它可以确定油藏的原始地质储量，判断油藏驱替类型，计算水侵量，计算各阶段的采出程度和最终采收率。物质平衡法可以相对准确地确定出油藏动用地质储量，预测油藏的最终采收率，计算出剩余可采储量[212]。物质平衡法计算出的剩余油资源量可提供宏观决策使用，但对于油藏调整挖潜、钻井部署以及提高采收率的方案设计而言，其精度不够。

2. 水驱曲线法

水驱曲线法主要是通过水驱曲线计算出动态地质储量，并预测出当前开采技术条件下的可采储量，从而确定出油田的剩余可采储量[225]。一个油田、一个油藏、一个开发单元、甚至一口井，当其投入开发并进入稳定生产阶段后，含水率逐步上升，并上升到一定数值后，此时在单对数坐标上，以对数坐标表示单井的累积产水量 Q_w，以普通坐标表示累积产油量 Q_o，作出两者的关系曲线，常会出现一条近似的直线段，其数学表达式为：

$$\lg Q_w = A + \frac{Q_o}{B} \tag{9-2-8}$$

式中，Q_w 为累积产水量；Q_o 为累积产油量；A 为常数项；B 为斜率的倒数，其数值大小主要取决于油藏地质储量的大小。大量统计资料表明，B 值与油藏的水驱有效地质储量的比值近似等于 7.5，二者的关系如下：

$$Z' = 7.5B \tag{9-2-9}$$

式中，Z' 为动态地质储量，所以当单井水驱曲线出现有代表性直线段后，可以根据其斜率求出该井动态地质储量。

对式 (9-2-8) 进行微分后，可以得出如下关系式：

$$\lg F = \frac{Q_o}{B} - N \tag{9-2-10}$$

如原始地质储量为 Z，当累积产油量为 Q_o 时，当时的采出程度为：

$$R = \frac{Q_o}{Z} \tag{9-2-11}$$

则上式可改写为：

$$\lg F = \frac{Z}{B}R - N \tag{9-2-12}$$

$$N = \lg \frac{B}{2.3} - A \tag{9-2-13}$$

式中，F 为生产水油比；N 为采收率常数；Z 为原始地质储量；R 为采出程度。

由于同一水驱油藏 Z 与 Z' 基本相等，所以从式(9-2-12) 可以推出：

$$R = \frac{\lg F + N}{7.5} \tag{9-2-14}$$

可以设想，当这个油藏的含水率 f_w 达到 98% 时，水油比 $F=49$，这时的采出程度 R 可以看作最终采收率 R_m，即

$$R_m = \frac{1.69 + N}{7.5} \tag{9-2-15}$$

利用式(9-2-15) 可求得单井可采储量：

$$N_o = Z'R_m = B\left(1.69 + \lg \frac{B}{2.3} - A\right) \tag{9-2-16}$$

若累积产油为 Q_o 时，则剩余可采储量 Z_m 为：

$$Z_m = N_o - Q_o \tag{9-2-17}$$

由以上关系式可以看出，当单井水驱曲线出现近似直线段后，可以利用其斜率计算该井的动态地质储量，可采储量和剩余可采储量，根据各井的计算结果编制出平面上的剩余可采储量分布图（图9-2-5），为后期的挖潜提供依据。

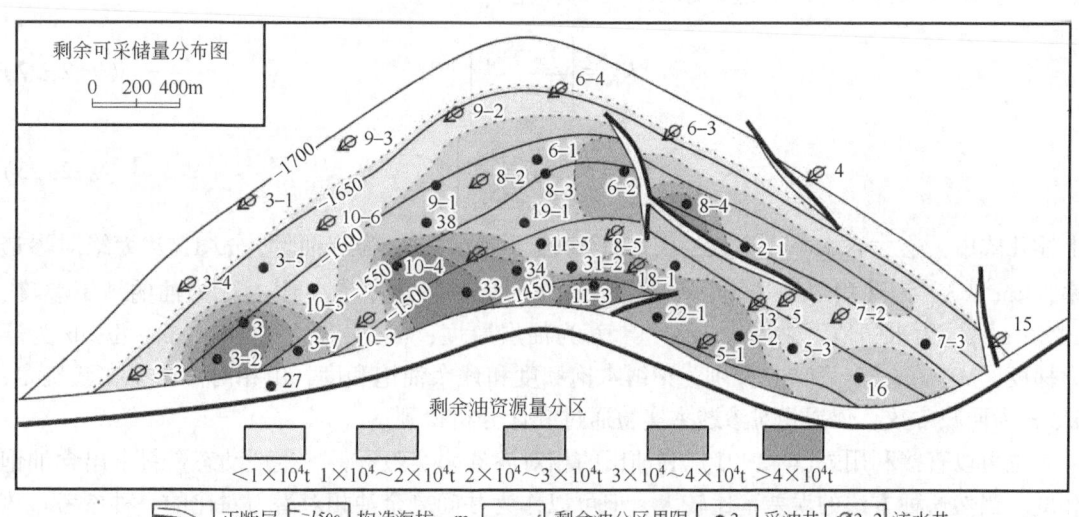

图 9-2-5　某油田××层系剩余可采储量分布图

3. 利用相对渗透率实验和生产动态资料确定单元的剩余油饱和度

对于任何油田，在开采过程中含水率逐步上升是不可避免的。一般来说，除去工程影

响，油井含水上升均伴随着地层含水饱和度的变化，当含水饱和度上升时，必然导致油井含水率上升。然而，如何建立一个含水饱和度和含水率的对应关系，是油藏工程师需要解决的问题。

若不考虑毛细管力和重力的影响时，含水率与产量的关系式为：

$$f_w = \frac{Q_w}{Q_w + Q_o} \tag{9-2-18}$$

根据达西定律，油井的产油量和产水量的流量分别为：

$$Q_o = \frac{KK_{ro}}{\mu_o} 2\pi rh \frac{dp}{dr} \tag{9-2-19}$$

$$Q_w = \frac{KK_{rw}}{\mu_w} 2\pi rh \frac{dp}{dr} \tag{9-2-20}$$

将式（9-2-19）和式（9-2-20）代入式（9-2-18）可得含水率与油水黏度、相对渗透率之间的关系式：

$$f_w = \frac{1}{1 + \frac{\mu_w}{\mu_o} \frac{K_{ro}}{K_{rw}}} \tag{9-2-21}$$

由上式可以看出，含水率取决于油水黏度比和相对渗透率比值，当一个油藏的油水黏度稳定的情况下，那么含水率主要是由相对渗透率的比值（K_{ro}/K_{rw}）决定的，而相对渗透率又是含水饱和度（S_w）的函数，故 f_w 也是含水饱和度 S_w 的函数[226]。

有些专家利用琼斯提出的相对渗透率与含水饱和度的经验公式（9-2-22）和式（9-2-23）联立计算出含水饱和度 S_w，进而求出含油饱和度 S_o [156]。

$$K_{rw} = \left[\frac{S_w - S_{wi}}{1 - S_{wi}}\right]^n \tag{9-2-22}$$

$$K_{ro} = \left[\frac{1 - S_w - S_{or}}{1 - S_{wi} - S_{or}}\right]^m \tag{9-2-23}$$

上述几式中：f_w 为含水率，小数；Q_w 为产水量，m/d；Q_o 为产油量，m/d；K 为绝对渗透率，μm^2；K_{ro} 为油相对渗透率，小数；K_{rw} 为水相对渗透率，小数；μ_o 为油的地下黏度，mPa·s；μ_w 为水的地下黏度，mPa·s；h 为油层厚度，m；r 为泄油半径，m；dp/dr 为压力梯度，MPa/m；S_{wi} 和 S_{or} 分别为束缚水饱和度和残余油饱和度，由相对渗透率实验确定；m、n 为回归常数，依据相对渗透率实验通过统计分析得到。

也可以直接利用式（9-2-21）和油田的相对渗透率实验资料、生产动态资料求出含油饱和度。当然这种方法的误差率比较大，但可以作为井间剩余油相对潜力对比的一种参考。该方法求得结果是否准确，与相对渗透率的代表性有关。

五、数值模拟方法

油藏数值模拟是大面积定量研究地下剩余油的重要手段。油藏数值模拟是在油藏精细描述基础上，采用历史拟合方法，再现从投产到当前的全部生产过程，最终得到平面上剩余油饱和度的分布和定量的剩余油资源量。

油藏数值模拟技术是成熟的，结果是否可靠关键的是需要有可靠的、接近地下实际的地质模型支撑，也需要有准确的生产动态数据提供保障。由于我国陆相储层非均质性严重、构造复杂，建立准确的地质模型是数值模拟至关重要的一环。我国的老油田大多都经历了多次层系和注采关系的调整，如何理顺模拟单元的动态数据是十分繁重、复杂的工作，也是保证数值模拟结果准确的关键环节。

六、油藏地质综合分析方法

油藏地质综合分析方法是将动态、静态和实验资料结合，依据驱替、渗流、油层物理等理论，用地质分析的方法研究剩余油。

1. 通过高分辨层序地层学方法分析剩余油

该方法采用高分辨层序地层学方法细分储层单元，进行横向精细对比，落实各单元在横向上的连通关系和纵向上接触关系。分析各单元间的注采关系，并结合单井生产动态、产液剖面和吸水剖面的分析，确定各单元间的沉积界面是否可以通过渗流，落实单元间的水驱状况，分析层间剩余油。

2. 通过微构造的分析研究剩余油

由于油水密度差和浮力作用，油总是浮在水的上面，在正向微构造部位流动阻力增大，注入水沿势能低的构造线流动，绕过微构造高点，形成局部的水动力圈。微构造的倾斜角越大，水驱方向和浮力方向的夹角就越大，剩余油越稳固，越不易动用。油井间存在微构造时，剩余油更加富集；厚油层中的微构造比薄油层微构造中的剩余油富集；位于注水井下倾方向的微构造比上倾方向的微构造剩余油富集；在注水走向线方向的微构造比上倾和下倾方向的微构造剩余油富集。

通过微构造和注采关系的分析，可以确定注水开发中后期剩余资源分布位置，因此准确编制微构造图是分析剩余油的关键。通常是将三维地震与钻井结合，通过逐点井斜校正编制精细的微构造图。为准确反映单层的局部微细构造变化，选择作图界面时，要统一标准，或选取单层突变接触面，或选取曲线的半幅点及拐点处，最好选择砂层有渗透性的顶界面。对于局部尖灭的单层，通过对比划出相对应的界线作为作图界面。

对于定向井，或者部分是因为地层软硬的差别，或钻井技术等原因，造成井轴弯曲的井，绘制微构造图时都需要校正。

为了准确地反映油层微构造形态变化，作图的平面比例尺应适当放大。构造等间距大小的选择是否合理，对微构造的清晰度有直接的影响。如果倾角比较陡时，间距可以放大，平缓时可以适当缩小。假若某油田的地层倾角 15°~20°，绘图比例尺为 1∶5000，由此推算，图上 1cm 的距离内高差约 13.4~18.2m，若选择 2m 为等间距，那么平均 1.1mm 就要绘制 1 条等高线，虽然精度高，但图面清晰度变差。尤其是当地层变陡时，在 1mm 内可能要插 2 条构造线，就会出现线条密如蛛网状的面貌。若选用 8m 为等高间距，虽然图面变的清晰，但精度不够，大致计算结果是平均 2 条/cm，如果地层变缓，可能 1 条/cm，间距大就会出现随意勾绘的现象。根据计算，取等高间距为 5m 比较合适，平均 4~5 条/cm，既可以满足精度，又可以保证图面清晰。除应用一般的构造作图原则外，还考虑了以下几种情况：（1）在密井网区，严格内插，用三角网插值；（2）在边部或井网稀疏区，要考虑构造趋势和周边的数据；（3）断层发育区要考虑断距对微构造的影响。

3. 通过沉积微相的精细分析研究剩余油

沉积微相控制了沉积物的粒度、泥质含量、分选和磨圆度，是决定储层的物性的重要因素之一。沉积微相决定了砂体的走向、厚度、韵律、横向和平面的形态特征，是造成储层非均质性的主要因素。沉积微相决定了砂体纵向的叠置关系和横向上的接触关系，从而影响了砂体垂向和横向上的连通性和导流能力。因此，沉积微相是开发过中影响油水运动特征的根本因素之一。比如，顺河道方向注入水突进速度快，主河道部位水淹严重，河道侧缘剩余油富集；沙坝的中心部位厚度大，伴随着差异压实作用，常形成正向微构造，开发后期剩余油比较富集；席状砂的边缘常呈裙边状尖灭分布，多是注水开发的滞留区，会成为剩余油富集的区域；前三角洲的泥岩中由于风暴浪的作用，会形成透镜状的远端沙坝，是开发后期寻找油区内新资源的潜力区。

充分利用开发后期井网密度大、取心资料丰富的优势，开展详细的沉积微相研究，编制准确的微相分布图，可以通过叠合含水率图，分析不同微相的含水和水淹状况，分析油水运动方向、规律和影响因素，确定不同微相单元中的剩余油资源潜力。结合检查井的取心资料，可以通过纵向水淹状况的分析，研究垂向上的油水运动规律，分析微相对注入水的控制作用，预测剩余油的分布层段。

4. 通过储层非均质性的分析研究剩余油

储层非均质性是沉积、成岩综合作用的结果，宏观上，非均质性对剩余油的影响主要是平面上和纵向上的渗透率差异和夹层造成的。平面上，可以通过编制渗透率图，叠合含水率，分析注入水突进方向和水淹部位，评价渗透率对对注水开发的影响，然后通过调整注采关系，提高平面波及系数。

纵向上，通过韵律以及渗透率极差和变异系数的分析，统计水淹程度与渗透率的关系、水淹部位与韵律的关系。通过编制注采连通图，展示出夹层、渗透率的韵律特征，标注上射孔层段，分析各段的连通状况。结合密闭取心、测井综合解释和矿场测试结果，分析纵向上的水淹规律和剩余油富集层段，进而提出堵水、补孔和调剖的具体层段。

5. 通过储层构型的分析研究剩余油

开发中后期，井网密度比较大，并且比较规则，有比较多的取心资料和测试资料，为砂体构型单元的划分和构型研究创造了条件。特别是河流相砂体，构型对于注入水在横向和垂向上的流动具有控制作用。比如曲流河点沙坝砂体的侧积构型模式在底部有一定的连通性，上部横向上完全不连通，注入水只能沿底部驱替，中上部的原油很难动用；辫状河道的冲刷充填构型模式使不同单元间在垂直河道方向上存在低渗透或不渗透界面，阻挡注入水的横向流动，造成垂直河道方向连通性差，剩余油富集，顺河道方向水淹严重。

通过构型单元的划分以及构型和注采对应关系的研究，可以查明哪些单元连通、注采受效，哪些单元不连通、注采不受效，最后圈定出平面剩余油潜力区和纵向上的剩余油富集单元。

第三节　剩余油分布模式

一、微观剩余油分布模式

由于储层润湿性、孔隙结构、油水黏度比、界面张力等因素的影响，在注水驱替过程中，不同阶段油水流动特征不同。早期含油饱和度比较高，原油的流动多呈现连续线状油流，随着含水饱和度的增加以及不同孔隙间注水压力与毛管压力差的变化，油水界面开始变形，不均匀推进，逐渐发生注入水的指进、绕流。结果是小孔喉处注入水未能波及到，形成微观上连片的剩余油；在大孔喉内部水流发生孔内突进，形成离散油珠。最后，注入水在孔隙中形成连续水通道，指进、绕流仍然存在。水驱油方式主要是靠刨蚀、拖拽和持续冲刷作用，随着开发进程的推进，采出的油量逐渐减少，水驱结束后，微观上，孔隙网络内仍然会有很多剩余油分布。

水驱替后，微观剩余油分布模式有很多种形式，但是不同的专家描述的结果不同，综合相关的文献资料总结为9种模式（图9-3-1）：孤岛状、薄膜状、桥塞状、角隅状、封闭单孔状、半封闭单孔状、索状、不规则孔喉状和簇状剩余油。

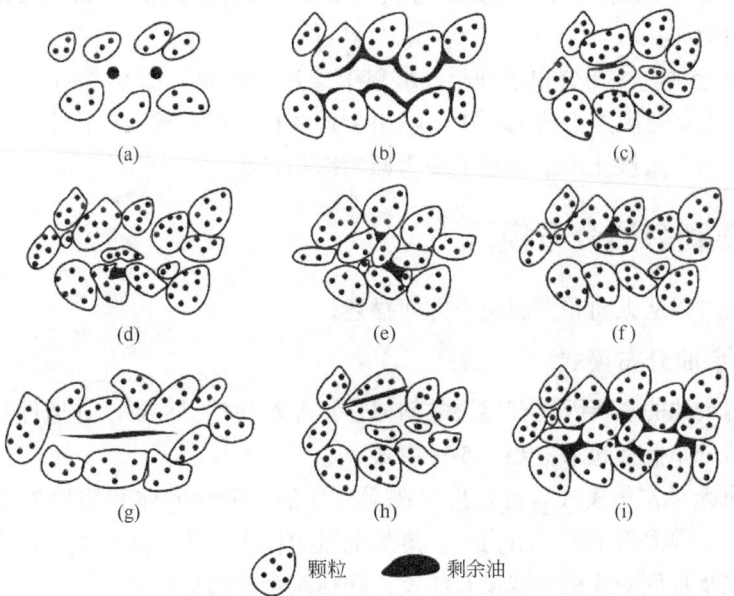

图9-3-1　剩余油微观分布模式示意图（据程绍志等，1995，有修改）

（1）孤岛状剩余油：多分布在大的孔喉通道中，呈离散的油滴状，边界圆滑，为水包油的特征［图9-3-1(a)］。驱替过程中，在较大的孔道内，流动阻力较小，注入水突进，将孔内的油相打散成小油滴，注入水绕流，将油滴包裹在水流中间呈孤岛状残留在孔内。多形成于水湿孔隙中。

(2) 薄膜状剩余油：呈吸附状附着在孔壁上［图9-3-1(b)］。其形成机理为润湿性捕集作用，主要形成于油湿储集层中。驱替过程中，如果油水黏度比小，在大、中孔道内，驱动力大于阻力，两者差异不大的情况下，使得注入水呈现较为均匀的活塞式推进，孔内中央部分原油被驱出，由于储层的亲油性附着在孔壁上的油膜无法驱出。

(3) 桥塞状剩余油：主要分布在细小喉道中，特别是管状喉道中最多［图9-3-1(c)］。驱替过程中，细小的喉道毛管阻力大，当注水压差比较小的时候，细小的管状喉道靠吮吸作用，驱替出一部分原油，压差增大时，注入水绕过细孔喉从大孔喉中通过，细孔喉中的原油被残留下来。

(4) 角隅状剩余油：主要分布于不规则的孔隙角隅处［图9-3-1(d)］。在形态复杂的孔隙角隅处，局部会形成比较大的阻力，使原油滞留下来[215]。

(5) 封闭单孔状剩余油：主要赋存于四周没有出口，完全封闭的死孔隙中［图9-3-1(e)］。没有通道，注入水不能进入，无法驱替。

(6) 半封闭单孔状剩余油：主要分布在半封闭的孔隙中［图9-3-1(f)］。孔隙连通性差，只有一个出口，并且喉道细小，注入水进入困难，无法驱替。

(7) 索状剩余油：主要分布在大孔小喉道的孔隙区域［图9-3-1(g)］。在孔隙处水的突进和绕流作用，使原油呈连续的线状，而喉道较小，阻力大，原油被残留其中。

(8) 不规则孔喉状剩余油：主要分布在孔隙和喉道都比较小的单个孔喉组合中［图9-3-1(h)］。在多个并联的孔喉中，小孔喉中由于阻力较大，使得水驱油速度小，当大孔喉中注入水到达出口端后，相邻的细小孔喉中的原油被注入水所屏蔽而滞留下来，孔喉内的原油多呈原始饱和状态。

(9) 簇状剩余油：主要分布于细小孔喉集中连片的区域［图9-3-1(i)］。注入水优先从喉道相对粗、毛细管阻力小的大、中孔喉组合处驱替，在孔喉半径较小的组合处发生了绕流，孔内的原油由于未被注入水驱替呈现为原始饱和状。

二、宏观剩余油分布模式

宏观剩余油可以从纵向和平面两个方面描述。

1. 纵向剩余油分布模式

影响纵向剩余油的主要因素有储层的韵律性、非均质性、夹层、连通性和射孔完善程度等。纵向剩余油分布概括起来主要有5种模式。

(1) 顶部剩余油富集模式：主要出现在无夹层的正韵律砂体和均匀型的厚砂体中。注水开发过程中，下部渗透率高，阻力小，再加上重力作用，注入水沿下部推进速度快，水洗程度高，顶部波及程度弱或根本就没有波及，往往剩余油富集程度高。

(2) 中下部低渗段剩余油富集模式：虽然没有夹层，但在纵向上存在渗透率的非均质性，特别是当渗透率极差大于5倍以上时，位于中下部的低渗透层段也不容易被水驱替，剩余油富集程度高。

(3) 层间不连通层剩余油富集模式：多层合采时，横向上稳定性差，没有注水井连通的层段剩余油富集程度高。

(4) 层间低渗层剩余油富集模式：多层合采时，虽然注采关系完善，但渗透率低的层，特别是当层间渗透率极差大于 5 倍以上时[227]，吸水能力上就会存在较大差别，随着时间的推移，差别会逐渐扩大，低渗透层就会成为剩余油富集层段。

（5）射孔不完善层段剩余油富集模式：由于各种原因造成的射孔不完善，导致未射孔层段剩余油富集。

2. 平面剩余油分布模式

（1）正向微构造剩余油富集区：剩余油集中在微构造高部位。当微构造高点处没有采油井，也没有注水井时，由于浮力和重力分异作用，油汇聚到微构造的高点，局部形成一个高势能区，注入水沿位置较低的构造线绕流，导致剩余油最终在微构造高部位富集。

（2）断层遮挡形成的剩余油富集区：由于断层的切割，造成断层附近的生产井一般单向受效，靠近断层部位水驱效果差，是剩余油富集区。两条或两条以上断层交叉形成的"墙角"处往往是剩余油富集区。多条断层切割围成的封闭断块是剩余油富集区。

（3）砂体形态变化形成的剩余油富集区：砂层厚度的突变、尖灭、分叉都会影响注入水的流动方向以及平面波及系数。砂体尖灭区域的井多为单向受效井，水驱效果差，是剩余油富集区。砂体突然减薄的区域，往往剩余油富集。砂体分叉后，厚度薄、物性差的一支往往剩余油比较富集。

（4）平面非均质性造成的剩余油富集区：由于渗透率的方向性和非均质性，会造成注入水沿高渗透带突进，形成注采井间的通道，水洗程度高，低渗区注入水波及不到，是剩余油富集区。

（5）边水油藏水线包络区以外剩余油富集区：边水油藏开发过程中，由于受渗透率非均质性和注采井网结构的影响，平面水线的不均匀推进，形成水线包络区，在水线包络区以外剩余油会大量富集。

（6）注采井网不完善形成的剩余油富集区：对于注水开发油藏，每个油层都必须有合理的、完善的注采井网系统，否则就不能充分地被动用，不能最大限度地采出原油。注采关系不完善，或井网对油层控制程度较低的部位是剩余油富集区。

由于各种原因造成有些区域有采无注或者有注无采，一般是后期剩余油挖潜的重点区域。由于受早期地质认识的限制，井网部署不合理，控制程度低的地段也是后期剩余油挖潜的重点区域。这类剩余油可以细分为几种情况：①无井控制区的剩余油富集；②只有采油井，而无注水井，采油井间形成滞留区，是剩余油富集区；③注采井数比低，油井只能单向受效、无受效的方向剩余油富集；④注水井之间无采油井而形成的滞留区，剩余油富集。

第四节　注蒸汽热采油田剩余油研究实例

一、油藏地质特征

河南稠油油田主要分布在泌阳凹陷北部斜坡的古城油田和凹陷西端的井楼油田。储集层具有多物源，沉积类型复杂的特点[228]。古城油田属于正常河流三角洲沉积体系，目的层泌浅 10 区Ⅳ$_9$ 层属三角洲前缘水下分支流河道和河口沙坝微相，厚度 8~12m，岩性以中砂岩和细砂岩为主，由于两个物源的叠加，内部存在 5~7 个夹层，并且比较稳定，纵向上呈薄互层正韵律和复合韵律。井楼油田属扇三角洲沉积体系，零区目的层Ⅲ$_6$ 为扇三角洲前缘水下分流河道微相，厚度 5~8m，岩性以中砂岩和细砂岩为主，层内夹层发育，并且稳定，纵向上呈薄互层正韵律。一二区目的层Ⅲ$_9$ 层也属扇三角洲前缘水下分流河道微相，厚度 10~15m，岩性以含砾砂岩和粗砂岩为主，层内夹层少，分布不稳定，并且以物性夹层为主，纵向上呈中厚层均匀型韵律。

稠油油藏的总体情况是：油层埋藏深度为 90~420m，油层厚度为 5~15m，纯总厚度比为 0.5~0.8；原油密度为 0.9558~0.9628g/cm^2，油层温度下的脱气原油黏度为 18000~80000mPa·s，属特稠、超稠油；储层孔隙度为 28.0%~31.7%，渗透率为 0.4000~2.2940μm^2，属特大孔隙度、特高渗透类型。河南稠油油田的特点可概括为"浅、薄、稠、散"。

河南浅薄层特超稠油 1995 年已进入蒸汽吞吐开发后期，平均单井已吞吐 7.9 轮次，采出程度已达 15%，周期综合含水已达 85% 以上，周期油汽比已降到 0.2 以下，蒸汽吞吐已达经济极限。但是尚有 80% 以上的剩余油资源残留在地下得不到利用，要进一步提高浅薄层特超稠油资源利用程度，关键是要查清楚蒸汽吞吐后薄层稠油剩余油分布特征和规律，为调整挖潜奠定基础。

二、剩余油研究方法

1. 蒸汽吞吐后水淹层岩心识别方法

根据对井楼零区、一二区和古城泌浅 10 区 14 口检查井和加密井的岩心观察，稠油油层蒸汽吞吐后水淹层岩心变化特征比较明显[229]。水洗后颜色变浅，含油不饱满，不均匀，粒间少见油珠，污手性差，油味淡，滴水后水珠可以扩散。根据肉眼观察，可以将岩心水洗级别划分为未水洗、弱水洗、中水洗和强水洗四个级别，详细特征见表 9-4-1。

表 9-4-1　特超稠油蒸汽吞吐后不同级别水洗程度岩心特征

水洗程度	岩心特征					
	颜色	气味	污手程度	粒间	颗粒表面	渗水程度
未水洗	黑色	油味浓	严重污手	见油珠	见油膜	不渗
弱水洗	褐色	油味较浓	污手	少见油珠	见油膜	不渗
中水洗	灰褐色	油味淡	轻微污手	无油珠	少见油膜	缓渗
强水洗	灰色	无油味	不污手	无油珠	无油膜	渗

2. 蒸汽吞吐后水淹层测井识别方法

1）水淹层测井曲线变化特征与定性解释

根据观察井资料，油层被蒸汽波及后，电性特征也随之发生变化[230]，变化最为明显的是声波时差曲线和深浅侧向曲线（图 9-4-1）。

（1）声波时差值异常增大。

油层被蒸汽波及后，声波时差曲线的变化主要是出现异常增大（图 9-4-1）。河南稠

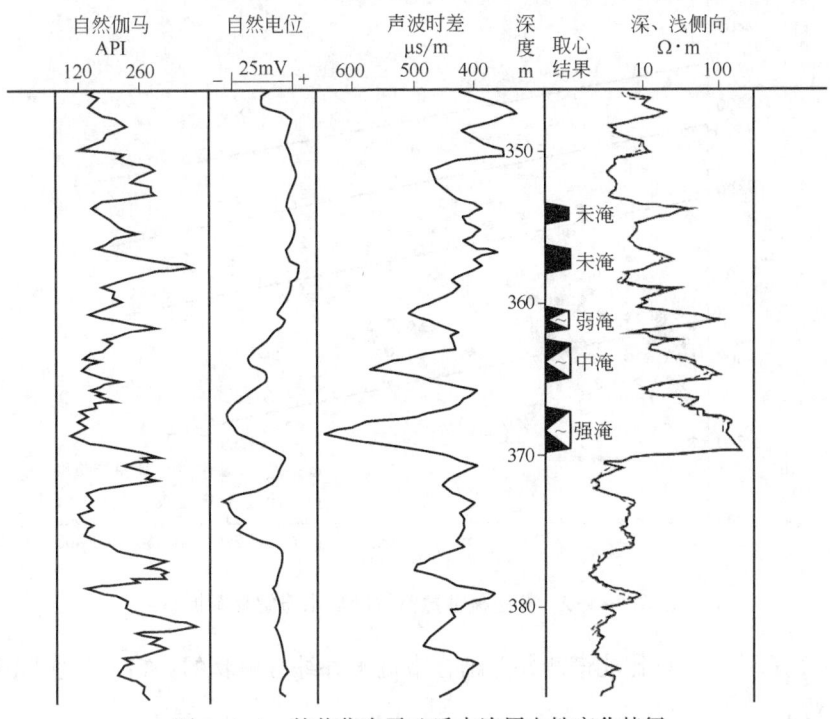

图 9-4-1 某井蒸汽吞吐后水淹层电性变化特征

油埋藏浅，成岩程度低，储层多为泥质和胶质沥青胶结，在注汽过程中，受到高温的作用，胶质沥青质产生热解，同时也溶解了部分胶结物和颗粒，并造成严重出砂，改变了油层孔隙结构，使孔隙度增大，甚至在储层中产生"空洞"，导致声波时差异常增大。据检查井资料，声波异常值一般在 500～700μs/m 之间，最高可达 800μs/m。蒸汽波及程度越高，声波时差异常幅度越大，因此，根据声波时差增大幅度可以定性判断水淹部位和水淹程度。

(2) 深浅侧向电阻率升高。

蒸汽吞吐过程中，注入的蒸汽几乎不含矿物质，其电阻率要比地层水的电阻率高很多。油层被蒸汽波及之后，部分可动油和地层中的自由水被采出，孔隙空间被蒸汽冷凝水替代。同时冷凝水与未被采出的自由水和束缚水还要进行离子交换，高浓度地层水中的离子向低浓度的冷凝水中扩散，导致地层水矿化度降低，从而使整个油层的电阻率升高。因此，油层被蒸汽波及后，深浅侧向曲线的表现主要是电阻率升高（图 9-4-1），并且随着蒸汽波及程度的增加，电阻率升高幅度增大。

根据上述分析，可以利用声波时差和深浅侧向资料做交会图，建立一套定性判断水淹层的图版。将深浅侧向电阻率作为横坐标，声波时差作为纵坐标，以已取心并进行吞吐试验的检查井资料为依据作散点图，可以明显地区分为强淹、中淹、弱淹、未淹和干层五个区（图 9-4-2）。该图版在实际应用中吻合程度达 88.5%。

2) 含油饱和度的定量解释

该区部分井有 C/O 比能谱测井，利用前文描述的公式(9-2-4)可计算出各层段的含油饱和度，研究区的 L_w = 2.426。

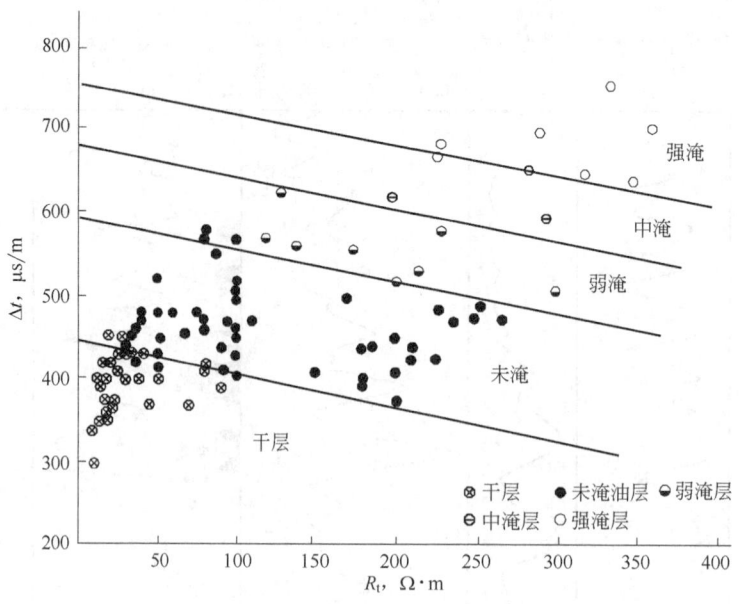

图 9-4-2 特超稠油蒸汽吞吐后水淹解释图板

图 9-4-3 是利用 C/O 比能谱测井并结合常规测井综合解释的一口井，实际生产数据证明该方法可行。

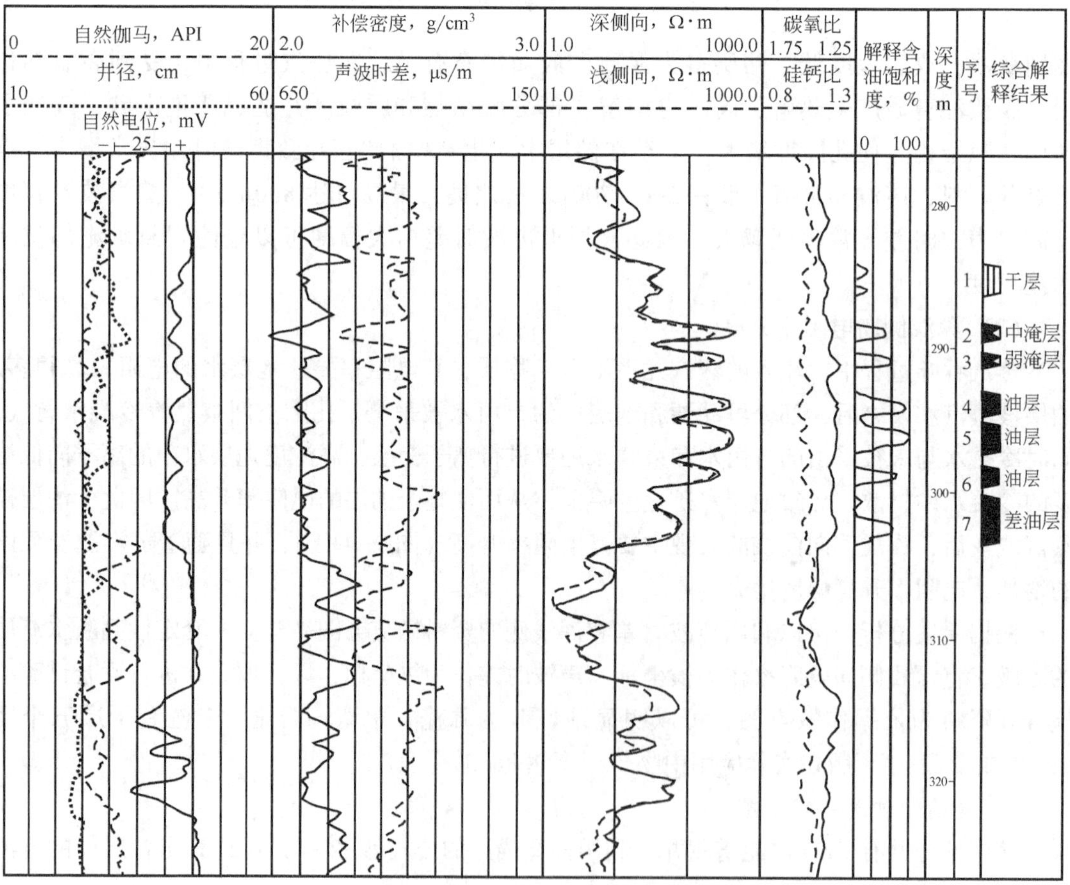

图 9-4-3 加密井××综合解释结果

河南稠油油藏原始含油饱和度 65%~75%，根据室内试验、数值模拟和现场实际蒸汽吞吐资料统计，当含油饱和度大于 65%时，蒸汽吞吐的周期综合含水率 10%~20%；当含油饱和度下降到 55%~64%时，周期综合含水率 20%~50%；含油饱和度下降到 40%~54%时，周期综合含水率 60%~80%；当含油饱和度下降到 40%以下后，周期综合含水率一般大于 80%。因此，根据综合分析结果，当计算含油饱和度大于 65%时，定为未淹油层，55%~65%为弱淹层，40%~55%为中淹层，小于 40%为强淹层。

3. 应用神经网络技术识别水淹层

在通常的研究方法中，都是通过分析测井资料与储层参数之间的关系，建立它们之间的测井解释模型，常用多元回归分析的方法。从数学原理看，多元回归分析只能描述一些简单的线性模型，而对于复杂的非线性系统，多元回归分析难以满足要求[231]。随着描述复杂非线性系统的反向传播神经网络（BP 网络）在许多领域的成功应用，该方法也逐渐被测井分析家用于测井解释中，并取得了比较好的效果[232]。

神经网络模式识别方法是一种智能识别方法[233]，其智能化主要表现为：一是具有一定的学习能力，它不像传统的模式识别方法那样建立识别规则，而是像人脑一样在实际工作中不断学习，逐步适应，从而掌握模式变换的内在规律，获得模式识别知识。二是具有高度的容错性，容错性是根据不完全的、有错误的信息做出正确、完整结论的能力。人的大脑具有高度的容错性，大脑的容错性与大脑的分布式存储的组织方式有极为密切的关系。由于神经网络采用了大脑的分布式存储方式，因此神经网络模式识别方法是一种智能判别方法。其流程如图 9-4-4 所示。

水淹层的解释是采用 4-5-4 的网络拓扑结构，即输入层由 4 个神经元组成，隐含层由 5

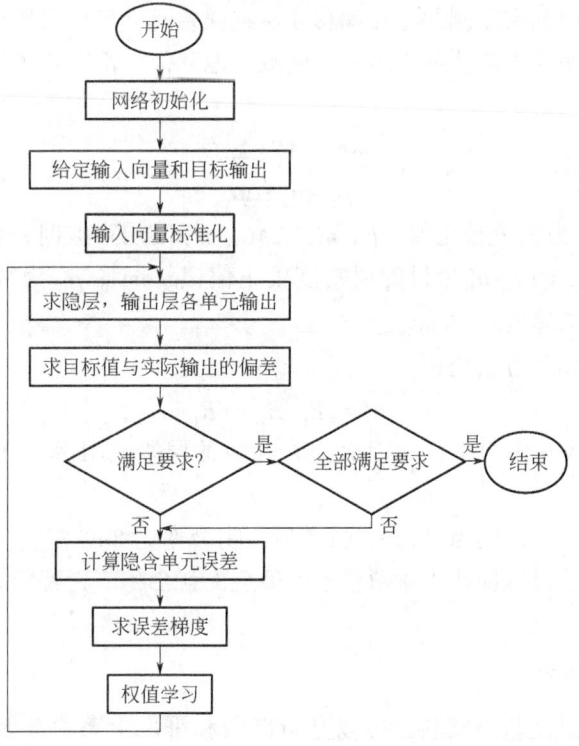

图 9-4-4　BP 神经网络程序流程图

个神经元组成，输出层由 4 个神经元组成。输入层的 4 个神经元分别对应储层的声波时差、深侧向电阻率、密度和自然电位。输出层的 4 个神经元分别为未淹油层、弱水淹层、中水淹层和强水淹层。识别的编码向量分别为：（1, 0, 0, 0）表示未淹油层；（0, 1, 0, 0）表示弱水淹层；（0, 0, 1, 0）表示中水淹层；（0, 0, 0, 1）表示强水淹层（图 9-4-5）。

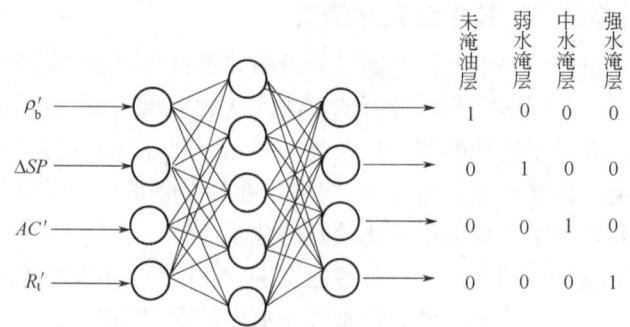

图 9-4-5　神经网络技术识别水淹层网络拓扑结构

考虑到不同井之间自然电位存在系统误差，需要校正后用各井的相对值 ΔSP。

$$\Delta SP = \frac{SP - SP_{sh}}{SP_{sd} - SP_{sh}} \quad (9-4-1)$$

式中，SP 为目的层段自然电位值，mV；SP_{sh} 为纯泥岩段自然电位值，mV；SP_{sd} 为纯砂岩段自然电位值，mV。

如果发现声波时差和密度测井存在偏移或系统误差时，可以利用标准层求取平均值，然后根据每口井标准层偏移平均值的大小加上或减去偏移值，消除系统误差，利用校正后的值进行计算，即：

$$AC' = AC \pm \Delta AC \quad (9-4-2)$$

$$\rho_b' = \rho_b \pm \Delta \rho_b \quad (9-4-3)$$

式中，AC' 为目的层声波时差校正值，μs/m；ΔAC 为标准层声波时差偏移值，μs/m；AC 为目的层声波时差值，μs/m；ρ_b' 为目的层密度校正值，g/cm³；ρ_b 为目的层密度值，g/cm³；$\Delta \rho_b$ 为标准层密度值偏移值，g/cm³。

电阻率可以采用如下方法校正：

$$R_t' = (R_t - R_{tw}) / R_{tw} \quad (9-4-4)$$

式中，R_t' 为目的层段校正电阻率，无因次；R_t 为目的层段电阻率，$\Omega \cdot m$；R_{tw} 为水层电阻率，$\Omega \cdot m$。

用该方法解释了一个区的 10 口井，投产后，吻合率为 80% 左右。该方法随着加密井投产数量的增加，验证后再返回作为学习样本，覆盖面就会越广，解释结果的准确率就会逐渐提高。

4. 矿场监测分析法

根据矿场观测井温度监测资料，可以分析剖面和平面上蒸汽波及范围[229]。图 9-4-6 所示为井楼油田一二区Ⅲ₉生产过程中的监测结果，观察井 LG104 井距蒸汽吞吐井 L1007 井

20m 左右，在 L1007 井吞吐三个周期后，LG104 井顶部仅 3m 厚的油层被蒸汽波及到，波及厚度仅占整个油层厚度的 15.3%，中下部三分之二厚度的油层仍是冷油带，随着吞吐周期的增加，油层在顶部形成汽窜通道，每周期注汽时，蒸汽总是沿顶部汽窜带突进到邻井，纵向波及厚度增加并不明显。

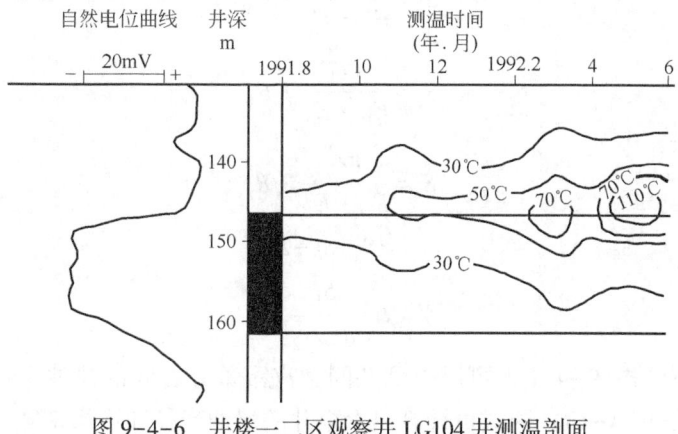

图 9-4-6　井楼一二区观察井 LG104 井测温剖面

5. 动态分析法

动态分析方法主要是综合生产特征、汽窜资料、监测井资料，分析不同类型油层纵向和平面剩余油分布规律。

1）计算公式推导

假设单井蒸汽吞吐采出程度为 $R(\%)$，驱油效率为 $E_D(\%)$，油层垂向波及系数为 E_Z（小数），平面波及系数为 E_A（小数），那么它们之间的关系式为[234]：

$$R = E_D E_Z E_A \tag{9-4-5}$$

假设单井控制面积是以 $r_1(\mathrm{m})$ 为半径的圆，且单井吞吐泄油半径为 $r_2(\mathrm{m})$，则 E_A 可表示为[234]：

$$E_A = \frac{r_2^2}{r_1^2} \tag{9-4-6}$$

将式(9-4-6)代入式(9-4-5)，可得到单井吞吐泄油半径的计算公式：

$$r_2 = r_1 \sqrt{\frac{R}{E_D E_Z}} \tag{9-4-7}$$

通过式(9-4-7)可以推导出单井吞吐泄油面积 $S(\mathrm{m}^2)$：

$$S = \frac{\pi r_1^2}{E_D E_Z} R \tag{9-4-8}$$

由于蒸汽吞吐过程中经常发生井间汽窜，导致汽窜带中原油随高温蒸汽驱替至采油井中，使该井累积产油量增加，采出程度增大。所以，计算的泄油面积应该包括半径之外的面积和汽窜带的面积。因此，上述泄油半径的计算公式只适应于井间未汽窜的吞吐井，对于发生汽窜的井组应该进行校正。

若某一蒸汽吞吐单元有相距为 $d(\mathrm{m})$ 的 a、b 两口井，这两口井间发生了汽窜。两口井的原油采出程度分别为 $R_a(\%)$、$R_b(\%)$，该单元未发生汽窜的单井平均原油采出程度为 $R(\%)$，则 a、b 两口井的泄油面积分别为 $S_a(m^2)$、$S_b(m^2)$，泄油半径 $r_2(m)$ 之内的面积为 $S_r(m^2)$、汽窜带的面积为 $S_L(m^2)$ 及汽窜带宽度 $L(m)$ 分别为：

$$S_a = \frac{\pi r_1^2}{E_D \cdot E_Z} \cdot R_a \tag{9-4-9}$$

$$S_b = \frac{\pi r_1^2}{E_D \cdot E_Z} \cdot R_b \tag{9-4-10}$$

$$S_r = \frac{\pi r_1^2}{E_D \cdot E_Z} \cdot R_r \tag{9-4-11}$$

$$S_L = S_a + S_b - 2S_r \tag{9-4-12}$$

$$L = \frac{S_L}{d - 2r_2} \tag{9-4-13}$$

由式(9-4-7)、式(9-4-8)可以得到井间微汽窜单井吞吐的泄油半径及泄油面积，通过式(9-4-7)、式(9-4-13)两式可计算出汽窜井的泄油半径和汽窜带宽度。

由于河南油田稠油大多属于互层状油藏，油层之间的厚度和物性存在差异，各层吸汽量不均匀，泄油半径差异很大。根据井楼油田零区楼 2 井吸汽剖面测试资料，油层 kh（渗透率和厚度的乘积）值越大，其吸汽量越大，产量也越多，因此，在计算时为了尽可能地符合实际情况，应根据各单层动用状况来确定吸汽及产量。

若某吞吐井累计产油量为 $Q(t)$，开发层系有几个单层，厚度分别为 h_1、h_2、…、$h_n(m)$，渗透率分别为 K_1、K_2、…、$K_n(\mu m^2)$，则第 i 层段的累积产油量 $Q_i(t)$ 的计算式为：

$$Q_i = \frac{h_i K_i}{\sum_{j=1}^{n}(K_j h_j)} Q \tag{9-4-14}$$

应用容积法计算地质储量的公式不难推导出单井第 i 层控制储量 $N_i(t)$ 与单井控制总储量 $N(t)$ 的关系：

$$N_i = \frac{h_i Q_i}{\sum_{j=1}^{n} h_j Q_i} N \tag{9-4-15}$$

第 i 油层采出程度 $R_i(\%)$ 为：

$$R_i = \frac{\sum_{j=1}^{n} h_j Q_i}{\sum_{j=1}^{n} h_j K_i} \frac{K_i}{Q_i} \frac{Q}{N} \times 100\% \tag{9-4-16}$$

将式(9-4-16)代入式(9-4-7)可得到第 i 层油层蒸汽吞吐的泄油半径，以此类推，可以计算出各个单层的泄油半径。

在已知单井发生汽窜的情况下，可以通过上述方法对各单层的泄油面积进行计算，从而确定剩余油在平面和纵向上的分布状况。

利用上述公式确定蒸汽吞吐泄油半径和汽窜带宽度时，蒸汽纵向上波及系数和驱油效率分别根据各区块取心结果和其单管物理模型驱替实验数据确定。

2)计算结果

利用上述公式对古城泌浅 10 块、井楼零区、井楼一区进行了泄油半径和汽窜带宽度的计算。结果表明，吞吐泄油半径一般小于 35m，主流线方向汽窜带宽度一般小于 20m，非主流线方向汽窜带宽度小于 10m。

三、剩余油分布特征

稠油油藏蒸汽吞吐后剩余油分布主要受井网控制程度、采出程度、油层韵律性、非均质性、沉积微相和地层倾角等因素的影响[235]。综合各种剩余油研究方法，分别从纵向和平面两个方面分析浅薄层特超稠油蒸汽吞吐后剩余油分布特征和规律。

1. 剩余油纵向分布特征

不同区块、不同油层，由于沉积微相不同，油层的韵律性、夹层分布和非均质特征不同，注汽过程中，油层纵向蒸汽波及状况差异很大，剩余油分布规律不同。根据数值模拟、矿场监测和动态分析结果，纵向上主要存在三种形式的剩余油分布模式。

1)中厚层均匀韵律超稠油层顶部水淹模式

井楼油田一二区Ⅲ$_9$层属浅中厚层均匀韵律超稠油油层，蒸汽超覆严重，顶部蒸汽波及半径大，水洗严重，中下部动用程度低（图 9-4-7 中 A），甚至仍是原始状态。

1994 年部署的一口调整完善井 L1820 井距 4 口吞吐井（L1819、L1919、L1821、L1719）均为 71m，4 口井平均吞吐了 5 个周期，但根据取心结果，Ⅲ$_9$层顶部只有 3m 厚的油层中等水洗，中下部 9.8m 厚的油层仍处于原始状态。

常规蒸汽吞吐，包括常规蒸汽驱都很难抑制这类油层的蒸汽超覆，需要通过改变开发方式提高这类剩余油的动用程度。

2)薄互层复合韵律特超稠油层中部水淹模式

古城油田泌浅 10 区Ⅳ$_9$层属浅薄互层复合韵律特超稠油油层，由于夹层的大量存在，抑制了蒸汽超覆，油层中部高渗透层吸汽量大，水洗比较严重（图 9-4-7 中 B），根据 8 口加密井资料统计，水淹井 5 口，全部为中部水淹。

3)薄互层正韵律特稠油层底部水淹

井楼油田零区Ⅲ$_6$层属浅薄互层正韵律特稠油油层，夹层发育，下部单层孔隙度和渗透率高，相对吸汽量大，蒸汽突进速度快，波及范围大，水洗程度高（图 9-4-7 中 C）。区块共钻加密调整井 28 口，水淹井 13 口，其中底部水淹井 11 口，占总水淹井数的 84.6%。根据检查井 LJ01 井取心资料，自下而上水洗程度表现为强—中—弱—未淹，明显受油层韵律控制。

后两种剩余油模式中纵向剩余油的挖潜主要是通过调剖堵窜，封堵吸汽量大的高渗透层，提高低渗透层的相对吸汽量，改善开发效果。

2. 平面剩余油分布特征

1)井网控制程度低的地区是剩余油富集区

由于受地面条件限制，无井控制；或者过去对油层认识程度不够，井网控制比较低的地

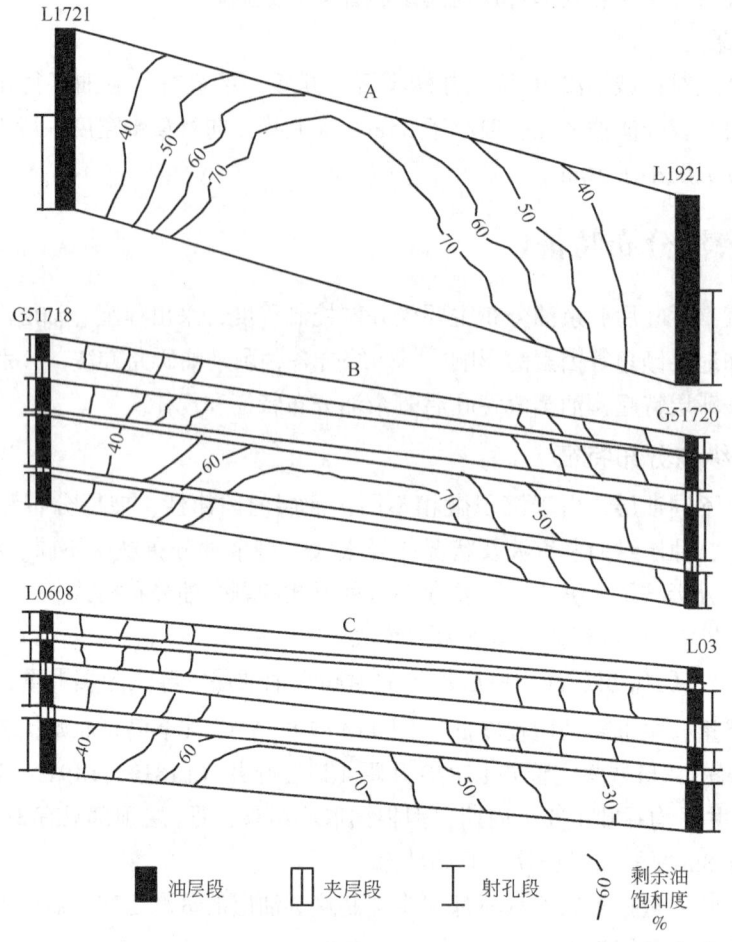

图 9-4-7 纵向剩余油分布模式

区,油层仍然保持原始状态。这类剩余油主要分布在井楼油田一二区西北部和东南部,地质储量 $71×10^4$ t。此类剩余油的主要挖潜手段是完善井网,提高井网控制程度,对于地面条件限制的地区可以钻定向井,包括丛式井组。

2) 低采出程度剩余油富集区

河南蒸汽吞吐开采的井网类型有两种形式,包括正方形井网和三角形井网。蒸汽吞吐后剩余油在平面上基本上是分布在正方形井网或三角形井网的中间,但由于地质因素、汽窜及采出程度等多种因素的影响,各井组之间剩余油富集程度差异很大,有些井区剩余油连片分布,有些井区连片性差。例如,古城油田泌浅 10 区 G51419—G51518—G51617 井以东和 G51316—G51112—G51310 井以西地区,油层厚度比较大,采出程度低,汽窜少,剩余油最为富集,连片性好。井楼零区扩大试验区外围采出程度低,也是剩余油比较富集的地区。主要挖潜手段是钻加密井,或开展间歇汽驱,提高井间死油区的动用程度。

3) 不同微相控制的剩余油

不同微相的非均质性不同,表现出的生产特征和汽窜特点不同,剩余油分布状况不同。例如井楼油田零区在 L07—L03—L0307 井以西地区处于扇三角洲前缘远岸水道主体部位,物性好,生产效果比较好,采出程度高,同时由于河道砂体的方向性,造成汽窜非常严重,剩余油连片性差。以东地区处于扇三角洲前缘远岸水道砂体的侧缘部位，平面上物性方向性不明显，相对均质，吞吐过程中蒸汽向四周推进比较均匀，汽窜次数相对较少，平面上剩余油连片分布。根据检查井和加密井资料统计，水道主体部位水淹井是侧缘部位的 2 倍。主要挖潜技术是开展间歇汽驱或钻加密井，提高蒸汽波及范围。

4）地层倾角影响造成的剩余油

由于蒸汽具有超覆的特性，在地层倾角比较大的情况下，往往造成上倾方向蒸汽突进速度快，波及半径大，下倾方向波及半径小。根据监测资料，吞吐 5 周期后，上倾方向蒸汽波及半径是下倾方波及半径的 2 倍。随着吞吐轮次的增加，上倾方向的突进越来越严重，下倾方向蒸汽驱扫范围提高不大。对于单井来说，下倾方向较上倾方向剩余油分布范围大，含油饱和度高。这类剩余油可以采用碱性废渣调剖堵窜的措施，控制蒸汽运动方向，改善开发效果。

第十章 油藏描述软件介绍

石油工程师系统（petroleum engineer system）简称 Pes，是一套囊括了基础地质研究、油藏描述、油藏工程、油气田开发、钻井设计与井斜资料处理、测井资料处理与解释、经济分析以及其它有关数理统计计算和图形处理的综合性应用软件。该软件系统可以提高工作效率和研究精度，减轻地质工程师和石油工程师的劳动强度。

该软件的特点是：面向用户，界面友好；功能齐全，智能程度高；操作简便，人机交互能力强。

该软件的界面按照市场上流行的、技术人员习惯的方式设计，基础功能都放在工具栏中，专业功能分类放在地质室、油藏室、钻井室、测井室和综合室中。

该软件的图形编辑采用图层形式，可以将不同类型的图形构件放在不同的图层中，方便批量处理。

第一节 操作界面

操作界面由工具栏和绘图页面组成（图 10-1-1）。在工具栏中显示了软件的基本操作工具和帮助（图 10-1-2），有文字有图标，通过文字菜单和工具快捷方式两个途径都可实现各工具的功能。

鼠标指向各个工具按钮，即会显示出各个按钮的功能。

(1) 新建工作窗体 。点击此按钮，可在工作区新建一个工作平台，可以实现多文档操作。

(2) 打开已有的 .tab 文件 。

(3) 打开 .gst 文件 。

(4) 保存为 .gst 文件 。当用户打开多个 .tab 文件时，如需要把这些 .tab 文件绑定在一起，以方便下次操作时，可以保存为 .gst 文件。

(5) 打印 。

(6) 保存图像 。点击图标后弹出对话框（图 10-1-3），可以保存为 *.WMF、*.JPG、*.PNG、*.PSD、*.GIF、*.TIF、*.EMF 等多种格式图像。选择保存路径和

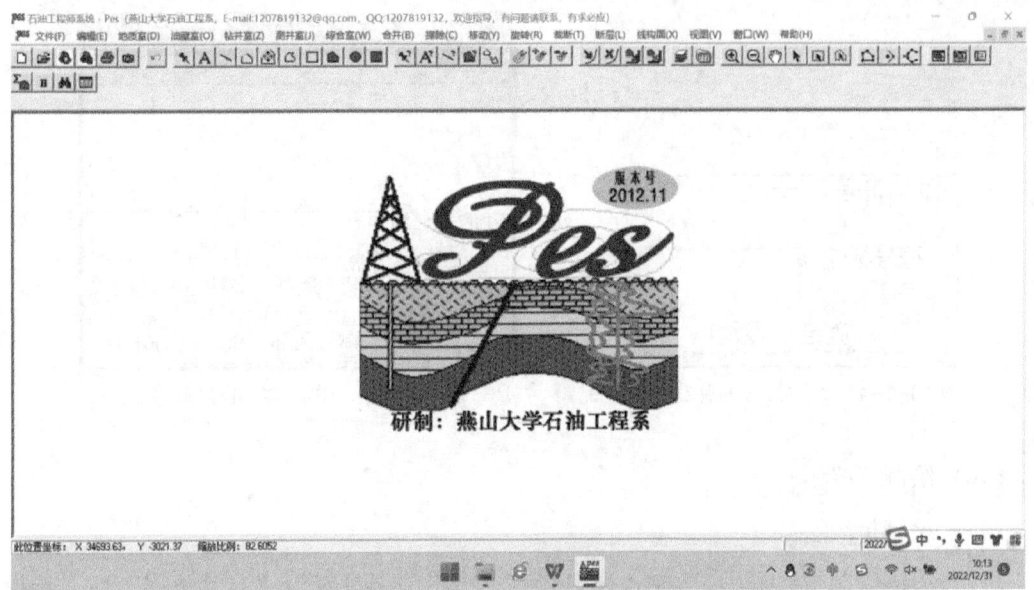

图 10-1-1 石油工程师系统（Pes）的界面

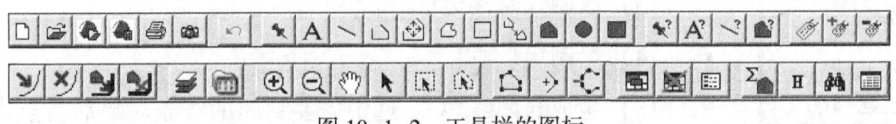

图 10-1-2 工具栏的图标

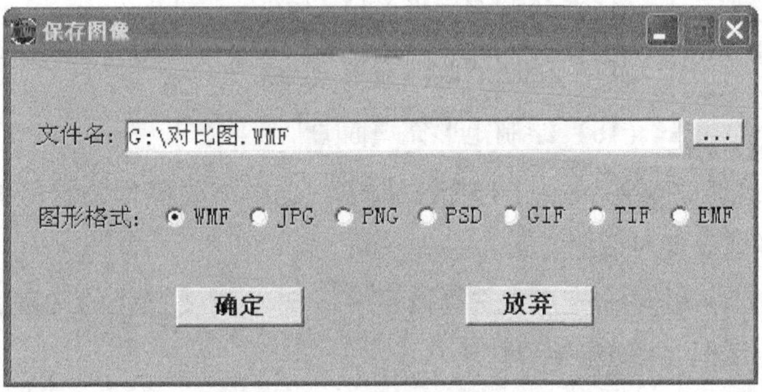

图 10-1-3 保存图形的弹出界面

图形格式，点击"确定"即可保存图形。

（7）撤销 。当用户删除图元对象后想恢复时，可点击此按钮。

（8）增加符号对象 。首先点击选择按钮 ，在需要添加符号对象的位置点击一下，然后点击此按钮，即可在工作区的左上角弹出"添加符号"对话框（图 10-1-4）。输入符号的标注名称，点击确定即添加完成。

（9）增加文本 。首先点击选择按钮 ，在需要添加文本的位置点击一下，然后点击此按钮，即可弹出"添加文字"对话框（图 10-1-5）。输入文字内容，设置文字角度、字体、颜色（可默认），也可以选择给文字加背景颜色，点击确定即添加完成。

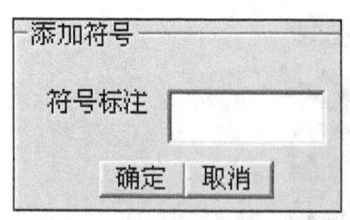
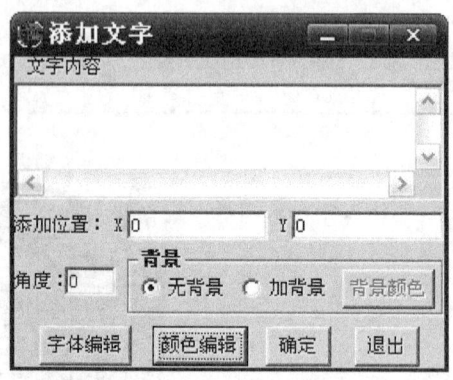

图 10-1-4　添加符号的弹出界面　　　　图 10-1-5　添加文字的弹出界面

（10）绘制直线。

（11）绘制折线。

（12）滚屏绘制折线。当在"视图"菜单中将图层设置为"自动滚屏"时，选择此按钮可以进行滚屏绘制折线（图）。

图 10-1-6　滚屏绘制折线弹出界面

（13）绘制任意多边形。

（14）绘制矩形。

（15）生成封闭线。选中需要封闭的线条对象后，点击此按钮即可生成封闭的线条图元。

（16）绘制多边形充填面。

（17）绘制椭圆形充填面。

（18）绘制矩形充填面。

（19）符号样式修改。先点击选择按钮，选中需要操作的符号图元后，点击此按钮即可弹出符号样式设置对话框。

（20）文字样式修改。先点击选择按钮，选中需要操作的文字后，点击此按钮即可弹出文字编辑对话框（图 10-1-7）。

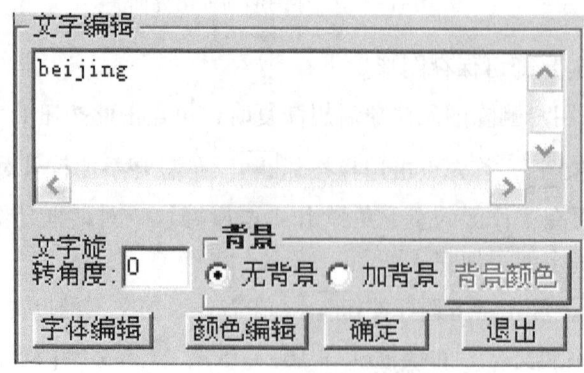

图 10-1-7　文字编辑弹出界面

（21）线条样式修改 。先点击选择按钮 ，选中需要操作的线条或多边形后，点击此按钮即可弹出线条样式设置对话框。

（22）充填面样式修改 。先点击选择按钮 ，选中需要操作的充填面后，点击此按钮即可弹出充填面样式设置对话框。

（23）标注 。点击此按钮后，在需要显示标注的对象上单击，可以给单个的对象添加标注。

（24）添加标注 。如果想给没有标注的线条对象添加标注时，可以使用本按钮。先选中需要添加标注的线条对象后，点击此按钮，即可弹出如下对话框（图10-1-8）。先输入"标注名称"，如线条需要圆滑可选中 曲线是否圆滑，可以拖动 滚动条进行圆滑等级设置，"10"为最高等级，如线条不需要圆滑可取消"曲线是否圆滑"选择按钮。设置好以后，点击 确定 按钮，即可完成操作。

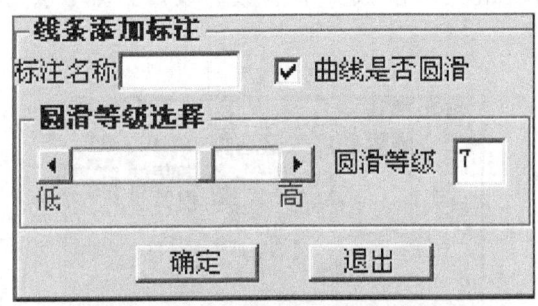

图10-1-8　添加线条标注的弹出界面

（25）删除标注 。选中需要操作的线条对象后，点击本按钮，即可删除该线条的标注。

（26）线条圆滑 。选中需要进行圆滑处理的线条后，点击此按钮，可以圆滑线条，使用对象为折线、多边形。

（27）撤销线条圆滑 。

（28）充填面圆滑 。此按钮针对多边形充填面对象，选中需要操作的对象后，点击此按钮后，即可圆滑多边形充填面。

（29）取消充填面圆滑 。

（30）图层控制器 。

（31）图层控制器 。

（32）视图放大 。

（33）视图缩小 。

（34）漫游 。

（35）选择 。

(36) 选择矩形内对象。

(37) 选择任意多边形内对象。

(38) 显示节点。点击此按钮，可对图元对象的节点进行操作，以此对图元对象进行修改。

(39) 增加节点。此按钮针对线条、多边形、充填面对象，选中需要操作的对象后，点击此按钮后，在线条、多边形的线上或充填面的边界线上单击一次即可增加一个节点。

(40) 减少节点。有时候某一线条对象节点过于密集，用户修改极为不方便，就可以用此按钮，减少该线条对象的节点数。选中需要操作的线条对象后，点击此按钮，即可弹出如下对话框（图10-1-9）。用户可以通过拖动滚动条来设置该线条节点的间隔密度等级，"10"为最高等级，设置此值操作后线条节点不变；"0"为间隔密度最低等级，将会最大限度减少节点数。设置好后，点击确定按钮，即可完成操作。

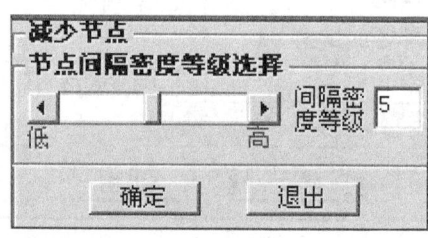

图 10-1-9 减少节点数量的弹出界面

(41) 创建专题地图。点击此按钮，会弹出"专题图制作"对话框（图10-1-10）。"选择专题图样式"，通过下拉框选择，这里包括7种样式，范围图、直方图、饼图、等级符号图、点密度图、独立值图和默认，用户可以根据需要选择适当的样式制作。"选择表"可以通过下拉框选择需要操作的图层。"选择字段"选择适当的字段来制作专题图。设置好后点击确认即可。

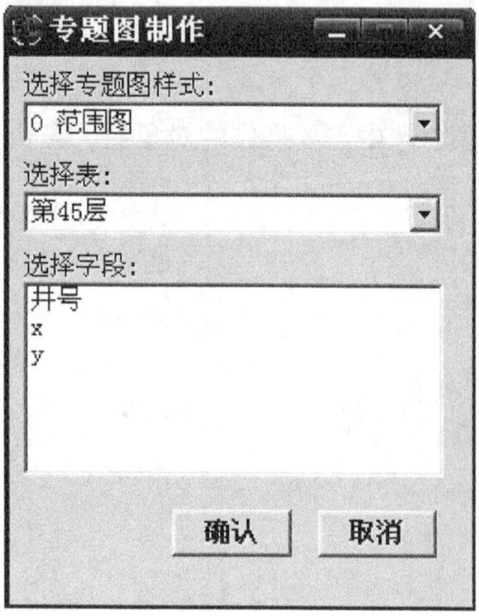

(42) 删除专题地图。制作好专题地图后，点击此按钮，可以删除刚刚制作的专题地图。

(43) 显示/隐藏图例。制作好专题地图后，点击此按钮，可以显示或者隐藏图例。

(44) 面积计算。先点击选择按钮，选中需要操作的充填面后，点击此按钮，会弹出"求面积"对话框，如图10-1-11所示。点击下拉框，选择区域所在的图层后点击计算面积，即可计算出此充填面的面积。

图 10-1-10 创建专题地图的弹出界面

(45) 平均值计算 H 。在图层上选中需要计算的所有井点后，点击此按钮，会弹出"求平均值"对话框（图 10-1-12）。

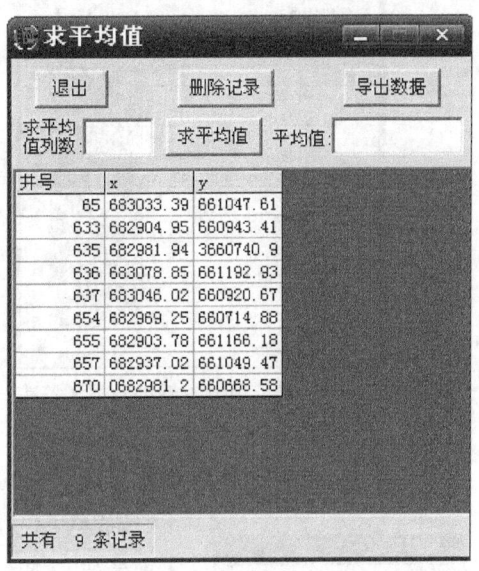

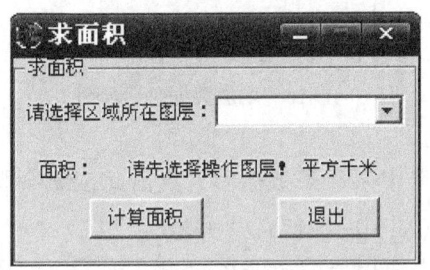

图 10-1-11　计算面积的弹出界面

图 10-1-12　计算选定区域内井点属性平均值的弹出界面

① 输入"求平均值列数"，点击 求平均值 ，即可求出这列的平均值；

② 选中需要删除的某一行，点击 删除记录 ，即可删除这行数据；

③ 点击 导出数据 按钮，可以导出数据，格式可以根据需要选择（.txt 或 .excel）。

(46) 油井查询 。点击此按钮，会弹出"查询"对话框（图 10-1-13）。点击下拉框，可以选择需要查找的图层，输入"查找井号"后，点击 查询 即可。

(47) 查看数据 。

① 打开一个或多个图层后，点击此按钮，会弹出"浏览表"对话框（图 10-1-14）。

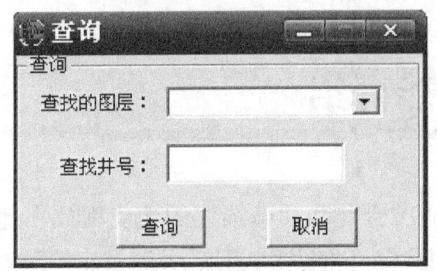

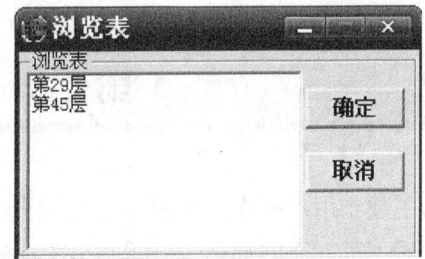

图 10-1-13　查找井号的弹出界面

图 10-1-14　浏览表弹出界面

② 选择所要浏览的表后，点击 确定 ，即会弹出"属性数据"对话框（图 10-1-15）。

③ 增加记录 ：点击此按钮会弹出"编辑数据"对话框（图 10-1-16），用户输入"井号"、"x"、"y"值后点击 确定 ，即增加完成。

图 10-1-15　所要查看的数据浏览表

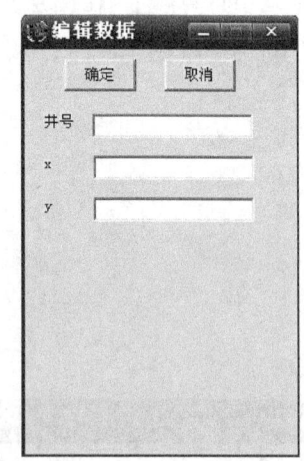

图 10-1-16　增加数据对话界面

④ 修改记录：现在"属性数据"对话框的表格中选中某一条数据后，点击此按钮会弹出"编辑数据"对话框（图 10-1-17）。"井号"、"x"、"y" 显现的值为现在的，用户可以进行修改后点击 确定 ，即修改完成。

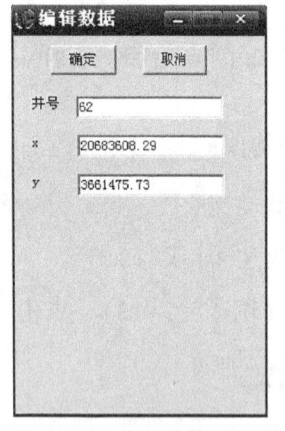

图 10-1-17　修改数据对话界面

⑤ 删除记录：现在"属性数据"对话框的表格中选中某一条数据后，点击此按钮，即可删除此条数据；

⑥ 导出数据：点击此按钮，可以导出数据，格式可以根据需要选择 .txt 或 .excel。

⑦ "数据格式处理"。输入"处理数据列数"，点击下拉框，选择适当的数据格式类型后（保留为整数、保留 1 位小数、保留 2 位小数、保留 3 位小数、保留 4 位小数五种类型），点击 处理 ，可以转换此列数据格式。

第二节　功能介绍

为了便于用户操作，按照专业功能分类，将地质研究和油藏描述的功能都放在地质室中；油藏工程方面的计算、分析、编图都放置在油藏室；将钻井设计、井斜校正等放置在钻井室中；将与测井处理和解释相关的功能放置在测井室；将油藏描述、油气田开发中能应用到的数理统计、数学计算、数据转换以及经济评级等功能放置在综合室中。

一、地质室

地质室可以处理与地质有关工作和任务，共 19 个方面的功能（图 10-2-1）：（1）井位编辑；（2）岩石命名；（3）粒度资料处理；（4）压汞资料处理；（5）黏温关系计算；（6）直方图；（7）蛛网图；（8）绘制玫瑰花图；（9）一元回归分析；（10）多元回归分析；（11）非均质参数计算；（12）趋势分析；（13）地层对比；（14）地层对比小层信息提取；（15）构造研究及油砂体面积图；（16）沉积微相图；（17）综合柱状图及四性关系图；（18）变差函数计算；（19）绘制等值线。

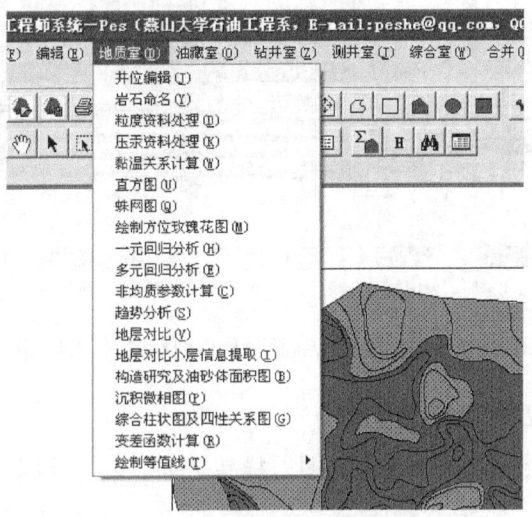

图 10-2-1　地质室相关功能的菜单

下面重点展示一下地质室中的几个主要功能。

1. 岩石命名

这一功能可以根据自己的需要选择不同的岩石命名方式（图 10-2-2）。

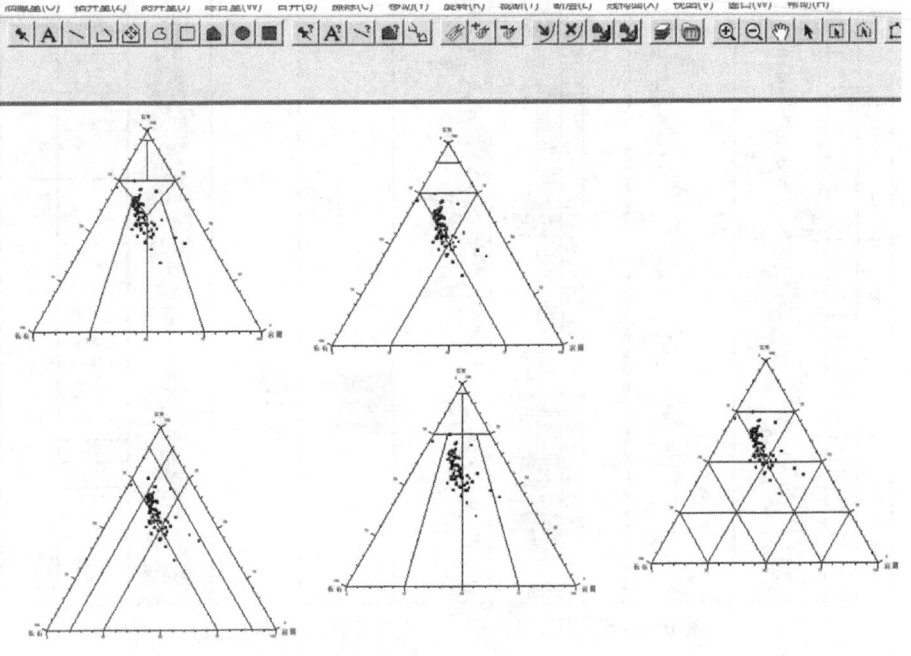

图 10-2-2　岩石三矿物命名示意图（软件截图）

2. 地层对比小层信息提取

这一功能可以自动对比连线，人工交互修改对比结果（图10-2-3），自动提取小层数据，并建立表格。

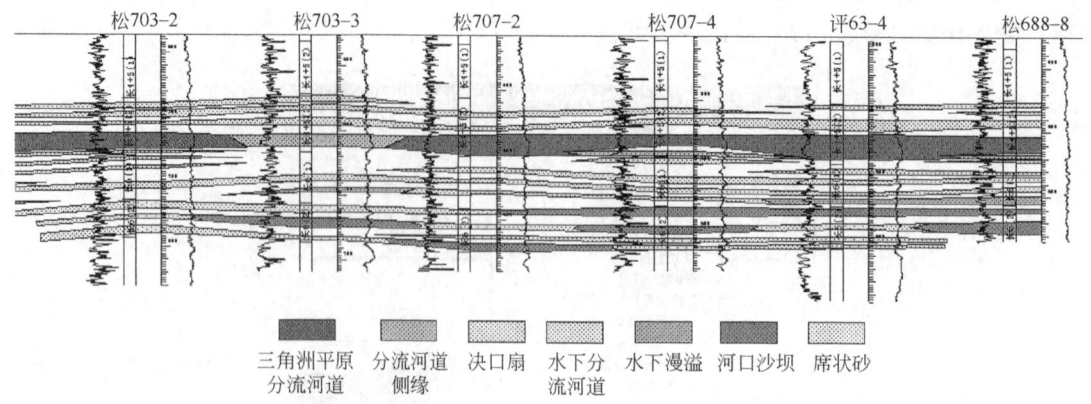

图 10-2-3　砂体对比剖面图及相剖面图（软件成图）

3. 综合柱状图及四性关系图

这一功能可智能化绘制综合柱状图，岩性、样品自动归类，人机交互编辑（图10-2-4）。

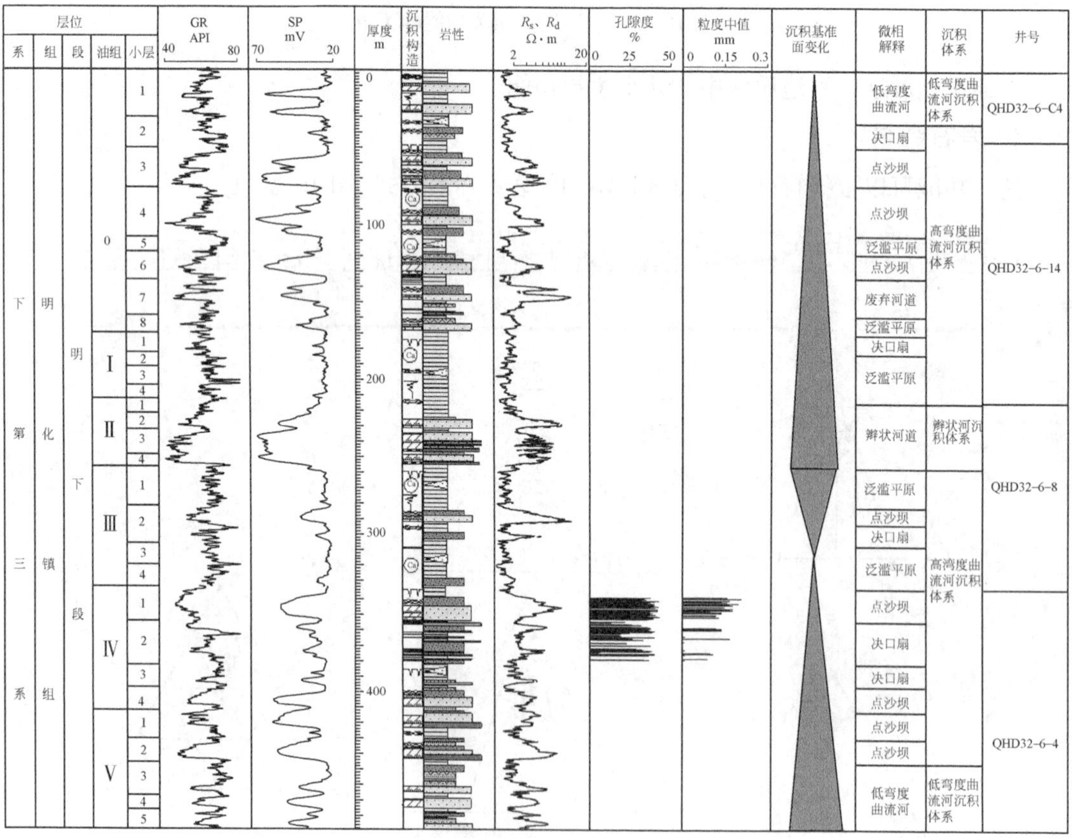

图 10-2-4　岩性柱状图、四性关系图（软件成图）

4. 绘制等值线

这一功能可自动绘制等值线图，自动充填分级颜色。可人工交互编辑，添加标识等（图 10-2-5）。

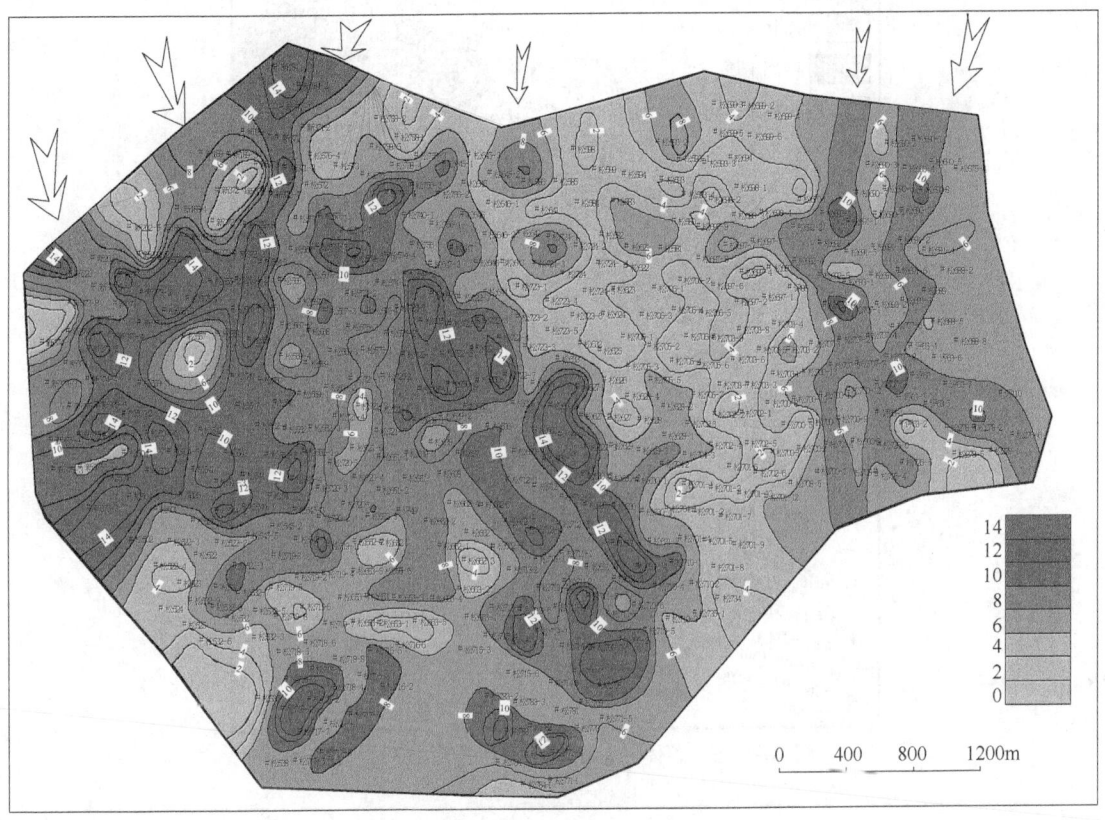

图 10-2-5　某区砂体等厚图（软件成图）

5. 沉积微相图

这一功能可通过人机交互，编制砂体等厚图、沉积相带图（图 10-2-6），可智能添加小层的测井曲线（图 10-2-7）。

6. 构造研究及油砂体面积图

这一功能可通过人机交互可编制构造剖面图、油藏剖面图（图 10-2-8），编制构造图，构造信息提取，编制油砂体面积图（图 10-2-9），储量自动计算。

7. 粒度资料处理

这一功能可以绘制粒度概率曲线图、频率图、直方图和 $C—M$ 图（图 10-2-10 中左至右），计算相关的粒度参数。

8. 压汞资料处理

这一功能可以绘制压汞曲线图，依据压汞数据计算孔隙结构相关参数，绘制孔喉体积直方图和渗透率贡献图（图 10-2-11）。

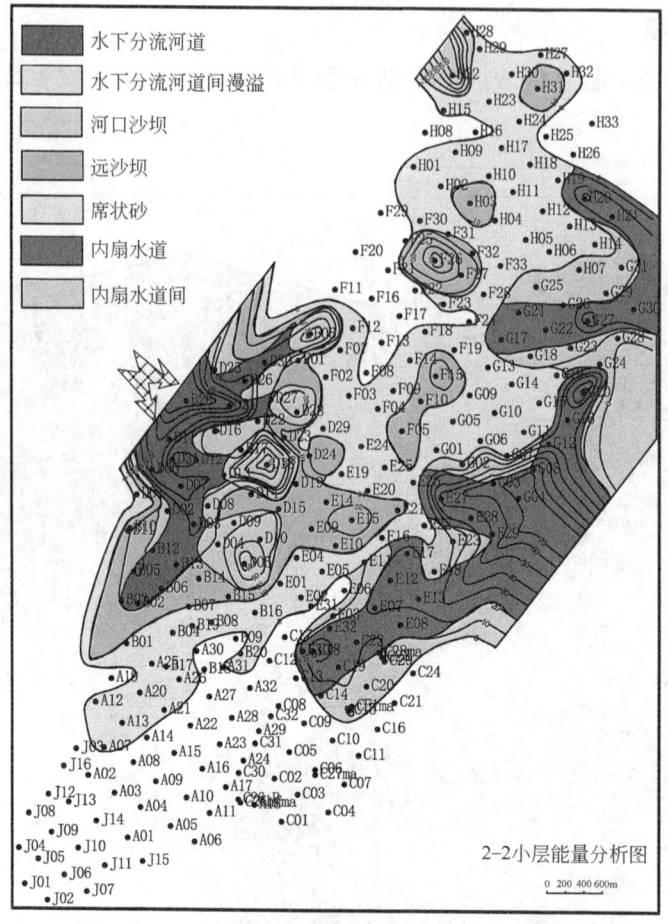

图 10-2-6 砂体分布图及沉积相带图（软件成图）

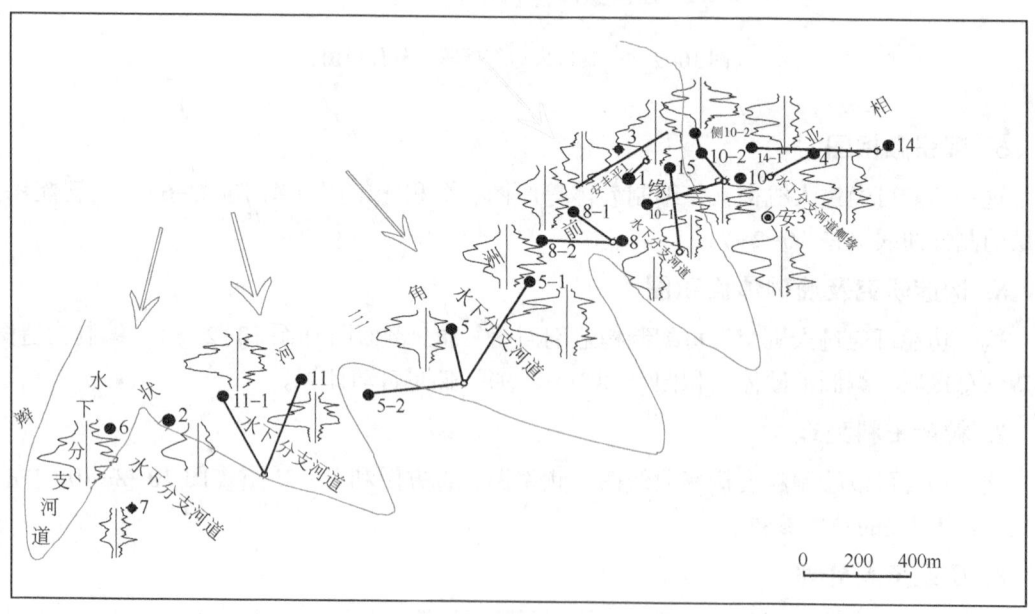

图 10-2-7 某沉积相带图（软件成图）

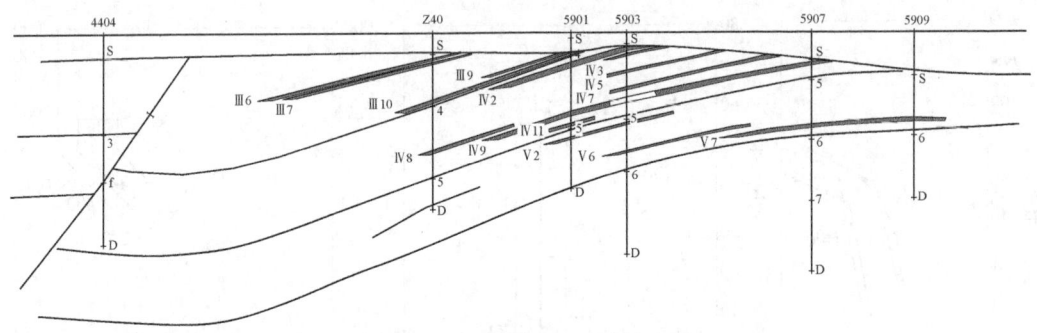

图 10-2-8　油藏剖面图（软件成图）

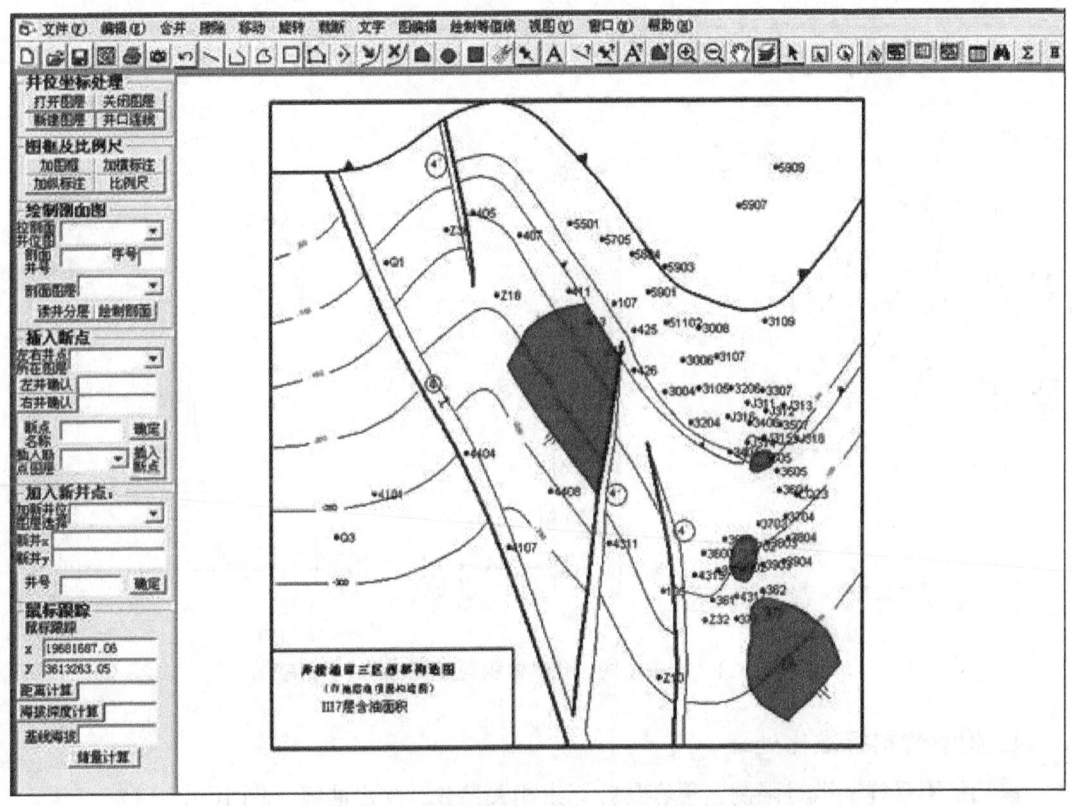

图 10-2-9　构造图及油砂体面积图（软件成图）

二、油藏室

油藏室可以处理与油藏工程有关的工作和任务，共 14 个方面的功能（图 10-2-12）：（1）相渗资料标准化处理；（2）绘制采油曲线；（3）采收率图板；（4）水驱曲线；（5）开发现状图；（6）"J"函数；（7）递减分析；（8）注水效果评价；（9）水侵量计算；（10）弹性采收率计算；（11）最终采收率预测；（12）水平井产能预测；（13）试井分析；（14）物质平衡法。

下面重点展示一下油藏室中的几个主要功能。

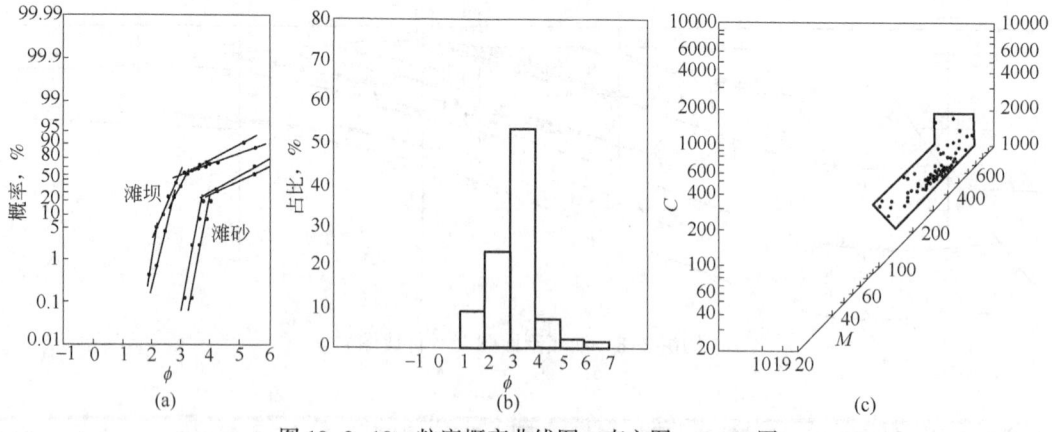

图 10-2-10　粒度概率曲线图、直方图、$C—M$ 图

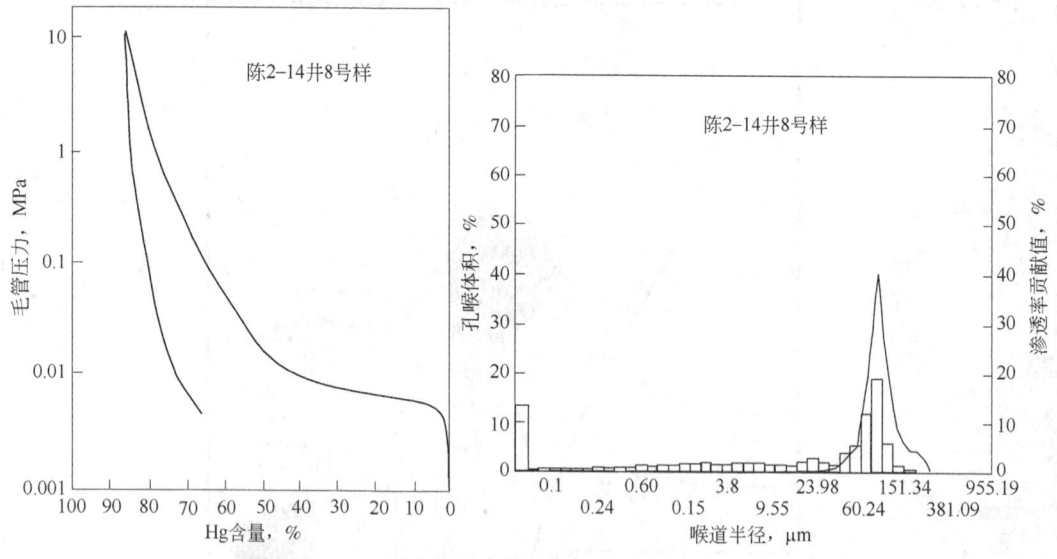

图 10-2-11　压汞曲线、孔喉体积直方图和渗透率贡献图

1. 相渗资料标准化处理

该功能不受样品数量限制，很容易计算出相关参数，绘出曲线（图 10-2-13）。

2. 采收率预测

该功能可绘制采收率图版，预测采收率（图 10-2-14）。

3. 开发现状图

该功能可以采用饼状图、直方图绘制各种形式的开发现状图（图 10-2-15）。

4. 递减分析

该功能可自动判断递减类型，计算递减率，绘制递减曲线图（图 10-2-16）。

5. 水平井产能预测

该功能可以计算水平井各类流态的产能（图 10-2-17）。

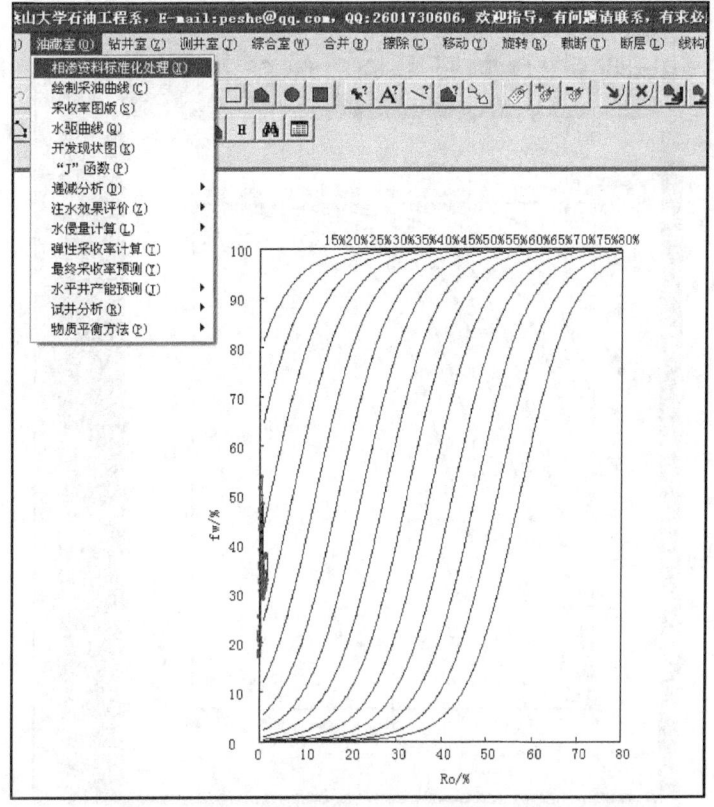

图 10-2-12 油藏室相关功能的菜单（软件截图）

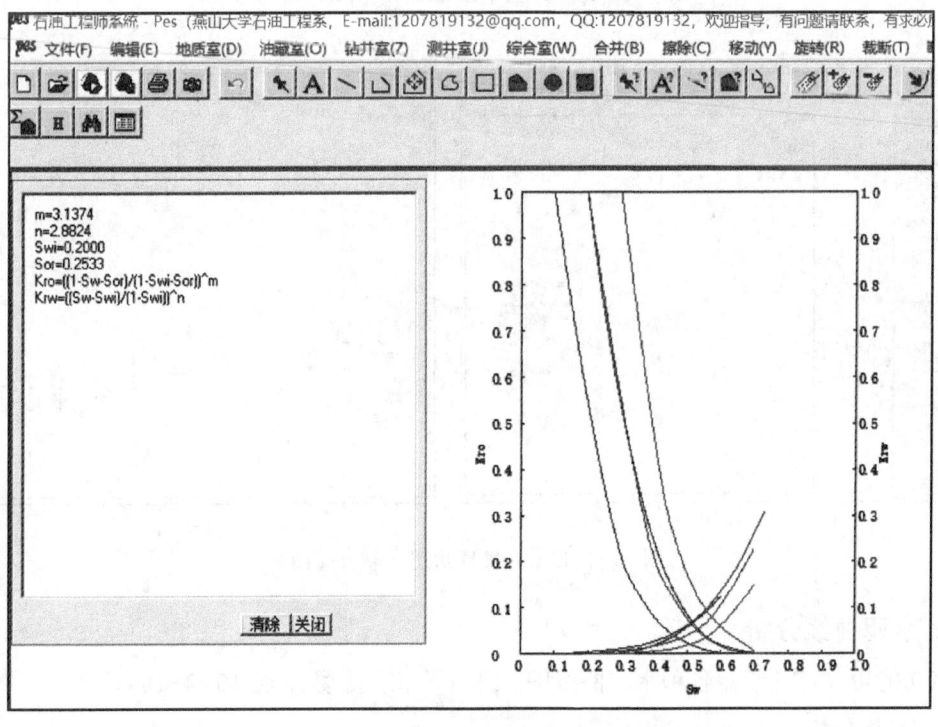

图 10-2-13 多样品相对渗透标准化处理（软件截图）

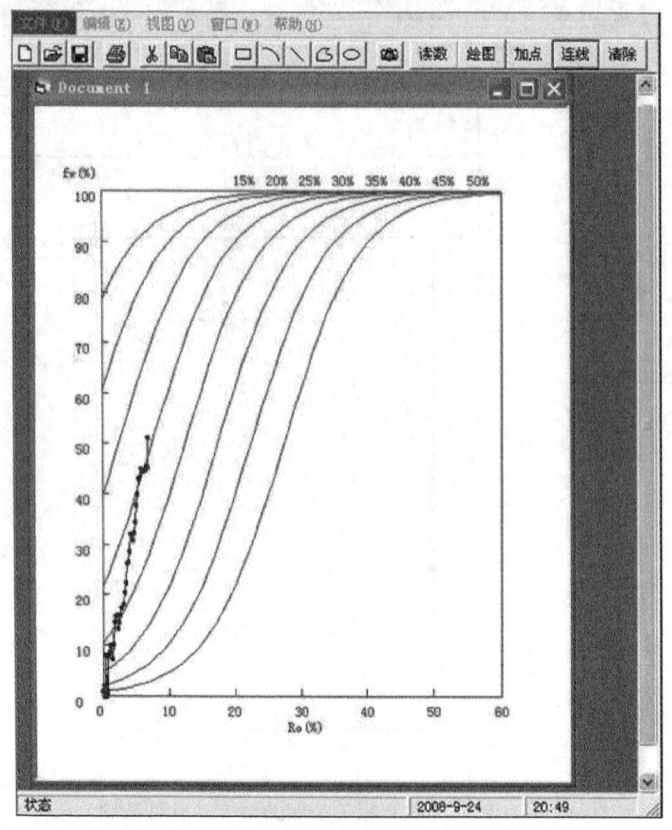

图 10-2-14　采收率预测图版（软件截图）

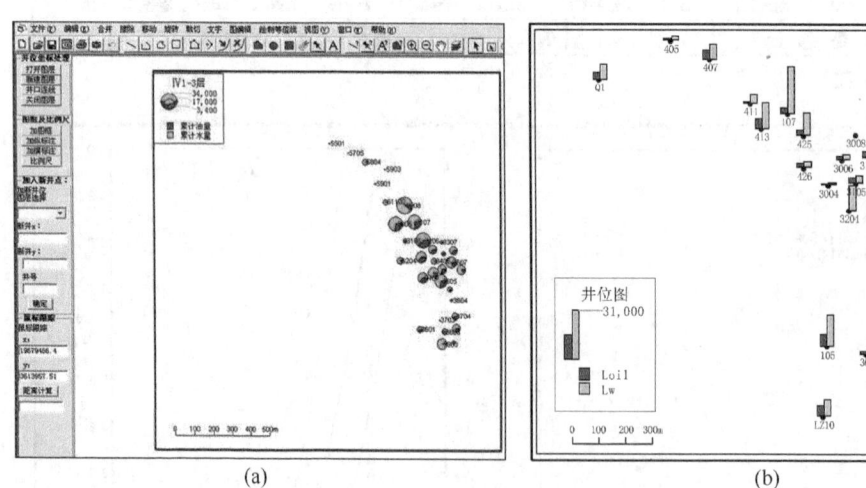

图 10-2-15　开发现状图（软件截图）

6. 水驱曲线分析

该功能可以自动绘制各种水驱曲线图，并计算相关参数（图 10-2-18）。

7. 试井分析

这一功能可以完成各试井类型的计算和分析（图 10-2-19）。

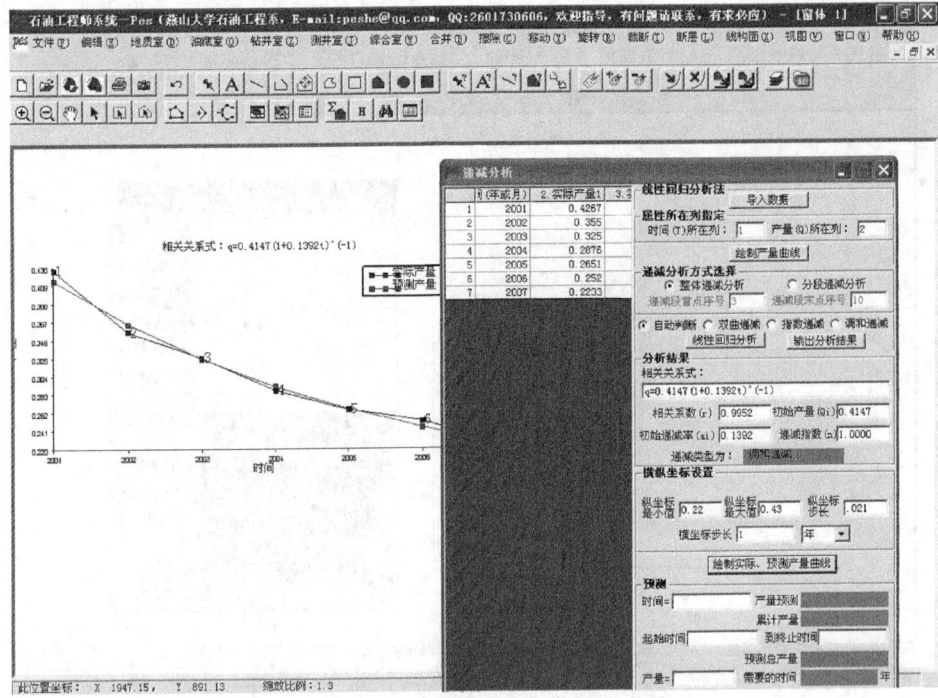

图 10-2-16　递减分析界面（软件截图）

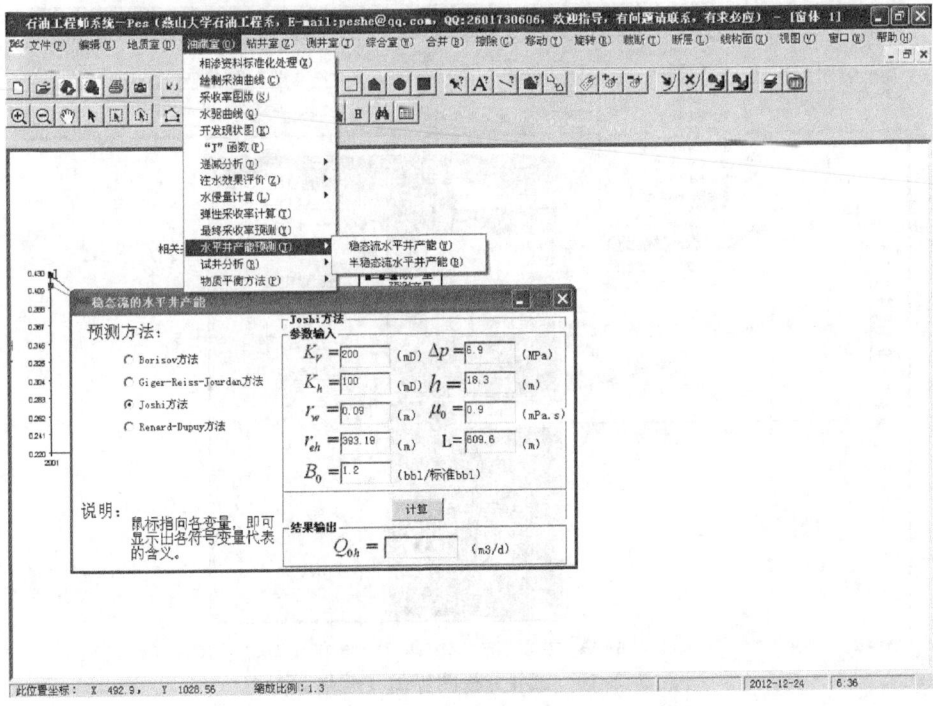

图 10-2-17　水平井产能预测界面（软件截图）

8. 水侵量分析

这一功能能够完成各类水侵方式的计算和分析（图 10-2-20）。

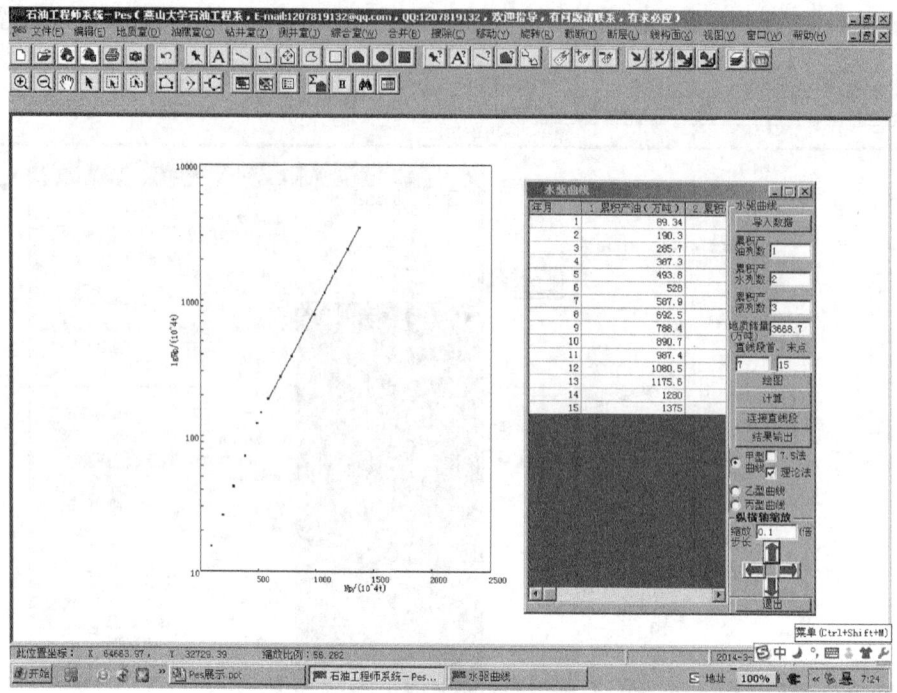

图 10-2-18　水驱曲线图界面（软件截图）

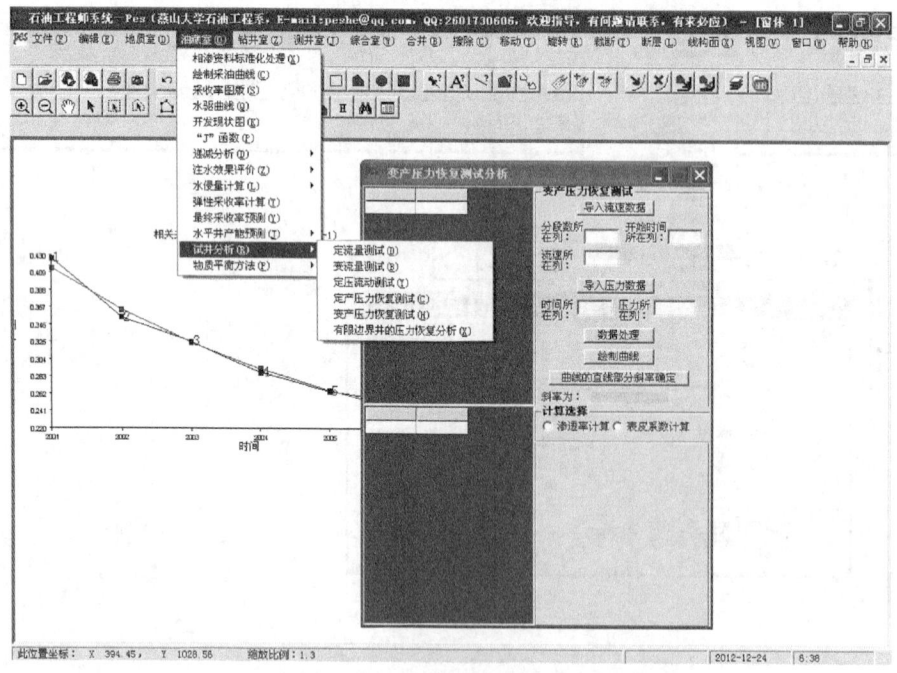

图 10-2-19　试井分析图界面（软件截图）

9. 注水效果评价

这一功能可以分析存水率、水驱指数、波及体积系数等（图 10-2-21）。

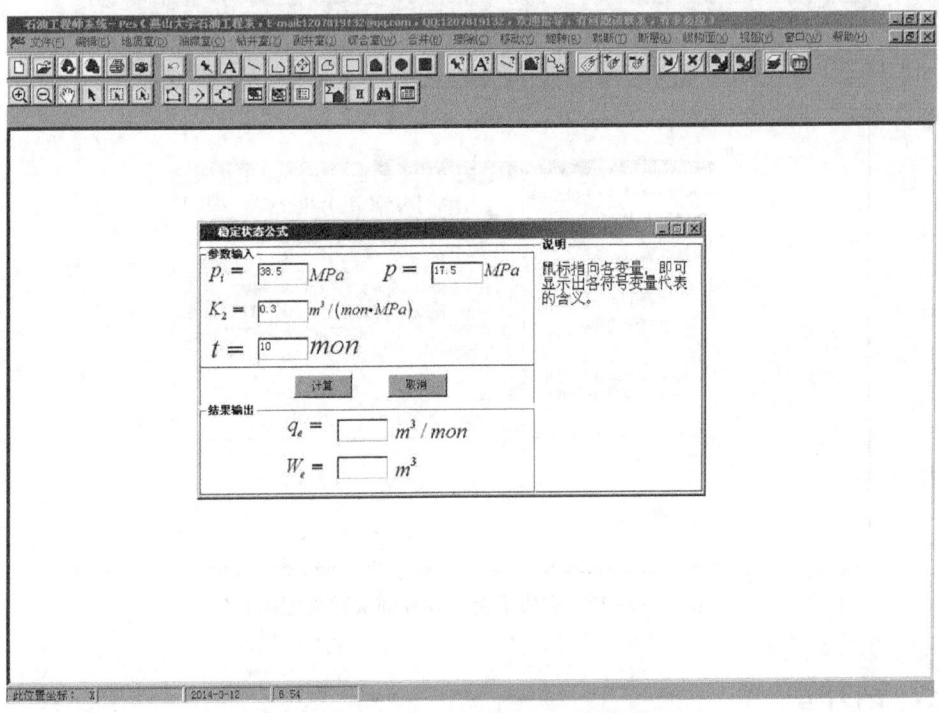

图 10-2-20　水侵量计算界面（软件截图）

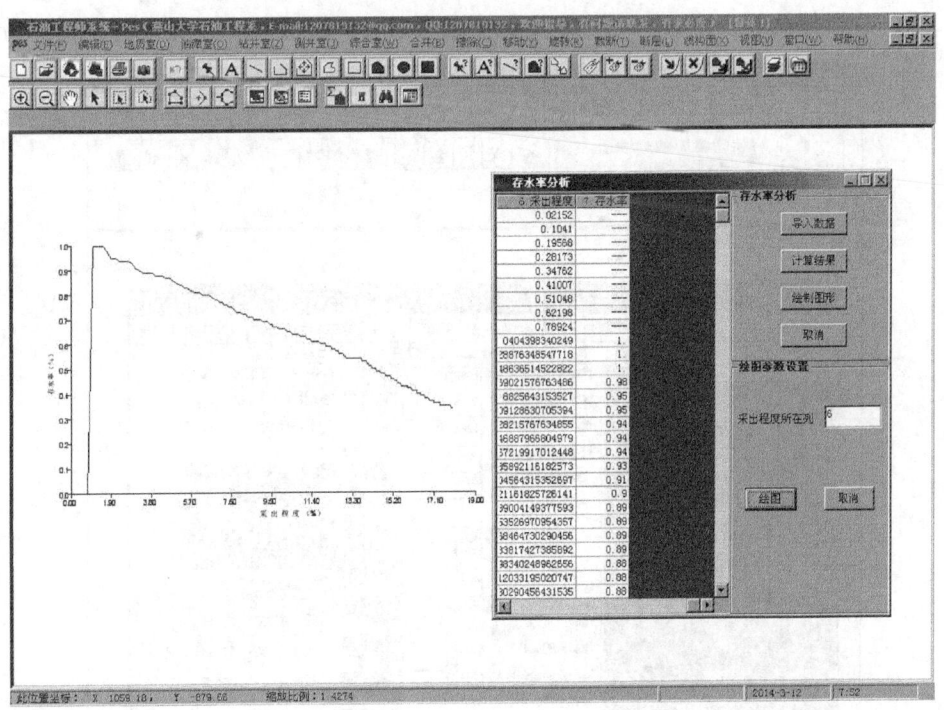

图 10-2-21　注水效果评价图界面（软件截图）

10. 物质平衡方程

这一功能可以完成物质平衡中的所有计算（图 10-2-22）。

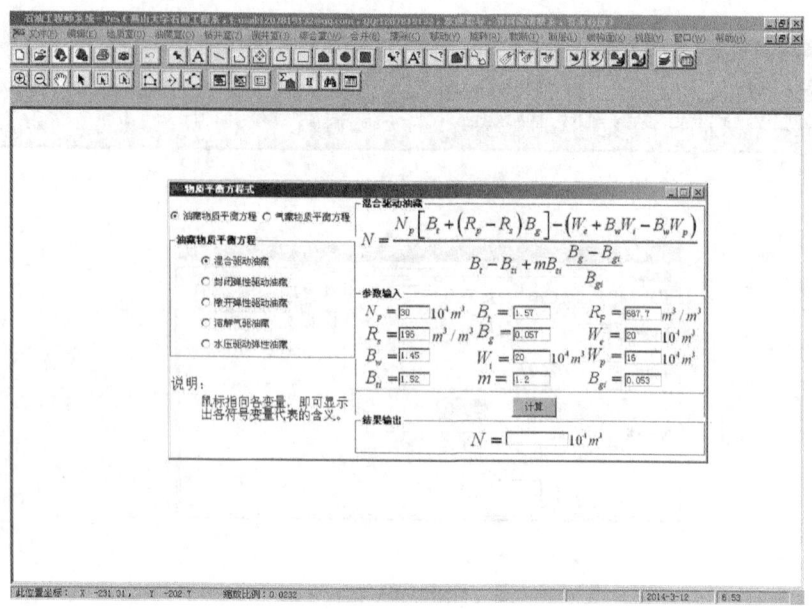

图 10-2-22　物质平衡计算界面（软件截图）

三、钻井室

钻井室可以处理与钻井有关工作和任务，包括 4 方面的功能（图 10-2-23）：（1）井斜处理；（2）井斜数据逐点校斜；（3）定向井平面设计；（4）定向井三维设计及随钻分析。

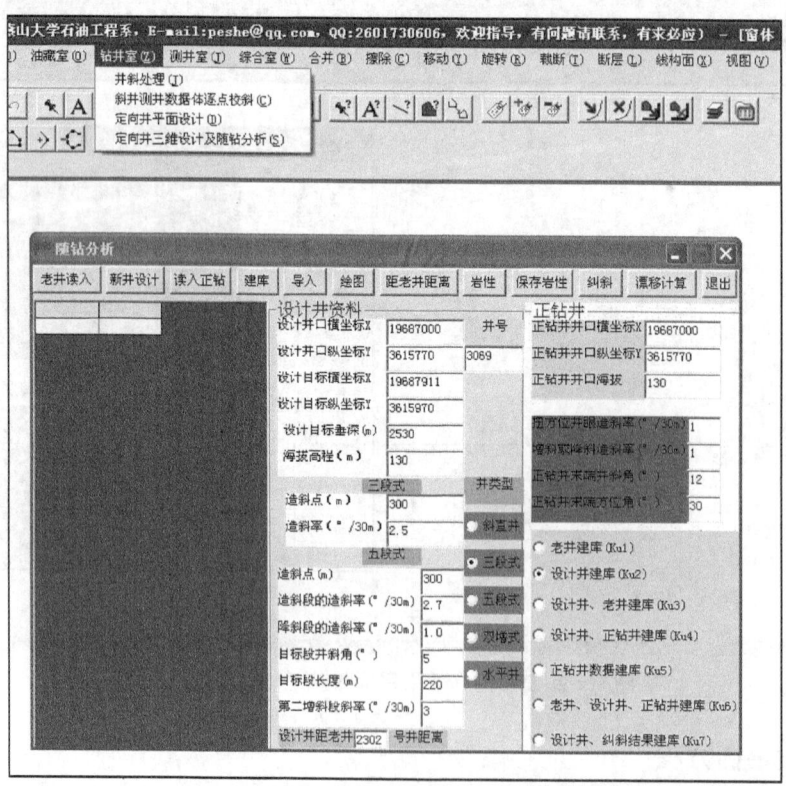

图 10-2-23　钻井室相关功能的菜单（软件截图）

下面重点展示一下定向井三维设计和井斜校正。

1. 定向井三维设计及随钻分析

该功能可以根据需要开展各种井轨迹的三维设计（图10-2-24）、随钻分析、防碰撞和二次纠偏设计。

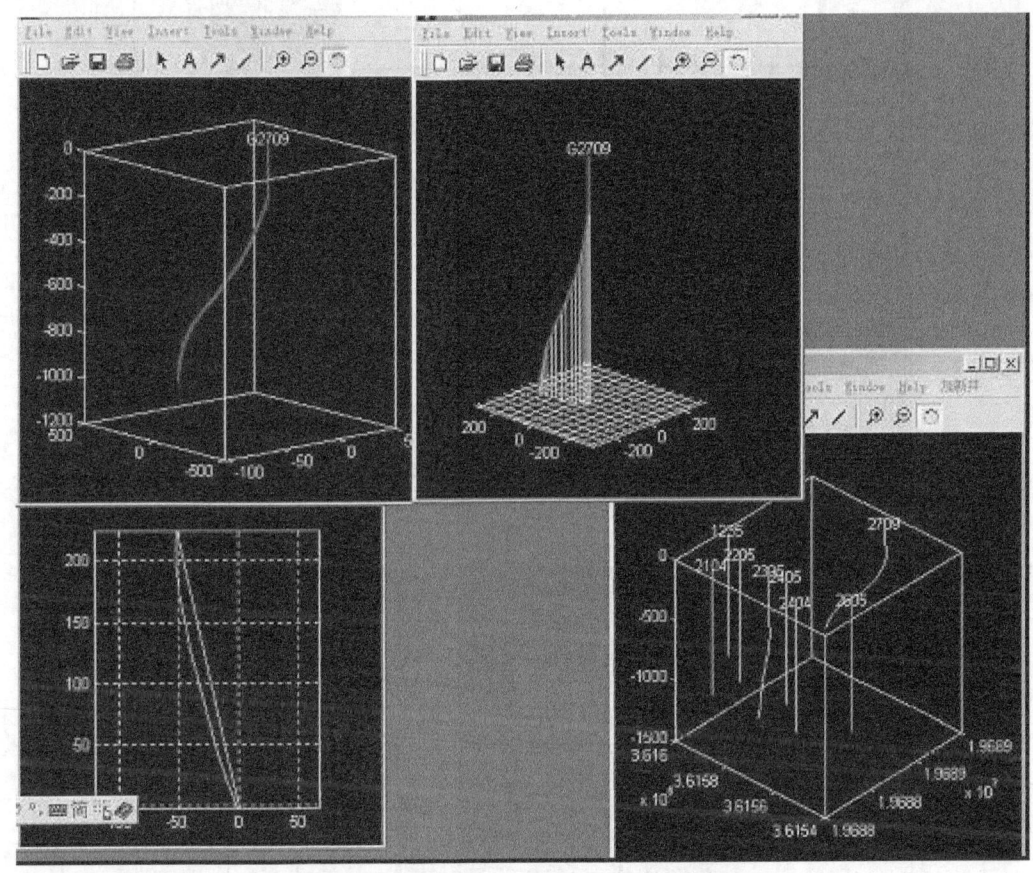

图 10-2-24　定向井三维设计（软件截图）

2. 井斜校正

该功能可以开展逐点校正（图10-2-25）、目标层校正等。

四、测井室

测井室可以处理与测井解释有关工作和任务，包括4方面的功能（图10-2-26）：（1）测井资料处理与解释；（2）测井砂层自动划分与孔渗逐点解释；（3）智能化地层对比；（4）地震剖面分析。下面重点展示一下测井资料处理与解释功能。

五、综合室

综合室可以处理与油藏描述相关的数理统计、经济评价等工作和任务，包括15项功能（图10-2-27）：（1）聚类分析；（2）判别分析；（3）模糊数学；（4）神经网络；（5）灰

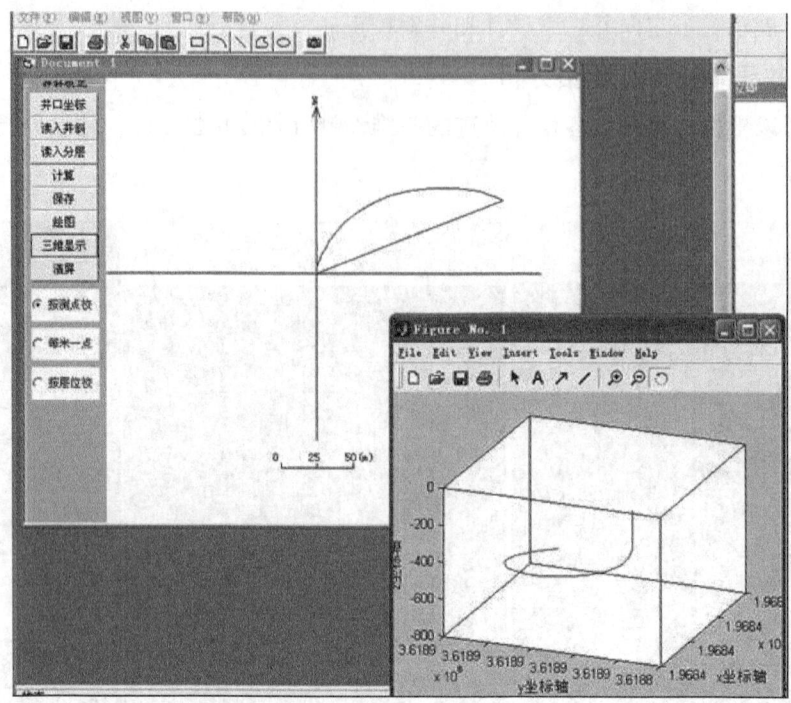

图 10-2-25 井斜校正示界面(软件截图)

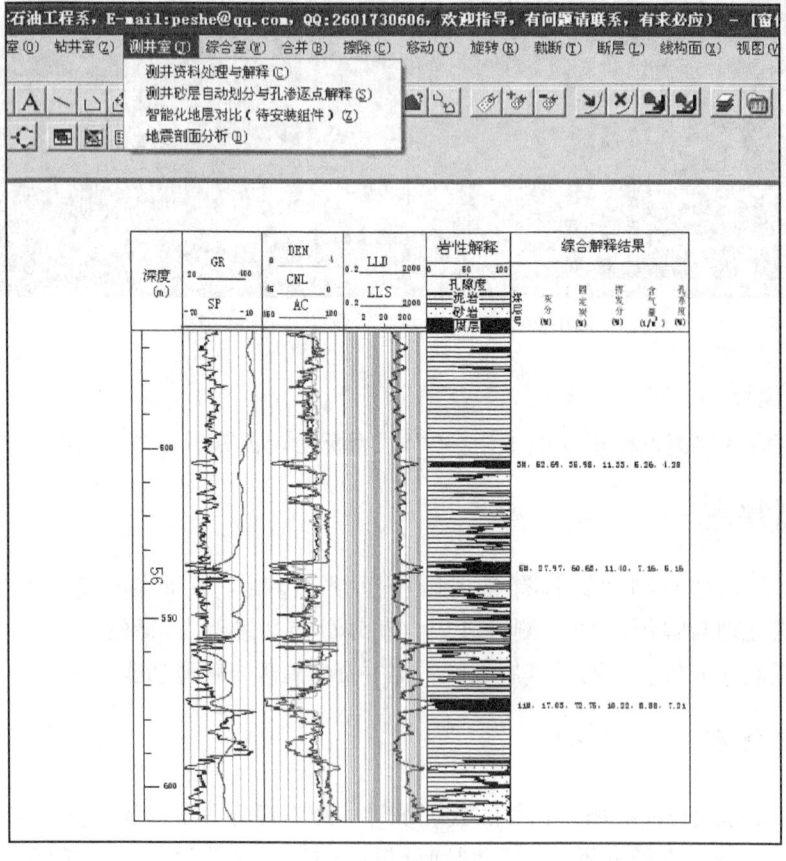

图 10-2-26 测井室相关功能的菜单(软件截图)

色关联；（6）层次分析；（7）枚举法；（8）地层因素分析；（9）经济评价；（10）数字化；（11）数据行列转换；（12）面域节点坐标提取；（13）曲线节点坐标提取；（14）构造数据信息提取；（15）由点坐标生成线。

下面重点展示一下聚类分析、灰色关联、经济评价等功能。

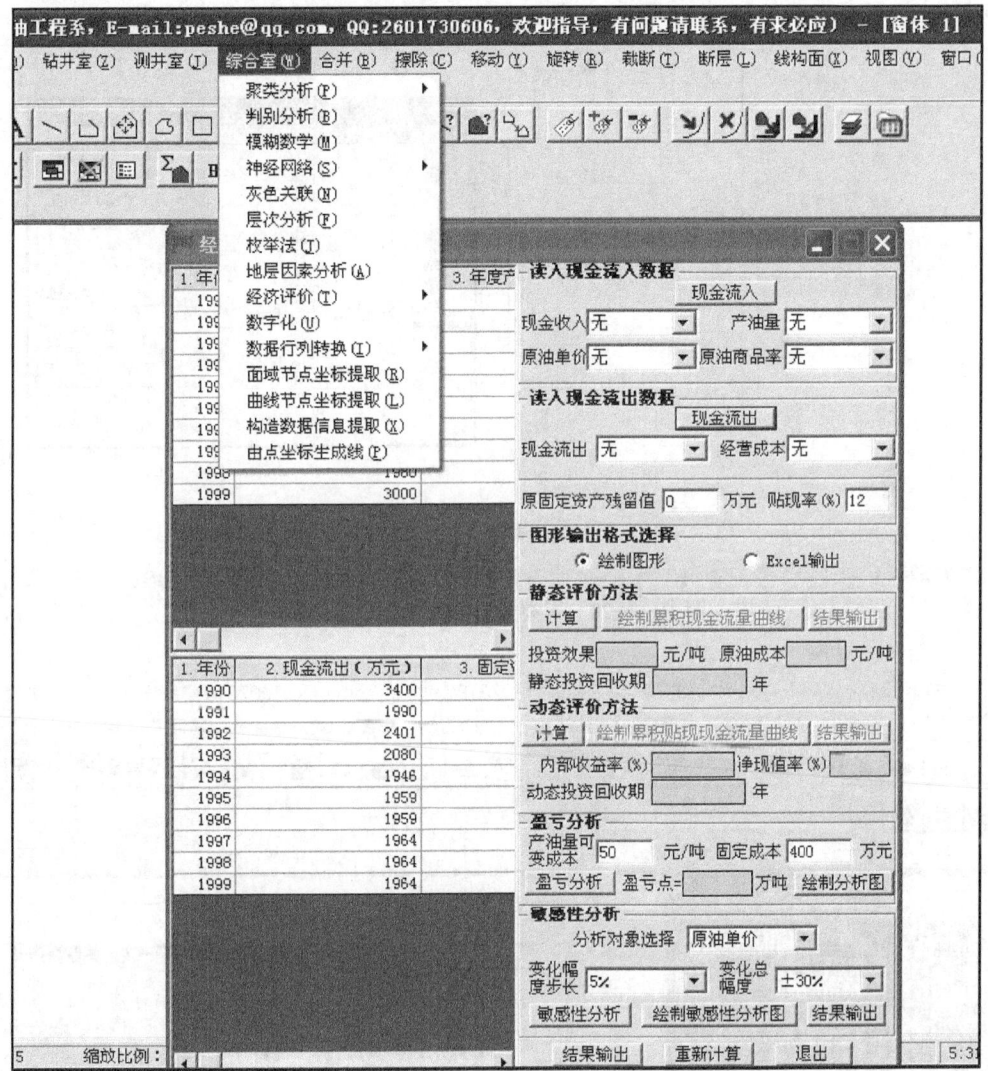

图 10-2-27　综合室相关功能的菜单（软件截图）

1. 聚类分析

该功能可以开展 Q 型、R 型聚类分析，并绘制聚类树状图（图 10-2-28）。

2. 灰色关联

该功能可以分析复杂参数之间隐含的关系（图 10-2-29）。

3. 经济评价

该功能可以开展经济评价、计算相关经济指标、敏感分析、绘制相关图件（图 10-2-30）。

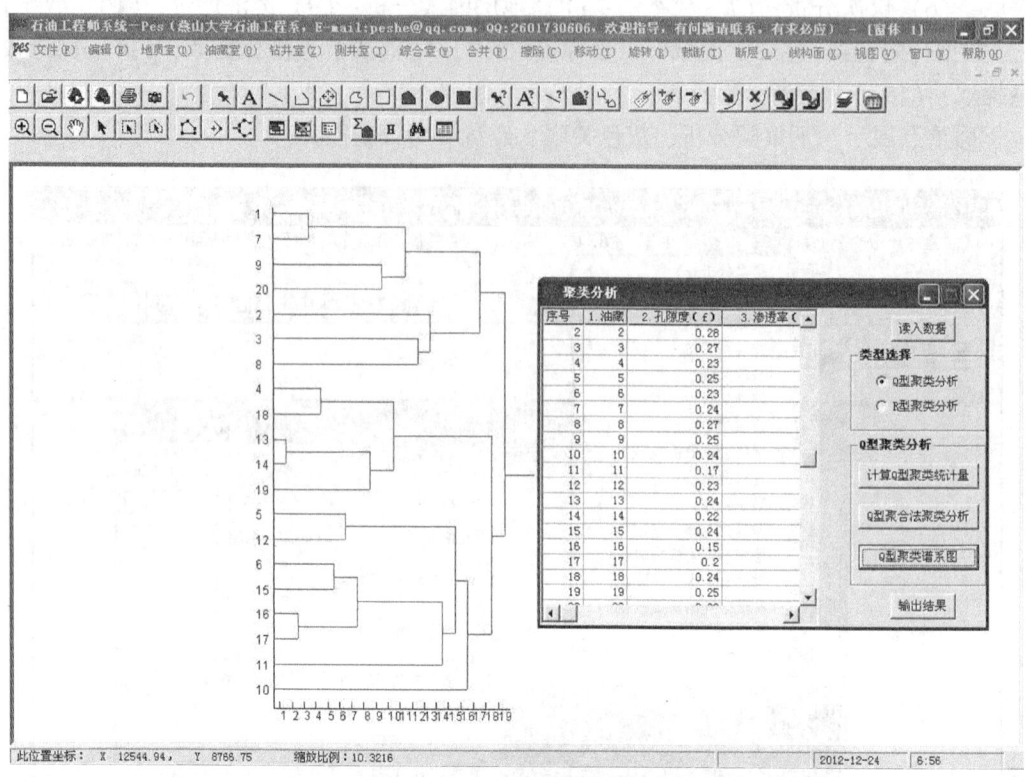

图 10-2-28　聚类分析界面（软件截图）

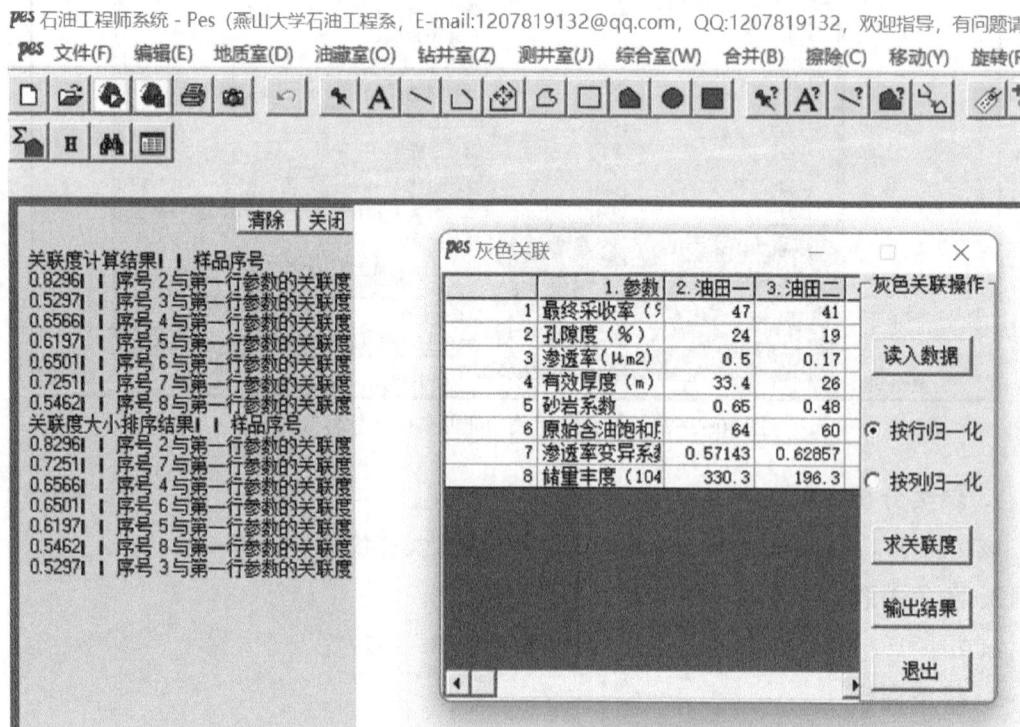

图 10-2-29　灰色关联分析界面（软件截图）

第十章 油藏描述软件介绍

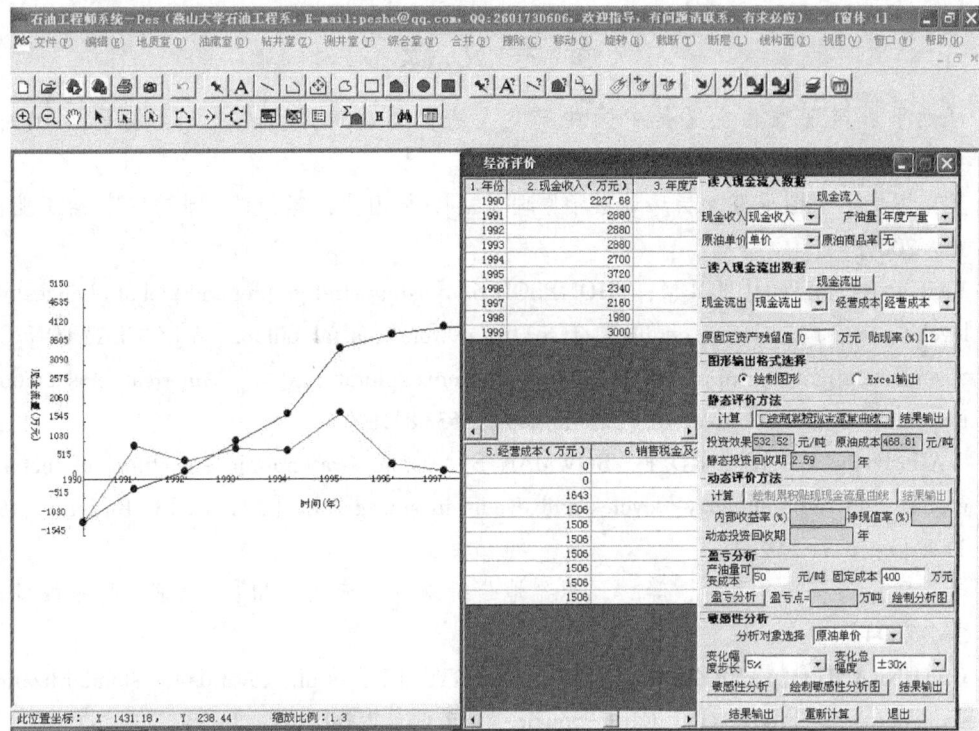

图 10-2-30 经济评价界面（软件截图）

参 考 文 献

[1] 习近平. 辩证唯物主义是中国共产党人的世界观和方法论 [J]. 求是, 2019, 1: 4-9.

[2] 奥克塔文·卡图尼努. 层序地层学原理 [M]. 吴因业, 等, 译. 北京: 石油工业出版社, 2009.

[3] VAIL P R, MITCHUM R M, THOMPSON S. Seismic stratigraphy and global changes of sea level (part 3): relative changes of sea level from coastal onlap [A]//CLAYTON C E. Seismic stratigraphy-applications to hydrocarbon exploration [C]. American Association of Petroleum Geologists Memoir, 1977, (26): 63-81.

[4] VAIL P R, AUDEMARD F, BOWMAN S A. The stratigraphic signatures of tectonics, eustasy and sedimentology: cycles and events in stratigraphy [J]. AAPG Bulletin, 1991, 11 (3): 617-659.

[5] 李思田, 解习农, 王华, 等. 沉积盆地分析基础与应用 [M], 北京: 高等教育出版社, 2004.

[6] CATUNEANU O, ABREU V, BHATTACHARYA J P, et al. Towards the standardization of sequence stratigraphy [J]. Earth-Science Reviews, 2009, 92: 1-33.

[7] CATUNEANU O, MARTINS-NETO M, ERIKSSON P G. Precambrian sequence stratigraphy [J], Sedimentary Geology, 2005, 176 (1-2): 67-95.

[8] CATUNEANU O. Principles of Sequence Stratigraphy [M]. Amsterdam: Elsevier, 2006.

[9] 王华, 崔军, 肖宝琛, 等. 露头层序底层学研究方法综述 [J]. 地质科技情报, 2002, 21 (4): 15-22.

[10] POSAMENTIER H W, VAIL P R. Eustatic controls on clastic deposition II—sequence and systems tract models [A]//WILGUS C K, HASTINGS B S, et al. Sea-level changes: an integrated approach [C]. SEPM Special Publication, 1988, 42: 125-154.

[11] 林畅松, 沉积盆地分析原理与应用 [M]. 北京: 石油工业出版社, 2016.

[12] VAN WAGONER J C, POSAMENTIER H W, MITCHUM R M, et al. An overview of sequence stratigraphy and key definitions [A]//WILGUS C K, HASTINGS B S, KENDALL C G St, et al., Sea-level changes: an integrated approach [C]. SEPM Special Publication, 1988, 42: 39-45.

[13] 林畅松, 刘景彦, 刘立军, 等. 高精度层序地层分析: 建立沉积相和储层规模的等时地层格架 [J]. 现代地质, 2002, 16 (3): 276-281.

[14] VAIL P R, MITCHUM R M, THOMPSON S. Global cycles of relative changes sea level [J]. AAPG Menoir, 1977, (26): 99-116.

[15] 中国石油天然气总公司勘探局. 层序地层学原理及应用 [M]. 北京: 石油工业出版社, 1998.

[16] 丁次乾. 矿场地球物理 [M]. 青岛: 中国石油大学出版社, 2006.

[17] 刘建民. 沉积结构单元在油藏研究中的应用 [M]. 北京: 石油工业出版社, 2003.

[18] 刘东鹰. 苏北—南黄海盆地的构造演化分析 [J]. 石油天然气学报, 2010, 32 (6): 27-31.

[19] 陈安定. 苏北盆地构造特征及箕状断陷形成机理 [J]. 石油天然气地质, 2010, 31 (2): 140-150.

[20] 裘亦楠, 薛叔浩, 等. 油气储层评价技术 [M]. 北京: 石油工业出版社, 1997.

[21] 辛炯垒, 刘红岐, 张雨桐, 等. 测井资料标准化方法研究 [J]. 化工设计通讯, 2020, 46 (5): 257-258.

[22] 卜嘉, 唐射. 沃尔什函数法提高测井曲线纵向分辨率效果分析 [J]. 天然气勘探与开发, 2010, 33 (2): 257-258.

[23] 钱勇先, 钟兴水, 高楚桥. 沃尔什函数法测井曲线高分辨率反演 [J]. 地球物理学报, 1995, 38 (增1): 170-176.

[24] 汤国熙. 沃尔什函数在概率统计中的应用 [M]. 北京: 国防工业出版社, 1999.

[25] 张其善, 常青. Walsh 相关函数的研究 [J]. 北京航空航天大学学报, 1997, 23 (3): 269-274.

[26] 马海, 王延江, 胡睿. 基于沃尔什变换和高斯模型的测井曲线分层方法 [J]. 地球物理学进展, 2010, 25 (4): 1346-1351.

[27] 李春芳, 刘连忠, 陆震. 基于数据场的概率神经网络算法 [J]. 电子学报, 2011, 39 (8): 1739-1745.

[28] 续海金, 马昌前. 地壳风化速率研究综述 [J]. 地球科学进展, 2002, 17 (5): 670-678.

[29] 周双, 张根广, 王愉乐. 泥沙起动标准和起动参数的关系研究 [J]. 泥沙研究, 2020, 45 (5): 7-12.

[30] 余素玉, 何镜宇. 沉积岩石学 [M]. 武汉: 中国地质大学出版社, 1989.

[31] 褚庆忠, 犹遵艳, 林景昱, 等. 河北秦皇岛柳江盆地新元古界海绿石矿物特征与形成环境研究 [J]. 地球学报, 2022, 43 (1): 25-37.

[32] 陈华胄, 陈升平. 台湾海峡沉积物中海绿石的矿物学与分布特征 [J]. 台湾海峡, 1997, 16 (3): 355-362.

[33] 杨伦, 刘少峰, 王家生. 普通地质学简明教程 [M]. 武汉: 中国地质大学出版社, 1998.

[34] 孙永传, 李蕙生. 碎屑岩沉积相和沉积环境 [M]. 北京: 地质出版社, 1986.

[35] REINECK H E, SINGH I B. Primary sedimentary structures in the recent sediments of the Jade, North Sea [J]. Marine Geology, 1967, 5 (3): 227-235.

[36] 陈钟慧. 煤和含煤岩系的沉积环境 [M]. 武汉: 中国地质大学出版社, 1988.

[37] CASTRO P, HUBER M E. 海洋生物学 [M]. 茅云翔, 等, 译. 北京: 北京大学出版社, 2011.

[38] HASKIN L A, FREY F A. Dispersed and not-so-rare earths [J]. Science, 1996. 152 (3720): 299-314.

[39] 刘宝珺. 沉积岩石学 [M]. 北京: 地质出版社, 1980.

[40] 田景春, 张翔. 沉积地球化学 [M]. 北京: 地质出版社, 2016.

[41] 唐鹏海. 地球化学参数在沉积古盐度中的应用 [J]. 云南化工, 2019, 46 (9): 124-127+130.

[42] 王峰, 刘玄春, 邓秀芹, 等. 鄂尔多斯盆地纸坊组微量元素地球化学特征及沉积环境指示意义 [J]. 沉积学报, 2017, 35 (6): 1265-1273.

[43] 熊小辉, 肖加飞. 沉积环境的地球化学示踪 [J]. 地球与环境, 2011, 39 (3): 405-414.

[44] LERMAN A. Lakes: chemistry, geology, physics [M]. Berlin: Springer-Verlag, 1978: 79-83.

[45] HATCH J R, LEVENTHAL J S. Relationship between inferred redox potential of the depositional environment and geochemistry of the Upper Pennsylvanian (Missourian) Stark Shale Member of the Dennis Limestone, Wabaunsee County, Kansas, U. S. A. [J]. Chemical Geology, 1992, 99 (1-3): 65-82.

[46] JONES B, MANNING D A C. Comparison of geochemical indices used for the interpretation of palaeoredox conditions in ancient mudstones [J]. Chemical Geology, 1994, 111 (1-4): 111-129.

[47] RIMMER S M. Geochemical paleoredox indicators in Devonianâ Mississippian black shales, Central Appalachian Basin (USA) [J]. Chemical Geology, 2004, 206 (3-4): 373-391.

[48] 曾洪流, 等. 地震沉积学 (译文集) [M]. 北京: 石油工业出版社, 2011.

[49] 顾家裕, 等. 沉积相与油气 [M]. 北京: 石油工业出版社, 1994.

[50] 姜在兴. 沉积学 [M]. 北京: 石油工业出版社, 2003.

[51] 张昌民, 王绪龙, 陈哲, 等. 季节性河道与暂时性河道的沉积特征: 以新疆白杨河冲积扇为例 [J]. 沉积学报, 2020, 38 (3): 505-517.

[52] 单敬福. 河流相储层构型方法 [M]. 北京: 科学出版社, 2017.

[53] GALLOWAY W E. Siliciclastic slope and base of slope depositional systems: component facies, stratigraphic architecture and classification [J]. AAPG Bulletin, 1998, 82 (4): 569-595.

[54] 裘亦楠, 肖敬修, 薛培华. 湖盆三角洲分类的探讨 [J]. 石油勘探与开发, 1982, (1): 1-11.

[55] 薛良清, GALLOWAY W E. 扇三角洲、辫状河三角洲与三角洲体系的分类 [J]. 地质学报, 1991, 65 (2): 141-153.

[56] 李茂林, 黎文清. 油气田开发地质基础 [M]. 北京: 石油工业出版社, 1979.

[57] 时培兵, 褚庆忠, 陈小哲, 等. 现代黄河三角洲沉积相分析 [J]. 煤炭与化工, 2015, 38 (10): 45-48, 51.

[58] 谢启红, 邵先杰, 乔雨朋, 等. 尼罗河现代三角洲沉积特征解剖 [J]. 重庆科技学院学报 (自然科学版), 2016, 18 (6): 31-35.

[59] 乔雨朋, 邵先杰, 接敬涛, 等. 长江三角洲沉积相及成因模式分析 [J]. 重庆科技学院学报 (自然科学版), 2016, 18 (3): 10-13.

[60] 时培兵, 褚庆忠, 陈小哲, 等. 红河三角洲沉积相及成因模式研究 [J]. 重庆科技学

院学报（自然科学版），2016，18（2）：18-21，26.

[61] 邵先杰，褚庆忠，马平华. 秦皇岛地质实习指导书［M］. 北京：石油工业出版社，2017.

[62] 何幼斌，沉积岩与沉积相［M］. 2版. 北京：石油工业出版社，2017.

[63] 钟思瑛，邵先杰，廖光明，等. 苏北盆地3种退积型三角洲沉体系及砂体储集性能对比［J］. 石油勘探与开发，2005，32（2）：26-30.

[64] 邵先杰，钟思瑛，廖光明，等. 海安凹陷安丰退积型辫状三角洲沉积模式及建筑结构分析［J］. 大庆石油地质与开发，2005，24（2）：5-7.

[65] 邵先杰. 辫状河三角洲—滨浅湖沉积微相及对油气分布的控制：以二连盆地阿南油田为例［J］. 新疆石油地质，2007，28（6）：667-690.

[66] 邵先杰. 泌阳凹陷新庄辫状三角洲沉积体系及储集性能［J］. 特种油气藏，2006，13（5）：22-25.

[67] 王良忱，张金亮. 沉积环境和沉积相［M］. 北京：石油工业出版社，1996.

[68] RENTESAUX A, BERNE S, STOLK A. Sedimentology and stratigraphy of a tidal sand bank in the southern North Sea［J］. Marine Geology，1999，159（1-4）：253-272.

[69] 白国平. 世界碳酸盐岩大油气田分布特征［J］. 古地理学报，2006，8（2）：241-250.

[70] 林忠民. 塔河油田奥陶系碳酸盐岩储层特征及成藏条件［J］. 石油学报，2002，23（3）：3-4.

[71] BALOSSINO P, PAMPURI F, BRUNI C, et al. An integrated approach to obtain reliable permeability profiles from logs in a carbonate reservoir［J］. SPE Reservoir Evaluation & Engineering，2008，11（4）：8-9.

[72] BIIYUKUTKU A G. Reservoir properties of Karaisah formation in the Adana Basin, Southern Turkey［J］. Journal of Petroleum Science & Engineering，2009，65（1/2）：11-12.

[73] 华东石油学院岩矿教研室. 沉积岩石学［M］. 北京：石油工业出版社，1982.

[74] 克莱德 H. 莫尔. 碳酸盐岩储层—层序地层格架中成岩作用和孔隙演化［M］. 姚根顺，沈安江，潘文庆，等译. 北京：石油工业出版社，2008.

[75] 邵先杰，王彩凤，黄伟，等. 苏北盆地金湖凹陷碳酸盐岩沉积特征及演化模式［J］. 石油学报，2013，34（4）：701-711.

[76] 居春荣，黄杏珍，闫存凤，等. 湖相碳酸盐岩在建立苏北盆地下第三系层序地层格架中的作用［J］. 沉积学报，2005，23（1）：113-121.

[77] 吕钊炜，张宁，夏文臣. 山东省长清县寒武统张夏组的微观组分、微相类型及沉积相分析［J］. 地质科技情报，2009，28（5）：47-52.

[78] 余素玉，何镜宇，杨慕华. 河北唐山地区中寒武统张夏组鲕粒灰岩的岩石学研究［J］. 地球科学，1987，12（3）：301-310.

[79] 文华国，郑荣才，沈忠民. 四川盆地东部黄龙组碳酸盐岩储层沉积—成岩系统［J］. 地球科学，2011，36（1）：111-121.

[80] 彼得 A. 肖勒，达娜 S. 顾尔默—肖勒. 碳酸盐岩岩石学［M］. 姚根顺，沈安江，潘

文庆，等译. 北京：石油工业出版社，2010：5-50.

[81] 武汉地质学院古生物教研室编. 古生物学基础 [M]. 北京：地质出版社，1983.

[82] AZAR J H, JAVAHERIAN A, PISHVAIE M R, et al. An approach to defining tortuosity and cementation factor in carbonate reservoir rocks [J]. Journal of Petroleum Science & Engineering, 2008, 60 (2): 6-7.

[83] 张国栋，王慧中. 中国东部早第三纪海侵和沉积环境 [M]. 北京：地质出版社，1987：12-50.

[84] 李守军，吴智平，马在平. 中国东部早第三纪有孔虫的生活环境 [J]. 石油大学学报（自然科学版），1997，21 (2)：1-7.

[85] 田树刚，张永生，王俊涛，等. 兴安—内蒙古地区晚古生代生物礁及其构造和油气意义 [J]. 中国科学 D 辑：地球科学，2011，41 (4)：493-503.

[86] 张廷山，蓝光志，KERSHAW S. 构造及海平面波动对四川盆地志留纪生物礁的控制 [J]. 石油学报，1999，20 (3)：19-2.

[87] FOREL F A. Les ravines sous-lacustres des fleuvesglaciarees [J]. Acad. Sci. Paris CT Rend, 1885, 101: 725-758.

[88] DALY R A. Oring of submarine "Canyons" [J]. Am. Jour. Sci. 5th Series, 1936, 31: 401-420.

[89] 饶孟余，钟建华，赵志根，等. 浊流沉积研究综述和展望 [J]. 煤田地质与勘探，2004，32 (6)：1-4.

[90] STETSON H C, SMITH N D. The sediment of the continental shelf of the eastern coast of the United States [J]. Oceamogr and Meterol, 1938, (5): 48-48.

[91] LOWE D R. Depositional models with special reference to the deposits of high-density turbidity currents [J]. Sed. Petrol, 1982, 52 (3): 279-297.

[92] OBERMEIER S F, POND E C. Issues in using liquefaction feaqures for paleoseismic analysis [J]. Seismological Research Letters. 1999, (70): 34-58.

[93] OBERMEIER S F. Seismic liquefaction features: examples from paleoseismic investigations in the continental United States [J]. Engineering Geology, 1998, 68 (1): 16-34.

[94] RODRIGUEZ-PASCUA M A, CALVO J P, DE VICENTE G, et al. Soft-sediment deformation structures interpreted of the Prebetic Zone, SE Spain, and their potential use as indicators of earthquake magnitudes during the Late Miocene [J]. Sedimentary Geology, 2000, 135 (12): 117-135.

[95] SHANMUGAM G. 50 Years of the turbidite paradigm (1950-1890s): deep-water processes and facies model: a critical prospect [J]. Marine and Petroleum Geology, 2000, 17 (2): 285-342.

[96] SHANMUGAM G. Ten turbidite myths [J]. Earth-Science Reviews, 2002, 58 (3-4): 311-341.

[97] 武泽. 湖盆浊积岩分类特征研究及地质建模 [D]. 秦皇岛：燕山大学，2015.

[98] 吴崇筠. 湖盆砂体类型 [J]. 沉积学报，1986，4 (4)：1-24.

[99] 刘宪斌，万晓樵，林金逞，等. 陆相浊流沉积体系与油气 [J]. 地球学报，2004，24

(1): 61-66.

[100] 李丕龙. 陆相断陷盆地沉积体系与油气分布 [M]. 北京: 石油工业出版社, 2003.

[101] 丁桔红. 湖盆浊积砂体及类型研究 [J]. 华南地质与矿产, 2007, 23 (3): 6-11.

[102] 宋小勇. 重力流沉积研究综述 [J]. 特种油气藏, 2010, 17 (6): 6-11.

[103] 张世懋, 丁晓琪. 鄂尔多斯盆地延长组浊积岩特征及其影响因素 [J]. 测井技术, 2011, 35 (6): 594-598.

[104] 高红灿, 郑荣才, 魏钦廉, 等. 碎屑流与浊流的流体性质及沉积特征研究进展 [J]. 地球科学进展, 2012, 27 (8): 815-827.

[105] 李相博, 卫平生, 刘化清, 等. 浅谈沉积物重力流分类与深水沉积模式 [J]. 地质论评, 2013, 59 (4): 607-613.

[106] 高红灿, 郑荣才, 魏钦廉, 等. 碎屑流与浊流的流体性质及沉积特征研究进展 [J]. 地球科学进展, 2012, 27 (8): 815-827.

[107] 韦东晓, 田景春, 倪新锋. 湖相浊积砂体沉积特征及油气勘探意义 [J]. 油气地质与采收率, 2006, 13 (5): 15-21.

[108] 潘树新, 郑荣才, 卫平生, 等. 陆相湖盆块体搬运体的沉积特征、识别标志与形成机制 [J]. 岩性油气藏, 2013, 25 (2): 9-18.

[109] 马平华, 邵先杰, 霍春亮, 等. 绥中36-1油田东二下段沉积演化及对油气的控制作用 [J]. 特种油气藏, 2010, 17 (3): 45-60.

[110] 邵先杰, 褚庆忠, 马平华, 等. 秦皇岛地质实习指导书 [M]. 北京: 石油工业出版社, 2007.

[111] 刘连忠, 邵先杰, 崔桂云, 等. 秦皇岛柳江盆地及周边区域地质实习指导书 [M]. 秦皇岛: 燕山大学出版社, 2021.

[112] 石磊. 岐口18-1油田浊积岩沉积特征及三维地质建模 [D]. 秦皇岛: 燕山大学, 2011.

[113] 石磊, 邵先杰, 康园园, 等. 渤海湾盆地西部浊积岩沉积模式及地质意义 [J]. 新疆石油地质, 2010, 31 (3): 260-262.

[114] 刘泽容、信荃麟、王伟锋, 等. 油藏描述原理与方法技术 [M]. 北京: 石油工业出版社, 1995.

[115] 国景星, 王纪祥, 张立强, 等. 油气田开发地质学 [M]. 东营: 中国石油大学出版社, 2010.

[116] 张涛, 王小飞, 黎爽, 等. 压汞法测定页岩孔隙特征的影响因素分析 [J]. 新疆石油地质, 2016, 35 (2): 178-185.

[117] 彭彩珍, 李治平, 贾敏慧. 低渗透油藏毛管压力曲线特征分析及应用 [J]. 西南石油学院学报, 2002, 24 (2): 21-24.

[118] 沈平平. 油水多孔介质中的运动理论和实践 [M]. 北京: 石油工业出版社, 2000.

[119] 唐仁骐, 曾玉华. 岩石退汞效率几个影响因素的研究 [J]. 石油实验地质, 1994, 16 (1): 84-93.

[120] PURCELL W R. Capillary pressures—their beasurement using Mercury and the calculation of permeabillity therefrom [J]. Journal of Petroleum Technology, 1949, 1 (2): 39-48.

[121] 罗蛰潭, 王允诚. 油气储集层的孔隙结构 [M]. 北京: 科学出版社, 1986.

[122] CHILINGAR G V, MANNON R W, RIEKE H H. Oil and gas production from carbonate rocks [M]. American Elsevier, New York, 1972.

[123] THOMMES M, KANEKO K, NEIMARK A V, et al. Physisorption of gases, with special reference to the evaluation of surface area and pore size distribution (IUPAC Technical Report) [J]. Pure and Applied Chemistry, 2015, 87 (9-10): 1051-1069.

[124] SING K S W, EVERETT D H, PIEROTTI R A, et al. Reporting physisorption data for gas/solid systems with special reference to the determination of surface area and porosity (Recommendations 1984) [J]. Pure & Appl. Chem., 1985, 57 (4): 603-619.

[125] BRUNAUER S, EMMETT P H, TELLER E. Adsorption of gases in multi molecular layers [J]. Journal of the American Chemical Society, 1938, 60: 309-319.

[126] BARRETT E P, JOYNER L G, HALENDA P P. The determination of pore volume and area distributions in porous substances. I: computations from nitrogen isotherms [J]. Journal of the American Chemical Society, 1951, 73 (1): 373-380.

[127] 张伟庆, 黄滨, 余小岚, 等. 对 BJH 方法计算孔径分布过程的解读 [J]. 大学化学, 2020, 35 (2): 98-106.

[128] 杨正红. 物理吸附 100 问 [M]. 北京: 化学工业出版社, 2017.

[129] DUBININ M M. Characterisation of Porous Solids Vol. 1 [M]. London: Society of Chemical Industries, 1979.

[130] 李鹏, 闫长辉, 田园媛, 等. 基于等温吸附曲线形态研究泥页岩孔隙结构特征 [J]. 科技资讯. 2015, 13 (18): 240-241.

[131] 唐巨鹏. 煤层气赋存运移的核磁共振成像理论和实验研究 [D]. 阜新: 辽宁工程技术大学, 2006.

[132] 高汉宾, 张振芳. 核磁共振原理与实验方法 [M]. 武汉: 武汉大学出版社, 2008.

[133] XU H, TANG D, CHEN Y, et al. Effective porosity in lignite using kerosene with low-field nuclear magnetic resonance [J]. Fuel, 2018, 213: 158-163.

[134] XU H, TANG D, ZHAO J, et al. A precise measurement method for shale porosity with low-field nuclear magnetic resonance: a case study of the Carboniferous-Permian strata in the Linxing area, eastern Ordos Basin, China [J]. Fuel, 2015, 143: 47-54.

[135] GOLDSTEIN J I, NEWBURY D E, MICHAEL J R, et al. Scanning electron microscopy and X-ray microanalysis [M]. New York: Springer, 2017.

[136] 张大同. 扫描电镜与能谱仪分析技术 [M]. 广州: 华南理工大学出版社, 2009.

[137] 张慧, 焦淑静, 李贵红, 等. 规油气储层的扫描电镜研究 [M]. 武汉: 中国地质大学出版社, 2016.

[138] 余凌竹, 鲁建. 扫描电镜的基本原理及应用 [J]. 实验科学与技术, 2019, 17 (5): 85-93.

[139] ANOVITZ L M, COLE D R. Characterization and analysis of porosity and pore structures [J]. Reviews in Mineralogy and Geochemistry, 2015, 80 (1): 61-164.

[140] CNUDDE V, BOONE M N. High-resolution X-ray computed tomography in geosciences:

a review of the current technology and applications [J]. Earth-Science Reviews, 2013, 123: 1-17.

[141] WITHERS P J, BOUMAN C, CARMIGNATO S, et al. X-ray computed tomography [J]. Nature Reviews Methods Primers, 2021, 1 (1): 18.

[142] MATHEWS J P, CAMPBELL Q P, XU H, et al. A review of the application of X-ray computed tomography to the study of coal [J]. Fuel, 2017, 209: 10-24.

[143] STOCK S R. Microcomputed tomography: methodology and applications [M]. CRC press, 2019.

[144] B. E. 霍布斯（B. E. Hobbs），等. 构造地质学纲要 [M]. 刘和甫, 吴正文, 等, 译. 北京: 石油工业出版社, 1982.

[145] 昌伦杰, 赵力彬, 杨学军, 等. 应用ICT技术研究致密砂岩气藏储集层裂缝特征 [J]. 新疆石油地质, 2014, 35 (4): 471-475.

[146] 赵志刚, 李明, 赵小军, 等. 吐哈盆地巴喀油田特低渗透砂岩储层裂缝研究 [J]. 地质科技通报, 1998, 20 (1): 6-10.

[147] 李长海, 赵伦, 刘波, 等. 碳酸盐岩裂缝研究进展及发展趋势 [J]. 地质科技通报, 2021, 40 (4): 31-48.

[148] 陈莉琼, 李浩, 刘启东, 等. 高邮凹陷吴堡断裂构造带对陈堡油田油气运移的控制作用, 地球学报, 2009, 30 (3): 404-412.

[149] 邵先杰. 砂岩储层裂缝及非均质性研究 [M]. 银川: 宁夏人民出版社, 2007.

[150] 李志明 张金珠. 地应力与油气勘探开发 [M]. 北京: 石油工业出版社, 1997.

[151] J. I. 吉德利, 等. 水力压力技术新发展 [M]. 蒋阗, 单文文, 等, 译. 北京: 石油工业出版社, 1995.

[152] 王域辉, 廖淑华. 分形与石油 [M]. 北京: 石油工业出版社, 1994.

[153] 李长江, 麻土华, 等. 矿产勘查中的分形、混沌与ANM [M]. 北京: 地质出版社. 1999.

[154] 赵云胜, 龙昱, 等. 灰色系统理论在地学中的应用 [M]. 武汉: 华中工业大学出版社, 1997.

[155] 邵先杰. 苏北盆地陈堡砂岩储层裂缝特征及模糊识别技术 [J]. 大庆石油地质与开发, 2017, 26 (6): 47-50.

[156] 陈程. 油气田开发地质学 [M]. 北京: 地质出版社, 2013.

[157] CHOI K, JACKSON M D, HAMPSON G, et al. Impact of heterogeneity on flow in fluvial-deltaic reservoirs-Implications for the giant ACG field, South Caspian Basin [J]. Society of Petroleum Engineers, 2007, 3214-3229.

[158] SENOCAK D, PENNELL S P, GIBSON C E, et al. Effective use of heterogeneity measures in the evaluation of a mature CO_2 flood [J]. SPE73803, 2008: 1325-1333.

[159] BAISHALI R, PHIL A, MICHAEL G. Imaging oil-sand reservoir heterogeneities using wide-angle prestack seismic inversion [J]. Leading Edge, 2008, 27 (9): 1192-1201.

[160] KWON S I, SUNG W M, HUH D G, et al. Characterization of reservoir heterogeneity

using inverse model equipped with parallel genetic algorithm [J]. Energy Sources, 2007, 29 (9): 823-838.

[161] 吴云燕, 徐龙, 张昌明. 油气储层地质 [M]. 北京: 石油工业出版社, 1996.

[162] 康晓东, 刘德华, 蒋明煊, 等. 罗伦次曲线在油藏工程中的应用 [J]. 新疆石油地质, 2002, 23 (1): 65-67.

[163] 邵先杰. 储层渗透率非均质性表征新参数—渗透率参差系数计算方法及意义 [J]. 石油实验地质, 2010, 32 (4): 397-404.

[164] 陆正元, 张银德, 段新国, 等. 油气田开发地质学 [M]. 北京: 地质出版社, 2017.

[165] 沈平平. 油层物理实验技术 [M]. 北京: 石油工业出版社, 1995.

[166] MIALL A D. Architectural-element analysis: a new method of fcaies analysis applied to fluvial deposites [J]. Earth Science Reviews, 1985, 22 (2): 261-308.

[167] 王海峰, 范廷恩, 胡光义, 等. 海上油田开发中后期砂岩储层构型剖析与表征 [J]. 海洋地质与第四纪地质, 2020, 40 (1): 114-125.

[168] MIALL A D. Architecture and sequence stratigraphy in Pleistocene fluvial systems in the Malay Basin, based on seismic time-slice analysis [J]. American Association of Petroleum Geologists Bulletin, 2002, 86: 1201-1216.

[169] 吴胜和, 翟瑞, 李宇鹏. 地下储层构型表征: 现状与展望 [J]. 地学前缘, 2012, 19 (2): 15-23.

[170] 吴胜和, 纪友亮, 岳大力, 等. 碎屑沉积地质体构型分级方案探讨 [J]. 高校地质学报, 2013, 19 (1): 12-22.

[171] MIALL A. D. Architectural elements and bounding surfaces in fluvial deposits: anatomy of the Kayenta Formation (LowerJurassic), Southwest Colorado [J]. Sedimentary Geology, 1988, 55: 233-262.

[172] COLOMBERA L, FELLETTI F, MOUNTNEY N P. A database approach for constraining stochastic simulations of the sedimentary heterogeneity of fluvial reservoirs [J]. AAPG, 2012, 96: 2143-2166.

[173] 兰朝利, 何顺利, 门成全. 利用岩心或露头的交错层组厚度预测辫状河河道带宽度: 以郑尔多斯盆地苏里格气田为例 [J]. 油气地质与采收率, 2005, 12 (2): 16-18.

[174] COLOMBERA L, MOUNTNEY N P, McCAFFREY W D. A quantitative approach to fluvial facies models: methods and example results [J]. Sedimentology, 2013, 60: 1526-1558.

[175] COLOMBERA L, MOUNTNEY N P, RUSSELL C E, et al. Geometry and compartmentalization of fluvial meander-belt reservoirs at the bar-form scale: quantitative insight from outcrop, modern and subsurface analogues [J]. Marine and Petroleum Geology, 2017, 82: 35-55.

[176] 林志鹏, 单敬福, 陈乐, 等. 基于地貌形态学交融的现代曲流河道迁移构型表征 [J]. 沉积学报, 2018, 36 (3): 427-445.

[177] 岳大力, 吴胜和, 刘建民. 曲流河点坝地下储层构型精细解剖方法 [J]. 石油学报, 2007, 28 (4): 99-103.

[178] 马世忠, 杨清彦. 曲流点坝沉积模式、三维构形及其非均质模型 [J]. 沉积学报, 2000, 18 (02): 241-247.

[179] 闫百泉, 张鑫磊, 于利民, 等. 基于岩心及密井网的点坝构型与剩余油分析 [J]. 石油勘探与开发, 2014, 41 (5): 597-604.

[180] 马世忠, 孙雨, 范广娟, 等. 地下曲流河道单砂体内部薄夹层建筑结构研究方法 [J]. 沉积学报, 2008, 26 (4): 632-639.

[181] 马平华, 霍梦颖, 何俊, 等. 渤海湾盆地秦皇岛 32-6 油田曲流河沉积体系综合解剖 [J]. 新疆石油地质, 2017, 38 (5): 567-574.

[182] 胡光义, 范廷恩, 梁旭, 等. 河流相储层复合砂体构型概念体系、表征方法及其在渤海油田开发中的应用探索 [J]. 中国海上油气, 2018, 30 (1): 89-98.

[183] TYLER K J, OMDAL S. Faster history matching uncertainty in predicted production profiles with stochastic modeling [A]. SPE, 25420, 1994.

[184] 王家华, 张团峰. 油气储层随机建模 [M]. 北京: 石油工业出版社, 2001.

[185] HALDORSEUM H H, DAMSLETH E. Stochastic modelling [J]. Journal of Petroleum Technology, 1990, 42 (4): 404-412.

[186] 赵勇, 李进步, 张吉. 低渗透河流相储层建模方法与应用: 以苏里格气田苏 6 加密试验区块为例 [J]. 天然气工业, 2010, 30 (7): 32-35.

[187] HIRSCHE K, BOERNER S, KALKOMEY C, et al. Avoid pitfalls in geostatistical reservoir characterization: a survival guide [J]. The Leading Edge, 1998, 17 (4): 493-502.

[188] 霍春亮, 古莉, 赵春明, 等. 基于地震、测井和地质综合一体化的储层精细建模 [J]. 石油学报, 2007, 28 (6): 66-71.

[189] 徐安娜, 董月霞, 韩大匡, 等. 地震、测井和地质综合一体化油藏描述与评价: 以南堡 1 号构造东营组一段油藏为例 [J]. 石油勘探与开发, 2009, 35 (5): 541-551.

[190] 薛艳霞, 廖新武, 霍春亮, 等. 海上河流相储层应用地质模型计算储量的不确定性分析 [J]. 油气藏评价与开发, 2018, 8 (4): 1-10.

[191] 吕坐彬, 霍春亮, 程奇, 等. 动静结合储层定量化表征技术在"双高"油田动态研究中的应用: 以渤海 J 油田为例 [J]. 石油地质与工程, 2016, 30 (6): 73-76.

[192] 叶小明, 霍春亮, 王鹏飞, 等. 井震静动四位一体储层建模方法 [J]. 油气藏评价与开发, 2017, 7 (4): 1-5.

[193] 霍春亮, 叶小明, 高振南, 等. 储层内部小尺度构型单元界面等效表征方法 [J]. 中国海上油气, 2016, 28 (1): 54-59.

[194] 马平华, 邵先杰, 霍梦颖, 等. 煤储层地质建模思路与方法: 以鄂尔多斯盆地东南缘韩城矿区为例 [J]. 石油与天然气地质, 2018, 39 (3): 601-610.

[195] 黄沧钿. 应用改进的截断高斯模拟算法建立相分布模型 [J]. 新疆石油地质, 2002, 23 (2): 158-159.

[196] 张团峰, 王家华. 试论克里金估计与随机模拟的本质区别 [J]. 西安石油学院学报 (自然科学版), 1997, 12 (2): 52-55.

[197] 秦积舜, 李爱芬. 油层物理 [M]. 青岛: 中国石油大学出版社, 2006.

[198] 布莱恩 F 托勒尔. 油藏工程基本原理 [M]. 闫建华, 赵万优, 马乔, 等, 译. 北京: 石油工业出版社, 2006.

[199] 霍春亮, 刘松, 古莉, 等. 一种定量评价储集层地质模型不确定性的方法 [J]. 石油勘探与开发, 2007, 34 (5): 574-579.

[200] GAI R. Integrating deterministic and probabilistic reserves [A]. SPE 82000, 2003, 1-7.

[201] 王瑞和, 李明忠. 石油工程概论 [M]. 青岛: 中国石油大学出版社, 2011.

[202] 俞启泰, 赵明, 林志芳. 水驱砂岩油田驱油效率和波及系数研究（一）[J]. 石油勘探与开发, 1989, 2: 48-52.

[203] 常子恒. 石油勘探开发技术 [M]. 北京: 石油工业出版社, 2001.

[204] 周显民, 马启青, 徐盛家. 油藏润湿性对水驱油效率的影响 [J]. 大庆石油地质与开发, 1994, 13 (1): 70-71.

[205] 苏欢, 吴新民, 李文彬. 储层润湿性改变对采收率的影响 [J]. 石油钻探技术, 2010, 38 (6): 92-94.

[206] 程绍志, 冯为民. 国外剩余油研究 [M]. 北京: 石油工业出版社, 1995.

[207] 刘柏林. 苏北盆地陈堡油田微观水驱油机理及水驱油效率影响因素研究 [J]. 石油实验地质, 2003, 25 (2): 195-182.

[208] 刘春天, 李星. 驱替体系的主要性质对驱油效率的影响 [J]. 油气地质与采收率, 2012, 19 (1): 66-68.

[209] 郭春萍, 朱慧峰, 王吴宇, 等. 三元复合体系界面张力与驱油效率相关性研究 [J]. 天然气与石油, 2011, 29 (4): 59-61.

[210] 俞启泰, 赵明, 林志芳. 水驱砂岩油田驱油效率和波及体积系数研究（二）[J]. 石油勘探与开发, 1989, 3: 46-53.

[211] 刘德华, 刘志森. 油藏工程基础 [M]. 北京: 石油工业出版社, 2004.

[212] 胡太和. 油田开发 [M]. 北京: 石油工业出版社, 1991.

[213] 刘斌. 平面非均质性对剩余油分布规律的影响研究 [J]. 科学技术与工程, 2015, 15 (6): 78-82.

[214] 刘丁增, 王启民, 李伯虎. 大庆多层砂岩油田开发 [M]. 北京: 石油工业出版社, 1996.

[215] 金毓荪, 隋新光. 陆相油藏开发论 [M]. 北京: 石油工业出版社, 2006.

[216] 李兴国. 应用微型构造和储层沉积微相研究油层剩余油分布 [J]. 油气采收率技术, 1994, 1 (1): 68-80.

[217] 李兴国. 对油层微构造的补充说明 [J]. 石油勘探与开发, 1993, 20 (1): 82-90.

[218] 曾文冲, 欧阳健. 测井地层分析与油气评价 [M]. 北京: 石油工业出版社, 1987.

[219] 郭浩, 谢森林, 田宗强, 等. 疏松地层密闭取心钻井液技术 [J]. 工业, 2015, 1: 80-81.

[220] 蒋杰, 毕永进, 温林荣. 取心作业中影响岩心密闭率的因素分析 [J]. 钻采工艺, 2000, 23 (5): 95-97.

[221] 王丽忱, 钻井取心技术现状及进展 [J]. 石油科技论坛, 2015, 2: 44-50.

[222] 许书堂, 杨玉娥, 王志萍, 等. 一种新的海绵取心技术断块油气田, 1998, 5 (3): 68-70.

[223] 赵克超. 一种有效的套管井测井技术—碳/氧比能谱测井 [J]. 河南石油, 1991, 5 (3): 6-9.

[224] 崔萍. 利用示踪剂方法确定油藏地层参数和剩余油饱和度 [J]. 石油地质与工程, 2009, 23 (6): 55-58.

[225] 刘士荣, 李惠兰, 张继谦, 等. 利用生产动态资料研究剩余油分布 [J]. 河南石油, 1989, 3 (2): 59-63.

[226] 翟云芳, 渗流力学 [M]. 北京: 石油工业出版社, 2004.

[227] 崔文富. 反韵律厚油层夹层分类及纵向剩余油分布模式: 以胜坨油田沙二段8—15砂层组为例 [J]. 油气地质与采收率, 2005, 12 (1): 52-55.

[228] 邵先杰, 汤达祯, 樊中海, 等. 河南油田浅薄层稠油开发技术试验研究 [J]. 石油学报, 2004, 25 (2): 74-78.

[229] 邵先杰, 孙冲, 王国鹏, 等. 浅薄层特、超稠油注蒸汽吞吐后剩余油分布研究 [J]. 石油勘探与开发, 2005, 32 (1): 131-133.

[230] 邵先杰, 汤达祯, 申本科, 等. 河南泌阳特超稠油储层水淹层测井解释 [J]. 测井技术, 2004, 28 (3): 217-220.

[231] 邵先杰. 英台油田低幅度低幅度构造油藏剩余油分布规律研究 [J]. 特种油气藏, 2005, 12 (4): 40-43.

[232] 刘波, 杜庆龙, 王良书, 等. 利用神经网络方法确定薄差层剩余油的分布 [J]. 高校地质学报, 2002, 8 (2): 199-206.

[233] BALDWIN J L, BATEMAN R M, WHEACLEY C L. Application of neural network to problem mineral identification from well logs [J]. The Log Analyst, 1990, 31 (5): 279.

[234] 王克杰, 贾玉培. 井楼油田零区稠油吞吐后资源二次利用研究 [J]. 特种油气藏, 1996, 3 (4): 25-27.

[235] 邵先杰. 河南油田低品位稠油油藏蒸汽吞吐后进一步提高采收率研究 [J]. 大庆石油地质与开发, 2005, 24 (6): 84-86.

附录
地质常用图例

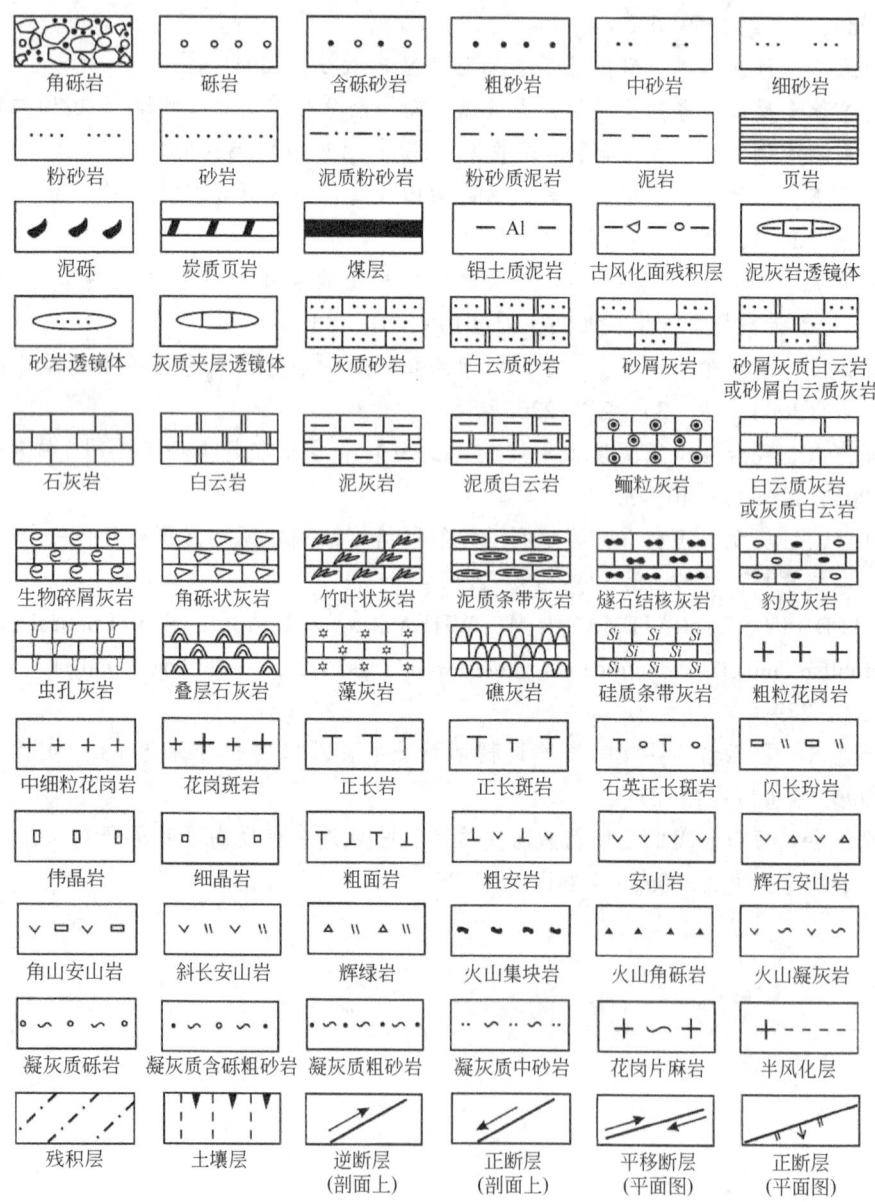

附录 地质常用图例

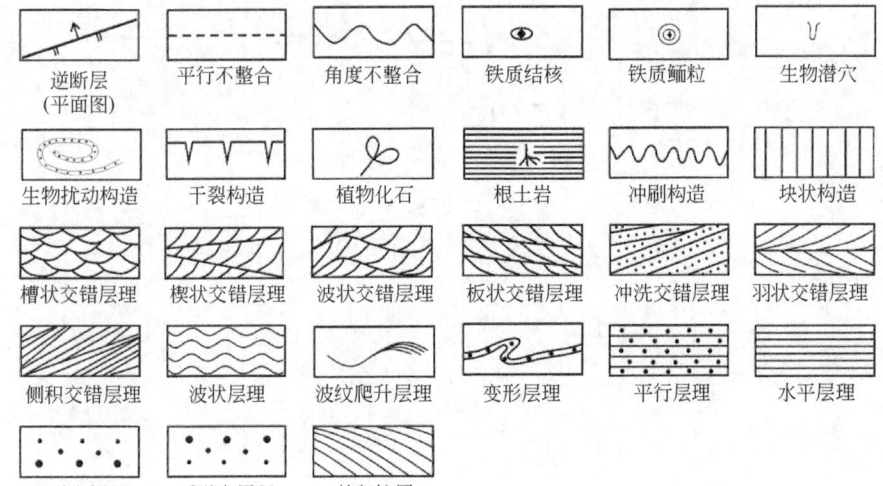